無錫文庫

第三輯

膠山安黄氏宗譜（二）
家乘拾遺
毗陵遷錫唐氏家乘
勾吴盛氏宗譜

鳳凰出版傳媒集團
鳳凰出版社

目録

膠山安黄氏宗譜（二）

（民國）安榮光 等 纂修

膠山安黄氏宗譜卷九

澤上世墓考目錄

元始遷祖元卿公墓明金華倅明善公附

安氏古墓享堂記

無錫縣保墓告示

古墓祝文附規則

以文公墓圖坿

有禧公墓圖坿

有禨公墓圖坿

膠東公墓

達先公墓圖坿

蓉軒公墓圖坿

聖嘉公墓圖坿

春臺公墓圖坿

燦明公祭田記

世墓雲卿公支輪祭

蓉軒公墓祝文附規則

春臺公墓祝文附規則

堠村世墓考目錄

始遷堠村祖叔英公墓

霽堂公歸墓地記

膠南四世祖友菊公壽山墓

澹圃公開墓田敔

信翁公開祭田記

永禁碑文

膠北五世祖桂坡公墓

封墓說

我素公修奉直府君墓記附廓菴公跋

六世祖僉憲膠峯公墓

皇甫汸膠山新阡記

保墓原呈

膠南七世祖南崖公墓

謝埭吳貞母墓附墓祭田

張納陛謝埭新阡記

周涇鄒節母墓

墓說

七世祖少峯公墓 精懋 鄭公坿
朱村橋墓說
鴨城橋七世祖光祿公墓
光祿公墓說
光祿公墓祭田
北圍九世祖孟公先生墓
北圍墓說
孟公先生墓祭田
保墓示

膠山安黃氏宗譜 《卷九 堠村世墓目錄》 三 中和大全堂

鎮山棄占公墓
附墓說

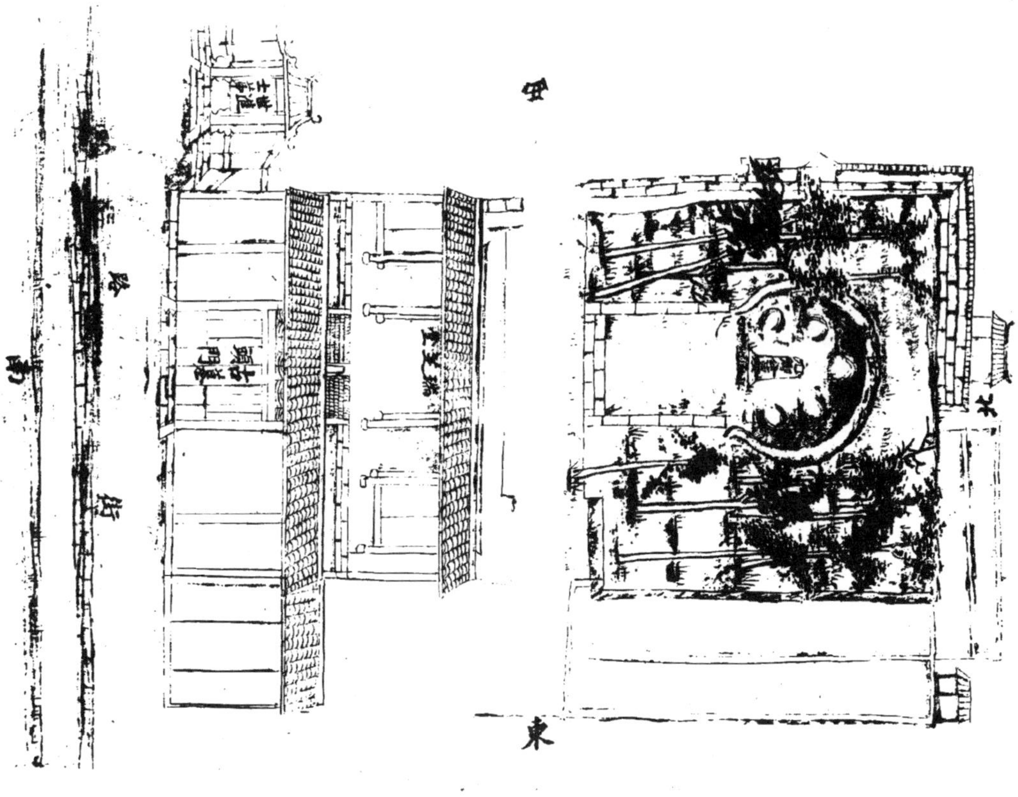

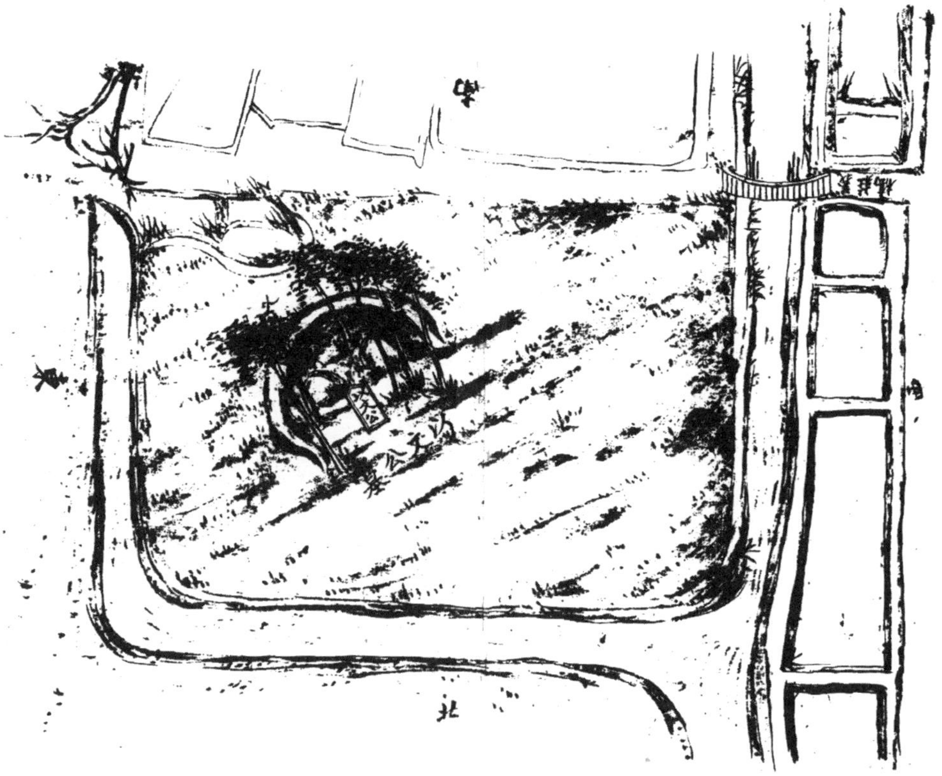
南
東
西
北

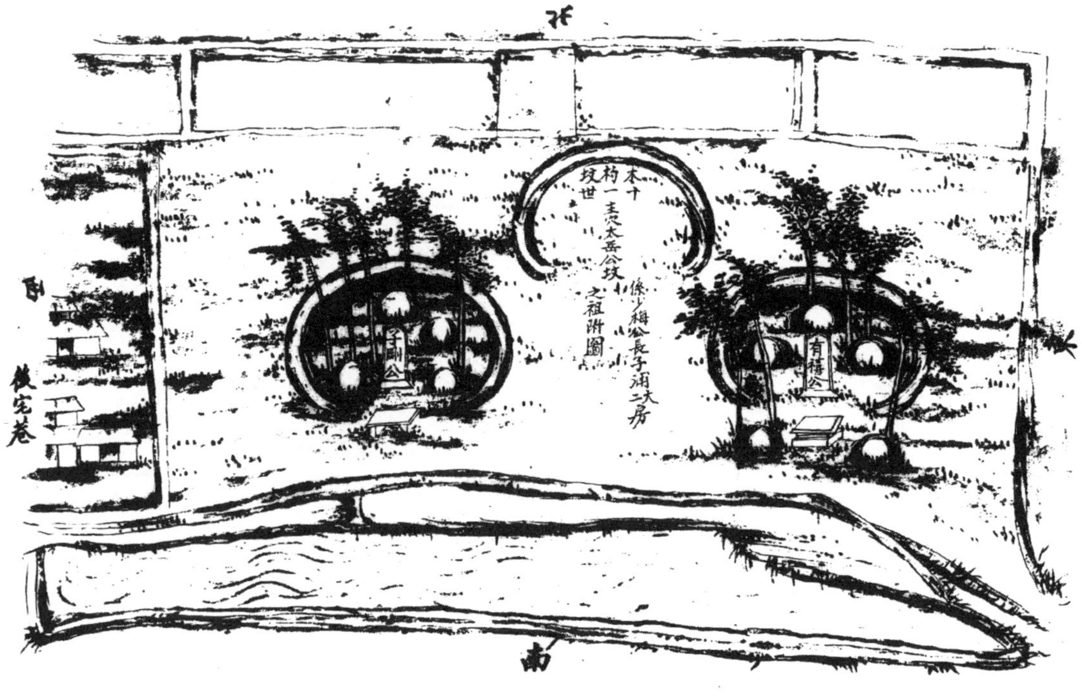
北
西
後宅巷
南

北
西
東
南

北
西
東
南

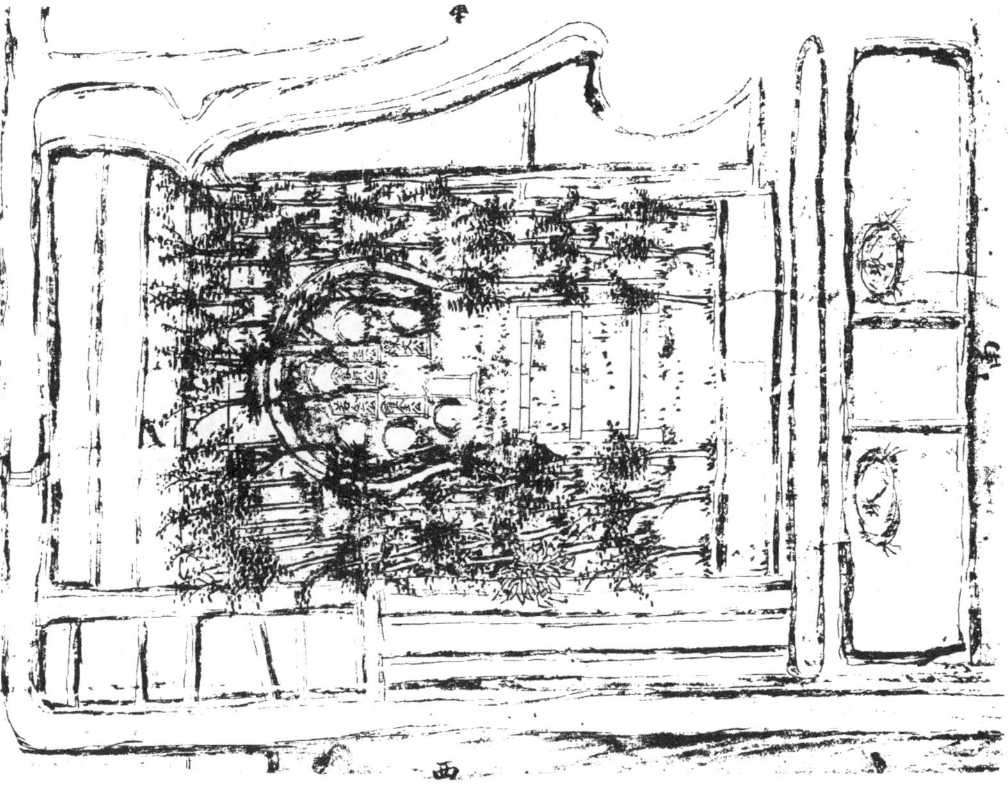

膠山安黃氏宗譜卷九

安氏世墓明金華倅明善安公諱汝德墓在堠村坐落令字三千三百六十二號高田二畝一分三厘二毫

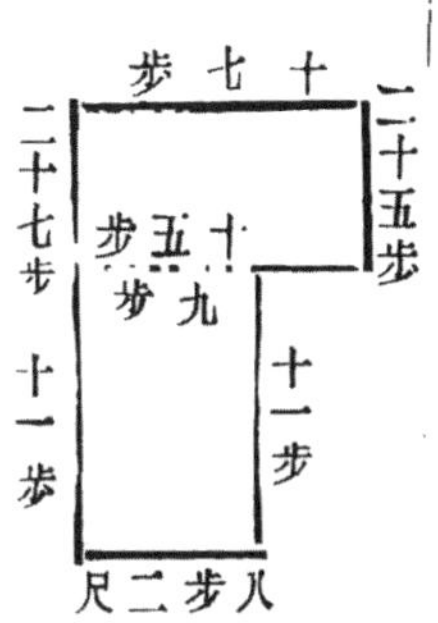

安氏古墓弓口

安氏古墓考

我安氏世墓多在無錫膠山堠村皆有圖記或載邑志惟金華倅明善公墓不知所在先行人宅東有古墓一邱無碑石可考僅有粮册載安汝德墓而譜無其名先行人護以喬木蔭以修竹以表墓道立戶安申以供墓糧

國初先高祖孟公請於邑宰徐公永言書額于墓門曰安氏古墓遵先行人志也其後墓門不戒于火救護匾額藏墓旁之翟畫樓自墓門既燬僅存古冢隱約可辨於竹樹荒草間其不湮沒者幾希矣嘉慶辛酉偶檢古簏得先世雜錄一

卷中載歷朝安氏先賢名字事蹟明初日安汝
德字明善金華倅乃知汝德爲明善公名而古
墓爲明善公墓嗟乎澤上舊譜先傳先世典籍
遺佚多矣嘗讀黃文獻先生識小錄載安劝募
妻張氏爲其弟作墓誌誌梅村張鴻臚殉建文
國難事而舊譜無安劝之名闕畧可勝言哉明
善公亦逸其名墓誌稱公葬元卿公墓而不言
地在何許又稱公字復初而其標題則書明善
公墓誌其文如此何以考信乎哉據鴻山黃氏

譜載叔英公由蘇州嗣於無錫堠村安明善氏
稱氏則明善非名可知也然則公之名以粮冊
爲據公之字以鴻山譜爲據以一代先祖之名
字蕩析離居不相連屬遂使墓幾無考譜牒不
修之咎也幸得古甓遺文而公之名與字乃始
璧合珠聯於是古墓一旦信而有徵豈非公之
靈耶抑子孫纘述不可以不讀書也先行人以
讀書教家世有譜牒以志先人典籍雖遺族之
遺文軼事往往得之吾家讀書之有關於守先

待後豈不大哉敬識開墓道復墓祭歸墓粮于
嫡裔以無忘先行人世世保墓之意云堠村支
裔孫安吉敬考

重建安氏古墓亭堂記

古者墓而不墳不封不樹取葬者藏也之義而子孫報本追遠必誌其墓之所在栽培樹木以庇先靈春秋匪懈享祀不忒世承孝敬之思即世懷垂裕之心也明金華倅明善安公爲膠山開族之祖墓在無錫埃村里相傳爲安家墳前載明梅里志邑志埃村爲安氏世居今分隸金匱已成大鎮自明迄今五百餘載墓歷顯晦而保守無虞明嘉靖間邑尊松滋王公文編糧號另步墓基載明方册萬歷間光祿勳安我

素先生補栽竹樹修整舊址 國朝康熙間有覬覦墓木者文學安孟公先生請邑宰吳公給示諭禁戒勿剪伐並請邑侯徐公永言題額曰安氏古墓乾隆庚午門遭火燹遂爲鄰人借造之居墓致失祭嘉慶庚午墓產紫芝以顯神靈明經安春臺贈公倡率通族耀金霽堂南吉等議復墓道誦芬太翁暨孝廉棨占先生捐墓東基地糧歸義莊承耕並歸鄰人借造房屋於前爲享堂門顏其堂曰瑞芝春秋祭掃咸豐三年贈公諸孫祗承祖父初意庀材鳩工改造享堂五楹頭門四間一衖以舊料移造堂之東北隅爲墳丁丙舍閱三月而告竣輪奐並美釋菜祭奠通族駿奔敦睦暢敘濟濟一堂他族無不景慕咸謂敬祖先固當如是而非賢子孫焉能若此哉予同學友安星齋郵書京師屬記於予予撮其梗概而爲之記

賜進士出身

誥授中憲大夫順天府治中加一級蔣大鏞譔

無錫縣正堂吳　爲保全古墓以昭世守事據生員
安璘呈稱懷下膠山南麓有安氏遠祖古墓子
孫不守幾致湮沒萬歷年間先祖司封謝職歸里力
爲保護先父孝廉繼志守成迄今八十餘載墓木蓊
蔚已復舊觀近忽有無藉遠裔冀喬木之戕爲私橐
之飽屢行侵侮典守維艱伏乞頒行曉諭嚴禁侵侗
等情具呈前來據此合行給示爲此示諭該啚總甲
人等知悉安氏世墓地方棍徒不得毁傷樹木至安
氏子孫更不許侵侗希冀敢有故違許卽指名報縣

以憑立拿重究決不姑恕須至示者
康熙十三年六月十七日給
仰該總張挂

古墓春秋祭掃祝文
維
民國　年春三秋九月　朔越　日裔孫　等
謹致祭於
明誥贈奉政大夫元處士元卿府君暨
誥贈宜人祖妣楊太宜人
明誥授奉政大夫浙江金華府同知明善府君暨
誥封宜人祖妣邱太宜人
例封安人生祖妣陳太安人之墓曰恭惟

始祖當蒙元之季世梅里隱居傳　樞密之宗聲
膠山衍慶賴及二十四世澤綿五百餘年　二世
祖逢明代之隆興起家司馬開媄村之門第此卜
佳城長發其祥長子有光遠之耀克昌厥後嫡嗣
爲風雅之宗故里由此傳名彰於志乘　瑞芝頻
生　古墓顯其　神靈共溯淵源重新　墓道敬
申時薦昭格　英靈尙　饗
明敕授冠軍使儀正三世祖宏大府君暨
敕封安人祖妣徐太安人

明敕授雲南楚雄衛指揮誥授宣武將軍三世祖宏
遠府君暨　誥封恭人祖妣周太恭人
明文學四世祖以忠府君暨　例贈孺人祖妣吳太
孺人配　饗
祭品 扛糕　祭筵八色　猪首雞鴨蹄魚腊蛋
乾點四色水點四色蜜餞四色水菓交子
花生四色　酒飯湯茶　酒鐘各十一只
爵杯六只　提塾桌幃
土地盤 魚肉蛋點菓鐘箸 各二素菜三種
定香一束 檀熟香四兩 末香一袋 四兩燭一對 大一支三對
大杭阡蘇元二副 錠緞二副 四兩雙十個 五百邊一條 四掇
皮四掇 全申錠四十 經幡馬一 玉企一 巨紅一 茶葉一兩

后土福神
議定每年春秋十一房輪祭各房堂額開列於後
天成堂　仁美堂　嘉德堂　保滋堂　致和堂
仁壽堂　敦厚堂　頤壽堂　景慶堂　培遠堂
慶恩堂
以上各房每祭在義莊祭田項下領九五錢捌千
文正與祭者出分金照例祭前十日值祭裔孫粘
貼知單　知單式

夏曆三/九月初二日恭祭
古墓　　司祭　　堂訂
卝我子姓　風雨不移
早降拈香　分金照例

四世祖以文公墓在榮字一號義莊屋後因墓地寬潤子孫祔葬者衆遂致壘壘莫辨可慨也夫

五世祖有禧公墓在澤上老二房巷之東坐榮字六十八號今稱四太公墳子宗厚公祔昭宗密公祔穆宗密公之子時吉公祔亥穆祖孫三世四穴

主穴第五世

有禧安公墓

昭穴第六世

宗厚安公墓

穆穴第六世

宗密安公墓

亥穆第七世

時吉安公墓

梅月公墓在有禧公墓西亦坐榮字六十八號公爲時吉公子字子剛墓碑書子剛安公墓長子思梅公祔昭兩孫少梅公祔亥昭敬梅公祔亥穆祖孫三世四穴八位

主穴第八世二柩合葬

梅月安公暨蔣孺人墓

昭穴第九世二柩合葬

思梅安公暨錢孺人墓

亥昭第十世二柩合葬

少梅安公暨朱孺人墓

亥穆第十世二柩合葬

敬梅安公暨顧孺人墓

少梅公之子太岳公墓名木杓墳在有禧公梅月公兩大墓之間子君酬公祔父子兩穴二世四位

木杓墳主穴第十一世

太岳安公墓

昭穴第十二世二柩合葬

君酬安公暨曾孺人墓

梅月公墓西有茂先公墓敬梅子君顯公墓敬梅孫達先長子兩冢又有朱氏顧氏皆振文公繼室也振文君顯之子

五世祖有禨公墓在後澤巷東坐榮字四號稱五太
公墳子秋潭公祔昭宗敞公祔穆孫耕讀公祔次昭

主穴第五世

有禨安公暨張孺人墓

昭穴第六世

秋潭安公暨華孺人墓

穆穴第六世

宗敞安公墓

次昭第七世

耕讀安公暨顧孺人墓

八世祖膠東公墓在五太公墳之北坐榮字十三號
主穴有碑子少東公祔昭南鴻公祔穆

主穴第八世

膠東公暨華孺人墓

昭穴第九世

少東公暨朱孺人墓

穆穴第九世

南鴻公暨周孺人墓

達先公墓在埄灣河之南三子兩孫昭穆祔葬凡三
世六穴十二人

主穴第十一世二柩合葬

達先公暨鄧孺人墓

昭穴第十二世二柩合葬

君達公暨朱孺人墓 達先公次子

穆穴第十二世二柩合葬

君成公暨繼配陸孺人墓 達先公第三子

次昭第十二世二柩合葬

君明公暨過孺人墓 達先公第四子出嗣茂先公後

次穆第十三世二柩合葬

雲卿公暨朱孺人墓 君成公子

又次昭第十三世二柩合葬

雲龍公暨袁孺人墓 君明公子

墓説

曾祖達先公墓去五世祖有禧公墓南不半里後
環埄灣河前帶芙蓉澤坐榮字廿七八兩號田內
係吾父雲卿公與叔父雲龍公所買地以葬其祖

父兩世達先公鄧孺人爲主穴而吾祖君仁公祖妣陸孺人祔穆伯祖君達公伯祖母朱孺人叔祖君明公叔祖母過孺人以次祔昭其後雲龍公祔于次昭吾父雲卿公卒遺命祔于次穆伯兄營葬時欲別卜吉壤而余以遺命不敢違又無力得地遂扶吾父母之柩祔于此由今觀之君仁公晚年有子吾父早孤爲單子葬此地而生孫曾元三世數十人各房勤耕讀擴祖業皆由此墓發祥鄉里咸推福地吾父偶得之豈藉地師之擇哉曾孫汝諧謹記

蓉軒公墓

蓉軒安公字聖基墓在宅東慶安橋之南馬長涇之北東爲東花浜西爲走馬塘坐業字八百念八號田七畝邱全邱此墓係蓉軒公長子南金公手定於乾隆五十八年十月初三日葬蓉軒公與配孫孺人合兆孫孺人先卒于五十一年先葬嘉慶五年四月十六日若金公卒九年九月十八日南金公卒十年十一月初三日以兩公祔昭穆壬戌豐五年以耀金公祔次穆南金公長子燦文祔次昭凡祖孫三世五穴

主穴第十四世二柩合葬

蓉軒公暨孫孺人墓

昭穴第十五世二柩合葬

南金公暨程孺人墓

穆穴第十五世四柩合葬

若金公暨元配周孺人繼司馬孺人胡孺人墓

次穆第十五世三柩合葬

耀金公暨陳孺人繼陸孺人墓

次昭第十六世三柩合葬

燦文公暨姚孺人繼顧孺人墓

又次昭下耀金公庶二柩合葬

周氏蔣氏墓

蓉軒公墓護墳祭田三畝五分業字八百二十八號

聖嘉公墓

聖嘉安公墓在峰灣河南達先公墓東坐落榮字二十六號以三子道亨榮亨耀亨祔葬昭穆

春臺公墓

春臺安公字聖和墓在懷下市安鎮蘇家橋之新阡令字一百十七八九號北有信義瀆西水屈曲而東左右兩腋支浜前有沼河又有石牌樓於道光十一年辛卯十月二十五日與德配張孺人繼配張孺人合兆以五子謙恕察琡拱祔葬昭穆

主穴第十四世三柩合葬

春臺公暨張宜人繼張宜人墓

昭穴第十五世二柩合葬

子鏡公暨朱孺人墓

穆穴第十五世二柩合葬

方平公暨張孺人墓

次昭穴第十五世二柩合葬

鑑平公暨張宜人墓

次穆穴第十五世三柩合葬

容溪公暨濮宜人庶鄒宜人墓

三穆穴第十五世二柩合葬

亦莊公暨倪孺人墓

有餘將宗祠祭費項下每年酌貼若干又公墓在魚池河上令字七十號墓畢原花戶安張氏此畢久已遺失現查得在姚家山址汝舟自願出資贖歸亦過安氏宗祠花戶 榮嘉汝姪之志爲之敘述原委刊之家譜以示子孫庶垂永久

民國十一年歲在壬戌秋九月裔孫榮光謹誌

世墓每年春秋祭掃雲卿公支十一房輪流應辦祭
筵物件如左
扛鑿方筌 祭筵燈籠 八鼎桌幃 果點侍對 八色壺 酒飯提塹 湯茶毡單 香爐杯箸
后土福神四 杭阡四条 蘇元八串 土地盤 肉魚蛋菓點 素菜三色
檀香四兩 末香一袋 線香三古 四兩燭一對 長其三對 大掇
皮頭十五掇 全申錠一百五十 四兩雙念個
各祖墓每墓化金列後
以文公墓共八位 應焚 大紙錢三掇 全申錠三十串
有禧公墓共十位 應焚 大紙錢三掇 全申錠三十串

梅月公墓共八位 應焚 大紙錢三掇 全申錠三十串
達先公墓共十四位 應焚 大紙錢四掇 全申錠四十串
又周呂孺人墓 應焚 大紙錢各一掇 全申錠各十串
各房輪祭堂額列後
天成堂 仁美堂 嘉德堂 保滋堂 致和堂
仁壽堂 敦厚堂 頤壽堂 景慶堂 培道堂
慶恩堂

十四世蓉軒公墓祝文
維
民國 年歲次 春秋 月 朔望 越 日
主祭裔孫 等謹致祭於
清例贈登仕郎恩賚粟帛 祖考蓉軒公暨
清例贈孺人 祖妣孫太孺人之墓曰 祖保
雲卿公之嫡嗣以勤儉起家以肅恭居體義方垂
訓追維 樞密家聲敬學尊師期紹 金華
治績倡建宗祠猶明木本水源之理纂修譜牒

昭示敦倫收族之規輸社粟以秉公惠流桑梓
懲荒氓之挾詐義勝鄉人險阻艱難備嘗其況
富貧貴賤均接以誠保守祖塋樹立碑石克成
父德誼篤友于勸鄰朋以息訟切望里仁驅子
弟以力行求明道 義芳型如在 英爽式憑
墓道永清昭 先人之嚴正 佳城鞏固啟後
嗣以秀靈用奉明粢謹申時薦尙 饗
昭 祖考文學南金府君暨 祖妣程太孺人
清例贈修職郎穆 祖考若金府君暨

清例贈孺人　祖妣周太孺人繼司馬太孺人胡太
孺人
清恩賜登仕郎議敘縣佐國學生亥穆　祖考耀金
府君暨　清例贈孺人　祖妣陳太孺人繼
陸太孺人庶周氏人蔣氏人　從昭　考燦文
府君　妣姚孺人繼顧孺人配　饗
祭品　八盂猪首雞鴨魚肚海參肉員麵筋　乾點四色水點四色蜜餞四色水菓支子　花生四色素菜五色葷盆四色酒飯湯茶
祭器　扛檠爵三只鐘筷十六副酒壺兩把拜墊兩個毡單兩條燈籠兩對香爐兩個燭筌兩副飯碗茶碗　土地盤魚肉蛋菓點素菜四色

玉企一　官香一六　檀熟香二兩　末香一袋　錠緞一副
四撥皮十一撥　杭阡蘇元一副　中杭阡蘇元六副
全串錠一百十串　四兩燭一對　長其燭三對　金旛后
土一六　圓兩雙一同　五百邊一条
每年春秋二祭清明十月十一房輪流支值主祭者
臨期親到　義莊領祭費銀洋伍元正凡春秋
二次不得預支以作別用春祭前到　義莊領
紮籬費銀洋兩元以便預先紮籬亦不得移用

別處所該十一房主祭列後
南金公支三房　燦文公　燦廷公　燦然公
若金公支四房　燦雲公　燦揚公　燦煌公　燦英公
耀金公支四房　燦霞公　燦明公　燦襄公　燦宏公郎湘

規條

一　主祭一人　通引贊各一人　讀祝文一人
接獻二人
一　臨祭預期掃除墓道擇定祭期須到各房通
知臨期早集

一　各房男丁必須齊集與祭不得推託不到至
俊餘每房只許兩人與宴
一　祭簿存於房長處主祭者到臨祭時領回照
簿備物祭後仍送還房長收執
一　議禁規條有先輩議據可證

十四世春臺公墓祝文

維

民國　年歲次　春/秋　月　朔越　日曾孫

等謹致祭於

清貤贈奉政大夫候選府同知旌義貢生　祖考春

臺府君暨

貤贈宜人　祖妣張太宜人　貤贈宜人　祖

妣張太宜人之墓曰惟

府君行先孝友龍為宗祊頻年節儉本　祖訓

以成家積置膏腴儲義莊而贍族煮糜躅賑久

負經濟之才葺　廟成梁復播仁人之譽建

宗祠而復　古墓修系牒以溯根源情田廣

聖世之仁眉壽表　熙朝之瑞建坊　賜秩渥

承　黼黻之榮　樂善好施永荷　綸綍之賁

崇春秋之祀典俎豆惟馨贈　卭墓之同封蘋

蘩敬薦尚　饗

清貤贈奉政大夫候選府同知國學生　祖考子鏡

府君暨

貤贈宜人　祖妣朱太宜人

清恩授登仕郎議敘縣佐國學生　祖考方平府君

暨

誥贈孺人　祖妣張太孺人

清誥贈奉政大夫候選府同知太學生　祖考鑑平

府君暨

誥贈宜人　祖妣張太宜人

清誥贈奉直大夫藍翎五品銜邑庠生　祖考蓉溪

府君暨

誥贈宜人　祖妣濮太宜人

誥贈宜人　祖妣鄒太宜人

清恩授登仕郎議敘主簿國學生　祖考亦莊府君

暨

例封孺人　祖妣倪太孺人配　饗

祭品　八鼎　豬首　雞　鴨　蹄　魚　兎　海參　蛋　水菓　四色
乾點　四色　九品盤　一只　素菜　五色　葷盤　四色
酒　飯　湯　茶

祭器　扛桌　爵　杯盤　象箸　侍壺　桌幃
墊子　毡單　燈籠　香爐　殿銓　花瓶
香几　石檯　衣　肉　魚　蛋　果　點
擺　旛　后土　福　神　土地盤　素菜　四色

玉企一 線香二 末香一 檀熟香四兩 四兩燭一對 長其
燭三對 四兩雙全一 五百邊一条 四撥皮八撥 長錠八串 十錠
緞元寶一副 四条頭杭阡蘇元二副

每年春秋十三房輪流祭掃

子鏡公支五房 正陽公 東陽公 春陽公 南陽公 朝陽公

方平公支二房 藝甫公 應求公

鑑平公支一房 揆伯公

蓉溪公支三房 芍亭公 愛棠公 振寰公

亦莊公支二房 卓亭公 載甫公

膠山安黃氏宗譜卷九

世墓 堠村支

堠村

堠村黃氏安氏今名安鎮 一世祖叔英公墓在無錫今屬金匱膠山堠村 係令字三千三百六十九號高田三畝零七毫兩兆及昭穆祔葬凡四穴四世九人

東兆一穴第一世二柩合葬

明叔英黃公暨安孺人墓

西兆主穴第二世二柩合葬

明近仁黃公暨許孺人墓

西兆昭穴第三世三柩合葬

明耆老處靜安公暨包孺人華孺人墓

西兆穆穴第四世二柩合葬

明友蓮安公暨許孺人墓

墓說

距無錫城東北四十里爲膠山膠山之南我安氏聚族而居曰安鎮安鎮之西里舊名堠村明金華府佐明善安公故居也傳繼子叔英公没而葬焉

子孫世居垓村分安黃二姓叔英公本黃姓贅於安因爲之後從安姓墓碣書本姓曰明故叔英黃公暨配安孺人墓坤向其子近仁黃公兆于其西離向其孫處靜安公祔于近仁公墓昭曾孫友蓮安公祔于穆祖孫父子同邱墓而有二姓皆以黃而繼于安者也墓有連理樹爲二姓合族之祥墓門當大路路前臨通渠曰信義瀆墓後有宅河抱墓西環而南鈎于墓前而止有圓沙浮水面九世孫塖墓說曰墳圜西南北三面距河合形家金鈎挂月之勝故稱挂月墓叔英公兆于東其葬之年月失傳約在永宣間近仁公兆得其中葬約在英廟時處靜公祔于昭在成化十六年歲在庚子有僉憲鄭公觀誌葬三十年而仲孫桂坡公復請廣文戴公冠爲墓表今考處靜公葬之之明年辛丑桂坡公生以行義起家拜七品散官贈奉直大夫子孫科甲弈葉地靈人傑固有徵矣由此觀之雖有吉壤貴得其穴處靜公得之矣公之長兄公彥復黃姓別葬膠山曰黃公嶺而此垓村片壤安明

善公地也故繼安姓者祔焉安氏子孫世守焉

西至令字三千三百六十八號九世孫元白宅

東至令字三千三百六十三號九世孫仲合宅

北抵元白園

南至大河

墓門基係令字三千三百六十八號內高田六分

歸墓地記

祥幼從長者祭掃先塋見規模宏敞意謂先業鞏固千載可弗替也後尋世墓界址有爲異姓所侵佔者有爲不肖子孫所盜賣者如周涇謝埭墓旁之地有售與他族營葬者雖欲復而無由蓋不勝怏怏焉惟始祖墓卽在家園宜易保守然墓門西地爲族人式先滙滄售與張姓墳前橋堍西沿大河地亦爲凝遠售與張姓後張姓開厠先曾祖淡園公惡之出貲贖歸復爲祖墳公地乾隆初年墓東埣地及墓門東地

沿大河地又爲起增匡時洪九疇與錢李二姓遂至墳地參差舊形幾失乾隆二十年錢李二姓將地歸于伯父餘芬叔父念勳是亦祖先有靈前失于異姓今歸于後裔不致爲外人占據侵犯墓道也然子孫執爲己業恐日後再蹈前轍故于乙卯秋通族立議慨復將銀二十七兩繳還伯叔歸地之值將地歸公復墓舊形界址分明丙辰之春濬墳河築埣地墓前地租歸公收貯續置祭田補栽松柏於是始祖之墓可以保守至於歷代祖塋界址宜淸樵牧宜禁未及整頓盡吾力之所及而徐圖之姑記此墓地界得失歸復之原委以告通族

嘉慶元年春二月十三世孫安祥謹記

壽山

明處士友菊安公墓在膠山南麓係令字山八十畝周太宜人分關載山南舊墳山八十畝子孫永遠看守不許侵伐變賣壽藏及昭穆祔葬凡三穴三世六人

主穴壽藏第四世二柩合葬

明承事郎友菊安公暨司馬孺人墓

昭穴第五世二柩合葬

明承事郎甯齋安公暨蔡孺人墓

穆穴第六世二柩合葬

明太學生膠陽安公暨華孺人墓

墓說

膠山之陽石道之東明處士友菊安公葬焉公自封壽藏於此故稱壽山邵文莊公寶銘曰漢重力田有科以庸本之行龍醇樸成風東膠之山南接讓里風氣所鍾孕玆善士君惟漢民惟殷惟周或加仕服承事郎與時同流君作壽藏擬古達者我銘碣陰表于東野吉　按銘石已泐銘辭見鴻山譜及膠山譜墓說曰友菊公卜壽藏于膠山之陽遲正德十三年戊寅乃葬公次子桂坡公益爲豐碑大碣建永思堂三楹來鶴坊六柱山陽古冢巍煥第乚今堂圯碑斷而規模自在也墓門在平麓有照河曰麵杖河入墓門數十武爲石橋逾橋而上又數十武爲堂基堂後拾級而登即石坊倘完固坊內爲冢三皆石甃之中爲友菊公壽藏長子甯齋祔昭孫膠陽祔穆豖石爲城在山腰之間墓後著松直至山頂皆墓地也左右有石牆爲界東有楚

府引禮舍人茶坡安公墓甯齋之子也又有太學膠崖公墓膠陽之弟也西有太學十峯公墓膠崖之弟也嗣子習吉節婦浦氏祔又有友菊公之元孫太乙公祔次穆孟公銘曰高山蒼蒼哲人之藏惟爾元孫永依其傍

壽山開墓田啟

吾家自六世祖桂坡公以布衣名馳天下高祖僉憲公于嘉靖己丑成進士而族始大迨萬歷丙戌吾曾祖光祿公繼之崇禎癸酉吾祖大令公繼之而芝根醴源實自叔英公積德累行系本于黃而後于安遂爲安黃兩姓之始遷祖今墓近家宅形家之言金鉤挂月爲吉壤者其迹可見而友菊公之墓在膠山之南桂坡公暨僉憲公之墓在膠山之北子孫分年值祭凡四年而一周憶甲子之歲先大人錧京師予出

贅五牧三月挈婦歸而祭墓爾時各房子孫祭列祖之墓未嘗廢也甲子以後迄于今而此典久湮矣嗟乎凡父母之有子也其子近之則愛憐之意易生其子遠之則離隔之形亦成子孫與祖宗幽明間之所藉以爲世遠而情通者惟是春秋之祭耳故祠祭而外兼重墓祭久廢不舉則子孫既自棄其祖宗尙謂祖宗能庇賴其子孫也哉今期以庚寅之十月朔合族人致祭于列祖之墓又念此禮既興必有祭田乃爲可繼而友菊公壽山墓前有隙地可耕以供祭惟願兄弟叔姪同心力以助懇田之資以俟召佃承祖仍立分年值祭之規以綿祖宗之血食以冀後人之纘述未必非維持家運之一事也謹此奉告宗族 紹傑 啟

開祭田記

桂坡公創有房田千頃大宅八基粮三百餘畝又撥出繼之子子實公田二十二頃又設養廉田三百畝以待子孫仕者與之業誠偉矣惜中道退棄制度未備身歿之後周太宜人分析欵內獨少祠墓祭田是時家門全盛何難春秋一祭不知後世子孫不肖祠廟傾頹邱墓不掃者三十年康熙庚寅吾父澹園公念祭祀不修子孫之罪難逭乃與大宗惠先永錫議于壽山隙地召募開田四畝三年起租計得租二石

四斗以供墓祭不足又劇小分以助癸巳冬十月朔會祭者八十餘人三十年已廢之禮一旦興之雖不若昔日之五鼎三牲有典有則然而羣昭羣穆相率而拜于墓下四十年來自始遷祖叔英公至六世祖僉憲公之墓無缺祭者賴有此也後世子孫有能振起者仍復舊規斯固善矣否則遵而行之保守此田綿延百世無忘澹園公苦心亦不失爲賢子孫也

乾隆十有八年癸酉八月晦日十一世孫安曾發百拜謹記時年六十初度 并增置令字三千六百三十七號祭田一畝二分

讀澹園公開墓田啓我祖信翁記知堠村墳園膠山南北六代祖塋自前明以至

國朝康熙甲子子孫世世奉祀世守支子不祭之禮而友菊公墓之宗子爲小大房君莽桂坡公膠峯公墓之宗子爲中大房英先惠先永錫兄弟祠堂圯于英先之手墓祭廢于甲子以後大宗無人可知也我曾祖澹園公爲安氏支庶弟七房之子孫當家貧族替大宗不振之時起而復墓祭于康熙庚寅開墓田于明年辛卯徵租致祭于癸巳有田

四畝每畝租額六斗與祭者人出分金三分定祭期于十月朔各支子姓分年值祭慘淡經營爲簡易而可久之法嗣是用此法于謝湖㒸貞母墓鴨城我素公墓皆于隙地開田以供墓祭至今百有餘年矣但鴨城謝湖祖塋皆一年兩祭堠村墳園膠山祖塋惟十月朔一祭又周涇祖塋不知何年廢祭 吉 復周涇墓祭立墓碑 祥 復膠山淸明墓祭一遵曾祖澹園公之意然究苦田少墓粮多欲擴川辦墓粮而力未逮也他日永守澹園公之法于

弗替有力再圖買田以供墓粮庶幾可繼先人之
志也夫大父信翁期望子孫復上世之舊規 吉又
以此望後人矣嘉慶丁卯三月之望曾孫吉謹跋

永禁碑文

金匱縣正堂胡　爲籲恩給示禁飭以保東林世墓
事案據安永文安勤德安爾瑞安永齡呈詞前事內
稱高祖承事郎安友菊暨先曾祖前進士吏部郎贈
光祿寺卿安我素崇祀東林道南祠世墓坐落膠山
之陽子孫瞻掃邇年以來積被近地竊伐樹木縱放
牛羊以致墓道荒凉碑碣傾斷先魂夜泣於九泉子
孫傷悲於朝暮雖有山佃章三看管緣住落孤村無
奈棍匪鄉蠻不能禁止一經發覺殫費天心反干訟

累仁天下車伊始首重東林祀典凡屬先儒後裔罔
不破格霑濡身等以保全祖宗名墓起見用敢哀籲
電原示禁歿存均感等情前來業經給示禁飭在案
續據安永文安勤德等稟請勒石前來合准勒石爲
此帖付原呈安永文等立將前示勒碑諭仰該地總
保居民山佃人等知悉嗣後不得縱放牛羊踐踏并
竊取樹木致傷先賢墳墓如有此等不法許該總保
山佃協力擒拏解縣以憑究治各宜凜遵毋違須至
碑者

右帖付原呈安承文等准此
雍正十年十一月十四日給

封墓
無錫縣志贈戸部員外安國及僉憲安如山墓在膠
山
金匱縣志贈員外安國暨子僉事安如山墓在膠山
北麓
贈員外桂坡安公墓在膠山北麓保籍字山一百
八十畝
周太宜人分關載山北墳山一百八十畝子孫永遠
看守不許侵代變賣

主穴及昭穆祔葬凡三穴二世七人
主穴第五世二柩合葬
明贈奉直大夫桂坡安公暨
誥封太宜人周太宜人墓
昭穴第六世三柩合葬
明鴻臚寺署丞膠泉安公暨葛孺人夏孺人墓
穆穴第六世二柩合葬
明太學生五峯安公暨候旌節母周孺人墓

封墓說

膠山寺寶乳泉之左明徵君桂坡安公墓在焉葬以嘉靖十四年歲在乙未葬後誥贈奉直大夫南京戶部員外郎在嘉靖三十八年故曰封墓後倚三峯旁夾山寺墓門在平陸門外華表臨照河河名黃泥溝蓋乳泉之所注也河外長埒廣七弓修七十餘弓爲近案門內爲誥命亭折而東爲甬道遵國制左右列石獸六古木蔭之甬道而上爲坊曰高義卓行曰奇氣遺識曰敬迓天休音玉音也

聯曰天光雲影俯一鑑之開明鳳翥鸞翔仰三峯之聳秀過坊而月池駕以石梁逾梁蹲二獅叩之有鐘磬聲再級而堂是爲饗室柱檻皆石凡五楹建於嘉靖乙未重建于萬歷丁巳堂後層級而上爲廣庭左右列碑亭六亦方亦圓覆秦端敏公金撰墓誌銘湛文簡公若水撰墓碣銘大司馬王公庭相撰墓碑銘太史呂公柟五岳山人黃省曾撰傳文琢石爲城甃石爲冢子膠泉祔昭五峯祔穆墓後三峯之間甃磚爲長垣緜亘里餘左右石牆爲界極北塢之勝

修奉直府君墓記

膠山之陰先祖贈奉直公及先考僉憲公之墓在焉先祖葬以嘉靖乙未迨今丁巳八十餘年矣諸父營墓時家方鼎盛故規制宏敞外門三楹始甃以甓磚爲洞門往歲頹而葺治乃改爲今制輔以高垣入門中道有亭甃石精瑩柱有交龍以奉誥命其中入則有石坊四柱頗稱壯麗坊內爲月池跨以石梁踰橋爲廣庭庭中古松五大株其三株

大俱合抱兩傍古木陰森蓊鬱遊人至此盤桓不忍去庭之上爲中門三楹入門歷級數武復爲廣庭兩階栝松杉檜亭亭百尺上有享室五楹正逼塋域登域外垄爲屋所障殊覺阨隘不快往時靑烏家每言享室不宜逼墓向與從子紹芳屢議移改不果乙卯歲中門以歲久不葺前楹忽傾以域兆方隅歲月未利因循未葺丁巳秋始擇吉修葺決策移享室於中門之址甫撤去覺胷襟曠然俯仰瞻眺規制允宜昆弟子姓無不稱善享室故四

架歲時祭掃拜謁逼側今拓前軒三楹棣棟易腐增新輪奐並美二碑位置恰當若經畫素定者兩翼室前後闢牖山光樹色蔭映几席前庭移門旁屋五楹增創二廡中設欞門繚以周垣庭中古松喬木五六株益增勝概其美財并葺風樹樓以爲二祭享餕之所於是數十年頹廢荒落之狀一旦更新人情欣快從子廷諫謂斯舉也於祖宗可以示孝於子孫可以示守不可以無紀聊爲志其大畧所費取給于供役之仂嗟乎今日之協議修墓

者皆吾祖之諸孫與曾元也希范雖列諸孫而生最後幼時且不得與諸曾齒以故於吾祖不特音容杳不可即而生平行誼卓犖不羣之概亦莫得聞其詳雖倖獲一第又早棄放廢不得沾一命以酬吾祖因是舉也於我心有戚戚焉自今以往爲曾元諸孫者願無忘祖德讀者克篤其志耕者能勤其業而又各敦行誼務親睦無有放僻邪侈以辱厥家庶使祖宗之澤綿延百世以永保松楸于不替可不勉哉落成之日昭告祖靈勒於石而記之壁孫男希范百拜謹記

吾安代有聞人傳自贈公桂坡公而家聲始大又有王父僉憲公起家庶常一時羨爲通顯厥後稍稍陵夷矣迨吾先大夫纔起屹然保海內重望者三十年而世德益闡玆其爲修墓而作也先大夫故蔗生不逮事先僉憲少遭閔凶茹荼萬狀卒能赤身徒步創起衰替之餘爲時名臣爲家孝子觀斯記也可知其畧矣廣居於先大夫見棄之明年披覽是文不勝悲痛因成先志甞石置亭室庶令後之人世世無忘厥德云

男廣居百拜謹跋

僉憲墓

明四川僉憲膠峯安公墓在膠山北麓載無錫金匱兩邑志　一穴第六世二柩合葬

明四川僉憲膠峯安公暨

誥封宜人郭宜人墓

僉憲墓說

膠山寺西院之西明僉憲膠峯安公墓在焉墓道深

秀右爲虎沙與墓左回峯相對環抱墓前碑亭二前
爲風樹樓今圮墓門旁爲守冢舍華表臨照河照河
名奎池

安氏膠山新阡記

賜進士第天官大夫敕僉雲南憲使前國子五經博
士吾郡皇甫汸子循撰

寻同年憲使安大夫捐館四年於兹矣元子太學君希堯夙夜遑遑靳於青烏子參諸叢辰家求善地選良月吉日乃始葬焉或有議之者曰周禮大夫掌邦墓之地域爲之圖令國民族葬焉而掌其禁令與其度數凡邱壟小大高卑厚薄之制俾昭穆有辨貴賤有等而仁義存乎其間是先王營葬之禮也曷地之相爲又三日而殯三月而葬天子七諸侯五大夫三士踰月是先王制葬之期也曷歲之愆爲太學曰不然子不見置器者乎置之安則安置之危則危委賦于地藉用白茅易矣其慎置器且然矧親之體敢不慎與古之建都者既景廼岡爰契我龜是相地而卜時也矧營葬惡敢忽諸夫葬乘生氣也氣乘風則散

膠山安黃氏宗譜《卷九 世墓 六 中和堂

界水則止聚之使不散界之使不行苟氣不聚而本體寒水不止而遺骸槁能安于心乎求地者非求富貴也求安己之心也非求庇子孫也求庇親之體骸也迺幸而得膠山之北祖塋之左循西而上數十武有地一區巳山亥向巽龍丙穴方塘之水注其前崇巒之勢繞其後近而峙者曰回斗是爲內案而環以澄江瀍滆瀘湨迴洑千派違而望者曰由禮是爲外案巃嵸嶒崪蜿蜒萬狀可不謂善地乎地善水斯止矣水止風斯藏矣風藏氣斯聚矣氣聚而體骸安子之心庶少懌乎世之鶩于迂遠者營于百里之外將無單露而疏怠者乎或憚煩勞而祔于故隴之旁將無棄庌而蕪没者乎昔公孫文子升瑕邱而樂之思於此終焉柳世隆卜倪塘之勝數與客踐履卒獲兆于燕坐之處膠山大夫所樂而嘗踐履者也太學有心以求無心而得若陶氏之岡滕公之宅天殆黙相爲司勳氏曰不聞平子之言乎幽墓既美鬼神既靈降之以福如日之升昔人昭示今人取徵太學葬親加于人一等哉是爲記萬歷三年歲在乙亥季秋朔

膠山安黃氏宗譜《卷九 世墓 七 中和堂

特授金匱縣正堂加五級紀錄五次彭　爲顲恩給
示保墓事據舉人安吉稟稱治有祖塋一所坐落
膠山北麓籍字號葬治祖明封戶部員外桂坡公
暨嘉靖己丑進士按察僉事崇祀郡州名宦祠膠
峯公載在邑志規模宏敞穴塲前有碑亭石橋墓
門前有河爲堂水埄爲近案世世辦糧保守迄今
二百餘年近因子姓衰貧不免墓道侵削小民牛
羊踐履薪木毀傷採葛塚中摸螺石嶺大則時盜
墓石開洩照河龍脈損傷埄地侵佔治目擊心傷
飲泣銜悲雖經保護幾番日久難免諸弊若不顲
恩給示古墓難以保全況治刻赴公車不親瞻墓
爻兄年邁宗族式微使必指名卬究或轉藉訟無
休惟求給示永禁飭總張掛庶無待傷和而自昭
法網不煩疊控而咸感憲仁爲此恭叩電察保墓
苦心恩准給示諭禁旣免侵削復杜訟累俾治亦
得勒石墓旁永垂久遠古墓得保合族銜恩等情
到縣據此合准示禁爲此示諭該地總及居民人
等知悉嗣後膠山北麓該舉人安吉祖塋務宜共

相保護倘有該地居民或安姓宗族後裔人等開
洩堂水侵削埄案牧放牛羊牲畜及毀傷薪木以
致作踐墓道許卽指名稟
縣以憑提究該地總毋得狥情容隱致干並究各
宜凜遵毋違特示
乾隆五十三年三月初三日示

附錄保墓原呈

金匱舉人安吉

呈爲豪佔有憑縣斷未公事贈員外諱國璽僉事諱如山兩祖墓在膠山北麓吉家世代辦糧墓前長垡向給墳佃樵採禍遭土豪嚴冠林於垡北田內造墳圖謀買垡未遂佔垡紮籬復聽地師錢六仙簧誘越垡而南搉將祖墓照河東西開破東毀石壩西斷大路引水作溝環繞伊墳以利風水吉禀縣示禁詎土豪反架冒地誣控復串蠹總蘇時保奸僧超凡揑覆

縣委鹽衙詣勘丈明嚴墳照原號原田原丈各盈數弓衙乃混執嚴造僞契有垡隨田爲辭復藉水漫巧飾仍聽開溝覆縣吉經斷剖未邀縣察八月二十三日縣訊不究造僞毀佔確情止據衙覆爲憑以祖墳界止大路定斷竟稱路外河垡非吉家所有將垡斷歸僧院竊河南墓道河北大路在祖墓則爲路內之照河沿河之照垡難容開破縣何斷爲非有垡既可斷充公又何不將嚴墳丈盈餘地一并充公今令開溝卽爲他日嚴豪覇佔之根長垡斷歸於僧無異斷歸於嚴可憐一介孤寒數百年完糧祖墓之河垡既不能保嚴豪富甲金邑將來祖墓勢必盡遭侵佔情廹哀號

大憲提卷斧斷上呈奉

乾隆五十三年常州府批

安氏祖塋葬自前明規模自必宏遠卽垡地照河窰池數百年並無爭競其爲安姓完糧祖塋不問可知乃近因嚴姓新起墳塋遂爾佔垡開河毀壩浚溝損人利己無所不爲該縣既委衙丈明嚴姓墳糧弓口

尙有盈餘則此外皆係安業又不問可知乃將嚴姓僞造人契之長垡斷歸僧寺充公復聽其築洞通溝情理俱未允協何以遏絶訟端仰金匱縣親詣該處履勘情形繪具確圖秉公訊詳察奪毋得壅富監之陰謀毀名臣之遺業抄粘並發

南崖公墓

明文學南崖安公墓在膠山南麓廟山灣係籍字山一十畝（上至山頂 下至山足）主穴及昭穆祔葬凡四穴三世八人

主穴第五世

南崖安公墓

昭穴第六世

心崖安公墓

次昭第七世

省菴安公墓

穆穴第七世

臨溪安公墓

嘉慶十一年族裔孫祥復墓祭於增設祠墓祭田內每年提祭費一兩付本支裔孫辦祭

謝湖吳貞母墓

安貞母吳孺人墓在謝湖之濱墓前樹巷係澄字三百三十八號平田七分七釐九毫墓門係澄字三百三十九號平田三畝九分二釐一毫明堂係澄字三百四十號平田二畝零五釐九毫主穴係澄字三百四十一號平田三畝六分零二毫墓後梅園係澄字三百四十二號平田一畝四分七釐五毫凡五號金邱田粮十一畝八分三釐六毫（主穴及祔葬凡四世七位）

主穴第六世一位

明安貞母吳太宜人墓

昭穴第七世一位

明邑庠生瞿菴安公生母徐氏墓

次昭穴第八世二柩合葬

明邑庠生瞿菴安公暨凌孺人墓

穆穴第十三世三柩合葬

清恩賜八品銜太學霽堂公暨配司馬孺人程孺人墓

（貞母墓說）謝湖之濱安貞母吳孺人墓在焉負甲向庚正對謝湖墓説曰貞母吳氏僉憲膠峯安公之側室安

安氏謝埭新阡記

賜進士出身欽降河南南陽府鄧州判官添註管事前禮部儀制清吏司主事承直郎通家子張納陛頓首拜撰

有芽勿剪知不爲裔言後測難哉隆楄翬起其下萬柔郎晞零達澤然甯知夫蔭庭參霄者不胚于此蓋余登謝埭視其阡遲回久之而有感于冥旌之數若于柔伏者蓁隆焉謝埭者余友小范卜以葬吳孺人也吳孺人生小范安君母系出平江詳見誌孺人年

十五而侍憲臯膠峯公正嫡郭宜人嚴媵者凜凜而孺人獨得其懽然娠小范君令勿育也育矣令勿子之以嗣季母之菱者鄒孺人鄒亡而小范甫周涇里居也旋以宜人卒受指伯兄歸侍孺人矣而先憲臯遺貲不及兄存而投而竟弗投塞以所嗣菱母者業較先貲無百一耳而遂併孺人促還周涇里居至其舉南宮第進士則膠峯公爻桂坡公所爲儲共廣原以旌鵠起者亦弗有也孺人緼苦茹荼以成小范厥惟艱哉而小范歷事大行人貞心景譽與四騑同驟

司封我素先生之生母也年二十六稱未亡人苦節三十四載以不及終事僉憲嘗語司封公曰死必葬我于先大夫之側後司封懼僉憲遺魄震動不敢上祔萬歷四十三年丙午别卜一坵于謝埭之原雖極盡禮而非貞母志每歲春秋墓祭舟過宛溪謝湖必風波大作人以爲貞烈之感召云禮部主政納陛張公爲墓表

墓地賣與滕氏造墳者乾隆元年敬祈賣墓左削八分六釐與滕漢升乾隆三年敬祈賣墓右削七分七釐九毫與滕培風今少粮一畝六分八釐浮除去四釐一毫

今存十畝零一分五釐六毫

今墓前後皆開田墳後邱一畝二分明堂坵二畝樹巷南坵九分二釐老三分坵三分五釐老三分外坵四分

以上共田四畝八分七釐以作祭田

又樹巷北坵田六分七釐北滕墳後田三分南滕墳南至沿河田三坵計八分三釐共田一畝八分給墳佃做米田

又九若而歲行能當晉臺省格于年遷膳部郎以便
迎養請改南銓而以上書編戸子孝臣忠小范無虧
節爲有投之矣當小范書上時嚴旨遣逮雖獲宥聞
者猶咋舌而孺人安然不色於憂喜繐帷中固諸大
義乎夫沬星當月柔祧比于枯楊皆閨人慘棘事而
孺人乃能婉娩者蛾綠不以媒忩貞勤順服介共麟
趾向所云匆育者乃以紹厥家幹國蠱蜚義聲于天
下令郭宜人者而在必謂此誠佳兒設不舉先大夫
隆隆之緒未削不雄矣而眇眇諸曾孤纖如露珠囀

與寄命者則郭宜人之徬力于孺人不尤厚耶乃孺
人廿其鹽竭盼世及厚貲力可舉之而諱爭分所有
而不嫌不得器識之達洵以淵源小范已板輿十年
階庭重彩其食之者不薄也余既以小范指周覽謝
埭環環大疆前山鼎峙水自西南北來汪然千頃縈
之若帶余以流謝之義科之負甲向庚合古形家者
言吉壤也以藏貞瘞玉償其聖善矣是爲記

周涇鄒節母墓

安節母鄒孺人墓在周涇之原係情字六百七十四
號平田壹畝零九釐情字六百七十五號平田三
畝四分四釐三毫九二穴二世三位

主穴第六世二柩合葬

子實安公暨節母鄒孺人墓

昭穴第七世一位

我素安公元配談宜人墓

周涇鄒節母墓記

周涇之原龍渚菴之右蔡皇親墳之左安節母鄒
孺人墓在焉鄒孺人明贈光錄少卿安我素先生
之母贈戸部安桂坡先生第七子子實公配也公
諱如陵年十七卒鄒孺人無出年十九而孀守節
十九年而撫我素先生爲嗣鞠育七年而孺人沒
萬歷己卯先生年十六奉節母與子實公合葬周
涇之原去舍南五百步水環三面形勢凝聚龍脈
北來蜿蜒隱躍一區中隆域以琢石樹以松楸癸
未我素先生元配談宜人卒祔於昭宜人之考談

太學信余公爲誌銘自節母之葬八年而我素先生成進士墓前坊儀至今猶存其爲吉壤可知也我素先生爲膠峯公庶子見棄嫡母鄒孺人鞠之誨信余公調護之教之成進士節母之德不可忘信余公之德不可忘則鄒節母與談宜人之墓不可忘後世荒蕪此墓不祭掃任族人私葬又鬻墓地賣與蔡氏一畝臧氏一畝三分一厘今在六百七十五號一畝八分德隅與孫岳牧二分運昌葬爻辦二分此子孫之忘本子孫之所以不振也乾隆丙午八世孫吉立墓碣復墓祭名其孫曰鄒生願世世無忘節母之德云

鄒節母墓祭田八世孫吉立

籍字二百三十三號原田二畝

朱村橋墓

明太學安懋卿先生墓在上山朱村橋先生傳載邑誌文苑其墓坐落甚字二百五十六號二百五十八號二百六十一號二百六十三號二百六十四號二百六十九號高田八畝九分四厘八毫爻子兄弟同兆凡三世五穴十一位

主穴第七世二柩合葬

明太學少峯安公暨配王孺人墓懋卿先生之考妣敘憲膠峯公嫡子

昭穴第八世二柩合葬

明光丞耤卿安公暨徐孺人墓

穆穴第八世二柩合葬

明太學安懋卿先生暨配吳孺人墓

穆穴右偏

懋卿先生副室褚氏吳氏凌氏祔

昭穴左偏第九世二柩祔懋卿先生季子

季升安公暨配吳孺人墓

墓說

懋卿先生晚號研亭而其詩名則以字行兄耤卿號研泉孟公先生曰二研公初奉少峯公安厝於宛湖

鴨城光祿公墓
常州府志光祿卿安希范墓在膠山鄉
無錫縣志光祿卿安希范墓在鴨城橋
金匱縣志贈光祿寺卿安希范墓在鴨城橋
明贈光祿寺少卿安我素先生墓在鴨城坐叔字一百八十六號平田全邱二十一畝六分七釐三毫
三穴二世六位元孫信翁公祔亥昭
上穴三柩合葬 第七世
光祿公暨張宜人陳孺人墓 簡菴公生母陳氏祔光西

昭穴一柩合葬 第八世
明進士廓菴公暨高孺人墓
穆穴二柩合葬 第八世
明廩膳生先告公暨嚴孺人墓
祔昭二柩合葬 第十一世
信翁公暨秦孺人墓

光祿公墓說

鴨城之原明贈光祿少卿我素先生墓在焉先是先生卒於天啟辛酉越五年乙丑卜葬于湖塘門西平原之新阡水浸棺不利研泉無子而没研亭年逾艾尙未有子乃改卜朱村橋之壙葬後研亭聯舉四子二研公祔昭穆有孫十四人譜曾亦不少且享安富百年當亦吉壤也而兆適當坳峯凸栗堆阜於其閒望之儼然小山盎補造物之缺陷歟吉觀大宗之盛衰非關天時地利薄於庶孽而嫡冢凋零我素公以庶子庇大宗爲之改葬爲之保孤懋卿先生副室褚孺人被我素公貞母之化而畜四姬有子四人大宗之後皆庶子也而四子又不忘褚孺人之德生

不母之殁不詳其墓其後長房有十餘孫而凋零幾盡今擬褚節母當附此墓致祭云

之康山一日開化小稽山石地不能穿穴厝于鴨城之養廉莊數年不得地或云莊卽吉壤也遂改莊爲墓養廉莊者僉憲膠峯公之所建也其先贈戶部桂坡公諛養廉三百畝約以子孫仕者授之僉憲成進士受其田擴其畝千置養廉莊于鴨城而爲記僉憲既没我素先生爲行人從子紹祖紹芳私擅其田及先生側籍二子乃出田三百畝及養廉莊來歸先生病其無名改爲贍族田莊則仍以養廉名也自莊改墓而贍族之田亦廢善繼其

難乎先生冢子鄺菴孝廉卒於甲申以宏光三月祔於昭王太守猶金緋題主堂斧猶然故國之封也乾隆十七年

高宗純皇帝南巡郡邑修志載入先賢冢墓

光祿公墓祭田

光祿公墓祭田叔字一百八十六號內共田三畝一分六厘六毫并河租六斗河田租一斗

墓門外田三坵共一畝四分六厘六毫

墓西南秧田五分

信翁公附葬捐入墓門內田一畝二分

另墓前沿河田一畝三分給墳佃飯米田

墓後叔字二百三十號內靠垶一座左右兩超手辦平田糧七分四厘八毫　墳佃樵斫還柴租

永安橋塊西屋基一塊辦叔字一百七十三號內平田糧五分五厘　給墳佃墾種樵斫

令字號柴山二十畝隨祭墓三分輸收柴租辦糧戶名安卿山

北園安孟公先生墓

安孟公先生墓在其家園坐令字三千三百六十八號高田十畝三穴三世五位　兆東一穴二位

主穴第九世

孟公先生墓

昭穴第十世二柩合葬

淡園公暨薛孺人墓

穆穴第十一世二柩合葬

天柱公暨　旌節吴孺人墓

兆東一穴第十二世二柩合葬

繼動公暨孫孺人墓

北園墓説

堠村進士第後有園十畝曰北園安孟公先生墓在爲孟公初封生壙於鴨城祖塋之東自爲生壙誌及卒先生仲子淡園處士以其地褊小乃於雍正三年乙巳葬公于北園丙向淡園公繼配薛孺人祔于昭淡園長子天柱公祔于穆雍正癸丑淡園卒明年甲寅與薛孺人合兆乾隆乙未旌節吴孺人與天柱公合兆天柱公之子繼動公祔于墓左墓在北園之西北隅北園者光禄公母吴孺人所闢也孺人嘗挈家於此督耕課圃而又長齋自剪園蔬以供一飯其園邱壑天成東北二面高邱市之長松冠之又有流水環之其東南則樹周社之栗與銀杏高梧西南有竹林正西爲梅園其中爲田爲圃爲廬舍構春榮館觀木向榮果蔬花草無所不有貞母扶杖日涉其間命家僮引水溉田養花育竹鄒學使廸光贈行人移家詩有不須求學圃喬木已堪攀之句蓋知貞母之勤於農圃也又再傳而高孺人移春榮館於膠山之靈泉菴以祓無子而生孟公孟公游息于此以配西林東林南林謂之北林其實三林之南也

安孟公先生墓祭田 元孫吉治祥立

令字三千三百六十八號內原田二畝三分

坵名大圍內一畝三分麥白蕩一畝

此田本支占分產今敬亭熊占將令字二千一百十一號原田二分五厘二千一百二十九號原田一畝與支占換出令字三千三百六十八號內原田一畝二分五厘捐作祭田支占亦將此號內一田一畝零五厘捐出作祭田日後支占收租辦祭一年敬亭熊占合收租辦祭一年

署江蘇常州府金匱縣正堂加十級紀錄十次畢 爲廟墓逼隣久恐更碍叩給示諭循舊永遵示據監生安天全生員安遂初安永思安永保抱屬安升稟稱四四二圖安鎮街有城隍行廟一所乾隆十五年即淨因庵改建坐落令字三千三百五十八號高田糧貳畝三分零保前明萬歷間先賢安我素先生奉母吳太宜人命始建此庵名曰淨因世爲安姓辦糧家庵招僧持住庵前古樹至今猶存乾隆間緣里人走禱邑廟城鄉路遠請將是庵改作城隍行廟爲一鄉

報賽保佑黎庶之所先祖倡將基屋捨捐因南有陽宅西多坐墓風水攸關當議坐南朝北一進七間永不增設前造故道光七年廟董積捐市鎭擴置廟後基地募捐增建大殿三楹左右對照東西廂房十八間擬將前造改作頭門循舊議也無如工未完竣碑記未勒老成殂謝司事迭更將藉斂項之贏餘莫問廟基來歷不顧陰陽兩宅擅欲增建頭門屢質青烏有妨鄰里凡爲墓裔無不寒心生等祖塋尤爲切近豈因邀福反致遺殃爰集同人重申舊議工雖作輟

心尙猶夷切倡捐卽墓中之人而墓裔受捨基之害神猶不忍人何以堪且廟貌足安　神靈廟房儘供游玩屋宇已多旣難修葺工程再舉必致歛錢利害攸關陰陽相左惟求給示飭諭廟司地總循照前議以所辦磚木卽將前造改作頭門擇吉完竣勒石永遵以遏聰明亂舊之念庶得廟墓相安爲亟叩恩給示勒石以垂永久等情到縣據此除批示外合行給示勒石曉諭爲此示仰廟司及該圖地總知悉卽照前議修造完竣俾循舊章以垂久遠如有地惡棍徒

人等藉端滋事許卽指名稟縣以憑懲究各宜凜遵毋違特示

道光二十三年八月十一日示

鎮山彙占公墓

無錫縣志舉人安吉墓在鎮山

二穴二世四位

主穴一柩

清孝廉彙占公暨元配秦孺人墓　有碑

昭穴二柩　下首另立主穴

清邑庠生景林公暨繼配錢孺人墓

墓說

於嘉慶三年永遠置得楊垂裕坐落鎮山頂歸字

號山地壹塊約今丈山糧五分山糧柴薪抵辦契紙載明永爲安姓世代祖坐聽憑管業築墙造墳安葬栽種松柏蔭護風水與楊姓無涉計開四址長南至北十二弓濶東至西七弓均立石爲界向立丑未祭掃三房輪値此記

膠山安黄氏宗譜卷十

澤上宗祠考目録

宋樞密使厚卿公祠堂記　李瑞岡

宋厚卿公新祠記　裔孫榮光

春秋二祭祝版文

每年春祭各支八年輪流表

每年秋祭雲卿公支十一房輪流表

祭祠傳單式

堠村支宗祠考目録

安氏祠堂記　海虞李傑

崇親祠記　男如山恭記

安氏先廟碑　海虞錢謙益

復建始祖叔英公祠堂記　裔孫曾發

七府君暨鄒節母（復家廟復祭永不祧議）　八世孫吉

復建安我素先生祠堂記

祭祠傳單式

祭墓傳單式

祠墓祭儀

祭祠墓祝版文目録

始遷祖叔英公祠

懿德祠

光禄公祠

老墳園始遷祖叔英公墓

老墳園近仁公墓

膠南壽山墳友菊公墓

膠北東大墳桂坡公墓

膠北西大墳膠峯公墓

周涇七府君墓（附周涇水路程歌及水路程説明）

謝埭湖吳貞母墓

蘇家橋一鑑公墓

朱村頭少峯公墓

鴨城橋光禄公墓

膠北元白公小壽山墳

北園潔園公墓（耀勳仙巖）公墓蘭巖公墓

鎮山古琴公墓

始祖祠內黄姓修理祭田
始祖祠內安姓修理祭田
新捐祠墓祭田
增置祠墓祭田
增設祠墓祭田
我素公家廟辦公田
我素公祠新置修理田
膠南靈昀菴安公祠修理祭田

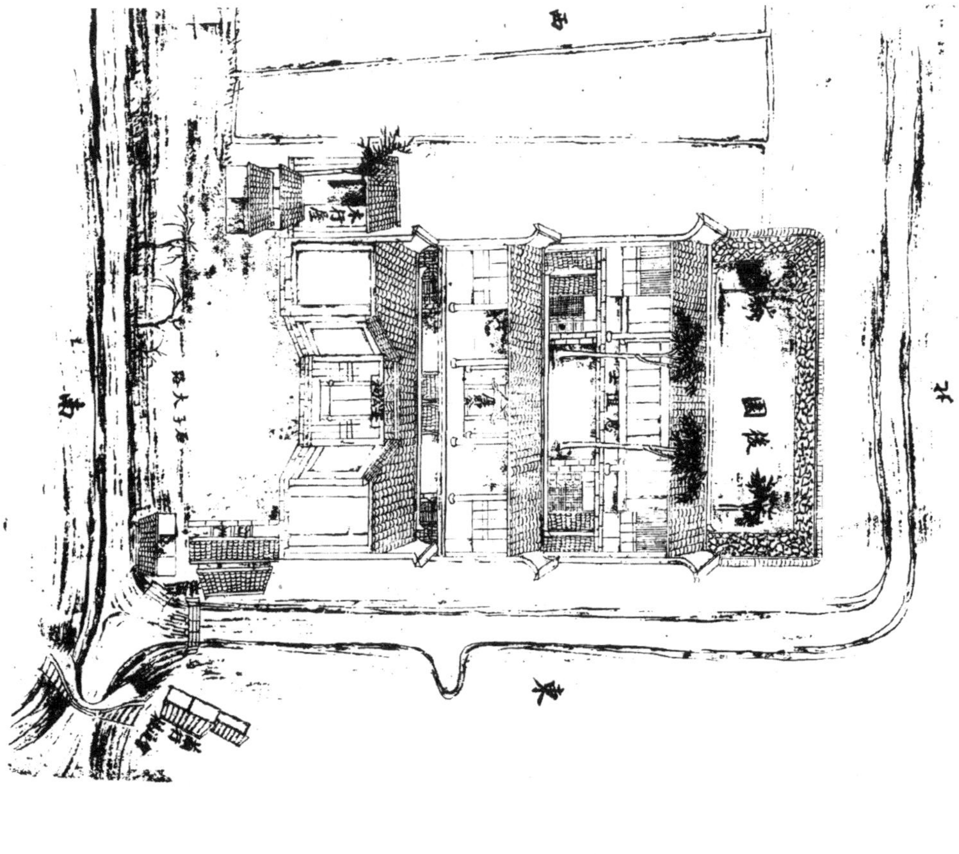

膠山安黄氏宗譜卷十

宋樞密使厚卿安公祠堂記 澤上

賜進士出身

誥授奉直大夫刑部山東司主事加一級前翰林院

庶吉士武進李瑞岡頓首拜撰

朝廷祀典忠義鄉賢名宦祀于學宫其他先賢祠廟有有司建者所以正風俗也有縉紳建者所以志仰止也有民建者所以報功德也明嘉靖議禮始許民間得祀其始祖之有德善功烈勳勞于天下者咨部

給帑有司致祭宋樞密使諱燾傳列宋史生平安内攘外使高麗不辱君命與遼使爭禮議夏人侵疆爲國家持大體議回河非計以設險爲急務侃侃直言動合機宜不愧社稷之臣展禽曰以勞定國則祀之如安樞密豈非以勞定國者乎顧樞密開封人非錫産又未宦于江蘇常郡于鄉賢名宦皆不當何以得祀于無錫蓋錫山安氏其裔胄也報本追遠奉爲始祖固其所也雖咨部給帑致祭亦可比于范文正司馬公又何病乎家廟私祀安氏自宋高宗南渡由開封遷無錫之膠山於今五百餘年矣隱德弗耀明初有明善公爲金華貳守而膠山之安始著故以明善公與其考元卿處士配食樞密明善公二子宏大宏遠兩先生以文學鳴于錫山詩篇膾炙藝林見于諸名公選本宏大以挂誤謫戍雲南宏遠代戍留少子以文居錫守先人邱墓以文公萬里尋親三至雲南一時縉紳先生文學之士作爲詩歌以贈行夫萬里代戍友于兄也萬里省親孝于父也而又有文章推重鄉邦此皆與鄉賢祀典而無媿者也家廟可缺祀

乎故宏大宏遠二先生及以文公以次祔祀其祠在金匱懷仁之蔣巷建于乾隆丁未倡其議者雲卿處士成其功者汝恒昆季董其役者麟善來儀協其力者則通族也祠既成汝恒請予記其事以爲子孫弗替引之予故論先賢祠祀之典與安氏建祠奉祀之意而爲記

厚卿安公新祠堂記

我安氏楓嶴公祠向在蔣巷距安鎮不一里建於乾隆丁未奉祀百有餘年地僻祠隘堂廡又極敝漏殊難安妥先靈榮少時屢聞諸族長議思重建因費絀稽延至光緒戊子年小廳崇本堂正間幾傾時先君正在發起修譜事採訪幾遍半矣曰譜事固亟亟而宗祠尤難緩先君遂與諸叔輩集議曰今譜稿已粗成而修宗祠之舉爲尤急諸同人以爲然第宗祠之修非落地重建不可既落地重建不如遷移而擴充

之以集族議遂遷於安鎮東街但經費艱鉅不得不向各裔勸捐因訂捐簿作捐序有力者慷慨解囊無力者亦量力捐助未幾集有成數卽於是年冬購料興工將舊祠之小者大之卑者高之淺隘者擴充之我先君冒風雪忍饑寒夙夜不遑督工數月而祠落成計前造正間一東西次間各二門額曰安厚卿先生祠由前門正間過穿堂小廳三楹東西次間各一正間神龕設厚卿先生位燦閣前額曰休有烈光由小廳而進大廳亦三楹俱設神龕東西次間各一廳前有軒極宏厰軒後面有額二一曰忠孝流芳一曰恩進士正間中設光達公位東西昭穆自元卿公明善公後依次分設左右兩廊廡五架各三楹居中天井亦頗暢廳後有後軒一個餘隙地尙多周圍以墻圍之前面南臨大河東數武有石橋名曰三涇橋橋面石分三節故名東南當下流之衝有石橋曰會通係全市之關鍵一鎮之鎖鑰也西接安鎮北至義莊桑田此全祠楹宇界址之大概也計祠落成迄今已三十餘年矣想見先人孤詣苦心艱難締造不禁耿

耿於懷爰敘其顛末而爲之記

民國十有一年歲在壬戌秋九月

十八世裔榮光謹述

樞密公春秋祭祀祝文

維

民國　年歲次　春三月 秋八月　朔望 既望　裔孫　等

謹致祭於

宋觀文殿學士厚卿府君之神曰惟　府君趙宋清流黨錮爰同司馬祥符舊族勳業可配麒麟芳名著於前朝望隆樞密盛德垂於後裔代有聞人自南渡以來世澤縣於無錫居東膠而後家聲再振金華世篤忠貞溯流風於史册家傳孝友垂彝訓於詩篇庇百世之雲礽慶餘積奮追一本於祠廟敬薦　春春 仲秋　尙　饗

宋誥封金紫光祿大夫觀文學士光遠公　宋誥授中奉大夫吏科掌印給事中世忠公　明誥封奉政大夫元處士元卿公　明誥授奉政大夫浙江金華府同知明善公　明文學叔英公　明敕授冠軍使儀正宏大公　明敕授雲南楚雄衛指揮誥授宣武將軍宏遠公　明處士以忠公　明文學以式公　明詔旌孝子給賜冠

帶有禎公配　饗　昭穆分獻

明處士五世祖林泉公　有祥公　有祺公　有禧公　有禨公　七世祖心雪公　慶讀公　八世祖邑庠生膠東公　九世祖廸功郎夢溪公　南鴻公

明恩貢生儒學訓導十世祖淡生公　邑庠生宏宇公

清處士君成公　清貤贈修職郎雲卿公

清貤贈登仕郎恩賜粟帛蓉軒公

清處士聖嘉公

清貤贈奉政大夫候選府同知旌義貢生春臺公與饗

祭品五筵　無傳宗主一筵

祭筵八色　猪首雞鴨蹄魚海參腈蛋　乾點四色　水點四色　蜜餞四色　水菓　交子花生四色　酒飯湯茶

化企　大皮頭七援全申錠七十串杭阡蘇元四副錠緞元寶二副四兩雙十個五百遞一条玉企一巨紅一半封燭五對四兩燭一對大一支燭五對好線香三古檀棒熟香六兩末香二袋表心茶葉　樂工　祠丁

每年春祭八年一輪各支巷名列後

以忠公支 長沿頭 安家小橋 合一輪

以文公支四房派一 中澤北橫塘 鄒家巷 合一輪

快先巷杜家墻 前澤圈墻裡 合一輪

鴻山森巷 張舒址 合一輪

以文公支四房派二 蕩南巷安家巷 南巫家村前安家 合一輪

後澤浦大房浦二房 鄺華鎮浩川裡 合一輪

以文公支五房派 南巫家村嘉德堂 繆家橋中澤 合一輪

每年秋祭雲卿公支十一房輪流堂額列後

天成堂 仁美堂 嘉德堂 保滋堂 致和堂

仁德堂 敦厚堂 頤壽堂 景慶堂 培遠堂

慶恩堂 附祭宗祠帖式

夏歷三月初一 八月十六日恭祭

樞密公祠 司祭裔孫 仝訂

凡我子姓 風雨不移

早降拈香 分金照例

明善公暨宏大公宏遠公祝文

維

民國 年歲次 春三月朔 冬十月望 越 日裔孫 等

謹致祭於

明誥授奉政大夫浙江金華府同知明善府君暨

明敕授冠軍使儀正宏大府君

明敕授雲南楚雄衛指揮誥授宣武將軍宏遠府君

之神曰惟 府君修身立行藏器待時以實學

育名世之眞儒以善政佐興 王之盛治修學

校而建衙署祀 名宦於金沙應 徵辟而試

人材著仁風於寶婺開堠村之門第慶衍膠山

傳 樞密之家聲祥鍾蓉澤 御題像讚荷希

世之 恩光墓產靈芝昭千秋之神顯 宏大

府君 宏遠府君富有著作早得詩名詩律鉤

元博雅重騷壇之望親居吟集高才寓韜畧之

雄榮叨蔭庇之 恩立功朔北素爲友于之誼

代戍雲南萬里從戎盡忠盡孝一門名將難弟

難兄想英偉於當年仰贈 遺像爲馨香於此

日昭格　神靈尙　饗

義莊春秋二祭每設　明善公暨　宏大公遺像於西樓下去歲重修宗譜麟書任情深追遠特爲補摹　宏遠公遺像以成完璧惟先輩所作祝文歷有年矣現於　宏遠公畧蹟闕如於心不安故　宏大公下余爲僭易數語仍俟後之有識者商定焉

民國十二年夏歷春三月

十七世裔孫　泰來　百拜謹識

膠山安黃氏宗譜卷十

宗祀

安氏祠堂記　堠村

賫善大夫禮部尙書欽賜玉帶前翰林學士國子監祭酒南京吏部尙書經筵國史官海虞李傑撰

民泰安君以英特剛毅之資拓志繼述爰先祖有祀祠制不可缺也則以天地生物始於東方乃相地之巽隅搆堂三楹樸雅如制飾四龕其中奉高曾以下及其考友菊承事四世神主統小宗以供祀事既又

重念祖功宗德百世不遷孝子慈孫萬代如見而友菊功德肇造維艱垂裕詒翼葘畬經史與夫栝棬弓冶漸涵手澤觸目而是百世不可忘則百世不可遷也乃欲虛其左室俟祧期之及則奉主特祀百世不易以昭崇報之典其仁孝誠敬之心亦云至矣祠既成請予記之以詔後予惟禮以義起經由權立能制義以行權是卽禮之經也君子奚惑焉況民泰此舉上遵時王之制而不敢違尊尊也下輸孝子之愛而不忍沮親親也尊尊親親王道備矣而又奚議焉爲

民泰之子孫者愼毋替斯禮以率其仁孝誠敬之心也哉民泰名國琥桂坡崇德象賢嘗作李忠定公祠於膠山之陰割田奉祀以倡率後學其尊尊親親之心出於天性宜爲名縉紳之所推重云

崇親祠記

邑東膠山之北舊有叢林曰膠山寺據志蓋自梁蕭侍郎捨宅而爲之也寺坐三峯東西二峯掩映左右林木森茂迴環鬱葱誠一方之勝槩也昔宋相李忠定公原籍閩之邵武人父諱夔宦遊雲間占籍吾邑卒葬於城南之粲山公遂戀戀焉切并州故鄉之思名其集亦曰梁溪繫所感也且疏請於朝乞膠山爲崇親報德禪院以延香火公眞純孝哉邑志具載可考也而世遠人亡跡已蕪没而莫之存矣寺僧祗設

忠定木主於泉上之蒙齋正德間先府君奉直公見而歎曰禮固有以義起者名德如公即所經歷地後人當尸而祝之以伸仰止之私矧嘗乞祠斯土名跡昭昭者乎吾家密邇於此此舉殆不可緩也乃建祠肖像割田十三畝爲春秋二祭之費祭時先期請鄉達德位尊者主其事先君淪謝此舉尋廢而田亦不屬於祠垂三十年餘矣不肖惜令典之就湮慨先德之不著居常耿耿於中迄以冗敓歲癸亥秋七月不肖偶遘危疾幾不復生夢中嘗見先大夫桂坡公暨

誥封太宜人徘徊几榻前若陰有以相之者幸而旋卽勿藥緬思親恩罔極圖報何窮膠山寺與忠定公夙馬牛不相及且乞爲報德禪院吾今二親墓在膠山之陰體魄永依寺旁斯祠顧可後乎第我朝無乞祠之例而墓右地一灣不肖近捐俸貲得之可無藉於請乞之煩爰命工人建祠於阜顛肖二親像於其中仍復忠定祭田一十三畝卽撥吾山北莊田供之除春秋墓祭各房公舉外每歲春擇上巳秋擇重陽李公祠二親祠各設一祭或羊一或豕一分致特牲

之敬其諸雞鵝魚各一野味五野蔬十酒一尊飯一盂果五品隨時備大抵前田每歲二税約實得米麥可十石易銀可四兩二祭每季費銀二兩足矣遇祭不肖僭主其事不敢重屈鄉先生者爲二親少殺耳夫孝爲萬善之本故傳曰孝者所以事君也又曰求忠臣必於孝子之門忠定公在宋建炎間適值國步多艱矢忠效力功著兩河威伸敵國宗社賴以復振爲宋名相萬代仰之而不知其本固自斯祠之乞培之也不肖弱冠忝竊登朝繫名仕籍出入中外幾閱三紀惟持己愛民公忠報國不敢自負移孝作忠之初念而中遭讒斥勳業弗顯於時其詒羞忠定亦多矣所望吾後之人勵忠孝之大節遘明良之奇逢出入將相爲國柱石世治則脩文以綏太平世衰則耀武以戡禍亂庶媿美忠定於千載端不負今日建祠之意云男四川按察司僉事晉階朝列大夫如山恭記

安氏先廟碑　前史官虞山錢謙益拜撰

國家當昌明之運而郡邑氏族必有從而興起者蓋扶輿磅礴之氣實鍾厥靈非偶然也故雖時移事往而其子孫永懷先德不忍委諸草莽堂構丹雘歲修薦享覩其廟貌禮器儼然如對盛世之簑裘圭璧焉膠山在梁溪東鄙山廻水襲土物豐厚固稱奧區神皋洪武中長洲黃公叔英以贅壻爲起家之始祖再傳至鄉祭酒處靜先生卽王母之安爲姓生子友菊承事丹大其家遂列江南之著姓云桂坡司農嘗建

祠堂鏡大宗伯李公傑記陷諸壁祀厥祖考且示後世奉承事以勿祧是雖司農之孝思不匱然由今視昔則司農實安氏不祧之祖也玄孫璿敬構先廟於膠山之陽祀司農以下凡四世司農諱國海內無不知有桂坡翁者是也權奇倜儻不事纖微居積而家益大藏書萬卷延五經名宿分課諸子當軸者屢以經國借箸立效上聞强之仕不可賜銀牌封散官司農則長子如山貴而贈者斯非所謂鄉先生沒而可祭於社者與如山登嘉靖己丑進士嘗讀書膠山中學者稱爲膠峯先生選庶常出爲裕州牧遷比部主政歷任豫越滇齊俱著廉靖聲僉憲雲南時晉階朝列大夫致仕生孽子希范七年而卒裕人以均田利在百世聞而感激流涕俎豆黌宮希范奮起慮患弱冠成萬歷丙戌進士授行人擢禮部主事欲便迎養貞母吳孺人拜疏請南朝改吏部驗封司主事聞高忠憲公降尉揭陽上書忤君相削籍一時直聲震天下林居三十載從顧端文公講學東林郵贈光祿勳忠憲爲文祭告龜山先生崇祀道南祠子廣居卽忠

憲壻頗殖於學領崇禎癸酉鄉薦閉戶讀書不問生產人目爲眞孝廉癸未中副榜進士特恩授大命殉甲申之難其忠隱故其事未彰然以孤臣而結三百年世恩之局蓋亦可以不朽矣聞嘗盱衡而歎瞽宗之典確乎其不可拔者幾人而不易乎世不成乎名遯世無悶湮沒正自不少如安氏四先生孰不當有羹墻之饗乎而僅修其禮物於家賢則能無世道升降之慨然惟其稍凌夷衰微也所以無媿爲世臣大家也

復建始祖叔英公祠堂記

吾家自贈員外桂坡公始建祠堂禮部尚書海虞李公傑譔安氏祠堂記曰民泰安君構堂三楹飾四龕祠高曾以下及其考友菊承事四世神主謹按民泰桂坡公字也桂坡公之高祖叔英公也曾祖近仁公也祖處靜公也合友菊公爲四世桂坡公建祠堂于明正德中以祠堂記勒石祠壁吏科給事中邑人俞泰書丹奉祀者百有餘年廢于康熙壬戌安氏大宗英先以此斬祀記石爲有力者負之而走曾發目擊

心傷移歸天全堂思復建者有年顧念叔英公黃姓而祠堂稱安氏以桂坡公尊祖豈擅易高曾之姓哉蓋舊譜載叔英嗣于安明善氏近仁公不忘黃氏本宗命長子公彥承黃姓至桂坡公時安黃分姓久矣安氏祠堂既廢會黃氏公理子章欲建祠堂卜地里之巽隅久而未成雍正末年公理之子懷九捐屋助建而不足以力竭來告曰叔英公黃氏安氏同祖也子欲復建祠堂兩姓合祠以祀不亦可乎曾發欣然囑田倡安氏族人共襄祠事告成于乾隆庚申越明年秋八月之望子章懷九與曾發率兩姓子孫奉木主入祠致祭準古別子爲祖繼別爲宗繼禰爲小宗之法秩然各正以位叔英公由長洲縣珠里始遷無錫之膠山衣冠第宅至今數百年猶有存者公開之也祀爲始祖所謂別子爲祖謂始遷之別于本國者也二世祖近仁公三世祖公彥公處靜公分姓之始合祀始祖中龕明繼別爲宗也左龕祀黃氏分支祖自四世至九世滌源公支分爲五爲位十有七右龕祀安氏分支祖自四世至六世膠峯公伯仲支分爲八爲位十有一所謂五世親盡則各宗其小宗而繼禰爲小宗者也若我高祖我素公理學氣節載在明史從祀道南祠先賢祠鄉賢祠家廟可缺祀耶曾祖廓菴公之隱忠曾伯祖硯亭公與先祖潔園公之文學先兄守中公之高義繼峯公之貞孝載在邑志家乘詩曰夙興夜寐無忝爾所生又曰樂只君子邦家之光此六君子者無忝前人而有光於邦家者也奉以配饗祠祀之準禮酌情蓋如此春秋致饗朔望瞻謁牲醴香帛兩姓輪值遇有修葺兩姓協力禮云春

秋修其祖廟若久不修而屋壞蹈英先之覆轍至于議祭禮置祭器增設祭田宗人濟美颺舉振興祭以士祭以大夫尤有期待于無窮_{曾發}老矣言念子章懷九先我而經營偕我而觀成皆已謝世不忍忘其報本追遠之勤幸復六十年已廢之祠吾志得遂也故記建祠歲月爲族人告子章諱士志十三世孫事母以孝聞懷九諱延和十三世孫方正有士品

乾隆己丑六月十日十一世孫曾發百拜謹記

第六世祖子實府君暨配鄒孺人復祭家廟永不祧議

自古奉先之法有大宗有小宗大宗者嫡冢也小宗者支庶也吾安自奉直大夫桂坡公以行義起家生膠峯公以嘉靖己丑翰林知嵇州有均田之績崇祀名宦承桂坡公爲大宗次日膠泉公行二膠陽公行三五峯公行五膠崖公行六子實公行七十峯公行十子實公出繼舅氏周居周涇早卒無子配鄒孺人守節十峯公少撫于膠峯公長而與膠峯公搆禍不

守其業傳三世而絕于是桂坡之後凡傳五支膠峯嫡子曰少峯公庶子曰我素公嫡誥封宜人郭出庶副室吳孺人出我素以萬歷丙戌進士卹贈光祿寺少卿配享道南崇祀郡邑鄉賢公始生之日郭宜人監十峯之禍大懼庶孽之妨嫡長膠峯公又憐子實公無嗣而矜鄒節母苦節乃命我素公爲之後而歸宗焉至于今我素公後號曰七房于是桂坡之後凡分六支膠峯公爲大宗膠泉以下至子實公兄弟五人爲小宗我素公乃奉子實公祭祀此膠峯公之意

也則我素公之子孫宜宗子實公而世世奉祀弗替
也且我素公之有功於祖宗有德於子孫有名於國
史有光於家乘皆賴子實公鄒節母全之也郭宜人
懲庶孽之禍甚于剝膚之災假令我素公不爲子實
公後恐必不免子實公陰全我素公爲亢宗之子扶
植大宗至於今大宗衰而我素公之子孫猶得奉桂
坡公膠峯公祭祀則子實公與鄒節母之功然則子
實公之不可祧斷斷如也今議世世不祧之祖曰桂
坡公膠峯公我素公而陰全我素公爲亢宗子以不

墜桂坡公家聲者爲子實公以苦節全我素公使子
實公有後者爲鄒節母守鄒節母之業以苦節教我
素公成名者爲吳貞母是皆百世奉祀而不可祧者
也乃今家廟不祀子實公鄒節母而墓在周涇又缺
祭掃於禮不合幸本生祖信翁公建始祖叔英公祠
奉子實公從祀 吉謹遵此意復祀家廟復周涇墓祭
勒碑置祭田且當奉鄒節母吳貞母神主入宗祠貞
節祠并書此議于家廟以示世世子孫八世孫 吉謹
議

重建安我素先生祠事述

明代誅鋤搢紳煽其焰而肆其虐以閹禍爲極而後
來氣節之盛罔與倫比亦由一二三賢臣倡之漸乃成
爲風會蓋士君子負有綱常名教之責讀書養氣實
已用力之久故能見危授命無所畏葸而當時摧殘
善類剗列爲空如顧端文高忠憲鄒忠介諸公無一
獲免若 安我素先生尤爲東林傑出之賢朝野仰
望亦以上書論事逮問削籍而國家元氣大傷竟至
滅亡不可補救厥可慨矣禮有之古之鄉先生歿而

可祭於社桑梓恭敬鄉之人猶知尊賢禮士之意况
先生敦品立行高出於鄉先生以上者乎况一本
之親爲 先生之子孫者乎宜其以享以祀以妥以
侑不能一刻忘也 先生卒之明年爲天啟二年壬
戌長子庠生廣居陳情援例請卹刑部侍郎鄒元標
特疏闡明䘏贈光祿寺少卿崇禎甲戌合邑紳耆會
同府縣兩學生員劉浣王玉汝黃鐘亮等具呈 學
憲祁彪批安宦學有本源行堪模範建祠准行辛巳
又蒙 巡按御史任濬批仰無錫縣准照顧端文例

一體特祠致祭遂捐置惠山學秀閣改建以奉其祀時　先生長子孝廉公廣居正赴禮闈思於南宮捷後舉行入祠典禮不意孝廉公甫捷癸未之春闈遽罹思宗甲申之國變公亦殉節效命致不獲與顧高二公並饗二泉之上時人惜之至清乾隆庚申年
先生玄孫曾發建祠於堠村併叔字號糧田五畝捐入祠內以供歲修及祭享時事諸費時堂階整肅祭器畢具二百年于茲矣自前清鼎新以來閱時既久祠屋頹廢而祀事弗繼　先生十一世孫涵養先生

名宗愈感惻實深於民國乙丑冬十月將祖遺承分之寶娥臺舊址翦棘芟捕煤爐重建祠宇五楹奉
先生祀爲歲時朔望無不躬親行禮伸其誠敬爲後世子孫法將勒石以貽永久乃以屬維鈞曰宗愈始克奉　光祿公祠祀顧先生敘次之俾欲求當世名公而請記焉愼宗追遠如涵養先生之孝思可不謂之賢者哉寶娥臺者　我素先生罷職歸隱後經營莬裘之所與顧端文之小心齋高忠憲之止水居鼎足而三親故往來相與邀月醉觴臨風吟嘯逍無虛

至今流風餘韻猶令人過其地者爲之想望丰采歆歆慕
日茲闢草萊而爲　先生祠期　先生靈爽式憑必刊於無已
陟降乘螭常來茲土也中心藏之何日望之豈非宗愈之所甚快者乎遂爲粗述其梗概幸立言君子圖其不朽焉

中華民國十有八年歲次己巳春王月望日

武進後學石維鈞謹述

祭祠傳單

二月初十日恭祭
八

始遷膠山祖叔英公祠凡屬子姓屆期早集

風雨無阻此訂

司祭裔孫　謹啟

祭墓傳單

清明日
十月朔日恭祭

始遷祖西老墳園及膠山南北

六代先塋凡屬子姓屆期早集風雨改移此訂

司祭裔孫　謹啟

祠墓祭儀

主祭一人 行陞降禮左上右下周旋圓轉從容不迫

通贊一人 立左邊聲音清朗

引贊一人 立右邊聲氣融和

讀祝一人 跪右邊氣機流暢聲調和緩

執事四人 左右晉接

通 主祭裔孫就位　執事裔孫齊立

參神跪　叩首　再叩首　三叩首　興　平身　行降神禮

引 詣香案前　跪　上香　再上香　三上香

酹酒　俛伏　興　平身　復位

通 跪　叩首　再叩首　三叩首　興　平身

行初獻禮

引 詣香案前　跪　初獻爵　俛伏　興　平身

跪　讀祝文 倘若祭墓用 飲墓　俛伏

興　平身　復位

通 跪　叩首　再叩首　三叩首　興　平身

行亞獻禮

引 詣香案前　跪　亞獻爵　俛伏　興　平身

復位

通 跪　叩首　再叩首　三叩首　興　平身

行三獻禮

引 詣香案前　跪　三獻爵　俛伏　興　平身

復位

通 跪　叩首　再叩首　三叩首　興　平身

行侑酒禮

引 詣香案前　跪　侑酒　俛伏　興　平身

通 跪　叩首　再叩首　三叩首　興　平身

復位

行奉盛禮

引 詣香案前　跪　進羹　上膳　俛伏　興

平身　復位

通 跪　叩首　再叩首　三叩首　興　平身

行薦茗禮

引 詣香案前　跪　薦茗　俛伏　興　平身

復位

通 歆神跪　叩首　再叩首　三叩首　興　平
身　退

送神儀註

通 辭神跪　叩首　再叩首　三叩首　興　平
身　禮畢　送神　焚祝文楮幣　祝揖　然
後就位前三揖退

始遷祖叔英公祠祝版文

惟

民國　年歲次　春二/秋八月　朔越初十日

裔孫　等敢昭告於

明贈清逸處士始遷祖孝友私謚貞敏先生叔英府
君

明文學二世祖近仁府君

明處士三世祖公彥府君

明鄉耆三世祖處靜府君之神曰惟

始祖祥鍾珠里光耀膠山金華世澤江夏淵源五
世其昌甲科蟬聯二惠競爽詩禮流傳椒聊蕃
衍瓜瓞緜緜

二世祖篤於父母仁至義盡膝下連枝一宗分姓
反本溯源同愛合敬

三世祖公彥府君承志歸宗禮不忘本懷抱治才
高情隱遯

處靜府君學惟之靜慕志終身秉直服眾以義輔
仁年高德邵枌里儀型緬惟三代相繼流芬子

孫食德俎豆宜馨敬奠清酌昭格
英靈尚　饗
四世祖四傳公自娛眞璞養性怡情承先啟後俗
厚風淳
明承事郎四世祖友菊公務本刱業尚義恤貧
明處士四世祖友蓮公篤信好學以友輔仁
五世祖五傳公淳良可慕忠孝立身
明承事郎五世祖甯齋公賑饑輸粟好義盡倫
明誥贈奉直大夫戸部員外郎五世祖桂坡公廓廟

遺才江湖逸士養志娛親養廉教子行著鄉評
義傳邑志
明處士五世祖南崖公耕讀教子堂構聿成
六世祖東軒公　西軒公敬宗輯譜潔行多文
明承事郎楚府引禮舍人六世祖茶坡公敦厚好禮
履潔懷淸
明晉階朝列大夫四川按察司僉事六世祖膠峯公
翰林榮選振起家聲岀爲名宦惠及民生
明鴻臚寺署丞六世祖膠泉公胸懷經濟賫志未申

明邑庠生入太學六世祖膠陽公隆禮下士令聞施
身
明邑庠生入太學六世祖五峯公負氣慕義問學精
勤
明太學六世祖膠崖公至性孝友敦行博聞
明例贈奉政大夫光祿寺少卿六世祖子賓公陰全
庶孽忠孝垂名克昌後嗣有功先人
明處士六世祖心崖公繩其祖武行誼温純
明處士七世祖雲舫公行己端方存心篤厚

明文學七世祖實泉公質直好義修祠立誠
明邑庠生七世祖乳泉公英年獲雋蓺苑垂名
明例贈儒林郎七世祖邑庠生少峯公
明郵贈奉政大夫光祿寺少卿七世祖我素公早持
使節當代藎臣昌言白簡奮不顧身崇祀鄉賢
學究天人
明處士八世祖南郊公免親於難教子明經
明處士八世祖省泉公　南田公篤志承先克開厥
後

明處士八世祖敬泉公　雙泉公敬兄燮弟砥行修
名
明例授儒林郎光祿寺署丞八世祖研泉公
明邑庠生入太學八世祖研亭公風流文采詞翰入
神
明賜進士欽授知縣八世祖廓菴公禮闈克捷特授
纓簪甲申殉難岸幘正襟
清邑庠生九世祖滌源公少年才儁藝苑蜚聲
清處士九世祖少南公　振東公事親教子垂裕後

昆
清處士九世祖龍田公　龍涇公戒奢以儉明哲保
身
清例贈文林郎鄉飲大賓太學九世祖元白公
清勾吳文學九世祖潔園公東林文獻梓里儀型澤
躬爾雅著述等身
明文學十世祖獨奕先生在龍公胸羅武庫數萬甲
兵呰桑學圃諸葛躬耕遭時不遇寄興秋枰指
顧楚漢分裂兼并有公遺逸老我冠纓馨香黍
稷百世承清
清處士十世祖子敬公
清邑庠生十世祖大己公
清例授文林郎候選知縣恩貢生十世祖有功公
清文學十世祖澹園公善承祖德孝先惟勤
清隱士十一世祖守中公行敦孝義志矢孤忠秋霜
烈日霽月光風
清處士十一世祖上英公
清例貤贈朝議大夫太學十一世祖英先公

清例貤贈朝議大夫太學十一世祖其先公
清例授文林郎候補知縣十一世祖肇錫公孝根乎
性廉率其眞
清授奉政大夫同知銜陝西候補知縣十一世祖培
風公
清例貤贈文林郎十一世祖天任公建祠輯譜自仁
率親
清處士十二世祖廣成公
清例貤贈朝議大夫太學生十二世祖笙膠公

清處士十三世祖子章公倡建宗祠孝思竭誠
清文學十三世祖會五公
清郡增生十三世祖懷九公黌宮馳譽祖廟功成
清誥授奉直大夫例贈朝議大夫十三世祖太學惠
生公
清例授文林郎候補知縣十三世祖古琴公追先述
德鋟刻遺芬纘承理學敦敘睦婣
清恩賜八品銜十三世祖太學霽堂公尊祖敬宗禮
不忘本使君壽考墓道復振

清晉贈朝議大夫太學生十四世祖景城公
清邑庠生十四世祖景林公耆纘耆述學守東林
清鄉飲賓十五世祖念齋公
清貤封承德郎兵部職方清吏司主事誥贈通奉大
夫賞戴藍翎運同銜山西澤州府同知十五世
祖菊圃公
清誥授朝議大夫晉贈通奉大夫吏戸科掌印給事
中加三級十五世祖芝慶公
清郡庠生十六世祖岐陽公

前哲令德歷世先靈秋嘗春礿用薦明禋尚
饗

懿德祠祝版文

惟

民國　年歲在　春二秋八月　朔越十日

裔孫　等謹致祭於

明孝友叔英黄公私謚貞敏先生元配懿德安太君

之神曰維

神懿德昭明馨香奕葉慈範光前術祚貞名滿天

下徽音祚後大家禮法重江南流百世之清芬

崇兩支之禋祀

恩光寵錫權茀榮褒兹届仲春秋之月用申蘋藻之虔

侑

饗

明誥封太宜人晉贈恭人行義桂坡安公元配周太

恭人

恩旌貞節明例贈宜人僉憲膠峯安公副室吴太宜

人

恩旌節母明例贈宜人子寶安公元配鄒太宜人

例旌節孝明太學研亭安公簉室吴太君

唐太君　凌太君

彙旌節義明太學研亭安公簉室褚太君

清詔旌節孝例贈孺人天柱安公繼配吴太孺人

清詔旌節孝例封孺人繼勛安公元配孫太孺人

清例贈恭人隱君望膠安公元配鮑太恭人

清詔旌節婦西京黄公元配楊孺人

詔旌節孝清故文學省傳黄公元配顧太孺人

清晉贈恭人行義景坡安公元配龔太恭人

清詔旌節孝文學鳴玉黄公繼配浦太孺人與

饗

老墳園始遷祖祝版文

惟

民國　年歲在　春三/冬十月　朔越　日

裔孫　等謹致祭於

明始遷祖孝友私謚貞敏叔英府君暨

祖妣安太孺人之墓曰恭惟

府君當

明祖平吳始占籍於錫邑以懸珠舊族託運理于

金華五世其昌開甲科之門第

二惠競爽緜詩禮之家聲足徵積厚流長是以光

遠有耀兩姓祀爲

始祖兩朝俎豆崇邮修歲事於春秋奠椒馨於

古墓尙　饗

又

惟

民國　年歲在　春三/冬十月　朔越　日

裔孫　等謹致祭於

二世祖近仁府君暨

祖妣許太孺人

三世祖處靜府君暨

祖妣包太孺人　華太孺人之墓曰恭惟

二世祖篤於父族母族是以盡義盡仁堂前二族

連枝合敬同愛鄰下同胞分姓反本溯源

三世祖尙爾室之修學惟主靜志終身之慕堂曰

思

親齒尙膠庠輔人以義望重鄉黨秉直不回惟孝

德之同坵莘英靈於福地派緜瓜瓞敬薦蘋蘩

尙　饗

四世祖友蓮府君暨

祖妣許孺人配　饗

膠南壽山墳祝版文

惟

民國　年歲在　春三冬十月　朔越　日

裔孫　等謹致祭於

明承事郎四世祖友菊府君暨

例封孺人祖妣司馬太孺人之墓曰恭惟

府君務本創業皡皡三代之風尙義教家諄諄宿負之已性耽靖節之菊樂志名園生勒文莊之銘預營壽藏榮名既遑會葬五千人朱紱方來甲科聯十葉念昔年之垂裕修歲事於暘小春瞻仰高山薦馨

神道尙

饗

明承事郎五世祖帶齋府君暨

例封孺人祖妣蔡太孺人

明承事郎楚府引禮舍人六世祖茶坡府君暨

例封孺人祖妣鄒太孺人

明太學生六世祖膠陽府君暨

例贈孺人祖妣華太孺人

明太學生六世祖膠崖府君暨

祖妣王太孺人

明太學生六世祖十峯府君暨

祖妣周太孺人

明邑庠生八世祖太乙府君配

饗

膠北東大墳祝版文

惟

民國　年歲在　春三月 冬十月　朔越　日

裔孫　等謹致祭於

明誥贈奉直大夫戶部員外郎五世祖桂坡府君暨

誥封太宜人祖妣周太宜人之墓曰伏維

府君功在

朝廷濬河靖海而不居功德在軍民助餉賑饑而不

為德園開樂菊娛

親以詩韻花香田設養廉教子有仁聲宦望奇氣

榮褒

鳳誥周覽山川異書充積雞窗博聞治亂四海賢豪

折節千秋郡邑傳芳康

遺魄於膠山歲歲清明士女紛來瞻

墓釀清泉於竇乳年年烝礿子孫奔走傾觴尚

饗

明鴻臚寺署丞六世祖膠泉府君暨

例封孺人祖妣葛太孺人　夏太孺人

明太學生六世祖五峯府君暨

恩旌節母祖妣周太孺人配

饗

膠北西大墳祝版文

惟

民國　年歲在　春三冬十月　朔越　日

裔孫　等謹致祭於

明晉階朝列大夫四川按察司僉事六世祖膠峯府

君暨

誥封宜人　晉封恭人祖妣郭太恭人之墓曰伏惟

府君詩賦揭礎膺翰林之榮選治多善政追循吏

之遺風均田裕州築城金齒既保民之惟勤建

祠崇

親復祀

李相亦事

神之匪懈不愧立身行道故能顯

親揚名生沐

贈封没同坵墓

英靈如在用薦明禋尚　饗

明太學鄉飲大賓九世祖元白府君暨

例贈孺人祖妣錢孺人

清候選知縣恩貢生十世祖有功府君暨

祖妣孫太孺人　秦太孺人

清恩貢生候選知縣十世祖有文府君暨

例贈孺人祖妣鮑太孺人

十世祖有聲府君暨

祖妣吳太孺人　張太孺人

清太學生十世祖有翼府君暨

例贈孺人祖妣倪太孺人

清祀庠生十三世祖敬亭府君

清貤封承德郎兵部職方清吏司主事誥贈通奉大

夫賞戴藍翎運同銜山西澤州府同知菊園府

君暨　貤封安人誥贈夫人倪夫人

清誥授朝議大夫晉贈中議大夫吏戶科掌印給事

中加三級芝慶府君暨

誥封恭人晉封淑人錢淑人　施淑人

清誥授通議大夫晉授通奉大夫賞戴花翎鹽運使

銜山西雁平兵備道則久府君暨

誥封淑人晉封夫人金夫人祔　饗

周涇七府君墓祭祝版文

惟

民國　年歲在　春/冬 月　朔越　日

裔孫　等謹致祭於

明例贈奉政大夫光祿寺少卿六世祖子實府君暨

恩旌節母例贈宜人祖妣鄒太宜人之墓曰惟

府君爲

奉直大夫桂坡公之子未享富貴於生前爲

光祿少卿我素公之父未沐

恩榮於身後而陰全光祿公於襁褓不墜

桂坡公之家聲上有功於　先人下克昌其後嗣

鄒太宜人守節歸宗報

所天于地下定嗣奉祀保孽子爲名臣以二十餘

年之茹荼縣二百餘歲之德澤苦節之所全者

大幽光之未闡者多

明例贈宜人七世祖妣談宜人祔墓昭惟

宜人生奉延恩彝訓以成

光祿公之名没陪

節母夜臺盡事

舅姑之孝允此昭昭

祖德永不可忘世世子孫宜申祭報俞　饗

八世祖簡菴公與　饗

周涇水路路程歌

裔孫俊撰

許巷隄邊問路程轉西見港向南行板橋迤邐

灣東去平石興梁號太平　岸頭西向櫓扳稍

南望彎環青石橋一涇舟行楊柳岸石梁抱廟

路迢迢　港逢十字路彎西藕宕横橋映碧溪

相對劉基過竹港舟人煮飯聽啼雞　推篷南

望有松林西轉周涇路可尋三歷板橋登古渡

竹籬茅舍綠雲深

水路程說明

舟行自西大塘進花園浜出許巷橋泝伯瀆流

而上不半里南岸見港推進多曲折有木橋然

後一推一扳即太平橋平石向西望南過青石

橋環洞又漆新石橋一路至抱廟橋平石無字

望南到十字港轉西接藕宕橋木直對劉基橋

推稍兩岸有人家即命舟子煮飯漸過木㳂橋
見沿河松林即進周涇港連過木橋兩条艤舟
登岸

謝埭吳貞母祝版文

惟

民國　年歲在　春冬　月　朔越　日

裔孫　等謹致祭於

明誥封宜人先貞母吳太宜人之墓曰惟

貞母有子而弗敢子曲全棄子以成名有家無以
爲家光啟其家爲有慶守節以成族婦之節植
孤以覆大宗之孤上奉

戶部桂坡公之祧下衍

節母鄒宜人之嗣黼懷功德無限劬勞心危虎尾春
氷操比日光玉潔長齋戒殺學圃謀耕在昔搢

茶蓄祖至今食德受福

恩榮未逮蘋藻宜將侑　饗

七世庶祖妣徐孺人

明邑庠生八世祖瞿庵公暨

祖妣凌太孺人　庶妣朱孺人

九世祖敬所公暨　祖妣王孺人

十世祖大欣公暨　祖妣閔孺人

十一世祖象山公

清恩賜八品銜太學生十三世祖考霽堂府君暨
例贈孺人祖妣司馬孺人　程孺人祔墓穆惟
府君品詣端方銜先人之舊德性真發越追豪士
之高風心惟尊祖敬宗時修祠墓志切光前裕
後克振家聲仰止典型謹申時薦與
饗

蘇家橋一鑑公祝版文

惟
民國　年歲在　春冬　月　朔越　日
裔孫　等謹致祭於
七世祖一鑑府君暨　祖妣錢孺人
七世祖信川府君暨　祖妣蔣孺人
七世祖義川府君暨　祖妣薛孺人之墓曰嗚呼
百年桑海靈爽長倚乎焄蒿精英永寄于蒼宮奕禩榮盛令節乍屆適濡感夫雨露愴夫紅葉爰修墓掃之儀用晉徽型之祝惟
府君恪承世德丕振家聲遵　母訓以無違佩
伯言而弗背共砌因心之誼克端教子之方少抱
恨於終天長茂才而遺世臚陳
祖德纂系牒以敦宗昌裕孫謀礪廉隅而積慶未棠
紫綬之恩榮遽乘白雲而倏化遺型不墜族望攸隆
卓木方榮椒觴新登雲仍胥薦念德是烝是享來格來歆尚
饗
八世祖百二府君暨　祖妣　孺人
九世祖習之府君暨　祖妣薛孺人附　饗

朱村頭小壽山墳祝版文

惟

民國　年歲在　春冬 月　朔越　日

裔孫　等謹致祭於

明例贈儒林郎邑庠生入太學七世祖少峯府君暨

例贈孺人祖妣王孺人之墓曰惟

府君主器德門蜚聲黌序英華日麗手爨畫而口

咿唔文采風流翱觚翰而夕觴勺孝

僉憲則星霜弭難安逸老於林居友

勳卿而歲月植孤保名臣於家弄聿啟東膠雙璧

享七才天下之名肇開南國二林占三島人間

之福敬巾時薦昭格

英靈尙　饗

明例授儒林郎光祿寺署丞八世祖研泉府君暨

例授孺人祖妣徐孺人

明郡庠生入太學八世祖硯亭府君暨

例贈孺人祖妣吳孺人

明例旌節孝篴室吳太君　凌太君

明彙旌節義篴室褚太君

九世祖季升府君暨

祖妣吳孺人祔　饗

鴨城勳卿公墓祭祝版文

惟

民國　年歲在　春冬　月　朔越　日

裔孫　等謹致祭於

明䣛贈奉政大夫光祿寺少卿七世祖我素府君暨

例贈宜人祖妣張太宜人

例贈孺人祖妣陳太孺人之墓曰惟

府君錖持使節繼

戶部之壯遊請改

天曹彰

貞毌之苦節昌言白簡不避輔臣痛恨紅丸欲誅

亂賊倘義而師　文正庇蔭藹之本根逃名自

學申屠樂江湖之萍隱配食　延陵公子紹述

龜山先生有司脩理　鄉賢子孫用申墓祭

明賜進士欽授知縣八世祖廓菴府君暨

例封孺人祖妣高太孺人祔墓昭惟

府君文詞踔躒風度端凝陪講東林貫薪傳於鹿

洞陳情

北闕遴郵贈之

龍章護　高忠憲之覆巢顯

先勳卿之折檻挽頹風而宣

聖諭遵任郵而惠鄉邦甫捷癸未之春闈遽遭甲申

之國難痛憤不勝號慟而絕

延館列六人之中人人模範宗風遺十世以下世世

馨香崇忠孝於

饗宮配

光祿於邱墓尚　饗

七世庶祖妣陳孺人

明邑庠生八世祖退翁公暨　繼祖妣嚴孺人

九世祖妣秦孺人　王孺人貴翁公元繼配

十世祖大士公暨　祖妣顧孺人

十世祖妣范孺人澹園公元配

清例貤贈文林郎十一世祖信翁府君暨

累賜粟帛例貤贈孺人祖妣秦太孺人與

饗

膠北小壽山墳祝版文

惟

民國　年歲在　春冬　月　朔越　日

裔孫　等謹致祭於

明太學生鄉飲大賓九世祖元白公府君暨

例贈孺人祖妣錢孺人之墓曰維

府君一脉承祧三元應運乞碑文于　高子不死

其親判田廬於　劉侯克延厥世食

勳卿之報膠里則瑑佩保孤增

魏國之光消鴞則儀隆選士樂同羣而矢青雲之

志元覽閣中開別業而盟白水之心翠深堂外

故名高適我承垂銘鼎之清芬而品貴型人式

副賓筵之碩望尚　饗

北園孟公公墓祝版文

惟

民國　年歲在　春冬　三月　朔越　日

裔孫　等謹致祭於

清邑庠生九世祖潔園府君之墓曰惟

府君身歷滄桑抱淵明之氣節情怡詩畫追摩詰

之風流結才士於雲門聲施文苑祀

勳卿於

黌序學紹東林輯世譜而守

廟祧振衰宗而延門祚澤躬爾雅垂裕後昆瞻拜北

園敬申時薦尚　饗

十世祖考澹園府君暨　祖妣薛太孺人

清例貤贈文林郎十一世祖考天柱府君暨

誥旌節母例貤贈孺人祖妣吳太孺人與　饗

北圍孟公公墓祝版文
惟
民國　年歲在　春冬　月　朔越　日
裔孫　等謹致祭於
清邑庠生例贈文林郎十二世高伯祖考繼勳府君
暨
誥旌節孝例贈孺人高伯祖妣孫太孺人之墓曰
惟
府君少年好學壯歲多文讀書罷畫勤常徹夜肄

業紫陽課必冠軍生既爲英没當爲靈虔薦時
羞永深感恫尙　饗
清例贈孺人十四世祖妣司馬孺人祔墓昭
清待贈登仕郎從堂弟詠琴暨　妣潘孺人祔墓穆
祔　饗

北圍孟公公墓祝版文
惟
民國　年歲在　春冬　月　朔越　日
裔孫　等謹致祭於
清恩賜登仕郎例貤贈文林郎十二世高高祖考仙
巖府君暨
例貤贈孺人高高祖妣華太孺人之墓曰惟
府君性情温厚氣度端方詞賦擅長書香遺紹定
春秋祭享不忘

宗祖風徽爲里黨師資堪作後生圭臬享大年而
榮邀
恩賜重大節則流傳口碑玆當時祭之期用肅贍儀
之拜
神其有知伏希尙　饗
清例貤贈孺人十三世曾祖妣侯孺人　華孺人
錢孺人
清待贈孺人十四世祖妣姚孺人與　饗

北園孟公公墓祝版文

惟

民國　年歲在　春冬　月　朔越　日

裔孫　等謹致祭於

清太學生十二世祖考蘭巖府君暨

清例贈孺人　祖妣陳太孺人　張太孺人　周太孺人之墓曰惟

府君折節讀書囊螢映雪登高作賦起鳳騰蛟就試棘闈問渡不經桃葉重調寶瑟遺孤未著蘆花家世寒儒緼袍不恥溯源反本懷生我之劬勞恭仲敬昆樂天倫之常序配食北園宜申祭報尙　饗

清佾庠生十三世祖考樂亭府君暨

例贈孺人　祖妣馬太孺人祔墓昭

清國學生十四世祖考進修府君暨

例贈孺人　祖妣司馬太孺人祔墓穆與

饗

鎮山古琴公墓祭祝版文

惟

民國　年歲在　春冬　月　朔越　日

裔孫　等謹致祭於

清例授文林郎候補知縣十三世祖考古琴府君暨

清例封孺人　祖妣秦太孺人之墓曰惟

府君幼繼大宗備嘗辛苦長登鄉榜稍振家聲安命順時不怨公車之屢困溯源反本每懷生我之劬勞篤志挽頹風時招疑忌著書存識見未獲知音紹家風之文苑儒林獨承先緒教子弟以文章品行一片苦心念昔年之遺範修歲事於小陽春瞻仰鎮山敬申時薦昭格英靈尙

饗

清邑庠生十四世祖考景林公祔墓下之昭與

饗

始祖祠內黃姓修理祭田 照老譜

祠內黃姓原捐修理田共六畝三分

業字四百四十三號　原田九分

業字六百六十七號　原田五分

令字二千零六十七號　原田七分

宜字二百九十一號　原田七分

宜字一千零十一三號合原田一畝二分 西田裡有章於此田內造墳一塊召租七分

礽字二千七百三十號　原田一畝

礽字二千八百六十五號原田一畝

田上租米供每年祠堂修理朔日香燭看祠人飯米五斗

十二世孫以仁入附祠捐令字二千零四十號原田三畝

當郎議提宗祠春祭貼費每年一兩五錢

乾隆五十六年開元子汝霖交出公賬與修儀掌管餘資劃出礽字二千六百八十號原田二畝

增置祭田

乾隆六十年增置籍字一千七百二十五號原田五分

又籍字一千七百三十四號原田一畝

嘉慶元年增置令字二千三百四十九號原田一畝

未曬

嘉慶二年增置令字二千四百十號原田一畝

嘉慶四年修儀子交出公帳族舉儀岳掌管

嘉慶六年春祭起議提祭祠貼費每年五兩

八月增置令字五百九十號原田一畝 未曬

嘉慶七年議提老墳圓山南黃公嶺清明祭費每年

一千文

嘉慶八年增置令字三千一百零二號原田一畝 未曬

嘉慶十年增置業字四百四十三號原田九分

嘉慶十年增置令字二千一百四十五號原田一畝五分

嘉慶十六年十四世孫志沖入附祠伊子捐出錢二十兩安黃兩姓公祠賬內各收十兩

當郎議提宗祠春祭貼費每年五錢

始祖祠內安姓修理祭田

祠內安姓原捐修理田五畝十一世孫晉發倡族人
捐寒米易錢而置
令字七百八十九號　原田一畝
令字二千一百二十二號原田一畝五分
令字二千四百五十三號原田五分
令字三千六百七十五號原田二畝
田上租米供每年祠堂修理望月香燭看祠人飯米
五斗
十二世孫以仁入附祠捐令字八百十三號原田三

畝
當即議提宗祠秋祭貼費每年一兩五錢
乾隆五十四年交小大房如泰掌管
嘉慶十六年十四世孫志冲入附祠伊子捐出錢二
十兩安黃兩姓公祠賬內各收十兩
當即議提秋祭貼費每年五錢
新捐祠墓祭田
十三世孫雄捐出祭田六畝
誠字九號　原田一畝坵名東坵

誠字十九號　原田一畝坵名秧田三畝內
誠字三十號　原田一畝坵名桑樹坵
誠字七十五號　原田六分二厘五毫坵名華倫田
誠字一千零七十號　原田一畝坵名西三畝又名寄坵
以上共田四畝六分二厘五毫
其一畝三分七厘五毫尙未交出
同治六年甯齋公支十五世廣仁公入祠子其耀
捐出銀洋壹百元兩公賬各歸其半碩卿公將此
欵即置得

令字二千一百六號原田二畝九分二厘五毫坵名東瓦屑坵
每年秋祭議提祭費二兩

增設祠墓祭田

嘉慶三年起至今十三世孫祥增置祠墓世產祭田共七畝七分五厘

令字二千零四十六號　原田一畝 坵名下浜四畝內

令字二千一百十九號　原田一畝五分 坵名窄二畝

令字二千一百二十號　原田三畝七分五厘 坵名大頭五畝

令字二千一百四十五號原田一畝五分 坵名砟刀坵

共價二百兩零一錢六分六厘

十三世孫祥捐出錢一百二十兩

基租除付貼祭外餘存錢四十四兩八錢七分五厘

將餘存錢續置田畝得租共見錢三十五兩二錢九分一厘

卽此三項付價

祭田租米并基租錢開發各用書明於後

一宗祠秋祭議每年提貼費五兩 嘉慶二年起

一完老墳圗糧山南墳山糧山北墳山糧官銀糧米價有長落不能劃一 嘉慶八年完起本族內分完於乾隆六十年併戶至嘉慶七年十三世孫吉完納

一復老墳圗膠山南北　六代祖塋清明祭掃議每年提祭費三兩 嘉慶十一年起

一復山南廟山灣老二房五世祖南崖公六世祖心崖公墓祭議每年提祭費一兩 嘉慶十一年起

一復周涇六世祖子實公墓祭議每年提祭費二兩 嘉慶十一年起提一兩至十六年又加一兩因墳路遠須舟而祭田卽子實公八世孫祥所捐故又加提

一待通族節母入祠享祭議每年春祭提錢二兩交

黃姓值祭者辦秋祭提錢二兩交安姓值祭者辦用有餘存再置祭田

此項祭田祥非有力而爲之實緣祠墓祭掃辦墓糧無抵償而設尙不敷用倘別有公事不得於此項內開發

膠山安氏先賢祠記

明正德間桂坡公因宅後不二里膠山南麓中有石
道以山爲元武故建祠祀神以鎮之丁亥秋祠南隙
地方四尺許恒沃潤不焦守異之掘地三尺餘有泉
突起琢石爲八角井渟取濟南趵突之義名之曰靈
趵泉立碑記之參政俞泰書也故菴名曰靈泉於崇
禎己巳瑞芝產於庭先大令廓菴公題堂曰芝生其
時梅壇林大悲壇武聖殿芝生堂輪奐莊嚴之所亦
第增置成禪林矣潔園公捐高田拾貳畝柒分零爲

菴僧耕種糊口捐山四十畝歲收柴租以奉香火凡
吾族十月朔墓祭時合族享餕於菴中菴僧是日雖
有修齋付應必留一僧於菴主其事後屢造劣僧盗
賣菴田我祖信翁公具控追復之至清光緒間屢召
僧人看管不料俱是惡僧不守清規以致祠宇坍頹
頹觀日甚故於民國三年十月朔掃墓享餕在家遂
與諸叔及兄弟輩集議此菴急於修葺否則傾圯無
時誰爲保守或仍聽其廢弛可乎僉爲先將菴外四
圍雜木伐而市之不足各房派捐以佐之衆皆贊同

是年卽與弟慶華子才贊勳等踴躍從事鳩工庀材
爲門爲墻宇則葺之溝則深之頹者整仆者起寒暑
四易廟貌雖未完善而心力憊矣回思昔年潔園公
建安氏先賢祠於宅之東偶有前史官謙益錢先生
爲之記因享室糾紛而有志未逮故議將芝生堂前
後兩進改爲安氏先賢祠以承潔園公之志也芝生
堂中奉桂坡公爲安氏不祧之祖祀鄉賢祠於惠麓
並祀僉憲膠峯公勳卿我素公並稱當代名臣一祀
名宦於楚之方城一春秋俎豆於東林道南等祠硯

亭公之文學廓菴公之隱忠一祀於鄉賢祠一祀於
黌宮忠孝祠潔園公之文學繼峯公之貞孝信翁公
之碩德棐占公之理學霽堂公之孝思芝慶公之清
廉則久公之宦望靄亭公之行義爲位十三皆厥功
在國在鄉在家在於宗黨在於山水有此諸大功而
無特祠缺典也後殿祀遷祖以下至各分支祖及有
光於族者有功於宗者祔焉其餘定章正殿不得濫
祀並議將原捐田畝山地舉族中誠實衆望丞孚者
主其事不准再召僧人經管以絕訟端除完銀漕修

理春秋祭費四時香燭開支正項外盈餘存儲生息
增置祠産然我祖血食綿延勿替賴有此耳望後啟
賢者苟能仰體先意善繼善述謹守管鑰慎司出納
俾我祖潔園公所遺祠田繼長增高如明代之盛况
駸駸乎蒸而上之斯則吾族之幸甚抑亦我祖在天
之靈於此大慰也夫
民國十有九年歲次庚午小春十七世孫宗愈敬書
於芝生堂之翠屏精舍

潔園公原捐田畝辦糧細號

令字號共高田今糧一十二畝七分零四毫
令字二千三百九十六號高田三畝五分五厘八毫
令字三千六百二十五號高田一畝一分六厘八毫
令字三千六百二十八號高田二畝零三厘六毫
令字三千六百三十一號高田六分零五毫
令字三千六百三十二號高田一畝七分六厘五毫
令字三千六百三十三號高田二畝五厘
令字三千六百四十一號高田一畝五分二厘二毫
令字山今糧二十二畝七分五厘失去五分今收回實在二十二畝二分五厘零附令字號捐田一畝六分

民國十九年膠崖公支二十世孫耀山燦捐縂字九百九十三號高田肆分九厘過安膠祭花戸辦納

一議每年春秋兩祭春祭清明秋祭十月朝掃墓後祭祠春祭議提祭費洋五元秋祭議提祭費洋伍元

一議我素公祠每年春祭提祭費伍元秋祭提祭費伍元

一議玄武祠聖誕以及春內朔望香燭均與祠內一體照常開支不得變更

一議除修理祭費朔望香燭銀漕正項外倘有盈餘不得移作別用只可添置祭田

安我素先生祠祀祭辦公田

邑志載安我素先生祠在堘村乾隆五年建有祠祭公田五畝元孫曾發立叔字一百八十六號內大墳東墩後田四分墩前田一畝三分又大墳西田三分墓門西一畝四內田八分又叔字一百八十二號一百八十三號併坵庄前八畝內田二畝二分
民國十年起至今十七世孫宗愈增置祠內修理田
令字二千一百八號一畝五分七厘六毫又埒二分五厘坵名當門前西石宕

膠山安黄氏宗譜卷十一目録

膠山安黃氏宗譜卷十一

贍族錄

僉憲公養廉莊記 我素公改養廉田爲贍族田故書養廉莊記于卷首

先大夫桂坡翁抱倜儻不羈之才幼嘗有志於用世末幾先祖友菊公即世爲門戶累遂棄舉子業不事居常憤憤乃以五經分課諸子延請一時知名士自本邑以逮旁郡靡不羅而置之館下復懸宋涇河莊一區田三百畝約諸子中有先得傳者即舉而歸之以爲養廉之勸嘉靖戊子己丑如山 忝聯第繫名仕

籍先大父即以此產投山 時山 方游宦在外未遑也嘉靖甲午痛遭大故先大父捐館舍周太宜人爲諸孤析產鈌田宅山 即以前莊遜出今爲六舍弟如岡世業矣山 止得近莊田三百畝以寓存羊之意嘉靖丙辰莫善承氏售余以鳴城莊去宋涇河舊莊不一舍余將制前田歸新莊以彰先德以垂後訓顧遶莊皿俱邑中豪右者出門輒有碍吾志尋寢莊亦漸廢嘉靖癸亥春偶得其田爰修鳴城莊仍名曰養廉莊此莊初創于華坦軒氏爲堪輿術士之所謨方向乖

繆具法眼者不取焉余今參諸人斷諸己改爲壬丙向面陽負斗左嵝右惠膠山亘于東北嵩鴻列于東南芙蓉峙于西北湖山繞于西南四正四隅羣峯聳翠遠近掩映而艮龍一脈從亥迂入岡阜纍纍不絶其水法則南與塘自辛方而東流毛道河自巽方而北滙兩腋支浜重鎖纖結誠東野吉壤也位置一新非復舊觀矣傍莊田合新舊可得千畝五十年仌完之産今始璧合珠聯諸孫中有能先得雋者悉遵成規舉而授之以勸廉矣夫禮義廉恥謂之四維士君

子立身天地間奚必待勸而後廉顧祖父之于子孫姑藉此以爲磨鈍厲世之具耳余竊祿海內垂三十年所至監司謬加旌奬有曰廉潔之操秋豪莫犯有曰居室若寒士守身如處女蓋不敢以修于家者一行作吏而廢之也適爲異己者所擠噫命也何尤董子不云乎爲之自我者當如是其成敗利鈍非吾之所能必也爲吾子孫者尙其有監于兹哉

士之廉女之貞猶素絲也白璧也其質固然染之玷之失其質矣雖然絲之染猶可織也璧之玷尙可磨也士而不廉女而不貞一失其身汙辱沒世弗可救矣然則廉者所以成其爲士貞者所以成其爲女士之廉女之貞固宜若耳目口鼻之于聲色臭味四肢之于安逸也豈待勸哉世衰道喪利欲之溺人也曰甚居官而富厚者爲雄桀賄賂公行請乞無厭秉權者門若市有司視民命如草菅鞭撻鉗鈦酷徵其財以充私橐盜而衣冠虎而翼害可勝道哉士之所以自待國家之所望于士謂何而決裂至此乎有世道之憂者睹不廉之害則

凡可以勸廉者固宜無所不爲矣此先大父與先大夫養廉田之設希范竊仰窺微指蓋有感于世之不廉而爲民害者身名俱喪人己交害惕然傷之惟恐子孫之萬一蹈此故假此以垂訓耳先大夫歷官三十年州牧郎署府倅監司雖乍沈乍浮仕路屯蹇而潔己愛民一念盟諸幽獨故所至無赫赫之譽而去後往往見思其身教所以示子孫者遠矣希范入官十年奉先世遺訓不敢失墜今已罷官而受先世養廉之業不敢私擅其有而推

之以振貧族雖非先世創立之初意然族人皆祖
父一體而分者也坐視其飢寒而不卹祖父有靈
能無遺憾乎變而通之亦所以善承祖父之志也
爰書而刻之贍族議之首簡使貧族知尺布斗粟
皆先世之遺澤也小子敢貪其功以湮先德乎
萬歷乙未孟秋庶子希范百拜謹書

贍族前議 癸巳秋

記曰尊祖故敬宗敬宗故收族蓋古者因族而立
之宗族有餘財則歸之宗不給則資之宗是以貧
富均而族人無飢寒之患宗法廢而族屬疎族屬
疎則情日隔而死生休戚漠然不相關富者甲第
連雲而族有無立錐之地者富者綺羅盈篋而族
有裋褐不完者富者童奴厭酒肉而族有朝突無
烟者嗟乎人心不古而風俗衰薄若江河之下何
時而反乎蘇老泉有言無服則親盡親盡則情盡
情盡則喜不慶憂不弔喜不慶憂不弔則塗人也
今之相視如塗人者其初兄弟也兄弟其初一人
之身也嗚呼蘇氏所謂如塗人者猶謂無服之親
也今有族屬甚親同居里閈而歲時不相往來婚
喪不相慶弔貧窶不相周卹者於心安乎希范少
時讀范文正公義田記心竊慕之顧孤貧孱弱不
能自振既忝卑第此志冀得少伸又以比歲驅馳
道路家無絕綱之僕冀需之歲月稍入稍贏庶得
終伸所志已復深念人情一日不再食則飢終歲

不置衣則寒今吾諸兄中有食不給而衣不完者年且暮矣彼安能頻年枵腹露肘待吾之有餘以濟彼之不足乎且計吾族人同高祖而下者不過若干人而其中無業而不能自給者又不過若干人度吾之力固不能使之食必肉而衣必綺然使之日三爨釜而衣稍蔽體者計一歲所需不過若干吾雖歲入無幾獨不能酌其盈虛緩急稍存什一以先吾族人之急乎今先割租百石除納賦及饒限可得米七十石麥二十石吾族雖衰落然能

支門戶者尚有三四家勸其量力捐貲每計租百石則每歲出實米一石麥二斗百而取其一不過損倉庾鼠雀之耗而積少爲多能使五服之內人人可以免飢寒之患或者亦所樂與乎振給之外稍有贏餘卽量行假貸稍取利息以備婚嫁之資助喪葬之賻及水旱之虧額行之數年或再議推類以廣其惠又念時變與衰隨年改易今之所議但酌目前家業以爲準數年之後或貧者能自治生家計稍裕則減其所給或富者漸至衰微則減其所出甚或消長相懸或始貧者反能濟人始富者不免待濟固不可執今日之議以爲常而其應出應入之數則未始不可以爲準也爰述始事之意并懸度其終以爲宗族告幸出者無吝色而得者無溢望以垂之永永弗替則希范之大願也

贍族再議 癸巳冬

今日之舉原爲極貧諸兄弟衰年不能復營生理故稍給之使無憂于朝夕以優游暮年耳本不能以有餘之力徧及壯年能謀生向進之子姪輩也今聞議出而族人紛紛沓沓不論貧富老壯各萌覬覦之心則今日之舉不能倡吾族尙義之風而反以導競利之習果曲徇私心將使中人之產棄生業而冀升斗之養強壯之夫忘勤儉而習游惰之行利無纖豪害且什伯即力能普濟亦難一律

而施況勉強支撐豈能各遂私願且今歲歉少收租額減損不能遽如初議即初議亦擬有贏餘以備婚喪不測之事非盡散給以供朝夕也今先其急者量定給數出數於後願諸兄諸姪各相諒相安昔范文正創義莊于西帥之日徐文靖創義莊于拜相之年華補菴創義莊于世業之餘故能廣置沃產普惠羣族今希范官俸不給饘粥先業未沾毫釐力止于此無任皇恐

計開本家今冬出米五十石來夏出麥十石

二房今冬出米二十五石來夏出麥五石

大房今冬出米二十五石來夏出麥五石

各共出糙米壹百石麥二十石量家業之有無酌服屬之遠近以爲等差草草擬一人之見不無未妥姑俟歸時合族面議其兄弟子姪輩有當公役勤勞守分不侵害小民欺凌貧族者各家原有常例酬之仍照常給與不在此數姪輩有不安分生事賭博爲非者即停給

此簿本當議一公當族人主管出入而創業之

初事未歸一是非怨嫉易生無人肯任姑著家人吳秀將前領米麥另厰封貯有月米者每兩月一給季米者定在三月八月青黃不接時三月總給春夏二季八月總給秋冬二季其糙米醬麥及布襪銀俱于六月十二月依期送給其布襪等銀即將扣過月季等米餘剩米麥糶價給散或米麥時價不等兩熟通融處置給過即請各房領主於各項下親註收訖二字年終繳進備查毋誤

贍族役議 乙未夏

癸巳秋希范在南曹公暇燕居念及二三兄弟衰貧之狀惻然心隱之因創贍族議以告族人至冬未有成說余懼道謀作室不潰于成貧族嗸嗸情難緩覗因據臆約其出數定其給額暫令家童主其計而可其出納甲午春適余罷歸亦未及更加劑量第如再議行之雖足以稍蘇族人之困而余之初心則尚有未盡者蓋再議㝠米僅百石而其半取足於兩姪雖足以供一歲給散之需而未有

以待婚嫁喪葬卒然之備余既不能遽益其出又不可更勸族人乙未春適兩姪以先大夫所創養廉田三分之一歸余歲可得租三百有奇余考養廉田之設始于大父桂坡翁數止三百畝以授先大夫膠峯翁先大夫承厥志而張大之以勸後人益其田至千畝復創田廬一所以統之其詳具先大夫所著養廉莊記中竊念養廉之設乃先人厚望子孫潔己奉公以無干吏議無玷名節蓋爲仕者計也今余雖濫通籍業已不用于時而宴然擁養廉之入以爲己私則與向之存于兩姪所者其名實不稱無以異也因念贍族之舉雖歲給粗定而不測之備尚缺今即以養廉所入籍每歲實徵之數除供賦役外計其所存而四分之以其一作修葺祖塋之費以其一備族人婚嫁喪葬之助以其二充族人歲給之額每歲除給散支用外稍有贏餘則仿朱文公先生社倉遺意輕其息以貸宗族鄉黨之貧而能力耕者收貯以待凶荒之備則不必復如前議歲斂于有產之族而贍族之費比

之昔日庶幾稍裕矣其條約則例畧倣諸名宗遺範量力參酌詳列于左姑以盡吾之心焉爾上不敢希前賢之高蹤下不能必後嗣之能守終吾之身得與族人共免飢寒之困以漸回淳厚之俗斯厚幸矣敢再質之通族惟可否之

贍族條件

一新撥來養廉田三百七十三畝三分每年豐凶不常待收過方定實數以登給散之籍

一每年該兑軍米

折兵銀

徭里銀

一族人年力已衰家無恒產不能經營生理者極貧月給米六斗冬夏布銀五錢次貧月給米三斗冬夏布銀三錢其能自給者夏送糴麥五斗

夏布銀二錢冬送糕米一石布銀三錢

一族有孀居無子或子幼貧不能養者極貧月給米六斗冬夏布銀五錢次貧月給米三斗冬夏布銀三錢其子成立住月給米仍給冬夏布銀

一族人年幼父母俱亡無兄長撫育者許近屬收養月給米三斗歲給布銀三錢男十六歲以後住給女嫁住給

一族有孤貧不有自婚者極貧助銀五兩次三兩又次二兩女不能嫁者如之再娶者照等減半再嫁者不給如得銀不婚不嫁別項費去卽將平日原定月給盡行停止以爲無行之戒

一族人有喪貧不能斂葬者極貧而年高有行者助銀八兩次五兩又次三兩上殤給棺銀一兩中殤五錢下殤不給

一族人有卧病危迫貧不能自醫藥者其近屬爲之延醫診視助醫藥之費或遇火遇盜不測之禍量行周恤大率銀不得過一兩米不得過二石

一族中子弟有讀書向進而家貧者縣試給紙筆銀三錢正案府試給紙筆路費銀五錢院試給紙筆路費銀壹兩進學助巾衫銀壹兩五錢鄉試助路費銀二兩領銀不赴試者聽作下次不准再給

一祖宗墳墓子孫所當共守若富者坐享先人之遺業任墳墓之傾圮而不思修葺貧者旣蕩先人之遺業至伐及墓木以自利豈孝子慈孫不忘祖考之道乎今近宅墳園遷祖叔英公以至

高祖處靜公葬爲膠山南麓曾祖友菊公葬爲膠山北麓舊墳祖戶部公葬爲新墳伯考僉憲公葬爲伯考墳兩孫俱能守其業保護修葺責有所歸祖以上各房之業守者廢者貧富不等互相推諉任其頹圮守冢人因而盜取甓甃牟入酤肆松栢推爲爨薪豈祖考之可忘何子孫之坐視希范生也晚每聞昔時賣樹盜樹之莫可禁目擊今日傾圮凋殘之不可支不勝悲感今將養廉所入每年除給賦外存四分之一以

爲修葺祖墓之費不足則取足于兩姪所存養廉田內協力修葺其餘貧族不得侵損墓木樹木凋殘逐年補種以枯樹眼同砍伐充買補栽之費不得私用

安氏義田記

無錫廉讓之風開于泰伯邑之賢士大夫篤宗族好施與效法范文正公捐田贍族鰥寡孤獨廢疾者有養也義莊義塾碁布星列或出于宦成或推其世業可風也而其中有明經安汝諧以其耕讀所蓄膏腴三百餘畝推惠貧族捐爲義田邺節存孤不尤可嘉與汝諧世居金匱之芙蓉澤澤上有宋樞密副使安燾祠爲安氏始祖金匱爲無錫分土泰伯墓在焉雖分兩邑而官吏同城士子考試同學安氏子弟之補

諸生發科者多在無錫宰是邑者苟能化民成俗無此疆爾界也余承乏無錫勸學勸耕教民廉讓五年于茲矣錫邑之人不以余爲非而樂從之余未嘗攝金匱事然金邑之人亦不以余爲非訟獄者羣就余折之文學之士論文考古與余質之書曰政由俗革不臧厥臧民罔攸勸故余觀風問俗兩邑士民能守泰伯廉讓之遺風者余樂稱道之汝諧族祖贈光祿即我素先生與顧端文高忠憲諸君子講學東林嘗著贍族議見天全堂集有義田三百畝未經呈明當

道故廢于鼎革之時汝諧克紹前徽欲垂久遠而不廢也呈縣上詳藩憲侯擴其田再請咨部以垂永久汝諧年逾七十其好善之志老而益壯也其西席薛子卓齋請余記其事以勵風俗余是以記之俾勸諸家塾世世守之子孫宗族有所觀感而興起焉時嘉慶丙寅夏四月既望知無錫縣事楊潤書于錫山官署

安氏義田記

明無錫安光祿我素先生嘗著贍族議以其先桂坡公所置養廉田擴之爲義田仿吳郡范氏法故安氏族皆淳樸以養有所賴而教法可行也今先生之五世從孫明經汝諧積學敦實行尤兢兢於敬宗收族之誼復置田千畝以仁其族具册立案垂諸永久其子太學恕察等會以監修學宮來謁請記敬宗收族大功同財飢寒死病相賙相卹家無私財有餘則歸之宗不給則資之宗故范氏家法宗子正位於廟其族人之辨訟曲直俯首聽命此非可强致也古聖王先養後教由一家推之國與天下無殊理也自宗法廢而族屬疏貧富相耀封殖以私子孫坐視其族之顛連惸獨而莫之拯老泉所云相視如塗人者徧觀近世比比然矣敦本如明經不足以風乎昔我素先生抗疏歸里與顧端文高忠憲講學東林以道義相切劘其流風遺澤葢猶有存者安氏世居膠山嵝村里迤邐而東地名芙蓉澤明經居之自無錫析邑籍隸金匱二邑故同城安氏之應科舉者籍猶分屬焉

其先有朱樞密使諱燾者則始祖也明經祀之蓋亦程子時祀宜及高曾冬至宜祀始祖遠祖之說禮以義起者也明有金華倅諱汝德者著治行爲明經十二世祖墓在堠村里明經修復之置祭田是年墓生靈芝經年不萎邑士傳爲瑞應播之詩歌嘉慶甲戌歲大祲明經蠲錢若干緡助賑其子拱復出粟爲淖糜以食餓者大吏上其名於朝並賜主簿銜明年其子昶遊於庠夫君子修德行仁固不責報而積善餘慶易已言之茲非其徵與明經年逾八十足不履城

府而覯恕察等之監修學宫也遂巡殿廷衣冠恭肅勤鳩庀始終勿懈亦可以知其教之本矣夫獎孝弟褒懿良以表式人倫振勵風俗亦司教者之責也爰記之以爲邑之人勸焉

賜進士出身誥授朝議大夫兵部武選司員外郎會典館協修加二級烏程凌鳴喈拜撰

賜進士出身誥授奉政大夫兵科給事中前掌山東道監察御史翰林院編修仁和許乃濟書丹

道光四年歲在癸未十月　　穀旦勒石

安氏義莊記

安氏義莊在金匱縣安鎮之東北二里許芙蓉澤上爲明經春臺先生所建凡門若干楹堂若干楹乙丙舍若干楹於中堂西偏之夾室奉其別祖明善公祠焉所出皆祔莊之前右瞰河其後爲田左與先生之子孫居室比而河交拱其外外置義田若干頃以量給族之不能喪葬者鰥寡孤獨廢疾不能自存者資貧而不能受學及學而就試於郡於省於部者莊始建於嘉慶壬申歲余先大夫主講東林時嘗爲作

義田記而先生以莊之未有記也復屬余記其餘以附於義田記之末古者受田於官民無甚富甚貧而以歲月會於比閭族黨之廷又會於宗子之廟仰事俯育一視同仁長者易爲令卑者易爲從法至善也秦聽天下兼并宗法亦隨之而廢於是雄張者兼百人產乏困者無立錐地相耀相侵雖以一枝之析而爲二爲三爲四也猶不免幾微動色距擘蘧廬剖自別祖以下者哉天下財貨求其并而能分天下情勢求其暌而能比者鮮矣然計然三致千金而再散分

與貧友昆弟後聽子孫修業而息之遂至鉅萬若其桀健鄙隘積贏以累子孫者亦何可勝數先生豈以義自號亦聊以長子孫而已夫趙宋以後義聲著鄉里署名而勸爲者方於前世省矣顧汲汲爲之如蘇之范申氏錫之華秦氏先後輝映也何居蓋幸其至今弗替爾先生少故貧積數十年之勤勤懇懇而乃與四氏亢且以捐貲郿鄰里新黌舍上邀朝廷寵錫因先生以及先生之子可不謂雄與余嘗見先生急人之急過於己私若通津梁平險側施糜粥方藥廱

他族之顛連無告者則又不僅爲長子孫計也而先生之子孫曾元繩繩侍數十僉賢愿今年幾百歲神色食御於疇昔不稍減天佑善人覽玆洵哉世之膴仕席豐莫不爲子孫長事育而中踣撲滿之戒惡然若不終日以視先生之自天祐之吉无不利其輕重難易相去不知凡幾吾蓋於是歎先王收族之法不可復行於今而在下之力能兼并者善寓古意以垂永久建一莊則一氏之子姓可收由一以推則先王之法可復近聞慕先生之義而先後建莊者有陳氏周氏袁氏而其世澤之綿遠子姓之蕃昌惟安氏爲最先大夫記之詳矣安氏之莊其固可與范申華秦四氏並垂永久也夫

烏程淩　堃撰文

錢塘許乃普書丹

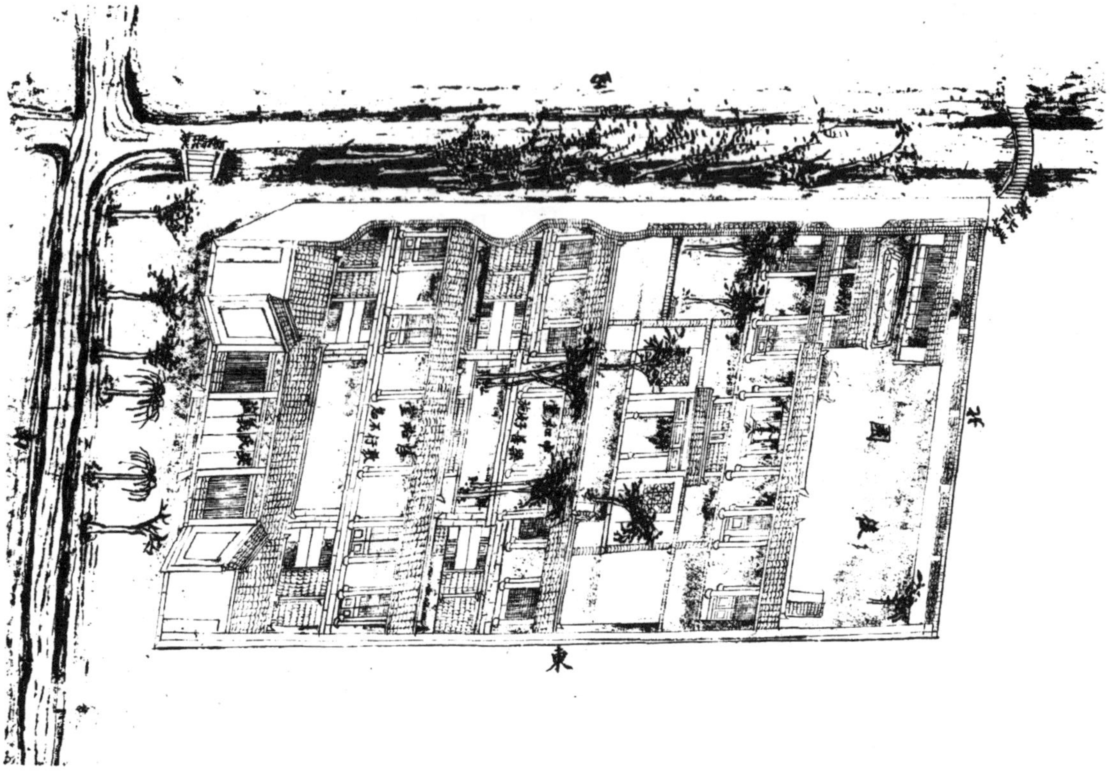

捐義田原呈

貢生安汝諧

呈爲邺節存孤捐田存案事 生居北上四四三圖芙蓉澤耕讀傳家永思物力艱難每欲哀矜孤寡久謀周急自累多男老益憐貧求爲小補 生年逾七十五子分居各免數口之饑寒不忍同根之憔悴自存膳田三頃願爲贍族公田力非能效先賢志在恪遵

聖諭篤宗族以昭雍睦

天語重申念孀婦與孤兒人情最慘但一日之惠難保百年今以北上平田三百畝繕寫清册叩請

父臺電批存案并詳

藩憲飭爲義田可免廢弛以垂永久世世沾仁上

禀

計粘清册二本　規條一本

本縣正堂父臺　施行

嘉慶八年九月十一日具

金匱縣張　批

募義捐田贍族殊堪嘉尙候即據情轉詳淸
册規條併附

義田規條

一此田專爲孤寡無依者而設歐陽大夫人曰無一瓦之覆一壠之植以庇而爲生何所恃而能守耶族中孀婦赤貧無業者每名月給米二斗有幼孤每名月給米一斗

一此田倘有活產有回贖者以田價買田增補

一此田歲收米麥有日收簿登明每歲收租若

干完漕米官銀若干打白米若干以備給發古人有三年之蓄年有豐凶必多蓄積以備歉歲

一老寡無子無業壽終給棺銀五兩繳票注銷

一幼孤年滿二十可以營生繳票注銷給婚娶銀隨時酌擬

一每年共給孤孀米若干有月給簿登明待給者幾人有餘照時價糶遇歉歲每升減價二文糶與貧族糴升不糴斗熟年出糶必存一

年之米以備給發麥錢米錢有餘一防歉歲

一備祖先公事刻家譜修墳墓宗祠每祭貼費五兩一增置義田一修理義莊

一孤寡報名注簿注明某支某房第幾世某人之妻某氏某人之子某名按譜查明然後給票每月照票給發

一此田另立戶名安永義辦糧呈明　本縣詳司存案造册二本開明田號細數一本存官一本家藏一體用印待活產買定然後咨

部

一此田爲少孀有志給米邺節倘或改嫁繳票注銷

一淹柩無力葬者查明支派每棺給米一斗錢一千無子孫者代爲僱工四人土葬四百文備葦索菜香燭一祭卽以爲工人飯菜每人工錢百文故一千文可辦

一年老無子有病不能營生凡疲癃殘疾者月給米一斗年少無恥染毒癮者不准給

一董事必舉才德兼優者充其任現在自董其

金匱縣諭

諭北上四四三啚經管戸書知悉現據貢生安汝諧具呈倡捐義田三百畝以贍貧族除現在詳請　藩府二憲立案外該書卽將安汝諧所捐田畝另立安永義戸名編入另甲辦粮優免差徭毋得勒措干咎特諭

一諭戸書

嘉慶八年十月初九日禮房敖文玉承

正堂張　　　　　　　　行

事萬事未定待事定之後再舉才德兼優者爲董事收租若干發若干毎年存若干用若干董事一人催租一人收租一人皆誠實之人不用聰明智巧防其添設巧法以亂舊章以招謗怨

一毎月文會二期族中成篇者于月之朔望齊集作一文一詩已進者添策一道不給燭首卷給紙筆銀叁錢待院試總給

金匱縣詳文

江蘇常州府金匱縣爲鄭節存孤捐田存案事

據貢生安汝譜呈稱生居北上四圖三啚芙蓉

湮耕讀傳家永思物力艱難每欲哀矜孤寡久

謀周急自㮣多男老益憐貧求爲小補生年逾

七十五子分居各免數口之饑寒不忍同根之

憔悴自存贍田三頃願爲贍族公田力非能效

先賢志在恪遵

聖諭篤宗族以昭雍睦

天語重申念孀婦與孤兒人情最慘但一日之惠難

保百年今以北上平田三百畝繕寫清册叩請

電批存案并詳

藩憲飭爲義田可免廢弛以垂永久世世沾仁

等情並據造呈田號租數規條各册前來據此

卑縣核看得貢生安汝譜家非巨富念切施仁

析五子以資財募義及諸族黨捐三百之塍產

推情首重孀孤實尅己以利人非取餘于本有

方之樂善尤屬難能除將所捐田畝改立安永

義戶名飭區編入另甲辦糧優免差徭外相應

照造册具文詳請伏祈

憲臺鑒核立案除詳

藩憲外爲此具由謹申伏乞

照詳施行須至申者

計申送

田號租數册一本　規條册一本

右　申

特授江蘇常州府正堂瑭

嘉慶八年十月二十四日知縣張寬泉

常州府瑭　批

仰照另檄遵行仍候

藩憲批示繳

捐義田覆呈

貢生安汝諧

呈爲恩准義田謝叩申詳事 生 居安鎮年已七

十于嘉慶八年捐田邺節存孤具稟在案蒙

恩批准轉詳

藩憲恭謝

父臺開下民向善之門見君子成人之美過蒙優

奬分不敢當今 生 以草創未有成規未舉董事

田有未絶之產奉

憲飭駁檄府查詳竊 生 田少力薄未敢遽求咨

部但求

列憲存案此田可保巳令孤寡沾恩俯待數年田

多產定再求請咨茲奉

憲諭謹舉董事一人係族姪己亥舉人安吉年五

十七誠實老成貧族孤寡廢疾現給米者三十

名活田報捐後杜絶者二十餘畝又 生 于去年

增置義田三十畝合行呈明附前原捐田數册

後叩請

父臺報　府詳　憲方今

藩憲大人彰善癉惡必大開奬勸批准存案 生 合

族孤寡咸恩俟有成局再行叩請詳咨爲此申

明謝悃上稟

計粘增置田册一本　親鄰具結一道

本縣正堂父臺　施行

嘉慶十年三月初二日具

金匱縣張　批

候據情詳請憲示飭遵册結附

金匱縣覆詳

江蘇常州府金匱縣爲卹節存孤等事案奉
憲臺　牌奉
布政司汪　批卑縣詳貢生安汝諧捐田贍族
緣由奉批仰常州府核明例案議詳察奪毋遲
繳册并發仍繳等因到府奉此查此案前據該
縣具詳到府當查捐田贍族設立義莊例應取
具册結詳請咨
部立案給帖遵守今核送到田號細册類多活

産若據詳咨
部給帖勒碑將來原業紛紛取贖又須咨
部更換諸多未便至既已捐田贍族自應卽舉
誠實安董經理今稱仍自董其事亦屬未協且
送到之册僅止一套又無切結同送種種牽混
隨經駁飭去後迄今未據造送茲奉前因合行
嚴催并蒙發册到縣奉此卑職遵經飭飭該生
遵照
憲飭事理另議去後今據貢生安汝諧呈稱生

于嘉慶八年捐田卹節存孤具禀蒙恩轉詳
藩憲生以草創未有成規未舉董事田有未絕
之産奉飭查詳竊生田少力薄未敢遽求咨
部但求
藩　府二憲存案此田可保已令孤寡沾恩倘
待數年田多産定再求請咨茲奉
憲諭謹舉董事一人係族姪己亥舉人安吉年
五十七歲誠實老成貧族孤寡廢疾現給米者
三十名活産報捐後杜絕者二十餘畝又生于

去年增置義田三十畝合併呈明叩請具詳等
情並據造成增置田畝及前報活産今又杜絕
田册及鄰族結狀前來卑職復查無異可否准
其存案暫緩咨
部之處理合據情具詳並造增置杜絕田册及
鄰族甘結一並蓋印同原發册二本具文申送
伏祈
憲臺俯賜轉請示遵爲此具由謹申伏乞
照詳施行須至申者

計申送

增置杜絕田號册二本　鄰族甘結二紙

原發規條田號册二本

右　　申

特授江蘇常州府正堂瑭

嘉慶十年三月二十四日知縣張寬泉

常州府瑭　批

仰候據情轉詳立案繳册結存送

常州府牌

特授江蘇常州府正堂加十級紀錄十次瑭　爲

恤節存孤等事奉　署布政司鄂　批本府呈

詳該縣貢生安汝諧捐田贍族緣由奉批如詳

飭遵仍飭安協經理一俟活產杜絕即議定規

條詳請咨　部給帖遵守毋違繳册結存等因

到府奉此合行轉飭爲此仰縣官吏即便遵照

憲批飭令該生選舉安董經理仍俟活產杜絕

速行議定規條詳府以憑轉請咨　部給帖遵

守毋違須牌

右牌仰金匱縣准此

嘉慶十年九月初二日禮房承

金匱縣諭

金匱縣　爲恤節存孤等事案據該生安汝諧
倡捐義田三百餘畝以贍族中孤寡具呈到縣
據此當經本縣飭取規條田號册給據情詳請
府憲轉詳　藩憲立案設爲義莊先將所捐
田畝飭區編入另甲另立安永義戸名辦糧優
免差徭外今奉　本府正堂瑭　牌開奉　署
布政司鄂　批本府呈詳該縣貢生安汝諧捐
田贍族緣由奉批如詳飭遵仍飭妥協經理一

俟活產杜絶即議定規條詳請咨　部給帖遵
守毋違繳册結存等因到府奉此合行轉飭等
因到縣奉此合行飭遵爲此給諭貢生安汝諧
即便遵照　憲批該生選舉妥董經理仍俟活
產杜絶速行議定規條呈　縣以憑轉請咨
部給帖遵守而垂永久毋違須至諭者
一給諭
嘉慶十年九月初七日敕文玉承
正堂張　　　行

呈請詳咨稿

職貢生安汝諧年九十一歲
呈爲續捐義田懇請轉詳咨達事職係宋知樞
密院觀文殿大學士諱熹之裔南渡後占籍無
錫世居膠山忠節孝友儒林文苑之傳備載史
乘先僉憲諱如山擴先戸部諱國捐置養廉莊
至千畝有養廉莊記先光祿諱希范改爲贍族
田有贍族先後議以未經詳咨立案廢於明季
逮奉

本朝沐浴
膏澤子姓繁衍而析隸
仁治者又百年於茲矣族中老幼孤寡廢疾貧乏
之人無以相賙相卹殊失祖宗一本之誼職伏
讀
聖諭篤宗族以昭雍睦之訓居常耿耿每以力綿爲
憾嘉慶八年職子五人皆投田產以職膳田三
百畝零捐爲義田呈請縣張　詳明
藩憲立案嘉慶十四年捌建貯米義莊一所坐落

芙蓉澤職居之旁共三進計廳厫四十間價銀
五千一百一十餘千命子察經理其事續捐田
四百畝零又祠墓祭田一百畝零共計祭義田
八百四十畝零價銀一萬四千二百四十餘千
又置生息市房二所坐落安鎮北岸計屋九進
典屋樓房一百二十九間南岸計屋五進棧屋
五十六間共計一百八十五間價銀一萬五千
八百餘千統計義莊田屋價銀三萬五千一百
五十餘千竊職志勵詩書力敦稼穡當青年而

斡蠱乃白首以成家督修
至聖之廟長瞻萬仞巍牆助葺
讓王之墳永護千
秋宰木邮鄰僅升斗
恩叨
爵秩之榮課子以丹鉛幸列膠庠之籍以及復建祖
之墓道立近族之譜亭通津建鑿石之橋濬河
引溉田之水非能追步於先人祇是仰承於
德化皆士民之常分無惠濟之可言今職年逾九旬
竊思義莊之事行之有效樂觀厥成用敢合前
捐數并祠墓粮詳議規條繕開清冊伏乞
老父臺大人據情通詳照例咨達
大部給帖遵守永禁盜賣盜買俾安氏子孫世傳
勿替合族宗支同感
鴻仁於不朽矣上呈
計呈
義莊田屋祠墓細數清冊一本
義莊規條一本
道光三年六月二十七日

金匱縣正堂徐 批
候據情轉詳請咨冊存

義莊規條

一設總理一人必敦請族中才德兼優者所有義莊租銀悉歸管理凡屆更代會集本莊交盤接任無庸　官爲報銷再設司事二人一司入一司出亦必明幹誠實克襄厥事不用聰明智巧防其添設巧法以紊成規若扇人督催不力或私收田租立卽斥退送　官比追

一前案捐置義田及續捐田屋并貯米義莊田號基地細數開明呈送另立安義莊戸名辦糧先輸

國賦統核所收租銀散給貧族及各項開銷其給若干有日給簿登明量入爲出務效古人耕三餘一耕九餘三之意如有贏餘酌辦合族公事外增置田產及族中願捐租銀者一并呈明立案

一收租與給米時總理必親自檢點不可全憑司事册籍租銀出入務卽登明日收簿不得稍事挪移并不得通融出貸倘遇水旱必親自踏勘不可專聽扇人開報歉歲減收不敷給發在積年贏餘項下支銷

一設義田以贍族而勸懲之意寓焉族中有孝友克敦貞節可風者爲之請旌所以振綱常而厚風俗也其注册先孝順義節之告匱者次鰥寡孤獨廢疾之無依者皆查明某支某房第幾世某名及某名之妻某氏某名之子某名編入號簿填票給發如有冒

領卽向經領人追繳若不安本分爲非生事者概不入册

一給米分别大小口每大口月給白米二斗小口月給白米一斗遇閏照例給發小建日不扣除無分支派遠近總歸一律辦理

一鰥獨苦於老孤寡苦於少鰥獨年過六十入册孤子年滿二十早已成立卽宜繳票惟寡婦及廢疾之無依者不拘此例其年歲於初報名時注明册上每歲换給新票核實填寫

以便開除口數如例應繳票仍目領者定行
追繳
一票支月米定於每月初一至初五日給發過
期俟下月併給預支者不准每歲換票定於
正月二十一至二十五日月米隨票給發必
須到莊親領凡始而困窮繼可餬口卽宜繳
票以無礙貧宗地步
一族中有平日安分單傳無嗣無力婚娶者查
實助銀十兩如單傳喪妻無嗣不能續娶者

亦如之
一册上有名身故者卽於是日詣莊報明繳票
隨驗給棺葬銀五兩有淹柩不克葬者隨報
隨查給葬費銀一兩
一吾族耕讀傳家歷朝以來科第林立後緣支
分派別未免觀摩者少今每月朔望齊集義
莊作文會一文一詩本莊供給飯食小課二
次一次經文一篇策論一道一次經解一篇
詩賦二首課卷呈尊宿評定甲乙首卷給紙

筆銀三錢以示鼓勵赴試時總給應試者縣
試給錢八錢府試一兩二錢院試一兩五錢
入學一十兩歲科試一兩五錢行優選拔進
京
朝考者三十兩鄉試五兩中式二十兩會試三十
兩中式二十兩如力能自備資斧不到本莊
支領盤費者聽
一義田有未絕之產職年逾九十勢難再緩咨
部其未絕之產來取贖者聽其取贖收價另行

續置有情願加貼者據對契核明置產簿酌
量找絕
一義田乃公租公用與尋常家產不同若義田
缺租則輸完
國賦及散給月米何從挪補嗣後收租務照例限
催完仍每石給錢四十文隨租給發以示體
卹如頑梗者送 官比追
一祖宗墳墓祠堂丙舍樹木子孫所當其守若
坐享先人遺業任其傾圮不思修葺貧者至

欲私伐樹木以自利祖宗亦何貴有子孫乎
現在樞密公祠粮已歸義莊辦理而金華公
戶部公僉憲公光祿公墓俱載邑志以及各
房名墓應完之粮統歸義莊辦理墳墓公事
任聽各房支值其田號基地細數一併開列
呈送外蒸錄
大清律例盜賣盜買祀產義田墳園樹木治罪條
列規條之首凡我宗支一體欽遵庶得永保
一祠祭定期春三月朔秋八月望墓祭春上巳

秋重九族中子弟屆期早集毋得托故不到
每年於祭田項下支錢八十兩作祭費如有
贏餘修理祠墓另設族葬地一所坐落孟家
橋願葬者到莊報明總理親往監視挨次連
葬家前各立表石刊明世數名氏不得攙越
每屆清明前後本莊親往設祭焚楮遇有塌
損即為修補其就葬子孫自行祭埽者聽
一莊內設汝譜三代神主以崇報本之義春秋
祭祀統歸義莊辦理宗譜刊修於嘉慶十六

年板片用木架藏弆義莊中和堂廂房亦歸
總理收管毋致損壞每屆十年增修一次其
生卒年月及婚嫁姓氏葬某地準於每年春
秋祭祀日通族按世數開單送至祠中總理
預備清冊一套屆期擇子弟之賢者司登冊
之事毋致遺漏
一總理司事修金扇人工食每屆交代時公議
銀數按季支給義莊諸事悉聽總理按規處
置族中雖尊長不得干預侵擾并不得借住

莊房私行移用器皿什物凡租銀出入千數
用實足制錢兩數用七十實足制錢至年終
各司事造具舊管新收開除實存四柱清冊
將上年舊管收貯本年新收總數及開除各
項支銷實在義莊存貯若干逐一登明彙交
總理公同盤算明白刊告通族

公呈請　題議敘稿

紳士原任直隸永平府知府秦沆刑科給事中
龔鐙山東范縣知縣華榕署江西宜春縣
知縣秦緗武河南郾用知縣鄒鳴鶴進士秦
大治舉人華廷標秦國楠李福培候選直隸
州州判拔貢生王芝林副貢生華勳監生嵇
承濂廪生寶承焯增生吳奎光附生楊福銓
里鄰職監陳森職員王城親原署貴州鎮遠
府候補知州華文標恩貢生朱景周附生汪
樹標族監生安祥附生安念祖監生安培德

廪生安詩等
呈爲𢿙置田產贍族公懇請
題議敘以昭
盛化而勵淳風事職等竊見職貢生安汝諧忠孝傳
芳詩書衍慶受
皇家之煦育誼重睦婣沐
聖世之薰陶仁先收族持躬勤儉計產不過中人刻
意解推考德恆兼眾善無㬥大夫爵邑之饒而

三族待膳少范文正祿賜之入而一姓知依出
仁人之粟輒思萬石成倉登獨行之書便欲千
間作厦本祖訓以起例懷厥永圖輔宗法以推
行施由親始譜牒分支乃鰥寡孤獨皆有養羸
餘寸積亦冠婚喪祭惟其時仁以爲心義形於
色他如施賑施粥惠及千人成梁成杠道通四
野煖覆茆檐郵牛衣之窶厄春生黍谷拯雁戶
之飢寒輯家乘而伯霜仲雪之澤長復祖塋而
青烏赤霅之形正

讓王臺古興畚挶而剪榛艿
夫子牆高庀梓材而加丹雘輝煌榜額崇祀
聖之道場奔𥞊巖阿葺
尊賢之堂構河道𨼆圻一支開走馬之塘溝渠蝕
穿九曲補修蚰之路年逾九秩表人瑞於
熙朝橐散千金拜
國恩於仁里感宛介眉奇木則祥鍾連理孫曾繞膝
靈芝則瑞挺九莖久被清名宜書汗簡臚陳實
跡洵無媿兩邑之善門詳揭大端用以昭千秋

之義舉伏查
定例凡士民人等或養卹孤貧或捐貲贍族助賑荒
歉或捐修公所及橋梁道路實於地方有裨益
者均造事實清册送
部其捐銀至千兩以上或田粟作值銀千兩以
上者由　禮部請
旨建坊給予樂善好施字樣由地方官給銀三十兩
聽本家自行建坊願請議敘者由吏部定議給
予頂戴等語雍正年間元和范瑶乾隆年間本

邑華進思嘉慶年間昭文歸景伊華亭沈敦儒
等俱邀
優敘旌奬在案今職貢生安汝諧共獨錢三萬五千
一百五十餘千置義莊田屋贍族備造清册呈
送在案歷年復獨銀令其子察等辦邑中公事
另册開列所捐銀數俱係實用實開核之捐銀
千兩以上給予議敘之例爲數較多應請格外
施
恩從優議敘職等非敢涉私邀譽實關勸善維風爲

此備造事實清册公籲
父臺大人轉詳請
題從優議敘庶幾
温綸寵賁俗益尙乎敦龐
華秩榮頒事永垂於弈禩矣上呈
計呈　事實册一本
道光三年七月初四日
金匱縣徐　批
候據情轉詳請

題册存

事實册

一職貢安汝諧年九十一歲江蘇常州府金匱縣人民籍係宋知樞密院觀文殿大學士諱燾後曾祖邦潮祖可光父承宗乾隆五十六年遵例出俊秀報捐監生嘉慶六年加捐貢生嘉慶十九年捐賑案内

恩賜主簿職銜

一職貢安汝諧於嘉慶二十二年前無錫縣韓　金匱縣齊　無錫學郭　金匱學張　聘修

聖廟捐錢一百四十千先後督工復捐錢五百餘千事竣縣學合送敦行不怠匾額

一職貢安汝諧於乾隆五十年大旱有司勸賑捐錢五十兩是年城鄉先設廠施粥飢民至廠就食不能歸者露宿野外輒病疫遂易給錢每日一給汝諧謚於有司曰飢民枵腹遠行十餘里日領十錢人多擁擠守候需時日復一日飢軀僕僕路斃者多請十日一給俾得安息且可另覓工作少添活計有司韙之下其法於各鄉奉

憲給匾獎勵嘉慶十九年大旱有司勸賑即行其法他邑仿而行之者皆稱便是年汝諧捐錢一千千入官賑又捐錢一千餘千請縣給示在福萃庵設廠煮粥賑本鄉之乏食者令子拱司其事自十九年十月朔日起至次年三月底麥熟乃止全活無算

一職貢安汝諧於嘉慶十八年捐錢一百兩助修無錫金匱縣志二十三年捐錢一百千助修鴻山　泰伯墓道光二年捐錢十千助修惠山尊

賢祠嘉慶二十四年捐錢一百千助修顯濟廟十七年捐錢二百九十餘兩重修福萃庵道光元年捐錢一百兩助修洞虚宫又以崇安寺爲兩邑祝

釐之所捐錢二十兩建立

敕賜靜慧寺匾額膠山寺寶乳泉蒙亭亦嘗捐貲修理

一職貢安汝諧恪遵

上諭修理橋梁之訓嘉慶十一年捐錢一千一百二

十餘千重建本邑慶安橋道光元年捐錢七百
四十餘千令其子察拱等重建年餘橋嘉慶八
年捐錢一百千令子謙恕等重修金匱常熟界
大成橋十四年捐錢一百兩助建本邑鴨城橋
二十二年捐錢五十兩助建菰莊橋二十三年
捐錢五十兩助建楊木橋捐錢四十千助建日
暉橋乾隆五十三年捐錢三十千助建三涇橋
又捐錢助建熙春橋五十四年芙蓉塘橋嘉慶
十八年常熟釣渚渡橋二十一年本邑戴巷橋

洪家橋胡家橋安家巘橋應龍橋二十三年南
橫塘橋二十四年小鴨城橋道光元年東九里
橋二年南莊楊家橋皆捐貲助建凡道路崎嶇
者亦必出貲修理
一職貢安汝諧於乾隆三十五年助濬白茆河嘉
慶十九年天旱水涸農民乏食令子察濬芙蓉
澤酌給工食農民賴之濬河之土築於慶安橋
之東爲
文昌閣基昔范文正公開西湖其先明戶部諱國開

膠山下荒地成渠至今爲沃壤以工代賑致爲
良法二十四年旱又濬南走馬塘河
一職貢安汝諧於乾隆五十二年倡率兄弟重建
宗祠中祀始祖宋知樞密院觀文殿大學士諱
熹以明孝友諱宙孝子諱彧順孫諱禎配嘉慶
十六年捐貲刊修宗譜十七年倡率子姪修復
其先明知金華府諱汝德古墓建墓門築墓道
置祠墓祭田是年墓上叢生紫芝累年不絕邑
人播之詩歌與西墳圖孝友諱仲茂壽山墳承

事郎諱祚墓上連理木並稱瑞應云
一職貢安汝諧於道光二年冬捐錢一百二十兩
入施衣會辦棉衣施鄉里之無衣者偶遇歉歲
卽買米於本鄉平糶又攜帶錢文親往里黨中
見貧苦者輒給之不使他人知鄰人不戒於火
露宿堪憫因捐貲助建房屋其救荒拯患如此
一職貢安汝諧捐置義田三百畝零贍給族中詳
列規條採元和范氏華亭張氏沈氏昭文歸氏
本邑華氏秦氏之例而增損之行之歷有成效

前無錫縣楊公潤暨東林書院山長兵部員外
郎淩公鳴喈爲之記今續捐田四百畝零祠墓
祭田一百畝零共計祭義田八百四十畝零復
捐置市房二所亦歸義莊收租採息以充經費
又以農人勞苦每佃戶輸租加給飯食乾隆五
十七年壽届六十每輸租一畝給米一斗嘉慶
七年壽届七十亦如之十七年壽届八十道光
二年壽届九十俱按租給錢遇喜慶諸事多有
贈遺其邮佃勞農如此

一職貢安汝諧忠孝傳家力敦孝友其高義卓行
久爲鄉黨矜式年登八秩邑人公舉鄉飲賓固
辭不居客歲年登九秩康强眉壽遠近作詩文
爲壽者以百計而謝客不稱觴以其資令子察
重建橋梁郎年餘橋也其年高德邵如此
一職貢安汝諧共捐義莊租屋銀兩俱係實用實
開將細數呈請咨
部立案並照造一册請縣鈐印存貯義莊以垂
永久其他公事見義必爲樂善不倦洵非尋常

好施可比尤宜循例呈請從優議敘渥沾
恩典
一職貢安汝諧諸子克承父志秵游庠謙恕察拱
入成均拱亦以煮粥助賑
恩賜主簿職銜其監修
聖廟重建橋梁及增置義莊田產諸事皆察主之䟫
躍辦公無倦色不媿崇本尙義孫曾亦讀書敦
行具見世家名族之風

結

具呈里鄰親族紳士原任直隸永平府知府秦沆刑科給事中龔鏜山東范縣知縣華榕端署江西宜春縣知縣秦緗武署貴州鎮遠府知府候補知州華文標河南卽用知縣鄒鳴鶴進士秦大治舉人華延標秦國楠李福培候選直隸州州判拔貢生王芝林副貢生華勳監生嵇承濂廩生竇承焯增生吳奎光附生楊福銓職監陳森職員王城恩貢生朱景

周附生汪樹標監生安祥附生安念祖監生安培德廩生安詩等

爲遵具切結事治等因職貢生安汝諧捐祭義田八百餘畝又捐生息市房一百八十五間創立義莊贍族治等於本月初四日聯秋公具呈詞叩請詳咨蒙　批候據情轉詳請

題治等因安汝諧捐田屋銀數統共三萬五千有奇核之捐銀千兩以上給予議敘之例大爲有餘洵可維風勸善是以公同爲之呈請實非扶濫理合公具切結爲此邀同與名戚友備具公結呈請

父臺大人備案以憑詳請咨

題實爲德便上呈

道光三年七月二十日

金匱縣徐　批候具詳請

題結存

具結常州府金匱縣里鄰親族紳士秦沆龔鏜華榕端秦緗武等今於

與結狀實結得職貢生

安汝諧世業經畬家傳理學行先孝友誼篤宗祊扶危濟困饔飧給而禮讓行任卹睦婣解推廣而風俗美欽惟

聖諭重申特崇收族

皇恩普被尤重敦倫欲興起之多人在激揚之有道樹楷模於四境成例爲昭萃仁讓於一家

旌題宜亟式此芳型庶勉好行之德臚兹善舉用彰
尙義之風今職貢生安汝諧現年九十一歲所
捐義莊田屋銀兩俱係實用實開例應請
優議敘中間並無虛捏是實
道光三年七月二十日具
原任直隸永平府知府秦　沆
刑科給事中龔　鐙
山東范縣知縣華榕端
署理江西宜春縣知縣秦緗武
署貴州鎮遠府候補知州華文標
河南郎用知縣鄒鳴鶴
進士　秦大治
舉人　華延標
舉人　秦國楠
舉人　李福培
候選直隸州州判拔貢王芝林
副貢生　華　勳
監生　嵇承濂

廩生　竇承焯
增生　吳奎光
附生　楊福銓
職監　陳　森
職員　王　城
恩貢生　朱景周
附生　汪樹標
監生　安　祥
附生　安念祖
監生　安培德
廩生　安　詩

金匱縣詳文
江蘇常州府金匱縣爲獨置田產贍族公籲
題請議敘以昭
盛化而勵淳風事據原任直隸永平府知府秦沆刑
科給事中龔鐙仝敘等呈稱竊見職貢生安汝
諧忠孝傳芳詩書衍慶云云等情並呈事實册
結到縣據此該金匱縣知縣徐家槐看得主簿
職銜安汝諧行先孝友誼篤宗祊頻年節儉本
遺訓以承家積置膏腴貯義莊而贍族煢獨藉

無雁苦婚喪賴以鳩貲范文正之敬宗成規式
仿鄭浦江之濟困儆行允符主特公舉其賢經
理務要於久飩千人之粟善紀釜鐘上大夫之
書榮邀鞶帶施衣瘞殣沒存並沐其恩除道成
梁遠近均霑其澤年逾九袠身歷四朝情田廣
聖世之仁眉壽表
皇家之瑞且其所捐義莊田屋計價已及三萬五千
餘兩核與捐銀千兩以上給與議敘之例爲數
較多宜請
優敘用彰尙義之風允符
殊榮庶勉好行之德合將呈到切結加具印結造具
事實淸册具文詳送仰祈
憲臺電賜轉詳
題請議敘爲此備由另册呈乞
照詳施行
計詳送
印甘結七套　事實册六本
一　詳

特授江蘇常州府正堂　程
道光四年七月十三日知縣徐家槐
常州府程　批
仰候加看轉請
憲示飭遵此繳册結存送

金匱縣今於

與印結爲獨置田產贍族公顧

題請議敘以昭

盛化而勵淳風事據紳士秦沆等結稱實結得職貢安汝諧世業經畬家傳理學行先孝友誼篤宗祊扶危濟困饔飧給而禮讓行任卹睦婣推解廣而風俗美欽惟

聖諭重中特崇收族

皇恩普被尤重敦倫欲興起之多人在激揚之有道

樹楷模於四境成例爲昭萃仁讓於一家

旌題宜亟式此芳型庶勉好行之德臚玆善舉用彰尙義之風所捐義莊田屋銀數俱係實用實開並無虛捏具結是實等情據此卑職覆查無異相應加具印結是實

一加印結

道光四年六月二十八日　禮房敖文玉承

正堂徐　行

金匱縣詳　各大憲

江蘇常州府金匱縣爲續捐義田懇請轉詳咨

達事道光三年六月二十七日據職貢安汝諧呈稱職係宋知樞密院觀文殿大學士諱熹之裔全敘等情並呈義莊規條及義莊田屋祠墓細數清冊到縣當查呈到冊內未將祭義田畝已絕未絕分晰開造當飭查明另造清冊呈送核詳去後今據安汝諧將所捐田畝分別已絕未絕造具安册呈送並據里鄰親族職監陳森

等遞具切結前來查核所議規條悉臻妥善可以永垂久遠隨卷查嘉慶八年據貢生安汝諧以郵節存孤等事呈明捐田三百畝零作爲贍族義田當經卑前縣張令造冊詳請

藩憲立案奉批如詳飭遵仍飭妥協經理一俟活產杜絕卽議規條詳請咨

部給帖遵守毋違繳册結存等因遵照在案今據該職貢安汝諧呈明續捐祭田義田建造莊屋將原捐續捐田號租數建造莊屋坐落處所

及祠墓基粮一併開造清冊同議定規條呈請
通詳咨
部立案給帖遵守前來該金匱縣知縣徐家槐
核看得職貢安汝諧行先孝友誼篤宗祊云云
除將册開田畝飭圖註冊撥立安義莊花戸辦
粮照例優免差徭並將呈到里鄰親族結狀加
具印結造具田號租數規條清册由府核轉外
理合具文詳請仰祈
憲臺電 核會咨 大部立案以垂永久 賜轉詳會咨並請詳給印帖遵守

憲臺電核詳請會咨立案並賜頒給印帖遵守
除詳
撫憲學憲 藩憲 府憲外爲此備由另册呈乞
照詳施行
計詳送 規條册七本 印甘結七本
田號租數册七本
一 詳
撫憲學憲 藩憲 府憲
道光四年七月十三日知縣徐家槐

金匱縣今於
與印結爲續捐義田等事據里鄰親
族職監陳森等結稱實結得職貢安汝諧任邮
爲懷本根是篤公財産於一族溥美利於後昆
撫養儀寒賑施骨肉積而能散有而不私子孫
勿替其苠規宗黨均沾夫實惠茲先後捐置贍
族義田七百畝零又祠墓祭田一百畝零共計
田價制錢一萬四千二百四十餘千又建造義
莊房屋四十間計價制錢五千一百四十餘千

又置建莊内採息市房二所共屋一百八十五
間計價制錢一萬五千八百餘千統計田屋價
共錢三萬五千一百五十餘千均係實用實開
並無虚捏具結是實等情據此卑職覆查無異
相應加具印結是實
一 加印結
道光四年六月二十八日 禮房敖文玉承
正堂徐 行

常州府正堂程　批
仰候轉詳請咨給帖遵守仍候
各憲批示繳冊結存送
署江蘇承宣布政司湯　批
仰候詳咨給帖繳冊結存送
仰候轉詳請　題繳册結存送
宮保閣督部堂孫　批
仰蘇州布政司查明詳咨仍候
撫學部院批示繳

江蘇巡撫部院韓　批
仰蘇州布政司核明取造册結詳請咨
部立案仍候
閣督學部堂院批示繳

常州府詳文
爲竭置田產贍族公額
題請議敘以昭
盛化而勵淳風事據金匱縣詳稱據原任直隸永平
府知府秦沆刑科給事中龔鐙等呈稱竊見職
貢生安汝諧忠孝家風詩書世澤云云全敘等
情並呈事實冊結到縣據此該金匱縣知縣徐
家槐看得主簿職銜安汝諧行先孝友誼篤宗
祊云云且其所捐義莊田產計價已及三萬五

千餘兩核與捐銀千兩以上給與議敘之例爲
數較多宜請
優敘用彰倘義之風允荷
殊榮庶勉好行之德合將呈到切結加具印結造具
事實清册具文詳送仰祈轉詳等情到府據此
該常州府知府程鍾齡核看得金匱縣職貢生
安汝諧孝友夙敦尊親無間本清芬之世澤承
任邮之家風劉君長粟帛不私恩非濫市翟光
業有無相繼德可同符較范莊之贍族而無慚

比公藝之敦宗而罕見旣鄉評之允協宜
旌典之仰邀玆據該縣取造事實册結詳送前來相
應加看轉詳伏候
憲臺鑒核轉詳請
題爲此備由具呈伏乞
照詳施行須至呈者
計詳送
事實册結各六套
道光四年閏七月二十日　知府程鍾齡

江蘇布政使司　批仰候轉詳請
題繳册結存送

常州府札
特授江蘇常州府正堂程
爲續捐義田等事本年八月二十日奉
署布政司湯　批本府詳送該縣職貢安汝諧
捐田贍族請咨給帖册結緣由奉批仰候詳咨
給帖繳册結存送等因到府奉此合行轉飭札
到該縣卽便知照毋違
道光四年八月二十九日　札金匱縣

特授江蘇常州府正堂程
爲剏置田產贍族等事本年八月二十日奉
署布政司湯　批本府詳送該縣職貢安汝諧
捐置義田詳請議敘册結緣由奉批仰候轉詳
請
題繳册結存送等因到府奉此合行轉飭札到該
縣卽便知照毋違
道光四年八月二十九日　札金匱縣

布政司附詳請給印帖世守由

江蘇承宣布政司誠　爲報捐義田給帖等事

查接管卷内道光四年八月初二日奉

宮保閣督部堂孫　批金匱縣通詳職貢生安

汝諧捐置義産贍給貧族先於嘉慶八年以膳

田云云　該貢生安汝諧年近百齡恐將來子孫

盗廢造具册結呈請給帖世守并請彙册報

部立案由縣核明造具清册并加具印結送府

核轉通詳給帖彙咨等情由奉批仰蘇州布政

司查明詳咨仍候

撫學部院批示繳又於道光四年閏七月二十四

日奉　前撫部院韓　批開仰蘇州布政司核

明取造册結詳請咨

部立案仍候

閣督學部堂院批示繳等因各到司奉此查此案現

據常州府詳據金匱縣詳據各紳衿具呈該職

貢安汝諧年逾耄耋好義爲懷因念族繁捐田

贍貧應請循例詳

題

旌表造具該義莊田房各數并規條清册取具各結

加看具詳前來除援例另詳請

題外所有該職貢安汝諧將所捐各義産恐子孫

盗廢呈請給帖世守等情應請准其照例由司

先行核給印帖入於通省祭義田畝案内另行

彙册報

部立案奉批前因相應附文具詳伏候

憲臺會鑒核至該義莊田房各數規條各册另於

詳

題案内呈送查核合並聲明除詳

撫督學憲外爲此備由另册呈乞

照詳施行

一　詳

撫督學三院

道光四年　月　日

布政司詳捐田建莊由
江南蘇松常鎮太等處承宣布政使司誠
爲捐置義田以贍貧族循例詳
題事查接管卷內據常州府詳據金匱縣詳稱據
原任直隸永平府知府秦沆刑科給事中龔鐙
等同各紳衿呈稱竊見職貢生安汝諧忠孝家
風詩書世澤云云應請議敘等情并據該職貢
安汝諧備造田數規條事實清册具呈前來隨
經覆查無異又據里鄰親族遞具切結到縣該

金匱縣知縣徐家槐看得職貢生安汝諧行先
孝友誼篤宗祊云云合將呈到册結加具印結
造具事實清册具文詳送仰祈轉詳等情到府
據此該常州府知府程鍾齡核看得金匱縣職
貢生安汝諧孝友夙敦尊親無間云云茲據該
縣取造事實册結詳送前來相應加看轉詳伏
候鑒轉等情到司據此該蘇州布政司誠端核
看得金匱縣職貢生安汝諧情深葛庇志篤椒
馨綺年敦孝友之倫聲傳梓里耋老抱睢媚之

誼義溥宗祊生逢
盛世被
熙皞之休風躬際
昌期成耄齡之瑞事捐貲助賑久符經濟之才葺
廟成梁復播仁人之譽乃近百歲而力拯窮支希
高風於文正歷
四朝而心儀懿行仿義澤於浦江廣置膏腴三萬餘
千之兼金不吝臚陳條約九十有二之精力彌
堅旣孚輿論允合

旌揚茲據該府縣查明採訪確實取具所捐義莊田
房各數贍給規條各册結由縣加具印結援例
具詳到司本司覆查會典內開凡有孝行節義
爲族黨所信服者由地方官申報核實奏
聞禮部分別
題請給銀建坊等因又查嘉慶二十四年元和縣
張鳳德道光三年崇明縣龐鑑捐田贍族各案
均奉
部議覆准建坊

旌表各在案今金匱縣職貢生安汝諧倡捐義田七
百三十六畝九分八釐四毫又祠墓祭田一百
三畝八分二釐一毫共計祭義田八百四十畝
八分五釐莊房二百二十五間統共田房契價
錢三萬五千一百五十二千文以給貧族而供
祭修洵屬好義可嘉查與會典開載幷張鳳德
等例案相符理合覆核加看具詳幷將送到册
結同送伏候
憲臺會鑒核
題
旌表以慰期頤而彰善行除詳
撫督學憲外爲此備由另册呈乞
照詳施行
計呈送册結各一三套
一詳
撫督學三院
道光四年月日

宮保閣督部堂孫批
查職貢生安汝諧捐置義莊田房三萬五千餘
金贍族睦婣實屬好義可嘉自應
題請
旌表以維風教仰候查核會
題仍候
撫學部院批示繳册結存

金匱縣諭

諭四四三圖區書知悉照得祭義田畝例應優免差徭茲據職貢安汝諧將原捐續捐贍族義田及祠墓祭田造具田號細數清册呈請轉詳咨　部給帖立案前來當經據造册結詳送在案合行抄冊諭知諭到該區書卽將册開田畝卽在本圖本甲一併改立安義莊花戸辦糧照例優免差徭嗣後不得改換花戸倘有增置田畝止許收進不許放出該書毋得遺漏違延特

諭

計發印冊 照寫

道光四年九月初四日　禮房敖文玉承

正堂徐行

金匱縣發給印册由

特授江蘇常州府金匱縣正堂徐　爲給發遵守事照得職貢生安汝諧將原捐續捐贍族義田及祠墓祭田開具規條田號清册呈請咨

部立案緣由業經加結通詳請咨並請頒給印帖世守在案現奉

本府正堂程　批開仰候轉詳請咨給帖遵守

仍候

各憲批示繳册結存送等因到縣奉此除聽候

藩憲頒發印帖給執外合將據呈規條田號副册鈐印發給遵守爲此簿給安義莊董事世世遵守永綿義舉嗣後倘有增置田產卽行呈明補詳立案毋得私自移換致滋弊混須至册者

計開 規條 田號

一給安氏義莊董事

道光四年九月　日　禮房敖文玉承

正堂徐　行

布政司札

江南蘇松常鎮太等處承宣布政使司布政司
加三級紀錄十次誠　為報捐義田等事奉
宮保閣督部堂孫　批本司詳金匱縣職貢生
安汝諧捐置義產贍給貧族全敘緣由奉批如
詳准給印帖仍候彙册報
部立案餘并悉並候
撫學部院批示繳又奉
蘇撫部院張　批開據詳已悉仍候
閣督學部堂院批示繳又奉
江蘇學院周　批開據詳已悉仍候
閣督學部堂院批示繳等因各到司奉此查此案已
加看另詳請
題業奉批飭核
題在案今奉前因所有該義莊呈捐贍族田房公
產印帖合行頒給札到該縣即將發來印帖飭
給該莊裔安察等查收守執搨具碑摹呈送照
例優免差徭所捐田房由縣編立安義莊戶名

完納條漕以杜子孫盜賣另造確册事由詳請
核明彙册報
部毋違
計發帖
道光四年十一月初十日　札金匱縣

常州府札

特授江蘇常州府正堂程　爲捐置義田以贍貧
族等事本年十一月初三日奉
布政司誠　行奉
閣督部堂孫　批本司詳金匱縣職貢安汝諧
捐田贍族請
旌一案緣由奉批仰候　撫部院會核具
題仍候　學部院批示繳册結存又奉
蘇撫部院張　批開仰候核

題仍候　閣督部堂學院批示繳册結存送又奉
江蘇學院周　批開仰候　撫部院會
題仍候　閣督部堂批示繳册結存等因各到司
行府奉此合行轉飭札到該縣即便知照毋違
道光四年十一月十一日　札金匱縣

常州府札

特授江蘇常州府正堂程　爲報捐義田等事奉
布政司誠　札奉
宮保閣督部堂孫　批本司詳金匱縣職貢生
安汝諧捐置義產贍給貧族全敘等因到府奉
此合行轉飭札到該縣即將奉
司頒給印帖飭給該莊裔安寀等查收守執揭
具碑摹呈送照例優免差徭所捐田房由縣編
立安義莊戶名完納條漕以杜子孫盜廢一面

另造事由確册詳請核明彙册報
部均毋違延速速
道光四年十一月二十五日　札金匱縣

撫部院題稿

江蘇巡撫臣張師誠跪

題爲獨田贍族循例詳

題事據署蘇州布政使誠端詳稱查接管卷内據常州府詳據金匱縣詳稱據原任直隸永平府知府泰沆刑科給事中龔鏜等同各紳衿呈稱竊見職貢生安汝諧忠孝家風詩書世澤受

皇家之煦育謳重睢嫺沐

聖代之薰陶仁先收族特躬勤儉計産不過中人刻

意解推考德恆兼衆善無憂大夫爵邑之饒而三族待膳少范文正祿賜之入而一姓知依出仁八之粟輒思萬石成倉登獨行之書便欲千間作厦本祖訓以起例懷厥丞圖輔宗法以推行施由親始譜牒分支乃鰥寡孤獨皆有養嬴餘寸積亦冠婚喪祭惟其時仁以爲心義形于色他如施賑施粥惠及千人成梁成杠道通四野年逾九秩表人瑞於

熙朝橐散千金拜

國恩於仁里伏查定例凡士民人等或養恤孤貧或捐資贍族或助賑荒歉或捐修橋梁道路實于地方有裨益者各直省督撫取具事實銀數册結具

題由禮部覆核照例請

旨給銀建坊

旌表等因今職貢生安汝諧陸續共捐錢三萬五千一百五十餘千置義莊田房以贍貧族俱係實用實銷核之捐數與千兩以上之案爲數較多

應請議敘等情并據該職貢安汝諧備造田數規條事實清册具呈前來隨經覆查無異又據里鄰親族各遞切結到縣該金匱縣知縣徐家槐看得職貢生安汝諧行先孝友誼篤宗祊歷年節儉本祖訓以成家積置膏腴貯義莊而贍族煢獨藉無饑苦婚喪賴以鳩資范文正之敬宗成規式仿鄭浦江之濟困曒行允符主特公舉其賢經理務要于久饑千人之粟善紀釜鐘上大府之書榮邀攀帶施衣瘞殣歿存並沐其

恩除道成梁遠近均沾其澤情田廣
聖世之仁眉壽表
熙朝之瑞且其所捐義莊田產計價已及三萬五千
餘兩核與捐銀千兩以上給與議敘之例爲數
較多宜請優敘用彰向義之風允荷殊榮庶勉
好行之德合將呈到切結加具印結造具事實
清册具文詳送仰祈轉詳等情到府據此該常
州府知府程鍾齡核看得金匱縣職貢生安汝
諧孝友夙敦尊親無間本清芬之世澤承任郵

之家風劉君叚粟帛不私恩非濫市翟光鄴有
無相繼德可同符較范莊之贍族而無慙比公
藝之敦宗而罕見斯鄉評之允協宜
旌錫之仰邀茲據該縣取造事實册結詳送前來相
應加看轉詳伏候鑒轉等情到司據此該署蘇
州布政使誠端核看得金匱縣職貢生安汝諧
情深葛庇志篤椒馨綺年敦孝友之倫聲傳梓
里耋老抱睦婣之誼義溥宗祊生逢
盛世被熙皞之休風躬際昌期成耄齡之瑞事捐貲
助賑久符經濟之才葺廟成梁復播仁人之譽
乃近百歲而力拯窮支希高風于文正歷
四朝而心儀懿行仿義澤于浦江廣置膏腴三萬餘
千之兼金不吝臚陳條約九十有二之精力彌
强輿論既孚
旌揚宜逮茲據該府縣查明採訪確實取具所捐義
莊田房各數贍給規條各册結由縣加具印結
援例具詳到司本司覆查會典內開凡有孝行
節義爲族黨所信服者由地方官申報核實奉

聞 禮部分别
題請給銀建坊等因又查嘉慶二十四年元和縣
張鳳德道光三年崇明縣龐鑑捐田贍族各案
均奉 部議覆准建坊
旌表各在案今金匱縣職貢生安汝諧倡捐義田七
百三十六畝九分八釐四毫又祠墓祭田一百
三畝八分二釐一毫共計祭義田八百四十畝
八分五毫莊房市房二百二十五間統共田房
契價錢三萬五千一百五十二千文以贍貧族

而供祭修洵屬好義可嘉查與會典開載并張
鳳德等例案相符理合覆核加看具詳并將送
到冊結同送呈候具
題
旌表以慰耋頤而彰善行等情據此該臣看得金匱
縣職貢生安汝諧行敦孝友志切解推助賑䘏
以濟饑荒多金不吝建橋梁而通行旅有善皆
爲錙銖樽節於平時温飽願公於同族沐
熙朝之渥澤仁讓爲先追范氏之遺風本支是篤籌

捐義產圖永艮規洵屬好義可嘉宜荷
旌揚鉅典茲據署蘇州布政使臣誠端取造冊結循
例詳請具
題建坊
旌表前來臣覆核無異除冊結送部查核外臣謹具
題伏乞
皇上聖鑒敕部議覆施行謹
題請
旨

金匱縣給發印冊由
特授江蘇常州府金匱縣正堂加十級紀錄十次
徐　爲給發遵守事奉
布政司誠　憲札內開奉
宮保閣督部堂孫　批本司詳金匱縣職貢生
安汝諧捐置義田贍給貧族先於嘉慶八年以
膳田三百畝零捐爲義田呈明立案後建莊房
四十間價銀五千一百一十餘千文今又續捐
田四百畝零祠墓祭田一百畝零共計原續捐

置祭義田八百四十畝零共契價錢一萬四千
二百四十餘千文又置生息市房二所計一百
八十五間價銀一萬五千八百餘千文統計祭
義田房契價銀三萬五千一百五十餘千文該
貢生安汝諧年近百齡恐將來子孫盜賣具
冊結呈請給帖世守等情應請准其照例由司
先行核給印帖入於通省祭義田畝案內另行
彙冊報
部立案詳候鑒核等緣由奉批如詳准給印帖

仍彙冊報
部立案餘併悉仍候
撫學部院批示繳又奉
蘇撫部院張　批開據詳已悉仍候
閣督部堂學部院　批示繳又奉
江蘇學院周　批開據詳已悉仍候
閣督部堂撫部堂　批示繳等因各到司奉此查此案已
加看另詳請
題業奉批飭核

題在案今奉前因所有該義莊呈捐贍族田房公
產印帖合行頒給札到該縣卽將發來印帖飭
給該莊裔安寮等查收守執揭具碑摹呈送照
例優免差徭所捐田房編立安義莊戶名完納
條漕等因到縣奉此除將奉頒印帖發給執守
外合將規條田號清冊鈐印發給遵守爲此簿
給安義莊嫡裔董事世世遵守永綿義舉嗣後
倘有增置田產卽行呈明補詳立案毋得私自
移換致滋弊混須至冊者

右給安氏義莊世世子孫遵守

道光四年十一月　日給

執帖　　藩字第九號

江南蘇州等處承宣布政使司爲請定盜賣盜買祀產義田之例以厚風俗事案奉

蘇撫部院莊　憲行開准　刑部議覆條奏祖宗祀產倘有不肖子孫投獻勢要私捏典賣及富室強宗謀吞受買各至五十畝以上者悉依投獻捏賣祖墳山地原例問發充軍田產收回賣價入官不及前數者卽照盜賣官田律治罪其盜賣歷久宗祠者亦計間數一體辦理若盜

賣義田應仍照例罪止杖一百徒三年謀買之人各與同罪仍令立有確據分別勒石報官存案等因奏奉

俞旨欽遵咨　院行司奉此爲查江省各項祭田先奉　戶部咨查業經通飭造冊詳咨載入會典并奉　部覆河南省銀米係屬豁除江省各祠祭田是否免課抑仍徵收現在查詳咨覆外个據長元等縣詳據各裔呈稱祭義田畝舊例編立圖後應辦賦稅秋成同學田十月啟徵優免差徭請賜給帖昭垂等情前來覆查祀產之設往哲祠墓攸賴或官爲撥給或後裔自置均應世守以昭崇德報功之典至義田爲贍給同族貧乏則效　文正遺規亦宜垂久勿替庶得蒸嘗永薦惇睦成風每有不肖之徒恃無稽察盜賣盜買以致祠墓頹蕪歲祀陵替故奉

撫憲摺奏申嚴定例茲據前情除經呈詳

撫督二憲批飭遵行在案合准給帖爲此帖仰該裔遵照帖開緣由勒石永遵循例編立圖後秋

成輸賦優免差徭餘籽以供俎豆賙給倘有奸徒捏冒詭寄及不肖子孫私行盜賣富室強宗謀吞受買許卽執帖首告按律懲治如非帖內田產亦不得藉端控爭毋得故違須至帖者

計開

金匱縣職貢生安汝諧年逾耄耋好義爲懷因念族繁陸續捐置義田七百三十六畝九分八釐四毫又祠墓祭田一百三畝八分二釐一毫共計祭義田八百四十畝八分五毫莊房二百

二十五間統共田房契價錢三萬五千一百五
十二千文以贍貧族而供祭修取具事實銀數
册結由該府縣採訪確實詳奉
各院憲核明
題請建坊
旌表在案所有該職貢呈捐各義產因年近百齡恐
子孫盗廢呈請照例先給印帖詳奉批准合准
給予印帖子孫世守彙册咨
部立案

右帖給莊裔安察等准此
都啚圩斗則細册備造存司
道光四年十一月初十日　戶總科承
布政使司　行

縣諭
金匱縣徐　爲發給遵守事照得職貢安汝諧
將原捐續捐贍族義田莊屋及祠墓祭田開具
田號規條清册呈請咨
部立案以垂久遠緣由業經加結通詳請咨並
請頒給印帖子孫世守今奉
布政司誠　詳奉
各大憲批准頒發印帖到縣合行飭發爲此諭
該莊裔安察等即將奉發印帖查收執守照式

勒碑搨具碑摹十套呈候通送毋延特諭
計　發
印帖一道
道光四年十一月二十七日
縣正堂　諭

部題 旌表稿

禮部謹

題爲題請

旌表事議得定例凡士民人等或養卹孤貧或捐資

贍族助賑荒歉實於地方有裨益者直省由該

督撫具題造具事實清册送部其捐銀至千兩

以上或田粟准值銀千兩以上者均請

旨建坊給與樂善好施字樣由地方官給銀三十兩

聽本家自行建坊等語今據江蘇巡撫疏稱金

匱縣貢生安汝諧捐置義莊田房契價共計銀

三萬五千餘兩臣部查核銀數建坊

旌表之例相符應如該撫所請准其

建坊

旌表出地方官給銀三十兩聽本家自行建坊即給

予樂善好施字樣恭候

命下臣部遵奉施行再此本科抄出於道光四年十

一月二十三日到部合併聲明臣等未敢擅便

謹

題請

旨

道光五年二月十九日題二十日奉

旨依議欽此

道光五年四月十七日送

閣

府札

常州府程　爲知照事本年四月二十三日奉

布政司誠　憲行開奉

蘇撫部院張　憲行道光五年四月十一日准

禮部咨儀制司案呈禮科抄出本部

題覆江蘇金匱縣職貢生安汝諧樂善好施請

旌一疏於道光五年二月十九日題二十日奉

旨依議欽此欽遵到部相應抄錄原題行文該撫遵

照辦理可也等因到院行司奉此合就抄粘轉

飭等因到府奉此合就抄粘轉行札到該縣即

便遵照其應給建坊銀兩仍候奉到

戶部行文另飭具領毋違特札

計抄粘

道光五年五月初二日　札金匱縣

縣諭

金匱縣正堂徐　仰糧胥吏即傳知捐田贍族

已故職貢安汝諧莊裔監生安察備具領狀限

三日呈

縣核明聽候給文赴

司請領建坊銀兩現奉

戶禮部飭知傳領該吏毋任遲延速速

道光五年七月初六日

正堂　行

請文領　帑呈詞

莊裔監生安　察　　抱屬安　陞

呈爲請文赴領事生故父職貢生安汝諧捐置
義莊田房計價三萬兩以上於道光四年蒙
恩通詳
題准
旌表給銀建坊所有奉給坊儀銀三十兩歷蒙
傳領生合備具領狀呈叩伏乞
老父臺大人恩賜給文便生親賫前赴
藩轅請領聽候給發領回自行建坊深爲德便

計呈領狀

道光六年六月十五日　　具

金匱縣徐　批

候給文赴領狀附

領狀

具領狀莊裔監生安察抱屬安陞今領得生故
父職貢生安汝諧捐置義莊田房贍族蒙
大憲
題准
旌表所有奉給建坊銀三十兩生給領回自行建坊
中間不致冒領具領是實

道光六年六月　日具領　莊裔監生安察押

抱屬安陞押

詳具印領出

金匱縣　爲知照事道光五年六月二十八日
奉　本府札奉
憲臺行奉
蘇撫部院張　憲行内開道光五年五月十三
日准
戸部咨江蘇省金匱縣職貢生安汝諧全敘等
因到府轉行到縣奉此隨經飭知傳領去後今
據莊裔監生安察抱屬安陞呈請給文請領伊

故父職貢生安汝諧名下建坊銀三十兩前來
卑職查核無異除取領附卷外相應備具印領
給文該莊裔親賫前赴
憲轅請領聽候給發理合具詳伏祈
憲臺俯賜核給爲此備由
計申送印領一套
今於
與印領爲知照事實領得卑縣捐置義莊田
房贍族已故職貢生安汝諧名下建坊銀三

十兩領回聽本家自行建坊中間不致冒領
印領是實
一 詳
藩 憲
道光六年七月十一日 知縣徐家槐
布政使司賀 批
據領銀兩仰候核明放給另札飭知繳領存

司札
江南蘇松常鎮太倉等處承宣布政使司布政司
加三級賀 爲知照事案奉
前撫部院張 行開道光五年五月十三日准
戸部咨江蘇省金匱縣職貢生安汝諧樂善好
施應給建坊銀三十兩全敘赴司請給前來除
諭庫放給外合就札知札到該縣卽便知照毋
違
道光六年七月十七日 札金匱縣

安氏義莊專祀春臺公記

方望溪侍郎有言吳郡范氏宗法久行非以其義田之多乃文正忠宣之德行功業足以覆露其子孫以陰爲之保定故食其福者七八百年而未有艾也旨哉言乎吳中聚族居者常數千百家家累鉅萬族之人視如途人而不相顧數傳而後無一壠之植者多矣間有慕效范氏之制者又復爲子孫瓜分而摽棄之嗟乎經營創始鉅艱也克保積累孝本也積累之門可保而不可恃創始之家可安而亦可危譬如薪

也欲薪之然一人炊之百人沃之則炊者無功矣欲家之富一人儲之千人耗之則儲者罔效矣孟子曰君子之澤五世而斬非五世必斬也恐其澤盡而斬也使前之人培其本根後之人繩其遺烈而謂古禮不可復流澤不能長吾不信也金匱安春臺先生置義田八百餘畝營義莊屋四十間又蠲市房二百餘間將租息所入以備經營式法一取之吳郡范氏嘉慶癸亥君始建義莊奉三代栗主祀爲君歿後子若孫奉君像祀於堂咸豐五年其孫元勳出貲助軍餉

爲其祖請五品封　恩贈奉政大夫斯舉也豈惟揚先人之美亦深知木本水源之有自以勗其族之人宜奮發令名揚厲鴻業無忝所生也抑余聞之奉政君之善行不可具舉獨怪其始受田止十七畝秉其父遺命以敬宗收族爲心用是謹身節用漸擴漸充克成此義舉至今享之者五十餘年緜緜不絕熾而益昌天人相感相應之理如此其速而揆諸奉政君善繼善述之初心方歉然不敢自居其美也安氏子孫其果能敬守勿替則文正忠宣之福祚攸長庸詎

爲後人不可幾及乎

咸豐六年歲次丙辰季冬史官呂耀斗撰

膠山安黄氏宗譜卷十二

膠東山水志目錄

賓娥臺

賓娥臺倡和詩詞序　顧　仔瞻 盧

賓娥臺記　光祿公

賓娥臺跋　澹園公

附

半軒銘　子蘊公

膠山安黃氏宗譜卷十二

膠東山水誌

膠東山水志小序

孟公作膠東山水志蓋借規于山水而發其先世高華峻業之觀則山水直一家物也夫山水非一家物他人不能有而安氏有之安氏有之非徒以廣田廬之幅也能以文章丘壑羅致爲几席間物令山水之名勝舉而歸之安氏而安氏自有之名勝會而合之山水故安氏數十世豪人俊人顯人達人雅人逸人詩酒嘯歌之人指不勝屈稱之海内靡不知有膠山之安者此孟公所以志也雖然又有說孟公負少年神駿之才不得志于時而姑遯于著述著述又不欲盡見其才又不欲與時務相涉又不欲放言犯義滛詞辱理乃僅山水以抒胸中雲夢八九出大手筆爲小篇章靈奇超忽若山靈入腕而供其驅役也孟公所以有是志也雖然又有說古今援筆稱國史者有高才無勁膽梗避首鼠飾訾蹈誣野史則不然縱横取寻搜討出没力能盡其變而初無毫髮梗避有以

室吾筆而扼吾項者故負才之士樂爲草木雲泉之掌記而不樂爲石渠虎觀之傭奴也孟公此志體例精詳採摭盡制慧心博識作述兩兼揚於山靈之庭必曰吾藉是以千秋也則又豈一家篋篋之物而私之枕中哉丁酉秋九月霞叟陳卿茂題於藥房

膠東山水志小引

立言長者事也紀勝才人事也孤陋無文之士不與焉第人生而蕭騷籌箸握算之勞免矣晝長人静何以自遣胸中多鬱伊不轉何所托以抒其傀儡此古人所以窮愁欲著書也著書不泥天地大文章一切稗官野史巴人下俚支那選擇可以消白日解憂結皆窮愁者可以得而從事也雖然國門懸書洛陽紙貴大都名公卿若窮愁豎儒人素卑之卑之而欲重其文世豈有鍾子期乎此古人所以有石室之藏也不然徒供指摘耳千金不易一字畏名公卿也豈誠一字不可移易今畏所忌而不爲哉余家世膠東饒山水勝丁酉之秋値奇窮愁且憊矣無已取膠東山水志之謂之送窮文反愁賦可也言乎著書予則何敢予則何敢志成秘之石室以俟後之問津膠東者出諸今日以供指摘孤陋無文之士所不爲也

序言

蒼涵氏記

志山水餘弗詳也然有山水無人物弗著有人物卽有林屋詩文點綴山水故及林屋詩文則人物從而著山水從而著矣餘雖弗詳亦附麗於山水無弗詳也或曰膠東山頑而水魯曷志爲曰愚谿輞川昔稱絕勝今日至蒼茫不可識其處披其文如遊仙都非復人間世以今之膠東諸蹟睥睨今之愚谿輞川殆伯仲歟不志將不可識其處志雖不事藻飾然語及山水則字帶烟霞卽荒丘斷洫翼然生動安知異日

好事家不以愚谿輞川目之志則頑也靈魯也秀矣

膠山重建宋丞相贈太師謚忠定李公祠堂碑

嘉議大夫都察院右副都御史總督漕運冉涇邵寶撰文

從侍郎南京吏科給事中邑人俞泰書丹

文林郎京畿道監察御史琴川陳察篆額

寶既祠忠定李公於惠山尙德書院膠山寺故祠復以重建之成來告蓋鄉義士安國爲之頃嘗走書屬里儒劉暐請記于淮陰漕府寶有感焉而諾之於今期月矣惟公爲宋明臣寶自弱冠卽知景慕有執鞭

之願比讀史傳乃知公邵武自其祖始居吾錫於是心益嚮往之弘治十有三年秋寶以提學

命便道過家往謁公祠至則廢壞已久主僧悟文以木主寓泉亭上肅寶再拜而退當時欲圖復無所於屬獨陸永思者捨田七畝以爲供具益慨歎者久之今茲之舉實吾之志所欲也於其成也烏得無言哉按郡志山在邑東三十里梁太清初寺於其麓紹興間公請爲墳剎改崇親報德之額嗣是遂祠公焉其取重於世實以公故則吾錫之人修而復之故以義

起禮者而或以公則非錫產爲疑不知公家於錫由祖以下閱歷三世其父殿撰公夔暨母吳令人先後皆葬湛峴山公廬墓其地手植松柏萬株詳見公父母銘及公行狀蓋公生長官學於斯凡若干年最後乃有祠命因葬於福故其自稱必以梁溪又以名集由是觀之公爲寓賢耶爲鄉先生也蓋嘗考公幼有大志見於登城禦寇之時而宣和大水之論知道君子如陳了齋者深所期重至其立朝有識有才有權有量而本之以忠誠出之以正氣在靖康竭扶持之

力建炎舉修攘之政在紹興建恢復之議不幸而屢見忘沮則其所以復君父之仇正華夷之分而上無媿聖賢者不過章疏計畫之間而已然於此有隱功焉而非君子之知也後數十年錫與邵武並舉其祠至於今廢而復興則是非之公無古今之見而天定之能勝人果不誣也審矣不然若秦賈之子孫固有易譜匿像而避之他者亦獨何哉第茲祠之復僧既無力而大夫士之有力亦莫或爲省乃俾安君獨任其費此亦理數之極若有以啟其衷者爾昔丞康徐

元德教授邵學首議建公祠晦菴朱子爲記深嘉予之況安國無元德之責哉又割田十有三畝與陸氏所捨同隸寺僧爲春秋私祀之需顧未有主獻者君之子謂宜謀於公之族裔焉苟率行之其事益可尚矣寶晚且愚無晦菴之筆以論著公之盛烈而因以見修復之勤特爲書其麗牲之碑用記歲月且爲迎送神詞俾祠公者歌之亦少以慰公云爾祠之建始正德四年八月六日明年九月九日落成時寺僧可恩舟傳悟信奉祠事其迎神曰公何之兮勤我招望

雲旗兮凌江潮公蟬冠兮絳服揞舊邱兮遊遨朝騰駕兮水裔夕弭節兮山椒西有惠兮東有膠潔我尊兮醇醪跂英靈兮未下闐歌聲兮鼓簫宛懷公兮心勞　公將去兮何從望膠山兮南東整重帆兮雙揖駕海濤兮天風睠舊遊兮斯在手常植兮萬松惠之泉兮膠之峯儼翼翼兮新宮靈倏彼兮忽此雲迴翔兮太空歲復歲兮來降

正德五年歲次庚午仲冬月　吉立

膠山改建宋丞相李忠定公祠堂記

賜進士出身奉直大夫南京戸部江西清吏司員外郎後學安如山撰文

賜進士出身文林郎戸科給事中後學張選篆額

膠寺之有公祠蓋自宋紹興間公請寺爲崇親報德院始勝國初毁于兵燹百餘年來寺僧祇寓木主于泉上以存香火其不絶者僅一綫耳祠而像之以崇厥祀實自余先子桂坡翁始祠址舊在東祠之西偏比緣王僧重於改遷爰仍厥舊是後先子每於春秋祀公輒歎曰公爲宋名相今觀其忠謀正議見於脩攘恢復諸疏眞欲以身任斯道之責者顧其祠乃與佛廬釋宇竝列而混處儒墨異趨恐公不能一日安享血食也謀改遷之而未果余少嘗聞而竊識之蓋往來于中者若干年矣乃嘉靖戊戌歲因先子丘墓密邇公祠展謁之暇此心益用耿耿一日步至泉上達觀恍然有感乃進吾弟如磐如石而告之曰公祠其遷之泉上乎惟泉色白味甘泉爲重泉以公而益重地靈人傑競秀媲美于無窮其殆鬼神呵護之以

遺公者乎且並吾膠而峙者非無嵩嵊諸山也在當時崇親報德之請不于彼而獨眷眷于此者安知非茲泉亦有以招之歟泉之上舊有亭曰蒙齋乃我先祖友菊翁所脩建取山靜泉清蒙以養正之義公固正人君子也况又木主舊寓之所乎撤而改祀之公其將歆格於斯我亟命從事其勿緩爰始工於戊戌冬十月二十六日迄工于己亥春三月十有四日棟宇鼎新廟貌雅飭庭栢森鬱石淙淵渟寔侈舊觀焉是役也費而助之者余與弟磐石董而成之者寺僧恩榮也祠完恩榮就余請記余仰承先志崇表前賢誼不容辭乃勉爲詮次改祠顛末于左併記歲月云若公生平履歷與夫精忠大節本自崇親報德中來者則我舅氏二泉翁已於麗牲碑備志矣山也又何能贊一辭原設祠田若干寺僧計費中格今議脩復云

嘉靖己亥歲秋八月　吉立

重脩膠山李忠定公祠記

我無錫先聖古墓莫古于鴻山泰伯墓先賢古祠莫古于膠山李忠定公祠一祠一墓重於江南縉紳以爲鄉僻而弗問也膠山去邑城東北三十餘里所有蕭梁以來古蹟皆湮沒不可尋惟宋丞相李公祠在膠山北麓賚乳泉上自宋元以及我朝巋然獨存則我祖安桂坡先生捐田世世奉祀故也嘉慶辛酉公裔李陽典司祀田重葺公祠鳩工於己巳秋八月告竣於庚午春二月用制錢百八十千三月上巳祀公

遵祠碑李氏主祭而我安氏助祭其祠倚山而泉古碑二一我祖諱國建祠記邵文莊公寶撰文舊志正德四年建者是也其一改祠泉上記嘉靖己亥先僉憲諱如山自撰文記公之德與祠之廢興詳矣先是膠山爲公故里膠山寺公請於朝爲崇親報德禪院公祠始於宋廢於元寓木主於泉上之蒙齋元陳方謁祠詩有嗚呼百歲後寂寞誰享祼至今空山中祠宇安崖岸之句我祖因公讀書處而復建公祠在東祠之西偏今祠泉上則因木主舊寓之所也先僉憲膠峯公移建也僉憲爲桂坡先生冢子寺僧廢祠田故移祠而復祭田是公祠有三祠建邵武府祠宋教授徐元德建明教授張濟請官祭者也無錫惠山尙德書院祠邵文莊公建而奉祀者也膠山故祠我安氏奉祀者也我祖之祀忠定也牲用特羊羞鼎八果蔬列豆十有五鄉大夫主獻諸生相儀將祼奏迎神樂將徹歌送神詞我祖與文莊之尙德希賢可爲盛事文莊沒惠山釋菜久虛李氏新祠未建而膠山享祀弗替以至於今雍正七年李氏奉縣以我祖配食

忠定公祠報德也原祭田有二十畝坵沃壤也寺僧廢之安氏追復之其田有其數而非故物矣幸前邑宰王公喬林批定據碑文田不移爲千秋定案祀事可保今典守得人李陽春秋匪懈祀宇重新不墜桂坡先生奉祀先賢之禮也謹記修祠歲月因述舊典以爲世守云

嘉慶庚午仲秋桂坡先生九世孫安吉頓首拜撰

李忠定公祠考敘　十二山人吉巢占

李忠定公祠今國家命有司春秋致祭者在無錫惠山寺日月池旁建自康熙五年載在乾隆庚午邑志又何考焉曰名臣祀典在都中有賢良祠昭忠祠在直省郡邑有鄉賢祠名宦祠此官祭之祠也家祠舊無官祭之禮家祠官祭始於勝國嘉靖議禮嘉靖以前吾邑先賢祠廟有有司建者宋寶祐中知縣袁從氏建九賢祠今爲崇正書院奉忠定公與楊龜山諸先生並祀宋王彬復建華孝子祠明正統中知縣談

清建周文襄公生祠景泰中知縣顔肅像而祀之所以維風教也有百姓建者松滋王公祠是也念德也有縉紳建者邵文莊公建李忠定公祠於惠山尙德書院我祖贈員外桂坡先生復建膠山李忠定公故祠是也尙德也縉紳尙德百姓念德有司維風教雖私祠而皆出於公心皆非朝廷給帑致祭然則惠山寺忠定公祠之前有尙德書院祠又前有膠山故祠不可沒也文莊之祀忠定也與泰伯𨛷山並稱以明尙友先賢之志我祖之祀忠定也亦請文莊爲記以

表修攘恢復之謨有關風教先賢之迹郡邑之光不可畧也而新志例之但載李公新祠又誤以膠山故祠爲安行人建又謂李氏移尙德祠爲今祠又周金紳記謂文莊以舊祠越在鄉僻有司致祭未便因移祠於惠山尙德書院不知我祖桂坡先生因膠山故祠而復建非爲官祭也文莊以忠定爲鄉先賢而建祠亦非爲官祭也其時惠山尊賢祠皆文莊私祠而無官祭也修志者與記新祠者皆失考據吾恐文莊與我祖尙德之高風湮沒不彰也據明志及文莊惠山記王氏錫山景物畧作忠定公祠考

寶乳泉記

宋 翁挺

膠山在無錫縣東去惠山四十里由芙蓉塘西南扳起平陸聯緜迤邐高下十數而後峙爲大陸有泉出其下曰寶乳泉蓋昔人以其色與味命之自梁天監時地爲佛廬跗山北嚮而泉出寺背至唐咸通中浮圖士諫改作今寺依東峯與惠山相望則泉居左廡之南水潦旱暵無所增損隆冬祈寒不凝不涸故其山雖不高泉雖不深而草木之澤煙雲之氣淑清秀潤湏洞發越皆玆泉之所爲也然而疏鑿之初川陋

就簡決渠引溜不究其源閱歲既久餓饕弗治運乳滲漏淪入土壤建炎二年余罷尚書郎自建康歸閭適聞本部有寇留滯浙河因來避暑玆山日酌泉以飲病其湫隘謂住山益公能撤而新之當以金錢十萬助其費益公雅有才智且感余之意以語其徒元淨慶殊又沖三人者咸願出力於是坎其山八丈餘得泉脈於嵌竇間屏故壤理缺甃而泉益清駛乃琢石於包山爲之池廣袤四尺深三尺以蓄泉上結宇庇之榜曰棠齋池之北瀉爲伏流五丈有奇以出於庭跨伏流爲屋四楹屬之廡有屏啟閉之榜曰寶乳之門庭中始作大井再尋疏其欄檻使衆汲蓋數百千人之用常沛然而無窮事既成益公謂予曰寺有泉歷數百載較其色味與惠泉相去不能以寸而名稱茂焉公乃今發揮之當遂達聞信物之顯晦亦有待乎予笑曰水之品題盛於唐而惠泉居天下第二人至於今莫敢易其說非以經陸子所目故耶自承平來若飲適侈惠山適當旁聲利怵迫之徒往來臨之又以餅罌甕盎挈餉千里諸公貴人之家至以沃盥

爲泉之德至此益貶矣今膠山所出岡阜接而脈理逼固宜爲之流亞獨恨予適往之迹介潔之名非陸子不能與之爲重然山去郭一舍蹊隧阻而涇流陿邑居者欲遊或累歲不能至況過客哉比之君子惠泉若進爲於時故雖淸而欲浼寶乳類夫遠世俗而自藏者將愈僻而無悶以彼易此泉必難之而公謂顯晦有待特以爲言亦期之淺矣益公亦笑曰有是哉請著之泉上使遊二山之間者有感於斯爲遂書以授之歲戊申冬十有一月癸丑記

重修膠山竇乳泉亭記

宇內擅名之林泉在通邑大都爲冠蓋名流日往還者自歷久而不替若夫山以地僻而幽泉以山而隱則不遇探其高士爲之疏鑿表章曷光昭其名勝非有嗜古幽人爲之搜羅整飭何由遠紹夫風流膠山竇乳泉名起唐咸通中迄宋建炎初閩俞書郎翁公挺避暑山寺酌斯泉而樂之捐貲搆宇額曰蒙齋并撰文勒石由是泉始有亭當時文士共爲詩歌賀斯泉之遭時子而益顯也厥後年遠圮毀明洪治間先承事公與同里時用蘇公協力重搆暨先奉直公建忠定李公祠於泉上又嗣葺焉此皆紹先賢之高致而不忍泉之没於荒煙蔓草間也洎今至百餘年亭已爲廢碑亦剝蝕選勝名賢過之祇見樵夫牧豎縱横泉畔而泉之瀹然仰出者如故苟非作亭覆之其爲負山靈而忝先哲也何勝道哉蘇翁其安者汝用公又孫也年八十丰姿矍鑠饒有勝情偕子兄誦芬倡集同志共勷重建不日而亭成豈非與翁子千秋同調由兹而增勝乎後來觀泉者徘徊亭前而淸冷

在目琤瑽在耳將不徒快也吟賞且爭羨蘇翁耄年逸興繩祖武而成勝舉宜與斯泉並流舉無涯也至味泉之美已詳翁子記中而不贅述

蘭巖安全謹記

鶴山黃晉書丹

重建膠山寺東院記　十二山人吉彙占

佛教起於漢明而盛於梁武所建南朝四百八十寺無錫膠山教寺其一也歷朝寺名屢易明洪武初賜額膠山寺其勝概與其廢興見邑志梵剎志錫山景物畧其僧院三房其基山我安氏世守之有常住田五十餘畝其古跡曰萬玉亭滌硯泉李相祠寶乳泉閭人翁郎中挺建蒙齋於泉上廢而重修者我祖天錫公也重建李相祠而捐田奉祀者我祖贈員外桂坡公也濬復滌硯泉題詩刻石於萬玉亭者先僉憲膠峯公也助修膠山寺增建東泉書院翠屏閣而乞常熟瞿文懿公景淳爲記者族祖明太學十峯公如岳也國朝乾隆中寺廢僅存西院數椽嘉慶丁卯僧祖印道通戒潔重建寺之東院落成請記其事因思我國家崇儒學所有前代僧寺以爲小民禱雨祈年春秋祝聖朔望講約之所韓子攘斥佛老爲其去人倫遊食妨農也今寺僧力穡上供國賦下復古利又復常住田而擴之是率民而出於勤業者也且寺基介於我祖桂坡公墓地一百八十畝之內東院西垣

郎因我祖墓牆向者春秋墓祭於此聚族而享餕焉自寺廢而餕於靈泉庵今與此寺者郎靈泉庵住持舊爲膠山寺東院派也寺與相藉相保可以久而不廢乎後之廢與不可知而儒者保先人邱墓佛者保先代古剎皆職分之所當爲也余嘉僧之勤業有成遂溯寺之發源於梁疏其古跡而爲記

温硯鑪記

十二山人吉棠占

凡物寓乎宇內歷乎古今方其什襲無不欲其終古不敝纔或毁於兵燹沉於泥沙何可勝慨然而汾水之鼎豐城之劍精氣所憑久而必發我錫山名賢邵文莊公纘洛閩之學築臺點易冬用温硯鑪我祖戸部安桂坡公所製贈我祖於明正德間以奇功徵召不赴徧遊名勝遇景留題名公大儒樂與之交故與文莊周旋無間也鑪方而橢高四寸有奇横尺有一寸縱減尺之四加寸之三中空方圜二穴方受硯圜

受水孟文莊系以銘曰暑有發冰寒有蘊火既濟且和調劑在我彼鼎我硯制殊義同汝革汝從惟金在鎔功在斯文而不自有左右置之歲寒良友嗚呼文莊深於易燮理陰陽參贊天地斯鑪范金合土爲乾坤肖形水火既濟抑陰凝之氣囘和煦之春用以點易豈不稱歟文莊既殁不知所歸訪遺規者不勝今昔之感 國朝乾隆丙寅邗江方士虡得之市下藏弆二十餘年一旦以年老恐不得其傳丙戌之夏請之儀徵縣公用官書送至無錫歸聽松山房與竹茶鑪並傳不朽由是知我祖與文莊不可磨滅之精氣歷幾百年而遺澤猶存也或以不獲硯與蓋爲悵是猶石鼓出於岐陽而亡其一厥後向傳師求之民間得之十鼓以全安知温硯鑪之硯與蓋不尚存不有好古如方君者惠而好我也耶

靈趵庵記

靈趵庵其始元武祠也先戸部桂坡公以山位元武故祠之肖武當金殿建於明正德間在無錫膠山南麓當石道之衝嘉靖間有泉出其南類濟南趵突戸部闢泉而先僉憲膠峯公成進士以爲元武之靈也名之曰靈趵泉俞參政泰記之勒石泉上此時未爲僧院也故無錫志載泉而不載庵萬歷間建佛宇始名靈趵泉我安氏舍基而未有常住田也故梵刹志載庵而不載田崇禎間先大令廓庵公建芝生堂九

間以芝生泉上泉之靈也手書堂額以記其祥而大令以癸酉舉於鄉昔俞參政擬斯泉於李公祠之寳乳泉蓋戸部先建忠定公祠於膠山之陰寳乳泉之上於是泉以李公重參政曰靈趵泉之兆祥於人也安知無忠定公其人增重斯泉如寳乳哉自今觀之自有斯泉以來先僉憲以循吏稱先光祿以忠諫著垂休國史雖不足擬忠定亦庶幾願學忠定者也參政之言驗矣泉之爲靈昭昭也豈獨芝生兆祥於大令也哉國朝順治間大令元配高孺人建旃檀功德

五楹則移家園之春榮舘而爲之孺人於此效尼邱之禱而生我高祖孟公先生諱濬號潔園雲門詩社第五子著有鴽畫樓集膠東山水志續丙丁龜鑑康熙間以繞庵山地四十畝田十二畝餘倩僧月修世守以無廢先人故跡乾隆十年庵僧不得其人以爲田可沽也盡棄之十一年先大父信翁復之二十一年屬僧越三守之以迄於今田輸國賦戸名常安信翁改戸名靈泉庵此靈趵之所以又稱靈泉也嗟乎今日之庵非舊觀矣俞參政記石泐文殘矣元武祠

旃檀功德刼灰餘燼矣惟芝生堂額依然大令手書靈泉一泓未涸可想遺跡於斷碑風雨中後之廢興又安可知耶今僧善治生畏漁獵者爲之請示記田勒石藉賢侯甘棠庇法王蓮社庶幾爲可繼也遂輯遺文往事及憲示投梓爲世守錄以成高祖孟公先祖信翁守先之志而書其顛末於簡端

膠山安氏西林記　王世貞

予與仲俱嗜名山水而家東海斥鹵地無當者家有園頗見稱游客亦以近市廛且不得自然邱壑以爲恨客嘗爲予言無錫安氏園之勝蓋卽今西林云其居東離邑三十里而贏邸第之雄埒國封不以豪故廢林野之趣北之膠山三里而近卽山址得園二其上割山而半籠之今太學懋卿蓋時栖處其右懋卿栖處而園益勝破石根則神瀵湧疏磴道則幽穴顯斬惡木則嘉卉出列棘以爲籓籬嚴而中靚深分流

以自環環多而相映絡其臺榭可以巧承態其戸牖可以奇取睨其泉可以釀杲茄蘇蔬可以羹魚鱉蝦蟹可以飫客懋卿故有客癖客之以文事名者又雅慕懋卿以故爭麕集爲山人葉茂長甫客之選也或憑鹿車或鼓魚刀窮晝夜以爲娛樂時秋氣鮮霽雲物解駁謀所以寵靈之蘊蓄而爲景者三十又二景各有詩茂長之爲體者九而懋卿之爲體者一顧其風調旨象有足當者懋卿貽書友人王世貞記其事世貞約其景之尤勝者麗於山事者五麗於水事者十有四兼所麗者三曰蘭岩者膠之横縱巖也國香滋焉曰風弦障者高坪上接于膠下瞰諸水長松冠之風至則調調刁刁鳴也曰逋谷者降膠而坳却入水深佳處也曰晨光塢者膠之逶迤而左右抱林者也以左小缺得嵎夷候獨早曰纖纖泉者穴於膠最洌而甘是山事也曰鏡潭者諸流之所滙也陂而澄可燭鬚眉曰凫嶼者水中大洲也羣凫鷺屬至而族焉曰上島者嶼之右別洲也曰中洲者嶼之輔洲也曰簫閣者卜於嶼長松帀之空香閣者卜於島竹木

叢之曰景榭者緣潭而立得月則水中之樓閣皆可類而有也曰一葦渡者以渡凫嶼名曰夕霽亭者以睎髮於頹陽名曰素波亭者渡口綰也息磯可憩而息醉石可藉而醉皆得之水故曰水事也曰虛籟堂者以遲賓者也中空於緒颺無所不納故名曰椒庭可眺山椒曰爽臺者踞椒亭而聳梧竹承之是不盡麗山水而山水之致襲焉故曰兼所麗也凡山居者恒恨無水水居者恒恨無山山水居者或隘且癠而不可以園可以園矣而或不志於人與文懋卿之西

林佹得之哉吾於文劇喜柳州愚谿鈷鉧潭潭西小邱諸記於詩喜吾家右丞輞川諸絕夢寐之所注像其勝鬱浡猶宿眉宇間第仲歸自秦叩所謂輞川者彷彿有之不甚可指辨而李頤使君按部柳頗毀柳之谿谷潭邱以爲不能當其文然則懋卿與茂長之詩行後世其不以西林爲輞川愚谿者幾希游西林而得其實其不以二子賢於右丞柳州者幾希余竊欣有托爲故附二子詩而記之

祭武聖祝版文

惟

民國　　年歲在　　五月十三　　日里人

等謹致清酌剛鬣之儀祭告於

敕封忠義神武靈佑仁勇威顯護國保民精誠綏靖

翊贊宣德關聖大帝之神日恭惟

大帝一心忠義萬古綱常

聖神莫測威顯孔彰膠山古廟歷世馨香崇祀兩朝

靈應十方整修祭告降福無疆尙　饗

宋李忠定公暨安徽君桂坡先生祝版文

惟

民國　年歲在春二秋八月　朔越　日仲

戊裔孫李茇學安等謹致祭於

宋右丞相贈太師李忠定公之神曰惟

公手扶

宋鼎回避敵之

乘輿力掃金塵指和議之玩寇安内攘外去位而志

不衰報德崇

親閲世而心如在士紳思慕俎豆馨香拜古祠於

膠山斟醴泉于竇乳敬申時薦昭格

英靈尚

饗

奉

明徵君誥贈奉直大夫戶部員外郎安桂坡先生配

惟

先生望重鄉邦振儒林而開文苑策功

廊廟平海寇而濬白茅出粟以賑歲饑輸財以助邊

餉尊賢尚德重道崇儒温硯爐與鮎易臺同留

名勝竇乳泉與崇親院相繼流芬足比桑苧之

高風無異雲林之博雅賢豪折節郡邑推崇當

年手立圭田奉

忠定公千秋俎豆此日永遵

憲牒配膠山寺萬世馨香尚

饗

先生功在

朝廷濬河靖海而不居功德在軍民助餉賑饑而

不爲德奇氣榮褒

鳳誥周覽山川異書充積雞䆫博聞治亂四海賢豪

折節千秋郡邑傳芳慕

良相而建祠尊賢尚德導

憲牒以崇典配食明禋尚

饗

膠山寺

膠山文王時賢膠鬲發祥地去惠山四十里東西對峙若兩翠屏不相上下有泉曰簪乳埒二泉膠山寺與惠山寺亦東西對峙其寺門向背比較不失尺寸神工鬼斧巧合若此寺故蕭侍郎宅名蕭莊梁太清初捨爲佛刹有梵王宮廢不知幾何年矣有軒曰環翠聽松古蹟曰碎石塢金牛跡湛然講堂東泉書院翠屏閣亦淹没而不可尋所存者寺門金剛殿與香花橋而已塵遺堂大樹和尚法嗣機公新構奉天竺

先生像世宗時寺尚有大雄寶殿先高祖戶部郎桂坡公修之海虞翟公景淳記碑猶孑孑立殿則黍離二基矣古蹟惟蕭郎墓草獨青礪劍石可物色諸荒烟蔓草間

宋蘇紳題膠山寺

驅馬欹禪屏松風冷拂衣紅塵不到處青嶂此忘歸鳥望生臺下雲侵講座飛楞伽味眞趣轉覺俗緣稀

宋元擧題膠山寺壁

岡頭鵓鴣鳴定欲喚晴雨驅車指東山山下寺亦古

宋蔡載題膠山寺綉佛

妙相奪天眞鍼鍼巧入神幾多瞻佛者還相用心人

明邵寶題膠山

看遍西山偶向東芙蓉峯頂坐天風雲迎客路委蛇處水隔僧居掩映中前輩謾遊眞有話平生勝覽正無窮憑誰併作題名記明日南崖拜李公

道人雙眼青雪齒起柔語松回萬壑風落絮趁輕舞日暮詠歸與偏舟在烟渚

明桂坡公諱國括膠山八景成一律

梵王宮殿鎖烟霞墓接蕭郎道路斜錫簪乳泉嘗著玉金牛足跡未沉沙香花橋古横蝃蝀滌硯池荒聚亂蛙還有古人磨劍處碎瓊石塢到仙家

明文徵明贈古林上人

坐把爐薰聽講餘蕉花方丈竹窗虛人游佛地詩成偈飯熟僧厨筍當蔬石鉢淨臨寒澗洗山田暖帶濕雲鋤塵踪暫假安禪榻謾閱琅函貝葉書

明鄺菴公山宿

山僧絡繹汲新泉竹色青青亂晚烟叩戶無人空谷

應飄香何處廣寒傳斜通石徑安禪悅幻入秋林挂
月圓夜半清音來卧榻枕流聒聒聽潺湲

明退菴公膠山寺次唐盧綸題興善寺後池韵

不辭元亮酒白社許爲隣松勁百年樹僧癯萬里人
空潭迴靜影明鏡絶纖塵半偈能忘世今生度此身

璿詠膠山寺寺有梁蕭侍郎墓

雲影招提古微茫一徑連藤蘿堪挂月宮殿欲凌烟
石佛堆蒼蘚松根激乳泉蕭郎千載後墓草尙芊綿

李忠定公祠

山雖不高泉雖不深而草木雲烟淑清秀潤傾洞發
越李忠定公嘗讀書山中即其鍵關地祠之舊矣圮
而重建桂城公也復捐山田爲春秋俎豆祀於邵文
莊公今經百年祠貌依然三公之靈乎

元陳方謁李忠定公祠

丞相非腐儒慷慨遭國難平生痛哭心忍死抱長筭
嗚呼百歲後寂寞誰享祼至今空山中祠宇安崖岸
鳥跡上香臺棲塵落風幔山僧雖異流展像極稱讃
飄飄風塵際黄屋任鼠竄不有左轄尊至今猶扼腕
公皆人心安公去人心亂桓桓神將軍一鼓銳而悍
所至繫其頸小醜何足憚魏公經濟才安劉左吾祖
傾蓋出流離中情始氷泮倉皇靑城役慘澹失神觀
豈無婁敬策尙足勤修捍落落付空言悠悠惜神斷
聲名宇宙間草草入嗟歎

明我素公謁忠定公祠

共禮名賢蹟言投古梵林祠開先世葺碑向斷崖尋
臺圮雲猶護泉荒草自侵獨懷修舉事佇立思難禁

明朱昇題李相讀書臺

昔賢曾習靜爲客借僧堂聽法過苔徑攤書據石牀
佛燈然雨暗僧飯煮泉香雖自紓朱組幽期豈暫忘

顧仁垣題李相讀書堂

歷山草堂最深處長史題詩久仙去南峯衲子營精
廬杖履經過重游寓公垂遺蹟留山隈數卷長依佛
火開棲遲頗自愛巖壑憔悴豈即期公台浮沈幕下
名逾重政府傾危相遭弄頻遭遷徙忘恩讐嶺海江
州均一夢沙堤築就近懸車追憶前遊願遂初何日
重尋石泉寺妙香燈影讀殘書

寶乳泉

泉以寶乳名不知起於何年意亦有陸羽者品定之名以著耶然不可考矣建炎中翁尙書郎挺閩人也寓泉上憫其餖饞弗治湮乳滲漏淪入土壤以金錢十萬俾住山釜公琢石池之廣袤四尺深三尺結宇庇之曰棠齋門曰寶乳之門翁爲記比泉於君子惠泉若進爲於時寶乳類夫遠世俗而自藏者其色與味則相伯仲歷三百年來所存惟一泓澄然當李公祠下

宋楊枘題寶乳泉

山名膠孰結泉味乳覩嘗雲竇穿銀井冰甃貯玉漿竹陰濃處冷松子落時香不雨潺潺響無風琴瑟光粉源初滴瀝珠派遠汪洋曲注分環砌方澄引鑿塘趁齋僧洗鉢就燕客浮觴稻漬蘗牙飯茶煎蟹眼湯纖毫龜鑑徹盈腹暑襟涼農畝沾甘潤齊腴獲萬箱

滌硯泉

泉以滌硯名亦不知起於何年意是山必有善書若鍾王者居之名以著也然亦不可考矣泉去寶乳百武當山凹結處茂林修竹一碑屹然不甃飾然亂石間淙淙有聲濬不費一日力也設結茅其上比之二泉漪瀾堂此如苧蘿美人未入吳宮濟治幽嫺自然絕世彼則蘇臺歌舞時今且紅顏白髮矣泉上舊有萬玉亭

桂坡公題萬玉亭詩

老僧種竹十千竿環繞幽亭六月寒我願龍孫添滿眼清風千古報平安

明唐寅題萬玉亭詩

萬玉一亭子山僧清可知雲陰消暑地月影弄秋時筍出足薦酒客來堪刻詩何當竟深造莫問我爲誰

膠峯公喜濬復滌硯泉序

據志膠山寺舊有寶乳滌硯二泉今惟寶乳尙存而滌硯湮没已久余嘗訪之寺中老衲漫焉罔知陳跡所在然余濟復之心居常耿耿歲癸亥秋八月病中無事偶爾念及循古潭深濬之而舊砌方池宛然如昨新泉活水淵然可掬色味甘白不減寶乳也哉千年廢跡一旦復顯亦吾膠勝事也喜而賦此幷紀歲

月以誌云
東髮山間訪廢泉茫然衰艸與寒烟今朝試向源頭
濬古派原從地下全未必中泠眞冠絶合追寶乳共
流傳硯池幸啟千年比誰繼鐘王筆似椽
我素公謁李忠定公祠
共禮名賢跡言披古梵林祠聞先世葺余曾祖桂坡公所建碑
向斷崖尋臺圯雲猶護泉荒草自侵獨懷修舉事佇
立思難禁
又山居禊咏二首

香閣瓊峯裹嵐光夕易陰鶴歸松色暝猿嘯嶺雲深
僧亦知農事巖耕近濕泉築堤分澗道引水灌山田
桂坡公墓道
桂坡公墓在膠山北塢三峯迴環川原奔滙奥區神
臯也當山腰卜藏先曾祖太史膠峯公親畚揷無遺
力費亦鉅萬墓門在平麓臨流松檜拂雲華表干霄
入門爲勅命亭琢石成龍文輝煌金碧環拱王言折
西石道馬若羊若獅蹲若石肖之列道左長松冠之
蔽天日石道而上爲坊曰高義卓行奇氣遺識皆玉

音也聯曰天光雲影俯一鑑之開明鳳翥鸞翔仰三
峯之聳秀過坊而月池池廣形新月駕以石梁登而
左右望烟巒雲樹如山陰道上應接不暇梁而上級
級而庭庭蹲二獅以受日精月華歲久叩之作鐘磬
聲遠近異之再級而堂堂五楹高敞柱楹皆石建於
嘉靖乙未重建於萬歷丁巳先王父尙書耶我素公
記之先考孝廉鄺菴公書於石置堂中堂後層級再
上廣廷石欄楚楚古木森森碑亭四亦方亦圓覆宮
保尙書秦公金大司馬王公庭相大宗伯湛公若水

太史呂公柟所著銘若表又分左右級上雕欄中圍
玄堂內鬱砯石環城豐豐隆隆藏也石道左轉門曰
廬舍中構風樹樓五楹環山帶水喬木匝之極北塢
之勝我素公未第時嘗讀書其上隔水笙簧孤燈呫
嗶聲相和也鼎革之際廢於兵燹山以北勝至此矣
而清明時四方士女來遊者萬計多數日少亦五日
花茵艸蓐紅裙如雲霓彩布若紋歌若樗蒲若携酒
挈盒相喧笑爲樂石道石梁石欄石城皆滿淩晨聚
日晡散歲爲常吾家墓道不西子湖飛來峯者幾希

我素公題風樹樓壁步先大夫韵

樓臨卓錫地幽境絕塵緣高情寄松竹藻思入雲烟
窓影分新綠池流接遠泉悲心感風木洒淚古碑前

膠峯公墓道

從桂坡公墓道左行數武即膠峯公墓道由曲徑而上月池碑亭享室營域規制稍遜桂坡公而深秀過之皇甫大夫新阡記畧云膠山之北爰塋之左循西而登數十武有池一區巳山亥向巽龍丙穴方塘之水注其前崇巒之勢繞其後近而峙者曰回斗是爲

內案而環以澄江漊滅瀘湏廻洑千派遠而望者曰由禮是爲外案嶢㠔崒蜿蜒萬狀可不謂善地乎地善水斯止矣水止風斯藏矣風藏氣斯聚矣氣聚而體骸安子之心庶少懌乎昔公叔文子升瑕丘而樂之思於此終焉柳世隆卜倪塘之勝數與客踐履卒獲兆於燕坐之處膠山公所樂而嘗踐履者也漢高曰千秋萬歲後魂魄猶思沛鄉公非樂于斯燕坐於斯魂遊於斯而以妥以侑乎至若生平行誼大學士嚴公訥大方伯陳公鎏誌與傳言之詳矣兹不贅

皇甫汸輓詩

惠陽西去路把劍覔荒原夛𦄂先朝寵金緋嗣主恩
齊山同下淚湘水共招魂昔日看花伴晨星復幾存

鄧儀輓詩

懸車幾廿載休沐藉餘恩驪社清風在騷壇古調存
晴雲萬松嶺細雨百花邨何日重遊賞枯榮且莫論

查梅

北山之阿有古梅二株鐵幹虬枝花陰十畝唐宋間物也居其下者查氏以查梅名之春日藍輿駿馬繹

絡山中第惜其枝饒古致朵巧承態少年遊冶不禁施偷香手歲一花如東薪去者且不勝計愈拓愈奇古謂有神憑可少延以供仙使採風而竟不暇其算一株謝又一株謝若相約去查氏遂欲掘根爲跏趺坐弓嘗阻之曰海外有十圍樹枯而復陰花香數百里名返魂香得其花人再世樹重生兹梅未可知也子其少竢作栩郎梅或麗娘起乎噫昨過北山見其舍爲郵枝如嫫母委者居之叩所謂梅根烟銷矣

安公洞

家園北二里爲膠山拔起平麓高九十仞蒼然雲表
石道百折而上去巔猶遠峭壁嵌空如翡翠屏障勢
巖巖欲墜中有洞可置一蒲團坐桂坡公愬而樂之
廓一舍若神斧鬼劈增其磊落無鑿痕刻其戸曰安
公洞稍平前步險爪爲臺海天一望中收矣

明謝應芳膠山雪晴時有城工之設詩附

夜來雪深二尺强石人墮指氷蠶僵猶喜金烏兩翅
凍不折天明飛出海上之扶桑老夫晨起膠山下風
景看來渾似畫連山萬頃玉爲田隔水數家銀作舍
田中築城團義兵日高未飯饑腸鳴黃泥凍地硬如
鐵白柄輕鉏鏘有聲不辭受寒饑但恐虧工程將軍
踏雪來點名萬夫鵠立鸛且驚馬前壯士五色捧捧
頭性命鴻毛輕孑生悔不習兵法雪夜擒來書奏捷
客攔抱膝漫悲歌奈爾義兵寒若何

顧華文過膠耑峯訪孟公

忽驚青陽盡復見朱明催淡日數峯麗澄霞千頃開
絶壁界紅泉芳叢發秀垓經過丞相祠塀砌半以頽
隴西社稷臣精靈此徘徊低垣繡蘚蘿古鼎衣苺苔

抱石知雲生濕袖知雲回久之山氣白行雨疑荒臺
樹際韵疎竹名園信悠哉下有移情人著書卧林隈
琅玕無陳管紈素兼新裁百物聲影秘坐令山川猜
觴咏惓畫樓故人何方來晴游搴瑤蕊聊可命金罍
各言遠離別願敘平生懷

餐霞巖

膠山西上蘭巖故道也桂坡公曾擇巖可蘭者滋之
生空谷香今不復覩矣迂迴於松風石磴間不覺山
半松濤漸下石骨愈瘦有巖嵌空玲瓏勢飛舞不可
過山中人名以餐霞巖重九登之不過數人清絶曠
絶擬置落帽亭未果也徑爪景幽葉黄會外樵夫罕
跡剜遣客故名不著無題咏然正如深山道士見人
退縮人亦不得而奴隸之視九龍二泉雜沓而不可
柰大勝矣

桂坡公九日登高

佳節欣逢興倍豪去年今日此登高眼前景物渾無
改添得吟鬚白幾毫
一首詩成一舉觴浮生莫負此重陽山啣落日千村

晚笑揷黄花兩鬢香

茂卿公九日登山

采菊佩萸⿱艹房攀崖引眺長練明湖映日綺錯樹經霜張樂浮雲上開𠷗過鳥傍瞑烟扶醉下雙屐破青蒼

友菊公壽藏

遠祖承事郎友菊公雅愛文字日與騷人墨客觴咏山亭水榭間樹菊幾千百本餐英咀華與之相忘遂以友菊稱悠然南山之下六十年如一日郎其東籬營爲玄丘彷彿陶家采菊自祭子桂坡爲豐碑大碣

建永思堂山陽古塚巍焕第一過膠鬲遺墟者每三歎而去然實友菊公生前自始不稱墓道而稱壽藏以表達人高志云

靈泉庵

庵以泉名勝在泉也嘉靖初有泉從山址湧出如沸桂坡公以爲祥既而膠峯公果讀書中秘因爲之池方數丈深半之朱魚自產游泳綠藻中嘗千百頭上建玄武殿搆於桂坡公武當歸再式效金殿易以木石塑像亦如之瞻禮歲無虛日以其埒武當也隨又有泉從𡽱竇出而奔汎殆甚更砯石爲八角井渟之名曰靈趵泉立碑記之俞觀察憲筆也咏與惠等色補遜山前好事取汲焉自崇禎己巳瑞芝產於韋馱座下而栴檀林大悲壇關帝殿芝生堂輪奐莊嚴之所亥第增置成禪林矣然庵之勝网在泉而泉之右長松千章綠蔭蔽空上下山泉間幾一里而遥隔水笙簧泉益增勝庵益增勝王駕部永積爲之記

駐仙巖

大都山雲蒼茫餐霞峭壁人迹迥絶鳥道攀援爲神

僊往來之地無疑膠山絶頂怪石𡽱空搜剔當費億萬錢霜剝雨蝕苔蘚黄碧松根盤屈儼然天半非杖策不登迂迴樵徑久之蹤巖間廣寛可列數十百人巖乃屏障桂坡公大書刻石曰駐仙巖大明正德己巳安國洗同登莫抽過周邦徐子立劉商僧舟儕羽士錢月齡後一百五十年十月既望曾孫廣生玄孫璿與孝宗彥黄庭同摩崖三歎拜而志焉

西林

西林國初俞公卞氏萬柳草堂故址也公卞媚詩文

隱於山陽困畦結茅繞洼種柳耕讀其中俞後式微漸歸安氏傳至桂坡公雖志在山水實具大經濟嘉靖間歲旱民飢乃發粟千鍾緣山鑿池大不可量計口就食卽計口程功日役千人不數月池成廣數百畝深數十丈中留二墩題曰金蕉分勝卽比之楊子江不啻云是役也本年活人無算叒年溉田無算種魚無算收菱芡芰荷之利亦無算已復隨堤蓺樹依岩蓋亭漸有叒第西林以林勝實以水勝三傳至茂卿公幼負逈才詩文繪事悉臻玄妙乃以所如不合

歸老青山爰卽舊業大加丹雘爲景凡三有十有二曰纖纖泉從嵌竇淙淙曰含星瀨在亂流積石中曰屑磐山巔也曰蘭岩種香處也曰石道登山徑也曰迺谷山水奧也曰晨光塢得名於曉望曰花津水濱桃李得名於芳菲昔曰一葦渡扁舟渡口也曰藻渚渚以藻也曰沃丘稻畦也曰鏡潭水匯也曰鶴徑意在隺也曰鳧嶼意在鳧也或統而不盡屬之西林或屬之西林而景其意每景繫之以葉茂長詩張元春畫齋圖與詩諳王弇州記弇州未寓西林目記語誁

西林不可易一宇然弇州記盛時也近則蕭閑圮而基矣逈粱斷而臺矣景樹删而淸潭矣疏峯折而蒼苔惟松筠無恙大負茂長詩元春畫弇州記及松與筠因負山水然山水不自負花鳥自友朋烟雲自出沒峯巒愈靜好波流愈閑靚一杖屨一葉舟探幽抉奇何嘗遜東山蠟屐桃源古渡哉三十二景其半故在有無之間今可志者度松步斷橋虛籟堂巍然魯靈光堂前石曰醉石磯曰息磯堂後庭曰椒庭臺曰爽臺竹梧蓄衍陰森森折而北曰夕霽亭草莽莽此

中洲地也上島之脊者空香閣也峩峩者新壁之石幢也風弦障松化虬龍去存不數株如鼓一弦之琴聲韵不遠矣素波亭榮木軒如白頭宮人話天寶遺事可思而不可卽雪舫故訪戴再也與盡山陰可以廢矣宜晚堂天地一虛亭兒海岸作也不列三十二景中（懋卿公與葉茂長各詠西林之景三十有二記與詩均載在卷一縣志山水古蹟內此註）

南林

王父我素公讀書談道處也公建言挂冠爲長是林

海內重之山爲加輝水爲加潤先生長者過之多題記亦而未傳也按林清流環繞綠蔭蔽天岡巃層疊松蘿夾道渡小橋茅屋臨溪曰芳甸北曰歲寒堂自志也桂叢叢爲門堂後長松拂雲林間青山如黛東曰鴻冥閣志不得於時而高蹈遠引也西曰夕佳軒拂檻流泉斜陽西下紫綠萬狀閣折而北曰疎快軒香雪百樹軒折而南曰嘉蓮亭香遠益清堂後池廣可數十畝亦蒲葦亦菱芡亦魚梁方其中朱欄周之可燕賞橋曰七星池流東西分匯于芳甸周池之岸皆古木鬱然深秀茲林獨擅歸先退翁叔氏叔氏善詩畫可不愧茲林持以任俠家貧修飭不繼林失舊觀云

王永積錫山景物畧

永積曰假山可爲假水不可爲也竭人力爲之高原大阜頓成江河西林非以林勝乃以水勝邑㝡高於膠山山爲安氏世居卽爲桂坡公息壤去家里許有園曰南林清流環繞綠陰蔽日後有池可數十畝汪洋翕鬱既兼有之越南林幾二里與山益近緣山鑿

池大不可量桂坡公具大經濟嘉靖中歲旱民饑乃發粟千鍾計口就食卽計口程工日役千人不數月池成廣數百畝深數十丈中留二墩題曰金焦分勝卽比之揚子江不啻云是役也本年活人無算次年溉田無算種魚無算收菱芡荷芰之利亦無算已復繞隄藝樹因山葢亭漸有次第三傳至硯亭公幼負通才詩文繪事悉臻元妙乃以所如不合歸老青山爰卽舊業大加丹雘日與山人墨客觴詠其間詳載王弇洲記中不復述述其始事所夙聞於吾祖遵衢公者遵衢公固桂坡安公孫壻也

永積括西林三十二景成四律

蕭閣凌霄接素秋素波無恙恣遨遊空香對設青蓮界上島遥分白鷺洲響出風弦松謖謖光涵景榭水悠悠含星瀨畔烟波渺一片斜陽下沃丘

咫尺花津近水汀間從松步采芳苓朝暉未散晨光塢暮靄先凝夕霽亭榮木春深軒映綠疎峯雨過館分青風塵久息漁磯冷重上層盤露欲零

一滴纖纖滌硯泉斜穿石道泛前川千盤逼谷神仙

黃淸爻避暑西林分得斜字

別墅青山外招尋一徑斜抗雲開梵刹耕雨藝胡麻
竹密無多暑峯連不斷霞重來應易覓記取度頭花

汪子建諸子暨楚僧東明訪余西林分得來字

誅茆聊傍碧山隈一徑松蘿宿霧開溪鳥不驚高客
過嶺雲能伴野僧來烟霞一壑容吾長風雅千秋見
爾才擬借淸輝招共隱鑑與無那夕陽催

下第出都門憶西林小築

殘陽古道五雲間又整歸鞭出漢關雁字空懸倚閭

望貂裘難解下機顏十年綠綺傷心掩千里丹楓染
淚斑世自揶揄吾自傲元龍樓在鹿門山

廓庵步友人過西林韵

林皋初過雨巖翠欲飛來浩落何年客荒京此日臺
小吟都會理大隱亦須才遺跡方堪挹輕鳧去澤萊

退翁公西林漫興寄高寄逵和文基聖緣荇邨

莊簡城中諸友韻

鶴欸柴關不受埃沿溪細路長莓苔松間梵寂僧初
定山徑雲深客少來北牖蒼峯疑雨過東籬叢菊帶

宅九曲迴梁梵率天獨鶴徑邊同夜月雙鳧嶼裏隔
秋烟笑看一葦僧歸渡欲伴山房醉石眠

若個披襟過夾臺蘭巖留待美人來數聲虛籟從空
發十樹香椒帶雨栽藻渚淙淙通寶乳中洲曲曲隱
蓬萊雪船昨夜歸來晚一鏡澄潭亦快哉

我素公西林燕集得詩字

淑景牽芳思尊開綠水涯機忘鷗自狎坐久日偏遲
草色侵衣袂林香入酒巵歸途霞綺合醉裏就新詩

西林逃夏精卿姪携具見訪賦得情字

雨歇山椒暑氣淸中秋偏得遂幽情堦前水色疑銷
夏林裏禽言似勸耕開徑祇容詞客到杜門深避俗
人行直須觴咏消長日箕踞科頭懶送迎

茂卿公西林燕集

高木午蕭蕭空亭坐泬寥晴雲結林樾飛翠濕山椒
草藹玄言洽鶯窺酒態驕文園消渴後轉覺世情遙

西林訪秀公

秋色千山外尋師信短笻偈中超解脫言下見機鋒
塔過卿花鳥潭留聽法龍夕陽回首處烟靄隔疎鐘

烟栽遥憐故舊紅塵裏遮莫移文為爾裁

西林訪黙公

材人托跡地荆棘老僧删岸出灣灣水杖開面面山塔修殘夜影佛洗宿雲閒杖策一相訊秋風獨閉關

東林

西南兩林擅勝於山泉雲樹間久矣東林其贅乎且顧高諸先生名其講院聲動天下山莊之名又胡贅焉日捌在講院前幾數載以鼎峙西南名隨而著無意也然竟為講院之兆祥乎彼學道此山水事不妨

名曷妨故不易名而志林載西南於山尤近垂柳高槐樹不數枝以歲久繁柯陰蔽數畝門曰寄暢廣厦三楹曰曲水堂庭極廓落喬木環映庭下方塘周遭石砌極整飭不秇芙蕖水明如鏡周以曲廊堂右亘水也中島極峻小橋通之巔有石臺危曠可坐眺蒼峰瞰清流擘西南兩林島之高下青松翠柏林林亭亭亦稱絶勝堂後餞西府盛時山翠屏幛花紅錦鋪石家錦步障覺脂粉氣矣堂左則靈趵泉泉上有佛刹川原繚繞浮雲外宮殿參差落照間玆林志也林

捌於先伯祖少峯公

和韻西林三十二景　王叔承

濺濺泉

清流破苔花縷縷一痕綠恍惚開酒泉山根生寒玉

蘭巖

月白歌楚騷巖香灑幽翠采芳獨含情欲作湘君佩

石道

蘿蹊古翠重不是人間路日晚蒼鹿歸朝來白雲去

遁谷

遁跡還遁心谷神瀹元理浮名一出山空洗頴川耳

晨光塢

輕烟橫淡樹鮮旭浮疎花開簾寂無事欹枕餐青霞

眉磐

壺中天地好萬疊翠微寬一壑峯巒滿峨眉掌上盤

花津

避人俱作仙村隔紅雲裏迷却問津舩一片桃花水

含星瀨

怱來銀漢槎恐是崑崙邸咫尺芙蓉瀨一天星亂流

鶴徑

獨鶴下王喬覓爾蒼苔石安期幾代孫門前棗花白

鳧嶼

落日鳧鷖亂殘霞間雪飛灘頭長施食應識芰荷衣

一葦渡

一葉載朝嵐青山繞碧潭東風吹渡去只在杏花南

上鳧

鰲魚釣絲斷吹落蓬萊島蒼茫蜃市邊仙樓插雲表

廻梁

一曲朱欄渡飛梁剪斷虹隔溪山對面傳道十洲通

爽臺

西山致爽陰萬竹凉通髓坐久人天空五內懸秋水

榮木軒

嘉樹羅前軒拈杯翠華亂造物豈有私雜英開不斷

風弦障

翠障天風細悠然奏玉琴誰知山水意空外斷秋音

雪舲

山陰狂客到江白片帆開萬壑千峰秀都隨雪色來

松步

層林交洞壑步障擁天青掃葉連雲片疏泉得茯苓

椒庭

庭虛晚色懸空青蕩山影幽禽拂座飛盃落藤花冷

沃邱

滄溟半掬水大地一星邱欲問西來意浮雲點沃洲

鏡潭

明淵徹無底空碧含山林皎如秦宮鏡照見枯禪心

中洲

天中月如鏡水上洲如月山河影婆娑倒映明珠闕

藻渚

好鳥時一聲綠陰覆花霧幽夢枕青蘋船頭沒深樹

息磯

磻溪入王夢嚴瀨勞客星何如逃名者罷釣寒江青

素波亭

蘭槳飄瑶雪斂宮月色開素娥寒不耐水上弄珠來

虛籟堂

寸心忽自空萬籟一時寂嗒然開草堂六合虛無色

景榭

盧堂湛冰壺水月光相半琴書波底明藻行屏間亂

空香閣

維摩病欲蘇恍對散花女花氣融霏霏石床映香雨

蕭閣

林端出孤樓千松透寒翠蕭然一鶴巢紛紛夕陽碎

夕霽亭

暮光銜半山紫翠千村積斜陽雨底開人家半明滅

疏峯館

鑿空抗高齋石根夾高兀溪頭數點峯日日臨書几

醉石

一醉萬事消片石倚幽曠冥然葛巾翁夢在羲皇上

我耒公南林獨坐述懷

盧瀍地成僻杜門常晏如蘧蘧吾意適碌碌世情疎
祿薄聊供酒官閒懶著書倦來支枕卧清夢到樵漁

山中喜鄒甥公甯至

幾年惜別我心勞此日相過詎自高念爾青衫猶偃蹇憐予白髮轉蕭騷丹楓林下聽琴諳黃菊樽前對蟹螯醉後殷勤申舊約門墻終莫棄兒曹

我耒公仲春晦日南林看梅得須字

徑倚盧亭畔殘梅簇絳跗花將莫共落葉並柳爭數
玉笛聲休急金尊興不孤韶光非久戀對酒更何須

我耒公晚過山館

策杖度西嶺諸巒明落暉亂松羣鳥集野寺一僧歸
山靜鐘聲近林深月色微前途烟樹合燈火映柴扉

我耒公上元日南林探梅分得生字

衝寒理遊屐入徑破苔行嵐氣紛紜上花香斷續生

沙平鷗亂立樹冷鳥無聲爲惜芳時過清尊且盡傾

我耒公詣佛手巖

石洞開嶙峋萬壑雲霞護千年法指垂羣迷開覺路
懸泉法雨飛絕壁香花布忽聞天籟鳴恍然有深悟

璿望西南兩林

南林悵望過西林山水常流待古今荒落相隨同幻夢徘徊祇許識清音大夫憔悴遺空谷名士風流剩夕陰惟有圖書千古事開緘猶見歲寒心

妻邑侯過訪南林

問俗心元切，尋幽興亦賒。輕車屏冠蓋，野服歷山家。稻積村村露，楓林樹樹霞。溪行有深賦，一笑角巾斜。

詠山池並蒂蓮示兩兒

池蓮呈異足稱嘉，並蒂駢房共一花。瑞應或緣兄弟翕，流傳堪示子孫誇。聯芳敢望仍科第，競爽方能重世家。造物何心難偶爾，栽培功力自應加。

林居漫興

遊興依然憶昨秋，烟波魚鳥共沉浮。行逢茂樹多卧石，坐傍清溪輒漱流。青箬笠輕移小艇，紫筠竿勁繫

微鈎。從今自署五湖長，快志甯輸牧九州。

廓菴公疎快軒夜集

秋色滿衣襟，相看盡素心。席移三徑曲，月到萬松深。波影斜連漢，林梢穩宿禽。空山此夜永，音動伯牙琴。

長夏偕退翁弟讀書南林

纓囊同引竹間車，盛暑橫經偃石渠。俗慮漸消緣謝客，世情逾淡爲幽居。閒看汀鳥時還往，靜對山雲自卷舒。敢叶謝家芳草夢，漫從螙簡涉三餘。

新夏飲南林

綠爲簾幙翠爲屏，半繞迴塘半繞亭。午夢乍醒山欲紫，高歌有伴眼逾青。坐來月色林間出，醉去松風枕上聽。一度清歡吟不似，郄疑佳思倚雲停。

退翁弟移榻南林載酒過之有詩紀事次韻酬和

溪重曲渚樹重陰，淺傍岩阿谷已深。特地池塘尋小榭，笑携斗酒入長林。

又

雨餘爽氣過松關，水面雙鷗舉翮閒。剪破碧空雲片

片，俗腸浣盡有青山。

退菴公林居漫興次王綵山韻

清和佳氣候當䗴，倦起餘醒渴不堪。雀舌素甆傳末徹，鶯簧晴日弄初酣。風疎竹下棋飜局，露淨林間月到龕。轉憶乾坤戈甲滿，浮生偷得老江南。

夏日山居閱蘇文忠集有病告獨酌詩依韵和之

我年五十四，髮白齒先落。褰牀倦讀餘，興至或命酌。灌木鬱扶疎，清川溯華薄。機忘洽禽魚，俯仰有冥樂。

瓦鐺煮新茗石臼杵殘藥斷客幻晨夕烟雲互醻酢身外無苛容蔬水甘淡漠偶和野衲吟時赴村翁約筆墨繞奇趣言想寄寥廓蒼然松柏姿形影伴孤鶴

又閱蘇文忠集有社介熙熙堂詩和韵

荷戰風瀾碎碧同門無二仲徑閒開野夫避暑臨溪閣稚子删雲掃石臺聚散三生歸夢幻身名半世付寒灰饑腸藜藿尋常飽免詠坡公夜轉雷

葺廬即事之四

迂疎賦性隱居宜窄窄茅龕短短籬乍送霜寒衣未補偶逢雨隙竹新移愛裁紅葉題詩句懶寫春山換酒資閒轉南華頌秋水浮沉身世數鴟夷

秋日山居感懷

空林轍跡自來稀蘿薜雲封晝掩扉彭澤菊松荒徑在宗周禾黍故宮非鶴糧半頃山田瘠鱸鱠中秋水國肥未敢羲皇誇穩卧側身天地正沾衣

南林除夕

空山無歷紀王正盱目乾坤滿甲兵筆例一時歸野史才名千古誤浮生兒童柏酒貧堪遣烟雨梅花晚更清羅雀豈眞因地僻畏人原合掩柴荆

戊辰七月之望移榻山齋適長公携具至口占

四絕紀懷

雨歇山齋月更清殷勤鷄黍弟兄情十年不伴松雲卧三徑惟憐碧蘚生

夾岸松蘿十里陰京生池館暮雲深愁人無奈添秋思客散偏驚月滿林

貧來生計了無關願托空林盡日間種秫灌畦聊自適攤書時對北窗山

薄暮驚心白髮新南林千載月空明只今騷雅凋零盡對酒頻深弔古情

劉霖恒雪後有懷孟公并憶兩林之勝作詩簡

寄未及半孟公已扁舟過訪矣因作成之

上天吹白雪飄飄下九垓夜來聲蕭颯花落已成堆我登高臺望山色何崔嵬道路迥不分飛鳥猶徘徊景物殊可羨懷遠心憂哉念子東山卧歲暮不能來兩林風色好誰與共酒杯桃源迷舊徑梅林千重開陰雲蓋飛閣薄霧起崇隈鮮潔無緇磷不復見青苔

磯礁白鶴舞遊仙夢初同忘機見太素縹緲絕塵埃
清光散空碧想見金銀臺緬懷茲地勝何必求蓬萊
林壑豈不幽乘興忽扁舟相思一夕發鼓棹擊中流
吾兄敦古誼意氣凌嵩丘積雪照我室清樽聊唱酬
此生亦寥落何以豁窮愁天寒白日冷疲倣黑貂裘
惜哉今之人與世爲沉浮高義竟淪沒斯文將誰收
班馬作史才詩賦稱曹劉文質能得宜探元寄冥搜
予欲振頹風奮筆垂千秋

璿過南林追懷先退翁

山深五月寒未回悲風蕭瑟自南來已驚颯爽動毛髮又吹白雲迷叢臺林疎陰不蔽茅屋石徑還封舊綠苔憶昔此中有高士種樹未成身欲死樵青婢去漁童亡空林慘淡吼蒼兕青山華表鶴不歸野浦迴塘只如此人生幻泡眞可哀五候池館今塵埃藤牀石磴何足戀杞梓昔時徒自栽我因有鑒高士癡落拓乾坤酒一杯

茂卿公集長公東林得琴字

地僻斷招尋簷楹滿綠陰池塘餘謝草山水入嵇琴鳥語鈎輈喚漁歌欸乃深猶憐將二仲日暮一披襟

長公招飲曲水堂玉蘭盛放分得山字

草綠池塘遍春光盡日閒戲波魚撥刺出谷鳥緜蠻弱柳縈烟縷名花擁霧鬟相携堪共隱何必鹿門山

璿曲水堂

山深絕人跡匹練瀉秋塘夢覺泉聲裡閒雲過草堂

思親堂

安氏始祖鄉祭酒處靜公幼抱蓼莪之戚居恒鬱鬱每有希文親不在矣之歎乃尋深林窮壑得吉壤

曰金鈎掛月稱廖里第一善地葬其親搆堂曰思親志終身之慕死則穴其昭且聞其晚年悉以家事委佳兒更築一室曰處靜以修仁壽鄉黨稱爲處靜先生而相戒曰各脩爾行慎毋爲安公所短爭折者至有望廬而返鄉祭酒之所以其推也今堂室不復覩跡其基當在墓旁望馬鬣之崇崇觀昭坐之翼翼可以識其思親處矣

桂坡公第

桂坡公第膠山爲屏嵩山爲案東虞西惠爲障宛山

爲文筆峰南陽山爲遣照門臨浚瀆横塘之水來匯
大成之梁深鎖石臺瞰瀆坊曰臺憲第膠峯公宦成
而建也屋計間不下數百層凡七進澗開九楹基廣
六十餘畝廳事曰稱貞堂最宏敞東雅堂亦之餘二
又亦之齋若桂樹若清馨極閒靚閨閤極高深第成
華學士鴻山過之曰吾以桂坡爲人傑也億其搆室
壯麗當何如不謂湫隘乃爾桂坡公笑而受之竊以
其言爲過然仰覗鴻山所居東里鵞湖眞不啻王侯
甲第嗚呼孰意百餘年後安與華等兄弟衰而鴻山

甲第大半有鳩居之感安雖荒落子孫猶守豈鴻山
爲之大耆桂坡示之少儉故耶計桂坡當日欲擬鴻
山亦非難事而僅僅至此若有深意歟右曰鴻臚第
爲膠泉公所建規模弘遠睥睨中第後歸研亭公廳
事三致遠堂最廓落清遠堂亦之萩芝堂又亦之齋
若壘頓若簡暢極蕭雅暢適之觀閣曰雲暉曰白楡
又倍篠窣之勝高岡後護層臺密樹班竹萬竿千霄
拂雲嘉蔭之別園也舊有亭館今存者闕聖一閣耳
左曰天曹第爲我素公手剏公生於中第出嗣周涇

成進士歸乃搆是業公以淸白吏倡道東林家居無
異寒素無論東里鵞湖不敢效顰即鴻臚臺憲猶愧
邯鄲之步然公性頗好土木小小結搆歲無虛日高
忠憲公嘗貽書止之搆第之年生先孝廉後即投之
稱守成云

嘉蔭園

桂坡公遊燕山極銀峯鐵壁之勝以語楊文襄公楊
曰君家深山富胸中丘壑必有佳圃公曰諾而實無
園也第竹木數叢荒畦一區耳公歸曰吾生平不作

誑語者奈何以園誑乃發粟千鍾役夫晝夜作急踐
言也一月園成掘地成池積石成山誅茅成屋林故
蓊鬱卽有他植亦成長林客過之疑百年業不知爲
一言起也予生也晚不及見其盛志其可見者方塘
廣數畝菰芙蕖周遭石砌光膩無駁雜島高數丈峯
巒洞壑皆具磊落杳折不復人間世雜樹花木林林
其表垂垂其址依依拂拂其半塘而北堂曰弘仁右
渠三面月臺前之渠北高岡湖石峩峩冠若笠若髡
若少長肩立若耆爲五老峯竹樹叢之堂東西徑以

石梁通古柏高槐蔭滿兩涯堂而南高臺陵級而上敞閣曰玄攬傑出樹杪蒼峯環峙嘉蔭四揖園名所自也閣南下湖石爲臺參差曲折梅廿餘本亂綴石亦花時香雪高下韻甚臺下爲澗引方塘水繞之跨澗班竹千竿翠欲滴依澗或棚木香或架薔薇或古樹絆朱藤或橙橘雜古樹幽深間靚青黄紫綠不可方物右園曰櫻桃左圃曰桃李曰棗栗圃前後曰菜畦菊圃各自爲垣統而不屬公自志云予惟嗜山水嘗築小山後圃日吟嘯燕賞其中倦則就憩息神遊

物表效古卧遊者公媚於詩好遊覽所過必刻石西華東岱匡廬雁蕩多其手蹟于是圃亦富題咏圃搠于嘉靖初後授先太史膠峯公公授伯祖少峯公子孫世守然兵燹以來荒而不治矣

桂坡公家園雜興

夕陽西下陰滿臺梧桐滴翠蓮花開碧天雨過淨如洗清秋佳景眞蓬萊溪邊垂釣成獨坐得魚去換村酒來仰天一醉發長嘯百年何苦勞形骸風塵馬跡成底事何如山人了無榮辱眞悠哉

小園坐月

一庭明月浸梧桐夜靜風閒露氣濃悠咽笛聲吹嶺外參差峯影落池中

幾夜秋光發月圓舉杯白眼了清緣與君痛飲不須睡風景無如此夜全

我素公嘉蔭園獨坐即事亦中郎鶴墅韵

山含輕靄翠氤氲喚雨鳴鳩正喜聞堤上草香行辨藥石邊松老坐看雲疎林斜日霞成綺曲沼微風縠起紋試棹輞川當日勝祇因詩句不如君

茂卿公大雪童子鳴諸子集予玄攬閣分得花字

晨光雪色亂林鴉小閣凌寒竹徑斜卜築自知非謝客入門休說是袁家吹殘短笛全疑月開遍疎梅不辨花醉索瑶琴歌白石眞慚玉樹倚蒹葭

雪中登玄攬閣忽得周山人見贈詩

登臨重上仲宣樓賦裏江山一望收誰向陽春歌白雪樽前愁殺黑貂裘

廓菴公初夏家園即事

青蔭滿庭際惠風生坐隅散步成獨往鶴影同淸癯
平疇草色鮮經雨菊苗腴萩葵三徑密種竹數行敷
興會良不淺欣賞情亦殊嘗携書一卷倦輒據高梧
彷徨起長歎灌園豈吾徒嘯傲滄海窄放懷今古迂
松濤淸肺腑片石供跏趺誰領此中趣其唯静者乎

璿春日過故園有感

十年高踞百城雄何處園林草色中不斷浮雲連古
樹乍翻新翠夾芳叢悲歌未解千秋恨投筆空懷萬
里功縱使封候消息遠嶺梅先寄報花風

天全堂

先吏部業周涇膠里無寸壤然古鄉山水思不一飯
忘也乃覯荒畦十畝搆堂三楹疎櫺曠曠花木茸茸
饒有逸致顏曰天全志不得於人事而完於彼蒼者
也於其中讀書談道踰二十年登斯堂者龍門不啻
云先孝廉冢子也義當受嘗於堂中列百城書鍵闕
讀之凡數春秋金臺决策勝取符劵雖曰人事亦天
全歟今往矣後堂主人多不得於人事天又否不可
問噫其終全之否歟吏部公富著作即以天全堂名

集晉江何喬遠侍御京山李維楨太史雲間陳繼儒
徵君序

懋卿公天全堂夜集送康孟擔遊白下

霜逗林塘落葉聲片帆寒色伴孤征五陵烟月邀歡
地六代風流弔古情薪桂漫嗟裝太薄筆花爭識賦
初成舊遊十載飄零盡飛夢因君到石城

鳴玉齋

鳴玉齋先孝廉讀書處也神宗末祀先勳卿倡道東
林先孝廉橫經家塾東林則有顧端文高忠憲葉司

空劉光祿諸賢相與講論家塾名師理學則有鄒文
學荆璵黃孝廉闇于文章則有琴川孫方伯恭甫吳
門呂學憲子傳同學宗盟則有虞山孫方伯光甫文
學來禹庶民荆溪吳諭德葵菴同邑華官詹未齋王
僉憲雪肝家退翁海岸當齋居蒔業共以一靑衿相
砥礪不出二十年大半懸金佩玉去故先孝廉詩有
聯席舊遊多侍從同時射策半公孤之句即有二三
未遇文品巳大名世莫此一小齋渺乃名公卿士麗
澤地也今爲家祠祀吾高曾祖考四代神主盧其左

爲祕室齋後故有竹木一叢雲山一抹諸先生向時讀書小暇從而嘯咏者也

罨畫樓

吴越間有罨畫溪古木夾岸藤蘿蔽天叢篠翳地夕翠撩人朝嵐拂面奇勝十里余常欲搆小樓其間焚香靜坐披卷長吟或睇青烟之明媚瞰秋水之清泠卒限於相如璧阮籍途家有樓爲楹三中置一榻兩儿讀書小倦就而憩嘗以不得志於吴越名山水題曰罨畫作峰岫巉巖雲林森渺岸芷汀蘭郁郁青青

之想雖然樓觀亦宛然溪頭也庭選石之嶔崎磊落者累爲三峯中峩峩東岑岑西峻峻地砌氷文如寒川玉樹一株五幹凌空百尺大夫松不啻瓊蕊芳時香芬數里不減廣陵春色特於樓東南隅飛一閣高三層臨風皎皎拂檻得之兼收原埜雲物勝然湖上諸峯如百千螺髻依約望中曰遠山閣後庭廣如前爲山則一高二丈土石錯出雜蒔花竹具峯巒崖壁深大其溜渠沿渠作山址離奇曲折雨後山泉淙淙渠而溪矣山左小樓二楹皆東西窓頗貯書畫曰米家船看山後庭西檽也竹木佳處東映碧紗如停橈山泉竹木間客曾遊吴越名山水者必曰此罨畫溪頭也胡爲乎來哉主人遜不敢就曰罨畫樓

璿與節霞和題詩

曾踏寒風一上樓憑高極眺見滄洲居然秀色屯窻牖未許遐心薄鷺鷗歌舞有塵明月洗圖書無恙白雲浮元龍百尺空虛話誰似君家據勝游

瑤閣朱欄景最多就中玉樹百年柯紆迴複道花千尺上下空香酒一螺宿世王維身入畫兼才庾亮嘯

能歌登臨莫嘆風流杳賓客追吟調未訛

我素公樓居漫興

戶牖雲霞日夕鮮樓居眞似挾飛仙清言偶捉松間麈趺坐常參伯子禪淺碧琉璃浮茗色氤氲翡翠起鑪烟閒來信手繙書帙正是南華第一篇

上巳日同諸姪遠山閣看玉蘭各賦蘭字

春光先上巳乍雨釀輕寒拂檻花如玉浮觴氣似蘭南原新綠遍西嶺夕陽殘莫論人間事尊前且盡歡

茂卿公上巳日司封叔遠山閣看玉蘭卽席賦

高閣倚巑岏名花倚醉看壺觴酬令節笑語縱清歡
色借荆山玉香分楚畹蘭夕陽西嶺暮蒼翠濕闌干

璿自題罨畫樓

樓前碧水自盈盈依約青螺豈畫成為愛罨溪饒勝
概故令草閣襲佳名圖懸松雨蟠秋岳書擁雲光麗
百城幾載登臨王粲倦硯田時傍暮烟耕

又

雖將瓢笠挂桑樞湖海懷人共擁壚塞北烽烟驚猿
鶴江南山水隱屠沽青衫濕淚歌三疊白眼看天酒

一壺百尺樓臺今在否元龍當日是吾徒

倚玉齋

玉蝶梅如温香軟玉之可相暱然欲亭亭如車蓋而
復有廣庭選石朱欄粉垣曲房書廊映帶之世不多
得也湖石之陋者不如山中苔蘚蒼質有致年來雲
間張南垣氏大挪本山石法門取材既易為景甚佳
海内名園宗者十七惟過弇山園昔年飄渺峯頭巍
然靈光第此其最上乘非么麽可擬故湖石之佳者
有一石而具峰巒洞壑之勝為坻為嶼為嶕為巖一
庭之內參差拔拂米老見之不容不拜然愈不可多
得惟倚玉齋偏得之哉齋玉楹五軒從之備極閒倣
幽麗之妙其玉蝶湖石之奇大都夢魂中幾遇之世
間所無也家仲氏竟儼然有之矣

依菉

菉竹詩人比之君子依菉竹如宗君子然寻弟蒼巖
好神仙羽衣箨冠一瓢一圑翛然道民也居半畝庭
環除皆竹深翠不可狀曰依菉依菉竹如宗君子然
道民而君子儒慕也竹下峯若崖若磴若亂石點綴

磊落更不可狀曰瀘石竹石間有斗室倚翠屏山帶
白石河隣樹送青妻梅艷白窮宼兩聰佳搆也曰喃
喃丹書瓊笈其中雖吏部惺然龕頭巧婦對炊爨下
怡如也此依菉之如宗君子而有得者也

東山草堂

東山草堂先君子高卧處也熹宗初祀手挪家圃中
庭有古柏五株名曰五檜既而芳蘭産於庭更曰徵
蘭讀書小暇觴咏其內然志頗在千里殊不屑屑於
畝畝間此特抒其胸中磊磈耳旋葺草堂于邑之池

上柳烟桃雨墨瀋盃光與海內諸君子遊茲堂遂有零落山河之感無何弔金臺摩石鼓遊上林聽鹿鳴幷池上一區亦僅可作秋水伊人之慕擔笈馳驅大都在金華名物地迨癸未冬掛冠都門意始在東山高卧矣堂名所三易也至甲申棄賓客後兵燹搆難余以故不克自守是堂遂爲强有力者負之走矣

廊菴府君誕日燕集徵蘭堂懸燈花下丁君大任首唱得分宜字

麗景開芳社晴光漾柳絲花客迷蛺蝶竹影拂罘罳捉塵飛談洽携筒覔句遲散懷乘暇日娛目趁良時

彩閣藏雲樹蘋風蕩古陂荷錢成列綺魚沫噴文漪松剝蒼鱗古苔鐫綠字奇輕衣薄羅綺斜照淡臙脂縱步躧蹤靜清吟鶴子隨山從墻外見鳥自谷中窺紺霧橫遥嶺青烟罩遠涯月華方杳靄樹色正迷離玉蕊珠璣艷金莖琥珀垂星輝浮碧葉雲氣挹丹枝的皪侵燈燭鮮華潤酒巵茗烹新雀舌饌出嫩龍兒長嘯傳天籟高音來鳳儀携琴彭澤興賦雒建安思澹泊存眞味蕭疎解世維浩歌花下發酩酊亦相宜

璘庭中柏樹吟

庭中古柏摩青蒼捎霞蔽日生奇光黛色朝搴翡翠幙森蔭十丈凌簹霜皮斑剝根不死青青孤秀仍如此虬龍枝老鳳凰棲白雲幽石長相倚不若洛陽桃李花芳春三月盛繁華一朝搖落空咨嗟

已園

十畝之間草莽莽樹蒼蒼不花不竹不亭不臺池十之一雨潦亦泱泱不藕不菱歲不杖履一至聽漁若樵遊不禁噫亦圃乎此得已者抑不得已者也計必

垣之朵朵可不至也環池栽桃柳栽芙蕖臨池屋之綠筠旋繞千竿拂雲可以憩也西畦種梅凡百餘株爲亭高坪坐卧白雲東稻田春麥浪作滄海觀夏烟綠秋雲黄冬月如寒潭雪如瑶圃周高岡長松冠之石徑其中石臺其上蒼崒從松際來如松雪翁畫致足樂也雖然幛遠不可登水淺不可泛剝啄徑開斤罟雜沓訾讀柳州潭西小邱記至有四面竹樹環合寂寥無人凄神寒骨悄愴幽邃之境不禁神往吾追惜此區區而勞勢計哉得已而已耶抑不得已而已

耶斯已而已矣曰已園可也已園吾家園也有千古
名園不再新荒畦十畝率吾眞年年燕子來相問若
個蕭條是主人之句已園志也

我素公呂子傳華芳侯移錯荒園卽事

家園荒穢未芟除僻陋何堪二妙居步屧尙存三徑
竹盤飧新灌數畦蔬風生高閣時爭局京入虛堂好
著書迴合絲陰消溽暑從今吾亦愛吾廬

楞隱

予性好遠遊頗輕鄉井家有數畝之園荒而不治意

在一小艇片帆千里爲快適家簡菴叔氏有廢舟欣
然劃園之半易之輕重不屑較也閱四三年來予沉
舟倦遊是園方事整頓因樹而屋因石而砌因竹而
籬因畦而蔬因池而極芙蕖菱芰之觀題曰楞隱成
名園矣武陵顧子首唱落成和章如貫珠纍纍穎川
陳子從而記之天水嚴子署之余每過楞隱卽如扁
舟在汀鷗岸葦間

白楡閣

閣高百尺廣如舡擬摘星白楡天上最高星也故以
名當先仲伯茂卿公爲文壇將海內才士過之必登
是閣極山水雲物觀去先孝廉白楡閣詩有何晨翰
墨非雲會無夕筌簇不月明之句時實事也其尤勝
則霽雪玉田千頃銀山萬重枝枝竹木皆開瓊花微
陽暴之光艷射目不可仰視餘則麥浪青稻葉黃川
夜之天地一色小可適興閣前桂樹一株盤盤旋旋
蔭遍黃庭五月發花異香聞里許樓級迢遞登者與
至而往必憊而還是無數登者下曰元賞高曠可建
三丈旗不知其上有樓樓上復有白楡閣

鄒迪光題

綢戶平臨斗極懸白楡歷歷在簷前金函書倩芝童
護錦席杯邀鹿女傳褰箔畫飛笠澤雨振衣人近蔚
藍天知君夙有神仙骨好結樓居卧紫烟

茂卿公白楡閣對雪

密雪灑脩竹夜靜聲何嚴擁爐不成寐衾薄寒如砭
退眺憑曉閣淸光撲疎簾鳥蹴瓊枝蕊林吐玉山尖
遲客聊命酒呼兒歡撒鹽因悲僵卧者何以托窮簷

白楡閣晚眺同康孟擠賦

虛閣俯林表憑闌接太清發君奇絶思破我閒寥情天遠雁行滅烟空山帶横披襟坐超忽携手攬滄瀛

白檜閣雪霽同司封叔光祿兄賦

積素凝寒曉撲檽旋融初旭散郊坰疎林稍出參差緑列岫徐開遠近青雲向曲欄猶似絮消來芳沼半隨萍陽春歌後原難和况復非才媿謝庭

鄺菴公戊寅五月白檜閣早桂盛開喜而有賦

寶家五樹未稱奇五月舒芳㧞一枝望苑新叢英早發層城舊幹蕚先垂已乘夏令參差放不待秋風旦

晚吹每欲憑高少攀折玉梁千丈恰相宜

閣故先茂卿兄同諸名人嘯咏處也再賦

憶昔驪壇早擅名同人四海合嚶鳴何晨綵素非雲會無夕蓂筳不月明遺韻當年留嫩蕚流音此日燦韶英銜杯且近花前坐欲作秋江濤沸聲

茂卿公雪中一鑑叔以新篇見示

蕭瑟衡門獨偃眠春風忽漫枉高篇狂來把照清尊裏雪色千山盡可憐

一鑑亭

高岡之下一洼水泓然如鑑林木翳翳陰亭不可卽矣問之宗老云亭故在水南偃仰其中北岡峯巒上下呈態亭易復峰巒非大有力不再覿今水旁結茅種梅亦塢亦圃而桑而田可小隱一鑑先從伯祖號此其廢圃也

忍齋

玉衡子生於寂寞之鄉而復不少齮齕之感悲愁傷生無以爲情乃棄蜚畫之樓而弗居戒圬者治一斗室芟取其茅堦取其土高甍琢石弗崇也壁取其皎

雜粉堊之功弗用也檻檽取其朴斵丹漆之光弗事也庭植梧竹佳花美木弗培也坐則王氏之青氊卧則越家之束薪而已室既治署曰忍齋客有問曰徵子忍齋之義豈有所不可解於外者以玆爲困心衡慮之塲乎玉衡子因仰天長吁而言曰子可謂知我者哉然而未也余非不能如怒馬之奔騰㣲蝎蹶於千里之外而甘爲偃蹇俯首鞭撻余實何心哉柰何不以是齋而養吾忍也雖然天其老我於忍齋乎吾將相忘於深山白雲之間覔最上一乘彼區區者又

何足云

又忍齋說

先輩居心之法與其忍也甯忘忘則坦乎其中萬端族起咸置度外捫之無鋒發之無機舉類悉容不見其有牴牾之物也然而忘者難言也忍則規規其心自制有潛力而制人亦然不言敵而敵存不飲創而創烈所謂人莫憯於志而鏌鋣爲下也然而志士嘗用之以善其術畧忍可幾乎玉衡子負駿才意氣飈發不輕爲世馭而墐一室自處額曰忍齋或曰忍非

入道之言也安於忍者古典有誡玉衡子何見而執此乎予爲之析曰否也忍者自窒其慾之謂也柔心應物之謂也晦而藏用之謂也兼斯三義乃可言忍或漏一焉忍無全力而或失之鷙矣是云忍乎玉衡固名家裔而先世紛華其所目見今胡濟濟爾也凡諸作用保其儉德非易所云窒慾耶予又竊窺其概好據上流矯矯然擅雲驤之步而今胡謙然似不勝衣也是用老氏之柔以緯緝其心者也家即非盈滿之舊而籍其遺風尚足自展今又胡卷奇懷韜沈深蓄智而不輕以利器示也是古英杰遯退之術相時而整翼者也或又曰玉衡子非專於忍者也具朗暢之襟抒鴻麗之藻談端龍馬縱橫馳逸甯如是跼曲已哉而余又曰非也觀人察皆玄遠非溫恭朝夕者可跡擬也玉衡子潛居是齋既足自娛又令觀者皆然莫測今乃知忍之義大也或有疑者徵予說焉

又忍齋別記

玉衡子東山之俊人也家世華貴踞林泉之勝乃棄而弗居墐一室如舫者盤息其中彝鼎稍設圖書精

謹略見脩能之概而已覽其楹間署曰忍齋夫忍者意不屑於世姑弢穎伏翼以需其後也俗習機張匪此莫御時情樂噬匪此不戢古人所稱內力鷙而外體可全也玉衡子其聞道者與予嘗詣其室峯巖岫肅草潔花晶覗他人脩飾之宇不煩費而倍寥倍之者其材足以緯籍而心固澹夷無過分之事也與之論說約古條今百氏在其口而羣妙出於其胸非旦夕坐卧可盡也予本誕人不習萬蘉然有戒心於游處之際玉衡子不言而同獲眞吾友也既爲詩以貽

之復爲說以暢其旨兹稱別記葢補所未足而亦以見吾志也玉衡子其納諸

陳卿茂忍齋題壁十二韻

結宇分山麓於中置俊人含毫秋水潔鍊性白雲眞竹細通簾影琴清肅戸塵積書巖曲滿支鼎澗流新潛力窺皇典柔心應世輪所營非屑嗇獨立自難屯謦欬發秋鶴高吟屬遠旻一莢圓比笠羣草蔚除榛觴不借繁客衣長攬古民計論松桂理組籍山水身慧業此爲托清風吾與隣烟庭殊不淺游眺軼常倫

淨行庵

人生自一瓢一衲一蒲團一丈室之外皆非吾物也拓阡陌啟園亭足不能盡歷目不能盡覩而經營之苦日異月新徒致鄉里小兒艷羨時從而角短競長瞬轉齒衰天地吾廬夠兹阿堵噫愚矣盍向空門修淨果乎予家艮隅有隙地二畝有贏山後之水左之園林右之前之絕遠塵氛幽深獨擅蕭然罨靄境哉第稍廬佛骨居優婆夷塞從無高僧卓錫可志且荒落不振久矣予嘗欲大拓成禪林俾栴檀祇舍鐘鼓幡幢梵唄法藏軍遲犍椎種種圓滿延一二三名衲結蓮社行貝葉軍持陀羅尼以老特恨青衫鋼人窮年腐毫視此虛空法界徒勞夢想耳

關帝行殿

帝殿蹲於嶺際者一踞於泉上者一兹殿沿市而擅絕勝啟北牖水瀜瀜山岑岑樹柯柯枕石澗潺潺湲湲宵旦不歇殿不羽衣留笠瓢卓錫或衲子衲子多憨甯挾貲以殉不拓一椽爰諸勝景數十年來行殿三楹而已然帝靈赫禮嘗動十方

先賢祠

高王父桂坡公爲安氏不祧之祖剏宏業紹前徽貽燕子孫厥功在於家也贍族賑飢厥功在於宗黨也疏泉鑿池修梵王宮建元武殿祠李忠定公於膠山之陰厥功在於山水也濬白茅港築毘陵海虞城礐堡禦倭難天子聞而嘉之錫官不仕厥功在於國也有此四大功而無特祠缺典也曾王父膠峯太史王父我素勳卿並稱當代名臣一祀名宦於楚之方城一春秋俎豆於東林道南祠而鄉賢祀典缺爲未俻

雖今日祀典濫觴至有如羅倫抱木主而歸者而桑梓片席巍然特祠奚啻已已予家巽隅有屋數椽層做如廟宇溪山環拱允協神棲先孝廉與諸叔氏酌議作總祠分關判然而卒没於豪右予嘗欲復之爲精廬五楹中三祠桂坡公署曰高義卓行左祠廖峯公署曰貞廉辦治右祠我素公署曰風節凝道東一楹祠遠祖承事郎友菊公桂坡公志也見大家伯海虞李公傑祠堂記署曰基德衍慶西一楹祠吾先孝廉廓菴公署曰發傳賢科五署皆玉音也外榜曰安

氏先賢祠議奉祠一人時詣整理歲春秋兩祭大夫而以士禮從子也月朔望盡伯叔兄弟肅衣冠而謁之前五楹以中三殿文昌帝君盞里有帝容位置未妥尊於先祠之前榜曰文章司命吾家五世一爲承事一爲散官封大夫二名進士一名孝廉箕裘克紹甲第蟬聯孰非帝君隆佑崇之所以報本也東西二楹稍置几榻書籍爲祭時齋肅地東西兩廡義學義倉次第增設集賢子弟讀書其中祠後尙饒隙地有石有花竹近流水讀書小暇就而樂之悠然舞雩沂水也予貧且賤有志未逮姑志之以俟賢者

南郵草堂

種樹十年種石期月誅茅結屋則不旬日辦樹得石而雄石得樹而逸屋得樹石而幽一區水中蔓蔓荒草結屋數椽曰南郵草堂兄海岸與偶至旬日間搆也額書於殿子蓀友極蒼秀堂右故阜高可丈許累畀石之可巓可崖可倚可坐者環布之期月成小山矣周堂若阜萩松千央梅百樹觀梅一軒曰香雪若圃若畦種桃李梧竹杞菊種種初屋春春樹如毛希

十年而屋入深林矣今從里門南望春峩峩夏幽幽秋冬岑岑柯柯南郵草堂也

南郵探梅

南郵雨過綠參差却喜尋春未較遲幾處斷雲迷曲
徑滿庭香雪壓疎枝

大樹

樹山居之衣也水居之冠也山水之居往往不衣不冠裸而且髡亦往往有羽衣翩翩高冠峩峩而侏儒其體均恨事也嘉蔭園西北隅喬木千章修篁萬竿

白雲爲之碎落青天爲之劈破山雖遠而著水雖渠
而波獨嶇嶁者徑湫隘者屋坐不耐久卧不得處得
高士覩之大開生面當空前絶後

石馬灣

膠東之有石馬灣猶武陵之有桃源也迂迴層叠者
其山杳折深窈者其水叢叢雜雜者其樹磊磊落落
者其石其俗醇古其人野朴亦收菱芡魚米之利特
無高尚士劉子驥者問津焉遂令漁翁慭然獨適予
嘗謂不能策足皇路列名清時復不得志於吳越名

山水郎當從此營菟裘鷄犬桑麻耕田鑿井以杖荷
蓧終老焉覩頹垣斷礎苦雨凄風一燈一卷眞書囚
哉

嵴山家屬題

窮巷不成市孤帘挂遠村籬疎竹爲補徑仄薜堪捫
倦倚凉風榻貧餘老瓦盆避秦來此地共說似桃源

叔退翁山居卽事 調桂枝香

小春天氣似錦散丘園丹黄千樹偏愛平橋曲水疎
籬仄徑清幽處遠溪邊兩兩三三笛聲牛背茅簷草
室野蔬郵釀田家風味　相忘帝力無塵事著盌爐
香自饒眞趣種竹栽花便是山林經濟足音空谷探
奇至縱玄談飛揚麈尾算來名利不如高卧烟霞而
已

西涇

浚瀆爲膠里帶河一里而西水止矣山水從西下者
悉經之所經處土衝突爲石渠然時雨後水平渠
高數尺如天翻銀屋而下聲如雷如萬馬奔潰掭再
探之逆流而上一槽一折愈上愈奇疑江潮洶湧疑

海濤澌湃疑水簾洞疑廬山瀑布撲面水珠拂衣氷
雹再泛泛如輕鳧出没不頃刻停又疑乘銀漢槎無
不狂叫引浮白酒盡日晡縱再順流不觴酺出涇矣

宛湖

浚瀆止於西涇東爲芙蓉塘二里許卽宛湖橋界湖
塘踞而縱目風帆釣艇汀鷗沙草風景殊異歲澇蓉
塘水下湖巨浪平橋漁人逆舟舉網網必得銀鱗多
至數十頭漁舟縱橫亂流多亦至數十艘搶搶攘攘
如朝如市魚罾樹杪魚罩葦岸宛然圖畫好事者扁

卅草屨解杖頭沽魚郎地烹之甘鮮其味光艷其色豪宕其况既而東山月起水天一碧不知青州從事欲告老歸也

桂坡公薄暮與周山人放舟溪口作

小舟横放任西東山色看來遠近中新漲平隄翻浪碧晚溪垂柳帶烟濃騷人對酌敲新句短笛飛聲度遠風更喜月明歸路穩不妨沉醉到晨鐘

茂卿公宛湖觀漲同司封叔光祿兄賦

進艇浮新漲沿洄碧幾灣一尊凌渼淼夾岸瀉潺湲綠樹斷橋豎蒼烟隔浦山鳴榔歸路暝欸乃水雲間

宛山

宛山不膠東隷而山之塔爲里中文筆峯故甲第蟬聯自頂被飛龍沉湖文采浸衰則山靈隷之矣山蜿蜒湖濱湖汪汪千頃山一培塿耳然具大靈異去巔大許有石梁亘空下臨石澗水冷冷作琴筑聲迂迴於松壇石徑間五丈許而注硯池池石之突怒偃蹇色玄質膩可硯褰裳濡足得之皆端溪儔也巖上者次波底者勝故居道士今廢院猶存山之蹊徑杳折竹樹秀潤從湖上觀如絳仙長娥眞堪療饑

正言公登宛山感賦

芙蓉一片宛湖東蒼翠飛來萬頃風點點墨痕池上石亭亭秀色樹中峯巢松此日無歸鶴廢塔當年有去龍千古滄桑俱幻跡可勝悽愴夕陽中

簡庵公宛山采石歌

宛山石勝端溪紫文章不靈石欲死宛湖風浪接天高誰挾閒情問玄渚扁舟共泛不辭遥墨濤千尺失山椒青青鳥道爭投杖倒來炎暑松風消亂流覓得盡奇古競詫伏螭并卧虎嵚崎兩袖傲顛翁銅雀麟麟那堪數精邱一旦化硯田君苗忍心亦動憐山僧解事進不律玉版娟潔寒雲鮮夕陽歸棹重回首海立空潭黑風走笑指山靈失席珍敢借六丁來攝否

璿宛山采石歸舟放歌

閒放輕舟水竹居湖光山色滿相宜何人此地遺玄石觸處青霞怪陸離

拾下玄崖兩袖風飄然携過夕陽中從今載得巔巒去染出烟霞自不同

鴨城新阡

膠山西行十里爲鴨城昔夫差畜鴨特築城舍之蓋於此置離宮爲膠山嶂山環峙於左惠山芙蓉山遶映於右案南陽諸山屏北斗諸山北與塘九里塘之水東西來匯土稱沃饒地勢凝聚戶部公曾置別業於中邱隷田千畝名曰養廉庄子孫有出而仕者畀之當無不清白吏也太史公既貴受之太史公益爲記亦以俟其子孫之仕者畀之迨勳卿公第當受莊僅蕭然數椽阡陌膏腴幾不可問公亦遂置不問曰

幸沾一命邀先公寵靈多矣廉自力而何養爲第業莊基數畝以承先志而已其高義如此公歿先孝廉爲卜窀於小嵇山不利厝於莊意有所屬俶待南宮報捷而舉顯揚其親歷數春秋卒得吉兆於厝地從而封爲墓中石爲南皐鄒總憲筆新阡記則明卿陳太史傳則平涵朱相國狀則高忠憲公也先孝廉以甲申九月十日遽捐館舍越明年亂信洶洶時予煢然一孺子毫無所知識倉卒裹於祖塋之昭乙酉三月十九日事也王太守忠紉猶金緋題主至五月鼎革矣嗚呼雖悲深風木岵思無已先孝廉則竟爲完人矣以申之秋亡以酉之春葬毋論不目覩滄桑卽一坏邱猶故國之封也當時意在妥先靈吉凶實未諜蓍蔡後堪輿家有稱爲吉者天也

賓娥臺

臺負浚瀆面平原級不數層環不盈丈而嵩山鴻山塗山崖山宛山蜒山皆稱藩三輔惠山虞山南陽山湖上諸山亦無不奉冠帶祀春秋惟膠山爲北蔽如長城萬里里人每於中秋夜携壺觴邀月捌不幾載以擘諸山勝且便登眺名遂嘖嘖三畲丁子詠中有登登級盡諸峯出荎荎林疏衆壑寬之句稱爲是臺

賓娥臺倡和詩詞序　　顧仔 膳盧

安我素先生與先端文公於明神宗之世先後倂籍

歸里遂偕忠憲高公輩講學於東林先生居膠山之陽與先端文涇皐舊宅僅隔數里暇日過從談及時事日非不勝憤激則相與徜徉名勝藉觴詠以消憂先端文謂先生不失赤子之心先生謂先端文持世之勇莫及甚哉道相高兩賢又以心相許也泊桑海變遷後嗣各守家學數世情厚無間先生之冡孫孟公與余從伯梁汾以文采相契俱掉鞅愼交社中孟公之季君大啟與予同爲孝廉涓英薛公壻於是敦譚邢之好往來愈密大啟丈涉獵經史尤重先人手澤乎典漠南試歸謁大啟丈於雞笥樓大啟丈出一編示予曰此先賢遺響君爲我序之則賓娥臺倡和詩詞也夫我素先生與同時諸君子氣節震於寰區學問炳於著述人既不藉詩詞而顯詩詞又豈待序而傳况詩詞之傳誦者羣推俊逸豪放予何容贅一辭乎顧念名賢吟咏因後裔不克搜羅而湮沒者不少大啟丈惟恐散失而校錄遺後其意殊可嘉也而予得識數語於先賢名作之後以並垂不朽甯非厚幸哉爰不揣固陋歷敘世好以弁卷首後人誦詩詞

而想見先賢不因臺廢而以遺蹟爲可忽則不負大啟丈校錄之意矣雍正十一年癸丑仲春月序

賓娥臺記　　光祿公

予自削籍歸怡情於山水初置一畫舫列綺窗十二圖陶元亮張季鷹蘇端明米南宮諸賢於其上爲五湖煙水伴復於宅之東南隅跨浚瀆建橋砌石澗其帩岸而臨流築臺與客登覽則宛山東峙浮居突兀林表鴻山嵩山塗山蜿蜒於南雲樹迷離若聯若斷西有七雲山高峯揷天北有膠山叠翠爲屏客曰是

臺負清流面綠野與衆山合形輔勢㞬足遊目騁懷雖高未齊雲而暮先得月當素娥初上而東向飛觴非適合寅賓之意乎爰名之曰賓娥臺㝵每至大火西流微風徐扇非乘畫舫而訪友湖濱曠覽煙波灝淼則杖屨攜酒納橋畔之嫩凉邀臺上之明月洵可終吾生以徜徉矣萬歷乙未秋日記

秋夜賓娥臺坐月　光祿公

凭高迎素月洗醆酌蘭生臺畔星光動橋邊霜氣橫空明消目障清曠靜心兵醉枕寒流卧非關學子荊

金縷曲 秋暮登賓娥臺懷高存之　光祿公

耳畔秋聲度眺平原丹楓燦爛碧梧飄墮十二峯頭騰異彩林罅斜陽滿塢照萬點亂鴉繞樹一片白雲剛出岫向青霄飛去邀難住快玉宇絕煙霧　同心遠隔無由晤想湖邊翠屏明鏡日增佳趣常藉登臨消壯志拚却美人遲暮復孰與植僵興仆曾見東山華月上笙嫦娥便欲拔幾許倩列缺辟蟾兎

秋夜賓娥臺燕集　顧憲成

高臺㞬夜綺筵開引領姮娥海上來惟恐弗賓深悚仄當因賢主少徘徊風吹玉兎升雲表露湧金蟾漾水隈恍惚白鸞橋畔舞香飄丹桂入山罍

次叔時韻　葉茂才 參之

索居難得好懷開㞬友相招勝日來臺向鴻山堪眺望月依牛斗正徘徊露珠灼爍明橋畔風笛悠揚響岸隈但願年年清景裏常邀仙子酌雲罍

次叔時韻　劉元珍 伯先

凭高玩月笑顏開更喜羣賢握手來矢口長吟俱灑落飛觴快飲孰低徊無私明鏡懸清漢數點輕煙散曲隈北笙瓊樓雲縹緲美人誰與薦罍

秋夜宴賓娥臺　顧允成 季時

氣肅秋光淨臺高塵不侵空明識月性恬澹見雲心近水清無極遙山翠自深素娥常委照浮白好長吟

次季時韻　歸子慕 季思

高臺臨浚瀆不受俗塵侵把酒邀明月清宵足賞心水濱漁火澹栅岸野煙深滿座咸抽秘參橫未絕吟

沁園春 題我素安子賓娥臺　錢一本 國瑞

安子幽居隨地爲娛臨流築臺喜麗殊重壁峻無五

仞寒非氷井侈異三歸釣旣如嚴嘯還同阮不數英雄戲馬來淸秋節待姮娥早上虔薦金醅　還觀心眼俱開正一片明輝徹九陔快水圜山繞自然雄秀煙空雲散盡滅氛埃風起歌成露零詩就曠代文章騁軼才仍須念整衣冠覘草麟鳳趨陪

南鄉子 秋夜飲賓娥臺　　薛敷教 以身

野處負魁梧恒共嫦娥永夜孤追憶當年無限事模糊漫狎溪邊雁與鳧　此夕酌醍醐竊喜光風動四隅似上凌虛飛逸興歌呼一片氷心在玉壺

和前調　　鄒期楨 公甯

明月照秋梧歡敘高臺喜不孤仰望嫦娥歌舞處模糊欲上難飛葉令鳧　何必飲醍醐傾耳頹乎醉座隅詞義精元鄰竊戒酣呼底事無端碎唾壺

和前調　　陳繼儒 仲醇

雲構出高梧獨聳堤邊似鬱孤十二煙鬟浮夜色模糊浚瀆淪漣漾錦鳧　賢主設醍醐恰恰姮娥起海隅向月舉杯增飲興歡呼滿座淸光徹玉壺

賓娥臺玩月宿經笥樓　　高攀龍 存之

一碧向空盡皓月期山村灑然風臥懷姮娥澹無言煙淸明眾壑露重濕平原夜分宿危樓桐陰落半軒茶瓯瀉春雪秋蟲響離落會心在岑寂何必絲竹繁境幽意自遠神恬語豈煩安卧不知曉覺來日已暾

賓娥臺看楓葉　　陳幼學 志行

杪秋山色倍蒼京游目高臺趁夕陽三徑青松落虛籟千林紅葉照橫塘波瀾濶大文章老點染神奇造化忙橋畔鳥飛人影散胸懷各饜好風光

賓娥臺坐月次光祿公韻　　璿 孟公

蕭瑟秋來甚深宵逸興生露濃三徑濕煙際一山橫曠望控雲構消愁倩酒兵臺高風太急利月掩柴荊

賓娥臺坐月次安我素先生韻　　秦松齡 留仙

一望眾山見臺高趣疊生橋平涼水淨風急暮雲橫好飲月爲友耽吟墨作兵休將照臨意棄擲在榛荊

前題　　嚴繩孫 蓀友

霽色澄秋夜東溟皓月生橋邊風瀲蕩臺外露縱橫把酒懷彭澤吟詩憶步兵古人如可作直欲與班荊

蘇幕遮 立秋日賓娥臺賞月　　顧貞觀 華峯

上高臺艮友共縱目秋山排闥將青送浚瀆波光浮畫棟鐵笛風飄幾疊梅花弄　餞斜陽開玉甕又見姮娥爲引蟾蜍睟酒醇瑤天雲影動一葉飛空驚起棲桐鳳

登賓娥臺懷安我素先生　吳興祚伯成

賓娥若箇錫嘉名人去臺空景物清浚瀆遠從千澗落泉山環向一橋橫生前抗疏驚三殿死後高名震八紘此日登臨深景仰碧天雲散月華明

前題　秦保寅樂天

突兀高臺俯激湍涼秋月上足盤桓登登敍盡諸峯出埊埊林疏眾壑寬明若讀書融萬象豁如點易微千端（唐李紳讀書臺明邵寶點易臺皆在龍山）擎杯覽物堪明理何怪名賢樂棄官

月夜登賓娥臺　陳卿茂節霞

皓魄秋偏皎遐觀興愈長高臺懸鏡冷嘉木挾風凉顧影添吟伴擎杯攬夜光同人各仙舉攜手欲高翔

秋夜同（畊石節霞商原黎眉）宴賓娥臺　司馬禰先九樵

艮辰勝地集雄才矯首秋空圖畫開度嶺閒雲低遶樹洗天凉月浸高臺橋橫浚瀆文瀾漾堤接蓉塘秀氣同共向清光獻玉斝欲招仙子下輪來

醉登賓娥臺孟公畏寒不與　顧柔謙畊石

罷宴登臺意渺然臺高先見月娟娟微霜潛降疏林外明鏡空懸繡闥前綠水有痕橫短彴碧天無際立長煙玉人不耐嫦娥冷同此風光醉醒偏

菩薩蠻寄賓娥臺主人　華長發商原

千條青柳塵埃少殘煙漠漠橋邊繞臺聳綠溪陰素娥長伴吟　雲消銀漢淨露下羅衣冷未識掩屏時

懸懸還憶誰

賓娥臺賦（以舉盃邀明月爲韻）　康熙丁卯　嘉璿錫

溯光祿于前朝早策勳于當宁憤執政之妒賢進嘉謨以悟主繩祖北闕繼吳趙以翺翔講學東林參顧高而容與每探幽于暇日逸興遄飛苟得趣于名區低徊不去圍亭可樂輒欲盤桓址壑堪娛悉爲修臯維時相基近宅因壟築臺負浚瀆以致空曠構短彴以通往來成非拘十爲期眾俱樂也休不以三爲度客豈勞哉無意通天常見浮雲吹落非關壓氣頻看

靈鳥飛同仿點易于先賢擊紀瑜之金管擬讀書於前哲披董子之玉杯若乃氣清碧落暑散晴臯鼓琴引鳳垂釣聞蜩烟淡横塘一帶風光入畫林煇斜照四圍山色如描謳按律而騰吹聲諧天籟或凌虛而長嘯韻叶虞韶佳趣靡涯一任憑欄而賞清風自至無煩折簡而邀至若銀河朗徹珠露晶瑩燦斐幽之夜色響寥廓之秋聲虔肆瓊筵仰廣寒而設座散浮玉液向皓魄以飛觥駐歌舞于雲中共深慵悅望清虛于天半倍覺光明列宿兮韜輝縱横錯落羣峯兮

揚彩閃爍崢嶸更若玩靜夜之幽輝適高朋之來謁快聯步以共登喜勝情之並發酒斟大斗飲雅量共莫齊墨染柔毫騁妍詞而不竭儷謝莊之作賦手寫嫦娥類屈子之行吟心懷魏闕夫豈徒登眺望詡為樂之有臺更非妄表清高誇對飲之惟月

讀安我素先生集有感 次賓娥臺生月韻 顧祖禹 景范

西北浮雲起陰寒玉宇生上書情激烈辭闕淚縱横
身可儕騷將心終慨憤兵登臺人不見京月照榛荆

登賓娥臺次安我素先生韻 陸楣 紫宸

刱籍歸來後孤臺寄此生沿堤嘉樹植流水小橋横
足底新垃壑胸中老甲兵徘徊不忍去秋月滿柴荆

賓娥臺懷古 秦道然 雒生

挐友步凉夜沿溪景色幽行行過短彴堤畔野煙浮
言訪賓娥臺突兀臨清流擾衣陟高級明月恰當頭
四圍眾山繞林壑眩雙眸浚瀆漾蟾彩晚唱起漁舟
追思臺始築名賢悉來遊良辰飛羽觴竟夕樂無休
酒酣並高歌音韻清且遒嘉賓與賢主篇什播皇州
勝地胡不永盛筵難再求寂寞同金谷低徊使人愁

安得臺如舊登眺恣唱酬不教草坡上皓月空悠悠

過賓娥臺遺址 劉瞻榕 于根

勝地由來興廢殊賓娥遺址枕荒區小橋横鎖添新漲一徑中開失舊模遺址横當路今農人開徑於中此日春風生蔓草當年秋月貯冰壺留連不盡滄桑慨誰復綢繆清讌娛

顧仔 子肩

我素先生解組歸青鞋時踏釣漁磯高峯十二列巽狀相土築臺浚瀆上石粱跨瀆與臺通兩岸多栽百

尺桐微雲散盡小雨歇碧空早挂一輪月風師清道
天色凉登臺邀月飛羽觴酒酣起舞空翠落倦卧臺
畔夢白鶴先生之德醇乎醇先生之澤應常新我來
瀆上訪遺趾頽垣盡委荆榛裏荒煙漫漫石鄰鄰瀆
水淙琤愁殺人

過賓娥臺遺址二絶句　秦爲龍德燕

臺餘土阜草如茵橋畔凉風動葛巾萬里無雲秋月
朗姮娥應悵莫寅賓

王氏蘭亭莫掃除石家金谷亦坵墟廢臺還可延秋
月可惜橋邊駕小車

登賓娥臺故趾玩月有感　滿江紅　紹傑大啟

光祿高臺負浚瀆清流干折想往日凉秋登覽許多
豪傑交厚談心都谿達興酣落筆俱超軼待冰輪湧
出酌葡萄金樽凸　眞韻事人爭説易代後還如昔
乃吾今但見坵陵巖嶕林表高峯猶聳翠橋邊疎柳
空凝碧堃姮娥慘澹度雲霄增凄切

跋

先光祿於萬歷乙未歲築賓娥臺每值清秋夜爽輙
與客共登開筵醉月自著記一篇詩一首詞一闋同
時東林諸君子及異地名賢如崑山歸子慕華亭陳
繼儒輩皆燕集臺上著佳作以申雅懷洎先父潔園
公交一時名士亦有賓娥臺倡和之作雖祇屬流連
光景然非先光祿節槩震古今則凡過其游觀之所
者烏能不勝忻慕而發爲歌咏哉自臺廢後四方韻
士訪遺趾而低徊憑弔者尚不乏人誦其所題不知

涕泣之横集也夫在昔臺因人重其中景仰於揮毫
於今臺以詩傳恍睹崔嵬於展卷敬就舊稿檢錄以
示後昆俾知先哲之詞章與先光祿之遺址均宜世
世守之也雍正十年壬子孟秋曾孫紹傑謹跋

半軒銘 附入山水志

子蘊

客問予曰凡物求完凡數求全不完不全其用猶偏得半邊失半邊分一半之數介于得失之間子何取焉而以名軒主人應曰予半閒半逸之人也半以存知足之心半則不憂其盈半以留有餘之地半則不虞其傾軒以半銘豈無所云以予觸塵網而强半勞生昏覺念而大半忘形馬觸半渡而迷津車驅半路而折輪讀孔若思之半卷而預其精神分管幼安之半席而誇其潔清與富貴人無半揖半面之識與魚

樵子有半新半舊之親覺身世之半虛而半浮笑物我之半假而半眞足岐于半鬼半人之路目提其半生半死之心竊恐夫咲桃及半者無恥食李過半者不情半仁半義無全學半儒半賈有分謍半吞而半吐者空張幻術半汚而半潔者僅盜虛名予乃澄而于半癲半癡之際介踪于半榮半辱之中入半夢半覺之局種半愁半樂之根眇半青半白之眼矚半無半有之形參半古半今之學混半雅半俗之身嗟此逸之半離而半合悲故友之半沒而半存誦南華半部之經而神卽近於半仙之術持西方半句之偈而心乃空于半佛之靈爾乃入半軒憇半庭半樓半椽半閣半楹半塘半曲半窗半平石坡半壞土墻半新欄干半亞梅竹半分半簾月色半架花陰半空香路半角鑿雲半爐松火半局秋枰半牀禪夢半壁書聲半壺旨酒半甌淸茗半僧半俗半主半賓半遊半讀半詩半文半日行而半日坐半讀史而半讀經時半寒而半暖天半雨而半晴花半開而半蕊魚半躍而半沉鳥半啼而半宿蟲半寂而半鳴燈半枯而半熒

星半暗而半明歌半斷而半續酒半酣而半醒于此間半日之佳趣又何羨半世之浮名得半卽止過半卽溢半應乎人心之所欲半存乎天理之流行半以露造物不息之氣機半以留萬物易竭之菁英半村半郭半田畝半山半水半風塵半動半靜而半老於半屋之間半戲半眞而半合于半銘之義銘曰萬始于一一始于萬半爲半物之所生萬終于半半終于無半又爲萬物之所成天得一半地得一半以兩半合生成之化人得一半物得一半以兩半統終始之

精分一𠂇之𠂇而𠂇之名二分𠂇𠂇之𠂇而𠂇之形著形與名不得而知也請還問諸𠂇軒之主人

膠山安黃氏宗譜卷十三目錄

膠山安黃氏宗譜卷十三

藝文　澤上支

親居吟集序　　邑人陳　彝

錫山安先生宏遠詩中之傑者也世居邑之東皋有田十餘頃有書數千帙辛勤耕讀不求聞達尤嗜吟咏善狀景物志過于人故稱爲傑此則太祖高皇帝洪武太平之世也厥後以事累戍滇南亦不摧墜厥志專務爲詩陶寫性情俾滇之與遊者咸得被其口講指畫而德業益崇正統丁巳其仲子以文省親歸

得其遺稿曰親居吟集集中倡和悉非故鄉人物不禁爲之憮然曰吾鄉之師彼爲得而師也吾鄉之學彼爲得而學也詩既爲彼而作吾得無慨乎先生之詩雅徤超軼而古今諸體具備焉以文以予爲知詩者屬爲序予遂舉所聞先生之畧以識于卷首先生諱宙養拙號也宏遠其字也

送安以文再往雲南省親　　陳　彝

昔元季時兵塵與江南殺氣如雲騰乾坤上下生怪異星辰錯亂山爲崩我朝應運建皇極掔兇蕩滅兵戈息君家戈戍滇之南誓盡其忠報其國當時阿母氏萬里遥相從君因襁褓將不去皇皇兩地愁無窮弱冠相尋得相見彼此聞知咸嘆羨親憐兒大得成行兒喜親兮力强徤誰知此會難别離依然似往成酸悲劬勞欲奉不可得白雲空望天之涯爭奈光陰不相待回首忽驚三十載靈椿憔悴萱不芳聞說嚴君已非在泪痕從此常不乾朝朝暮暮與長嘆寸心惟欲見其母恨不此身生羽翰一朝慇勤理行色自說將爲遠行客黃花晚景無心看惟恐蹉跎誤行役

孤舟欲發梁溪湄物情感格天神知孤鴻嘹嘹叫蒼漢慈烏啞啞鳴高枝我時來餞君舉杯勸君酒借問何時到母傍君黙無言但搔首北風蕭蕭吹客衣尊中酒盡將奚爲袖中玉笛不敢弄恐傷懷抱愁君子土坡臘月灰塵飛丁甯莫汚斑斕裾君心懇懇念在茲海非爲險山非危關河路遥到邏遲晝夜躑躅勞奔馳氷霜割足豈辭憚或忘其寢忘其饑君不見同州周遇揚州兒寫經瀝血尤勤劬眉山老蘇賀長句當時海内人咸推物于古今人雖異論其孝道皆同

之我今爲君歌此辭直欲與彼增光輝茫茫堪輿無盡期千古萬古名同垂待君省後歸來時抽毫再賦長相思

送安以文三之滇南省親序　陳　僑

安君以文宏遠先生之仲子也洪武丙辰先生因挂誤被謫挈家戍滇南留以文以守田廬丱㝽齒少惟伯父是依及長好讀書每至古孝子傳則未嘗不三復流涕而志其爲人永樂乙酉辭鄉里遊於滇與家人央誓不見父母不復還行次雲南楚雄衛果得之

信乎天性若斯有足以感天地鬼神者也父隸雲南籍不能自引去以文遂奉命而返自後南遊以爲常伊子有禎亦相繼省無少懈宣德乙卯又往祇見母與兄而已失其父哀痛幾絶而母年又邁歸不幾時正統丁巳又往鄉諸故舊莫不加敬相率賦詩祖道梁溪之上俾寻序余告于衆曰孝爲百行之先人人所當盡若以文者早離怙恃克守先業而又圖報二人生我之恩于萬里雲山之外抑亦難矣乃歷險遠如步康莊年愈老志愈篤非誠盡性其孰能之孟子所謂終身慕父母者移贈以文無忝矣余既樂爲之序復詩歌其事以爲别其詩曰梁鴻溪上送孤蓬極目天涯路不窮一曲驪歌距祖席數聲玉笛弄悲風空江雁度寒雲裏絶塞猿哀夜月中到彼北堂春暮日杜鵑啼血落殘紅又詩曰風煙萬里隔天涯欲到滇南數月期骨肉昔遭離亂日河山今屬太平時巴江易渡孤帆急蜀道難登匹馬遲遥想殷勤見慈母悲歡無限淚沾衣

送安有禎往滇南省祖　陳　僑

骨肉至情深天涯萬里尋客依慈母線行卷故人吟

道路分南北山川自古今到時春及暮回雁好傳音

謹按陳先生詩文稿凡六首所以闡揚我先人潛德者凡三世乾隆庚寅得之司馬先生先生字玉衡館于黃土塘蔣氏偶檢古麓得陳先生逸稿見有與安氏詩文言於我祖信翁翁求之而命吉録之吉又言於族兄南金兄又求之而錄之嗟乎先人世有德行文章子孫不守而散佚可慨矣然其精誠不可磨

滅自有神物護持俾既佚之文出於數百年之後豈偶然哉抑非讀書有心人則殘篇斷簡之不失者難矣吉慶先德之久而彌彰感司馬先生之留意斯文嘉惠吾族也遂附數語於篇末時

乾隆庚寅秋九月

族裔吉敬識

祝南鴻安公六十　孫纘皋 百渾

余雅慕忠厚起家淳謹立德者南鴻安公蓋其人哉

公之尊人膠東翁抱璞青衿質任自然禔躬誠過事慎惟勤惟儉南渡樹聲其爲後昆造福無涯矣纘翁後如公花甲方週捧觴濟濟果何事致之公生秉麗而簡素自如則嗜淡而神完不宜壽乎公坦坦處衆抑抑讓俗不瑣瑣與人較伎倆則氣平而心廣不宜壽乎公知雄守雌如歲寒松栢慣耐風霜則精鍊而稟強不宜壽乎公獨計心心洙泗艱博一第以此弗與壽齊豈天有所靳歟余以人道核公以天道券公公步履少年鬚眉少年歡呼少年繞膝芝蘭飫福甯有既耶公舅周君省梅余少年同學友也素善余雅習公敬敘公所自爲壽公膠辯毓秀鐘南發祥蟠桃初熟賓鴻乍嘗周君當進瑶池卮矣

祝南鴻仲兄六十　弟希范 我素

南山崔嵬翠欲滴其下舊有梁鴻宅高風邈兮不可攀千載誰能繼其迹吾宗有兄貧且樂家對此山聊自託功名未得干雲霄踪跡何妨老邱壑閉戶著書歲月消階前草出青齊腰詞鋒欲破萬人壘經笥善解諸生嘲即今六十神逾王牛角挂書志猶壯男人

自有不朽計豈向區區論得喪吾兄吾兄勿自嗟人生適意日更賒不如卽持一杯酒勿負春來千樹花花前酌酒聽啼鳥醉眼向天天宇小人生何必來丹沙此樂令人顏色好何以祝兄祈壽考吾家安期自有如爪棗

祝南鴻叔父六十　姪紹芳 茂卿

厚德吾宗並蕭然屏世營殘編堪閉戶濁酒且班荊不盡題橋意空餘伏櫪情鷹揚期尚遣且事隴頭耕

全宇公遺稿

公所著古文詩歌類多散佚族裔經德檢古篋得府君遺稿一卷多僞字闕文玆錄其完璧可誦者古今體詩凡二十二首後附格言二則存之家乘以示子孫念吾家世工詩學不禁觀感而興起焉

酒熟

酒熟共誰飲所招在比鄰彼此互往來情如骨肉親上交易流諂勿宜邀貴賓雖與暫殷勤反面終路人

何如東家翁樸實乃天民所言易輸膽開口見天眞痛飲不辭醉笑落頭上巾老死在醉鄉安知賤與貧不隨草木腐豈必績麒麟

別怨

相見杳無期相思情若何會日苦何少別日苦何多青松與女蘿本不同根生弱蔓附喬柯纏綿有餘情結髮爲夫婦以子託終身君今事遠役念妾獨誰親仰顧梁上燕春來及秋去雄雌相哺雛同飛復同住干愁起無端萬恨消何處幽懷復有感潸然淚如雨

秋日臥病

一雨滌煩暑涼風覺病蘇坐猶需几隱行輒藉人扶意共溪雲淡身憐野鶴癯聰明隨日減舊學轉荒蕪

臥病兼旬久心空百慮遺有詩吟絶妙無藥補淸羸簾影侵書案爐烟繞鬢絲百年强過半身世笑支離

貧病欺人老衰殘只自憐耳聾頻廢聽髮白豈重元落日孤村瞑凉風幾樹蟬秋堂靜無事打坐結閒緣

自愛溪雲僻翛然環堵中千山松葉雨一徑稻花風文墨知何補簞瓢笑屢空病餘親友絶相顧愧鄰翁

淸秋孤月明永夜百蟲聲不爲愁人計偏令病客驚臨川懷謝老漳浦憶盧生寂寞千秋後蕭然共此情

畫馬

何年成駿骨畫史貌能眞千里電一掣五花雲滿身香塵金谷道青草玉關春獨立渾無侶長鳴似待人

華山高臥圖

白雲深似海長日睡曹騰脫帽露雙髻支頤曲一肱聞鵑時已定化蝶夢何憑悵悵華山頂何人得解登

題畫

風景蒼茫地人家遠近烟雲低常礙樹江澗欲呑天
白日消棋局青山落釣船平生𣸣散意對此轉堪憐

旅舍雨中

客舍惟高枕秋城雨閉門陰晴催白髮砧杵送黃昏
調古誰能和吟窮欲斷魂細思身外事不忍負青尊

還家

樹杪束殘書歸與掩舊廬老妻攜榼餉稚子挾經鋤
嗜酒陶彭澤狂歌楚接輿清風北窗夢時復到華胥

村居

寄跡衡茅下深山樹繞村清風來竹榻明月照柴門
志業千秋遠書香一脈存鳥啼花落處隨意躡雲根

歲暮林居雜詠

幽居不覺歲云徂野色凝寒入畫圖殘雪峯巒俱寂
寞晚烟村落半模糊他生萬顆山前甫此日六橋湖
上逋詩到苦吟人不變絕纓一笑口烏烏

數椽茅屋著衰翁枯竹荒烟日夜風凍雀打團霜拂
樹飢烏弔影月橫空只將疏懶求安樂那有文章學
送窮笑看兒童喧里巷鼕鼕儺鼓隔牆東

蟄赴蚍蟻一歲窮茫然搔首送飛鴻文章自古多遭
阨輿論隨時恐未公駟馬高車非富貴一瓢陋巷是
豪雄雲山韶濩無邊趣欸乃漁歌夕照中

暮春

纔知春信到梅間不覺花期事已刪處處成陰千樹
綠頻頻喚雨兩鳩斑農夫播穀休言早蠶婦求桑且
莫閒過隙光陰甯有幾青春倏忽幻衰顏

客中九日

年年九日家山好此日淒凉客裏過白首頻搔嗟老

矣黃花未發柰遲何登臨有景身難接會遇無緣恨
轉多安得白衣來送酒暫開懷抱一高歌

春雨

春雨春風日日多柴扉深掩斷人過偏宜謝客常高
卧帷有敲詩久費哦世事悠悠身且老流光冉冉鬢
先皤江邊水滿漁磯石曉出持竿試釣蓑

寒窗挾策口珊珊老眼風前淚不乾器與古人相印
可少容童子問更端久甘林蟄沈聲跡敢望雲霄縱
羽翰凡事到頭忙不得且教心事放須寬

日月易失驚彈丸人情難定翻波瀾梅花欲放且未放天氣小寒還大寒差喜病容隨日減獨憐壯志逐年闌暮雲遥隔長安道且向邱園自苟安

朴深吾自愛吾廬寒碧當門水一渠試擬南陽諸葛宅漫同西蜀子雲居雲梢嫋嫋千竿竹雨裏青青滿徑蔬不是先生情好隱無才自合伴樵漁

思善箴

人之有心所主在思一念不謹理欲交馳舜典垂訓實我著龜道心人心惟微惟危精一執中守之勿違

思則善矣學不可廢思而不學豈不殆而厭學云何讀書誦詩由賢入聖進有階梯勗哉君子視我非訶

勸族俚語

大抵爲人要敦德行子孝父慈兄愛弟敬雍睦宗祊整齊家政持己莊嚴宅心端正莫作非爲勿圖僥倖痛戒炎凉重懲便佞勤儉經營謙恭任應或讀或耕是遵是訓富貴艱難有天有命昧己瞞心神明默証吾勸吾門各守本分

嘉慶元默涒灘孟陬元日恭祝

榮封脩職郎候補司訓春臺年丈八十壽序

安氏敦宗睦族之家風數百年矣明正德間贈戶部員外郎桂坡先生贍宗族惠鄉里載郡邑志萬歷間光祿少卿我素先生爲南京吏部曹郎著贍族議見天全堂集亦越於今明經候補司訓春臺翁丈遠紹前徽務本創業稽田築室七十傳家膝前如燕山竇氏五桂聯芳翁以其自膳膏腴田三百畝請於當道捐爲義田以周族之孤寡無依者邑大夫與

大憲深嘉與之前無錫邑侯楊公爲義田記又擴其田建義莊於新宅之右樸雅如制非惟周貧活族義田歲入於此出納也又於其中別構家祠祀其曾祖祖父善則稱親以其贍族之義歸美先人又於其中課族子弟以其家彙占孝廉閱課文而典司贍族事族子弟之遊庠者彬彬也又復其遠祖古墓倡捐祭田供春秋祭掃又與孝廉校刊其族譜自宋樞密副使厚卿公諱熹至於遷無錫以後數十世支分派别原委分明此皆百年遠大之業也翁不求榮祿而敦

安春臺先生九十徵詩啟

今夫伏勝傳經壁中之金奏始作楊寶種德階前之玉環以獻跨鵬眉梨當提養生之印挾張艾耆應握曼壽之符而况粟帛遨榮受漢家之鳩杖㡌嵫駐景摩覇城之銅人從善如登得天獨厚若我春臺先生者可爲之揚推焉　先生幼而愉定長更敦愷衣甫勝而能立雪髮已燥而欲乘風田少十雙之租家乏半畝之寄於是霜儉律己雲韭復人設秋儲之駢牢守展禽之岑鼎杞梓榧柟似肉貫串貨布刀貝如珠走盤素心既遂舊業重理援成均之例列明經之選三尺墨縠兒輩可作替人一片青氈臣家不失故物是先生之志也羌洒樹型於里修政在家鳩聚子姓祠堂落成礱石作函攷摯虞之度植柏垂蔭龔龔勝之制俎豆孔碩邱隴斯復夏屋常覆反哺慈烏之巢翌蘧成堆兆瑞靈芝之葉爰輯家乘肇建譜亭合族而食必求仁者之粟家聲不

本務實如此其與世之自封殖爲宮室妻妾之奉者度量相越豈不遠哉壬申元旦翁壽八十孝廉鄭書徵言爲壽余讀洪範五福先言富壽而知壽者天與人以爲善之年也富者天與人以爲善之資也其初翁世業不及餘夫之田勤儉起家推惠貧族富不如戶部光祿而好善同之是足以美教化移風俗而爲鄉黨坊表矣子子孫孫善繼善述於百世傳稱行道有福者歟遂書以爲壽

賜進士出身

欽點翰林院庶吉士補內閣中書年家眷姪徐煥頓首拜譔

墜補刊孝子之傳更殫營搆獨創義莊八窗四闥執已拓乎烏翬南阮東崔派不分乎喬東以至木飢金毀晷陽伏陰黍谷回春徧給通腸之米茆檐借燦羣呼續命之湯河濬九曲浸彼魚鱗石鑿千仞通夫雁齒而且雕甍繡栱巋然仰夫子之牆斷碣殘碑畢如展讓王之墓義重邱山利輕簞筆香名所被竹素難罄陽禮教讓陰德耳鳴豈不偉歟嗣君釁序蜚聲

綸綍賁采要皆実意以延年積善之餘慶也已今者

石芭析產計日傳餐陸賈解裝排班戲綵有石軍分甘之趣兼子儀黙領之樂不借五兩過客彴之短橋郎栗一支涉衣帶之淺水親戚情話品居懷葛之間童冠偕游人在羲皇以上福以集而愈棣壽以引而彌長壬午癸春孟陬穀旦嗣君將爲 先生稱九十觴 鍠 等地接枌榆情深桑梓待朘鶴算之醑先徵鴻卿之函郎今膠鬲峯前千年草秀跨見芙蓉澤畔百歲坊高所願康虔綰綽廣榮啟期之質言梁卯燒黃晉魯

靈光之古頌謹啟

鄒鳴鶴 朱景周

龔鍠 俟桐 仝啟

蔡培 趙允恭

安春臺太親翁九十壽序

嘗考子華子曰伏羲神農之世其民瞑瞑蹎蹎不知所以然而然是以永年堯舜之世其民樸以有立職職植植是以難老論衡曰聖人稟和氣故年命得正數氣和爲治平故太平之世多長壽人百歲之壽人之正數也中論曰壽有三有王澤之壽有聲聞之壽有行仁之壽書曰五福一曰壽王澤之壽也詩曰其德不爽壽考不忘聲聞之壽也孔子曰仁者壽行仁之壽也流

覽載籍理原一揆而能與之合契者卒尠葢上壽若斯之難也若我

太親翁春臺先生則其人已　先生析箸時授田纔十餘畝非有倚魁之行也非宅後牆陷得錢盈船如李景讓也乃數十年閒家隆隆起值金毀木飢之歲人或稻蟹不遺種　先生則滿篝滿車其得天厚也而　先生惟以利物利人爲念凡所欲爲無不與道大通殆瞑蹎職植如子華子所云矣此其宜享上壽者一也

本朝景運隆平二百年矣化國之日舒以長故民多壽考　先生沐涵煦休養之澤

恩賚粟帛寵錫優渥大吏以蠲賑之名上於

朝得議敘如制而先生祗是擊壤歌謠忘帝力於何有與康衢之老人無異殆年命得正數如論衡所云矣此其宜享上壽者一也而中論所云則又有說何也有王澤之壽而後有行仁之壽有行仁之壽而後有聲聞之壽王澤之壽論衡所言是也先生已得之矣而行仁之壽則隨其分

量之淺深以先生之好行其德其有功於人世者甚大尚不得謂之仁者乎或問楊子曰龍麟鴻鵠不亦壽乎曰壽曰人可壽乎曰物以其性人以其仁此物此志也先生所成就如此卓卓根之茂者其實遂膏之沃者其光遠厥聞凨馳亦自然之符也此其宜享上壽者又一也先生令子方平省齋容溪亦莊諸君皆偉然丈夫嘗承先生之志如督修學宮奔走勸事邑大夫致送敦行不怠榜額紀實也捄荒之役亦莊之力

尤多故得與　先生並
賜華秩蓉溪內行醇備蜚聲庠序將大昌於時省齋
董理義莊偕諸昆仲修復古墓及重建橋梁諸
大事克盡厥職其餘義舉不勝書此皆諸君善
承先生之志而亦足徵先生留澤之長也鐙與
君家賢阮芝慶投分最密又嫺亞王戚誼次
先生實行屬鐙作先生九十徵詩啟矣茲復以
介壽之文相屬鐙束裝期迫明春不獲稱觥而
前親上康爵用特廣徵舊聞而畧述先生之實
行以爲眉黎耇鮐之頌他日百歲開觴荷
國家綽楔之榮鐙當仿古嘉禮之辭志
熙朝之人瑞諒亦先生所樂聞也是爲序時
道光元年十月朔日
賜進士出身
誥授朝議大夫掌四川道監察御史兼禮科掌印給
事中加一級前山東道監察御史翰林院編修
文穎館纂修己卯科河南正考官丁丑會試戊
寅順天鄉試同考官姻再姪龔鐙頓首拜譔

耆臺嫺長老先生九十壽
從來膺耆艾之福者必能敬恭祖宗惠愛民物
故其孝思所蒸被祥和所流衍足以導迎善氣
懋集於一身明神佑之先世嘉之謂克庇其氏
族而昌大其門閭也用叠錫之慶藉以培植乎
本原儀式於後嗣而梓里之人咸懷令德又相
與昕夕頌禱備其無疆之庥則雖若上古之壽
百四十歲伯仲於廣成赤松間非奢望也盍吾
於　耆臺先生信之先生器宇崇深才識通敏
少力於學將蜚聲天衢建功旂常而產無十畝
家惟一廛乃攻苦食淡師法端木以貨殖起家
中歲以後恢會業而大之一飲食閒追維先德
無敢怠也性復慕義凡有善舉知無弗爲故助
流教化敦勸風俗有功於鄉國者尤鉅書所稱
吉人爲善惟日不足亶其然乎故賢嗣既聲聞
黌序且儲厥材以任梁棟而諸孫皆露頭角分
黎蘐蔟怡怡太和是知其德澤將盛昌於奕葉
而靡有紀算不獨康彊綰綽握曼壽之符以保

建家室巳也壬午之春先生開九十觴宗族親黨謀所以壽先生者其族人進曰惟先生祖武是繩羣啟祠宇昭穆咸秩籩豆有楚榱桷之飾既嚴松柏之蔭逾茂子姓對越於下洞洞屬屬神靈孔安復修佳城靈芝叢雲環產先隴見者嘉歎稱爲瑞徵眉壽之祥此固爲之兆矣而且獨創義田收恤宗族衣食有藉婚葬以時凡遠宗近支靡不卵翼是吾族之貧者又咸倚以爲司命也其壽命延洪康強逢吉不亦宜乎其親

黨進曰所謂壽愷者非獨一姓之豪福也蓋亦將壽世焉歲在甲乙之間邑遭亢陽禾苗不登里皆嗷嗷菜色盈路先生捐囷相助復煮糜以食餓者至今父老子弟悉稱盛德願以其壽壽先生而先生復以餘力濬河港以灌田畝築梁橋以便行旅凡有利於物者無不殫心力而行之是先生之壽靡涯斯世之被澤者亦靡涯也卽其修夫子之宮牆展讓王之邱墓亦豈徒以爲名哉不佞忝附葭莩隨諸君子之後敬聆斯

言之允且協也乃羣捧觴於先生之前先生起謝曰余曷以副諸君子之崇奬惟是分所當爲者不敢辭力所能爲者不敢不勉今幸賴先人之福雖九十精力尚堅固庶長督教子孫無忘爲善焉余不佞曰此先生之所以臻上壽也夫天之生人也各以分所當爲力所能爲者俾之有補於世祖父之望子孫也各以其分所當爲力所能爲者俾之有補於家今先生敬恭其祖也如是蔭庇其族也如是慈惠於物也又如是

固宜錫慶之日引而月長矣且以先生之德之盛雖如上古之壽尚不足以酬之必將
絲綸頻賁受逾格之寵榮親見子孫之登金門而上
玉堂而
朝廷錫之几杖以養老也則福之加於耆艾者抑又豈可量哉是爲序

賜進士出身
敕授文林郎山東范縣知縣姻姪華榕端拜譔

安明經春臺先生九十壽序　　姚文田秋農

蓋聞洪範稱壽遞及富與康强好德中庸稱大德必得位祿名壽人知壽爲天定德在人爲抑知人能修德德稟於天天與人壽壽實人自益乎富壽康强好德得一不易兼有爲難若備於一己而不自以爲富壽康强好德者吾於錫山安春臺先生見之先生系出宋樞密厚卿公明戸部桂坡先生行義起家光祿我素先生精忠爲國其最著也世居芙蓉澤刱業不及餘夫儉勤

如唐魏君子築室稽田家隆隆起膝前多丈夫子皆以俊才遊辟雝入泮宮兄弟怡怡威儀抑抑居家問安侍膳接人重義輕財先生之庭訓也刱立膏腴田千畝請當道奏

聞禮部捐爲義田以周族人之貧常誡司事曰施與不可有客心不可有德色可以見先生之存心矣嘉慶庚午建義莊輪焉奐焉於中祀其曾祖祖父以贍族之義歸美先人又課族子弟給其修脯試資培植遊庠者彬彬也刊其族譜派別支分以蒇百年盛舉復祭遠祖古墓立祭田供春秋祀事錫邑文廟屋壞莫能任其終始者先生倡捐資料工趨事不曠日而百廢具興有司稱其敦行不怠足以槩先生之善行矣年踰七十壽不稱觴每以其資建要路橋梁先生曰吾爲一身靡有用之錢孰若濟千萬人爲愈耶甲戌歲飢煑賑於鄉又應官賑捐錢若干緡有司申奏沐

恩賜職旌其樂善好施逢　國大慶疊受頂戴先生不誇耀鄉里雅與鄰人話舊談心課晴問雨暇則讀畫觀書浣花煑茗清曠如羲皇上人春秋佳日健步登山不啻少年逸興可以知先生之襟懷矣余以道光壬午課常郡士子先生之族孫茂才念祖乞余記其義田事先生年九十徵言爲壽余欣慕之因序其富不奢靡而推惠族黨康强不暇逸而有功先人好德不張大而自視欿然其壽亦不知紀年而與日俱永他日眉壽期頤子孫昌熾甲科弈葉

綸綍寵褒足徵造物之因材而培君子之積善有慶
也夫

安春臺先生九十壽序　　凌　堃 厚堂

古無以文壽者有之自虞楊諸公始近率闒綺
誇靡似頌實諛失所以壽之之意及其人所以
致壽之繇故文不足以傳其人文之足傳而於
人無當者傳亦不信
春臺安先生義聲著於鄉黨姓字達於
朝廷若倡修學校輸粟助賑設義莊捐義田建橋梁
諸善舉固已彰彰在人耳目信於今必傳於後
不待余之言而後知壽之所以致也然世之豪

於外事者未必儉於家寬以與人者未必嚴於
己若先生慷慨好施而訓農勸讀終歲懇懇勤
勤雖一粟一絲不敢暴殄年近期頤身甘隱約
每對客若不勝衣深有合於古人耄年箴儆之
意者求之近世見亦鮮矣余娶於安先生於余
外舅景坡公爲族祖輩己卯館於先生家見先
生之子孫曾元秩秩然藹藹然守先生之教數
十人如一人也余愛之敬之今因先生九十壽
辰而顏誦之以爲先生致壽之徵父子兄弟足

法且以諷斯世之驕者吝者恃服食導引以祈年者之不如先生常年不親藥餌而自天佑之如是則又余之所以壽之之意也

安春臺先生壽序

錫山安氏在前明正德間贈戶部員外郎桂坡先生贍宗族惠鄉里載郡邑志萬歷間光祿少卿我素先生爲南京吏部曹郎著贍族議見天全堂集蓋其敦宗睦族之風數百年矣今明經候補司訓春臺先生遠紹前徽務本創業稽田築室有克家子五各授田若干而以自贍川干餘畝請於當道捐爲義田以周族之孤寡無依者前無錫邑侯楊公爲義田記又擴其田建義莊於新宅之右樸雅如制非惟周貧活族義田歲入於此出納也又於其中別搆家祠祀其曾祖祖父者則稱覲以其贍族之義歸美先人又於其中課族子弟延族人秉占孝廉課其藝而典司其事族子弟之遊庠者彬彬也又復其遠祖古墓倡捐祭田供春秋祭掃又與孝廉校刊族譜自宋樞密副使厚卿公齋王遷無錫以後數十世支分派别原委分明此皆百年遠大之業也翁不求榮祿而敦本務實如此其與自封

殖爲宫室妻妾計者其度量相越豈不遠哉嘉
慶壬申翁壽八十介眉歌詞燦爛屏幛越十餘
年道光甲申壽躋大耋復徵言爲壽余讀洪範
五福先言富壽而知壽者天與人以爲善之年
也富者天與人以爲善之資也其初翁世業不
及餘夫之田勤儉起家推惠貧族富不如戶部
光祿而好善同之是足以美教化移風俗而爲
鄉黨坊表矣子子孫孫勿替引之其傳稱行道
有福者與遂書以爲壽

誥授朝議大夫吏科掌印給事中前掌江西道監察
賜進士出身
御史巡視中城南城翰林院編修　國史館總
纂辛巳科順天鄉試同考官常熟王家相撰
賜進士出身
誥授奉政大夫　文淵閣校理翰林院編修撰擬
進奉文字　國史館纂修教習庶吉士癸酉科
貴州鄉試丙子科雲南鄉試正考官己卯科廣
東鄉試副考官莆田郭尚先書

壽詩彙鈔

集選詩二十韻祝安春臺姻丈九十壽

顧翰 簡塘

安期鍊五石託慕九霄中矯掌望煙客遥心逐奔龍
慮濟物自輕爲念在元空夫子茂逵猷聳轡鶩前蹤
養真衡茅下無事適華嵩憩石挹飛泉停策倚茂松
林表吳岫微環洲亦玲瓏顧念蓬室子藜藿常不充
豈無飢與寒感物惻余衷豐澤振沉泥賓友仰徵容
志士營世業小人計其功衛生自有經理以精神通

飄颻若仙步解帶臨清風歲華春有酒綺肴紛錯重
義交親在敦賓至駕輕鴻徘徊望九仙儻遇浮邱公
道路阻且長彌年闕相從靖彪獻咀酬長懷莫與同
時髦匪余匹五車推筆鋒承風采餘馥言樹綵與桐

壽春臺老先生九十　蔣國柱 价人

我家住甫里放棹遊梁溪青氈分片席　宮牆鬱巍
巍黝堊燦金碧雕甍與繡楣營構未及竟問是何人
爲膠山有安君乃實監督之報施本不爽令子雀弁
歸　賜秩來　天家煸爛著宫衣陰德若耳鳴此志

不少移割田贍族人監河貸本支偶值水旱荒所費
艮不貲散賑猶未足君更爲淖縻橋梁民病涉鑿石
重葺治善行不勝紀易於摘頷鬚一年復一年轉瞤
届眉梨今春登鴻山展拜讓王祠屨腳尙健在拄杖
可不持聞君築古墓階下生紫芝采之成大藥盛以
白玉卮君謂勿復爾我惟與天隨排班爭戲綵曼倩
亦小兒孫曾繞膝多莘莘樂含飴躋堂爲君頌百年
壽大齊榮叨　綽楔恩再晉祝嘏辭

壽春臺老世伯九十　吳克昌 价藩

我昔弱冠年適館膠山東小步丁卯橋頗羨利濟功
義莊屹相向規制何豐隆拾級試往窺葺譜方鳩工
探懷出漫刺長揖矍鑠翁翁竟倒屣迎早知吳下蒙
愛我若裴秀譽我如終童從此迭往還德邵情彌冲
邀賓屐齒折宴客盞飧饛翁家老孝廉樂占先生傳盃刺
碧筒是時翁八十吐氣眞如虹自言少孤窶拓地無
一弓鐵基借田攴棟楠問木公銖積寸亦累沐雨櫛
以風辛苦六十載占易乃得豐繫樹不盡絹鑿井非
得銅惟勤與儉須彌納芥中一笑老如此久欲學

癡聾惟聞將伯呼心熱聽更聰談塵玉屑飛聆翁款
款衷我醉索翁扶翁力勝我雄彈指今十稔翁年伏
勝同粟帛既榮賚　湛恩荷寵洪桂樹第五枝儁譽
馳黌宮倡修　夫子牆巍然數仞崇復展讓王墓松
柏加蔭幪常餌笥中雀時蘇澤下鴻欲兆耳鳴德剖
升殊難窮膝下五綵衣已曳綬帶紅遐壽宜大齊求
仙得方瞳瓊卮菊柏釀金堂薦玉䕺用獻紫芝曲敢
乞碧紗籠應笑鯫生狂頭腦仍冬烘

壽春臺老親長九十　王文灝

朱范兩大賢義舉垂史冊先生仰前徽睢媚通褒畚
德厚福亦厚大年樂泉不一卷長自持懷抱深不易
西峯積翠來清溪白雲宅何以持贈公梅花雪千尺

壽安春臺世伯九十　邵涵初

王午斗柄指龍躔春臺先生開壽筵韶華九十春無邊長飲種壽仙家泉名公列啟徵詩篇我一展讀喜躍然西林安氏東林賢君家世澤長延綿先生仁義兩者兼祇恭敦睦出性天平生善行吾能宣董修泮壁增觀瞻丹桂皓壁躬爲肩曾般王爾相周旋大書名姓穹碑鐫創建祠宇妥厥先勤修家乘祖德延倡率子弟表隴阡瑞紀五色靈芝鮮敬宗收族置義田龍圖志節同貞堅幾家待此生炊煙積善餘慶理不

忒芝蘭玉樹盈階前蕉窗教子經能傳泮林徙翮看翩翩搏扶搖者且九千卽今九十喜式讌萊衣舉奉稱觴錢先生斥日兒無然野橋畧彴村之偏傾圮人常憂躓顛鳩工重築欣安便磷磷雁齒橫清漣如虹之卧龍之眠千萬行人祝大年千萬行人祝大年鶴齡椿壽齊神仙

侯　桐　葉唐

芙蓉澤畔鍾靈厚典型共仰期頤叟自來仁者壽必多如公好仁本無偶讀書心契睦族先廣置義田數千畝環村遠近起炊煙老弱提攜給升斗黨庠家塾培英才童稚執經皆絳柳吾鄉泮宮甘靑彫鳩工修葺功居首歲在甲戌谷暵萑苕華鮮飽星在罶惟公慷慨能指囷比戶安恬如大有當仁不讓今古難見溺必援眞巨手長虹遠跨橋梁平暮夜還堪便奔走大吏採風達　九重　恩綸榮獎錫組綬喆嗣亦既賦采芹健筆獨扛推畏友公之持身勤且儉虀摘園蔬飯茹糗衣敝不敢賦改爲五日燀湯薄澣垢涵養德性身康强屈指椿齡剛屆九海鶴銜籌歲歲添地

上行仙無量壽循陔孝子齊吹笙曾元羅列祝山阜我曾過訪通德門戚郷交推如一口膠岡峯前俗尙淳懿行無人出其右願公矍鑠似少年翠柏蒼松共悠久詒謀燕翼垂千秋預卜簪纓昌厥後惜我匏繫居京華未得捧觴進菊酒長歌一闋和紫芝敬附庚郵頌壽耇

孫源湘　子瀟

寰中氣運留麗古往往高人雜於賈持籌豈曰非賢豪何必朱門擅華膴華膴中不易容燕昭臺下無神

駿九門閶闔關心胸不如我公高隱在廛市陶朱猗頓相追踪不過許史宅不隱終南峯襟期落落萬山豁冥心高厚如游龍一朝托跡計然術玉井珊瑚高百尺肯堂肯構已克家睦族敦姻無疏密庭前蘭玉何森森揮毫落紙煙雲生佇看令子躡足登
王庭朱門華膴莫與京

徐 棻 雲香

膠峯高聳何巃嵸山前安氏多鉅公東林舊稱八君子我素先生世尤崇祖德淵源猶未替亢宗即今有

後裔江湖廊廟不必符仁心要在歸施濟惟公豪舉萬口傳大者尤在贍族田遠師齊相近文正規畫條例咸犂然惟天福公鑒公厚謂公仁者錫以壽山中便公娛晚年朵术劚苓堪侑酒

秦玉海 步三

公家世德流清芬我公豪俠尤罕聞世人積金計孫子仁人積金周同羣平生仰慕范公義贍族亦師義田記其餘有善罔不爲錢奴所難公獨易憶昔公年登七秩精神矍鑠髮黰漆其時雛鳳從予遊恂恂伯仲皆圭璧轉眼春秋二十年丹成九轉眞飛仙孫曾羅列看戲舞地衣紅綴萊衣鮮知公存心在利濟戚里何人不沐惠一人祝公益一年佇見
宸章榮百歲

畢承恩 青城

獻歲攝提指孟陬南極星芒耀南斗芙蓉澤上地行仙安期術派蟠根厚耄耋精神海鶴姿凌霜松柏山中友何以致茲試問之口碑道旁勸農叟叟陳醇德自早年平生義舉紛流傳建莊睦族師范氏賑荒趣

困歡窮簷橋傾圯側梗道路雁齒重排行者便黌宮繕葺董其事禮門義路爲周旋爲富能仁仁者壽蒼蒼福善誠不謬粟帛重頒 恩寵頻聯翩斑綵皆鵷鷺國學膠庠秉義方鼓鐘早聆宮牆奏孫曾滿眼不記名盈階繞膝芝蘭秀即今九十來躋堂徵詩啟捧羅琳瑯伊我枯腸苦搜索贅言數語聊以將更傚武公勝誦側樹德務滋熾更昌十年集慶鳴珂里扶杖來瞻百歲坊

恭頌春臺叔祖大人九十壽 起東 慕林

膠山深鬱何青蒼芙蓉流澤淸且長山川靈秀見人瑞者英挺出壽而康風流矍鑠精神好九十遐齡春不老華堂此日祝長春吾家本有如瓜棗燦爛銀屏珠玉篇雲璈樂奏開華筵芝蘭玉樹亭亭秀琪花瑤草羅階前我思五福一日壽人生何者爲悠久從來積善餘慶長積善如翁眞不朽文廟巍巍文彩新橋梁利濟及同人仗義睦族師范子高風任邺賑孤貧平生心跡仁與恕敦行不怠非虛譽擬斯詩詞祝大椿先識吾翁不朽處事業如翁莫與儔十世百世繇箕裘不數期頤數功德與山同峙水同流

鄖祝春臺安先生九秩壽　劉楓 鴻殳

結交君坦腹高致識冰淸（與曉亭張子聚首京華備聞公盛德）種德推陳實傳經媲伏生天徵仁者壽世頌善人名早有恩綸錫頭銜晉秩榮

最樂惟爲善精神自日強人皆稱佛子我亦仰靈光梓里餘仁粟梅花進壽觴期頤重祝嘏親拜鄭公鄉

壽春臺老先生九十　王文濂

百尺膠峯秀先生此隱居衣冠縣澤道詩禮樂耕餘贍族分千畝傳家富五車從來仁者壽賜杖寵金書

方遂源

堂前登粟帛堦下舞萊衣絳縣人長在丹山鳳自飛欽崇希聖哲（修夫子廟及泰伯墓）推解及寒微角亢欣相值天南朗宿輝

問姓參鄒華（勝國時安鄒華三姓並稱）徵年並潞温（温公潞公有九十述懷詩）結廬道城市懸杖住山村種樹隱周舍蒔花春滿門時傾舊醽醁酩酊樂朝昏

明經安春臺先生明年九十大慶予於毗陵客邸得見諸紳士徵詩啟丞思獻歲持觴躋堂慶祝乃乞骸期迫劇賦歸來又毗陵公事連旬星夜感冒大苦病肺夜不成寐因力疾率成長句二闋預效稱觥之敬云爾未暇計語言之弇鄙也時道光元年辛巳六月杪

特用知縣原任金匱儒學訓導培庵張立本拜稿

我亦明年七十七君年長我十餘三濟陽博士庶其侶洛社耆英容可參長此　詔來恩自北共知星在

極之南疇成五福剛逢九轉瞬期頤播美談

積善之家何所求從其所好逕天庥仁先贍族田千畝義每同心麥一舟堂上老椿眞是瑞階前羣玉是相酬稱觴欲待開筵日江上秋風忽滿樓

鄒祝春臺仁丈先生九十壽　蔡　培　蓉塘

角亢星輝照畫堂膠峯瑞氣鬱蒼蒼芝蘭衍慶欣隨杖桑梓銜恩盍介觴儉歲一鍾分虎粟通津十里架鼉梁德門鵲起還垂裕衣錦歸營百歲坊

王家相　秋齋

九轉丹成紫府仙梅開東閣慶華筵已臻伏勝傳經日早遂寬夫致仕年膠鬲峯前芝暢茂芙蓉澤畔鶴蹁蹮排班戲綵看森立懋德遐齡孰比肩

孫慧惇　小平

家居咫尺隔城闉羲葛風流古逸民身外滄桑三世易眼前堂構四傳新鋟攜綠玉隨鳩杖書並泥金拜鳳鈞此日南飛停曲奏霞觴仙棗一年春

夙有聲稱里社賢迪康攸好福如仙梧桐耐老孫枝秀芝草延齡瑞事偏爲識相賙聯族壽好賡抑戒秩

賓筵徵忱愧我單詞祝喜送庚郵五色箋

汪　懷　小舫

玉策名標國士賢談經剛屆伏生年頭銜天許稱耆宿眉壽人爭羨地仙代衍瓜緜聯子姓歲迎桃熟佐賓筵揮毫喜送庚郵速九曲屏書錦字箋

其二

錫山筌重會靈光榮事傳聞自埒鄉誼篤梓桑賙雁戶恩培桃李啟鱣堂庭前芝草科名瑞砌畔桐枝奕葉香彈指期頤增鶴算　旌門佇聽賁　鸞章

顧皋 晴芬

老去無煩竹杖支撚鬚終日愛吟詩蘭陵春酒新成
候萊綵宮袍好著時膠鬲山峯同嶽頂芙蓉湖水比
瑶池誰能九十猶强健笑傲煙霞把壽巵

半畝居停水一方風光直似輞川莊明經已入
朝廷選傳世今看姓氏香蘭植謝庭培子弟菊栽陶
徑傲羲皇媿余違隔聊稱祝歲底忽忽寄數行

華文楷 綺園

芙蓉澤畔水盈盈鳩杖相逢快識荆博士談經曾紀

歲皁鄉採藥共知名家傳四世箕裘備身受
三朝粟帛榮閬苑春深開讌日南飛一曲和新聲
燕山丹桂大門閭積善從知慶有餘鴻澤共邀仁者
粟鳩工樂近　聖人居金芝秀毓千年草玉軸珍藏
萬卷書五色萊衣同舞綵卿雲光映錦屏舒

李鍾翰 瀛門

天邊星彩煥南弧鶴髮脩然一杖扶身歷四朝全盛
日名登九老列仙圖松齡養福躋仁壽梓里觀型作
楷模早荷鸞書褒積善期頤佇慶叶祥符

祝春臺世伯大人九十壽 鄒鳴鶴 鍾泉

不須備福羨張蒼膠嶺雲深老是鄉義舉修釁兼禮
墓仁心分粟更逾梁天晋南極星輝朗人艷西林世
澤長會見百齡榮　綽楔舞斑重進紫霞觴

竇承焯 俊三

杖朝曾記醉華筵海屋籌添又十年鞶帨從前交介
子箴籌此日會諸仙繪圖足冠香山老數典堪追伏
勝賢九十容光欣健在時將杯酒嘯花前

朱顏華髮歲寒姿孝友根源信可師百世祠堂承俎

豆千年譜牒合宗支成梁常體端明意贍族還遵文
正規從此呈祥在膠麓頻看邱隴產靈芝

性情和介見天眞大壽還從培養臻濬澮田疇古樂
歲救飢里黨遍陽春讓王墓古碑亭煥夫子牆高廟
貌新迎歲早梅開正馥華堂珠履喜留賓

心跡翛然遠俗氛青松結伴酒微醺四朝日月堪徵
瑞滿室芝蘭盡逸羣已見龍章頒紫綬佇看鵷翅展
青雲眞靈位業前生定壽宇爭擒百軸文

竇守勳 默村

情性翛然集太虛不妨踪跡溷樵漁齊家自仿希文
法好古常繙黃石書歷與絳人談甲子屢逢椿樹紀
居諸祥雲高映膠山麓耆德由來重里閭

楊福銓 鑑浯

訓誨曾蒙廿載前華堂方慶古稀年癸亥歲余館於膠南張氏與令嗣蓉溪同受業於秦春帆夫子公時相往還備聆訓言已二十年矣九旬歲月成三
世兩姓飢寒擔一肩公建義莊贍族安黃兩姓同宗一體周卹補盡人間
天缺處長留宇宙地行仙欣逢弧旦開瓊宴拜捧瑤
觴擘錦箋

張鎬 蓉溪

江鄉拄杖舊儀型九秩筵開敞畫檽漢代張蒼原曉
律濟南伏勝尚傳經筆牀茶灶天隨子桐帽棕鞋處
士星聞說松橋投眞訣春暉長駐永延齡
吉防原來是福裾逍遥杖履樂閒居救荒已賑黔敖
食利濟何須子產輿疊石交通南北路沿隄復遍短
長渠仁聲久已傳桑梓佇卜經綸載後車
百尺祠堂傍澗阿檐牙礱斷幾摩沙一家譜牒分支
遠千畝膏腴贍族多自古仁人皆壽考卽今遐福驗
祥和年來最喜雞豚會黃髮依然載酒過
掄匠鳩工費揣量一時義舉獨親襄千年馬鬣封遺
冢數仞鴻規仰素王處世問誰仁不讓如公應合壽
而康鸞書指日看旌德積善門閭衍慶長
華堂笑語藹春風粟帛榮頒自禁中漢室蒲輪問申
老唐家鳩杖錫甄公金樽香泛松花綠銀燭光搖若
木紅自古神仙半耆碩應知此叟是方瞳
天教厚福集耆英玉樹芝蘭繞砌生有子共欣交仲
舉字孫早欲命升卿已聞泮水歌鸞藻佇見周行賦

鹿苹從此絲綸頒寵命春風次第到檐楹

王芝林 人月

三十年前見杖鄉子孫逢吉正康彊行仁肯解千金
橐衛道重修數仞牆松柏圖參壽者相芙蓉澤繞耆
人莊膠山世德鍾原厚仙圃看徵秀草祥

壽春臺姻丈先生九十　席亮 賡颺

修齡高枕鬲峯居杖履優游世莫如創業偶同陶猗
術養生偏愛老莊書品徵懷葛風眞古人在羲皇樂
有餘鄉黨逢尊惟尚齒漢陰行且就安車

唐文瀾 湛庵

猶憶蒲輪下曲阿杖朝倏忽十年過爭誇日飲珍羞盛孰識仁聲里巷歌九十八筵同輩少一堂冠蓋後生多由來人瑞籌添屋百歲欣看鬢未皤

恭頌族祖大人九秩大慶　黃鳳翥 岐陽

澤上棲遲澤正長宅邊卜築有新莊千秋長史留棠樹奕葉先塋奠桂漿族黨關心齊晏相年華屈指漢張蒼春來九十韶華麗五代孫曾獻壽觴

天生俠骨劇崢嶸尚義如翁獨擅名椿老燕山叢桂秀柱題司馬萬人行四朝閱歷神彌健五福兼收志不盈倘並潞公居洛下定當高會冠耆英

壽春臺世伯大人九十　鄒宗楷 奉逸

重見傳經老伏生四朝日月耀長庚一時皓首麗眉客杖履追隨盡後行

心成古佛骨成仙補盡人間闕處天未許甄陶歸造物笑他甲子細論年

階前舞綵影重重衣惹天香露氣濃點頷笑看羣玉立他年亥第紫泥封

梅花深處待筵開倒吸湖光入酒杯七十二峯波上立煙雲遥擁衆仙來

安車才羡杖朝秋又見親添海屋籌戬穀但期兼齒德不須膳飲日從遊　唐汝翼 鷺庭

九老圖傳倡樂天優遊里閈世稱賢懷州司馬麗眉客輪輿先生已一年

箴銘自警耄踰時衛武曾爲抑戒詩待過一千八百日好將辰告入新詞

花甲三開九十春含飴膝下繞芝麟華筵亥第笙韶奏萊綵斑斕映日新

壽春臺姻長先生九十　趙允恭 容揖

名德推眞隱鍾靈屬古鄉勝衣能立雪慘髮克凌霜
律己冰常握容人海莫量持籌隨市價布算雜行商
採幹求文梓翹材到豫章素心時獨運舊業日恢張
修牒亭維建營工祠孔彰散財宗黨始列醊子孫將
派不分喬東支還合呂姜義田堪繼范仁粟必師黃
季子蜚黌序諸男列上庠鴨頭疏鷺激雁齒篤虹梁
徧給逼腸米頻施續命湯千秋展伯墓數仞仰宮牆
豪舉爭先赴深慈恐後償幾番慳解橐隨事樂傾囊

種福誠無盡徵祥固未央亭亭欣桂馥藹藹羨蘭芳
嬰鑠人逾健崦嵫景倍長九還丹又轉獻壽進霞觴

遙頌岳父大人九十大壽　張煜 曉亭

磅礴鍾膠嶺巍巍仰岱峯許瓊娛晚節楊寶繼前蹤
夙荷垂青早遑辭表白慵飫聞緣坦腹纏述試捫胸
稗販爲廉賈耘耡學老農弦商龐梓棫段駔輦杉樅
龔斷嗤三倍旗亭列五重同壓帶闤闠過肆接艫舳
洸侗無妨陋持籌亦孔卭蘐苗先去蟹戴笠每驅犎
舉錨偕鄰里攜鍫誅僕傭黃雲晨隴稏紅毯夜燈舂
贍族分甘月旦隆誰堪伯仲大江東靈芝文秀膠山
麓他日傳經又祝公
黌宮橋墓獨關情大壽無非培養成佇看芙蓉湖畔
路百年獨見德星明

祝春臺太親翁九十壽　張步瀛 蓮洲

山中歲月紀堯蓂甲癸重周便百齡不羨張蒼榮漢
陛老人星是少微星
仁漿義粟飫孤寒此日春樽願博歡一樣嘏詞臚盛
德口碑不愧似翁難

斂自留遺秉輪惟辦正供貿遷食市近耕鑿樂時雍
自此家旋裕非求利獨蓬半生艱創業萬善首敦宗
北阮餐并日西華葛襖冬飄蓬憐莫告孤獨惘無悰
法范垂規永師嬰沛澤濃行仁能汲汲慕義盡喁喁
偶値恒暘告還書大水凶呼庚粱已竭在西酒奚從
煙久茀檐斷塵全破甑封肯分君子轂便息餓人諂
過事多豪舉終身少倦容貧窮資賑郵鈌陷待彌縫
發笥希齊相聞緜簪魯共兩楹新染梲數仞築垣墉
採藥傳幽宅犁田劍古松蘢蕪防冢廢瀵罶障波衝

駟有題橋梗豚方拜浪洶經營成楚圯厲揭兌吳淞
史並晉閭閈銘何羨鼎鐘期頤天必報章服
帝尤庸忝與佳兒例深辜大冶鎔名場慙月旦文陣
郄雲衢畫餅殊堪笑勞薪恰已慵客途愁跋涉鄉夢
戀惺松（時方留滯京都）會想羣仙集年剛九秩逢捧觴聯薛
鳳舞綵戲荀龍綠玉鳩攜杖黃柑蟻泛醲侯鯖珍饇
飳禁臠饜肥醲筵敞堆饠饆茵鋪毾㲪耗材知羅竹
箭澤兢沂芙蓉伏勝咸推重焦先盡敬恭詠仁垂筆
露祝嘏淬詞鋒舜權誰矜艷堯蓂慣記茀山中脊盎
盎花下鳥喔喔此日慳醻醴由來感采葑郵筒聊紀
德百歲俟扶筇

壽春臺八叔大人九十　姪　治 敬亭

阜鄉仙裔出羣生齒德精神莫與京遺紹朱賢傳世
澤重恢明府舊家聲敬宗收族惟培本積善勤施豈
釣名四代一堂身慶徤九齡三沐國恩榮耄年矍鑠
偏多興蔗境風流倍有情秀毓膠山挺人瑞祥鍾蓉
澤會耆英筵開閬苑剖麟脯樂奏瑤臺引鳳笙更祝
期頤登上壽叨陪仙侶再飛觥

調寄金縷曲壽春臺年翁九十　鄭光偉（于蒞任金匱敬贈）

數仞宮牆肅問檐楹誰舒巨手新來卜築（聖廟丹碧崇煥知年翁督工修葺）敬聖心情同敬祖推暨思收族
況任卹姻無不睦天爵原從人事得降綵綸眉壽膺
多福衆賓醉歌百祿　階前斑綵森蘭玉喜分支叨
廷應詔榮添邁軸、會看仙人雲際降報道山中桃熟
手牽住騎來白鹿棗出安期瓜樣似味嘗時齒頰餘
芬馥鶴籌滿海邊屋

題贈彙編

題安春臺先生松柏同春圖　卞斌 乃齋

維桑與梓惠彼無疆經營須室盡力靡遑哀此煢獨
爰作義莊聚族于斯頒給倉箱貽昆克纘逼茲勿忘
天錫公純嘏爾土宇坂章如松柏之茂俾爾壽而昌

金光杰 殿珊

松柏之身四時蒼翠松柏之心萬古生意偉哉先生
樹仁種義元氣爲春彌綸百世窮士坐困不能自庇
錢虜善守罔知布施偉哉先生能取能棄徒手起家

其富昌熾散財爲善敬宗錫類昔范希文義莊是置
先生繼之心田福地世俗澆漓孳生蘊利譬如槿花
朝榮夕悴何若先生蔭延後嗣敬告後人共志其事
庭有嘉樹封殖罔替松耶柏耶視此圖記

韓履寵 芸圃

青青陵上柏鬱鬱澗底松各貞歲寒委寂歷徧萑蘆
安君結殊契暇輒披蒙茸自詡屢腳健手不攜枯筇
年已登九旬會未露龍鍾問君何能爾養生識所宗
譬諸松與柏託根在層峯方春斂菁英笑彼萬卉濃
拳曲避匠顧天嬌辭秦封不屑闘俗艷元氣爲彌縫
冰霜雪霰裏依舊春之容柯葉永不改那知是嚴冬
披圖一見之心遊古羲農

汪世樟 貢溪

爲善無近名若農務稼穡暨其蓋藏多始信播琴力
偉哉安期生聆善若不克讀書瀹榮達束修自飭
高義逾溫恢任俠希劉實杜陵厦萬閒司空絹千匹
庇人廎豈虛贍族情尤急巍巍萬仞牆璜舍列甲乙
棟梁賴扶持黝堊歸埏埴慕義匪求名詎云好行德

郎今耄耋臻敦行鄉閭式俾爾壽而臧美報良已食
森森宏景松鬱鬱王鋒柏蒼靄落半天想見古顏色

廉志勳 雲階

憶昔初遊庠假館膠山麓時過小橋東行行前高蹻
長君敦夙好傾到談心腹登堂堂構新辛苦維式穀
贍族出千畝范相遺徽纘推茲錫類心義塾舍南築
流水十年來鄉書遣相告傾圯吁宮牆倡議與奮捐
鳩工揚兒曹率作告成速仁乃壽之徵矍鑠顏如渥
翠柏鬱森森蒼松勁謖謖春意滿懷抱芝芬兼桂馥

題安春臺先生松柏同春圖　郭一臨 晴川

山中松柏鱗鬣奇風饕雪虐無所施歲寒後彫匪求知直令巖岫迴春姿情性雅與壽者宜先生於我八年長玉壺皎潔金鏡朗興到曾乘茆戴船情多每說求魚網竹樹迎人野趣深詩書啟後清標上名家世德有淵源前史流傳理學尊芳苑植根風自古偉幹參天種必蕃分財贍族惟祖志益以腴田廣高義老葛洵能庇本根名駒端合成騏驥有子欣看雋一夔詞壇拔幟共知名儘教破浪挾凡骨亟事攤書對短

檠郎今泮宮稍剝蝕庇材巡功乃余職當仁不讓闗然來有事服勞無德色升聲隨月故拔呈勿使役人稍偷力將來登籍效馳驅敬事居心定後食是皆禀受義方訓庠序羣推百夫特松下應生飛節芝柏端慣宿排雲翼松耶柏耶歲月長與君永作翠蓋張春意滿矣兩相忘莫道奇材空谷藏枝條今已露文章

汪　懷 小舫

朔風凜凜孤煙直黛色輪囷幾千尺橫枝側葉走龍虵不向巖冬改顏色先生鶴貌人中仙手栽老樹不蔚為盛世英上苑麗朝旭老樹盆葱蘢梁棟徵幽谷

劉　樞

通德鄭公鄉神仙梅福宅天平范氏莊舉族贍衣食先生置義田縣延君子澤宮牆巍數仞丹雘重秡飾見義無不為獨行炳史冊神明老不衰餘慶善所積蒼蒼巖上松鬱鬱澗底柏公心同後凋披圖見風格

淩鳴喈 泊齋

安君達觀士少年抱偉器抗節紹前修卓卓見風義不為俗網縷飄然眇勢利詩書足怡情糟粕能屣棄

山水姿壯游煙霞長獨媚褰衣白雲屯琳琅發清吹謖謖來松風古柏森蒼翠對坐青厓間無乃益神智巘巇薄世途褫遝嗤高位遺榮物自輕遠慮任所寄柏酒白石斟松醪亦可醉老幹矗天雲蒼鱗蟠大地宇宙春無邊齊物我同類靈根和丹砂幽人長自餌不見君家光祿公兩疏歸來與世避願言出處期無虧主持吾道非殊致

計年材擅棟梁稱大器性耽竹石有前緣力挽頹風
追太古萬間廣厦心良苦鳩工慷慨建題梁貸粟㱿
勤賙雁戶山中歲月自娛情玉樹芝蘭繞砌生最羡
讀書能慕義最難好善不求名古來隱士標奇節未
必能兼俠腸熱翁也長留天地春人間從此無霜雪

題曾叔祖松柏同春圖　族孫詩 芝慶

東膠地脈極雄秀故家喬木尊華胄芙蓉澤上一支
開廣厦千年肯堂構松柏丸丸互蔽虧鬱蟠欲化龍
蛇走下有瓏瓏金石芝碧葉糾紛同篆籀徬受皇家

雨露深歲寒三友依巖岫𡸣然不改曾靈光地久天
長如此壽

題松柏同春圖　齊彥槐 梅麓

虬枝鐵幹穿雲碧虎攫龍拏鬱相敵嚴風翔雪歲寒
時能與乾坤增氣色安君磊落風骨堅九十神明如
盛年當時手種門前樹此日森然翠拂天熙朝壽宇
宏開久三霄湛露沾濡厚明堂正藉棟梁材蒲輪計
日徵休數

題安春臺先生松柏同春圖　秦瀛 小峴

伯鸞井畔舊人家門對膠山映晚霞解識窗前春意
滿長松古柏翠交加

千年文正溯遺風版築勞勞萬仞宮好約張芝同蒔
戴宛溪溪上繫寒篷 謂張廣文培蓀

奎照 玉庭

翠柏青松貫四時風霜歷盡見奇姿生來壽相誰能
似無限春光靜裏知

種壽泉滋種福田坦平歲月樂天全岡頭澗底春常

駐翁是椿齡與比肩

陳世泰 蓮峯

竹杖芒鞋道氣濃山間長日試扶筇丹臺甲子知多
少手植丸丸已化龍

廣厦千間廕庇長况勞版築衛宮牆定知積善多餘
慶紫誥榮褒晚節香

追題春臺安公松柏同春圖　侯　桐 葉唐

夙聞高義薄雲天今日披圖見昔賢重葺黌宮勤勸學徧賙族黨早躅田梓桑恭敬情何篤松柏孤高品共堅遥指膠山仁里在流徽遺澤永千年

調寄踏莎行題安春臺先生松柏同春圖

黃以炳

滿路松花一庭柏酒壺天信有龐眉叟人間多少雪和霜東風只在回春手　𤣥藹蓬瀛澤涵林藪等閒占得煙霞偶岱雲深處鶴孤盤相期直到千齡後

調寄五福降中天　顧元愷 杏樓

膠山東麓梁溪側秀挺古松蒼柏蟠鬱糾紛蟬聯蕤茂此即耆英仙宅是翁矍鑠看帶索鼓琴芒鞋竹策身外都無留戀况守錢計拙　擬思慶餘善積少年結客處人稱俠膽族分田選宮立學追惜傾囊倒篋鸞章五色鶴算千齡迹難瑣屑旌善亭邊試聽行人說

跋松柏同春圖後

蓉溪安生予上舍友也最善予時相還往因與其　尊人春臺先生訂交而　先生以明經不仕有盛德好施予尤敦本睦族蓉溪昆若弟亦樂奉行之無倦予每過其義莊輒歡聚一堂邑邑如也今年春予募修

文廟　先生首倡捐且從予請屬其嗣君四人更董厥役事省而功倍越數月與習接適出其

尊人壽照一幀索題時　先生年九十有五矣

知先生者咸敬先生之篤行而喜先生之享壽勿艾也爭歌咏之不辭予譾志其略如此歲丁丑秋仲笠江張立本拜跋

題安脊臺先生芝壽圖 柏梁體　戴　璜 芳士

蓬萊仙子安期生餐霞吸露梁溪濱彩雲低護紫芝靈青松鬱鬱參天橫坐倚虬龍丰神清方瞳梨面眞耆英商嶺絳縣久齊名陶朱致富家豐盈珂鄉甚著仁人稱范之贈麥曾指囷哀鴻遍野施紅陳桑梓詠篤揚王庭雁銜特錫叨　恩綸修葺泮宮輪奐新義莊創建敦宗人文正遺規翁繼聲霜高露白徒杠成舍南舍北治塗平我翁爲善洵如登天錫純嘏眉壽增王槐寶桂呈休徵孫曾頭角彌崢嶸玳瑁筵開慶

九旬雲璈曲奏吹龍笙三千歲桃八千椿名流晉祝飛瑤觥我昔來遊未識荆耄期好學心遥傾願翁長耀老人星百歲坊高鸞書旌

題芝壽圖　周向榮

我聞玉山凝結之靈芝壽潛作號名希夷三十六種抱朴垂垂十四莖吳萊鑌又聞龍仙洞草稱名奇眞卿御史食者宜便欲飛渡生洲陂呼吸鳳髓卄而飴導引五德避三尸延年益壽神仙期梁溪安子吾新知手持一卷前致爵春臺老人生春姿老人平生心最慈往往樂善如樂饑芳風亮節貫齒頤科名草已生階墀皓然郤合商山追聞名幸得斯圖披神光肅肅豐羽儀老人踪跡當何居負鋤定向崑崙陲或棲汧谷湊鴻達黃盧太極儕麗眉九天金翅銜飛時卄年學道眞吾師浩歌一曲酒一卮

題芝壽圖祝春臺先生九十壽　萬　臺 浣雲

紫氣東來暎瑞芝先生抱朴祖安期行年正及傳經歲好學常循抑戒詩江左鴻文光世業階前寶樹秀孫枝東風送煖春醲早有鶴橫霄慶介眉

第二泉邊記宦遊舊知者哲綺黃傳居能樂志如公理善已同稱比少游漫道延齡因辟穀何如褒德拜封侯披圖若對婆娑舞願頌岡陵進海籌

題芝壽圖　平　翰 樾峯

伯鸞溪傍古膠峯毓秀千年瑞草茸知有商山耆耇在辛楣長護采雲濃

敦宗合族媲前賢更有扶危續命田陰德耳鳴餘慶遠要從美意祝延年

杖履春風紀歲華鶴觴稱娖捧流霞壽潛漫詑耕煙

種玉樹階前數謝家

題芝壽圖　童兆梅 淡邨

靈氣偏鍾第二泉千莖瑶草瑞堯天要知好護商山侶只飽煙霞不羡仙

義舉如林桑梓稱且將美德頌岡陵傳家更有庭前樹玉檢金泥指顧增

調寄金縷曲題芝壽圖　黄以炳

福不尋常造望東膠長庚星與德星齊耀一片歡顔干廣廈别有春風滿抱煦嫗得安期不老盼著萊衣

開笑口又婆娑醉舞孫曾繞仙爲骨佛同表駟門開躍馬西林曉古衣冠從容梓里鳳綸飛到不數松喬數黄綺秀擷千年芝草畢竟是雲施雨報萬頃福田都種得勸人人也學些兒好請看取先生照

祭文

惟道光四年歲在甲申冬十月甲戌望越八日

壬午族姪治祥姪孫念祖謹具清酌庶饈之奠

致祭於

皇清恩授修職郎議敘主簿候補司訓叔父吞臺公之靈而述之以文曰於乎三多兼備五福攸崇康强好德富壽考終敦行孝義處已温恭此固士林仰慕人世希逢者也惟　公金華世澤楓密家風汴京舊族海上仙翁祖德積厚譽望郅

隆鄉名上福澤號芙蓉誼篤昆弟派别西東省親純孝直諒孤忠尊賢尙德睦族敦宗　公承厥緒體度雍容敦詩勵行爾雅澤躬緬維早歲未卜窮通餘夫廿畝聊佐飧饔世務業儒兼課勤農築場納稼旨蓄禦冬赤糜白芑春韭秋菘天立厥配夕紡晨舂克開厥後薛鳳荀龍公則猶然謙約而不自滋豐也泪乎務本創業築室稽田利市三倍歲取十千美哉輪奐公曰苟完不兢居賄惟事簡編賓師嚴重詩禮精研藝林

黄卷藜閣青氊箕裘述德蘭玉聯班辟雝烝髦
泮澤招賢不知公之惠周澤普債已租蠲莫非
爲善於己而取必於天者乎至若業廣功崇年
高德邵收族敬宗奉先思孝捐立義田希文是
倣任卹有餘庚癸無叫創建義莊具合體要膏
則稱親蘋蘩祭報敬教勸學名馳鄉校屢建橋
梁恭修
聖廟工善力勤事完功效歲在辛酉家乘成牒伯兄
纂修公成剞劂世德以昭族誼以輯堠村古墓

逵祖寂穴伯兄擴地公蠲圭潔喬木滋榮靈芝
挺拔公性慈惠樂善好施歲飢出粟蒸餌煮糜
捐貲應賑全活貧黎慷慨出納不靳其貲有司
申奏
天子嘉之賜職褒美
恩不容辭公年九十共祝斯頤名公鉅卿珥筆題詞
蹟公修行人莫能窺知公幹事獨不依違人度
以隘公量以恢人居以傲公處以卑太和善氣
淳古恬熙方今

聖朝重義採訪無遺千秋大典贍族良規
上憲　題達寵沐
帝咨　特恩旌奨　詔下　丹墀公膺異數公德
方滋宜其遐福百歲無期何圖期舄歸眞葛仙
長睡梁木其壞哲人其萎孰挽頹風難追古誼
風木愴深親朋涕泗斯在達士曠觀節哀順制
夢幻浮生終歸一致壽閱耄年
熙朝人瑞令德常昭典型如在而況嘉樹凌雲桐枝
環翠秀擢雁行名標鵠起

紫誥榮邀黄泉可慰惟是治等誼切宗盟心懷前輩
夙仰芝顔遽歌蒿里白雲在天黄葉滿地卜吉
牛眠悲聞鶴唳丹旐飄搖佳城嵬碟執紼隨班
臨風揮淚自分無財不修梵唄又媿無文不能
傳誄敬奠椒馨情深哀逝於乎尚
饗

小琴安公小影

安公小琹諱鴻勳字愛棠余之内兄也秉性誠篤遇人恂恂然寒暄數語外浮文若不屑道也傳有之曰客氣此二字世俗以多爲套詞者當之若公者庶不蹈斯習矣然外雖樸誠而内實警敏凡閭井公私之計悉待諮白而後行書所云惟克果斷者公其有焉公之爲人也直道而行譽之不喜毁之不怒人有急難苟赴訴之靡不力爲幹辦以故桀黠之徒窺其可以説動可以術愚也因咸以浸潤膚受者嘗之而公果墮其術中而不悟其受誣以此嗚呼以古愚當今詐其羣吠所怪固宜公與余同歲遊庠文名藉甚試藝俱膾炙人口其後入南北棘闈者凡七次而卒無所遇乃知方百川以諸生老命也非文之咎也然吾於公尤所心折者憶當同治初年常郡已復官軍從内地會剿於時張公振軒駐兵猴山而公爲文報局董往見被責幾於震電憑怒公徐以理折之張頓轉怒爲喜大加敬服後張爲江蘇撫軍猶念前事請公一見之其不爲威愓也如此噫倘使公得遇於時其

幹濟必有可觀者而卒賫志以没焉是可悲已公卒於光緒六年二月初四日年五十七令嗣鈺生以其生前小影乞記於余一爲展軸如睹公面潸焉欲涕幾不自知余與公本至戚而相知又最深不可以不言也因爲書其梗概而歸之云

光緒六年季冬之月　　眷弟薪岩錢鴻鼎記

貞孝女簪榮小姐歌　叔祖泰來

聞之女貞木鴝鵒不敢棲婺女星浮雲不敢翳吾族簪榮小姐亦樓之幼女養在深閨二十年一塵不染獨靜處少讀閨門訓長嫻針黹事守身如白璧無瑕事親能先意承志父病在牀摩湯藥不廢離病篤知難起哭泣禱神祇父歿親含殮呼搶盡哀思胡天不假年猝然遘奇疾彼時耆香心不忍妹湮没述其貞孝行來請余主筆光緒十一年請學申詳出果然貞孝流芳給匾字綽楔煌煌加寵秩吁嗟乎古來人固

有一死祇分遺臭與流芳難得一處子能爲千年霜迄於今同氣一枝子姓昌旹人之後天降祥我今爲之作此歌後人觀感其若何

慶安橋記　秦瀛小硯

邑東北延鄉有芙蓉澤西泝梁溪東達琴川乃兩邑往來之腹道澤上安氏世居代有聞人素積陰德椒聊蕃衍第宅聯雲跨河南北向有木橋以便往還年遠朽壞屢修屢廢明經春臺安公爲久遠計獨出己貲千緡更建石橋於嘉慶十一年春庀石鳩工閱數月而告竣登鵲背而四眺膠峯峙於西北宛湖照於東南緊鎖上流洄環綠水相度形勢頗合青烏家言不特行人安步渡漁樵通舟楫躍馬春風飛輿夜月

已也安君之族相慶落成因名之曰慶安橋時余有修志之役採訪軼事凡舊志所遺以及新修重建古跡橋梁無不備載嘗偕張培菴學師過訪安君於芙蓉澤艤舟橋畔視工程之周備造君之廬則樸雅如制君年逾七旬精神矍鑠丰采猶如壯艾縱談今古其卓識具有根底生平樂施好善諸多義舉其嗣君均先意承志凡事躬親督理殫心擘畫鞏固永安非特慶此橋工也予既載入邑志并樂志其事以爲記

重建年餘橋記

烏程凌堃厚堂

金匱懷北滙水而南曰鯰魚塘塘之上跨有橋以通往來歲久傾圮行人病涉道光元年安明經春臺太翁年屆九十誠勿稱觴命嗣君輩以其貲重建此橋於是採石金山鳩工駁築閱數月而告成請顏其名於翁翁以高年餘力獨勝其任因名之曰年餘橋橋成之後咸誦翁德無不稱便二十二年夏水大發急流南下基陷橋圮翁之嗣君鑑平蓉溪亦莊等克承先志並思利濟諏吉於二十五年夏委姪南陽等督

理其事重采石料斷水興工見橋下泥土陷三丈許深通泉脉舊址無由下樁因移北十餘丈度土堅實載築橋基橋底平舖舊石兩塊駁築耳門岐分流水自夏徂秋工程周備橋梁較前鞏固事竣計費一千三百餘緡仍獨支持無吝色亦可爲善繼善述者矣鑑平之子掞伯余門下士也請余爲記余畧其浮詞志其實跡若是質之諸公以爲然乎否

蓉溪詩稿

秋夜即事

庭前宿雨漬蒼苔閒倚闌干看斗回野岸風微黃葉墮銀河星動白雲開花明曲檻金鈴護月下斜廊玉漏催披草別尋松菊徑踏殘寒露帶珠來

聽蛙有感

池塘青草亂蛙鳴斷續風傳斷續聲括耳未停喧永夜繁音又起怨長更爲誰白眼嗔如許詎爲青苗氣不平喚起惜花非汝意官私到處不求名

八月上浣以天久旱山莊水涸　父親大人乘與邀吳蓉洲先生張曉亭妹丈到東西兩山莊一遊吳先生賦詩索和因與曉亭妹丈各步原韻賦七排一首原詩不錄

舊日西林景不同杖攜瞻仰桂坡公亭臺覓遍藤蘿徑島嶼存疑造化功壑底水窮青嶂外人間力盡綠陰中草迷兩岸痕將委松映雙溪色尚葱鶴徑詎從今歲廢稻粱翻想去年豐雲橫翠岫何時雨葉舞前溪幾處楓嶺際有聲知宿鳥堦前逸響識寒蟲數杯

茶罷歸來晚踏月興歌趁好風

寄懷張曉亭妹倩

驪駒一曲唱江東楓葉飄零日暮紅數卷殘書堆舊館一肩行李付漁僮木蘭帆重江天雨車轍塵飛太岱風北闕仰觀誠壯麗定知此去步蟾宮

江城木落雁來賓策馬龍峯望帝宸紆紫林烟凝晚岫亂紅楓葉逐輕塵三千里外増名士十二山中少故人何日西窗同剪燭粱炊夜雨話情親

丁未秋七月赴城監修　聖廟途遇風雨

新秋一葉下梧桐又放輕舟趁好風雙槳急翻溪水綠半帆低壓蓼花紅回瞻帳嶺其濛裏遥望龍峯杳靄中屈曲隆亭猶未遠黑雲如墨蔽長空

驟雨飛來雉堞迷龍光塔聳白雲低漁莊方喜跳波鯉村舍初聞轉午鷄隱隱雷聲驚霹靂層層霧影斷虹霓城邊指點宮牆近蠟屐街頭步步泥

丁丑秋八月隨鑑亭家兄監修尊經閣有感二首

高閣臨霄久不開斷碑風雨獨徘徊只今重葺宮牆月倍想當年樑棟材瞻拜聖經同日月摩挲禮器象雲雷登臨平揖龍山塔恍見奎光接上臺

往來庠序思悠悠世德清芬孰與儔鄉校几筵垂百禩名山俎豆永千秋東林興廢悲殊劫南國風騷續古愁幸有耳孫繩祖武相期當道騁驊騮（謂姪孫詩）

登尊經閣

高閣層層接斗魁而今逸興忽然來雲梯偶踏三三級（閣下樓梯三十三層）經史如城一一堆畫檻落紅存古木雕檐揺綠長新萊未知創建憑誰手修到今朝有幾回

畫棟簾開瑞靄浮曉雲晴日下岑樓九龍峯秀迴環映萬井烟濃次第收楓影亂飛溪渡口桂香輕拂泮池頭從知到此紅塵遠無限清光一色秋

壬午春偕姪孫菊園泛舟盛澤至分防署内訪汪竹軒長史舟次因賦七律數首

朝臨虎阜春尖江一抹春山倒影雙古道重添新樣色漁舟猶唱舊時腔隄楊引入青雲路池草微迎綠綺窗屋角桃花經鳥散隨風輕點木蘭艭

一片湖光繞石隄落霞掩映野橋西波翻嫩藻驚魚

躍風送殘花襯馬蹄寶帶有獅人傍立敵樓無戍烏
空啼呼童沽酒斟長夜昂首青雲皓月低
湖水蒼茫氣象雄孤帆遠遠趁長風沖開巨浪千層
碧攪破朝陽一點紅夾岸桃花侵古渡遠山雲影蔽
長空閒來訪戴人奚在乘興何須問主翁
夜泊清溪皓月明萬花飛舞暮烟横文昌高閣窗前
立武帝威風檣後生村犬不驚知政肅庭羅張處布
仁聲主翁却賦歸來晚漏盡銅龍已五更
烟花三月暮雲深踏破蒼苔覓徑尋遍地柔桑堆白

骨野田苦菜散黃金酬神士女猖狂集隔院笙歌斷
續吟幽興到今看正熟親操一曲付長琴
不道吳江景象殊停棺纍纍傍桑枝青山有地魂何
在白骨無情弔豈知鬼哭但愁風雨夜邑人偏廢蓼
莪詩蘗棘歸反奚難盡顙泚應回睨視時
壬午夏同姪小補赴盛澤分防重訪竹軒汪長
史
昔日曾勞訪戴船今宵圖晤乏良緣盛湖風景看如
昨野岸桑麻斷復連綠樹重遮千里目紫雲空裊萬
家煙高人駐足知何處報道姑蘇去未旋
憶別離家有幾時夜深魂夢起相思月移花弄闌干
影墻外笙吹柳雪詩坐卧未甯嫌席煖賓朋對語笑
情癡三更聲動疑宵雨風過危檣繞碧枝
斗室牆高暑氣迎晝長吟罷聽蟬鳴薰風引入宜修
竹溪水廻環繞綉楹玉樹盈庭過謝室甘棠千載誦
君名西窗剪燭談心久螢火檣前暗復明
壬午夏遊盛湖分署補和松陵書院探梅元韻
郎請 竹軒仁兄大人 教正

報道松陵勝石巖名花人物兩超凡硃砂有色侵華
帳綠蕚披香惹翠衫化雨頻臨寒骨瘦春風輕動落
英斐閒來欣詞諸名作竽濫詩林附一緘
又補和韮蒂蘭步元人謝宗可韻
楚畹名葩帶笑攀一莖雙蕊似多情枝誇連理同心
結香洽仁風兩袖清晤對不因人獻媚低昂那許蝶
紛爭蠶根偏解相思意籠處還呈瑞色明
道光四年歲次甲申黃梅及三時無雨至六月
十三日忽下大雨三寸欣喜欲狂因賦七律

一首以誌之

驟雨乘雷風滿樓，霎時解脱萬民愁。碧空瀑布飛三島，赤地恩膏遍九州。水漲平坡烟樹矮，浪生古渡桔槔浮。歡聲載道歌誰德，定卜田疇大有秋。

十五十六兩日又下大雨

蠟屐街頭百尺泉，疾雷又送雨綿綿。千村雲霧迷山谷，萬頃烟波瀉錦川。緣樹風高頭拂地，碧荷浪湧背朝天。艮苗快覩乘時發，何必長空下玉錢。

秋山二首

峭壁摩霄漢，秋高爽氣清。羊腸藤絡老，鶴徑草蟲鳴。木脱巖無翳，楓飛壑有聲。樵夫歸唱後，山骨露縱横。

瘦碧排空立，孤高天際明。草枯山脊見，霜隕石苔輕。紫氣烟凝暮，紅霞葉染成。登臨勞屐齒，迴首白雲生。

喜義莊族中子弟會課

不識文壇將，今知是我家。英賢欣輩出，稚子尙詞華。妙解胸中竹，清言筆底花。鵬程飛萬里，應羣碧籠紗。

丁丑六月陰雨書寄曉亭妹丈

連宵風雨過山巔，暑氣全消六月天。晨起羅衣知已薄，夜來着意更添綿。

夢晤曉亭聊賦七絶以寄之

睽違南北路三千，恍忽逢君話舊年。最恨鷄聲頻報曉，驚殘好夢不常圓。

七夕

年年飛鵲駕銀河，才値佳期暫眼過。人世毎虞歡會少，仙家轉喜别離多。針穿絲殿空臨月，瓜祭瓊筵未有梭。不解天孫愚弄意，平明還問巧如何。

芍亭詩稿

祝慕林家兄七十壽

吾家本有棗如瓜能養遐齡謂不誇咸仰布衣尊齒德精研翰墨作生涯字摹漢碣稱三絶句壓唐人勝八义興到清狂追吏部醉扶鳩杖酌流霞

題潘墨龕雲海大觀圖

六六峯前足勝遊縱觀雲海豁雙眸茫茫深鎖千巖碧漠漠蒸成萬壑秋古殿迷離疑海市重巒出没誤瀛洲飄飄獨立蒼崖畔詩思滿懷興未休

題諸承顯秋林小憩圖

扁舟月下繫江村同訪高踪夜叩門犬吠不驚人未睡燈前情話對芳樽

酒酣不覺漏聲遲玉照展來讀片時道貌岸然眞逼肖問誰妙手寫丰姿

襟懷磊落久知名儘許楓梧伴此生兀坐不關塵外事獨看秋樹寄閒情

蒼髯滿頰手頻拈別有風流逸興添倘若繪圖遊赤壁何人不道是蘇髯

答友人

江上芙蓉手自栽而今又剩一枝開君如欲訪江邊景紅蓼舟前放棹來

鈺生詩稿

月出偶步

夜永不成眠疎林明月上撫景惜清光飄然獨長往野徑蛩亂鳴隔溪人語響宿鳥繞樹飛岸草露華朗天香隨風過頓覺詩心爽弄影發清歌逍遙脱塵網歸卧月明處極浦響漁榜四顧盡空明此景共誰賞

聞雨竊喜偶成古風一篇非敢謂念切民依聊自遣夜窗孤寂耳

昔從郊野事閒遊偶聞父老語西疇謂自入秋無滴

雨梏槔欲敝不勝愁歸來日日望雲氣長空一色虹霓未擬向神龍寄片言暫借銀河惠不費昨宵微雨過牆來連朝淅瀝潤莓苔銀絲錯落舞金井碎珠千萬下瑶臺從斯高下齊霑足一望平疇爭吐綠而今庶可卜西成會見年豐敦善俗田家交慶樂難支舉深須禱發謳思倩得書生一枝筆寫出萬家喜雨詩我爲農民誌欣幸甘澤滂沱沛四境可知天本憫羣黎特慮無人爲民請

東垣贈表兄滕士洲

男兒生來具遠志丈夫當從四方事手提三尺遊中州豈必雄豪自位置憶君同在故園時互談衷曲論襟期謂當窮濟造化爭生死權忝名相兼名醫後戰名場屢困守奮然投筆東都走臨歧勉君贈一言願早習成醫國手八載辛勤中韓攻刑名法律深貫通一朝當事爭迎謁筆底春風補化工英名早布故鄉徧使我聞之深健羨中夜聞雞起舞頻愧對祖生鞭着先因而棄繻入洛陽希圖蓮幕雙荆芳此身權學仲宣寄冀與驊騮爭騰驤掌君函知我兄長招予來

此談昔往西窗剪燭快重逢仍是雄談共抵掌君今差足遂初心嗟予學業尚浮沈不堪回首從頭説直使英雄恨轉深惟囑莫漫卑小試須知文章歸平治下筆長留天地春遺得仁風歌君賜予亦追隨步後塵不恥東施欲效顰願把情田同播種斯民共壽説吾仁

題吳節母諸安人事實

諸母歸吳年十七半載夫君驚悴卒尊章已老兒在懷吁嗟世值亂離日搶地呼天欲殉夫老姑聞之驚

且呼謂今三傳延一線爾當爲我撫遺孤夫人長跽
領姑命仰事俯畜事交併烽火連天氛愈深江南寸
土無乾淨托姑戚里避兵燹門自移近僻冀圖存每聞
氛警輒先避襁負孤兒晝夜奔猝然遇賊夾山麓事
難兩全勢危蹙無奈使兒伏莽中此身難辱赴溝瀆
節烈果能感鬼神賊旋颺去遇東鄰中流矢死遂援
手歷刦能逃不壞身衣履沾濡逐人步倉皇不辨東
西路懷餅充飢止子啼困苦依然殷復顧一朝氛靖
返家鄉廬舍蕭條園圃荒驚魂纔定阿姑死荼毒重

罹苦備嘗盡禮盡哀無或缺事死如生必豐潔撫孤
成立教義方持家有道人咸悅紅羊刼過遇春風時
泰年豐境漸充脩葺垣廬慨舊業還將推解振貧窮
果然爲善必獲報子錫頭銜母封誥孫曾繞膝孝且
和美談轉爲諸婺告梁溪故尹舊多情軼事表章著
令名我進一言語母氏佳兒不必自家生

寄賀嚴紫卿廉訪

天生豪俊不虛出建樹須俟需才日大器從來多晚
成慷慨從軍馬援匹憶從大帥赴甘涼剿撫回酋勳
積彰旋統偏師徇青海剪除餘孽靖回疆捷書屢奏
天顏喜大吏交章薦國士謂堪方面任封疆展舒蘊
蓄從此始凱歌奏罷屯長安溝洫疏通黎庶歡勸課
農桑贍國用廣開水利富秦韓卓著勤勞膺懋賞會
看陛見蒙褒獎特簡重任列三秦省釋無辜作忠讜
才調如君洵可人願君努力報君親姓名早上紫光
閣永作天家柱石臣

代陳客若輓family嫂華夫人西逝兼慰　二哥悼

懷

吾嫂生來有至性事親奉姑著孝敬仁慈慷慨世所
稀倡隨無失家道正清華門第出武陵早歲曾傳窈
窕稱不喜鉛華爭嫵媚生成風度自端凝十九來歸
兄作室敬戒無違如琴瑟上承姑嫜得歡心下和娣
妹及諸姪逾年淮海告飢荒助賑捐施樂贊襄吾里
農民苦乏食更籌平糶拯梓鄉古稱義俠尚施濟捐
除贅珥都不計奢則歸親美弗居同心佐得風流婿
言語恂恂恐忤人性情柔順出天真任教横逆終無
拂相對恒如一室春今春老父嗟永訣依然孺慕悲

啼血未及兼旬又喪兒呑聲潛泣中心結最憐夫婿涕横流終日汍瀾淚不收惟恐過哀遺母戚强爲勸解慰姑憂豈期運值黄楊厄鬱結哀傷致疾革藥醫祈禱總無靈康强遽作泉臺客吁嗟兒兮命不齊旣喪子兮復喪妻瓊花玉樹頻摧折携將弱女伴孤淒人生達觀隨所遇修短彭殤任天付白頭佳偶古來難因緣莫恨前生誤眉案相莊僅五年一時戚里盡稱賢還將彤管闡幽筆譜作新詩告九泉

中庭夜坐

秋夜坐中庭林昏色正暝風來燈閃餤露下桂流馨波影涵星動琴聲待月停鄰童篝火至蛩語隔簾聽

自滸村歸寨門途中即景

輕雲薄靄閣西山落日餘暉滿故關漸見炊烟横樹杪瞥看燈火出林間輕風緩送同人語仄徑前迎稚子閒歸步徐徐舒遠眺村童遥指暮樵還

題畫

紅桃花外露山家綠竹編籬短短遮對老罾魚來曲港村童挽犢上三义静聽隔樹流泉瀉喜看横橋跨岸斜更有一般清絶處曉風楊柳市柴車

和許少期煉師六句自壽詩

宗風一脉繼旌陽香火因緣伴讓皇自昔道傳玄女術於今名隸白雲鄉還丹舊得長生訣輕舉新參辟穀方更喜餘功存利濟驅邪治病有符章

壯年飛舄到皇城禱雨祈晴最著名鶴氅登壇宣道法龍墀下勅投仙卿恩頒誥命光前葉榮錫頭銜煥上清風骨如君能有幾允宜聲譽噪燕京

歲月陡傳花甲週蟠桃會上集名流自裁詩稿留鴻爪人把詞章頌海籌愧我緣無仙府召勞君句向士林求却慚不獲躋堂祝得與諸賢共唱酬

嘲擲陞官圖

一局功名一刹那官場黜陟竟由他纔看同輩先登去已見崇階轉瞬過草草恩榮懷北闕紛紛富貴説南柯問君宦味深嘗否笑指不如骰子多

離思 五絶四首

坐看明月光漸照旅人床不知今夕夢可得到家鄉

其二

獨坐情熙熙清風徐至側何事拂征衫令人苦相憶

其三

聞道牛與女一年一渡河豈如離别客反不如君多

其四

散髮坐夜静玉露溼金井何無一人來問儂身可冷

書齋漫詠

茅檐雞犬静無譁吟罷長篇興倍賒雨過蕭齋涼似水凴欄閒看海棠花

賀嚴竹坪表兄中秋生子

客來傳報弄璋音使我聞之喜不禁聽說孩兒多福相蘭徵燕姞遂初心

從古奇人半側生况逢佳節誕豪英他年定有充閭慶試使兒啼聽一聲

終朝紅日隱雲端底事風吹月一丸天爲中秋生桂子明珠擎出大家看是日陰晴不定至晚月色皎然故云

詩成誌喜劈紅箋寄賀君家湯餅筵欲寫寸衷無别語祝兒長大望兒賢

流螢

偶向前溪散步過愛他點水亂螢多有時三五相追逐恍以明珠一串拖

憐渠於土獨多情照讀分光徹夜明莫漫胸中誇雪亮休教投暗悞平生

己亥夏同陳率庵夜泊蓉湖聽雨

旅行最怕雨連朝羌乃舟居倍寂寥徹夜琤琮眠不得惱人眞是可憐宵

雲沉月黑雨聲稠勾引騷人一段愁強起挑燈無意緒滿湖水氣壓孤舟

探梅

踏遍山村與野橋探梅忘却路途遥臨風忽覺微香發恐是臞仙隔岸招

立人遺稿

復祭金華公古墓恭紀 嘉慶癸酉

喬木撐青五百年欣瞻墓復故園前遐思英爽昭千載祥發靈芝產九泉梅里志言懸鑿鑿金華世澤慶綿綿子孫此日蘋蘩薦不負先人清白傳

丁丑冬至有感

懶逐羊腸道阻修命逢磨蝎更須休非無蕉鹿三更夢盡付蓮池五筆勾對酒欣同知已會敲詩直與古人謀胸中磊愧消鎔盡眉上寧來不著愁

讀西林集

籍籍聲名供齒牙才高七子信堪誇遊神舊日西林跡照眼清光閬苑花豪氣自吞雲夢澤天津未泛許牛槎吾家文獻宜珍重且喜而今籠碧紗

題耀翁採芝圖

採芝餌得長生菓丹訣而今見此圖自是翁身有仙骨豐神八十更清臞

散步堠郵看桃花次孫旭堂韵

前度劉郎來未遲却嫌莊蝶夢魂癡一郵花護編茀屋半面粧窺夾竹枝艷艷桃花詩起興融融春色酒相宜郵筒誰繼風流韻把盞重吟幼婦詞

玉蘭

玉珮參差夜有光姍姍情似舞霓裳刻成造物玲瓏手絕勝梅花淺淡粧姑射仙人冰作骨杜蘭香女佩留芳天然素質君休問莫遣胎羞脂粉塘

秋草

未報春暉化育功而今憔悴暮烟中青黄半褪平蕪色淒冷仍披君子風蘆荻岸邊秋水白蓼花灘上夕陽紅榮枯迭運終千古造物由來不倒翁

自題照

不踏蓮臺坐佛床斜披破衲走街坊千聲吶吶奮頭話一炷騰騰炙臂香爭說濟顛重出世誰知優孟試登場三分駭氣三分詐又帶三分似發狂

和小補叔鶯梭原韵

巧弄嚶嚶清且嬌仙機應在百花橋織來霧縠風絲細擲去金梭柳線飄嫩草如茵鋪綠野落英滿地襯紅綃文章擬作經綸手錦綉部華勝六朝

秋花

不隨穠艷鬥春飛，百卉秋來寖式微。情淡似嫌花盡媚，香清無復蝶雙飛。何妨氣味同君傲，自別炎涼與衆違。脊菊滿園皆可賞，新醅正熟蟹初肥。

祝女壽詩

一枝梅綻占東風，戲綵庭前春色融。最喜轉陳鴻案酒，因宜先醉鹿車翁。他年壽捧南山獻，此日祥開碧海通。爲報瑶池青鳥使，羣仙久佇畫堂中。

四十自壽

柏桊起狂歌，歌聲豁雲霧。造物大累人，吾生意何故。且莫問流年，四十韶華度。轉問此從前，一去不知處。胡然此擾擾，總爲有生誤。我壽比顔子，可作彭郁譬。他時悟禪寂，乘彼日雲去。舉觴聊自祝，幾許前途路。

贈司馬藍田

一去山陰棹，孤吟屋角梅。何情春半度，相識燕初回。芳草招遊與，長鄉作賦才。新詩勞夢想，不忍戀蘇臺。

論齒眞前輩，交情不計年。人稱鄉祭酒，我説地行仙。秋露梧桐上，春風楊柳邊。形骸相脱略，來去任悠然。

自有煙霞癖，時招風月媒。聽鶯攜杖去，析柳帶春回。疊架書千卷，澆詩酒一杯。羨君有仙骨，何日到天台。

西湖六橋　煙鎖池塘柳爲韻五首

一鏡湖光豁，雙峯高揷天。畫橋人簇擁，斜渡綠楊煙。

桃柳媚蘇堤，春風月婀娜。雅效美人嬌，却憐煙霧鎖。

瀲灎晴眞好，遙空寫碧池。至今湖上立，猶是想西池。

勝地招吟興，爲公風韵長。六橋多古意，春色滿迴塘。

不減桃花源，絶勝隋隄柳。花港好煙波，羨爾持竿叟。

閒居

一室乾坤得自由，白雲窺戶小窗幽。閒居情澹渾無慮，獨弈時時瞎點頭。心澄秋水劍光浮，無限清風一榻收。閒卷恍同亘友唔，敲詩直與古人謀。

無花果　題仁壽禪室

推情不入世浮華，百卉多妍莫漫誇。果熟人間桃少核，味同海上棗如瓜。已空色相無花吐，爲怕煙塵留葉遮。一種禪機清熱腦，婆娑窗外碧籠紗。

解嘲

閉戸閒居歲月過塵囂隔斷勝巖阿無弦琴上知音少獨奕枰中雅趣多爲愛清泉茶有癖已拚長晝睡成魔韜藏斗室安容膝漫學詩人賦薖窩

呵凍疊筆題畫菜

不著丹青妙自傳扶疎忘却畫中看適來老圃情如許寫入新圖露未乾凍筆已開生氣動春闈猶帶曉霜寒相期好句留風味長對先生苜蓿盤

詠荷

溽暑正炊花自淨荷風微動我初凉乍迎旭日香浮水還映晴霞錦滿塘佛法早參蓮品淨夢緣空繫藕絲長從今好把靈根種一點清心問碧蒼

無題

拘拘繩墨復如何死欲驚人苦著魔俗語口頭偏涉趣詩家不用讀書多

又

爐香一線與神通獨坐清宵萬籟空長嘯一聲驚四壁隔窗捲起半簾風

又

何妨笑我腹空虛爲怕陳言懶讀書縱筆未嘗求古意古人求我或相如

又

濶眼濃眉也效顰粧前笑看鏡中人從今說與詩人曉面目無勞問假真

春興十首

爲報春回斗室天隅舒無賴落言筌香浮茗椀爐同喜夢繞梅花處士眠半榻清風閒世味一窗新綠護晴煙知空即性空非幻靜愛蒲團不學禪

靜參周易妙行藏心會義文晤一堂條理倫常眞學問彌綸天地大文章途分外道羣言異論定鴻儒古意亡太息六經皆破碎靈臺一瓣自含香

破壁驚雷起伏龍頹垣無恙碧蘿封花含朝露臙脂溼雨沐青山黛色濃戲水生機魚活潑賡歌天籟鳥從容何當快意逍遥處欲上蓮花第一峯

浪說多文富五車鑿開混沌轉愁余心爲太極原無物道在尼山不著書風雅總歸詞賦內仙禪分竊老莊餘如何知識完純一理到通明腹自虛

是也非耶了了中夢回孤枕一鐙紅向平無後情何似顏子多財樂亦同心在冰壺形在鏡雞之醯甕鳥之籠清風明月吾家物天定人爲與未窮

自笑乾坤缺陷多更教貧病補蹉跎達師莊叟餘狂態懶勝嵇康困歷魔曾鍊金丹成九轉嘯憐鐵板動高歌羨他斗酒雙柑興綠遍郊原幾度過

東風日月叩柴門霽色遥開綠野繁萬頃桑田翻麥浪一溪紅雨浣花村幾莖幽谷芝蘭草黙染東山蠟屐痕爲問春光何處好成蹊桃李最銷魂

芒鞋新試踏青遊遥拂香塵紫陌浮芳草王孫金勒馬碁湖春水木蘭舟行來曲徑花深處看到孤雲天盡頭輕我一身無擔荷採薪仍有稻粱謀

磊磈何須借酒降蕭然清夜對銀釭書前無易忘吾獨燈下相依帶影雙春似玉堂逢苒雨傲容老子倚南窗抽毫剩有詩人興氣吐雲霓鼎可扛

青鬬著意祖生鞭江北江南到處傳十里柳舒眉眼秀一枝梅占榜頭仙春歸二月鶯花海賦就三都錦繡篇我豔東君工化筆穠華寫出有情天

甲子孟春壽司馬藍田翁七十

太平人瑞多期頤公年七十何足奇老聃顏子同不死吾人殀壽多幾時三千三百眞虛頌桃熟椿榮皆夢夢羨門不獻棗如瓜蓬萊詞賦仙才衆請公滿引聽我歌我歌不與人同科香浮玉斝春風暖世間萬事於我何龍門文章長卿賦富貴功名草頭露海上三山縹緲間焦勞半爲兒孫誤知公長者奕世呂賓朋交錯羅祿觴我來拍肩呼介壽一座書傾安生狂人生大夢何時了風月滿懷春正好夢中爭得笑顏

開眼前莫放乾坤來

登虞山

虞山虞山何委延青翠勢走東海天白雲廻望滄溟合臨眺直上山之巔俯視琴川入指掌畫圖城郭稠居烟芳草連天隱嘉樹樵牧猶知仲雍墓開國文明我故君低徊瞻眺心倍注一自先賢托體山四望千峯盡回顧

無題

七十二峯何處深但求深處郎園林薜蘿自愜巢由

志不作桃源避世心

又

鐵板高歌李杜詩青山一榻舊相知獨存古意多奇句不羨耽吟太費詞

寄司馬藍田王阮亭秋柳韻

東風喚醒百花魂燕子窺簾翠護門盤髻曉粧濃黛色渡頭新雨漲波痕千家錦繡姑蘇市七里山塘負郭邨最是江南名勝地春宵一刻價難論

誰識風流兩鬓霜夢魂無夜不山塘莫禽原有相思樹老驥出來不服韁響屧廊前紅粉隊牡丹亭下百花王名園此日春光遍文杏爭輝碎錦坊

青鞋布襪莫春衣野鶴昂雞楚也非過我不嫌卭杖數慢君殊愧酒杯稀幾經彭澤臣牀卧又見王喬玉舃飛擬贈新詩壯行色雖顏終覺兩心違

欲別低徊信可憐望中雲樹草含煙片帆飛去情何急南國優游身自綿如意花逢無事客長庚星照太平年遥知別後春風滿大半先生杖履邊

欲催詞客動詩魂巧運風斤班匠門出谷已鳴求友

韻登山重約印苔痕年忘少長森同契水抱東西共一邨今日騷壇推老將雙柑斗酒對君論

秋夜

效顰非是愛吟詩興直沾毫揮霍時落筆有聲風入韵推敲得句月窺窗神清桂露香書案閒對茶經當酒卮解說文章千古事眼前無一不吾師

贈畢青城二首

不敢逢人說因無雁塔名十年眞面目一見足平生喜抱冰壺潔高吟風月清今朝軒冕貴爾我兩青盲

落葉驚談笑風流實劍光坐來清晝短言外寸心長貧也君何病栽之我亦狂相逢無底贈詩意在滄浪

虎邱懷古

春草一杯土白雲曉寺鐘我來虎阜上懷此又鍊鋒千尋竟不泯寶氣長騰空吾爲羊腸惜轉爲羊腸恥湮沒歸重泉托身失欣使誰云專諸勇不及一西子

清明

未栽日紵换初衣浪逐清明蛺蝶飛萬井新煙寒食過半山斜日白雲歸物情到眼含生意逸興隨時任

化機門外一溪添綠漲主人曾拭釣魚磯

和仙壇詩韻六首

文星煥彩恰當樓翰墨爭芳謝朓洲直上青雲千氣象擬從星海探源流石榴紅綻千枝午寶劍光寒五月秋今日詞壇旗鼓整兵符誰掌握中籌

羣賢進步喜登樓一室芝蘭芳草洲桃熟武陵仙路近鳳鳴詩韵好音流文心妙與蓮花淨綵筆香含桂子秋我亦清狂稽阮比芸壇容與黙詩籌

世事矜奇籍海樓東風爭到白花洲心馳野馬空中

走身逐浮雲水面流蕉鹿不殊莊蝶夢春蠶莫問蟪蛄秋間忙千古知誰是擬向仙翁借箸籌

山外青山樓外樓蓬萊宛在水中洲梯航雲路眉眉級泉湧心源脉脉流滄海月明三島秀梧桐葉落萬家秋與來詩句隨時得高唱相評逐幾籌

文采欣瞻五鳳樓清芬遥挹蕙蘭洲飛來珠寶隨風落看去雲霞映日流明月入懷心似錦江花垂露筆非秋從今肯學蘇夫子詩律輪君一百籌

悅忽登臨黃鶴樓採蘋心怯向汀洲離離野草迎風舞澹澹浮雲逐水流天地幻人身世夢江山伴我古今秋誰能識得間中趣仙訣無容苦畫籌

道光甲申病中雜韻八首

掉頭咄咄手書空事到傷心觸處同形影獨憐情太冷愁思百結病兼攻青烏舊宅無生氣白鶴新居少主翁看破大如皆假合夢回蕉鹿一鐙紅

爲憐孤影剔銀釭更漏傳敲第四椰一劍不平鳴寶匣三星何喜到南窗隔牆犬吠林間月遠浦漁歌水調腔欲寫愁懷營筆陣詩魔戰却睡魔降

孤負天人精一心幾回惆悵幾沈吟顏淵黙識猶宜鑄尼父昌言可斷金己信文章憎命薄終干造物禍機深三緘慎寄金人口我學昭文不鼓琴

高山流水舊知音識面終疑別有情雲擁翠屏青靄重馬銜飛絮夕陽明樽櫑自笑胸襟隘風月相投意氣清好景消磨餘底事鴻毛贏我一身輕

天人性命五經師千古文章太費詞尚論不拈山石句效顰新學女郎詩囊中錐處鋒難見筆下神來我獨知敷粉塗鴉聊戲耳殘箋題罷任風吹

誰載乾坤泛浪舟負鼇應效杞人憂前皇立極擎天柱下士高眠枕石頭細雨斜風猶釣艇落花流水不驚鷗滄桑喻我家興廢曾否重添海屋籌

古木蕭疎歎式微回思先澤更歔欷生前擬作遽廬客夢裡猶穿菊綵衣情到無聊花自落偶逢相識燕初歸病中偏覺風塵淨獨掩禪關問訊稀

到處紛如踏雪鴻塵寰擾擾馬牛風身無兒女生平累業盡田園興味同賴有詩篇供嘯傲休憑寶劍論雌雄可求吾亦爲之耳得失徒勞問塞翁

九日登膠山絕頂 十首

放浪秋懷九日中欲携長劍倚崆峒一聲鐵笛驚天籟吹出龍山落帽風

登高須上最高峯直透雲關第一重此處山頭高幾許如何留得白雲蹤

楓林葉落冷吳江崛强黃花氣不降戰捷西風三百陣爾來消息在南窗

遊興將闌冷興新一聲長嘯動秋蘋樵歌隱約林間起好作登高唱和人

半襲疎籬老樹村數聲吠犬過柴門逢人盡說川禾好喜見農家笑語温

高秋氣爽碧天寥共說今朝勝別朝歸路乱逢僧院去數聲魚磬遠相招

千竿脩竹出籬梢卧聽僧窗碧玉敲勝却詩翁談韻事頓將詩興一時抛

小山香盡更無香一樹寒煙橘柚黃吟出落霞秋水句喜無風雨到重陽

一室乾坤得自由清香半席篆煙浮茶知獨奕枰長

設琴喜無弦韻自流

小憩一榻自沈吟猶似披雲倚碧岑今日登山還憶古古人此日想同今

慵夫者我安氏詩人也諱定字立人又字慵夫號鶴清幼受業吾先子古琴先生有頴悟負豪氣雖廢舉業博覽經史旁及岐黃星數之學不求甚解而有會意故其識略異於恒流吾先子家居慵夫以所作詩就正先子亟賞其筆力古勁余愛其詩不徑情不緣飾所謂得力於古而不泥其迹者乎近世之作駢花

儷葉不誇纖巧卽涉迂腐甚至古詩無聲調時詩無格律慵夫鬭之掩耳疾走於以知慵夫不爲世俗之詩世亦罕有似慵夫之詩者嘉慶戊寅余輯膠山安氏詩補東分能吟咏著詩者惟泉雨公一人慵夫又非泉雨公後一人乎慵夫元配夏氏繼朱氏納妾一而生男不育年五十而妻妾俱亡育其本宗猶子九齡爲嗣子然其心不怏而其詩益工道光甲申年五十有九作春興十首雜韻有八以抒平生抑鬱病中之作有白鶴新居少主翁之織季秋遘疾不起臨没

時囑予以田宅貽于嗣子餘物推與甥之貧而賢者飄然遐舉而長物爪分余收拾其遺詩鶴淸詩稿二百餘首鈔錄成編皆可喜者書其楹帖曰盡捧凡物皆身外獨剩淸風在世間旣又敘其詩稿慨然想見慵夫抵掌掀髯論人高下有獨立不羣之概薪令其不數奇而遇於世將以和鳴國家之盛當復何如

乙酉暮春小補念祖跋

膠山安黄氏宗譜卷十四初編上

塽村傳芳集藝文目錄

膠山安黃氏宗譜　卷十四　初編上　目錄　二　中和堂

膠山安黃氏宗譜　卷十四　初編上　目錄　三　中和堂

生是日初度併題贈之　王問
膠峯先生誕日口占壽之　鄒坤
秋日承枉新篇次韻奉酬　華察
嘉靖四十四年秋八月望前承膠峯安老先生過訪山居不遇遂憩大慈僧舍題詩留贈次韻題壁
奉答　岳岱
安膠峯年丈邀會次韻　張選
輓安膠峯年兄　皇甫汸
輓安膠峯先生二首　鄧儀

輓安膠峯先生　金汝礪
又　李文鳳
輓膠峯年兄德配郭宜人　皇甫汸
送安大行奉使還家移居膠山故里　鄒廸光
送安小范大行之大同詔起王相公　失名
送安小范之南都刻黃離草小　郭正域
又　虞淳熙
奉懷安小范年丈　陸彥章
安小范道丈遺錫山賦贈四首　劉日升

庚申秋日同我素省丈泊碧浪湖飲峴山賦贈山有翟尊石　章嘉楨
安小范先生白門話舊占贈　李維楨
寄安小范吏部　董嗣成
春日安我素銓部見訪同遊桃源　許學夷
送安硯亭南還　錢錦
送安硯亭文學南還　劉光濟
十三夜蓮蓉湖與周錫臣張鳴教對月有懷安懋卿　王稺登

題安懋卿白榆閣　鄒廸光
過安懋卿秦淮寓館　俞洪恩
送安懋卿　李言恭
懋卿兄丈先生附覽陸郎徵余安行詩　顧文耀
辛亥恭祝安老伯母高太孺人八十　劉雷恒
秦保寅
劉霖恒
華長發

膠山安黃氏宗譜卷十四初編上

堠村傳芳集贈 文集 詩集

東游圖跋

謝時臣 樗仙

錫山桂坡安君博文尚古雅志在於江山天下名區足跡殆盡而東海末之缺典也爰挾侶儔如大用姚予尚賓劉子宏濟周子旣予時臣聿與高懐茲于嘉靖壬辰秋由吳門過浙省歷數郡幾三千里往返兩月是行也凡郡邑諸大夫供以旅食相以百夫士君子相望桂坡丰采奔走豪傑隆遇以禮游與遄飛自

西湖越王城登秦望探禹穴下曹娥江躋東山逾天姥過天台赤城石梁深入桃源之雁宕龍湫放于東海至鹿城江心寺而歸自嚴灘擇勝而止止必鐫名題詠豈浪游云乎哉予不量膚淺漫圖諸景彙成長卷若曰嘗領江山面目第寫眞成宗少文卧游予則不敢姑存此以備他日途經之妄今昔之感聚散不常之券耳因識顛末

北游贈言

送錫山安民泰北游南歸序

賜進士出身資善大夫吏部尚書侍經筵兼脩國史前南京吏部尚書改南京兵部尚書參贊機務東光廖紀書

好游者古今人情之所同而知游之道者甚鮮古宋牼好游孟子語之曰人知之亦囂囂人不知亦囂囂究其所以則在於尊德樂義而已彼宋牼者尚不足以知此而況於今之民乎若夫不事漫游而志存德義者吾於錫山安君見之矣君名國字民泰別號桂

坡居家孝友處鄉和睦交友忠信延師教子以講明道義輕財好義以延接四方賢士大夫多積古經書子史若干卷聞人有奇書必重價購之復置活字銅板印行以傳四方時饑疫出粟若干石銀若干兩以賑濟之又推其餘粟數千石以周鄉之貧乏者未嘗取息其爲人制行多類此予昔承之南吏部聞其家有活字板託印邑志書成送予覩其貌敦而豐聆其言簡而確視其衣冠朴素而有制則其所蘊已概見

矣及予以嘉靖改元冬致仕北歸家食二年書問相繼猶予在南畿時未嘗以炎涼二其心則其所存又可知矣越明年癸未予被召起掌銓衡復至北都謁予曰國平生無所好惟好游覽以觀天下山川風土親賢友善此國志也昔嘗游南畿過大江適河南轉而南至荆衡過江浙北歸閭里已十餘年矣惟東魯北京未游今奉縣檄輸內帑出入內府以仰觀禁城宮闕竣事後又至天壽山以觀陵寢轉而東又觀銀山古刹則國之志願畢矣今將南歸敢祈教言非但

爲鄉邦榮且終身加勉焉予曰坐吾語汝宮闕之壯麗文物之繁盛莫過於兩京君皆觀之則天下之郡邑藩省不足言矣陵寢之巍峩園廟之鞏固莫過於鍾山天壽君既觀之則天下古帝王之蹟不足言矣寺院之幽奇山峯之聳秀莫過於銀山君既觀之則天下之名山古刹不足言矣卿相大夫之賢道德博聞之士莫盛於兩京君既觀之則天下之善士亦皆風斯下矣予何以易諸雖然君有問敢不盡其愚凡人所處不可以不高否則日流於汙下所見不可以

不大否則日拘於狹小所親不可以不廣否則日蔽於孤陋故孟子有云孔子登泰山而小天下觀于海者難爲水以友天下之善士爲未足又上而友于古人以論其世其垂訓天下後世至矣今子之歸也過瀛博歷兖濟游東魯以登泰山之絕頂游太倉及閩廣以觀滄海之浩瀚誦詩讀書以尚友古人而思與之齊吾知行日益高見日益大善日益廣亹亹不已則德義充於心睟於面盎於背施於四體囂囂之氣象不待外求而得之君其勉之余日望之是爲序

嘉靖四年夏六月之吉

東游贈言

書東海奇觀卷後　　長洲吳一鵬

浙東山水之勝近有西湖稍遠則有天台雁宕蓋甲於東南而四方士大夫聞之往往有願游而不可得之歎則以或限於地里或拘於職守或迫於老年衰遲故爾吾友無錫安君桂坡素抱山水癖家居之暇乃於壬辰秋七月拉諸友駕一舟浩然爲浙東之游焉便道過吳門告別因出卷求題予爲賦二絶句以壯行色至九月上旬始自浙東回盡閱歷計七十餘日往返計二千餘里凡西湖天台雁宕諸勝處冥搜顯覿足跡殆遍而各有詩紀之維時泊舟河下予往訪焉見其貌充然有得畧無少倦且出前卷示予求跋則詩已盈卷而吾鄉謝思忠復爲作圖模寫甚悉一展玩間湖山曲折宛在目前若君可謂好游而得其趣者是可嘉已君有子如山以名進士作守嵇州與兒孝同榜故君往來予家頗密顧予老矣近亦曾過西湖游覽止于三日竟歸東望天台雁宕邈不可到譬之珍羞滿前君則飽飫之予不過染指而已然亦勝於不食者也雖然予幸筋力稍健來春亦宜決策前往而於所謂天台雁宕者當徧游之以償夙願孰謂繼斯游者竟無其人哉遂書卷尾以俟嘉靖十一年歲次壬辰九月二十五日資善大夫太子少保南京吏部尚書致政前東閣學士專典誥敕國史副總裁長洲吳一鵬書於秀峯堂

呵凍漫筆 刻入藝海珠塵　談　修　倚余

温人趙彥霄兄弟二人父毋亡後同爨十二年事兄彥雲惟謹彥雲躭嗜聲色博奕生業日壞彥霄諫之兄怒遂拆籍不五年而兄貲產蕩盡公私逋負約二千餘緡彥霄因除夕置酒告其嫂曰向者初無分爨意以兄用度不節恐皆蕩盡俱有飢寒之憂故勉從耳今幸我一半尚不廢亦足以給伏臘兄自今歸中堂以主家務即取分書火之管鑰之屬悉以付爲因言兄所負錢已措備償矣兄初有慙色不從見弟意

勤懇遂受之次年彥霄與長子俱鄉薦登第夫彥霄敦克恭之誼而塵視資產誠非人所易及余覩記錫中得二人焉華光祿露封公麟祥庶子也封公冢子正郎雲生有五子光祿生與正郎公冢孫同歲封公夙有遺兒命與諸孫伍行居四爲光祿年甫十二而封公卒正郎好讀書不視家生產悉委之家督以故光祿析產亦與諸孫伍得六之一光祿父事其兄無間言正郎好行其德而出入之柄莫能自操常怏怏不樂光祿捐已貲千金授之正郎公喜書菰川圃券酬爲正郎歿圃爲諸姪孫行售之他姪弗與較人皆義之主政安希范父僉憲如山有冢子年已長矣後妾生二子最後復有妾生希范命後其亡弟如陵希范甫七歲而僉憲卒妾前生二子皆不得其死獨希范存其嗣父所貽生產每所入計二千餘石僉憲歿後悉爲長兄收事者七載齒十四而長兄歿乃携其生毋執嗣父餘業蕭然徒四壁也僉憲公有傾縣之富長兄無七箸貽希范且并其嗣產所入而有之人皆不平希范獨甘心焉齒二十有二登鄉薦二十有

三舉進士天之報希范也不殊所以報彥霄爲者孰謂天道無知哉第華光祿爲邑弟子員食廩數載乃由胄監授職尚未食報於彼者云

嘗觀子輿氏論臣品有三足以槩臣道矣及覩之記曰事君有犯無隱則抗疏直言尤人臣立朝大節余錫人國朝如倪柱史敬華黃門景暘主政淮黃柱史正色張黃門選悉以諫顯嗣後乃寂然不聞有折檻之風豈朝政果無可言乎抑有所畏忌而不言耶邇來若顧主政憲成其弟主政允成高大行攀龍安主

政希范先後上疏直言時政有降級者有削籍者朝廷處分不同誠足以追美倪華諸公爲一時盛事第得如海剛峯公瑞不以敢言自負便謂人莫敢侮而清介盈厲雖處貴盛終身不渝固言官之遺範乎乃有抗疏廷杖忠義可謂凛然未幾起廢躋清要歸而虎視鄉黨一切兼併侮奪之事肆志横行而毫無忌憚上之人心知其非錄其直而姑容之下而小民囚囚首聽命而莫敢誰何則曩者一時抗疏之節祇爲終身豪奪之媒安足列於臣品哉余願今之爲言官

者以剛峯公爲法彼敗名於一諫之後者深恥而病懲之斯可以語完臣矣

天全堂集序

故南京吏部尚書郎安公小范生而清揚婣好年二十餘宦於朝朝中目之璧人顧頭早白未强仕皓然如大老而朱顔自如成進士與余季弟同榜余自是得締交官行人六年以年不及格擢膳郎主事又以不便養母乞得南曹會與同舍郎彈劾執政執政其舉主也遂鐫職爲編氓比新朝追錄言事諸臣而公不逮矣兩子與壻輯公生平所爲詩名天全堂集者信詩之可以觀人而未盡也公爲僉憲膠峯公孽子

不數歲失父所生母遭悍嫡摧抑太甚兄弟中及布斗粟不相通其茹苦出恒情常理之外既仕而以直言敢諫屏棄終身不復收內有所廹外有所攖以其發憤感慨宜有雄鷙不可向邇叫呼怒張之氣以其逢殃羅愍迭逸窮厄宜有侘傺緊絷若無聊賴之狀而其詩緣景抒情緣情體物高不襲古卑不狗今無牽率補苴之勞虛憍凌厲之態温柔敦厚深於詩者也盖公自歸田以來家有名園日涉成趣籃輿畫舫往來武陵吳興金陵間盡攬擷其山川秀色翕友良

朋一觴一詠陶然自暢故詩肖其爲人乃爾清風勁節足以靖浮競而恥媕阿亦隱約可窺於篇什之外善乎其以天全名也其天全故可喜可愕可悲可憂之事不足滑其和如天籟吹萬本於自然以此勝人遠矣余又觀今詩人以多爲貴而不必合作公詩纔數卷具諸體如楚子玉御三百乘孫峯精騎三千自可前無衡敵此余所深慕公者也

太泌山人李維楨本甯甫撰

天全堂集序　晉河何喬遠穉孝氏頓首撰

小范自禮曹郎去而爲南吏部郎則上書神宗皇帝言上於用舍進退之間不無謬邪正是非之辨而以歸咎於閣臣不能究其有娼嫉之所繇分神宗皇帝曰謂朕漫無裁定但倚閣臣耶所以敢如此疏請前有救陳泰來者留中耶立命逮繫之時爲癸巳歲之臘除上既出是旨已便欲飲守歲酒諸大閹環跪上前曰王閣老聞上旨在閣中哭未退也願萬歲且無讓酒上躊躇良久改爲削籍而後讓酒飲也閣臣者王文肅也小范之疏蓋爲高存之削籍而發而上旨有救疏留中語蓋謂孑也孑何申救構李陳伯符云此時小范方年三十耳神宗皇帝君父也閣臣王文肅公師也小范一言而所以致意於君父師之間者良爲切至矣小范年二十三登第翩翩英韶喜讀書文辭與戴亨融最相厚而久之亦與余爲同舍郎余厚小范不啻小范之於亨融也小范一謫不復振至神宗皇帝賓天方遺敕復之詔而小范亦殁矣而年未六十也而余與亨融長小范七歲尙在人間尙

徉與於簪組之列與言小范能不爲之悲傷乎哉小范既歿其子廣譽入都上書求爲小范身後之榮而上亦自行贈小范爲光祿勳不待廣譽請矣小范謫居里中與存之諸君講學不厭而詩尤其所宿好廣譽持小范詩示余命序云此十一耳家中遺稿尙未悉搜錄也小范早歲之詩步武唐人晚歲則闖入陶韋白蘇之間淸道簡勁無一毫塵心塵事且買山吳興而將歸隱世人比小范於愚公而小范益自喜其愚固當予赴召時過錫山訪小范小范正作古人諸

郞持服鄕間但見庭中葵花燄燄刺眼爲悲傷不自禁今又得小范詩讀之亦猶見其庭中葵燄燄也葵歲歲花自有葵以來花時無窮已也小范之詩亦如其庭中葵傳之後世無窮已矣

罨畫樓詩序

夫士以才名世非幸也至以詩才名世尤非才之幸也所幸者晨夕見聞祗四子一經及享榮負譽則雖握靈蛇珠抱荆山玉皆嘆不如以視原本山川極命草木引物連類摛藻摛辭而不免操瓢與簞者其爲幸不幸何如也雖然詩所從來尙矣貴乎士者固將追正始之音纘古人之詠歎使徒操三寸管精八股業一旦通顯而又氣滿志得不暇謳吟是終其身無可爲詩之日況有呫嗶窮年不見知已頭童齒豁竟

死無成者乎然今之人所可怪者不盡是淸言滿篋新製連篇多自牀頭捉刀人手所爲有識旁觀代之入地嗟嗟畏之者如彼假之者如此非又詩之大不幸歟吾盟安子孟公地冑高華才識茂美畫兼南北宗之長詩擬初盛唐之勝胸藏丘壑旣畫中有詩紙滿雲烟又詩中有畫比讀其集新情振起逸韻横生風雨爭飛魚龍各變誠足愧夫畏且假者況孟公祖我素先生以弱冠成進士正言忤時退與端文忠憲暨先光祿倡明聖學爲一代儒宗今子偕諸家兄弟

朝夕砥礪冀無忝先人又不止以才名世以詩見才也願與孟公共勉諸

同學弟劉雷恒震修拜題

罨畫樓詩序

余溥游梁溪得安子孟公姿才冠代霞舉玉立蓋歎吾友無曠嗣與有人而膠山實孔鍾靈不盡幾爲渥洼丹穴矣然晤言久之第知其羔鴈之業咄嗟可致風雲耳不知其善畫抑不知其工詩偶閱其點染則烟巒變幻出入宋元比讀罨畫樓詩又雕華錯繡春葩燦齒斌斌乎洵美多能哉昔人謂摩詰詩中有畫畫中有詩嘗試以畫評安氏父子之詩無曠如吳興苕霅山水清遠孟公如九疑瀟湘泓崢秀絶是父是子俱擅長名世方之南宮友仁東坡叔黨奚媿焉長夏無事擬坐余罨畫樓中相與散髮披襟遥睇雲雨暢談風雅宛在杜陵清簟疏簾一幀粉本以觸熱不果買櫂行矣客與汀鷗岸葦間手是編臨風載詠紛紼蒹葭伊人之想絶勝范少伯蝦菜一帆也

年家老友武陵吳本泰題

罨畫樓詩跋

余浮沉於詩殆三十年所懵無適從吾友孟公年僅半於余乃藻發頴豎下筆輒佳豈嘔血苦吟才終近鬼而百篇斗酒品已淩僊自其天分過人與尋摘窮年白首無成者迥别玆刻五七言近體行世不過驪龍片甲玄豹一斑尚多歌行古文辭留作枕中之秘惟是先光祿與吏部公稱莫逆交西林酬唱猶芬齒頰今孟公韶年令質嗣響前賢方將執鞭弭屬櫜鞬周旋寓内爲騷壇盟主余徒从村中學究終老文山

雖浮沉於詩不衰而墻腳蛩吟艸間鼃奏詎能纘先人之風雅感而爲跋言之如此

武陵通家弟顧柔謙拜題

安荀公詩序

歐陽子有言詩以窮而益工余竊怪其言以爲非通論也或曰此非歐陽子之言韓子固常言之矣曰愁苦之音易好也余曰夫韓子歐陽子皆遭時得志聲稱于人其所爲窮者愁苦者譬如未入桃源强説此中風景余固以爲非通論也乃今讀安子之書而有難釋于中者焉安子烏衣門第少時裘馬翩翩倖童倩女韶音令色不絶于前也一旦遭時顛倒掩跡空山所居不過二椽清流遶門蒼松映櫚風雨濕陵米

窮薪盡無能越山溪而問諸其鄰也安子之窮其甚矣哉乃安子好爲詩每出示予沉鬱抑揚淋漓宛轉其秀艷如對名花其和雅如聆仙奏予固已心異之一日者春雪初晴梅花吐萼予與其從弟叔先張子希賢入山訪之則柴門已鑰犬吠疎籬安子杳然不可復迹也得樵子而詢之則曰頃已挈其家人走深林各携一筐拾松子摘野薺或倦而盤桓巖石高歌狂嘯耳予聞之飄飄焉如登蘇門之上也因相與待之坡下流睇夕陽則安子已從林間望見予歡笑來

歸揖予入門開罇命酒取所拾薪熱之山肴野簌錯雜于前并誦其所爲詩屬予可否焉予不覺樂飲至醉顧謂安子曰往時杜五郎蘇雲卿諸逸事由今觀之亦平平耳愧予非沈存中張德遠其人不足爲子傳也安子乃盡出其詩曰予其爲吾序之予曰予向讀子之詩而知子之工于詩乃今觀于子之所以處窮者而益信子之宜工于詩然則詩非以窮而工也殆以能窮者而後工也向者之見固不足以折歐陽子之喙也哉

同邑通家弟宛溪顧祖禹拜題

膠山安氏詩序

吾邑自宋湛茂之而後風雅代興元之倪處士雲林明之浦舍人長源華學士子潛高忠憲存之尤以詩著稱而吾家自先貞靖公創社惠山三百年來家自爲詩如五峰滌煩楞隱鳳山從川以及耆峴山人泉南山人各有人集蓋亦彬彬乎盛矣顧年久散佚嘗思掇拾先人遺詩彙爲一帙自愧未遑今乃得安孝廉吉所編膠山安氏詩合刻烏虖安氏氣節文章政事具載明史及郡邑之志其可傳者固不獨詩而孝廉不忘先緒蒐羅遺墜抑亦可謂難能也已膠山安氏世居也其地邱壑深靚水木明瑟所謂西林南林者是也方安氏盛時飛樓曲榭欄楯連雲魚鳥芰荷渺然彌望見於王弇洲西林記顧余嘗過膠山訪其故址敗瓦斷礎埋没荒榛叢棘中以是慨安氏之衰而孝廉食貧客游乃能以其俯脯所入鋟其先集讀是編者恍然見風流輝映後先相望猶足爲膠山取重也梓既成孝廉丐序於余余故溯吾邑風雅之源流及余之所自愧孝廉之賢與夫安氏之盛衰並著

於篇至于詩以言志安氏之詩不徒爲留連光景之作已詳于孝廉自序而詩之工則又讀者自得之不復贅云

時

乾隆癸丑仲春上浣後學秦瀛序

膠山安氏詩補集敘

余來梁溪八年矣偶過膠山訪西林南林故址得識孝廉棗占安公又識其族明經春臺翁讀孝廉所刊膠山安氏詩知其先世風節文章政績紀於史册者已照人耳目而儒雅風流亦代有聞人孝廉著書甚富出其各稿本以示余余亟賞之竊歎故家遺澤流風正未艾也厥後孝廉辭世而春臺翁嗣君蓉溪茂才昶問字於余今年余有宫牆之役蓉溪爲余督理之一日偕孝廉哲嗣安生念祖來以其所刊尊人各集惠余又輯膠山安氏詩補編乞余敘余讀其自識之語欷歔悵惘紹述前型珍其祖父之餘券復摭其遺族之先澤抱殘守闕已積歲年能繼孝廉之志哉蓉溪伯仲篤志追先以褎剞劂亦能奉明經之庭訓者也嗚呼吾觀安氏之詩而知其人文矣吟詠發乎性情詞章本乎理學故雖彫殘散佚有後之人什襲而刊行之等之彝鼎圖書而唯恐失隊由兹以往安氏競爽而興相與摛藻摛華世其業於風雅將以和鳴國家之盛詎僅爲膠山生色也哉

時
嘉慶二十有二年歲在丁丑秋九月望江培庵張立
本謹序

十二山人文集敘　　吉 集占

世稱良友爲知己惟相知於不易知且不及知而後可以言知故有初交之而識其畧繼見之而改其觀者有遲之數年或數十年博觀生平所精進而益莫能測其涯涘者信哉知己之難也余友無錫安君古琴爲人誠樸不事雕飾乾隆庚子歲余始識君於京都當是時赴試禮闈俱各潛心時藝君獨根柢經學并肆力於國初有名大家每出一藝輒相爭傳誦其他著作固未暇窺其全豹也後二十年余以罷官遊

太平二守署君適授徒其中因得朝夕與共縱觀所著夏時考古韻徵等書覈其詳抉其謬原原本本具有卓識乃知其寖食於古者至深亦至苦而非尋常夙學所能彷彿又卅年余既耄家居君已棄世令嗣景林茂才念祖奉君所爲十二山人文集乞敘於余并贈余前所著書已梓行者共十數種余澄心累月而後知君之考證以精確勝辨論以奇闢勝記敘傳誌以超邁勝雜說詩歌以恣肆奧衍勝然則向之在都與在太平所知均屬皮相而此時之窺測梗概亦

未能悉其底蘊也豈非余之知君有未及而君之深造不已月異歲不同之故實有未易知者歟君爲己亥經魁辛丑會試以薦卷簡取中書不果行嗚呼君固不易知者也而亦未嘗汲汲於求知倘所謂先器識而後文藝者乎景林能讀父書兢兢手澤所存惟恐失墜余雖不能確然自信爲知己而離合之迹嚮往之忱有不可没者爲贅數語俾弁簡端并屬景林求爲可知以漸幾乎不易知之域則庶乎能世其家也

道光二十二年歲在壬寅春仲愚弟呂榮頓首拜撰

時年八十有八

耐庵老人詩集序　　泰緗業

夫琴彈海上情移紘外之音月到天心手掬水中之影覽陶公歸賦非關松菊就荒讀屈子離騷不藉茝蘭爲寄而况詩緣境發大抵羈愁感歎之言爰知名以人傳每多慷慨激昂之氣所以制瓊瑰之淚不能寫此衰頽迴木石之腸難以形其平澹焉己耐庵老人姓安氏世居堠邨名起東字慕林爲東林我素先生裔其世德由來舊矣第鶴算八旬龍飛五世始自隆慶承平之際迄乎咸同擾亂之間其豐嗇窮通之

故可敘述云雖然不歷艱危之境不見處士之操守也不來困阨之遭未盡詩才之磨折也溯自少成聰慧長即能文博器重於算師切箴規於取友最痛母儀幼失不聞仉氏三遷惟知儒業交修請事伊川四勿奉繼母氏華氏錢恩承萱佩慶大父杖朝杖國戲及茱衣數傳悉係單丁授室但期養子猶記初婚姚姒鳳卜未昌因思繼娶華宗鸞膠再續詎料方欣設帨乃纓緒旋嬰正備懸弧而蟬綫即斷也今夫喪居不變者哀死之眞情問安乃喜者事生之至愛曷以

歡承菽水慰堂前洩洩之忱洵由樂爾妻孥撫膝下呱呱而泣特是悲傷節性爻纘祖以就衰劇憐侍奉需人錢代華而早逝不獨嘗湯藥營葬祭可爲盡禮盡誠豈非摩杯棬習詩書宛若有聞有見逮至春秋享祀勿忘餘哀從知蘭桂和調謹遵先𠯦嘆親恩之未報思子職以無虧仁人孝子之用心固宜然也如是則老人之事居送往者有年其如田以硯爲原無惡歲家徒壁立頗有虛名才欲達而運不齊陡起中年之感樹欲靜而風不息忽增往日之悲惟其初筮

拔茅纔經縣府何故慣遺大木不怨宗工潘陸才華以後竟蹇科目蕭曹家世從來不患清貧同人見慰之心涙說待時利器大有出塵之想休嫌若夢浮生天意難回從可知矣如是則老人之守分安命者有年然而天能阨其命於少壯之年不能阨其才於老成之日由是碑摹篆隸儘堪筆走龍蛇室富圖書一任檢拋烏兎加以心灰遇合不復夢到功名因而賁謝顯揚聊以詩酬歲月爰著耐庵吟稿晚香詩草共八卷至今未付手民甚爲遺憾退想其時或以美酒

相招即揮毫對客或以名花見贈即分韻酬人凡屬掭所求而來靡弗愜其意以去天無明月挑燈尙自敲詩地異程門立雪猶思問字總之風騷道合亦由香火緣深也如是則老人之因材樂育者又有年他如讖緯術數之學鉤河摘洛之方咸能道以津津言之鑿鑿維時江左之民心思亂天邊之星象呈妖不信五百年大劫到此將臨請看七十載餘生自今鳴豫則見集宗支譜志在承先修梅里之書情殷傳後對人則一於溫厚處世則專尙謙和積翰墨之餘貲

淪於暴骨減酒殽之浮費賑到災黎盡篋堪搜僅留大布錦囊可索惟賸新詩書捐每托無名惜福自宜多壽跡其居心行事奚啻惟恐人知者焉所恨烽烟告警抑鬱無聊恥從末路謀生猥曰小人近市時鄰非錢佽助常言君子固窮子弟幹名場此日連遭國難官紳斷聲氣者番競慕儒風嗤徵逐於吟壇徒有額聯之贈溯竭來於官舍從無鹽米之求以致百歲幾多勞新未息遑計子身爲往槖飫誰供曷其奈何艮可慨也洎乎辭古鄉適樂土倒金樽而盡醉淚灑

窮途鑄鐵杖以隨行冠衝怒髮時或傕秵鴨蕩流離
非復人民亦曾避亂鵝湖旅食屮綠親舊于是弔祖
宗之邱墓傷心動慼旁人問故里之柴桑回首怳如
隔世斯非民之生至慘抑且老境之難堪者耶嗟乎
世亂未平天年已盡猶幸音容雖渺詩卷長留繩武
望傳人將有待也表揚歸邑乘其在斯乎悵杜陵春
日登樓自昔尙云多難况宋玉秋風作賦而今何處
招魂

大憲伯膠峯先生六十壽序

吳郡 黃姬水

嘉靖閹茂歲㚔月黃子渾乎洋乎其據梧而處也一
日勉仁太學造黃子之廬持陸叔平氏所繪圖請曰
余嚴君膠峯大夫今年年六十矣六十始壽余竊愉
愉喜也將謀觴焉敢乞子之言以爲壽黃子曰大夫
洵壽哉錫與余邑接壤錫之人皆曰賢大夫也余邑
之人亦皆曰賢大夫余生也賤未嘗脩刺候人而服
聞大夫之賢素矣大夫洵壽哉易曰損益盈虛與時
偕行老子曰少則得多則惑又曰知足不辱知止不
殆可以長久故向長讀易而知損益嚴平授老子而
知有餘不足蓋明身名之分者斯保性命之期矣識
盈虛之數者斯獲佑助之福矣大夫少典學精博以
文聞舉進士拜翰林庶吉士出刺嵇州三載入爲地
官郎復刺高唐倅會稽僉憲滇蜀大夫立心寬平治
事肅給所在咸有稱績司庾則以出納爲務有韋朱
之望作牧則以惠養爲本有卓魯之仁奉使則以澄
清爲志有張范之風以大夫之才固宜獵清塗策華
轍從容諷議以登翼王家廼竟疲於州郡弗獲大展

厥藴所謂天道者何如耶然靳其施者將以全其天薄其位者將以厚其生固天所以壽之也昔馬矯並稱馬融仕矯慎不仕而矯以壽元白齊名元稹爲宰相白居易不得爲宰相而白以壽不可徵哉黄子乃卽所繪圖而頌之曰六天之外廣陟混茫朱陵丹丘𡸁穴迴陽眞人之府殊庭紫房天鹿辟邪神烏鸞凰淇波弱淵大樹靈香芝產瓊田醴出玉梁甘液金英易髓滌腸飛翔空玄壽命無疆於是太學君矍然起而再拜曰吾奉子之言歸而爲嚴君壽矣

舊藏此文絹墨完好惜未見其圖徒生遺落之感崇禎庚辰中秋日過東雅堂見懸此畫疑似按歲月及序文果符蓋先僉憲生癸亥圖欵云嘉靖壬戌春仲包山陸治作於西畹齋正僉憲公週甲時也龍泉太阿終當作合豈偶然耶

裔孫廣居恭錄并識

安老伯母高太夫人七袠序　順治辛丑

通家子劉雷恒頓首拜祝

倡道秉德持天下之名教者謂之大賢抱典懷經具邦家之儀物者謂之瑋儒承先緒而標文章之額者謂之名家振後秀而總金玉之英者謂之才彥內有則外有儀柔和端恪勤劬保世者謂之賢母五者兼聚條貫合爲一家人倫備而天秩咸宜古今所難也在昔公族大家儒門隱巷稱賢母子者煌煌史册甯以一節表見求其如是之備而儼然載以厚福恐難

歷指也惟我高太夫人實爲忠憲高公季女則大賢爲之父來嬪于安其舅爲司封公安固博雅之名族而司封公又瑋儒也司封之胤嗣孝廉公卓然伉儷稱爲名家生我孟公英姿飈發是眞能讀墳典丘索者吾黨推爲才彥而太夫人實子之則太夫人自爲女爲婦以至于母靡不身親彝教而家奉名德識大體者未有不詳於小節抱貞性者未有不齊於衆情蓋其植本既隆而觀法盡善此所以爲安氏之賢母也古今所難者玆致之若易易也然吾黨聞太夫人

之風而益思忠憲之澤不獨昌明正學孚集羣儒若顧端文安司封暨先光祿輩論世而交義同星嶽卽今同學諸子與孟公敦兄弟之好者皆淵源於忠憲司封不敢或墜先型朝夕黽勉與孟公期者匪是則爲辱禮而違分故登夫太夫人之堂儼乎衆人之母而贍頌無涯也今太夫人七袠孟公昆季執爵而前余與諸兄弟需次歷階而進以觀成焉禮也

壽老姊安太君九十序

吾泰與安之世通姻好也自余中丞公始職方公又爲孝廉廓菴安公婿廓菴公曾孫信翁乃娶余伯父德燕公女蓋卽今九十老姊安太君也猶憶當年余伯父母徐孺人稱九袠觴親朋競祝咸謂天無私壽伯母敬德所致茲老姊非有厚德而接武母氏之多壽耶矧恭逢

聖天子萬壽無疆吾姊七十八十以來已三沐

皇恩矣不亦當爲紀盛歟錫誦芬乞言爲壽余何敢以老拙無文辭最者安之盛也由奉直公起家延及僉憲公勛卿公奕葉簪纓禮樂不待縷述矣洎吾姊來歸家已中挫而克相夫子非特扶持弗替能振拔焉蓋信翁姊丈懿行不勝書承先啟後隻手轉旋非賴有良佐如吾姊爲內助哉宜其伉儷並享大年而吾姊得壽且彌高也况今年屆九十謝家政久矣尙猶董率子婦教育孫曾惟恐忘先人之業朝夕提撕無耄倦焉此其勤劬保世爲何如哉良足以光啟後賢矣

夫黃髮慈顏不佞佛不須藥物不以閑爲自在若將壽補蹉跎歸然母儀乎四代非天賜難老能如是乎聞之書訓無逸克壽詩頌壽母受祉蓋皆老姊有焉爲名諸生繼勛夫人孫節壽六十適具慶焉己亥
萬壽恩科經元彙占繼勛令嗣余姪仲芳之婿與余孫淩滄相善也且余以世通姻好深知老姊自得所以致上壽者今當九十誕辰而畧言之猶見古賢母之遺風蓋可垂爲大家閫範不朽焉

若但頌期頤希
錫命侈陳慈幃介壽盛事豈所以壽老姊哉余少老姊兩歲就養山左宦署不獲躬進百歲觴而余心甚有羨乎其家慶也遂書以應詡芬爲老姊遐祝云

時年八十八弟秦眘田頓首拜撰

乾隆四十七年歲次壬寅孟陬　穀旦

安氏壽宴序

乾隆四十七年春安氏最長之老母曰秦太君壽九十矣族姓之祝於堂下者若干人外姻之來祝者若干人三世之交遊來祝者若干人皆願太君之壽自今以往至於無算又願歲恒有年閭里安堵以娛太君之老又願其子孫發揚詩書之業可出仕以報效本朝百四十年教養之恩太君及見其榮也祝已太君子詡芬兄弟退而與衆賓爲燕少長詵詵既醉既飽咸謂此

安氏之盛不可以無述余按安氏世居無錫分隸金匱膠鬲山前邑志誌其地曰安鎮蓋由來久矣其家花桂扶疎香聞廿里辛夷花放光照一方觀遊其下者咄咄歎羨不知其幾百年物也自明有桂坡徵君以高義卓行著聞正德間至萬歷朝又有我素先生卓卓建言而講道生平忠孝大節著載
欽頒明史其文孫信翁克念祖而修厥德爲隱君子以老得年八十有三秦太君其配也余觀

近世鮮百年之家者倏起倏仆不一二世而蕩
然矣安氏保有先世之遺雖時異事易幾經侵
刱而堂構巋然讀書雖科名間歇而能不易其
業究自得重振箕裘太君俯仰九十年間顧盼
於興衰之迹審量於剝復之理相與保守維持
而承先啟後之克艱其賢有足稱者哉若迺爲
太君祝者前之辭則既美矣余又何以加焉

世愚姪翁方剛頓首拜撰

乾隆壬寅春王月九日 吉旦

安涵養先生六十壽序

古昔盛時治教休明風俗醇茂敬老之禮載諸史册其詳可得而考也慨自世衰道微引年之典不行而在鄉耆碩德於其覽揆之辰凡大雅宏達俊乂譽髦之彥下逮故舊戚郷負販居肆農家者之流罔不濟濟一堂奉觴致敬并以文字敘述生平以抒頌禱此告朔餼羊之意蓋猶存尚齒之遺風爲禮有舉而莫廢況其厚德重望爲鄉黨所稱道者乎共相肇造之十有八年歲次己巳正月適值 先生花甲榮週知交夙好思所以壽 先生而以 寶璉 交 先生最久諗 先生行誼最詳督 寶璉 爲文以序之 寶璉 奚敢以不文辭 先生名宗愈字達初晚號涵養爲錫邑望族世居安鎮故家喬木世澤猶存至 先生時稍陵替矣 先生三歲而孤太夫人華守節自誓躬親撫養 先生純孝出於天性歲時祀祭見母泣亦哀慟不已隣里均稱之五歲從叔父菊軒先生授四子書歸則篝燈相對機聲與讀書聲率三鼓不輟稍長更從叔祖東雲先生研窮經史學業日益進將赴

縣試以母病中止侍奉湯藥衣不解帶者歲餘丙戌夏六月太夫人疾終內寢　先生哀毀骨立勉力治喪歷年綜理家政債臺高築悉鬻產以償還無吝色先生少抱大志有幹濟才惜不爲世用不得已廢書習懋遷術而　先生忠厚待人始與人合資設燭肆以任用非人虧耗殆盡　先生澹然處之不與較人皆以爲難光緒癸卯山東連年河患民不聊生　先生惻然先行解囊後謀於鄉邦者濟之由是當道奏奬給予州同銜加兩級安氏宗譜重修於咸豐己未時

際洪楊之亂急思裝訂散發未盡修詳不意任爲團勇拋棄至通族無一完全善本可慨也　先生以忽忽已五十餘年譜事最爲要圖遂於丁未二月祭始遷祖祠時　先生首先倡議於奉思堂各支咸集因義莊經費艱巨議收丁捐先將西分與黃姓協力修輯竣　先生董理任事之後躬親採訪寒暑無間嗣以諸多掣肘又形停頓至壬戌春族衆集議續修東西兩分統譜仍舉　先生主其事　先生悉心纂訂任勞任怨不以爲苦刻正殫力從事相與和衷共濟

能可早日告成非　先生深知大體曷克臻此其時世界變遷隨潮流爲轉移　先生知欲圖自強首以開通民智爲要務而非普及學校不爲功卽與虞君爾玉奔走籌欵創辦公立膠南小學假鎮西邑廟西偏爲校舍不虞辛亥之秋蛟水爲災四鄉蠭起搶米校舍亦波及搗毀是年民國光復　先生深恐遊民再滋擾害辦理防務以維治安明年籌備自治　先生任會計庶務之職懷下風氣初開不知向學　先生復與諸君僉吉到處宣講先行規復膠南求我兩

校連年悉心籌劃全市續辦成立九校又以懷下師資缺乏開辦講習所於膠南一時成就者衆　先生之力爲多膠南靈泉菴元武祠芝生堂先徵君桂坡公所建也風雨剝蝕將就坍湮　先生偕族人葺而新之議將芝生堂改建爲安氏先賢祠祀明徵君桂坡公爲不祧之祖並祀太史膠峯公勳卿我素公大令廓菴公文學研亭公潔園公爲配及有光於族者有功於宗者祔焉定章不得濫祀以承孟公先生之志也安氏義莊經　先生族祖春臺公苦心孤詣捐

建成立嫠婦孤寒咸受其賜嗣以年久成規廢弛莊董又不善經理同族諸尊長咸舉先生爲董理再三辭不允所請　先生乃勉承其乏經理五載除照章給發寡孤外復創辦熙春小學修理祠墓並橋梁道路不遺餘力翕然稱頌不衰一切開支悉皆就緒後以積勞多病辭職列册呈縣清交絲毫不染可以見先生之宅心公正矣　先生七世祖我素公理學名儒萬流共仰前明崇禎甲戌己棠學憲祁彪批安宦學有本源行堪模範建祠推行又棠直指任濬批仰

無錫縣准照顧端文高忠憲兩公例一體春秋特祠致祭當時祠基已定惠山擘秀閣時　先生八世祖廓菴公正赴禮部試未能送主入祠因循數載遽有甲申之變廓菴公亦攀髯盡節以去故　先生常以我素公不獲與顧高二公並祀二泉歎爲終身第一憾事至清嘉慶間十一世祖信翁公方建我素公祠於墺村古墓後置有叔字號祠祭田五畝以供歲修及春秋祭費閱時既久祠屋坍頹先生惄焉心傷即竭力籌措數百金將祖遺我素公資娥臺舊址建祠

屋五楹春秋朔望循禮必敬立碑以垂久遠此　先生愼宗追遠之心非仁且智者孰能與於斯凡此卓卓數大端　先生勞費精詳有條不紊人皆束手無策而　先生舉重若輕無不悉當洵非易易至於念曾祖母司馬太孺人苦節季太孺人之節烈華太宜人之節孝詳立事實呈請大吏奏於朝皆得恩准進表建坊　先生報本之心於茲稍慰以及疏濬始祖墓前環河築埣種樹氣象一新安氏天全堂者我素公宦成後營建之里第也數百年來人之至安鎮者

無不登堂瞻仰以寄餘韻流風之慕流光若駛堂內之大七間及房廳悉皆頹敗　先生奉母遺命得族叔之屋改造一堂自題堂曰承志不忘父母之志也他如持躬節儉處世和順里黨公益罔勿盡力彰彰在人耳目間皆可以爲後世子孫法夫勛業聞望凡以重於人羣而引人歆然動企羨之私者可以人力自致獨永世休命長生大年必得之自天而非人力可以強爲希冀然亦觀其人平昔行事以爲斷居心仁厚則壽矣孔子所云仁者壽是也　先生非其流

亞歟備一生之實錄伸千春之祝詞他日者　先生
再由古稀而慶期頤　寶璉　得獲追隨諸君子後耕颺
上壽不且與有榮施乎請誌斯言以爲他日券　先
生德配胡夫人繼配徐夫人均持家有禮子一尙烈
就泰伯市小學之聘尙斌高小學校讀書女三長次
俱適名門三尙德亦在高小讀書皆彬彬衎衎積善
之家必有餘慶源遠流長正方興未艾也
中華民國十有八年己巳夏歷夲王正月　穀旦
世愚弟涇里秦寶璉鞠躬謹序

祭膠峯安年丈文

維隆慶四年歲次庚午四月戊戌朔越七日甲辰年
眷生黃正色謹以牲醴庶羞之儀致祭于
大臺憲膠峯安年丈先生之靈曰維靈淵邃之學穎
達之資退邇愚智誰不知之久蓄斯奮乃分之宜而
胡忌者猶或見疑純愿之情愷悌之政于浙于滇猶
莫非令天亦格斯昭昭上映而胡讒者萋斐起佞和
簡之素朴茂之衷怡怡眞率坦坦淳風誠心率由維
樂是從而胡後起尙不盡容人雖忤只天或鑒只庶
幾修齡可優游矣一詠一觴復可涯涘而胡彼蒼亦
復爾爾嗚呼傷哉是理者誠不可據而天者殊不可
測矣惟弟與兄戊子同舉己丑同登出宰入官志在
同升予蹇且拙一斥久刑蒙恩晚歸髮已星星勉膺
閫命仕笄已盈乞骸速歸擬狎鷗盟豈兄不待而遽
遐征一杯致奠老淚沾膺兄靈不昧應鑒微誠尙饗

祭膠峯安先生文

維隆慶四年歲次庚午四月戊戌朔越初八日乙巳眷侍生王問華察楊宥強仕王業施顯卿俞憲吳情秦汴黃義卿施隨萬邦甯顧衮顧詵華復初黃搢浦楫秦梁汪汝達鄒伯興華士宏孫一元張子仁陸以卿徐卿龍華汝礪施暘徘萬言策錢貢孫岐英顧起綸楊成華復禮華衮王雲道秦樫潘應文王利賓唐裔華復誠胡紹陸府浦大川華啟直張應科尤紹芳華誠夫黃邦教黃邦傑顧起東談修楊泳之成能談

志伊陸倘第華宗澤顧道濱鄒懋昭馬濂馮仲明等謹以牲禮之儀致祭於

大憲亳膠峯安先生之靈曰公以清俊之資英敏之質少發於文馳聲儒籍聯奮甲科作賓王室翰院儲賢才華炫赫偶忤權衡裕州遷秩廉慎勤能民安訟息撫按交旌地曹超越梗直抗時復遭回折公論罔容旋登司臬禁度坦夷處居愈佚孝敬嚴慈弟昆怡悅訓子隆師捐金勿息報效椿萱龍章寵錫忽想邱園歸鶴遂央金紫雖榮天貞勿易唫社壺觴優游自適會值恩階同沾惠澤宜享遐齡以全福德胡染微疴遽升仙列遠邇俄聞親朋慨惜元谷雲迷薦屏風揭問等其瀉椒漿同申芹憶靈其不昧庶幾來格尚

饗

祭膠峯公文

惟隆慶四年歲次庚午四月辛巳朔越三日庚子宗弟邊策謹以清酌庶羞之儀致祭于

大憲長晉階朝列大夫膠翁長兄大人之靈曰嗟哉我翁稟元氣之純鍾膠山之秀性資仁厚盎若春日之融和胸次豁達曠若秋空之皎潔研析墳典學問淵源科甲早登馳聲翰院自內任而外遷歷叅藩服政聲赫奕績播遐方士類資其涵濡疲民賴其扶植其制行也夷白而無瑕其守道也正直而不忒縉紳名著功勒鼎彝審勢識幾浩然歸往輕覰榮利泉石逍遥鹿豕日羣陶然其樂遵守古道宜享遐齡乃厭于濁世遊神乎紫庭嗚呼痛哉哲人逝矣泰山其頹然而令子文孫英姿夙挺步武廊廟王家作賓厚德之報殆不可量也翁其瞑目而神髒矣乎策也幼而同學棠共教誨之諄諄長而相親荷其眷愛之懇至既而延塾加以欵接之慇懃情與義而兼盡終與始而不殊翁之厚德策其可忘耶今也棄我而考終矣痛切于中遐想容儀耿耿不寐聊陳絮酒中我哀情

神其有靈來格來歆嗚呼哀哉尚饗

祭安我素　　高攀龍

嗚呼公之得於天者快矣足矣弱冠登朝服官清署四牡騑騑幾遍寰宇自乞南銓依依孺慕解組歸來悠悠杖履葺我田廬築我場圃子孫盈前卄餘分哺屈指人間幾如公之所遇兮于制義游戲而稽長於詩文指顧而具渾然天成從容雅度墳典浩茫流窮源泝性命微言心怡神悟屈指人間幾如公之所賦孰不欲富公脫其敛素封之業舍之罔顧孰不欲貴公恥其鶩臺諫之要違之弗慕觸忤貴臣幾就鼎鑊

廿年錮習安之如素屈指人間幾如公之所樹名花佳辰良朋畢聚皓月清宵芳樽滿注竹木叢蔭無幽不赴山水名區有勝必住蒲團晏坐褰杖緩步偕泉爲樂與物無忤公有閒身備諸閒趣屈指人間幾如公之所務嗚呼公於細事柔若嬰孺大義所激矯若脫兎公于臧否三緘甚固民瘼所關矢口而吐公於清歡翺翔軒翥憂時之憂展轉寤寐公於江湖浩然遠去心懸魏闕無微不慮所得諸天享諸身者亦既快然具足于志無惡或以爲年不足待其所遇位不足展其所樹作述不足盡其所賦丘壑不足盡其所務造物固將留其餘以爲後人無疆之祚

祭安母高夫人文　泰松齡

昔與孟公俱在童稺握手締盟論文析義坐則接席行則雁行過從信宿日移夜央時維孟公家有老母爲忠憲女爲光祿婦相夫教子卓有令德摳衣請見柔嘉維則孟公爲言吾母艱劬内外兩姓一身肩仔方其盛也講學東林餉賓館客繄母是任及其衰也鈎黨禍起綢繆慰藉惟母是倚憂患之餘勉相吾父以左以右再立門戶門戶寖熾眷念燕嘗廣育支庶成此吉昌衆咸歎惜母誠賢者章妻融女媲德者寡

自古婦職絲枲酒漿夫人所係名教綱常時維孟公大放厥詞矯首奮勵冀酬母慈人事好乖將飛輒躓才與時忤曷慰親志孟公永訣母曰無然詩册畫卷足慰衰顔含飴飲醇色養方隆胡不百歲遘此閔凶日月如馳輀車即路八十餘年遂如旦暮當年總丱半亦白首況在老成其何能久寓哀斯文難窮德美俯仰前後涕零而已尚饗

葬錫山安孝子肇錫啟

蓋聞慈姥磯邊生常失路孝鵞塚畔死不離懷況復髫齡依依曾羡橘香盈袖若乃孤貧孑孑誰憐瓜蔓常銜人孰無情有懷莫告錫山孝子安肇錫諱嘉爲耆儒元鬯先生之冢孫庠生亦弓亥君之元子童年喪祖即捧硯而唏噓弱冠呼天每整襟而號慟父爲惡僕抵觸遂憤恨而卒時肇錫始入泮年未滿二十也悲歌慷慨撫劍未能逸翮扶搖摶風欲待臨闈一戰喜奏捷於崇朝康熙丁卯科伏櫬三號誓復讎於畢世何意公車初就慈母病罹方

磅礴以終瘍遂匆匆而遄返望門庭之蕭寂咋指多時聞袵席之呻吟椎心一慟腳跟重繭未息勞筋血淚成斑俄摧病骨哀來滅性豈惟利嶠堪憂毁極危身不啻臯魚奉諱誰銜孝笋根撥而枝亦旋枯偏打慈鴉母去而雛隨殞命力疾尚營含殮親喪矣原壤之棺掩形但裹衰麻身死乏黔婁之被彼縱及黃泉而相見幽魄何依此時引丹旐以歸藏墓田誰主嗚呼七喪未舉難慰孝子之魂三代無歸莫貸友朋之責郭代公賫錢四萬古道如斯范堯夫載麥一舟此風

猶在爰裁蕪語用告同心謹啟

同邑通家友宛溪顧祖禹頓首啟

贈詩

爲公俊賦 題處靜室 陳 齋

處世何如處靜中靜中之樂樂無窮煙霞得意襄陽老物我忘形洛社翁紙帳月明梅有夢石床雲冷竹無風高情但欲長如此只恐徵書下九重

題泣杖圖 鷲湖費 宏

安生氏泰錫山義士也余未始識太宰龍灣老先生數稱之嘉靖乙酉夏六月來京師以此圖索題因爲書此

兒昔有過母嘗撲兒身雖痛兒心睦兒今有過母再撲兒身不痛兒心慼撲重撲輕母不知兒身佩之生慼觸鏡裏華顛雪欲盈堂前萱老春應促人間萬事無可言惟有親强心乃足君不見風木悲養親不逮胡可追古人至性有如此嚙臂盟者還應誰我閱斯圖三嘆息蒼苔蕊竹生新色

送安君桂坡北游南還 鳳山秦 金

安期仙裔子長流萬里乾坤作勝游闕里仰瞻連岱嶽銀山遐睇隘神州衣冠魏闕從容會風月吝囊次

第收回首桂坡尋舊隱江湖應繫廟堂憂

又　　華陽温仁和

乘輿來京國春風滿畫船雲霄宮闕麗臺省士夫賢萍梗元無定煙波意惘然束書辭我去相見又何年

贈錫山安君南還詩　　慈谿姚淶

安君好讀書三萬同鄴侯千金輯遺簡高聲振儒流雌黃勘紕繆温媪勤校讐展玩失書肆秘府良可謀挾策游京師公擇貞民傳君行歸故鄉涼風迎蘭秋一經復一史萬里沙棠舟願君讀古書古道今可求

又　　茶山陳端甫

安子山中去連朝雨不妨濕陰消積暑新霽動微涼塵淨帷輕扇湖平更小航歸來話奇勝使我思傍徨

桂坡安先生南還贈別一首　　海虞王評

騂騂騤駱復南征千里康衢數十程祖道莫辭觴酒急閑居偏愛布袍輕山川總入王維畫事業都收孔壁經人物三吳具豪俊讓君高義著生平

無錫安君桂坡東游齊魯北覽燕幽抵居庸而還詩以送之　　文徵明

人間岐路日紛紛來往征衫集垢氛漫仕不歸方愧我壯游無欲總輸君居庸立馬千峯月泰嶽憑軒萬壑雲去住江湖元自樂肯將蹤跡動星文

又　　華鑰

杖劍捫蘿芳樹殷兩旬雙履翠微間詩情莫雨開僧舍王氣晨鐘出漢關四海風煙啼鳥外萬山泉石白雲間經秋物色換歸路曠野青天遊子還

又　　石亭陳沂

齊魯風光接薊幽北來登賞更能酬憐予山水猶多癖不得從君一日游

送桂坡安君還錫山　　雲峯張鳳來

君不見太史公周覽名山川雄詞健筆今古傳君不見蘇長公足跡半天下文物風流照夷夏毘陵豪客玉雪標平生漫興凌雲霄翩然掉臂來上國扁舟北渡滄江潮朱輪翠蓋紛相過霧殿雲房隨指顧紫騮春度玉樓花青萍曉拂金門露公卿尊酒厭綢繆探奇更向西山游琳宮寶宇十日住風景盡付丹青收

丹青之艮吳下士琴劍相看戀意氣大觀觀盡天下奇此行不下登瀛貴一朝解秋江南歸片帆遠逐秋風飛鐵甕城頭烟浪濶洞庭湖口鱸魚肥曠懷自足傾南北秋芾山花送行色郎看採桂錫山坡遲聞巢竹琴川側琴川錫山盡古吳鄉思同君南向徂他時肯寄江山圖我當爲君賦兩都

題桂坡小隱圖　王守

幽岫羅叢桂秋風花滿林飛香丹谷遠隨影碧潭深復此明月夜恭芳襲我襟山人有餘興悠然鳴玉琴

又　陳言

秋風金粟繞坡黃天下無花敢鬥香世德百年培植厚高枝留付綵衣郎

桂坡安君東遊　長洲吳一鵬

雁宕秋風作勝遊笑開青眼對龍湫謫仙曾有廬山詠擊節高歌向酒甌

吾兒佐郡忝台州雁宕公餘兩度遊愧我西湖猶未識守株今已雪盈頭

贈桂坡安君東遊　衡山文徵明

把劔南來賦遠遊又看東上浙江舟山齋動是經時別菜飯聊堪半日留醉裏江山眞有味春來花鳥正關愁天台雁宕平生夢憑仗詩囊次第收

長安車馬漫風埃總爲浮名競往來誰似粱溪安處士獨攜書卷入天台

見說天台萬丈高赤城霞起鬱岧嶤老余裏足不出戶飛夢隨君度石橋

次衡山韻　石川張寰

郊居秋杪淨無埃覽勝聞君東浙來春泛苕谿逢謝

子郄從天目憶天台

踏遍名山興益高天台雁宕總岧嶤卧游欲借天然閣清夢時同繞大橋

次衡山韻　竹居許繹

浯水秋風動隔年傷心多是雁鴻天人生鐘鼎成何濟到底山林是宿緣案牘勞形嗤俗子聲詩寄意便神仙題緘三復思千里不盡關河藹莫煙

瀛洲楊文昇

桂坡風骨擅清流子長靈運同奇崛趣落煙霞入渺

茫名喧宇宙眞撳揭紫標黃榜了無關餘子紛紛恥乾沒靈槎泛泛出聚谿要訪名山遍吳越石橋雁宕鬱相望龍湫瀑布聲汩汩劔光凜凜上屠霄曾探虎穴攀栖鶻天香袖拂廣寒宮崑崙杳藹都荒忽胷中豪氣橫九秋筆底波濤瀉溟渤元機參透造化關神功妙刮神仙窟芒鞋踏破萬重雲飛上青天覽明月

鳴野陳　鶴

愛爾三吳儁登遐任所之支藜山欲盡放艇月常隨秋洗龍湫淨雲盤天柱危十年台島興臨此欲翻飛

荃岑劉　昺

丈人手携金玉章南遊雁宕與何長忽招霞侶探仙穴鄖上雲峯倒玉觴杯引遥空松月淨坐移散地竹風涼明朝別我挂帆去遍灑新詩滿石梁

劔泉吳　仲

處士高世姿翛然遠塵俗東南山水都終日看不足夙聞雁山名夢寐雁山麓倏爾策杖來登然振林谷高視超鴻濛萬境歸一掬突兀雲錦囊造化徒六六

壽膠峯年兄六十　黃正色

海外仙翁舊姓安未周花甲早懸冠十州元是多神藥九轉何須覓大丹守道果能消雀角乘春應見起鵬摶筵賓定設如瓜棗擬向華燈一醉拚

壽膠峯安公六十　趙大河

膠山山中春氣融膠山主人春酒紅一杯睥睨傲泉石軒眉長笑輕華嵩六十投閒疑太早先生自信投閒好甯將紫綬博青山詎許銅符換瑶艸嗟嗟世路今巇巇趦趄尺足將安施坦途還我膠山麓不然安用名知幾兒孫付託今已足有田可耕書可讀膠山

山頭多白雲油然日與雲相逐杯乎杯乎爾何爲頓令青鏡朱顏開此杯一年還一度從此重教六十回

七月二十四日曉起寫元帝像成聞膠峯社長先生是日初度併題贈之　王　問 仲山

上帝端居在紫霄寰中水火日相交分明指點長生路何用金丹鼎內燒

膠峯先生誕日口占壽之　鄭　坤

一雨滌來涼思新氷筵辭客奉清塵蓮花照酒年年事玉井還同不老春

秋日承枉新篇次韻奉酬　華察

落葉重門晝不開秋風忽度雁書來逃名已是炎魚
客奏賦原非倚馬才社結碧山慚地主病思丹藥夢
天台懷君無奈離居慨三徑蕭蕭遍草萊

嘉靖四十四年秋八月望前承膠峯安老先生
過訪山居不遇遂憩大慈僧舍題詩留贈次
韻題畫奉答　岳岱

四飛山色舊秦餘秋日携壺一訪余看竹不逢重叟
屐題詩古寺且停車

安膠峯年丈邀會次韻　張選 舜舉

碧山高會興悠然喜見晴和二月天細草青青獨帶
露垂楊裊裊盡拖烟儘拚沉醉消長日自信粗安勝
去年起舞婆婆成一笑時人應羨地行仙

輓安膠峯年兄　皇甫汸 子循

惠陽西去路把劍覔荒原豸黼先朝寵金緋嗣主恩
齊山同下淚湘水共招魂昔日看花伴晨星幾復存

輓安膠峯先生　鄧儀

壯圖誇敏錦晚節羨投簪偉績終巴甸英聲溯翰林
養高調衛鶴娛老散疏金忽聽歌梁木令人想德音

其二

懸車幾廿載休沐社餘恩鷗社清風在騷壇古調存
晴雲萬松嶺細雨百花村何日重游賞榮枯且莫論

輓安膠峯先生　金汝厲

昔扳元覽勝天半見膠峯此夕何棲惻花開失舊蹤
獨眠愁宿鳥餘醉泣鳴鐘塵世消磨易音容那得逢

輓安膠峯先生　李文鳳

泮宮同釆昔如芹倏忽今踰五十春君向廟廊扶日

月予慚場屋久風塵歸來綠野青樽共老去滄江白
髮新此日同遊嗟已矣夢思猶復見形神

其二

生死論交歎夙盟三春花鳥竟無情哲人淹忽歸元
境老淚潺湲灑翠屏心事如公照白日苦懷空自叩
蒼溟世氣謝却無遺憾德報遲看子姓承

輓膠峯年兄德配郭宜人　皇甫汸 子循

形史今仍見清徽昔共聞斷機那復理破鏡已先分
翟茀空餘寵熊丸遂倦勤燈懸殘照黯香捲故衣薰

姓忽題丹旐魂疑化綵雲阡開舊京兆猶得從夫君

送安大行奉使還家移居膠山故里　鄒迪光

息駕王程後移居故里間一官方綵髮半畝舊青山
鄰父驚冠蓋家人慰往還不須求學圃喬木已堪攀

送安小范大行之大同詔起王相公　失名

捧麻星赴相君廬那得攀援使者車寒日似憐人繾
綣朔風偏妬野躊躇三城鼓角催王傳一路雲霞護

璽書見說黃扉虛席久鳳池歸到尙春餘

送安小范之南都　刻黃離草中　郭正域

風高秋有聲曉月下華清奉毋沾新命移家入舊京
登臺花作雨望海石爲城莫問六朝事相期話太平

虞淳熙

送客緇塵外江南別有天三山空野馬千里接樓船
頓頓餐蓴菜家家歌采蓮人生適意耳何必滯幽燕

其二

我上吝臺日君先問秣陵餘香蘭在署惜別酒如澠
自拾棲霞草相遺翠水菱欲追青雀翰同訪赤烏僧

奉懷安小范年丈　陸彥章

兩向秋江歌別離河陽兩見下流澌高情最便閒曹
吏妙選初登聽禮司天末弟兄看復幾海邊書札動
經時不堪行樂當年事回首長安已夢思

安小范道丈還錫山賦贈　劉日升

韜結長沙涕憂時每露章君恩寬去國臣節識彤霜
黯澹千江月蕭條一葉航離旌深樹隱愁絕苦難忘

其二

江鳥自嚶鳴江花照眼明如何執子袂揮手淚縱橫
慷慨悲王事殷勤戀友生生憎樓外水東去不關情

其三

無限乾坤事君行意若何蹉跎容易失憔悴莫輕過
試數勳名盛偏從放逐多斗間龍劍氣耿耿未消磨

其四

搔首且相覩知心未具論膠投非偶得瓊報愧難伸
出處關何事離居感故人百年朋道合千里尙爲鄰

庚申秋日同我素省丈泊碧浪湖飲峴山賦贈

山有窪尊石　章嘉楨

當年抗疏太嵯峨補衮回天竟若何志士古來頭白
早傷時今日淚痕多天空碧淚看魚鳥席傍青山儘
嘯歌拂拂飄風南紀至共酣卷石詠卷阿

安小范先生白門話舊占贈　李維楨

三十歸來鬢已霜人稱敢諫尙書郎魚腸午夜神飛
動猿臂丁年力蹶張招隱淮南叢桂色離騷澤畔畹
蘭香悲愁自是同心侶况復相逢在異鄉

寄安小范吏部　董嗣成 伯念

慷慨悲歌燕市傍關河幾見柳條黃最憐曳杖青山
客總是含香粉署郎萬里孤臣私雨露千言疏草挾
風霜蒹葭零落伊人遠腸斷秋空白雁行

春日安我素銓部見訪同遊桃源

崇禎壬申澄江二眞居士許學夷伯淸

桃源窅窅接平沙竹樹陰陰石徑斜流水盡遥無客
到翠微深處有人家雲生澗戸憐芳草日落孤烟護
晚花一遇安期同把袂漫傾仙酒醉流霞

送安硯亭南還　越人錢錦

長亭客散暮雲平惆悵孤帆獨遠行大父風流推佐
郡膠崖先生嘗謫守吾越郡硯亭其孫也賢孫聲價重連城明珠莫訝
初驚盼良玉由來屢獻成去路休嫌多雪霰陽春元
自此中生

送安硯亭文學南還　劉光濟 應侨

十月燕山雪作花少年才子別京華丰神不忝安期
後醇謹原稱萬石家千里關河嘶匹馬五陵雲樹謁
歸鴉賦成惟待公車薦蘆落風塵未足嗟

十三夜蓮蓉湖與周錫臣張鳴教對月有懷安

懋卿　王稺登

儷侶相攜醉玉缸暮山浮黛水淙淙何人不賞中秋
閏幾度能逢八月雙雲裏聞歌聲隔寺花間吹笛手
臨牕芙蓉泣露紅芳早欲寄佳人奈涉江

題安懋卿白榆閣　鄒廸光

網戸平臨斗極懸白榆歷歷在簷前金函書倩芝童
護錦席杯邀鹿女傳褰箔晝飛笠澤雨振衣人近蔚
藍天知君夙有神仙訣好結樓居卧紫烟

過安懋卿秦淮寓舘　僧洪恩 長干寺

安期東海至新借白門居綠酺稱從事紅妝用校書
舟移淮水月餜出晉陵魚聞道西林勝能無一榻虛

送安懋卿　　李言恭

夢回芳艸還人去落花多

右詩二句見明詩李臨淮小傳中藝苑至今傳之

懋卿兄丈先生附覽陸郎徵余送行詩　　顧文耀 权酒

滿城風雨近重陽送到悲秋各盡觴儓子姓誰知暫
請晉卿名後挹餘光芳菲桃葉逾三月憔悴荷花距

大郎早下秦淮向巫峽休將　蔦惱襄王

無贖公德配高太孺人八十壽言

辛亥春王恭祝安老伯母高太孺人八十

劉雷恒

好友山居適高吟慰老親清券存閥閱發彩麗星辰
賜鏡黃金重（唐太宗賜高馮金背鏡）文蔡赤玉新（安期生有赤玉舄）九
苞千仞起照耀北堂春

秦保寅

令母擅賢聲長庚發彩明幼聞洙泗訓老共孝廉名
冬膳娛氷鯉春圍悅曉鶯登堂勤拜祝吾友自親情

劉霖恒

令子生同歲承歡羨有親一身三世重十指百年辛
愛日春常在凌雲賦自新椒花頻酹酒喜動白頭人

華長發

翠屏山色好曲折到高堂寒逐春風散晴催玉樹香
縫裳纖手切視膳婉容將愧我猶無婦晨昏費酌量

顧景文

峯嶺玉嶙峋稀齡儼列眞青羅書錦字綵勝剪春人

世業清流重家聲綵服新華堂投轄處百斛釀逡巡

秦浩

吾黨推賢媛齊名古敬姜堂前曾拜母堦下羨諸郎
自有孫謀永懸知世德昌幸同蘭譜末爲誦九如章

黃瑚

令子東南隱柴荆似畫圖綵衣兼負米烏哺更將
雛黨錮漢名士（我素先生建言削籍承錮歿身）投淵楚大夫（高忠憲公攀龍難止水）文姬餘痛在白髮對遺孤（指季遣先生也）

秦松齡

仙路瞻星近高堂獻壽齊家風忠憲女禮法孝廉妻
庭樹看花遍春雲傍戶低遥傳青鳥使飛過碧桃溪

顧貞觀

青峰數載别拜母敢登堂南極星辰迥西林歲月長
椒花逢勝賞萊綵及春陽鄭重宣文老還流翰墨香

鄒顯吉

與子能偕隱今朝識母賢綵衣娛膝下香稻負花間
雉熟羹方潔氷調鯉更鮮一觴黄菊實同進晚香篇

余壹菊 儒壽

安浚川表兄六十袠其姪研亭韻壽之

周元晟

寂寞老雲邱霜華欲染頭綠尊消歲月白眼盼時流
卧穩三冬雪披殘五月裘無兒卽無累爾我不須憂

輓安太玉社丈相與朝夕每分韻刻燭長夜論
心無不與共病亟已刻握手午刻長逝言之
傷心緣賦十律吟以淚成夜臺鑒之

秦棫

論心常悔締交遲今日那堪永别離素業獨餘囊裏字傳家惟有腹中詩愁先白屋無高隱淚到青山少故知情語未終神獨愴朝來誰問葦門奇

坐看松影拂衣涼幾度佳晨費舉觴役事竟同仙解脫前身應是佛衷腸長鴻此日人俱斷谷鳥於今友獨亡筆塚已知靈五嶽驪壇猶有姓名香

滿懷奇意靄青霞翻悔當年富五車名不到君成處士書應誤汝作方家世情變幻心逾古人事窮愁髩已華友譜只今零落甚不堪回首夕陽斜

正言先生病且死予以卧病弗克與訣强起涉

雪輓之嗟乎正言羊曇之淚能以韻語盡哉

丁大任

蓬戶朱門付兩忘登山臨水思偏長西林㯉酒昔還繡東壁題牋墨尚香老向鹿門愁去住懶從龍閱問行藏山陽賦罷悲千疊一瓣寥寥未可將

太玉表兄仙遊不勝哀悼詩以吊之

華明望

平生意氣總恬然哀訃俄驚到眼前昨日音聲猶在耳今朝魂夢已歸天半生花酒情何在百首詩篇跡

淚傳爾我交情殊不淺曷禁雙淚灑寒烟
人生朝露總堪嘆况是高人始蓋棺對酒浩歌聲未
冷臨池染翰墨纔乾橐金行樂何曾惜道義交情自
古難身後蕭然無長物秖令閭里鼻俱酸

無曠詞兄得子詩以奉和　　華與進 晉民

曾投玉燕瑞光呈此日弧懸喜氣盈明月定從滄海
出血駒應向渥洼生啼來繡褓冰壺徹浴罷蘭湯秋
水清碧砌芝生誰爲晚他年芳躅踵勳卿

爲無曠世兄　　董其昌

畫竹爲籬樹作門古槐陰底藉芳蓀方袍近日無平
叔註得逍遥誰與論

近作書無曠世兄扇頭

題虞德園司封西溪山館

七十二峯山下居五千四百藏中書文人自具生天
慧吏部今爲選佛除恍惚之間尋有象涅槃能度盡
無餘塹予學殖多荒落只作空元老蠹魚

贈劉明府二首之一

乍杞薿枝宛舊遊平生左袒爲劉侯郎看竹素千秋
事能慶江湖萬古流鷗侶共依天上坐雁聲孤起夕
陽樓新詩大有牢愁語翻可高吟散旅愁

春暮同曾訪陳眉公不遇飯徐叔文齋頭而返
因賦爲無曠詞盟正之　　祝大年

柳花亂滚春將歇陌頭簾外紛如雪買得漁磯一小
舠問君屋在青山缺頭仙廬外柳欹斜雙雙燕子蹴
晴沙隔籬相訊應關者主人朝泛青溪棹白雲封却
終南徑對花自落蒼苔靜靈運未許遠公招揚雄肯
顧侯芭問挈棹還過徐稺家煮茶煨筍炊胡麻跏趺

半晌亦何謂劇談小品紛天葩鵓鴣聲裏尋歸路麥
秋風急斜陽渡回首山光半有無長松短松入烟霧

題友人山居之一爲無曠世兄書
　　陸應陽

三徑此幽曠小山青可押市塵飛不到心賞坐忘言
隱几雲窺戶裁詩月候門偶然過二仲猶有石交存

奉和似無曠門翁詞盟　　張拱機

攀附深慙載後車追歡勝讀昔年書青彈柳汁驚名
宿紫護紗籠仰慶餘獻賦直凌千佛選置身高抗百

樓居二泉色味由來濟取譬交情可式如

已未初夏過清聲閣中書無曠大兄扇上時有恙初起可當枚發　　俞安期

纖綴出香閣朱苞來洞庭燈元成異艷火吐仙靈更羨懸梅樹仍疑實楚萍瑤枝懸夜月綠蕚胃春星流影分珠幔通明接繡屏丹心將麗質相對共熒熒

右和鍾伯敬大行姬人剝朱橘作燈懸梅花下之作

旅舍值同里安孟翁　　顧仁坦

家近村南北柴門一望中畏人仍作客慰我忍途窮

妙畫憎求盆新詩用發棠山用春雨足滿滿綠秋風

寄無傾孟公兩社長　　陳卿茂

黃菊無言已度秋翠屏如障白雲遊酒樽待我霜千樹吟舫懷人荻滿洲多病易違良友詢無衣難禁暮寒愁南峯歷歷晴烟外遐眺誰開向北樓

用孟公韻寄無傾剛中

笻懸屋壁懈山行坐老春光酒不傾吟盡鶯花迫杜晚逕餘松竹助貧清痴狂獨擅虧三絕翰墨誰能縱五兵公等自居高隱地一聽獾鶴隔林鳴

題孟公罨畫樓

飛樓縹緲列羣峯逕帶吳溪翠百重獨匠心思矜創獲偶題名目豈雷同高人一榻浮雲外古樹千村野望中擘雨分烟光景在今遊誰續舊遊空

曾踏寒風一上樓憑高極眺見滄洲居然秀色屯窗牖未許遐心薄鷺鷗歌舞有塵明月洗圖書無恙白雲浮元龍百尺空虛話誰似君家據勝遊

遙閣朱欄景最多就中玉樹百年珂紆迴復道花千尺上下空香酒一螺宿世王維身入畫兼才庾亮嘯

能歌登臨莫歎風流杳賓客追吟調未訛

寄孟公世誼盟長求書節霞圖

樓高罨畫倚青冥俯視霞房列翠屏分割山雲成小築暗流松響入空庭高人翰藻秋兼美妙手經營意獨靈野老偕居糜歲月披圖杳靄可忘形

過廖兩峯訪孟公　　顧華文

忽驚青嶂盡復見朱明催淡日數峯麗澄霞千頃開絕壁界紅泉芳叢發新垓經過丞相祠岸砌牛以頹隴西社稷臣精靈此徘徊低垣繡薜蘿古鼎衣莓苔

抱石知雲生濕袖知雲廻久之山氣白行雨疑荒臺樹際韻疎竹名園信悠哉下有移情人著書卧林隈琅玕無陳管紈素兼新裁百物聲影秘坐令山川猜觴咏耆畫樓故人何方來晴游褰璚蓋聊可命金罍各言遠離别願叙平生懷

雪後有懷孟公并憶兩林西林南林之勝作詩簡寄未及半孟公已扁舟過訪矣因足成之

劉霖恒

上天吹白雪飄飄下九垓夜來風蕭颯花落已成堆

我登高臺望山色何崔嵬道路迥不分懷遠心悠哉念子東山卧歲暮不能來兩林風色好誰與共酒杯桃源迷舊徑梅嶺千重開陰雲蓋飛閣薄霧起崇隈鮮潔無緇磷不復見青苔穠秾白鶴舞遊仙夢初回清光散空碧想見金銀臺緬懷兹地勝何必求蓬萊林壑豈不幽乘興忽扁舟相思一夕發鼓棹擊中流吾兄敦古誼意氣凌嵩邱積雪照我室清樽聊唱酬此生亦寥落何以豁窮愁天寒白日冷疲倣惜哉今之人與世爲沉浮高義竟淪没斯文將誰收班馬作史才詩賦稱曹劉文質能得宜探元寄冥搜予欲振頹風奮筆垂千秋

秀野贈言　弟　儀

雙扉凝綠畫常關中有幽人結夏還滌我塵襟環户水贈君清夢對床山貪看秋色花勤蒔愛坐朝凉竹懶刪幾度欲來瞻紫氣恐驚鷗鷺寥花間

奉贈耆翁表叔祖秀野堂詩兼求教正

秦道然

山居有眞樂我常夢想之植竹四五畝種柳八九枝

疎籬列梅杏茅堂充琴書四時樂景光蔬水恒晏如此意未得遂從使心神馳膠山蒼崖翁向我三致辭有堂名秀野命作秀野詩欣然述其勝宛如素所思得此良非偶愧我平生期

奉題秀野堂　洞庭蔡疇之

爲避塵緣染棲遲竹石間比鄰堆綠樹密友是青山門對雲千頃窗臨水一灣主人多逸興花鳥最相關

題叔老世長兄小照調寄滿江紅

涇皋顧貞觀

一拂翛然差堪伴凌雲逸翮聽澗響泠泠幽瀉俗塵
都息晏坐聊爲風月主縱遊還作湖山客挹清輝何
事轉沉吟追疇昔爭衆翰西林席看賭墅南林屐數
君家盛事會應重得須信人生行樂耳殘年美景宜
珍惜向蒼崖更結歲寒交松千尺

別安大已　　計　東 甫草

秋風蕭騷秋水碧水落沙明楓樹赤美子儼然蘆之
漪愛而不見心脈脈相逢意氣干青雲睥睨嫚罵居
無人朱家已往灌夫去賴有爾輩開其羣伊余宿昔

頗好奇逢君不覺神威夷悵悵執手不可別東山欲
君君欲歸我爲爾歌桐鼓曲爾爲我詠河梁詞

敬亭表伯大人七秩稱觴　令嗣慕林先生乞
壽詩於灤瀛以近日報辭陳腐欲嘔因約畧
性情品行製題分詠成五言短章八首以爲
老人春酒之侑　表伯故壽人當何以教之

飽嘗薄俗味耳目厭視聽寡言精神完簡事心氣定
一卷黃庭經靜養坐苔徑 養生

造物本無私萬物各有托得失與窮通人心自束縛
俯仰二儀間欣然鼓吾腹 觀化

期生常帶索漢陰亦抱甕自喜腰脚健培養花木衆

借爾春風紅映我梨顔凍 澆花

杞菊能延齡奇驗執左券分列寒菜畦欄前引瓠蔓
閒劚黃獨苗飽食青精飯 藝藥

一榻卷畫樓攤書稱頹放袁安閉雪深元亮披風暢
君與古人齊不愧羲皇上 高卧

百錢杖頭挂止鳥勸提壺幽徑涉成趣掃葉煨紅爐
稚孫解侑觴拍手歌嗚嗚 獨酌

家有祖遺書舊德期不墜道學溯東林且喜小同慧
寒窗共青燈應憶兒時味 課孫

鳥飛梅花落門臨長者車古厚人爭仰祝嘏非貢諛
樂此眞率會送迎其無拘 觴客

寄懷安慕林先生　浦士鉞

亭皋木葉下秋風旅館蕭條別緒濃烟水不能五十里雲山如阻幾千重江間遥盃仍飛箭海上旌旗更舉烽世路如斯難借問一杯何日得從容

洞天清興近如何應爲愁時罷嘯歌此日長城思道濟當年兵制笑廉頗蟬鳴黃葉山逾碧雁度西風水欲波風景不殊人意換每逢佳節等閒過

十年古玩費招尋愁聽歸裝返故林惜別或因懷舊友久留原不爲知音樓開畫紅塵遠門對芙蓉湖名芳草深他日扁舟湖上泊好傾醽醁共題襟

重陽後一日喜晤慕林於小園并辱枉顧鳩巢居村舍夜話漫賦　錢慶曾

秋期有約信無愆一別於今又二年世事奕棋難料後交情盟笠尙如前蕭齋久下安徐榻僻地先停訪戴船此會登高應共補黃花對飲雁來天

心知難得浦長源信宿留賓住小園鶴髮還誇腰腳健蝸廬不憚往來繁宵深落葉風吹燭人靜清談月上垣此地除君無客到鳩巢欲乞筆題軒齋額欲乞先生題鳩巢居三字

贈安慕林表丈　張步瀛

場收竿木日初斜圓石應先署趙嘉同病相憐惟老鶴孤芳自賞似秋花試經雕虎曾無改學到屠龍本是差慚愧君苗開筆硯還來人世漫塗鴉

歲戊戌假館華氏得晤慕林先生晨夕過從懽如也一日索閱先忠毅遺疏知先生爲

我素先生後裔是題一律悲歌慷慨悽然久之賦此奉答　左鳴岐

同是東林黨後身赫然今尙有安民閔予小子追前烈懿彼先生邁等倫性似神羊能觸佞身如駿馬不驚塵若教延及三朝變遺疏終當淚滿巾

留別 三首　左鳴岐

既見方蹉晚言歸又別離勞魚遑恤尾相馬不論皮白璧風塵賤明珠道路遺惺惺能共惜卽此是心知

斫地歌王郎浮杯興欲狂雄談驚左右鍊賦大文章

明月心千里秋風話一床蘭言如可把歷久有餘香
壯志苦難酬勞勞願未休自憐强弩末空唱大刀頭
鴻迹隨雲散鷗情逐水流何時重把袂暢飲最高樓

奉贈慕林老先生　曹子才

不貪富貴謝華浮眞意感孚與世酬學有淵源書味永人緣和藹客情投憐才到處垂青眼種德無荒到白頭倘若相逢舊知己山林詩酒亦風流

前題　余惺初

素切瞻韓志登堂意與融衣冠敦古道談笑足春風

德厚襟懷暢才高著述弘從今務式處不但學雕蟲

奉懷慕林姊丈　三首之一　華蘭亭

屋梁落月正愁儂夢裡逢君不是逢春樹慣遮千里目晚風遠送一聲鐘生花筆舞蛟龍隸傳世文藏錦繡胸莫送情深兼葭苹相思能不緊重重

奉贈南薰兄郎謝見賜隸書

膠峯高士安牛癡游戲三昧筆一枝徐浩盛名素所耳李邕識面恨已遲小子乞書携練紙先生搖手笑且辭優曇花好不輕放焦尾琴古無相知談何容易落一筆我喻此意敢强之五月蒲觴泛佳節先生痛飲千百卮忽然酒酣興飛來大索墨汁濡淋漓片紙短幅隨手拈腕下頓刻風雲馳或草書追杜伯度一氣揮灑不可羈或作隸法秦程邈奇崛自喜饒古姿渴驥奔泉猊抉石不圖書之至於斯先生慨然千金贈足蹈手舞喜不支歸來誇示諸同好裝潢成軸謹扶持吁嗟我家元和腳已恨筆墨無留貽何幸家雞招野鶩公然蓬蓽蟠蛟螭綠窗一日換三五何以報之却相宜君家鵝湖鵝自足不贈羣鵝只贈詩

奉贈慕林老伯　鮑理

青燈歷盡甘苦功手無寸柄經濟窮傷心千古惟處士一年容易又秋風老不登科文逾古元精耿耿貫當中悲憤激昂聲慷慨忠貞孤格高蒼穹豈賴尋常摘章句但求綺麗七字工讀罷先生百餘首句句字字皆神功當時客窗共剪燭蒼蒼眉髮顏如童身世自與古相況高柯連雲摇鴻濛意氣直在萬樹上上棲鸞鳳下藏賢相逢愧我拖末學願將志力受磨礱佳章貺我寄與遠兩心無隔遥相通嗚呼呂望釣渭

漁父耳當時誰識眞英雄

癸巳春分謹和慕林吟長 六首之三　華文彬

輕車不更逐遊塵精潔茅齋寄此身半榻祖遺書數卷百年長共物三春笑看風雨求名客羨煞江湖載酒人淡處相逢交最久試思花木也歸眞

學問如君幾世培翠蕆飛擲破春雷銀鈎鐵畫斯邕筆香象金鳷李杜才摹石鄄亭推漢體 先生工隸 濡毫洛社奪詩魁 去秋先生曾入詩社 他時自許逃名利練水黃山任往來

襟懷曠達老書生對此春光興更清撥悶細斟新綠蟻養身兼嚼嫩黃精只憑慧劍除煩惱偶撚吟髭見性情松柏青青深歲月問君何苦記年庚

送慕林詞丈還膠山　華學易

聚散眞如大海萍舊交落落感晨星 時張曉亭先生喬梓在燕陳晴峰滯洛朱晉珊還吳左竹坡先生歸皖江 吟詩久已憐同調 就正詩多 對酒應教笑獨醒 每遇開筵先生飛觴酬酒易愧不能殊之清興 萬事暗催雙鬢白卅年仍坐一氈青天寒判袂膠山去何日重歌問字亭

醉歌吟贈安慕林先生　華學燾

先生酒酣放筆爲我歌新詩鯨呿鼇擲潑墨何淋漓渴龍怒吸春江水天地倒入黃金卮幽居舊在膠山側擺脫塵羈拓酒國市鑪擲盡杖頭錢中山一卧一千日君乎君乎莫入步兵厨莫叩處仲壺浮名浮利草頭露流光野馬相馳驅不如常使杯在手綠蟻醞香傾一斗玉山自倒何須扶拍肩合與伯倫友我擎鉢君揮觥脫帽露頂傍無人烹羊炰豕轟醉豐和春

奉送慕林詞丈返膠山　華日煦

西林處士一詩人帳設鵞湖笑語親八載和風同社友一天寒月計歸辰尊中有酒拚長醉囊內無丹可療貧多少風流雲散感那堪話別向河濱

莫言身世竟如何志士由來潦倒多倚馬長才誰賞識扣牛不遇且高歌詩書自有同心客富貴眞成春夢婆投老膠山娛翰墨千秋事業詎消磨

隸書歌贈姑丈安半癡先生　華國

一畫開庖犧陋彼結繩治鳥篆更蟲書伊誰創奇字人事日益繁後王趨簡易煌煌東巡碑八分極能事

摹勤久失眞罕得古人意嗟哉時俗書腕弱逞嫵媚
先生老墨精少愛臨池戲嚼墨三十年精神通夢寐
古木紛披拏枯筆雜蒼翠白日閃電雷黑夜走魍魅
不求流俗知詎免彼蒼忌況復富五車腹比邊韶笥
有時作詩歌擊節唾壺碎有時飲醇醪脫帽態恣肆
白眼阮生狂黑頭張旭醉胸中蛟龍蟠鬱結冀一試
如何俗眼遭屢灑窮途淚我有剡川藤煩寫桃源記
釵腳問漏痕一二具奇致歸舟深護藏恐有鬼神覬

和外祖咏玉蘭韻　倪師吉

百年古樹固靈根蘭谷分芳列蔟村木筆初生花更潔瑶臺人夜月無痕風來閣裏香偏靜（樹在衆香閣前）琢自天工色尙温好與主人同詠賞清明有酒醉黄昏

輓安君子蘊　張步瀛

苦思不顧嘔心肝草草生涯竟蓋棺地下有兒供破寂堂前留婦代承歡孤高筆壘天原忌辛苦衣衾鬼亦寒未必閻羅能愛士清狂莫倚骨珊珊

恭祝慕林先生古稀之慶　浦士鉞

雲山深處絶塵緇坐擁靑氊感歲時老去情懷惟愛酒閒中日月只尋詩花明幽砌晨興早鳥下寒林野步遲從此樂天堪自號精神矍鑠到期頤

塵寰得失事何窮作達尤能任化工雙鬢拚將借隱白一燈猶爲課孫紅臨池古隸分唐漢插架奇書辨異同始信勤劬常秉燭陋儒應悔學雕蟲

誰識騷壇老布衣年年林下掩松扉名心乍淡風塵厭知已無多世路非好向煙霞尋舊約祇因魚鳥共忘機西林風月渾無恙檢點靑蓑上釣磯

屆志論文已十年相思常寄舊鶯騰地分南北嗟羈

旅話到晨昏廢食眠膠鬲山頭雲似墨芙蓉塘外水如天何時卜築同三徑長此追隨杖履邊

奉和慕林尊丈七十自壽句　錢慶曾

蓉湖秋水碧粼粼照見先生白髮新彩筆餘情摹古隸青氊擁坐忘家貧楹書惟待子孫讀杖履毋於風月清欲向元亭問奇字那堪俗慮伴閒身

洞房深鎖碧蘿斜討桂談芝羽士家（先生常寓太伯道院）來往自多方外友吟哦常愛靜中花編將舊稿隨年錄譜出新詞感歲華（先生又以自壽詞見示）自是幽人能養性不須

勾漏問丹砂

咸豐壬子仲春耐菴大兄寄示七十感懷四律不勝欣慰率成短句恭祝　華誕

華文彬

先生已是古稀年兩鬢蒼蒼擬謫仙詩酒怡情眞學問捧觴遥祝寄雲箋

又　華文模 適園遯叟

不恨相違久交情本欲疏思君惟一事酒興近何如

耐菴兄且七十矣模相違日久別無所思獨念其豪飲之興或減於前乃詢知意趣如舊心甚慰爲及見其寄示之作不啻一倍幸何如之郎此二十字奉贈不願爲祝嘏之詞以致繁冗惟　大雅君子醉後一笑

又　華學易

婚嫁年來畢向禽蕭疏白髮稱華簪壺觴夜月梅邊醉杖履春風柳外吟自有詩篇能壽世絕無軒冕暫縈心君家自有如瓜棗不必延齡菊酒斟

恭祝老夫子大人七句榮壽　戈培

太虛寥廓壽星明承耀堠村絳帳清鶴算古稀風骨健鹿門高隱利名輕東林家世宜餘慶南國芝蘭盡向榮立雪且多方外客通仙經濟本期生

七旬自感寫新篇和客雲騰五色箋磊落文章成腹稿清眞品格養心川與來暢飲陶元亮意到閒吟白樂天儒者襟懷壽者相春風梅里度年年

恭祝耐菴先生七十壽　華學默

安期本是酒中仙醉後狂歌欲問天廿載功名成畫餅一燈風雨對殘編貧能自遣文章富老更耽吟壁壘堅好祝精神常矍鑠相逢醉後共陶然

又　華元超

氣轉陽和壽域開新詞滿壁頌臺萊欣從人日登堂拜快挹春風入座來傲骨瘦餘霜後菊高懷淸似雪中梅庸材自愧同樗櫟八載門牆憶舊栽

題松菊圖　呂耀斗

山色淡如此看雲興轉幽破書餘有味名士慣悲秋學佛坡仙酒倚人王粲樓祝君常健飯藜杖足嬉遊先世苕岑誼披尋手澤新令伯古琴先生與曾大父爲莫逆交前曾大父手札

見示鐘彝三代器君性嗜古兼精隸法緗素一家春豈待遒人警
行看比戶親縣尊錢公舉君宜講聖諭鵝湖宜息影愼勿憚勞薪
明歲君設帳鵝湖

膠山安黄氏宗譜卷十四初編下

堠村傳芳集遺著文集目録

膠山安黃氏宗譜卷十四初編下

埃村傳芳集遺著文集

與知裕州事男如山書

官無內外清劇以稱職爲賢當道成汝以故難劇役汝汝惟守道俟時可也民有隱弗恤則怨能體其好惡則悅悅則得民心得民則得上賢者勞於四方之業而成一代之名其道固有然爾矣汝惟愼哉

右桂坡公與膠峯公書一首時膠峯公既選翰林會同選者以盛氣忤執政一時俱改外除膠峯公

出知河南裕州裕故楚境屈完所謂方城者也地險多盜土瘠民貧桂坡公恐以清劇異觀故遺書重勗而膠峯公卒成善治均田著績俎豆名宦上不負朝廷下不負庭訓所以爲後嗣觀法者至矣而桂坡公之教子孫於無窮首在此書矣謹錄家乘以爲安氏家訓之首章云乾隆戊戌季秋九世孫吉荼記

膠峯公遺文

築彭祖河東中西三壩記

吾鄉膠山北有大河三曰包沿曰西新俱橫亘東西而彭祖河則貫於其中東通包沿折而西通西新約九百三十步有奇兩厓支浜長短計十八條居民業田不下數千畝皆藉此水以灌溉實民命攸關也第枕高阜不通舟楫每當歲凶赤地千里即雨水通順之年其流不北洩西新則南入包沿涸可立待議欲濬之而工力浩繁公私財匱將何賴焉農人束手無

策往往轉而之他濆河田地荒蕪殆盡余爲之觸目疚心久矣嘉靖癸亥春聞懷宅二鄉有築壩畜水之例遂命鄉老糜廷錢祖援例具呈本縣水利衙師掌檄亭老馮萱董其役余仍捐貲倡助督其成衆議於東中西各設一壩每壩高三丈長五丈基厚八丈頂三丈西壩少殺之民樂趨事不戒以孚始工於三月初一日迄工於四月初二日三壩鼎新屹如崇墉數里斷流俄成巨浸于是久徙之民各歸鄉井積荒之地頓成膏腴而水利之濟吾民其有既乎噫余嘗聞

漢有白公穿渠溉田遂名白渠鄴令西門豹開十二渠利民民因富足蜀守李冰鑿離堆之水灌成都田迄收沃野千里之效古之賢豪有志用世者未嘗不以興修水利爲首務余昔守稽時遵召杜故事亦嘗修復陂堰數十座灌溉民田數千頃民至于今樂且利之自謂入仕以來惟此舉與均田均糧二事爲不負平生所學耳今雖素食無世道之寄吾郎故吾也苟有利于人人者亦毅然爲之又奚以隱顯易心公私改節也哉耆老某等樂斯壩之有成恐歲久而跡

湮也咸就余請記鐫諸石以垂久遠余輒爲記之如左俾業田者以時修築三壩庶不負今日創興水利之意云

導西涇修東壩記

余家自祖父以來世居膠山之陽後義瀆之上雖無奇峯巨浸足以曠其所覩而山川環結風氣完固自昔稱爲奧區神臯焉宅後有西山涇北抵山麓南抵大河約三里許舊設東西二壩以時畜泄以濟水旱一方農家倚賴宏多前此吾鄉俞公卞氏嘗修築西壩通涇舟楫往來比下人咸稱便迄今故老猶能道之歷年已久俞氏就衰小民無識各私築小壩以資灌溉而不顧他方水旱之虞余歸田後久懷導修之念第綠冗奪而未就歲癸亥秋九月卧病山中靜究源委慨焉命工興役乃自趙家浜西北改築舊壩一條導涇水而東又于趙家浜東南鼎濬新浜數丈導涇水而南又循舊浜折而東而南至東壩而止焉仍擬修築本壩高厚各數尺并設堰洞以便畜泄則村後涇東諸田永無旱乾水溢之患矣誠膠南農家萬

年計也此則余導修爲人之宗旨若夫引央山涇流水潛通宅後山池似合堪輿家所謂水纏元武之說而東西兩壩隱然爲吾安各宅貼身龍虎此則余導修爲己之宗旨至於涇之兩厓雜植花柳開設館肆每當春和景明秋清月朗長夏綠陰窮冬雪霽之時縱一小艇下自宏仁山堂上抵翠屏山居遡流沿溪吟弄風月陶情山水以畢餘生此則余導修之餘事耳余嘗觀史昔樂天東坡二公之守杭州其修西湖之隄本爲封田計也而今大橋橫亘湖中遂爲杭人

登臨之勝二公可謂公不廢政私不遺情其去俗吏遠矣他如王右丞之輞川杜工部之浣花溪賀禮部之鑑湖一曲則又恣耳目之玩寄羈旅之懷適閒逸之興無關民瘼其去二公抑有閒矣余之導修茲涇殆聞蘇白二公之風而興焉者豈爲宴游哉小民可與樂成難與慮始姑作此記以曉之并以貽諸後之業農者知余今日之舉蓋在此而不在彼云

我素公容臺清署啟

昔司馬溫公曰先公爲羣牧判官客至未嘗不置酒或三行或五行不過七行酒沽于市果止梨栗棗柿肴止於脯醢菜羹器用磁漆當時士大夫皆然人不相非也會數而禮勤物薄而情厚近世士大夫家酒非內法果非遠方珍異食非多品器皿非金銀滿案不敢會客常數日營聚然後敢發書苟或不然人爭非之以爲鄙吝故不隨俗奢靡者鮮矣嗟乎風俗頹敝如是居位者雖不能禁忍助之乎夫溫公當宋盛時已慨歎若是居今之世能無蹙額乎希范見今之

風俗靡侈已極尋常燕會請啟必用長柬甚者且用紅箋稱翁稱老不論年齒天卿台柱不問官階一席之設珍異畢陳暴殄物命優伶諢謔導慾誨淫豈惟耗財抑且喪德愚謂長柬及紅箋專席之設惟婚姻祝慶及請公祖父母可以舉行亦宜務從儉約葷素之饌不過十器佐酒之物量加數品攢盒碟不必重設花果肴桌靡費無益決不可用至于士人雅會止宜折柬或單柬相邀大小之饌不過十器一湯一

黙特殺不過一鷄或閒暇相過問設一飯肴隨便設
不必特殺五簋而止甯損無増酒以洽情德將無醉
或三人或四人聯坐一席促膝雅談考德問業倘諶
泯不根卽面相救正或公餘尋訪名勝各攜一合量
帶杖頭錢僧寮素飯清賞片時亦自質雅此後倘蒙
先生長者不棄全柬特招概不敢赴恐臨時固辭疑
于欺偽不免獲罪爰述鄙懷付之剞劂以告庶幾諒
其固陋以道督責更望力登雅道共挽頹俗希范久
溺于俗近日方自悔悟敢布私臆伏惟俯鑒倘嚴命

再臨是以希范爲敢于欺長者而甚其罪也非先生
長者愛不佞之盛心也不任祈懇之至

我素公劄記 訓體

學不必泥定先覺所爲只一一循天則便是
食無求飽居無求安眞學者切已工夫疏水曲肱之
樂與惡衣惡食之恥品量相遠何啻天淵
處其心常在熙春麗日之間則天下無可怒之人此
解大舛語卽是仁體日用工夫時時當反觀默識久
之怡然理順外境可融化作一團太和矣
平日念頭常懷饒益人事勿圖自私自便事
借詩書取科第而卑汚貪鄙驚暴陰險公然爲非者

以不肖之行卽蒙不肖之名無足責已惟托身理學
以博名高飾聖賢之言文其奸僞無論肺肝之見終
不可逃而掩覆沒世天譴難逭先賢云願爲眞士夫
不願爲假道學此言不可須臾忘也
舉業一途既爲朝廷取士定制自當專心淬厲與性
命道德原自同工本來面目正宜從孜孜矻矻中識
取至於得時行道積功累行猶之順風而呼福澤所
被更爲宏廣
平居當勵卧薪嘗膽之苦心臨試當決破釜沉舟之

壯志看書當用繭絲牛毛之細功閱文當選流麗高華之妙技一番屈辱足生一番激發一番激發當變一番機局應舉如此庶望有成

大經文章之祖經世之謨外此則温公記事本末古今得失之林具在案頭非此卽當撤去

修行之士但能真實純慤餘皆易事耳

宣城沈古林丁丑狀元懋學之父也一日從南雍游學歸未至家不三舍夜宿濱池逆旅有室女私奔之

古林拒不納未明而行抵家卽少林孕珠之夕一念之善可以昌後天道豈遠哉

有經世之責者當以至公之心行之不可以一己愛憎爲好惡庶不至君子小人混而無別甚至惡君子之剛正樂小人之逢迎用舍倒置亂政禍天下

世廟時嚴文靖爲冢宰應推司官一人時南直內外資俸可冀者請託書盈篋文靖偏檢得一人無請托者推用之丘月林爲兵垣故事邊塞悉具厚幣致賀時有一總戎先使將命月林怒不納使遁去徐文貞在政府一日入朝喜動顏色同列疑有家慶叩之述前二事曰冢宰能抜恬退之士黃門能却邊帥之餽是以喜耳嗟乎文貞可謂心在朝廷者矣

宦家子弟最不可有紈絝氣習又不可草野倨侮恂恂雅飭使人可親而不可狎可敬而不可鄙方是好氣象

好古法書名畫至竭貲力以事收蓄亦是通人一癖是淸淨中貪癡若能少此纏擾便覺耳目空曠神氣甯謐

倪文節云人有一硯則終身受用雖有別硯所不及藏之篋中與無硯同石昌言畜李廷珪墨玩而不磨或戲之曰子不磨墨墨將磨子於此充類一切身外長物可不動吾方寸

楊文襄諭諸將曰無事常如有事時隄防有事常如無事時鎮靜此一時訓兵之語實包羅萬事宜書諸紳

宅之有神尚已第未知神所自肇考諸先輩知爲水火金木土穀六府之神爲之恍然日用無非是物報本應有是神祀典旣正享禮宜崇

端文烈公云寡欲二字是一了百了功夫養心莫善於寡欲修已在是知人亦在是最是切近可守良法

我素公獨語 訓體

士農工商各占一業盡心力而爲之便不虛度此日盡心力而爲之縱不能爲善亦不暇爲惡爲惡多從無所自事羣居終日起至於爲善先從不爲惡起

簡靜以基福沉毅以集事寡慾以却病忍辱以彌釁

神氣要清心志要定心定神清要從學問積久而來

遇君子不可見小過小人不可托大君子雖至疎亦不僞小人雖至親亦不眞

學力無大把柄聲色貨利之塲宜有心遠之若堅白自負托體圓通一旦磨涅悔之無及

詐貧民一錢與詐富戸百金同孽盍貧民之欲得一錢與富戸之欲得百金其難均也勿以其微而忽之

一言而傷天地之和一事而折生平之福凡有志自修者豈惟身過宜防卽一言之發亦所當愼

風花雪月儘足貧我閒談何必及人陰私致滋罪障大怨恨多起于小忽畧故謹小愼微是絕大作用必有忍其乃有濟有容德乃大日當三復斯言痛自警醒

人立身天地間只有一我其餘俱不足恃也

閒嘗有不足於人處殊爲悶悶及清夜自思日常所行尙多不足於己處悶何爲哉

行酒是最小事往往關人心術所謂酒後陶眞性也如遇枉曲酒政人當淡之遣之所以全交爭之末也灌將軍夫不過剛直使酒禍至棄市可毋戒與

人生世間其全與不全皆命也切不可有求全之想造物忌完事多缺陷只想着破碎過去略有一點順適便覺快志若一要求全稍不如意卽生出無數煩悶來

忠憲貽先勳卿書曰買宅不違卜大是弟去年便未免違卜畢竟有悔吝也白水則不成調兄當徐徐自有造化自然之妙乃知天下事必要待造化自然一毫勉强不得

昭烈遺命後主勿以善小而不爲勿以惡小而爲之

小者如此大者可知意雖躍然言外然巳見得後主必不能大有為矣至於布衣韋帶游士下僚即欲為其大者而不可得則小善小惡斷當自勵若曰吾志在遠者大者小德出入可也自悞生死所關非細日坐堂皇之上為國為民之事恍然天地鬼神森羅昭布心不起一邪念手不錢一無名當行即行不顧我害一切嗜好不屏自絶間托病患衲衣破帽微行郡邑體察利弊聞見既確亦第發覺如此一日造福無量由是而得君天下之幸也由是而違時卷懷

而退與天為徒衣食不給可對聖賢仙佛不足數也

惡孽多起于奴僕欲為子孫計尤慎毋倒持太阿

科第之後貧賤有極常人之所無者平民之後富貴有極世家之所無者此皆一人善惡報及子孫故曰出一喪元氣科第不如出一積陰德平民

拂意之來忿不如忍忍不如忘忿則立爭是非須不顧身家忍則徐圖報復須不顧慘刻何如付之淡忘以芻狗蝸牛視若輩樂得一腔清淨心田光明洞達無不淨種子

龍泉菴內苦書生偶竊三巳第一名世上許多難了事眾人何用太相矜讀書應舉必具此識力方為大器若遇小得小失遂見于辭色所就可量巳

不知天理人情古今學問為何物而飽食煖衣詠譜放浪即不造大惡孽亦覺享用過分折盡前世掙來家當豈不可惜所以學者務要福慧兼修略有明悟便不墮落黑暗地獄

富者眾之怨也加以鄙吝驕蹇其能久享安富乎

聖賢豪傑要看他大處不走作更要看他小處不滲

漏小處滲漏畢竟精神有不到處往往為大事之累況非聖賢豪傑無甚大事當身而小處弗能檢點其人可量巳

出口快動腳易處世大忌

人如以得失悉委於數則宇宙間有應而無感矣倘成世界乎此殀壽不貳修身以俟之所以立命也殀壽應也修身感也但立命不易存乎所俟之何如耳若未能立命而為命所拘遽為有應無感自暴自棄淪胥莫挽余初懵懵浮沉世俗巳而信命無用吾心

今年六十悟立命之說爲斷斷第不無遲暮之悔然
朝聞道夕死可矣幻身雖滅妙明不滅何遲莫之悔
哉

尚書揆一序

往余延鄒錫公甯以訓居兒先後八年所公甯日坐
塾舍足不輕踰戶閾課業之隙日手一編不輟余間
從竊窺之他所纂緝固甚富而尤注意之學時時謂
余學者率稱窮經經之未窮而冀以徼倖僥得之幸
也不得而生怨尤妄耳故尚書諸家靡所不討悉而
於金沙王恭簡公二記尤所深嗜旦披夕採擷精捃
粹彙錄成帙膚語支辭悉從汰削余每閱而愛之業
令兒子手錄玩習既別去五年設函丈於玄宮及門

之士歲月彌廣授經諸生請業是編傳寫不給謀付
剞劂以廣其傳公甯益加訂覈題曰揆一以授之梓
請是編之緝始於余塾嘗聞其旨乞弁一言余推尚
書一經淵邃簡奧不特經世之綱要而實傳心之宗
旨也堯舜禹湯文武之道具載是經吾夫子信而好
古祖述憲章三代之英豈徒有志殆歷聘不遇慨焉
興末逮之歎退而老於洙泗而雅言之教益諄諄焉
不得已而刪述遺經垂教萬世心亦苦矣有志於聖
賢之心學者舍是經何以而猥云書以道政事已也

吾邑經生業是經者什七先達以是經取上第者指不勝僂故江以南稱尙書家言者雅推吾邑顧著述闕焉不傳邇歲學者率以誦習時義競趨捷徑於經學益多鹵莽師弟授受旣多濶畧武夷之傳且枵然腹笥而有司課士至亦以經義爲襚圖經生本業且榛蕪矣況望其遡傳心之精而窺經世之蘊乎今得公甯是編廣布宇內家傳戶習由訓詁以窺删述之旨處爲眞儒出成善治使吾夫子未逮之歎不得遂之當日而終不晦於萬世業是經者所當究心焉若

祇供舉業之筌蹄以冀僥得一第非盡公寧意也余家世業是經已幸再稔顧先人之學失傳而余第以鹵莽幸獲於是經之奧老而猶憒憒也公甯以余爲玄晏乎余滋愧矣

萬歷丙辰仲冬旣望　東皋野老安希范撰

杯話

嘈雜時乃拈韻郵之如瞿塘峽中輕舟遇風迅然乘溜而下胸中浩浩焉落落焉蕩蕩無一翳矣已後數日危坐待童子燃竹火將照寒氊翻帙婆娑元亭君嗣然雁行雲接而過繞案跏趺萬編獵豬上下著述林著戰久之俄而肴核雜陳松鱸酒沸輒復痛飲縱所欲談唉然賓主未定客欲賓其主主欲賓其客相推也已而相忘遂不復形論陶然以酣漏深言別余自扶節倘寮塵稍稍違未握管也厥明小試之如澗中

水潺潺淺淺聽其自流不復頓節時多斑駁正如水中磧礫或青或丹或素或黑或散或聚或疏或密思端明學士萬斛流泉滔爲長大河是有蛟宮龍藏不可測識豈僅如是歷歷可數止此作山人道士行倦坐休偶一停盼聊復會心者哉擁衾喃喃半醒半睡乃不吟而得句旋復酣寢寢而復得前後適相續如是數四曦暘高升明窗如煦矣矍然起盥櫛已畢覓桐葉書之每文攻短晝詩度長宵間以端坐調息道家鉛汞龍虎之說觀亦不解輒以意行之亦復令朱

衣人若拱揖洞府絳宮重樓歷歷可登華池液滿不茗不渴是爲小快乃妄意鍾呂老子隱義自尊索人尋悟如西來竺典理甚切近辯則彌漫不過彼國土音若以李青蓮蘇玉局作阿育王衆香國起居注其理應復不減至如高宗語錄亦是拈花微笑標指見月豈故作影語欺後哉每見智慧男子多撮其難義綴其支詞名曰禪語余謬謂僅如鸚鵡學語眉山公亦曰對人得鹿正復衰食之耳獻諸天厨饌以百端其味初不異衰食時深於禪矣余乃以呼吸盧間妄

臆上乘不其悶歟每用此反覆自難自解一夕篝燈內觀元亭君忽已立於燈後張目見之拍掌共笑相對懽甚急呼醍醐拍浮夜話亦元亦史亦雅亦俚與不復闌嚴吏相促不得久留珊然步出余以酩酊睡至將午是日風稍厲颯颯然肌作寒栗元亭君飛片葉邀曰座有異人可爲速至余未知何異人也欣然縱步則精舍雲開階如玉砌室若瓊勻几席疏潔位置精雅燒鐵骨如扶桑初出余初謂騷作嚴寒冬烘久之乃覺甚愜元亭君者以子雲稱若德祖與子雲

相伯仲則二元矣是日長元君出肴羞精甚良醞旨甚促座洽甚第無所謂異人者急索之云紹余耳亥元君乃出黃慎軒太史與憨山禪師偈詩學俱精絕偈語旨深此公乃眞入禪三昧者名公跋語亦華一時之勝余曰此足當異人矣亥元公欲索余跋余曰何物小子敢厠跡名賢後雖復欣慕執鞭乃蕪語拙筆妄附芳躅余不敢矣姑逡巡俟之翼日遂致余齋中爲珍以什襲高置一座名香作供窗虛几滌暫一展卷且賴此爲良友忽遇初雪紛飛手僵足拳獨飲

竟日燈燃復飲偶爲紀與拈韻成詩系以短敘會有南鱗欲寄旅懷與家仲氏及二小子又得詩遊風遺飛家之人有咏所謂伊人在彼一方者此足慰存矣會張君元仲過余述新之君語余乃不覺莞爾失笑噴飯而筆之纍纍不能竟因思長元君所招余快集者顏曰磊阿索余書額又索余爲記余慚未遑也兩元君爲人磊阿而英多別構有堂堂有石舅先公高情逸韻披鶴氅而坐嘯其間若呼石丈而友焉兩元君晨夕弗忘而拜之其神固自遠矣廬山王老豈作

形相觀哉余未能記磊阿乃朒亥積言如石以素毫盪之始快困以自嗤于磊阿所謂二元君者則余年友長順伯亥廸仲超漢魏二楊而上者也癸酉仲冬九之夕廓庵居士蘸燭銜杯涉筆漫記杯完而筆亦闌人亦醉矣是作杯話

蒼涵外史自序

夫人之山林朝市不必觀之於以成當未出世之日一志行之微而氣局已定顧識者少耳而又昏者不自知明者自知而欲尅究其終不可移也非命之故哉吾不知命所從來豈釋氏所謂因耶余總角從師句讀先君以家世科第謂豎子可教以遠大期之八九歲時忽解忘想在高山流水之間長林豐草之下結精舍左右圖書徜徉其中稚子荆妻敲針畫紙偹然忘世當是時箕山潁水之風耳目之所未及此想

直從天來吁異已後先君督課嚴想不復萌甲申國家之變茫茫然無所適從漸闔門戶事遂刻苦學文補博士弟子員吳郡宮牆范文正公宅也規模宏遠初謁夫子廟登明倫堂不勝古今之感出顧同儕論文毫不經意已而親故有結社會盟者招之入名在事內實在事外一小友目余曰此山人也予聞而矍然服其月旦眞子將之於孟德矣自是穿屋野處升高望遠悠然遐想而不厭乎貧賤或每五日畫一石十日畫一水寄托筆墨詩文落紙便流空寂非金華

殿中語既以四方多事據所見聞如古人之遺時者絶少既然有經世之志屬經濟書無不翻閱剽竊討論思得一當顯名當時揚名後世而老母捐養妻孥繼歿單孑獨立孤危愁苦俯視一切都無意味則又棄去思得一丘一壑號曰潔園絶世逃人莊生不云乎知其無可奈何而安之若命也噫嘻末已凡念生平氣局早定於山林自少至老間入市肆頭輒岑岑然與市人語面頸發赤不可耐曳裾懐刺顔色沮喪欲死及望高巖瞰大澤知此難立自恒欲就之詎非命哉余於佛無所奉少信因果之説由命不可移遂以果歸因泊如也惟知終不可用退而論書策以紓其憤思窮年兀兀成一家之言曰蒼涵外史所著詩文數卷曰孟公不在兹集取淵明飲酒詩句乃半生興致所寄鈔訂成帙以俟知者嘗韓子述楊子雲著太玄人皆笑之子雲曰世不我知無害也後世復有楊子雲必好之矣欣然有會余書不及子雲後世豈無孟公哉其言可師也客有聞而笑者曰善乎子之以果歸因也第身將隱矣焉用文爲并當用空滅見

以所著書付諸欝攸一燄可乎余曰唯唯否否即吾書之傳與不傳亦自有命焉聽之而矣

蒼涵外史生壙記

余不天生十六年而失怙四十三而失恃中間重遇喪妻喪子天下之煢民無告一身而備膺之生趣盡矣兼諸手足之患岌岌鼎俎由生之危念死之安舍彼逆旅之謀營此本宅匪慕曠達夫亦知幾因於膠山之阿依先人巨隴屬秦湘侯定生壙焉太歲戊辰時維九月秋氣澄肅木葉散落青天白雲之下長松磊砢之間荷插重事倏焉成坎匡之以磚封之以石掀髯而笑曰是爲名山之藏千秋之業乎嗟乎余之

少也憯然無所知識已不如人既壯志功名掉鞅名場卅年無所成就雖桑榆之收不忘而三鼓之氣已竭一丘一壑稚子荊妻頌詩讀書庶幾娛老又不能得如意潘岳之悲踵至西河之痛繼來隱公之菟裘難遂祖龍之灰叔堪憐形影相弔進退維谷人非有道久視何繇且此櫟材顚期速朽昔范文子之祈死彼獨非人情乎良以生不如死耳公叔文子升於瑕丘曰樂哉斯丘死則我欲葬焉此吾今之志也先君渴葬乙酉穪深今爲先親擇高燥遷以合子孫謀賢而天就近祔俾得相倚不致夜臺孑孑也生不累三代於一堂死必欲棄精靈於百祀蒼天其如我何余生崇禎己巳八月廿有四日大令府君冢子勳卿府君冢孫曾祖僉憲公母高太君外祖則忠憲公也元配城南劉氏繼室琴川王氏又繼九里華氏皆名家女子紹傑得孫天柱天任晚余暫待兩孫成立然後營葬大令肇錫余名興仁字孟公國初補吳郡博士弟子員更名璿號蒼涵有不羈之才知終不可用退而論書策以紓其憤思成一家之言曰蒼涵外史所

著詩則又曰孟公不在茲集取淵明飲酒詩句書畫頗擅名而棄然不屑也嘗讀金任珣傳品評者謂畫高於書書高於詩詩高於文而王庭筠則獨以材具許之楊載稱趙孟頫其材爲書畫所掩人不知其文章知其文章者不知其經濟之學慨然以經濟自負而歎無知者云

記曰余觀安期先生以醉墨灑石上皆成桃花逼蓬萊中合則見人不合則隱固僊者嘗干項王不能用其策已而欲封之不受亡去假令仕楚不過亞父曾

幾何時竟以疽死先生爲義門長安知不至今存耶余不敏有經世之志而不遇其時兀兀窮年妻孥湮没單孑獨立孤危愁苦思正首丘弗坐讓家先生末後一籌哉

康熙戊辰時年六十自撰戊寅七十璿重書

公濬信義瀆記　曾發 信翁

金匱縣治東北四十里許曰安鎮有信義瀆爲西納横塘衡縮五里上達邑城下通蘇郡常熟河流深淵由來利濟廼歷年既久閼壅實多淺狹日甚舟楫艱行桔槔易竭蓋一方服賈力田者不免俱受困矣乾隆乙未春合鎮共出而濬之謹按開河事宜先準水面較定其深若干與濶若干源委當畫一不爽至斬壩戽水後丈明河段若干相其形勢壅塞有崇卑挑運有險易仿開方法召集旁近民夫幾十人同日下河挑濬按方計工給錢其不成方者買擔計籌給錢經始正月初旬迄二月二日畢工計共重濬河段若干丈淤淺若干處動用公醵銀若干兩屬予老叟記之予聞歐陽子撰唐書地里志也實兼河渠一志凡郡邑有一渠之開一堰之立無不注之予想夫溝渠川瀆皆有關國計民生苟有事疏瀹則無論公私鉅細皆屬要務卽如用一方之財力與廿日之工役甚細故耳而其功自有不可没於鄉里間者況事若無奇要爲國家承平盛事宜乎歐陽子修史必詳載之

而無遺也兹信義瀆之濬也一時踴躍鼓舞各効其能某某請給示某某勸蠲貲某某分任而董其事某某總理而要其成雖曰公事自公辦之然亦俱勞苦矣迨功成而效見不費推移流行自在懋遷者已勝重載軸轤轉水汩汩而來灌溉者無虞斷流是役也豈非惠農通商之要務而有功於鄉里者耶且我朝百有三十餘年來休養斯民太平無事固各安於治生之本業也久矣即如吾鄉服賈者恒服其賈惟求有便於賈力田者恒力於田且謀盈利其田於是光天化日之下野田草市之間不覺欣欣然私相講求水利興事勸工故見信義瀆及横塘河中有狹而不廣塞而難通也不待徵發期會蚤已齊心同願羣起而公濬之盡心竭力不啻各治其私事者謂非幸當承平盛世而鄉里間乃克舉此大公之盛事耶事有小而不可不書者此類是也予雖耄眊筆硏久絶猶樂得而書之俾勒石傳示桑梓爲後世倘有如歐陽子者亦采而注於金邑之下耶是爲記

冰雪艸自序

冰雪艸十二山人不堪問世之作也自古名流多工吟咏然皆藴過人之學不徒恃超世之材故發爲詞章而均堪獎賞謫仙詩史起敬於時賢龜鑑長城見推於後進顧其間偶乖古雅卽共訏不類風騷白俗元輕妄譏宿老郊寒島瘦横議賢豪蓋非拔地倚天卽難鈋心劌目況十二山人才無二斗學少五車乃深羡飛卿之八叉而欲爲子建之七步聳鳶肩以扛龍鼎自覺難勝奮螳臂以造鳳樓其知不諒故凡所作不敢問世者也然則曷爲目之以冰雪地以冰成歲冰不堅則地道失故春秋書無冰以著災天以雪成冬雪盈尺則天道平故春秋書大雪以見瑞乃人昧冰雪之有裨而徒覺冰雪之無情見冰則不履曰恐陷也遇雪則不行曰畏寒也見十二山人之詩則不喜曰不若嬌花美女令人心醉魂銷也見冰與雪不啻見十二山人之詩見十二山人之詩不殊見冰與雪是冰也雪也十二山人之詩也分之則三合之則一而已以冰雪目十二山人之草其何異稱冰爲

冰稱雪爲雪稱十二山人之詩爲十二山人之詩乎
乾隆歲次庚寅嘉平月十二山人經禮自序

附會課小引

夫文章者聲名之母友朋者學問之資况易象既萃乎斷金鳴鶴亦咏夫攻玉自昔風流之彦結社維殷洎今美秀之儒得朋是樂膠里文風素盛於斯佳士尤多典午著奇偉之文出入龍門追逐犬子正色奏清新之什步趨叔度模楷庭堅鳳也才愧謝顔藻慚潘陸敢云並駕爲三君見獵而喜聊與相參於二妙

投袂以從爰集小會貽笑大方定期于九取九成之祥每月維三合三升之義庸流未使入林莫謂多多益善俊彦不妨把臂無嗟落落難容此弊務除規條另立膠南飛鳳氏經禮啟

壽賚湄五十　　仝　蘭巖

君之祖母吾姨母至戚鄰居情特厚吾又與君硯席同儕明賞析常爲偶屬詞比事我優爲潔淨精微君善剖礪劍屠龍掃魯魚磨針繡虎除芻狗高文競欲叶鳴鐘北響深虞齊扣缶佶屈聱牙歸雅馴鏗鏘純粹絕瑕垢天池風勁擊三千雲夢浪高吞八九不覺開談屢逼人但欣落筆如揮帚長春堂下校歐蘇嘉翠軒前逐韓柳蓉鏡方懷照我顔芹香早快掇君手從茲雨驟復星馳一任烏飛與兎走曰艾之年轉盼

臨吾嗟已過空搔首君猶始至鬢無霜未遽如吾覺衰朽上軼知非沫土賢遑追放論漆園叟時當剝棗肆華筵日値懸弧置旨酒月桂飄香過舜花冰梅設饌勝堯韭自炊丹竈出彫胡不向仙山採碧藕獻祝嘉賓玉笋多各揚和譽酬一卣飛觴蘭蕙綵衣鮮光射銀釭輝戸牖磊落昂藏盡不凡紅顔佇看結青綬吾牛酣兮擊棹歌秋風瑟瑟蛟龍吼祇從舊好述交歡莫認外孫聯藎白

仁濟橋記

金匱安鎮北倚膠山山水屈曲南注三里餘由鎮東入信義瀆水口濶六丈行李之東西往來者必賴橋以通焉向有木橋每值風狂雨驟行人共嗟危險且橋木易朽年久即難行走里中人欲易以石爲久遠計者有其心而苦無其力惟睹橋之壞而長太息而已歲在壬子仁壽菴老僧皓如慨然告予曰鎮東之橋西達毗陵東通常熟不特便近鄉之來往而實爲遠人所必出能建石橋以期永久老僧願捐制錢百千予思皓如乃方外之人猶欲捐貲倡義予奈何敢憚勤劬不將順其美乎爰與募合里士庶及各鄉耆信共襄義舉辦石鳩工偕族中錦雲日夕督理越月而工竣爲落成之餘登橋四顧山湧翠而送青水廻瀾而留綠垂紳貴客儘堪側帽春風躍馬名流亦可解鞍夜月蓋不徒餉耕孺子負擔老人得信步安行也追念朽橋欲斷失足堪虞詎非相懸萬萬而爲大眾所快心哉予思世之擁厚貲可爲善者目擊病涉漠不關心皓如年七十有六而仁心爲質濟衆維殷竭蹶以求橋之成而能忘其辛苦非但釋之所少即求之託名於儒者豈可多得耶爰名橋曰仁濟而爲之記

乾隆五十有七年歲次壬子春三月里人安全撰

重建會通橋記

金匱安鎭之東向有石橋跨信義瀆上爲往來行李所必由年遠莫修傾於明季途人病涉蓋百有餘年矣仁壽菴僧皓如年七十有幹局慨橋之廢捐貲募建合里士庶及各鄉善信競施捨勤理辦罔不踊躍爲說者曰老僧倡義廢橋復新其功不小也皓如聞之曰是何言哉此天實爲之也而豈人力哉夫天以普濟爲心當橋方圮毁而衆苦褰裳天之惻隱已久今吾思重建人盡贊勷天寔欲成此橋故吹噓衆善

使黽勉從事耳自古慷慨好善之士身爲義舉而不畏勤動不惜貲財自圖始以迄告成若皆由乎人者不知天於冥冥中潛驅默率而啟其聰明強其筋骨俾得經畫庶務，審量物宜故人攔然冒艱難忘勞瘁竭智盡能以馴致有成也倘貪天之功以爲己力不亦誣乎予聆其言深服其會濟衆之心通事天之理且夕竭蹶不以爲勞苦功高度越施伐之流千百輩蓋釋而深於儒者也爰以會通名橋而爲之記

乾隆四十有九年歲次甲辰辰月穀旦里人安全撰

更名解　　全蘭巖

客問安子曰禮君子已孤不更名子孤矣而更名豈不欲爲君子乎安子曰吾名未嘗更也若君子則吾豈敢客投袂而起曰子何欺予哉予見子之應試初名經禮繼名飛復名郃又名靖邊皆赫赫照人耳目今入太學名全子名之更也數矣而曰未嘗更也子何欺予哉且古人名各有義子名屢更其義安在安子曰吾豈欺人者乎凡子所見之名豈盡無義乎子姑坐吾語子夫名以親命而重故冠則字之尊長不

漫呼也終則諱之子孫不敢稱也初吾竊有心於角技爰憑臆以取名始之名經禮也以朱子訓禮儀爲經禮而學記云不學雜服不能安禮取其本連於姓也繼而名飛也以漢趙温謂大丈夫當雄飛又吾性剛烈恐難免乎斯世爰引桓侯鄂王以自戒也至於名郃也以後漢李郃博學而不欲人知可奉爲法也若夫名靖邊則適當緬甸爲寇思效班超之投筆從戎率一旅以靖之也當有感而思遷輒改名以達意非吾親之所命雖屢易其何傷客曰子名非無謂予

既聞命矣謂非命於親而可易則予滋惑焉當親在之時雖以己意更名親可稟也猶親命也今親亡矣尙可稟乎今子名全不已過乎安子曰子之論似矣抑何不察之甚哉吾懸弧之日親卽命吾曰全邇來交遊中頗有恣意頻呼以逞其輕薄者子獨不聞之耶今之名全正一掃曩時屢更之謬而復吾先人所命故曰吾名未嘗更也子乃深以爲過何抑不察之甚哉客色赧氣下而謝曰子復先人所命而余引禮以責子誠予之憒憒矣子無慚於君子余竊更有請

爲先人命名必有所取子可爲予言之否安子曰吾親以吾負命名之意隱忍而未嘗言今以意逆之吾先世達人名皆與姓合吾名殆亦合於姓乎漢書中安上全下長沙之言也非大無道之世天盡欲挾持而安全之江都之言也上安宗廟下全保傳中居之言也先人所取其在斯乎且合命字思之意固甚顯也周禮曰天子用全名全字廷用非以玉比吾而冀非常之用耶乃吾今者等棄擲之碔砆虹氣不騰於鳳閣弄優游之翰墨蛾眉見嫉於牛衣吾方嗟無以慰先人而顧名有愧子曷不以他規我而鰓鰓焉更名是責哉客無可言廢然而去

泣鉴先生傳　　　　全蘭巖

泣鉴先生不知何許人也亦不詳其姓字平居常泣鉴中因以爲號爲幼敏慧載籍過目輒能記憶弱冠好太史公書得其神理有所著作援筆立就識者賞其疏蕩有奇氣製義宗震川陶菴爲名流所推而久困小試嘗爲詩曰自古英雄皆有恨從來瑜畢總無權蓋其所鎔鑄惟湛深經術者知之固難爲淺見寡聞之有司道也壯歲遊成均四方名士爭交之苟得握手共談靡不喜吐辭之精而恨相見之晚與廣衆

雜處欲使人人得所素不相識者一見如故有以慰藉之親故有難處事得其片言而戈矛頓息有餘者賴以安不足者感其惠爲鋤頑梗於公庭要言不煩官長輒據以折獄小人雖忌之後亦服其剛直也先世有遺資爲貪夫所攘交游親戚莫爲一言竟淡然置之葺先人之敝廬備歷艱苦人盡爲之慮而天幸得無恙閒暇娛情吟咏多精思奇句近地無能傾畀者年過五十澹泊自甘而涉獵簡編孜孜研究道勝少年之刻厲懸揣其心若欲待知遇而報罔極其所隱忍苦亦足以白于天下矣

贊曰非才之難所以自見者實難曳白之徒齎縑得志者多矣何怪乎筆燦江花無門託足哉然使不逢殘賊猶可悠游卒歲耳不激昂於青雲遭邑犬之羣吠進退維谷可慨也夫

積捐小引　全蘭巖

方澤圜丘致虔誠於報本秋霜春露深僾愾於奉先盖致孝乎鬼神無分貴賤豈盡心于邱墓反諭窮通七世祖少峯公暨八世祖硏泉公硏亭公墓在朱村渡口歷年既遠舊制全非經理失人爵殘堪嘆石垣蕩矣牧童橫笛弄斜陽榛莽紛然樵叟擔雲歌薄暮少松楸之鬱鬱靈復奚棲瞻風雨之瀟瀟情烏能已路人太息幾疑華胄無存窀穸不甯安望孝孫有慶今裔孫揚烈等當仲秋而謁墓獲牧豎於隴旁訴隣

總而調停罰鼓吹以將享因念不清疆界鋤耰之侵削何窮更思共惜錙銖整理之貲財爲出爰集各房共商捐米不拘多寡視貧富以爲準積貯一家累數年而置產待公田既定則公費有資綿血食于千秋輪流可掌備不虞於一旦摒擋無難凡我子孫各宜黽勉發崇朝之善念成奕世之良規囊槖星馳差免旁人之笑斗升雲集堪增先代之光權子母而積贏餘栽松樹柏傳久遠而立矩蘉勒石鐫碑鬼異若敖饗蘋蘩之常薦壟如柳下禁樵採之紛來佇看膠鬲山陰坩比范墳秀分笏嶺行見黃泥灣內宛如華墓雄壓鵝湖謹引

惜字會小引　全蘭巖

竊維圖獻河濆乍啟文明之運書呈洛汭爰開翰墨之端天地之精華假字以洩聖賢之名教賴字以傳此固古今之所同珍尤宜賢愚之所共惜者也乃由不重斯文遂致甚輕廢字蟲生架上鼠穴篋中舄若棄於街頭覆醬瓿於厨下漫藏針線任兒女之傷殘猥襍泥塗輒牛羊之踐覆豈非神爲之疾首而鬼爲之痛心者哉僕也寸心自發獨力難支爰集同人共襄善事稱家以助少至百而多則千隨地以收近必

周而遠亦廼拾殘編於蓬戶毋令飄零搗隻字於通衢免教湮沒更顧勿爲艷曲惜字於無字之先抑且莫謂能書惜字在作字之際庶幾盡收斷簡免獲罪於前賢廣拾遺文可積功於後嗣也已

題晴園先生愛蓮圖遺照　全蘭巖

晴園先生寻伯兄（名經傳）之師也寻雖不及奉教每聽伯兄道其文高德邵終於教職未嘗不惜其不遇先生愛蓮爲圖寫照於蓮池之上以況周子沒後焚于火而面獨存文孫（應鰲）補其像而徵詩於名宿寻伯兄早世不克表先生與古爲徒之風槼矣寻念先生非眞有不容銷燬之儀光當爲儒林所瞻仰則祝融何愛而留之烈火中乎爰爲詩以慰其文孫并爲先生慶德容之長留天壤云

伊周子愛蓮高懷屬雲嶠先生饒勝情異代爲同調
繪圖傳素心失火蓮池燎身灰面獨存古道依然照
守護由鬼神鬚眉日星曜好手爲補之道範欣惟肖
寻思餘燼留誠爲非所料焚香展遺容肅如在宗廟
霽月輝筆精光風動墨妙遥遥與濂溪千秋相焜燿
嗟彼顯達人渾沌未鑿竅妄庸談蒼生共言當飲溺
先生雖數奇聲名流海徼薰德皆善良惜未典機要
今觀畫圖中風度儼漁釣天葩溢金塘猶是恣清眺
文孫善表章初弗輕心掉茹草誦遺書佇看探奥窔

孚也猶弟子狂吟任人誚先生如有知還應囅然笑

重修膠山李忠定公祠記

古聖賢祠墓必有後賢保之後賢古跡又在子孫保之我無錫溯開吳之聖人曰泰伯墓在鴻山相宋之名臣曰李忠定公故祠在膠山一墓一祠重於江南鄙儒以爲鄉僻而弗考也膠山去邑城三十里所有蕭梁以來古跡皆湮沒不可尋惟李忠定公祠在膠山寺竇乳泉上自宋元至於今五百餘年而巋然獨存則我祖明贈戸部員外桂坡先生捐田世世奉祀故也嘉慶辛酉歲忠定公裔李陽典司祠田患祠屋

之久不修也蓄川租之入而重葺焉鳩工於已巳秋告成於庚午春上巳祀公如初禮其祠倚山面泉碑石二其一明正德四年桂坡先生諱國建祠記邵文莊公諱寶譔文其一嘉靖己亥先僉憲膠峯公諱如山移祠泉上記自譔碑文也忠定公讀書山中既仕則請於朝以膠山寺爲崇親報德禪院公祠建於宋紹興間或曰治平中廢於元初兵燹寺僧奉木主於泉上之棠齋有元人陳方謁祠詩桂坡先生因公讀書處而建祠在東寺之西偏今祠泉上則膠峯公因

公木主舊在於斯故也前明公祠無官祭邵文莊祀於惠山尙德書院膠山惠山兩祠並祀鄉先生德位之尊者主祠祭諸生相禮執爵祼獻奉牲奉盛雝雝肅肅以文莊之理學桂坡先生之高義後賢誠格先賢逾於俗吏之奉行故事也昔范文正公祠嚴先生謂其得聖人之清忠定公扶正統攘金人以天下爲己任蓋學聖人之任者也節行昭於史册感於人心士民思之搢紳先生慕之傚之而俎豆之公之興起後賢文莊及我祖之尙友前賢開東林之先者乎文

莊既沒尙德祠廢膠山烝嘗弗替賴有祠田耳里人陸丞思首捐祭田七畝正德四年安桂坡增設祭田十三畝合成二十畝寺僧廢田安膠峯復設祭田雍正七年李氏奉縣以桂坡先生配食報捐田之爲功於祠也顧向者田隸寺僧而乾沒膠峯公割山北莊田捐如其數　國朝田歸李氏典守有欲斂膠山祠田以奉惠山新祠者我安氏以膠山祠碑呈縣而定案不移保護先賢祠事厥惟艱哉茲幸祠田典守得人夙夜匪解修祠奉祭不墜桂坡先生與邵文莊公尙德之禮 吉 既與上巳之祭退而謹記修祠歲月

蘭竹圖記

十三世 吉 集占

蘭有國香惜其委於草莽也故玉潔而升於喬木爲玉蘭竹無俗韻惜其隨處圓通也故方外而生於高秋爲方竹蘭竹圖者先大父母之壽容也先行人我素先生宅有罨畫樓樓前玉蘭百年喬木其下方竹繞之怪石玲瓏奇花異草無非畫意樓之所以名也登樓望天全堂丹桂紅光滿天香聞十里隔苑梧桐翠色高蔭時鳥變聲春晴秋月大父母扶杖看花聽諸孫書聲與鳥語花香竹風梧月相和如在瓊樓玉

宇非復人間世也大父樂之而補此景玉蘭樹下蒼顏古貌大父信翁也坐方竹下和氣滿容大母秦孺人也肖神肖兩孫旁立亦肖持手卷者孟孫愷執桂枝者仲孫同讀書罨畫樓者也翁爲此圖有三樂焉守我素先生家風詩書手澤至於薪木無毀傷者一樂也我素先生冢裔累世艱嗣而尠偕老嫡孫一人曾孫二而天其長嫡元孫天柱公早世次卽信翁翁七十齊眉二樂也子孫振振三樂也翁命吾父繼勛公爲天柱公子又命愷爲天柱公孫不沒嫡長此古

風也仁心也孝思也大母憐愷如母覆之晝則保抱攜持夜則懷之以寢雖紡績亦攜愷膝前教小學白眉故事宋詞明詩愷多病善驚大母藥之每製棗爲讀書補心之助長則擇配於秦考試歸省賜之食食物之名必取吉祥以期獲雋往往如大母所期愷改名吉補諸生試優等薦春秋房首大母喜形於色出膳老之資犒報捷者大父之訓吉也正歲三日卽命題課文文人往來命吉侍聽把酒論文文人皆吾父師友經學理學名儒若堯咨黃先生若舫秦先生申

一榻先生聽講一夕勝讀十年大父教吾父年十六通春秋三傳惜哉如顏子之年又教吉魁江南不以爲己子不以爲己孫命之奉天柱公祀敬兄謙讓扶植大宗而子孫蕃昌嗟乎大父去而家園荒蕪老桂凋傷惟罨畫樓前竹樹猶存大父母之餘澤如祥風甘雨之潤澤而留遺也嘉慶辛未重裝此圖顏色如生因感昔年之慈愛而爲記

十三世 吉 彙古

謁伏生墓記

少讀梅賾古文僞書敘知伏生爲濟南人閱李石續博物志稱漯水有徵君伏生墓夫齊魯之間多先聖賢古跡苟一至其地如親見古人爲己亥北遊過鄒縣一謁亞聖廟擬至兖州拜孔林未果辛丑客濟南之長山求伏生里居罕有知者居久之始聞有伏生廟旣乃知伏生墓在鄒平因往謁焉出長山西郭不二十里達鄒平界至伏墓墓丙向左前有祠豐碑屹然大書伏夫子墓國朝康熙四十年縣尹程素期立

左右古碑歷落其曰鄒平縣東北十餘里號伏生鄉伏生之墓在爲者齊人張起巖譔文元至順二年縣尹曹明叔修伏子祠記也其曰伏生墳在古濟南郡城之東今鄒平縣治之北二十里背小淸河面長白山允爲大賢棲神之所者山東按察副使吉豐彭勗譔文明景泰三年鄒平父老修伏子祠記也其嘉靖丙辰修祠記石文漫漶不可辨謁伏子祠詩有成化戊戌靑萊登道仁和張珩五言絕句二首嘉靖癸未山東廵撫陳鳳梧七律二首國朝山東學正施閏章

古風一首祠前東壁陷石列順治十五年縣尹徐政修祠記施閏章譔文云鄒平縣北十里有伏生祠其墓在焉蓋伏生故里宋封乘氏伯有司修祀惟謹余至見其像脩眉豐額垂旒秉圭如古矦王幼女及量錯皆侍側壁畫當日投書狀云西壁陷石列康熙四十年程素期建亭堂開墓道記云戊辰春下車閱月吏白祀事所詣乃伏夫子墓至則一堂巋然墓弗見也祀畢尋之牆外孤阜半掩荒榛殘碑亂橫寒隴慨然思祠緣墓建今祠乘墓絕不相屬非制所宜爰命

鳩工移祠近墓墓崇其封蔭以喬木開神道以憫優聞置享庭以從闞伷以伏姓一人爲奉祀生召一僧以佃祭田成功鄒之人士莫不慶忭如獲未有云嗟乎程君可謂知本矣伏生顯於漢封爵於宋自有此墓不知幾經廢興石泐文殘不可考已乃如愚山名士亦既至祠而不問墓惟程君知祠緣墓建尋墓於荒榛寒隴之中勒石開道封焉樹焉豈非知本者哉迄今將及百年墓木斷於斧矣墓道鞠爲草矣安得繼程君而重修此墓者乎姑志所見以有待

逸園記

十三世　青欒占

士大夫閒居林下一邱一壑以爲遊宴居息之地卽可以觀文章德行焉辛丑夏仲客長山虞部瑞峯袁先生招飮逸園之平亭於時白蓮盛開香風入座賦詩投壺仿古人碧筩杯飮一片清芬沁入心脾旣醉登高閣聽蟬聲爽氣開襟深林消暑酒酣樂亦酣矣過小亭穿藤蘿折而西古柏陰森長亭繚繞凝眸北望煙波浩渺樓榭參差則怡園也令人恍忽不定如得神仙幻術將怡園勝概闌入逸園一小亭中至此

以爲觀止矣又折而西穿竹徑過草廬豁然開朗有沼淵然有塔聳然有亭巋然亭曰心如登亭上闃然泠然蓋藏冰池也藏冰之法見詩書春秋吾獨喜茲園之勝愈轉愈奇而知先生文心之出奇無窮所以蘅皋諸昆季廣學多文每奏一藝曠思奧義層見疊出而此猶不足爲先生多也蓋先生之德深遠矣古來高人逸士雖有曠代之才而德或不足往往不平之氣見之言語文章而先生獨名其亭曰平亭殆晏子所謂心平德和者耶進而古柏亭意在晚節愈勵

十三世　吉　彙古

貞女畫記

圖畫小技也貞女之畫見性情之正焉見格物之知焉見風俗之美焉藝也而進乎道矣道也者君臣父子夫婦三綱也舍道而言藝雖丈夫才美不足觀況兒女子之才藻乎貞女者吾同門友俞孝廉東川女弟也東川少時有獨行其人濯濯如春柳其心不染如蓮花君子以爲難乃其女弟以詠絮之才矢栢舟之志壻將親迎而病没女畫女貞木以自誓可謂二難女貞木貫四時而不改如松柏竹箭然女取其嘉名以爲草木有本心而况於人乎余讀畫至此知非才女賞心乃其哀心所感也又非感物傷懷乃其卽物見性也豈特藝林佳話哉我　聖朝皇風漸被至於閨門皆知德行吾邑唐孝女以丹青養親不嫁孝聞於朝貞女此圖眞與唐孝女相爲輝映也一展卷而藹然見性情之正風俗之美矣孝女　天子旌之其畫士大夫題詠之貞女之畫豈不可歌可風哉大鴻臚覃溪夫子作女貞行以美之汪吉士作論以表之余是以記之以質東川以待采風

耶進而心如亭所謂臣心如水耶美哉淵乎可以觀德矣或曰先生於此奉宗廟致孝享原非徒爲宴遊居息也余曰然先生卽遊焉息焉其諸異乎人之遊息歟

惠山尊賢祠考敘

十三世 吉棠占

尊賢祠者明禮部尚書邵文莊公寶所論定也其祀宋司徒長史湛公挺唐尚書左僕射李文肅公紳處士桑苧翁陸先生羽宋無錫令焦公千之國史編修秦淮海先生觀禮部尚書尤文簡公袤御史裹行錢公顗元處士倪雲林先生瓚明義士張止齋先生翼中書舍人王孟端先生紱其堂曰尊賢堂其地在惠山二泉之上舊爲陸子祠專祀桑苧翁以品泉也又增祀湛李二公爲三賢祠惠山一名歷山湛公有歷

山倡和詩李文肅嘗讀書惠山也文莊始改爲尊賢堂增祀七賢其尊賢之例曰祠宋以來生遊沒葬名在天下者十人非此類也雖賢弗與又曰尊賢之堂以義起禮君子之公論也其事在明正德五年其文見文莊惠山記其祭田二十畝文莊既識祭文又各爲贊又敘諸賢出處遊寓之迹文莊於十人蓋三致意焉嗟乎十賢之與文莊其行各不同矣乃其曠百世而相感何哉蓋自漢魏以來士風日下相如揚雄以文章爲阿世貢諛之具王戎王衍以清談爲沽名之方馮道以賣國爲長樂王安石以聚斂爲經術昔至天下大亂而守正不阿之士反罹黨錮之禍十賢生當末世廹大雅於吉尹之風勵廉貞於伯夷之行安顏巷之樂事居狂士之暮春或效比干之忠或師子產之惠或排難解紛爲展禽之犒師以全父母之邦以免百姓之屠戮皆可起頑立懦革薄敦三代以上之人也非文莊不能論定非十賢孰當文莊之論定哉嘉慶壬戌秦氏重修此祠增祀文莊及秦修敬公旭亦生遊沒葬名在天下者也文莊居惠山有

君子堂點易臺修敬公有碧山吟社與湛長史之歷山草堂李相讀書堂陸子泉尤文簡之遂初書堂少游墓張止齋墓王中書墓聽松竹罏同爲惠山古跡而碧山十老爲文莊之所推重邑縉紳與四方賢士大夫之遊於斯者皆有所興起焉東林諸君子文莊開之也亦十賢之風開之也則此片席俎豆關吾邑之風教大矣豈特文采風流一二韻事留於泉聲山色間開錫山詩學文藻而已哉我朝天子時巡翠華臨幸有司恭勒宸翰於泉上而茲祠屢遷今奚十賢

於鄒愚谷園後之增祀者滋多不知有當於文莊之意否耶邑有鄉賢名宦忠義祠何爲又有尊賢祠歲久而邑人莫知其所從來矣故考文莊尊賢之例且原其始爲寓賢而設爲寓賢之在惠山而設云

萊陽烈婦詩敘

十三世吉棠占

易言闡幽禮重表微夫以閨中之德行下里之女貞莫徵於此亦莫幽於此矣然而風教所關甚大故國風十五類以女子之貞淫覘政治之得失聖天子以匹婦之節與大忠純孝並隆有旌典有祀典非特表微而闡幽所以移風易俗也顧里巷孤芳未易上達天聽若萊陽戰鈐妻張氏以乾隆庚寅殉烈迄今二十餘年始有文學之士以詩歌表彰之其不遂淹沒者幾希矣爲之傳者萊邑庠生張君昇首倡賦詩者

瀋陽孝廉朗岩書明阿和之者安徽張涵齋祠部大與丁遠亭廣文自是嗣響者正未艾而錫山安吉於壬子暮春訪朗岩見原唱亦與續貂重節烈也按傳張氏父之紋兄昻正世業農張氏年二十歸鈐越五年而鈐病病起於戊子冬殁於庚寅春張氏侍湯藥爇香告天祈代夫死者兩閱冬春矣鈐知不起以養毋屬婦對曰有諸兄嫂在蓋鈐爲監生戰弼之季子上有三兄張氏故云以明必殉之志家人掖其所生女啼於前欲其無死張氏弗顧顧病者將危乃自整

衣拜姑辭妯娌分簪珥還侍銘瞑目遽頓足仆地而絶張子以爲不假尺組而死自古殉烈者所未有吉以爲晉范文子祈死而卒張氏祈代夫死屢矣且至性所激莫切於生死之交願以身代周公代武王明楊椒山夫人張氏有乞代夫死疏其事不同其心同也張氏經年祈禱日慘慘於夫子之將死而不忍獨生神傷氣盡久矣一旦見夫瞑目沉痛攻心頓足而絶朗岩所謂顴天二載心先死者得其情也豈若神仙尸解荒怪不經之比哉節義之人大抵以理御氣不爲氣使其理顯而微其心曲而幽不可不爲之表也書此於諸賢詩後以俟國家之采風

靜寄東軒稿敘　十三世　吉棠山

我錫山人文宋明多理學醇儒　國朝多經學史學名儒其達而在上名垂史册者衆莫不知矣其窮而在下若我先子繼勛府君受業師有二人焉黃爻杏先生著讀易質疑可與顧司業之春秋大事表秦司寇之五禮通考鼎峙天壤浦二田先生著史通通釋於高宗南巡獻之今與諸經學並登四庫而先生之讀杜心解亦史學之緒餘也深於新舊唐書知子美作詩之志也御選唐宋詩醇採之惟黃先生之易學未彰吉謀校刊而力未逮中心耿耿浦先生書皆已行世惟詩文集未及刊行嘉慶庚午秋季先生曾孫廷裦屬爲編校嗚呼先生以雍正庚戌進士親老就教未幾歸田居嵩鴻石室之間自號三山傖父自傷年老不堪大用如孟子言草莽之臣也因名其集曰三山老傖不是集取柳州語好爲文章甚不自是也然先生不自恃學者讀先生之文章敢以爲不是乎陸機呼左思爲傖父宋孝武目王元謨爲老傖鄙賤之稱學者可以稱其師乎世俗敬師不字而號不知

古賢自唐以上有字無號學者稱師曰夫子曰先生與人應對及著書述師說則稱師之字子貢子思孟子稱孔子曰仲尼可徵也浦先生之字著於天下久矣先生嘗取陶詩以顏其書室曰靜寄東軒其詩文舊名靜寄東軒稿今從其朔不亦可乎先生勤於著書詩文偶一爲之凡錄文百餘首詩百餘篇分爲八卷皆關風俗人心民生吏治而保護王古墓表下里幽貞三致意爲吉未能窺先生之學辨集之名與稱號之未安與集中大旨如此嗟乎我先子年十六通

春秋三傳校天全堂集尋東林墅緒守高祖我素先生家風浦先生以名世許之不幸早世黃先生傳吾父於識小錄中讀兩先生遺文悲吾父吾師不可得見如成連仙去望之海上但聞海水汩沒山林杳冥羣鳥悲號嗚呼何以爲情哉

皓公上公壽敘

十三世 吉棠占

賢士爲功名教不以窮達異其心素位而行自有不可磨滅之事業卽數奇淪落入於空玄而率其性天動與道合若吾鄉皓如上人古之賢士也皓公出家金匱邑城之藥師禪院而堠郜之仁壽庵其分院也叢篁古木曲徑通幽晩唄晨鐘與松竹聲相和布衲蔬食不作口頭禪不作舍衛乞不效文士吟詩走名場結勢要一心念佛操作食力而誦德者徧都鄙曰某里道路陭隘其所平也某水橋梁圮壞其所建也

某亭當驛路避暑雨皓公之力也某鄉製絮衣卹祈寒皓公之德也而皓公不以爲德又以不及買山埋淹柩爲歎余嘗誦豳風曰七月流火九月授衣周書曰夏暑雨小民惟曰怨咨冬祈寒小民亦惟曰怨咨夏令曰九月除道十月成梁明堂月令曰孟春之月掩骼薶胔凡此皆王政所關而仕者之責也皓公曰吾雖草莽緇流率土之濱莫非王臣有衣食之餘敢不勉乎故自少壯至老耄無日以怠其勸孝曰爲人子者不能養志甚或氣觸父母高年抑鬱雖有蓋世

功名不足道矣言戒殺曰勸君莫打三春鳥鳥子巢中望母歸言惜字曰某爲成衣遇布帛有字剪而別貯一囊敬惜之子中狀元或以蕉扇加於書皓公曰物近枕席下體加於書不敬聖賢一念不敬卽自放逸道心不固矣其言若此其事若彼蓋深於主敬行恕之學者供法以主敬爲降服其心以行恕爲度一切苦厄主敬之學不明士或以讀書梯榮侮聖人之言不惇實行耽名利而忘本根此人心之患也行恕之學不明士或惜財而不知用財務封殖爲怨府或

用財而不知惜財務豪奢多暴殄此世道之患也皓公生平無一物之暴殄而歸於利物無一息之怠惰而歸於實行其爲功於名教大矣嘉慶丙辰歲皓公年八十吾黨之士慶其壽耇而樂善不倦也欲爲皓公稱一觴皓公不知紀年不尙文飾余述其主敬行恕以爲吾黨勸謂賢士雖淪落空門而不忘名教如是如是

果報錄敘

十三世 吉彙古

古者聖人在上命德討辠彰善癉惡匹夫有善可得而舉也匹夫有不善可得而誅也故經史雖有果報之事而不立果報之名至於王法之所不及惟恃天道福善禍淫而釋家因果之說起焉悉數之更僕未可終也舉其大者吾嘗所聞者上古雖無果報之說然如苗民殺戮無辜虞帝遏絕苗民無世在下此王者之癉惡虐威之果報也衛國淫風流行爲狄所滅遺民男女七百三十人此天道之禍淫而桑中淫蕩

之果報也秦國起禮義而尙首功務富其國而強其兵至於風俗大壞父子德色婦姑反唇白起坑趙卒數十萬李斯坑儒其後李斯具五刑夷三族項羽救趙坑秦卒數十萬此亦天降之禍而卽仁義不施徒務富強之果報也魏顆用父治命不以父妾殉葬而反嫁之卽有老人結草報以戰勝克敵之功楊寶七歲救黃雀於華陰卽有童子贈四白玉環曰子孫潔白如是其後四世公卿爲淸白吏爲善之報至於禽鳥銜恩鬼神感德所謂誠能動物豈偶然哉若此類

著於感應篇陰隲文詳矣統而言之曰善惡之報如影隨形曰近報在己遠報兒孫刻此以傳世者不下數千萬卷而敬畏奉行者十無一焉百里奚曰行道有福先儒下一轉語曰有福者能行道小子福薄信奉不堅必有疾病雖妄殺一草一蟲必有毀傷肌膚之報年逾三十思贖前愆先自戒殺即捷鄉闈至今二十年來未有癬疥之疾近年心頗放逸又從公車諸公一路殺生吉守戒不嚴時需其味以致大病屢薦不中果報昭然今冬病後西席馮芩香先生與同社諸君子將刊果報錄以自警警世命吉敘吉自訟其過而推明果報之說所由來蓋昭昭不爽可畏也

校書說　東張若雲

十三世　吉　彙占

鐫書有名有利有功有過爲利者誨盜誨淫怪力亂神惑世誣民之書無所不刻獲利於一時積罪過於無量爲名者刻奇書以資博聞廣見享民而無過無功天下有用之資當刻有功於世之書經濟可以救民禮樂可以淑世文章可以華國德行可以化人如此者名利兼擅子孫其昌刻書之用心不同而獲報亦異也書求善本刻本之善必出名人手檢鈔本之善必出大儒所著有善本而後請檢書先生不但取其才而取其德必取直諒多聞勿取善柔便佞又不專取其博而取其識字學非徒法帖楷書也宜通篆隸古文音學非徒今韻四聲也宜通經史離騷古音經學非徒講章集注也宜通漢唐注疏史學非徒資治通鑑也宜見二十一史全部體例詩賦非徒時賦排律也宜通文選古體古文非徒八家也宜通五經三傳史漢刑名兵法天文地輿非徒書籍陳言也宜通當世之用如是以言校書不綦難哉在漢有劉向校書天祿閣此漢之大儒也其後蔡邕校刊石經後

人奉以爲法宋徐鍇兄弟奉敕校定鄦氏說文檢其畫而不通其聲拘泥太過不能補經字而徒附俗字於其後是故校書非才大識高者不能吉家世業藏書著書鐫書明贈戸部桂坡先生諱國藏書充棟鐫活字銅版印行顏魯公集徐堅初學記等書北平翁覃溪先生得安桂坡珍藏宋本蘇詩嘉靖進士膠峯公諱如山者方城均田志光祿少卿我素先生諱希范者天全堂集荒政撮要郡邑武備考崇禎癸未進士廓菴先生諱廣居刻尙書揆一太學懋卿先生諱

紹芳著西林集諸生孟公先生諱璘刻先賢語錄著飬畫樓詩文集膠山志大父天柱公諱高發著尙書讀法先君子邑諸生繼勛先生諱經傳著春秋大義吉讀先大父尙書通作古文之妙讀說文諧聲通古韻之原校四庫書通編書校書體例於是著夏時考闕呂不韋劉歆梅頤之僞經著韻徵闕吳棫叶音正陳弟古音補顧炎武音學吉不足道惟念我祖刻書有功於世子孫爲名宦祀鄉賢載國史理學經學傳之世世當時校書人官至尙書侍郎後世文苑書香

科第不絶此刻書之報也今慕若雲張君好古博雅校刊經籍奉行功過格而不爲名爲利當如我祖刻有功於世之書此藝林之盛事也故作校書說以贈惟採擇焉

知己說示兒念祖

昔太史公作管晏列傳津津於知己之感蓋自悲生平無知己也人生有知己則樂無知己則悲詩曰心之憂矣其誰知之又曰莫知我艱家人父子而不相知此又可悲者也古之知己君臣之間知堯舜者禹皋陶父子之間知文王者武王周公師友之間知孔子者子貢有子此道德之知己也同寮之間知管仲者鮑子知子產者子皮功名之知己也降而苛陳以氣節爲知己李杜以文章爲知己夫婦之間梁鴻孟

光以隱遯爲知己此皆千古僅見傳爲美談大抵才識相近故能相知堯舜非禹皋而天下不治文王非武王周公而王業不成管仲非鮑叔子產非子皮而功名不顯知己之所關豈不大哉余道德無聞功名無具文章氣節不著于時木無可知尙何言哉夫道德功名文章氣節非爾所知然抑戒詩曰借曰未知亦既抱子不可冥然無知也爲人臣子者當知君父之心不知其心無以事父事君也爲人弟子者當知師長之心不知其心無以傳道受業也考試當知主

試之心不知無以決科成名也居官當知百姓之心不知無以發號施令也讀書當知聖賢之心不知無以爲人無以爲文也夫聖賢之心在千載之上猶當知之而況父兄長者日親炙焉而可不知之乎百姓之心在千里之外猶當知之而況父兄長者日受命焉而可不知之乎至於親朋往來而不相知不能永以爲好也僕隸下人而不知之無以盡其力而況父兄長者教我成名教我立身教我保家而可以不知其心乎爾不知吾與爾言之吾年二十以外布衣布

履不求衣服之美而求文章之勝人三十以外戒殺不食腥持齋不茹葷葱韭蒜葷也羽毛鱗介之肉腥也此非學佛爲多病薄福爲先人累世不壽門衰祚薄爲父讀書功苦而不遇以歿以志痛也爲先世遺書未刻恐其淹沒立志發刻傳世以自責也吾志在傳先世遺書保先人邱墓守先人家風講求先聖遺經以此爲一生之事居家無此疆爾界保一門之和氣也謀食無傷廉之取守安貧之素履也吾之用心若此爾宜知之慎毋以諄諄爲藐藐可耳

修志說復秦司寇　　十三世　吉　彙占

修志不亟於修史惟有德有識有書有筆者能之吉何足道哉蓋有德則無名心利心而有實心見義必爲又有虛心不恥下問有識則知體要知取裁有書則善討論而成傳信之書有筆則簡而該核而達動有關於風教譬諸行軍調兵調餉爲將爲師萬事俱備又必嚴明紀律不可亂次以濟又必好謀而成譬諸奏樂八音克諧無相奪倫又必鄭聲勿亂雅樂盡美而又盡善吉懷此有年夫子官浙時吉呈舊志與

識小錄及修志事宜後陞湖臬而中止今年夫子歸田初見即命爲此吉辭三百金之書館以待不敢自便身圖而廢一邑公事也又以衆議不合而止今聞開局不勝欣喜華雨堂推夫子主筆壘如康熙志有對巖先生乾隆志有劍光先生事可成矣吉之所恐者正恐夫子謙讓或沮于衆論或沮于斧賛壞一邑千秋之公事夫子於心有所不安也夫子直任其事爲傳信之書莫不尊信韓文公以師道自任伊尹以天下自任豈謂之名哉吉所謂名者乃執一人之見廢前賢之志廢芻蕘之言不能廣收搏採耳今請外縣人修志豈如科場主試不閱本省之文避嫌以明公道直道乎苟非其人亦能狥情臧林二公才識如何邑尊所薦乎衆人公舉乎夫子所請乎夫子用人則可夫子爲人所用則不可但以信史而假名於他人開附名作僞之端亦非善道蓋惟名士能爲此書能重此書若希圖附名不知而作反爲書累也刻志不過千金近時惡疾有錢用于無益則願之又有假公濟私錢歸私槖而事無成能令不濟私者亦難集

事亦被惡名可慮耳若夫議論長短不足慮夫子持正服衆一秉至公何患不成千秋之公事哉吉胸懷千言萬言口訥而心健忘面談不如筆達自當搜羅舊典陸續繕呈先擬書名曰無錫縣志旁注分縣金匱同志或仍舊名曰錫山志或名無錫金匱兩邑志呈請裁定

書碧山吟社圖後　十三世　吉 樂占

碧山十老之高風邈矣數百年後如覿其人如遊其地惟有此圖在國初先高祖孟公先生跋於君鄰秦氏嘗手摹沈啟南筆明嘉靖間先膠峯公有和吳匏庵碧山吟社詩韻社結於秦修敬公在成化中十老歌吟諸名公記迹多矣吉生也晚不多見而圖藏秦氏亦未之見也乾隆壬子吉自瀋陽遷燕山門字於小峴先生先生出示近作碧山吟社圖記乃知圖失有年先生得之記以志喜吉喜亦欲狂請一見以爲

奇遇惜題語割去他日當補先高祖跋於後因咸家有先桂坡公東遊圖謝時臣筆族祖懋卿公西林圖張復寫皆不知所往惟存高景逸先生水居圖先我素公南林圖自慚作客飽蠹魚矣劇羨先生重獲家珍公暇清賞晤對先生遺澤藝林快事有逾此哉微特先賢古迹復歸舊主爲家山增一佳話也

書懋卿先生遺照後

安懋卿先生遺照張復補樹石明萬歷年寫也百八十餘年迄於我　朝嘉慶丁巳五世族孫吉重裝而敬題之曰先生諱紹芳號研亭傳載無錫志文苑及畫史著有西林詩文集蓋以文章詩畫名於隆萬間者也年十七補諸生入太學雖懷才未得一第然有先桂坡公藏書鼎彝供其研說成其才名有膠山西林勝地恣其觴詠有王穉登王世楨兄弟爲之延譽有司封公蔭其後嗣得福多矣復何憾焉又有難得

者先生近艾而艱嗣元配吳先卒有褚姬者專寵也美而不孕有俠氣識大體廣爲先生置媵購宜男相者多畜之俾以時當夕驟得男四人曰璜曰珩曰璐曰琚而先生卒司封公翼之於外褚姬守節率諸媵鞠之於內孤皆成立璜能繼述刊西林集行世至於今傳八九世矣猶守先生邱墓奉行遺照節母褚姬之力也節母御諸媵動有禮法或恃有子而驕苦約束令其子愬於司封公公不察屏褚姬不與家政褚生怨卒與諸媵顧復諸子不怠皆完節保家此皆卓

卓可爲家範顧瓚珩各爲所生立傳而禇母無傳焉非其所生故歟然禇母於四子有母道矣乃以非其所生而背之豈有人心天道哉吾家先世節母無子而有德於子孫者二人方司封公生罹疾疢鞠而生之者鄒節母也懋卿先生祚幾絕而延之者禇節母也皆宜世世奉祀不祧者也吉旣復鄒節母祠祭又悲禇節母之德湮沒不彰故題懋卿先生遺照幷書所聞禇節母事與其子孫稱道之宜世世無忘報德云

書蘇詩眞本後

十三世　吉　集古

先戸部桂坡先生好蓄唐宋名刻鑴活字銅版刻諸秘書種種百餘年間零軼殆盡先高祖孟公先生力購遺書得銅版徐堅初學記及顔魯公集餘書慨不復見也歲己亥吉應省試以麟經受知翁覃溪夫子庚子北上拜夫子於小蓬萊閣夫子出吳興施宿所注蘇詩舊槧本示吉曰此爾祖家藏也吉拜受循覽楮墨精好眞南宋佳本簡端有桂坡篆章慨然念小子何幸乃於二百年後三千里外遊大賢之門見先

人手澤豈非一時奇遇哉是日攜先光祿公天全堂集及高祖隺畫樓集奉夫子鑒訂因述及桂坡先生樂菊園圖他日當敬摹桂坡先生像於茲册坡公所謂寒泉秋菊配食湖祠者倘亦同結翰墨緣耶

書荒政冊後

十三世　青雋古

荒政一書地方官善用之可以慮患於未然救患於及時全天子愛民之心合上帝好生之德縉紳巨室善用之可以助王養民爲家積善一字一點熱血一言無萬生靈而慮患於未然則莫如易其田疇薄其稅斂食之以時用之以禮孟子之言也生之者眾食之者寡爲之者疾用之者舒大學之言也上無聚斂之臣下無遊惰之民國無奢侈之習不患凶年矣此上策也在官在民皆行常平倉法此中策也不得已

而用一切荒政則此書之爲功委曲詳密有心救民者不可不知也

十二山人詩草自敘

十三世　青雋古

昔歐陽公記醉翁亭曰環滁皆山也十二山人之居亦然無錫出東郭而北三十餘里曰㠋村繞村皆山其東南曰宛山鴻山嵩山石室山白僧山鑫山奚山其西北曰㠋山鳳凰山牛腿山雞籠山膠山居十二山之間故自號十二山人鴻山則泰伯墓梁鴻井在爲膠山則朱相李忠定公故里也山人自愧不能效法古昔聖賢惟讀書不倦求毛詩之古韻作韻徵辨尙書之本篇述其祖尙書讀法表彰夏小正闕秦月

令新莽周官著夏時考孜孜經學字學而獨不愛吟詩偶一爲之自乾隆戊戌至嘉慶壬申三十餘年僅得詩百餘首非其所好可知也哀詞像贊冋爲韻語亦附爲山人不工詩而長於辨韻謂今體用今韻古體用古韻故古詩皆不拘今韻然非世俗叶韻之陋習叶其所不可叶通其所不可通也其詩畧見其遊蹤所至濟南觀趵突泉謁伏生墓河陽訪韓愈别墅保定觀蓮花池山海關望北海遼西望醫無閭山瀋陽觀盛京朝廟宮闕詩稿或存或軼所見天下名山

甚多以覘家山不足觀已然山不在高有仙則名山人之居鴻山爲泰伯故都膠山爲李相故里李相輔朱泰伯開吳人傑則地靈天下名山雖多豈足以加於此哉山人遊蹤雖遠豈忘父母之邦哉將於山中討論十三經以爲名山之藏以成千秋之業詩不足道也

書膠山安氏詩集後

十三世　吉　集占

膠山距邑城東北四十里南鄰泰伯鄉西接鴨城東近言子故里我安氏聚族於斯數百年矣明贈員外郎桂坡公以行義起家傳四川按察司僉事膠峯公以循吏稱再傳吏部主事贈光祿勳我素公以直諫著皆不以詩名然邑志家乘載有遊吟小稿桂坡公記遊詩也神定稿膠峯公林居養痾作也天全堂集我素公詩也西林集膠峯公孫大學懋卿公著也率意吟我素公冢子大令廓庵公著也家世陵夷原版

俱失又有煙餘楞隱餬餅古香諸草本無成編先高祖孟公先生著有罨畫樓詩嘗輯桂坡公遊稿以下五世詩彙爲一編未及投梓百餘年來益多零落吉用是耿耿重爲收拾錄此一卷常攜行篋壬子冬客京師遂附剞劂夫先人之所以不朽者具見國史郡邑志豈藉此區區韻語傳然先人手澤子孫有不忍忘者況乎詩以言志桂坡公詩曰江湖敢作元龍氣廊廟誰懷范老憂公身隱逸而志在國家故正德間濬白茅禦海寇諸大役公與有力焉膠峯公詩曰丈

夫慷慨秉忠節萬里飄蓬擁霜雪公生華膴而志安民瘼故仕楚蜀險遠州郡著政績爲我素公詩曰盛世未應成黨錮逃名我自學申屠公雖名挂東林而扁舟五湖自號萍隱見言不用早見幾焉高祖齋公先生詩曰患難勿自負浩氣從善養公處憂患志承家學故保邱墓輯遺文遇淪桑更變不墜弓裘焉誦其詩而皆可以想見其爲人則是編又未嘗非世德清芬之所係也顧吉以薄植先人典籍散軼已多不能搜羅萬一斤斤爲抱殘守缺譬之家山荒落指其一木一石以爲吾祖之所留遺豈不愧哉集中如大己先生名夏亦生先生名期皆寄籍長洲其集未之見僅散見各選本鈔存以附焉

尊賢祠考

十五世 詩 仲依

尊賢祠在二泉門外卽愚公谷廢址改建初名陸子祠在二泉亭上歲遠徙葺增進易名始自邵文莊寶

今遵部文給祭祠內名位註下

劉宋長史湛挺南齊孝子華寶唐宰相李紳桑苧翁陸羽宋邑令焦千之御史襄行錢顗國史編修秦觀尙書尤袤明高士倪瓚義士張翼舍人王紱封武昌守秦旭尙書邵寶翰林學士華察孝子浦邵提學副鄒廸光通政參議沈應時中書舍人龔廷祥國朝陞總制縣令吳興祚提學副使顧鏞翰林秦松齡周宏嚴繩孫又南齊孝子薛天生劉懷肩二人非本籍祠

考是祠之始本爲陸子祠後並祀湛長史李僕射故名三賢祠至邵文莊復進焦邑令秦學士尤尙書錢御史倪高士張義士王舍人七人合爲十賢而統名曰尊賢祠詳見楊循吉尊賢祠碑銘中後又進秦封君及文莊乃有十二人至康熙庚午復得南齊孝子以下十三人沿至於今而祠中且多至三十九人秦

侍郎瀛議增祀梁伯鸞先生而以龔舍人栗主移祀報忠祠報忠祠者故儲貞義祠也貞義有祠在新安鄉靜慧寺旁即其故里也而惠山亦有祠與尊賢祠比連後人因並祀忠節諸臣然初不名報忠祠也新安之祠以路僻失祭官帑亦爲蠹胥所侵於是邑人請將官帑移入惠山祠復鳩資修葺祠宇按勝朝殉節諸臣錄凡吾邑忠節之臣依次補祀遂易今名尊賢祠新進栗主自梁隱士以下凡十四人如詩十世祖贈戶部桂坡公泰封公從川爵七世祖太學茂卿

公泰庠彥以雪偯主事衣濬高明經紫超潘貳守師仲鄒宗伯小山浦教授二田王大理晉川王通守素園秦封公世榮孫司訓省齋其王吏部盧舟則僑居無錫而祔祀者也名山俎豆於此益彬彬矣故詳書之嘉慶二十三年戊寅二月十四日金匱安詩識

荅同徵史仲仁麐書　　　十五世　詩仲依

太末萍聚殆是前緣承惠瑤章至今什襲大簪付手民否往歲文旃遄發詩曾函寄堂上菽水資是時吾母猶健在也而今已矣將來即有萬鍾之奉亦何及哉陳拾遺伯玉云殘喘朝顏柴骨欒心重以負土輒惘惘出門孫文定嘉淦云罔極未報風木餘悲學不貞遇爲境所困故出游以寫憂詩行能無似何足當此抵婺州未嘗一訪初平羊石婺州即秦漢烏傷地會稽郡領縣二十四之一志載顏烏父亡負土成冢

羣烏銜土助之烏吻皆傷因以名縣古今人不相及乃至於此乎安詩稽首

水經注東陽顏烏以孝著後有羣烏銜鼓集所居之邨一邑以爲顏烏至孝故致慈烏欲令孝聲遠聞也是顏烏有銜鼓之事墨子母夢烏而生因名烏墨子姓翟宋人在周平王時以墨爲道墨非姓童烏與草元亦以烏名春秋左氏傳烏存烏枝鳴則姓而非名　自記

閨門衍訓序　　　　十五世 詩仲依

漢書班倢伃誦詩窈窕德象女師之篇師古曰詩謂關雎以下也窈窕德象女師之篇皆古箴戒之書也教起於宮闈而化行於里巷則王道成焉劉更生傳列女張茂先箴女史胥此志也後漢曹世叔妻衍四行以垂戒范史詳之唐長孫后女則十卷自爲序尤彰彰可考者矣齊韓蘭英婦人爲博士教六宮書學魏李彪女教帝妹經史後宮師宗之與唐之女學士尙宮宋氏並稱按舊書本傳名若華父庭芬生五女

皆能屬文若華爲長次若昭若倫若憲若荀貞元四年昭義節度使李抱眞表薦德宗試以詩賦經史大義深加賞歎嘉其節概不羣呼爲學士先生箸女論語十篇其言模倣論語以韋逞母宣文君代孔子以曹大家等代顏閔其間問答悉以婦道所尙宋氏固女學士也不得以揚雲王通僭經之例斥之矣山徐杏泉枼行閨門衍訓首列女論語十二章與本傳不合或曰若昭所釋之傳也後附新婦譜各編乃從仁和曹大經崇慶集中別而出之者也說者曰是書善矣毋迺失之淺乎不知王道之成也里巷之歌謠且上登於郊廟至庸之行至奇之理寓焉惟盡人能解斯人人愈深關雎之化行遂以感桃夭之女子王道所以必本乎人情也此移風易俗之大原也蔚宗有言區明風烈昭我管彤它日風俗成書不卽基諸此哉

藥師菴譜序　　十五世　詩仲　依

藥師菴者僧月濱於順治乙酉自慧山不二法門移錫於此者也數椽老屋久蝕青苔片席傳經如餐黄蘗磬鉢餅之鶴料依欄楯以鳩工是花郎佛一莖見丈六之身布地皆金半偈悟三千之界刳刺舌血書大乘法華經一部計七卷龍函珍護亘業海之金繩象教光明顯迷津之寶筏嗣徒雪轂力開覺棗大暢宗風曳耙拖犁畊徧山前福地撞鐘伐鼓修成世外花宮堆一色之袈裟燦無邊之金碧香火斯盛招提

改觀爲雍正丙午析無錫置金匱議建縣治於第六箭河之上即今金匱城隍廟地也住持古掞竺修素業思入紅塵境殊喧寂莫爭施食之壇路限仙凡暫避散花之座是時膠山有家仲開居士者賦上書之性情潛心禪悅感中年之哀樂息影空門雅與古掞善遂以貝葉菴居之在家鎮之西北隅亦顏之曰藥師菴僧紹舍攝山之宅但有修葺王珣留虎阜之祠尚存古樹逮縣治建於億豐倉而斯菴已成矣乾隆癸卯住持建如復移居印西菴剪去榛芳即是留單之地招來蝬鶴原非退院之僧溯自月濱以來幾二百年復興二菴徒衆繁衍今境幻以猶有時思簿辦香一炷多飄劫後之灰蠡屑三升難辨燈前之字爰於課誦之暇敘歷傳之生卒歲月後裔世數爲藥師菴譜試飲水以思源好認一家眷屬知落葉之糞本可參千佛名經

書膠山安氏詩補集後

吾家先世詩具關氣節文章不徒流連光景乾隆癸丑歲先子秉占先生所刊膠山安氏詩是也念祖攜于行篋未能窺見樊籬嘉慶丁丑館于長洲諸吟長獎飾予詩格律悉本前人不勝負媿因玩先集思先子以前刻稿逸未備猶未釋然前年修刊家乘念祖于古簏中得詩若干卷未及校錄迄今戊寅春莫感懷駒隙流光已抱蓼莪之痛卽取種種卷帙繙閱積句輯爲補編自桂坡先生以下俱有賸稿又采族祖宏大公泉雨公詩以存芙蓉澤之先澤采海岸黙仙培風三公詩可觀西林之流風采蒼崖公詩可慕雲門之惠連又輯高祖澹園公至先子四世遺詩以續之彙十世清芬于一編不啻珠玉滿函笙鏞盈耳足徵吾家世德淵原餘韻綿長也嗟乎先子述德追先惟日不足念祖敢不恪守遺經以慰先志于萬一乎兹得蓉澤諸叔氏襄貲授梓謹質諸吳下同好且乞當代名公賜以弁言庶幾歷世風雅昭兹來許豈特爲膾炙人口起見與

嘉慶戊寅春三月東林冢裔念祖謹跋

集詩跋語

詩以言志言亦以理性情是故聖人著之以爲經太師陳之以觀風蓋言爲心聲而心之所至謂之志志之所至詩亦至焉所謂言之不足故長言之長言之不足故嗟歎之者詩之謂也夫詩淵源於堯舜賡歌盛行於唐宋名家賦物體物長歌短歌皆所以發舒懷抱而見陶淑性情之眞由是國家取士垂爲功令特與文章經濟相提並論詩之爲學顧不重哉我膠山安氏自宏大公桂坡公皆工吟詠而膠峯公尤以

御試聞於朝廷至若我素公則占席東林孟公公則列座雲門其間樹騷壇之幟奪吟社之標者綿延十數傳中代不乏人而名篇傑作遺編手稿纍纍於篋笥經笥諸樓中幾乎層籤疊架滿目琳琅吁盛矣然自明迄今既歷滄桑之變重以兵燹之災焚如之刼無論抄錄卷帙諸多散失即如我素公之天全堂集與天乾隆壬子稟占公所刊安氏詩嘉慶戊寅念祖公所刻安氏詩補凡編輯成本風行遐邇者亦既朽腐蠹蝕簡斷編殘矣其僅存者十不一二焉可慨也夫愈也掇拾誦之如聞口香如沾手澤撫膺悼惜其敢以祖若宗流風餘韻昔日貯之錦囊者忍令棄若弁髦乎幸我族譜牒原有藝文之刻此屆重修而卷之十四定爲堠村藝文擬搜羅而登錄之以垂久遠惟限於卷幅不及備載爰即十四卷中都爲初二編計分四本將累葉之以詩名世諸公悉依世次採登數章不拘古體近體擇其可規諷可勸懲并錄頌祝贈答諸作可以見先人之志趣知交之深情而發後人之觀感者畧誌之未始不可作吉光片羽觀也若

云守先待後則吾豈敢惟冀族之君子共諒焉所幸多矣

民國甲子年二月　十七世孫宗愈謹識

膠山安黄氏宗譜卷十四二編上

膠山安黃氏宗譜卷十四二編上

璨村傳芳集遺著詩

第五世　國（字民泰號桂坡叔英公玄孫明封七品散官欽賜銀牌誥贈奉直大夫戶部員外郎崇祀鄉賢著游吟小稿）

月下飲東山

慕勝已十年壯游斯一舉盤礡躡雲根著屐漫追古長嘯千仞岡緬懷東山主攜妓託登臨因時量出處明月侍杯觴白雲隨杖履孤騫渺鴻鵠萬象歸胸宇開襟快新涼露頂脫殘暑爽氣襲衣裳星辰落尊俎江縠亂金波松篁飛翠雨鼓掌最高峯嫦娥聞笑語

萬壑起寒煙千邨動秋杵羌笛弄梅花琵琶肖洲渚（洲名琵琶）江山自古今奇勝在探取人生瞬息間毋爲外物阻游興擬重來山靈還肯許

靈巖龍鼻洞

展旗峯怪天柱高雙巒聳翠湊紫霄神工削出不假刀瀑布飛捲松頭濤龍鼻細滴明珠跳畫史閣筆嗟難描坐來涼氣殊蕭蕭海月漏出千巖凹月中弄笛清興豪驚起巖洞靑猿猱有鶴飛來天柱標靑風開襟傾玉瓢笑看塵世何囂囂足蹟四海凭游遨

壬辰七月發舟

乘槎泛南浦入望莫煙收秋色涵天碧波光擁月流漁燈依古棚簫鼓起眠鷗游興凭誰領臨風試唱酬

秋夜宿金山寺

來宿金山寺僧房興不窮千山明夜月孤鶴唳秋空潮落驚殘夢江浮接遠穹新詩非弔古聊爾記行踪

登甘露寺

閒步江濱寺危岡兩腋風鳥從天外沒僧向樹間逢潮落浮沙岸雲開露筆峯歸途吟興好驢背夕陽紅

宿西山妙應寺

幾日禪房宿塵囂一洗淸雨餘泉作勢風靜樹無聲山遠客來少寺多鐘亂鳴月明僧定後忽動故鄉情

風雨泊江邊

沙汀維客舫那得夢魂安宵枕侵煙溼春潮帶雨寒江豚吹浪沫塞雁唳雲端詩澀無聊賴挑燈把劍看

萬峯主人

檻外湖光潤窗前山色橫茶香消渴思詩句入脾淸未雨巖先潤知春草自生儂家閒話久世事若忘情

嘉禾夜泊

舟泊孤城水驛西菱謌已寂野鳧栖疎星明滅江天邈薄酒聒連山月低篷底新凉游秋爽城頭殘角客裏凄明朝又發錢塘道擬向西湖續舊題

題温州江心寺

一上江心思渺然文山祠下揖高賢潮聲四面流今古塔影雙浮歷歲年出郭歸偕和月渡隔沙栖鳥帶雲眠斗城咫尺塵囂地誰識空門別有天

拂水

西峯諸勝未周觀拉伴重來補缺端笛散虎羣聲激烈屐穿蘿徑步蹣跚縣巖亂疊雲根古拂水長飛雨氣寒天相此游眞不負滿償一醉了清緣

宿吳江長橋

漁燈幾點炫湖光權倚松陵古驛旁七十二橋風月夜百千萬頃水雲鄉盤飱喜得魚蝦美市味尤兼筍蕨香沽酒不妨篷底醉天空容我嘯謌長

龍潭道中

咊風牲日趁游人按轡徐行踏驣痕野鳥亂啼新綠樹小車聲出落花郁雲横古寺隱還見潮弄金山吐復吞百里循江看不厭解貂期醉帝城春

咊錢鶴山入山詩韻

喜見年來白髮新投閒山水此情眞從容有約尋幽社爛散無緣涉要津長醉花莽千日酒竟忘物外百年身靈壇拜罷清秋夜對月烹泉共主賓

風雨泊湖口

楚江風雨路漫漫一日陰晴轉眼看店使閉門收晚市漁翁罷釣怯春寒燈張篷底賡新句風捲潮頭響

急湍此夜客舟眠未穩頓添鄉思夢無端

登滕王閣

今古名傳第一樓昔年游興此番酬雲歸遠岫天空濶浪拍孤城地欲浮歌舞王孫唐禮樂歡呼詞客晉風流凭虛極目江山外更問從來幾度秋

移席小莊賞月

幾夜秋光愛月圓移杯處處了清緣天空萬里雲初靜水定一池龍正眠金磬冷冷半山寺洞簫嫋嫋隔溪船與君痛飲不須睡風景無如此夜全

衢州夜泊

雨助灘聲急雲橫樹影低蓬窗欹枕處春郭亂啼雞

廣信道中即景

舟行石罅水浪泊屋頭天楚地春和景郁郁叫杜鵑

雨中游飛來峯

湖海遨游黙少微西來片石詫神奇鐫詩只恐又飛去分付山靈好護持

山頭逭暑

松杉閣日薄炎熛巖塢藏風透骨清五老白雲堆裡

坐一聲鐵笛醉中聽

宿韜光

晚覓韜光宿山深石磴盤接門森古樹面閣疊奇巒雲氣蒸衣潤泉聲漱枕寒夢回忙秉燭刻句向琅玕

重遊金山

山觸湍聲急潮添水面寬逢僧因話舊載月渡江干

題郭半稼扇景

放懷且看隔溪山草閣寒生六月間勘破英雄都是夢三公不換一身閒

游湖中長沙寺

過湖如隔世入寺不知山何用尋幽勝桃源是此間

宿西山妙應寺

幾日禪房宿塵囂一洗清雨餘泉作勢風靜樹無聲山遠客來少寺多鐘亂鳴月明僧定後忽動故鄉情

夜登子陵臺

平生仰高節今日得重來契與先生合黃昏登釣臺

月夜復經九江

輕帆帶月過煙汀昔日追遊此地行楚水有情仍眷

戀廬山解舊若逢迎江豚吹浪占風起野鳥穿檣乞食鳴（盤塘有神鴉舟過集檣乞食而去）但願西風送歸棹便教指點石頭城

曉過吳江

垂虹隱隱跨平湖曉景模糊入畫圖林靄漸開新漲淨野雲飛盡遠山孤高楓出斾邀沽酒小艇銜波喚賣鱸勝賞不教行色滯天風一霎快前途

由萬年寺之石梁

蕭疎古木萬山秋曉色開晴助客遊山果無名還自

摘藥材滿地倩誰收路從村轉依然險寺落雲深分外幽舉目前峯石梁在攀蘿鷩見半空流

桃源洞

天台搜勝概遊興藉賢侯嵐濕雲常雨泉多磵合流明霞棲嶺岫古洞歷春秋劉阮嗟何戀逢仙不肯留

曉登雁山石梁洞

早入雁山道秋高海氣寒疎林漏月色高磵落雲端雁宕千年勝龍湫萬古觀未能傳畫筆獨立小盤桓

天柱峯坐月

月華如水浸冰戀逸興還須徹夜看鐵笛驚回殘鶴夢起翻松露覺高寒

十四夜應湖觀月

中秋前一夕舟泊應湖濱波浴將圓月風醒猶醉人天空雁陣遠城近流聲頻明夜重沽酒清光候滿輪

第六世 如山 字子靜號膠峯桂坡公冢子明嘉靖己丑進士官至四川按察司僉事崇祀裕州名宦祠著神定集膠峯遺文

御試秋夜擣砧歌

銀河耿耿淸如水雨過碧空涼似洗忽聞是處擣衣聲斷送愁聲入人耳南山白石西山樹兩物無情偶相遇無情擣出有情聲正是離人斷腸處丈夫忼慨秉忠節萬里飄蓬擁霜雪今宵聽此不成眠空對梧桐一片月

郎事

千年形勝山川繞十月江寒樹影稀人向別時身是

客舟從行處岸如飛舊家池館今誰在落日帆檣正我歸天北天南皆逆旅莫將去住與心違

碧山吟社和魏莊吳太史韻

騷壇結客出湖南徑僻由來車馬諳絶壁舊遺荒蘚合空潭倒影亂峯涵高蹤訝許香山並名理眞從蓮社探擬向鄰僧分半榻皈心常傍白雲龕

喜濬復滌硯泉

據志膠山寺舊有寶乳滌硯二泉今惟寶乳尚存而滌硯湮沒已久余嘗訪之寺僧罔知陳跡所在然余濬復之心居常耿耿癸亥秋八月命鄉夫循古潭深濬之而舊砌方池宛

然如昨新來活水淵然可掬而色味不減竇乳千年廢跡一旦復顯亦吾膠勝事也喜而賦此并紀歲月云

東髮山間訪廢泉茫然衰草與寒煙今朝試向源頭
濬古脉原從地下全未必中泠眞冠絶合追竇乳共
流傳硯池幸啟千年閟誰繼鍾王筆似椽

題新製三陽交泰衣巾時值重陽

暑往寒來似轉輪授衣時節望陽春黄花且醉平安
宴白首新加交泰巾山簡接籬輕世網淵明漉酒任
天眞二公雅致吾何有冠服嘉名自可人

謝中公甄父母枉駕問疾

一月柴門扃不開忽傳明府使車來曠儀喜枉嚴公
節下里慚非杜甫才政績俄驚周一考徵書遥見下
三台江南病叟添生色仁德從教遍艸萊

謝鴻山學士病中承方劑蔬粟之賜謹用謝中公韻謬綴蕪詞申謝

每承翰教病懷開爲示珍方經驗來繼粟祇應周碩
德食芹何以忝非才三秋佳氣充荒寓一道文星燭
上台伏枕飲情思所報早期環召入蓬萊

謝婁湖陳先生 有序

余自七月患痢勢甚危迫兒輩偏請吳下名醫診之輒曰元氣痢矣非參朮補之不可繼投一劑而腹轉飽病轉劇惟先生以爲瘀血塡胸去此而後可以朝食乃投以阿湯輔以維劑服之藥入口而瘀即吐嗚呼莨莠未除而欲求嘉禾之秀實小人在朝而欲求君子之道行有是理乎諸醫之見左矣余之勿藥先生投阿之功也

當年和緩復何人何用他求遠向秦羊質虎皮虛炫
彩玉中石表瑩藏珍纔投涓滴東阿水頓挽陽和大
地春安得盡君調燮地令人常作太平民

慰菊

十月花開花較遲閒居荒砌少人知今宵皓魄如明
鏡偏委寒光照傲枝

小園賞菊

偶到貯春所秋香却滿叢亟呼編竹架聊爲整花容
小宴虛亭裏清歌皓月中獨憐初病起一醉愧陶翁

九日過望亭登邱寄興

佳節天方霽良朋分更投賞心多樂事選勝得高邱
遠岫如屏列平湖似鏡浮縱歸吾一覽長嘯足風流

第七世希范 字小范，號我素，膠峯仲子。明萬歷丙戌進士，以吏部主事建言削籍，卒贈光祿少卿，崇祀道南祠、郡邑鄉賢，著天全堂集。

苦寒行送許仲孺南還

燕山歲莫屯寒雲，北風怒號雪紛紛，沙飛著面凍欲裂，貂帽狐裘冷如鐵。佳人擁爐紅袖單，俠客驅馬紫韁鞚。桑乾峩峩千尺冰，西山積雪何峻嶒。此際那堪遠離別，此時離別不勝情。凍合平沙馬蹶滑，日落枯林鳥亂鳴。送君都門一尊酒，相看不忍遽分手。執袪試論相逢日，春風吹綠江南柳。

晚過山館

策杖度西嶺，諸峯明落暉。亂松羣鳥集，野寺一僧歸。山靜鐘聲近，林深月色微。靑塗煙樹合，燈火映柴扉。

畬卷洞

翠嶺突奇秀，中藏古洞幽。野花銜石壁，高樹蔭淸流。塵蹟慙眞隱，閒情愜勝游。何時謝簪紱，雲卧碧山頭。

壬辰禮闈夜集

聯事逢知己，邀歡慰索居。苦吟紅燭短，劇飲綠尊虛。柝警嚴更後，寒生積雨餘。相看惜良會，不醉復何如。

夜過龍潭寺晚節軒

靈境喧塵隔，幽軒夜寂寥。柳疏斜挂月，池漲暗通潮。梵唄聲初靜，爐香篆半銷。不須聞法語，吾意已超超。

題太元閣

元宮超象外，高閣俯山阿。翠岫臨窗逼，靑霞入戸多。鳳簫天半度，鶴馭嶺頭過。壁上題詩處，羣僊醉後謌。

越江紀行

乍入西陵道，蕭山十里程。澄湖遥浸郭，複嶺曲環城。蓴菜凝脂滑，櫻桃煉珀明。沿塗風物美，處處愜幽情。

涵邨泊舟夜過資慶寺

湖頭晚風節，谷口莫煙濃。徑轉時緣澗，塗迷屢聽鐘。破籬鉤拂袂，積蘚襯扶笻。灌木山門古，依然憶舊跡。

晚渡鶩湖喜霽

落日平湖上，西風捲宿陰。山光遥散綺，浪影細浮金。追暝漁收網，銜煙鳥赴林。旅顏消積雨，對此一開襟。

齊魯道中別許寄凡

還轅故國幸追隨，客路何堪話別離。君去豈無知己在，我歸常切故人思。花殘曾苑啼鶯歇，雲暗秦封匹

馬遲旅食風塵難久戀相逢屈指是瓜時

毘山天游閣故司空潘公讀書處也長君徵復邀登賦以志感

煙霞面面護疏櫺繡棟璇題入紫冥水接具區千派綠山連天目萬峯青禹功自祕靈威簡箕分常縣傅說星莫嘆河隄勛未報元成巳不負遺經

鄭太初儀部遠謫永寧出都門次諸公贈韻奉贈

社稷安危慮獨深一官郴敢計升沉抗言競側宵人目嚴譴終非聖主心薄海定知傳諫艸故鄉猶幸盍朋簪新詩滿櫝同心侶把卷低徊不忍吟

和吳巒穉隱居擬白詩

幽居生計定如何爲說幽居樂事多閒梭紫微服尤敘長吟黃綺采芝歌山頭雨過香薇蕨屋角雲生晴蘿薜獨寐寤言誰與共野僧樵客偷相過

回首風塵萬念灰生涯永託碧山隈侵霜斂笥收松子破雪長鑱斸芋魁勝有煙霞寬自適不愁歲月暗相催休嫌辟世交游絕人在蒹葭欲溯洄

木榻蕭然斗室寬冥心兀坐一蒲團浮名久巳捐雞肋世味眞同食馬肝碧落神游超壙垠紅塵幻夢覺邯鄲丈夫自有雙眉在不爲人間萬事攢

屠田叔以所著太常典錄夏小正諸刻及葛屨見遺賦謝

淮海雙魚慰所思廣陵宦況秣陵知志成郊祀依班史註就農書按夏時交憶五雲聽曳履情偏三伏寄輕絺鹽官莫歎淹名士妙選方勞聖主咨

送吳清之之合州

分符新領左渝州五馬遄征正杪秋官舍峯巒縈萬疊郭門江水帶雙流邇車巳識羊腸險叱馭應寬鳥道愁努力澠池須奮翼莫將勛業讓前修

辛酉元日示兒

自是淸時老逸民浮生閱歷五朝人八年薄宦蒙嚴譴廿載深山狎隱淪僅保家聲無忝舊幸逢國運復更新受恩奕世慚何報努力兒曹早致身

奉使南歸出都門

結駟鳴鑣出帝城薊門春盡客心驚千行綠樹垂車

蓋百尺黄塵擁旆旌負弩何須煩縣令乘軺差不誤書生浮雲漠漠迷鄉國悵望長途落日明

人日昌平道中晚行

悵别都門酒軺車入夜行疎星帶遠塞斜月傍孤城寒重人無語風高馬亂鳴遥思傳呆勝轉覺客心驚

陽和道中逢初度

握節行窮壤懸弧際舊辰萍踪邊地雪柳色故園春顔爲風塵改年從道路新一觴聊自祝僮僕且相親

雪霽後王相公招飲郊園

出郭乘初霽高臺列綺筵北臨收市邑南睇俯山川莘野耕春雨磻溪釣暮煙聖明虚席待莫負太平年

上吴明卿先生

詞壇誰定伯論久屬名賢奇士門人問雄文異國傳技慚供執役交敢冀忘年珍重憐才念虚煩倒屣延

塞下吟

居庸關外盡平沙征馬悲嘶落日斜白草蕭蕭人跡絶暮雲孤壘噪栖鴉

羽書昨夜到轅門報道單于遠塞垣十萬控弦齊上馬賀蘭西去掠諸番

過高唐訪先大夫遺政得州志知有茸城之績而記述寥寥因以志感

褰帷問俗駐魚邱父老攀車頌故侯雉堞嶙峋遺烈遠棠陰蔽芾去思留秋風淒惻飛紅葉落日悲鳴騁紫騮惆悵殘碑淪舊迹寒烟衰草漫凝眸

潯陽雨泊

暫解飛蓬泊古壕薄寒蕭瑟又輕袍江呑彭蠡濤聲壯雲暗匡廬雨色高柳岸千家停賈舶荻洲幾處隱漁舠呼童莫問明朝路且買魚蝦醉濁醪

牛首山

精廬高下翠微間石磴迢遥次第攀籐杖薜支蒼蘚滑竹扉長掩白雲閒簷前老鶴將雛立樹裏孤僧負鉢還獨上高峯西望遠日斜煙霧暗江關

晚登獻花巖小星槎

臨高徙倚一憑欄虚檻平收色界寛天閣樓臺疑蜃結帝城形勝信龍蟠僧歸蘿徑炊烟暝客坐松寮落日寒寂寂禪房孤磬發輕風斷續度栴檀

赴官南司封留別施太僕

客舍長安幸比鄰相過累日不嫌貧杜門對局身疑隱燒燭論心意獨眞霜落薊城驚別思露寒江上倍懷人知君夙負匡時略莫爲秋風憶紫蓴

顧季時儀左遷光州暫歸里中賦此代問

八年經再黜直道自閒關名不隨官貶家因赴謫還中原迎紫氣汝潁狎青山天意高難問何時有賜環

送譚敬卿比部削籍西歸

分曹非夙契抗疏偶同心先後蒙嚴譴相將及古林

新知乍傾蓋岐路忽沾襟但使存吾道何須歎陸沉

削籍南歸留別秣稜諸相知

主聖恩常厚臣愚分固安幸蒙寬斧鉞敢復齒衣冠離思縈千緒私憂起萬端須知臨別淚不爲戀微官

又

十年慚竊祿一日效愚忠戇直曾何補疎狂甘固窮但令圖史足不媿橐囊空欲問歸田事齋心祝歲豐

題鄒南皋太平山房圖

數畝青山一草廬竹扉松徑亦蕭疎主人掩膝澹無慮祇有躭書癖未除

抗疏名高世所奇知君應未慰心期高名若了人間事築室山中何所爲

白雲仙吏自清閒何事朝朝憶故山我見畫圖心亦遠也知幽意頗相關

太平書已上承明那得兹山獨擅名且托雲霞封白社還將霖雨慰蒼生

簡高存之

朝乘下澤暮扁舟是處湖山便可遊好謝門前車馬

客閒身多爲白雲留

自緣懶性厭風塵閉戸非眞欲避人千頃春波縱孤艇漁郎重到亦迷津

仲春望後同高存之泛五里湖遊漆塘諸山分韵賦五言近體

聞道南巖畔梅花樹樹奇湖平舟利涉林暖席頻移紫嶰山人供黃粱稚子炊坐來心轉寂雞犬靜茅茨

又

幽事逢俱愜閒情默自娛農夫爭荷插漁子競施罛

村犬依人至山禽赴食呼俗淳居可卜三畝傍南湖

又

登陟窮幽勝峯西日漸曛竭來孤嶺上瞥見兩湖分卧楫思乘月扶筇更躡雲梅花偏滯客晚酌戀清芬

又

春色今年倍晴看甲子占綠尊從我好白髮任他添觴咏幽情暢湖山勝槩兼斜川風物美詩序愛陶潛

題高存之湖上隱居

紱冕情元淡邱園道豈窮世縱驕腐鼠君自托冥鴻夾岸移新竹開畦種晚菘扁舟隨所適春事五湖中

又

憐余躭霧隱羨爾愛霞栖契似禽合名慚李杜齊擁書看白鳥携酒聽黃鸝一壑聊相傍煙雲隔水西

江泊

漁人生事足日坐蘆中磯網得江漁美輕舟蕩漾歸

偶成

水曲藏孤艇林疎敞野亭扣舷歌未闋搔首萬峯青

晚入句曲

平楚斜陽盡諸峯暮靄橫忽聞天樂響時雜步虛聲

曲水亭

修竹數十竿桃花三兩樹此地非蘭亭却有流觴處

華陽舊館

曾聞洞天客仍作山中相我來聽松風白雲繞藜杖

喜客來

遊客一鼓掌千珠跳澄碧時見桃花片悄悵仙源隔

送邊郡伯備兵覇州

左輔雄屯十萬師碧幢行處擁旌麾遥知高柳春耕日正是扶桑祲息時治郡已徵神爵瑞籌邊應展卧龍奇甘棠廿載陰彌盛父老常歌勿剪詩

贈瞿元立再赴辰州

握手臨岐酒一卮贈君聊爲采江蘺不辭殘暑兼程志恐負兒童竹馬期

尺檄曾聞格有苗西南氛祲已全銷卷簾郡閣支頤坐繞郭千峯伴寂寥

沅芷湘蘭二酉書郡齋清似野人居焚香掃地心如水晝戟門前草不除

丹沙爭說出辰陽不入清簾太守裝却笑當年勾漏令風流罪過卽仙方

送華別駕之盱江

佐郡風流子大夫盱江形勝似東吳仙壇若醉麻姑酒可憶高陽舊酒徒

又

聞說名山景最奇丹霞洞口碧蓮池耍遊不逐征車遠好奇顏公二絕碑

訪潘徵復

玉節新從薊北還金閶猶憶別時顏憐君病起神逾旺愧我衰侵鬢早斑烟雨不辭孤棹遠溪山聊對一尊聞菰城秋老黃花後十日平原興未慳

與王樂南別駕話舊

當年莘野起阿衡曾捧徵書下玉京踏雪衝寒度關塞送春迎夏滯邊城黃扉虛負經綸志青史終垂日月名此夕逢君增感慨臨岐莫惜酒頻傾

雪窗讀書張夷甫送酒賦謝并招之

朔來朔風殊凄烈起見庭柯綴微雪凍雲曀日仰餘寒獨坐虛簷飛鳥絶呼童炙硯且研朱擁褐猶能手校書奇文讀過意猶戀訛字訂明心獨娛雪微未沒門前路不學袁安只偃卧擊節高歌郢客辭揮毫漫擬梁園賦墨池氷合寒蕭蕭胸中磊塊須酒澆從他陌柳色未放坐對瓶梅氣已驕姑蘇張君偏相憶送我吳江十月白開尊傾出翠濤翻瀉入甕甒蟻花碧三杯已覺陽和回半醉起舞還登臺君能過我消寂寞床頭百斛爲君開

甘菊酒熟燈下獨試

學圃事誠鄙種菊良有益采得黃金英釀成白玉液苾芳氣浮牟瀲灔光凝碧味踰甘谷水花應女几摘且勿希遐齡聊以消永夕

二月二日同諸兄諸姪經筍樓觀玉蘭

春光先上已乍雨釀輕寒拂檻花如玉浮觴氣似蘭南原新綠遍西林夕陽殘莫論人間事尊前且盡歡

天目梵融上人攜小松見貽賦謝

怪松纔五尺偃蓋翠氤氳影度苕溪月根移天目雲軍持滋勺水錫杖伴清芬頓使寒窗下蕭然興不羣

石公曉起看日出月落

我昔曾讀弇州伯仲詩盛稱石公日月出没景最奇至今兩歌猶膾炙讀之往往神先馳登臨自負頗豪逸入山輒復凌峯崋每携短策銜殘暑屨上危峯觀落日縹緲龍山盡大觀未若兹遊更奇絶昨宵醉月石公湖畔石歸卧山樓正酣適醉消夢醒鷄亂鳴照地餘光似霜白摩挲睡眼一搔首瞥見朱霞射東牖急起憑欄左右望動魂驚魄歎希有湖光湛湛如凝碧上下水同天一色若木騰輝桂影寒日月雙懸如

合璧羲輪漸遠東峯翠望舒西引如相避金烏鼓翼玉兔顧相望依依若相媚恍疑神女凌波來雙携明鏡臨粧臺紅綃彷彿長裾展絲縠紆徐舞席開叉如宜僚弄丸呈巧技上下廻環終不墜忽然兩璧直如銜不覺雙丸若平置長風蕭蕭揚素波晶盤隱隱呈青螺遥看天際羣峰色處處嵐消出翠娥天地之間亦大矣五湖不過三百里乃知見性自無涯日月升沉只如此倚檻徘徊默有省恍惚此身凌倒景須臾日高月漸没曉嵐猶自侵衣冷

龍山吟

可盤巖

兹巖名可盤其下有高士曳杖時一登坐看孤雲起

萬羊岡

萬片青芙蓉紛詭皆奇石何年化作羊應是初平叱

烏砂泉

湖畔一泓泉不溢亦不涸盞底澄烏砂清甘自可酌

小洞庭

山形何磅礴具此一卷小芥子納須彌其義眞可了

山居襍咏

香閣瓊峯裏嵐光夕易陰鶴歸松色暝猿嘯夌雲深

其二

僧亦知農事巖耕近瀑泉築堤分澗道引水灌山田

姜邑侯過訪南林

君侯能折節枉駕問村居桂棹非陪奉蓬門今掃除青山映旌棨綠樹蔭軒車冬日人爭就瓌觀動里閭

武康卜居

避囂貪境僻問俗喜風淳有地多栽竹無人不見薪

衣冠存太朴禮讓習先民已決移家計蕭然物外身

滸墅道中遇丁長孺南還同高存之朱文甯宴集舟中

歸信候良久兹晨邂逅奇風塵話京國杯酒集交知慷慨氣彌壯淋漓興未衰眘言申夙好莫負歲寒期

其二

重訂山林約相過不厭煩省耶修竹墅太史小桃源酒釀惠泉水茶供顧渚園扁舟往來易白首矢無諼

漫吟

溪畔時呼一葉舟竹爐樓筆伴清遊輕風吹入菰蘆去閒看波間下白鷗

新釀熟寄高存之

今年新酒勝他年味似醍醐色似泉每向尊前憶公瑾一壺聊寄伴開編

稜陵變定眞堪幸萬事紛紛未解愁暫得忘憂惟一醉勸君大六且添籌

己未除夕

駒隙流光歲又更支頤黯自歎浮生紅塵未醒三更

夢青史休論千載名絕塞烽烟愁莫展深山卜築計難成謀身報國具無策但叩蒼蒼祝太平

元日紀事

曉望輕陰卜歲豐方從東北更占風廟堂調燮非吾事里巷歡呼與衆同茗汁尋常過族子盤飧偶爾遇村翁晚歸忽喜瓶梅放斗酒開尊幸不空

魚山弔曹子建墓

亂山廻荒塚斜陽過客哀文章原寡遇今古易成猜有淚遺青史無碑長綠苔野夫不解恨猶自誦君才

夏日盛仲交同蔡世卿潘孟深過訪道院

白日破松影仙人何處來無書三載別不約一尊開竹裏猶龍宅花間歎鶴臺還家路不遠莫訝說天台

青谿社會席上賦得五柳亭

美君棲遁處一徑野烟深種柳全依水爲亭恰愛陰藏鶯催喚酒掛月候鳴琴千載柴桑客寥寥共此心

分賦得寒梅送管建初北上兼寄秦道明給諫

南國春風早征人始去家一聲江上笛萬樹隴頭花清影當尊瘦疏枝綴雪斜因君懷舊侶折取寄京華

四言詩仿詩經體

雲麦美鄒大夫也大夫以君命將毋友人賦以
侈其盛也

瞻彼雲夢有蔚松柏巖霜彫榮蒽蒨孤特如松如柏
夫人之德夫人之德毋儀不忒
瞻彼雲夢有馨蘭芷惠風敷和雜葉旖旎如蘭如芷
夫人有子夫人有子令德豈弟
豈弟君子温恭有儀亨於大衢秉直不回帝曰都哉
女諧乃職何以報之鸞書赫奕
赫奕鸞書以報女績疇玉爾成懿哉毋德光拜稽首
荷天之休將毋不遑恧彼祝鳩
祝鳩翩翩有依其止不遑將毋以諗天子天子曰俞
暫錫女歸光拜寵命載驅載馳
驅馳朱衛爰底我邦瞻彼婺星粲粲其行寵命是將
翟茀有章以介眉壽酌彼兕觥
漢水瀰瀰有魴有鯉飲食燕處夫人樂只
江水湯湯可舟可方夫人令子譽聞不忘

嚴倩機十三歲與青衿之選賦贈示戒

維爾世德爾惟誕毓滿損傲凶神弗汝福無驕無怠
永受天祿臨深履薄敬爲子勗

五言古

懷居長卿

東海居夫子風流夙所仰襟期曠宇宙文章繼絶響
行峻俗所嗤抽簪脫塵鞅携妓東山屐醉月西湖槳
談元揮麈尾探奇披鶴氅惝乎薄劣資俛首攖世網
高山有遐思握手恨異壤何時慰所期五嶽與俱往

集楊伯翼顧副哉俞孟武諸丈賦別茂卿姪

曉發城南隅遊子理行轍紫騮驕且嘶中心悵如結
吁嗟行路難寒氣凄以烈枯木鳴朔風平蕪綴初雪
立馬久踟躕執袂不忍别有酒既盈觴有肴亦綺列
其如中懷惡對之覺嗚咽落日擁寒雲離歌腸欲絶

知山陰縣事陽坡周君先大夫稽州舊治也余
以使事至得締交述先大夫均田之績父老
至今頌之周旋浹月言别黯然賦以志謝

大夫重意氣結交自有因接棟成暌隔千里如比隣
相知無久暫此義雖重陳余忝馳驅吏君屬封疆臣

一朝幸遇合片言意各申忻羨美無度標韻邈殊倫
胡威厲淸操宓子政化淳增秩寵循良借寇慰編民
聞君桑梓鄉先烈炳若星永言勿剪詩阡陌思逡巡
疇昔通家好今看肝膽眞世態媚顏色雅道久沉淪
勉旃策前路芳躅追古人

從燕子磯循山傍江尋三台洞

探幽歷江皐紆廻陟危磴折葦渡流澗濡足潺湲勝
觸目勞應接奇峰勢緜亘石罅灌木封薜蘿翠相映
行行轉狄洲陡然現殊境嵱岈石壁開古洞嵐氣暝

瑶草秀可餐懸乳色膏靚解衣且盤礴命酒舒逸興

晉陵道中遇高存之同舟

出門無風約同作孤舟客舳艫偶相接推篷兩歡劇
焚香對茗椀淸言永日夕時復手一編羣疑互推覈
烟雨暗河橋忽到毘陵驛

丹陽郭外晚步偶值田叟潘翁

朝發晉陵城夕次雲陽郭縱步平原上村墟烟漠漠
野田行客少犬吠入籬落偶然值田叟衣冠殊朴畧
揖客前致辭應對謹唯諾自言久居此家世勤耕穫
所幸稅額輕豈厭瘠土惡布衣有餘暖飽飯甘藜藿
問我何所之句曲采靈藥爲述山中勝聞言意欣躍
送余短墻東緩步歸林薄廻想此翁言田家信云樂

乾元遇李一了江文谷二隱者

我來訪幽人獨入山深處窈窕覩丹崖神情已軒翥
白雲拂我衣飄飄若飛絮瞥見千樹桃爛熳紅霞曙
茀菴隱靑松彷彿羣仙署中有兩三翁蒲團各箕踞
坐久寂忘言澹然消俗慮

贈王孟明

王子名家彥門第甲吳趨少年負奇穎昂昂千里駒
高情薄紈綺雅志敦詩書衷懷坦以蕩容貌朴若愚
處盛沖不盈居貧淡自如早捐靑雲業中甘寂寞居
蕭疎襟期遠落穆神情孤世味逈不投合咀有至腴
眞適任天遊靜黙良自娛豈必猿山鶴翙翙凌紫虛

贈歐陽郡侯

閒居發浩嘆感念斯民勞風漓俗以薄閭閻日蕭條
詭棫競相逞力攫恣貪饕蔓草當疾風靡靡無持操
所貴君子德砥柱扼衝濤靭已樹羽儀峻節勁不撓

寬和煦冬日神明察秋毫顏爲民瘼矓目爲時艱蒿
髖髀試斤斧善亙藉薰陶先民存典型崇祠著風標
態車忽遄往失怙爭啼號借寇願徒切其如九閽高
去思將何極聊托甘棠謠慰藉諸父老且勿心忉忉
使君將復來高牙擁旌旄相携挈壺酒顧言候江皐

雜咏

直道世不容枉已吾所耻枉直貴自辨得失勿恤爾
皎皎蠅易汙庸庸亦可鄙寧爲韞璞玉勿作踰淮枳
期我同心友百年共相矢

甘菊酒熟燈下獨試

學圃事誠鄙種菊亙有盎采得黄金英釀成白玉腋
苾芬氣浮斚瀲灧光凝碧味踰甘谷水花應女髻摘
且勿希遐齡聊以消永夕

七月既望過圻村蔚蔡金鳳適冲寰翁王同登龍山尋幽谷釣臺諸勝晚留小酌泛月而歸

凉飈散餘燠秋光淡山市策杖尋幽人行行二三里
循徑既紆曲緣溪復迤邐小橋路轉東柴門恰臨水
主人意殷勤勸客且留止山村無兼味鷄黍聊可庀
適逢隣翁王相揖色先喜今晨逢漁者買得鱖魚美
請客過山齋烹魚酌村醴
相携過溪橋宛轉入村徑門巷既蕭閒庭戶嵐光凝
小齋幽且清梅竹翠交映閒抽架上編疑義互相證
楸枰聊角奕唐突叨屢勝觀情既已洽洽語皆可聽
飲啜頗適意朋儔競呼應賓主雖頽然縹緲發餘興
取道叢竹邊扶笻陟危磴
巖壑饒幽蒨磴道亦縈複始陟從陰崖盤旋下陽麓
徘徊叢草間跫然至空谷樵人誤指徑荆榛多枳足

少傅昔留題摩蘚猶可讀尋幽興轉劇委蛇向湖澳
釣臺勿廻望奇勝更悅目高巖似列屏古洞如夏屋
此地苦誅茅居然可卜築
冥搜興未已夕陽忽西下湖光展輕縠霞彩紛相射
佇望既忘疲盤石更可藉美景既已逢良會幸多暇
廹暝乃言旋主人固相迓兒童喜奔走空庭期止夜
鮮膾薦盈缶芳醴酌深斚留賓意何窮客子重致謝
泛月吾欲歸扁舟乞相借

洞庭將歸蔡萬里賦詩贈别次韻奉答并謝中

山諸友

杖屨入名山淹留竟累月秋杪爲歸計依依不忍發
山中百日期光景何倏忽踏盡秋山雲青鞋與布襪
臨深識泉源臨險搜石窟搔首望遠岫息足蔭消樾
行多旁橘柚止或采薇蕨山家屢相留羅列豐肴核
倦來榻便下啣杯深夜歇招邀輒縋綣談話無倉卒
莫惜別匆匆重來興勃勃胥江百里程一葦可飛越
吾自饒勝情君無憐短髮

薛烈婦詩 有序

烈婦南氏陝西商州人嫁洛南縣薛憲使國用之季子厚倫婚甫匝期年俱十九夫亡婦即自經以殉縣舉旌典何司理天玉代乞贈言

死亦人所惡惡有甚於死寥寥宇宙間幾人能辨此
保此七尺軀偷生不知恥男兒愧鬚眉何況兒女子
烈哉薛氏婦靡他詩自矢夫病預絕粒芳容先自毀
夫亡極悲號衣屣悉焚燬引葯既自奪觸柱屢自抵
丙夜竟投繯百阻莫可止新婚未踰年夫婦皆茂齒
春華方灼灼惜哉竟雙萎固知松柏姿性不同凡卉
以此徑寸心流芳百千祀赫奕賁黃壚煒煒垂彤史

清和三日與高存之冒雨入桐城竹塢紀事

名山得佳侶勝情倍踴躍輕輿冒雨行霑濕不爲却
入谷屢呼奇謂我得所托谷口田可耕澗中泉不涸
巖岫饒異花林薄多靈藥茶椒被陽坡芝蘭滿幽壑
竹竿千萬个生計良不薄世情厭冷淡吾爾耽寂寞
速結三間茆量營一小閣烟霞有奇趣朝夕飽領畧
吾將從子居相與餐葵藿人生更何事可博山居樂

第八世 紹芳 字茂卿號研亭桂坡曾孫邑諸生入太學從祀尊賢祠著西林集

山中坐懷顧叔潛

夜氣何蕭森空山思寥廓不知風露寒彌覺衣裳薄
美人渺難期對酒不成酌白月虛牖生時聞桂花落

行路難

大行天高山巖巑羊腸阪險多嘷鴟劍閣崔嵬煙瘴
沒千尋雲棧縈紆折巴江灩澦流湯湯榜歌聲咽客
斷腸黃河奔濤幾萬里欲渡不渡愁無梁行路難行
路難山高水濶君莫歎何似人情更險劇須臾反覆

生波瀾尊前交臂稱莫逆酒杯未歇心先寒徒將肝
膽報知己一朝失意誰爲歡君不見朱門先達盛意
氣幾人畎畝空彈冠

山中阻雨

驅車出東郭選勝愜清游艸徑逢僧話松門坐雨畱
泉聲偏到寺山色更宜秋樹杪聞清嘯明沙起白鷗

次京口寄友人

何處燕關道微茫片水中江流低白日秋色老丹楓
旅雁鳴方切征帆去不窮離心與愁思茂苑幾人同

同黃吉甫吳幼安集姚性初太守席

把臂相過處幽棲淮水涯閉門無俗轍開徑有名花
世慮清言盡春愁綠酒賒使君五馬貴未許傲煙霞

病足臥林間貽友

匡牀三月臥敗絮五更寒壁任紅妝笑憂憑綠酒寬
春光聽雨度清夢隔花殘安得呼朋從青山躡屐看

夏日友人過訪道院

白日破松影僊人何處來無書三載別不約一尊開
竹裏猶龍宅花閒欸鶴臺還家路不遠莫謾說天台

煙雨樓晚眺

客思高樓上蕭條詎可論湖光不受月市酒易醒人
天際吳江盡帆茀越語新萬家煙浦外何處問迷津

木末亭小飲

巃嵸千盤外虛亭接杳冥客心芳艸亂落日莫江停
深樹流雲綠懸崖桂雨青林花飛欲盡對酒忍教醒

舟中望金山

挂席經孤嶼躋攀惜未能塔喧棲嶺鳥窗倚聽潮僧
煙澹莫一色樹凋秋幾層旅程應可計遠浦見寒燈

過陳子野明府話舊

把袂相看意惘然風塵爲别幾經年寒花自滿幽人徑秋水初停客子船楊柳再攀空是恨鶺鴒重典不論錢燈前往事郇墟説月落江頭正可憐

內叔吳太史復菴先生以言事歸過訪山中奉贈

批鱗一疏動長安千里霜飛易水寒死諍詎令臣節沒生還轉覺主恩寬觸頭不獨簪花筆柱後虛勞著法冠青史高名千古在肯將行路傍人難

得伯氏蓮訊因寄

秣陵佳氣近何如翹首天涯感索居夢裏池塘春草細愁邊風雨夜牀虛百年身世俱看劍三月江郇忽寄書讀罷瑶函重惆悵夕陽山色溢精廬

答姚季和

獨憐裹抱爲君舒遮莫羊腸有覆車白日低眉雙劍短青袍回首十年餘幾人天漢鳴環佩是處江湖可獵漁斟酌莫辭今日酒文章憎達事甯虛

宿句曲道中感懷

春色纔看到柳枝當壚先折贈分離功名自笑浮沉客裘馬空慚輕薄兒霜落石城人散後月殘茅店酒醒時雄心一片愁千縷不爲牽情亦淚垂

同太宰劉公游栖霞寺

迴合叢林一徑通法王臺殿半淩空擬探元理尋支遁卻喜高情對庾公偏壑疏鐘沉夕靄亂山紅樹散秋風登臨莫問前朝事埋沒殘碑野草中

春盡日寄友

惆悵春風莫懷人與轉孤夕陽空極目芳草隔南湖

惠河泛舟重送童山人

笑逐僊帆惠水濱白雲天半一閒身東都門外人如蟻盡指先生折角巾

題竹

山窗寂寞午生寒獨隱烏皮不著冠雲影半牀清夢醒自披蒼翠寫琅玕

第八世廷謣 字正言號太玉桂坡公曾孫著有餬餅草

湖中

孤山路轉六橋西片片芙蓉入望低夾岸樓船京擁樹拍空簫鼓夜分堤青蛾皓齒迎風出碧渚紅蓮刺水齊十里烟波勞應接湖光月色共淒迷

沽酒

認得當壚卓氏家小橋低屋柳陰遮鶯啼密樹迎風溢燕蹴香泥掠水斜鸚鵡泛來因問月鷫鸘典去為看花酕醄且任東方白回首桑榆莫浪嗟

宿蠡口

石九歸棹阻又宿蓼花邊野店沽餘漉奚囊數剩錢秋山違勝賞暮雨惜孤眠不盡離魂渺虛舟兩地懸

晚司封叔

年少青雲早致身八年清秩溷風塵動猷未盡酬明主綸綍何時慰老親肯使九閽藏虎豹敢辭三尺犯龍鱗淸朝取次收遺逸宜向泉臺惜隱淪

旦暮身名不強謀名山一片老菟裘江湖萬頃煙波月茗霅經年淵壑秋著述不煩模自遣徵書欲下志難酬浮生已破邯鄲夢何惜修文白玉樓

追憶吳興

何處看山不漫游况當苕水霅川頭峯迴碧浪雲橫寺樹擁青溪月滿樓萸紫楓丹秋欲老鷗飛鷺立景偏幽時時頻發三陰興載雪還同王子猷

步韻答兄咎弟

無限牢騷意悲歌托嘯吟風雲千里志松桂百年心旅况夜偏覺鄉愁閒更深勝緣慚負約何日共披襟

却病吟

藎臨體粥是清緣火宅焚空不受煎枕上黃粱銷緣蟻觀中白骨長青蓮身留蠻觸交爭國夢入羲皇極樂天五十六年吾事畢世間貪戀總全捐

第八世 廣居 字無曠號廓菴我棄冢子崇禎癸未進士 殉甲申難從祀報忠祠著率意吟

步友人過西林韻

林皐初過雨巖翠欲飛來浩落何年客荒涼此日臺
小唫多會理大隱亦須才遺跡方堪挹輕鳧去澤萊

秋日翻帖和米南宮將之苕溪詩韻

君是襄陽客行經霅上烌飫聽白雪詠酷恣朵菱謳
豈爲思蓴鱠而來息釣洲洞庭西望遠共此峴山游

述懷

溪山解晋客客去爲鷙烌越嶺雲閒出吳歈水上謳

牽橫青雀舫踏破白蘋洲興盡歸來日猶同泛剡游

送友人入閩

負笈武夷去疑君上九霄囊餘吳嶺月帆寄浙江潮
橘味經秋美蘭芬方夏飄帳中牽袂問眉黛幾時描

送孫衡公再詣西川朱制府幕中

兩度江陵月再圓江東領袖倚孫堅犇騶遙邇開巫
峽從騎迢遥歷漢川夔繞爲雲峯十二氣衡如虎士
三千請纓自屬吾儕志勒績豐碑不紀年

寄高纛旂儀部

寒日嚴霜拍馬蹴征途客邸共提攜談深欲灑悤時
淚酒煖難溫裹雪綈壯志劉生起舞共清操揚子異
知齊金門射策君先達應詔封章取次題

白榆閣早桂吟

雲外飄香夾雨來爲傳五月桂花開青疇乍喜銀濤
湧碧檻早看金粟堆竟日塵談芬繞座中宵轟飲馥
生醅可無譜勝留奇景應使清吟不待催

送曹履垣刺史漳州

抗疏宸嚴虎豹清十年肝膽雪霜明平刑漸奏丹心

效伴食猶驚白簡聲悳國公忠無內外回天孤節薄
功名海邦借寇知非久旦莫皇猷重倚衡

春日北渡无咎弟送至潤州作畫扇贈行酷似
松雪攜入都門楊任伯見而恣之因綴小詩
以贈

廣陵三月米家船寫就盧亭江水邊明秀只今青似
染劄將謝艸贈楊亢

贈正言兄

褰帷睡起日遲遲巳是松蘿幽詠時一曲清歌一壺

酒空憐後世幾人知

南林紀事

雨餘爽氣過松關水面雙鳧舉翮開剗破碧空雲片片俗腸浣盡有青山

貧來生計了無關願托空林盡日閒種秋灌畦聊自適攤書時對北窗山

跋楊任伯藏姚芳階卷和董太史韻

桃源果有避秦餘陶令緣何不卜居只恐雲蹤尋不到幾回空釣渡頭魚

雜感

唾手青雲事不難長風乍起自生瀚主恩再世曾紆紫先烈雙承愧漶丹晉地烽烟何日凈楚天戈甲幾時安林閒歲月常容易散帙濡毫亦素餐

飲鄒是人齋次沈璧甫韻

四海風塵異昔年元黃血戰野蕭然霜天棲鵲皆驚夢槁澤哀鴻正可憐子美詩多悲去土長庚志遠欲餐烟可容相石稱名士老却南宮書畫船

无咎弟移榻南林

溪重曲渚樹重陰淺傍家山谷已深特地池塘尋小謝笑移斗酒入長林

膠山安黃氏宗譜 卷十四 率意吟 中和堂 天全

第八世 安廣謩 字无咎號退翁我素公仲子邑庠生工詩畫詩不戒于火存煙餘草

夜集徐白雨齋

小酌秋庭晚明燈夜話深宦成辛苦後情重别離今出處各有意醉醒同此心故園霜落日紅葉倘相尋

病起秋懷

山空鮮人跡惟見白雲來松翠莫欲滴池煙曉未開窗虛蛛綴網几靜研封埃多病添秋思愁腸自往回

秋雨漫興

剃盡霜蓬不用梳冠裳顧影已非吾晚涼薄醉眠落

石緩步閒行據井梧家有遺編留世業門無剝啄少官逋花香滿架沿籬豆一夜西風倩竹扶

乙酉除夕

空山無歷紀王正寒盡方知歲已更筆削一時歸野史才名千古誤浮生兒童柏酒貧堪遣煙雨梅花晚更清羅雀豈眞因地僻畏人原合掩柴荆

丁亥初夏

幽偏離徑絕塵氛簾外重陰映夕曛三雅醉深聊自遣五噫歌罷不堪聞烟含松翠凝飛鳥嶺度溪光剃白雲慚愧鬚眉圖畫裏漫勞邱壑置斯君

南林紀懷

薄俗驚心白髮生南林千載月空明只今騷雅凋零盡對酒頻深弔古情

題畫

鶴跡依稀印徑苔草堂空碧爲誰開山翁只在雲深處疑去聽泉過嶺來

長安邸中題畫

蘭若荒烟傍玉河蕭然一榻對維摩閒披素繭拈邱

壑墨染西山黛色多

次杜工部曉望韵題畫爲鄒君可

風雨松梢歇烟光曉色分高峯廻塞雁低檻隔江雲石澗飛流急風廊落葉聞閒來誦秋水孤影自爲羣

題黃心甫扇頭小景其半面爲蒼雪詩憶廿年前予曾訪於支硎山不遇兹訪于蓬萊閣又不值因作三笑圖綴以絕句

廿載支硎訪遠公惟聞鶴唳起松風蓉湖蓮社秋重訂嗜酒淵明竟未同

戊辰七月之望移榻山齋適長兄携具至口占

四絶紀懷

雨歇山齋月更清殷勤雞黍弟兄情十年不伴松雲
卧三徑惟憐碧蘚生

夾岸松蘿十里陰京生池館暮雲深愁人無柰添秋
思客散偏驚月滿林

貧來生計了無關願托空林盡日閒種秫灌畦聊自
適攤書時對北窗山

薄俗驚心白髮新南林千載月空明只今騷雅凋零
盡對酒頻深弔古情

乙亥夏作松雲書屋貽嚴甥

小閣臨江小卜居松雲閒覆半床書深山六月飛寒
玉拂簟清風暑自疎

秋日山居感懷

空林轍迹自來稀蘿薜雲封晝掩扉彭澤菊松荒徑
在宗周禾黍故宮非鶴糧半頃山田瘠鱸膾中秋水
國肥未敢羲皇誇穩卧側身天地正沾衣

戊子秋避居城隅久不得窺鄉園松筠泉石時
勞寤寐因作南林一圖并系小詞一闋以志

憶

卑棲小墅依林麓白板雙扉茅覆屋風潭百頃千章
木耕且讀隣翁來往多樵牧　平岡一帶松筠簇鶴
糧數畝溪田熟翠黛橫窗山幾幅午睡足匡牀紅帳
梅花獨

醉蓬萊

自警

歎流光駒隙幻泡身名蘧廬天地衣冠傀儡真假都

兒戲一卷南華千言道德寥廓從高寄長老烟霞素
行貧賤肆吾之志　糠粃經綸錙銖禮義白眼看他
衆人皆醉闔闢以來羲畫翻多事鏡裏紅顏尊前明
月欲久睽無計蝴蝶未醒黄粱未熟不如且睡

桂枝香

初冬山居即事

小春天氣似錦散丘園丹黄千樹偏愛平橋曲水疎
籬仄徑清幽處處溪邊兩兩三三笛聲牛背茅簷草
室野蔬邨釀田家風味　相忘帝力無塵事茗椀爐

香自饒眞趣種竹栽花便是山林經濟足音空谷探奇至縱玄談飛揚麈尾算來名利不如高卧烟霞而已

第八世 廣生 字無傾號簡巷我素季子著三林小草樗隱草

懷陳節霞

落徑荒游履春光忽半過花新三益遠風動一瓢多閭戸雲知守懷人鳥解歌維摩霞外榻愁障嶺嵯峨

渡照山湖

輕舠直指疾于梭十里平湖靜不波紅霧綠煙搖碧海銀光練影蘸青螺酒旗幽墅迎歸騎漁笛橫塘和遠歌岸幘斜睡杯在手一帆山色鏡中過

同南林主人山中即事

筍輿來懸白雲孤過雨烁林洗畫圖眾蟄屯煙迷短策修粱橫翠引雙凫泉香野寺撩吟吻花發山堂喚酒壺遲月從君留信宿松風吹夢繞菰蘆

鶴藂堂剃梅

櫓沸松濤雪遠廊東風小院酒情長逋僊去後春誰主鶴夢還依舊艸堂

早烁新霽

布襪青鞋步夕陽壯裹消盡獨餘狂一籬杞菊香生徑十樹梧桐秋滿堂

楞隱艸

宛山采石歌

宛山石勝端溪紫文章不靈石欲死宛湖風浪接天高惟挾閒情問元渚扁舟共泛不辭遙墨濤千尺失山椒青青鳥道爭投杖到來炎暑松風消亂流覔得盡奇古競詫伏螭并卧虎嶔崎兩袖傲顛翁銅雀鱗鱗那堪數糟邱一旦化硯田君苗忍心亦動憐山僧解事進不律玉版娟潔寒雲鮮夕陽歸棹重廻首海立空潭黑風走笑揖山靈失席珍敢借六丁來攝否

和伯昌兄喜雨韻

颯颯凉生簟風從雨後清山深忘歲月農老識陰晴但喜年將稔安知身外榮不衫還不履枕石聽溪聲

野興

浮生隨寓適大塊懸吾廬聽壑生虛籟看烟結篆書酒情湘浦月詩思灞橋驢種秫孤村晚清風引荷鋤

虞山訪月舸上人

信步出山城松蘿一徑清僧巢懸石磴樵舍接梅坪屏靜流雲影林空度鳥聲洗心潭鏡裡半偈悟無生

鄧尉探梅

古寺鐘聲晚蒼霞松頂摩路緣芳草細花傍夕陽多危閣千山擁長天一鳥過歸舟成獨醉清夢遶雲蘿

暮春楞隱小集

野懷何所戀林壑繫情長臘酒分溪綠春蔬剪露香是山皆可隱非醉不成鄉燕子巡簷語殘紅冷夕陽

寒郊送客

山川正蕭瑟送別倍魂消客去雲橫路詩留雪映瓢天空高獨鳥嶺直下雙樵此夜一尊酒寒簷閉寂寥

留宿茱根老人齋

夕陽溪上艤扁舟尊酒論文傾蓋投五夜情高徐穉榻百年心折仲宣樓小言巴里慚同調大隱夷門識勝流漫向西風歌伏櫪鬢看古色照吳鈎

春歸

新陰已遍最高林忍見殘紅委碧潯雙蝶御風花架靜一蛙鳴雨柳塘深窗低蕉葉雲先冷杯瀉山光月共斟世事渾如籬畔草春歸消長不關心

有客過訪芙蓉小飲溪亭待月

尋花獨叩夕陽扉檻竹垂雲冷芰衣詩渴晚斟茅舍
月茵香秋薦故山薇煩緣半向貪餘減往事多從驗
後非一任隣翁爭席罷不驚鷗夢自漁磯

新正二日偕諸阮集芳甸散步靈泉

茅齋寂歷倚空林斗酒梅花愜素心野渡息磯春水
潤閒僧能磬畫雲深擬同石醉頻移座爲愛泉香更
遠尋客散夕陽樵路靜半峯松籟起清音

新夏閒居

林臯過雨淨無塵有叟飄然岸葛巾萬壑烟雲供嘯
傲一尊風月伴清貧閒臨晉帖銷長晝細疊吳箋賦
送春冉冉綠陰村路晚小橋低語賣花人

第八世駿命 字聽之號瀟湘太玉子工詩畫著古香齋草

夏日閒居丁君任社長分韻

一畝鷦鷯寄衡門午未開水香魚撒子簾靜燕初胎
勝負山中橘榮枯庭際槐耽身聊避俗楠志在蒿萊
中酒慵朝起謀生學塞翁竹涼先釀雨桐密翠涵風
嗜嬾煙霞相抛愁筆墨工塵埃何足戀高蹈託冥鴻

烋日曉起

散髮看雲起聽鶯坐檻莽小囱蘿蔽日斗室樹藏天
擊缶何須節鳴琴豈藉絃醉鄉吾自得此樂共誰傳

夏日偶吟

清陰滿榻枕書眠竹色花香絕俗緣不嗜利名容我
傲恥勞勛骨乞人憐鏡中華髮全凭酒筆底青山豈
論錢世態炎涼渾不解梅妻鶴子學逋仙

淨慈寺

鹵湖艇子藕花磯蕩入涼雲白鷺飛他日頓僧何處
去滿天黃葉不曾歸井中餘木成魑魅殿上流金說
是非南渡君臣同逸樂水邊靈剎莫鐘稀

閒居漫吟

幽事數竿修竹生涯一片白雲砌上閒花頻灌爐中栢子時焚
處世絶無欵識幽棲自有經綸整頓竹籬茅舍安然置我閒身

早春霽雪過靈趵泉上贈玉瞿上人步逝翁叔韻

地遠塵囂隔僧名闗勝多梅留殘雪在鐘帶亂雲過汲澗龍潛鉢聽經鶴下坡蒲團剛坐徹新月挂藤蘿

新秋涉圃

歷起步林薄簷花礙角巾荷鋤驚宿鳥掃石卧閒身有竹堪醫俗無蔬可療貧短垣盈薜荔風過碧鱗鱗

初夏同胡我維曹無名西林宴集無名有詩贈漁玉兄余亦步韻記事

潭靜涵空碧邀朋放鶴來松高雲覆屋溪曲水平臺嗜飮成余癖工吟讓爾才夕陽携履返新露滿蒿萊

肴公先生有山居襍詠若干首見而悦之卽事口占聊爲日記云爾時甲申秋暮也

焚香課誦餘潑墨寫山水好鳥嚦嚦鳴報我秋如此

其一

放艇野橋外垂綸古樹陰秋風水面冷謖謖鳴秋琴

其二

愛月坐空庭京露紛紛落四顧閒無人伴閒有孤鶴

其三

冒雨泛湖

倏忽山容幻有無相呼和笠到西湖急操艇子衝風去莫失糢糊小米圖

甲申編

第九世 璜 字元喤號海岸桂坡冢曾孫研亭冢子常熟諸生入太學著甲申編

送仲氏游雲間謁陳仲醇徵君求先子傳因作

古體

北囱散髮枕書眠庭衢此日何轟闐共言游子駕紫煙將之海曲尋頑儒鶴鶩翩翩高岸幘佩拂雙鉤花吐白蒔車載酒精後車載筆格裹頭赤腳長鬚奴夏携幾緉阮家屐離亭折柳一送君擎杯慷慨停愁雲酣來欲去欲不去重向囱風勸十分客路層層紅樹

裏玉驄不住嘶幾廳我聞九峯巀嶭盤大澤信是儒靈眘窟宅三泖湯湯接海門峯蒔朝夕翻潮汐更聞負郭平原寬名圃棋置開雄觀闌干折入花深處青霞亂落疏櫺寒此間山水都壯麗雄詞瑰瑋逞奇氣筆大如椽洵可求行誼文章足壽世君到多應詑希有墟頭況復饒美酒鱸魚堪膾蓴堪羹鑿落莫教輕去手離居憐我日如年明月囱堂要阿連歸期休落黄花後好趁涼風醉放船

采蓮曲

横塘十里花爭吐花底花房緑可數花容不似妾容嬌妾心卻似花心苦未采花時先采房欲寄同心淚如雨

九日同丁君任茂才山閣坐雨

邂逅仍佳節攜尊坐素秋烏投霜後樹人上雨中樓勝氣凭湖海雄文望斗牛相看慷慨甚含笑脱吳鉤

訪鄒彦公茂才

小築傍名泉春風試雨蒔開琴班艸坐把卷枕雲眠杖底三山興尊中十日緣渡頭分手處鐘寺隔湖煙

集耕煙閣

小閣縱清歡人都不著冠大巫詩膽壯小阮酒腸寬竹露千竿響松風一樹寒夜紅三見跋嘗倚斗闌干

晚投朱邮謁先君子研亭公墓

孤邮薄莫色蒼茫獨上籃輿入斷岡列岫遠供青玉案迴溪斜護白雲鄉殘碑一片埋荒艸悲淚雙垂灑夕陽先德不彫傳後日松楸留見畏寒霜

抱病山居

看到貂裘重可憐臨風搔首問青天釣屠蹤蹟多無

據稗野文章别有權半局雄心凭橘変一枝春夢付
梅儇鄰翁不解衷腸結每過蕭齋說往年

華長白茂才見訪

枕書高卧白雲深空谷跫然喜足音花月盈尊今夕
夢風塵滿鬢百年心匹夫有辠原因璧壯士無顔豈
爲金燭底須肴堪共慰莫言易别更沾襟

江門夜泊懷正言叔客虎阜

江花江柳憶風流此夜孤檠坐欲牀兩地清尊分客
況一天明月共鄉愁行踪汗漫仍魚浦旅夢模糊又

虎邱病裏歸期難自主呑風嫩上仲宣樓

辛酉除夕和仲氏韻

燒燈莫問夜何其柏葉尊前填與凭繞屋有梅催臘
早深山無歷得春遲文章漫說拔青眼姓字空慚附
白眉欲識近來憔悴處西堂夢後嬾題詩

懷无咎叔請鄖入都門 我素公建言創籍卒 天啟二年鄖贈光祿

漫攜孤劍入長安馬首青山淚眼看折檻向憐臣節
苦叩閽行識主恩寬蕭蕭易水春流淺黯黯燕雲夜
影寒最是不堪回首處羈人强半白衣冠

龍江關

西風雙鬢客中斑見說梁鴻又出關綺錯千林霜後
葉黛横兩岸雨餘山游凭長鋏牀逾倦夢落孤槎午
更閒南望五湖三畝宅雄心銷盡是刀鐶

江干

雨過横塘一夜凉菰蘆深處藕花香持螯且倒金尊
月莫問滄江是異鄉

鷗波館從祖我素公游舫也公没舫去後十年
璜值于金沙道中口占志感

解組歸來賦遠游篷窗占斷五湖秋未殘太史當題
墨只少眠沙數點鷗

明妃曲

玉筋啼殘紅粉顔那堪回首望陰山龍沙積雪高于
馬信是春風不度關

朔風獵獵起胡沙月滿天山夜憶家積裏控絃三十
萬一齊揮淚聽琵琶

客中侍兒寄被代詠

江鄉八月夜生凉手製吳綾好寄將雜刺五紋空一

角待郎歸後補鴛鴦

第九世 珹 字仲聞號默仙研亭 仲子著夢香閣小草

過岳墓

盧龍塞外悲笳鳴將軍虎竹頒帝京霜鋒夜吼邊城肅玉花朝嘶胡兒驚雄心報國輕一死誓斬妖氛雪君恥氣吞南北江漢分血染征袍稱國士讒言高張罷五兵含冤劍下孤忠明百戰功勛俄頃盡中營星隕欃槍橫錢塘月白猿嘯靜鷲嶺風清鶴唳冷至今殘碣臥蒼煙萬樹長松落寒影

園中避暑

散步林皋寂清音靜裏聽竹搖詩夢碎鶯喚俗魔醒

時掃看花徑閒披養鶴經徘徊不覺莫遲日下苒汀

春日感懷

無端蹤跡等飄萍兀坐空山鬢已星馬帳春風披斷簡牛衣夜月泣殘經情連芳艸迷苒浦恨逐鵑聲度遠汀回首廿年身世事亂雲出沒晚峯晴

次蔣君別有天齋韻

不必人間別有天跡囂心寂便悠然絕倫遺世原非隱閉戶深山即是僊一枕黑甜貪作伴半窗紅日柳

初眠壺公自有容身地三秀培成不稼田

中秌夜飲賓娥臺

海門秌色莖中來落葉清尊靜夜開度嶺閒雲低遶樹洗天涼月浸層臺野翻碧浪禾千頃爐沸秋濤酒一醅萬里清輝浮煙霧欲招僊子下蓬萊

巳丑重九同臣休旡告無傾兩叔雲五登膠山絕頂各分扁頭韻

振衣直上萬峯巔海色湖光眼界寬石上坐談紅日近林端呼嘯碧雲寒昝年兵火悲離散此日尊罍幸聚歡險仄世塗應歷徧漫將萸菊醉中看

瀸瀸泉

蘄潤破巖雲擶鎗汲山月新茗發餘香詩涼沁人骨

蕭閣

高閣臨霄漢幽人倚晚晴輕煙延樹外鐵笛兩三聲

石道

窈窱翠微深杖底蒼苔濕爲采松閒芝青霞滿蓬笠

中洲

盈盈河之洲宛在水中央波平鷗鷺靜風暖菱荷香

宿金山

誰將神斧劖危巒屹立江心砥急湍鼉吼龍吟滿煙霧禪房花木耆生寒

第九世 璿 字孟公號潔園我素冢孫吳縣諸生雲門弟五人著罨畫樓集不在玆集

嵂山湖

客路因知已蕭閒捉塵談山靑迴濟北柳緑過江南晚泊風聲急朝行雨意酣數家茆屋外幽興自憨憨

水月菴讀書

篋僦客蕭瀟飄零倚佛羅鶯花三月悒風雨一燈過杯酒攢眉少文章放膽多故人猶有道湖墅其婆娑

擬卜筑虞山寄本宗諸兄弟

雅抱高栖志終當遂隱謀徂徠諸地急瓢笠此山幽

烁水三人舫春雲百尺樓吾家赤松子拍手願同游

渡江宿瓜洲

襆被相攜白下船孤雲心性總飄然金山高障京門水瓜步平臨渡口田枕上濤聲喧徹夜夢中人語隔疋煙英雄千古歸何處無恙烁風任客眠

同黃司農游洞庭歸別于胥江渡口

六月扁舟泛具區名山七十二縈紆煙霞到處慚詩句骨相原來入畫圖胥口歸帆同信宿橫塘孤櫂忽分途攜將空翠魂猶繞還憶黃公共酒壚

追憶陽山舊游

舊游幾度費追尋鹵嶺圍荒蔓艸深新月尙晋三徑色夕陽猶記萬松陰僊人爐斷霏藍夢神女奩空照黛心涵碧池頭海棠雨爲誰嬌語到如今

送嚴藕漁太史予假南還

淸泉白石映烁旻坐卧毋勞使問津載筆五年金馬客浣花八月艸堂人煙霞物外誰能賞邱壑胸中自有眞捉鼻正須愁不免東山雲起看來春

出都門將之歷下

去留從不解愁牽身世悠悠總惘然孤劍關山疋雨外殘書驛路夕陽前思量往事都如夢愈信將來盡有天極目魯齊靑未了不勝凭弔古英賢

張司馬邀同顧中翰游焦山

鬱盤蒼翠砥中流蘢蔥相葬汗漫游釃酒情深今日醉磨崖名在幾人留半天雨接孤峯寺六月風高百尺樓便欲翩然騎鶴去水雲依約近揚州

寄嚴三十五兄

歷落風塵總俗緣弟兄爲別動經年片帆秋色孤城

卄年腸斷處含淚讀遺書先業慚俱廢名心但未除表阡常有待誓墓豈猶虛此日尤悽愴青燐炤草廬

其二

步天方跼蹐馬鬣幸盤紆有舍容孤子無田祭大夫蒿原千載慕麥飯百年臞顏色猶疑在時來滿屋呼

其三

古樹連雲矗虛堂修竹阿東吞家苑近西望好山多作客經年去思親一夕過魂來幽夢裏勞苦問如何

大巳姪過故鄉

不到家山二十年重來風景盆蕭然幾稱長者新文冢舊識名園半草田才具未應俱野老勳猷何意耗凌烟橫塘深處堪留憩乞向桃花借一天

輓姜貞毅先生

千里烽烟暗九閽漢廷折檻重黃門逆知債事歸尚軸敢惜微軀殉直言夜月風清歸孝子秋墳血碧暱忠魂生平未了憐同志衲老魚山骨尚存

楓隱追懷富春山圖

楓隱禪林枕山麓流泉百道栽花竹石橋松逕枳籬下斗酒寒光小閣弆竹葉有情留岸幘蘆花無賴逐歸船山中明月常懸夢招隱欣翻桂樹篇

留題大巳山齋

幾年相望渺愁予畫舫青帘過草廬結客一堂子美座移家廿乘茂先書功名雖滯吳鉤在心氣難明漢節虛巖壑儘堪容隱逸斷圍春雨帶經鋤

曲水堂

山深絕人跡匹練瀉烁塘夢覺泉聲裏聞雲過草堂

瓜步夜泊

咫尺鍾山去未能片帆孤枕夢何曾六朝秋色應如許空聽濤聲到廣陵

橫塘訪大巳姪

阿咸三載別相見一歡然曲澗當堦右重巒擁戶前堂開清似雪藜吹夜生烟推分吾空大高樓遜爾賢

太湖西渡

雙帆推胥口一去盡空溟湧千層白山微雨點青長虹開蜃氣驟雨帶龍腥未向岳陽醉先吟過洞庭

墓田丙舍

間靈山面面看茅屋本是延陵公子居疎窓闊閣何年築豪華捨宅師短簿蕊錫纂位坐曲盞讀書面壁雖岐路名士高僧並不俗最憶山房舊珍秘風雅當時誰寓目焚香再拜大癡筆富春十丈烟巒幅驚人如携謝眺詩世上畫工徒碌碌朝披一片桐江雲茫茫笠釣生綃綠羊裘五月烟波寒夜伴嚴陵此中宿將身入畫不知老占斷人間好清福

濟南西門

齊黃謀國多失計漸削諸王親護衛密擒不敢先北

平激成靖難旋稱帝燕兵南下不可當道衍妙智眞難量跋扈將軍且無數邱朱攻劍尤鷹揚濟南孤城起平陸險無可恃嗟鎬蹙轂擊肩摩十萬家相携老幼避空谷盛庸鐵鉉天下奇奇謀百出共登陴陽暨降旗陰下版轟然咫尺命垂危可憐勝算嫌微早僅截馬頭體還保易馬倉皇令退軍橋邊伏起忽搜討誰知天意屬幽燕斷橋不動全師還一時雖救濟上圍重來卷上直無前敗軍殺將何足異遜國英雄有誰比文皇饗殿已成灰歷山血食千秋誌策蹇頭自黃金臺西門欲進重徘徊凜然生氣觥闕在耳邊恍惚聞轟雷

清明悼亡

慘霧愁雲滿逕生歲寒誰共叉清明花開廢苑連芳草人去香閨剩短檠忽地有懷疑有影細聽無奈寂無聲那知此日重爲客一片傷心畫不成

其二

不堪時節總蹉跎況復人忘薦佛羅長恨有歌題白練畫眉無筆想青螺最憐好夢經愁少漫檢傷心半

世多何日塵緣能謝絶九原春草共婆娑

青山莊

負郭青山映艸堂漁舟依約過橫塘亭臺面面涵秋水松竹層層覆女墻行入畫中忘世亂飄來雲外識天香坐深忽覺吳江冷楓落隄橋一樣長

懷朱明從孫

梁鴻溪畔胥江頭一片春光兩地愁分託祖孫三世密情如兄弟雁行投情高各掃寰中跡望切遙登嶺上樓何日東風天與便五湖烟水共扁舟

效白香山四雖吟

吾聞古人云人若不知足試歌香山居士四雖吟似我受用已奢更何欲髮雖短兮尚可束官雖卑兮名未辱囊雖空兮百指饘糜有餘粟子雖愚兮數卷父書尚可讀朱顏綠髩誰能久官高要路危機伏黃金過斗亦何爲快意無如謝庭玉架上閒抽一卷書尊中滿酌三杯酥讀書飲酒樂且多勿爲身外營營自桎梏

叔先弟游櫻桃園歸砌中虞美人正盛

昨夜春遊歸較遲櫻桃園裏漫尋詩美人誰惜墻東好一片芳心肯自持

武林弔吴藥師年伯

昌黎文筆杜陵詩十里梅花繫夢思公寓西溪有梅花十八里杯酒西溪澆宿草嶽游秋舫公昔游稿足吾師

鍾山懷黃九烟年伯

吳越江淮汗漫遊祝融三登洞庭秋公三登衡岳祝融最高李君得御重爲别荀爽年來也白頭

荆溪謁萬若霖年伯

陽羡峯高湖水深春風孤棹一相尋慇勤爲語當時好尊酒偏傷此夜心

哭鄒是人年伯

摩詰前身偶路岐詩中有畫畫中詩魂歸故國風流盡回首藍關恨已遲

弔九龍塢錢王古墓

絕壑荒烟路不分野樵依約辨王墳金亭倚馬虛藏樹石壘將軍倒卧雲十二寶釵今草莽三千强弩此耕耘己空蘚碣追蝸字霸業無端一識君

艮嶽懷古次空同先生韻

城闕琉璃碧樹頭絲絲搖曳映丹邱夌京塞外遺龍峽蕩漾池邊失鳳舟教主輸金宜五國書生叩馬自千秋道傍花石看零落想盡艱難到汴州

懷山中小築

頭顱如許誤行藏何復崎嶇苦促裝僅有一瓊客幻住愧無三命已循墻眼前疊嶂空雲錦夢裏虛亭負冰香聞道松筠依舊好杖藜還欲過蕭莊雲錦屏水香亭皆歷下名勝

東遊雜感

盧溝南指一鞭輕驛路荒京懶問程茅店燈孤催去早馬頭詩思偶然清頗無王粲登樓興却與袁宏士室盟白雪風流猶在否令人空憶舊時名

去年今日郭隗臺笑看迎春帶雪開策騎親朋勞問訊拂雲山水出新裁敝裘得傍花間住名蹟重携蒼野來造化賺人多狡獪任令飄忽因塵埃

何必天厨乞步兵沽來不盡且嘗酲關河迢遞愁千里魂夢飄零杂五更豈有才華皆欲殺肯將温飽貫

殘生碧翁未便終窮我寒徹垂垂且向榮

幾疊雲山隔草廬經年趺坐類逃虛秋深望斷江南信春早難傳塞北書忍置妻孥眞度外尙思朋友絶交餘不堪冰雪聰明淨又遇韶光一起予

自賓荒唐說絳紗比隣可喜在天涯未能逃世成高隱好似游仙暫出家斷岸殘陽新柳色小橋春水舊梅花思量無限當時緒午夢樵青靜點茶

麗譙遙望濕烟霏小苑城邊草色微浪薄浮雲嫌歲晚愁看細雨送春歸窗連古樹禽相語門掩殘花客到稀單袷未成迎夏令授餐甯復問緇衣

杜陵原詠

天寶初南曹小司寇舅於我太夫人堂下累土爲山一匱盈尺以代彼朽木承諸焚香瓷甌甌甚安矣旁植慈竹蓋茲數峯嶔岑嬋娟宛有塵外數致乃不知興之所至而作是詩

一匱功盈尺三峯意出羣望中疑在野幽處欲生雲慈竹春陰覆香爐曉勢分維南將獻壽佳氣日氤氳

北林唱和

早秋登山拾得寸樹碎石累土瓷盆彷大癡雲林筆意落落疎疎生動殊致因諷老杜一匱盈尺詩亦不知興之所至步韻四律更體七言爲

隣曲抗言倡

偶思小景寄幽心過雨尋行影逸羣竹杖別翻連樹雪曲幹細花名大月息芒鞋踏破半山雲卑枝低結何圍種拳石峯巒米袖分歷落一肩挑得盡鏡泥列置碧氤氳

蕭然野趣忽在眼髣髴倪黃思不群樹矮參差疑宿雨坡饒磊落待留雲林嵐若使全奇失筆墨雖工兩費分最愛石欄秋露足靜看尤覺勢氛氳

巖居川觀尋常事芥子須彌逈絕羣恠石酒來空粉本疎林點出倩玄雲青苔小苑三秋色綠水名園一曲分恍似道人天姥下悄然終日坐陰氳

橫收野色棐几上方寸傴僂五嶽群可望可親兼可卧宜晴宜雨亦宜雲仙家杳冥行踪寂鳥道徵茫指顧分誰說向禽游涉好此中爽氣細氤氳

費翁和

靈機巧運輸玄賞老眼驚看逈不羣絕壑透迤攢恠石疎林歷落界飛雲丹青想像蒼深合位置原從淡遠分點綴空齋秋寂寞爐香茗椀共氛氳

嗣德和

草廬秋水雀相守兄圖名秋水廬別館鶖湖雁失羣韻事謝庭栽寸草奇懷鄭呇掬眞雲俄成島嶼眼前列忽若丹青手下分堪歎兩林荒廢後一丸泥結翠紛氳

象也和

高人丘壑胸中具手闢幽奇韵軼羣幾簇平林堪映月數蹲欹石欲凌雲蕭閒境向迂翁借蒼潤靈從癡老分鄭重莫嫌纔咫尺渺然萬里論氛氳

九樵和

文心展處成圖障花石拈來雅合群六月曦寒低樹雪三山搜赤斷崖雲翠深小築新描樣費翁新構翟畫幽庭舊景分耆涵讀書處相對渾忘指掌地齋州九點望氤氳

守中和

登山直欲小天下一簣浩落空人羣舞雩可風沂可浴富貴於我如浮雲耦耕荷篠並相失問津茫茫穀不分何處無邊風月好虛庭草色翠氤氳

待菴和

菩提幻出數株影靈鷲飛來石一羣團向盆中形滿月輕携窓外藉慈雲現身居士能消受慣占名山顚少分肯假空林多寶住住散花香氣夕省氳

有功和 蕉雪

道家洞天三十六一一靈闞留仙羣誰知世界多幻化撮土倏忽吞五雲眼中蓬萊何歷歷吾儕飛舄將平分不須岳陽始三醉壺天酒氣殊氤氳

有文和 寂照

倦來金鴨香生慢影入菱花雁落羣宛轉蒼苔濕檻纈嬋娟芳徑遍簾雲晚粧秋水波光似曉畫春山黛色分三島十洲縣一縷眉娘約結髮氛氳

默仙和 雲偏

雙溪寂寂淨禪心膠嶺蕭蕭獨崔群種得數株花傲雪移來絕境石欺雲低臺蒼蘚人踪滅細路空香鳥跡分法海原來收一粟九州何處是氛氳

元箬和 懋翔

林巒繞砌朝來爽獨立空階與不羣樹帶寒霞千點

雪石涵秋水一泓雲牘樓每自胸中發雅趣何妨物外分掩鼻東山暫相賞登臨從此日氤氳

繼峯和 輞歛

經營幽事偏宜小彷彿高人勢逸羣野老有書傳種樹文心何地不栽雲幻成丘壑丹青失拈出離奇嘯咏分一室卧遊眞自得擬從元圃揖淸氳

培風和 一壑

誰能咫尺開泉石別有淸襟照等羣疎密眼眯綺障翠紆迴足爪纈苔雲立蒼自合天工巧濃淡相宜墨

紗分不及米家山好處只因煙雨未紛氳

蒼壑和

一拳石壓空同勢丘壑文章已不群細路欹斜關宿雨小林濤遠鎖微雲閒將日月壺中寄性愛烟霞壁上分莫笑胸襟些子隘氣吞五嶽自氛氳

又

彈丸今古藏機變運用惟心異俗羣老樹能添難宿鳥列峯如畫少歸雲空庭積翠晚來合曲檻橫秋曉色分一榻一几兼二景氣同四友日氤氳

孟公不在茲集

借叔先守中看花慱隱有感作示德隅若思

園荒一徑杳雲蹤掃石重來藉老傭夜月自深今代感秋花喜見舊時容盤桓祗有三人在寥落難謀斗酒供書紙敲針勞相望佇看春色又蒙茸 時方得郭橐之力謀茅拮徑以待兩弟嗣續因念慱隱舊遊祗余輩三人在矣

八月十二夜偕叔先守中飲長春堂因憶去年此日頗多升沉之感

客歲相携過草堂重來皆是舊行藏人生老健甯容易世態炎京任改常策杖正逢新月好啣杯不覺暮雲忙無端磊磈今宵盡有心知興味長

毘陵寓中思歸寄淨智妙圓二上人

一月秋晴逆旅中家山時與夢魂通長貧始悔財宜守老病方知藥有功廿載浮沉甯自悅殘生寥落竟何從片帆歸去霜林晚紅葉題詩寄遠公

癸酉春王得孫志感

積衰門祚在況復是單傳弧矢今方射之乎世豈延杖朝祈祖歲志學笙孫年 余年八旬孫纔十五 此事眞鷄渺栖

遲聽老天

禎皇當初疆喜報薦京闈（先君叨前癸酉北闈鄉薦）科甲聯三代

干支倏一圜生平慚未了留補悵何依乍聽呱呱泣

痴腸且療饑

立德由高祖艱難起幼孤（先王父以幼孤成立而有寄托之德）朝參元

輔疏家讓養廡租北院安先業東林志大儒保孤重

衍祚鐫篆儼靈符（曾刻保孤衍祚牙章佩以明志）

積善有餘慶應從大母來（先母高孺人多隱德）宜家多晋蕘斂

福歎空罍嫡子今垂老曾孫昨始孩門猶忠憲第宅

相詎非才

福穰雖成立含飴意轉憧書香容可繼（日者頗稱其造）抱膝

幾相從落拓徵而父憂勤貫老傭一編家學在仔細

讀中庸

百年堂構重紹述屬何人甫有喤喤稚幾酎肯肯身

璧還奚望趙（家珍散盡不可復聚）書積已亡秦（遺書充棟悉被秦火一鼓而禽）

愚智皆無悔偏思柱石臣（書夢堂中易柱而生）

又

木長孫枝萬念灰百年堂構總塵埃春來忽聽呱呱

泣別有愁腸日九迴

癸酉除夕仲兒抱病以畫屬題搦管相祝

古屋煨寒榾柮紅無邊情緒此宵中桃符已換迎新

喜拙染還將作送窮垂老那堪逢歲儉長貧因減舊

家風從今各願身強健除夜年年讌笑同

庚寅清明（先大令白榆閣降乩原韻）

昔年曾飲此雲樓佳節重來續舊遊桃李千家村外

斷青黃萬頃望中收春光自是幽明一世態偏多今

古愁莫道修文人已遠鶴歸華表與遲留

甲戌清明獨遊步先大令降乩詩韻

春雨經旬罨翠樓風光今日可閒遊斷圜孤塚三生

夢野水荒山一望收閱到炎涼偏自醒看來花鳥不

關愁方從唐舉推年壽磊落還堪十載留

追憶山左舊遊

華不注下小茆菴古樹平橋水一涵六月京風北牕

卧恍然幽夢在江南

歸來

不堪馳逐笑途窮薄病歸來草舍中尚有眼前真富

貫滿林明月一牀風

七夕感事

淸簟疎簾小院深落花寂寂度佳陰莫愁身外無窮事顛倒誰知天地心

靈泉菴誕日

歲積在何處茫然說七旬從前都似夢此日再生身老衲亡知已空菴托比鄰如何塵世大流落一閒人

祖曜南父母松陵署中新築

琴堂西築小軒寬種得名花次第看曲徑疎籬行處

好紙窗竹屋坐來安深思托素青鏤管變客分餐白玉盤屏註循良應內召棠陰留與士民歡

仲弟六秩

矍鑠看成六十翁思量往事轉頭空趨庭與爾曾聞禮入廟惟予問道東秘閣近傳花信好池塘猶喜夢相通浮生自許能有幾秉燭爲歡意豈同

潔園卽事

舊隱依然在北林重開三徑白雲深時栽藥草供衰病兆染霜髯遣壯心世事那堪經老眼人情早已慣孤斟罷天新綠偏宜雨空谷何須有足音

大巳從姪仙逝遺孤九照克繼書香皆其節母拄持建周姊丈玉成之老懷爲慰口占一律令其朗誦於草堂神其有知當含笑於九京也時壬申春日

不到横塘十七年松筠三徑却依然門楣喜托孤成立舉案爭稱節操堅死者復生生不媿畢傳奕世世多賢名花如對伊人笑杖策春風續舊緣

辛巳立春七十三歲有感而作

浪擲年華七十三笑餘老眼獨憨憨英雄幾輩參差盡變化何嘗澹泊堪處士節懷淸閫閣半僧緣謝妙香龕從今撒手無留戀再世深山好結緣

觸目

觸目無非假雜予守一眞愁銷將謝世病喜趁閒身磊落甯成品牢籠豈耐貧河山今古恨撒手見斯人

衰翁歎 用舊句起

年踰七十歎衰翁足不良行耳又聾無復隔鄰尋舊話每因謝客見眞窮一龕書卷殘陽了萬叠雲山短

夢中造物何須苦相捉弗將粉碎付虛空

題惠山泉亭

陸子盧名笑浪傳中冷先在有無天源頭活水千秋没惠麓眞有第一泉

文饒雅嗜惠山泉水遞遥供入相年誰識崖州司戶後惟餘雅老興悠然

厲中元夕 戊寅

人生本如寄一死乃爲歸余身且未死僑厲坐忘機生來何鹿鹿倏忽屆古稀得此客滕安南牕傲朝暉

療飢媿素飧禦寒黍素衣殘書頗能讀大道頗見微黑白等閒視心靜毋從違塵襍了不關翛然掩荊扉人曰何以死余欲方知非功夫遲廿年耄老或庶幾

題秋水廬三十二景集倪雲林詩

余既成秋水廬三十二景因思有景不可無詩然非詩中有畫如輞川諸咏詩其贅乎偶簡雲林絕句半屬題畫多合余景每幅系以一絕拈配既當卽對景賦詩不啻屋梁落月夜臨風載詠髣髴清閟老人珊珊而來謦欬珠璣淋漓我巖壑矣孰謂後百世而不及見古人爲可歎哉戊申夏日記

秋日

秋水清虛似泛槎此生泊没任無涯蕭閒堂上收書坐八月芙蓉始着花 秋水廬總題

慧麓小隱

錫麓洞前開竹扉孟公舊築艸堂基已倩王維圖剏

業更從裴廸賦新詩 池上草堂

春日

黯黯春雲映戶輕綠蕪斜日忽開晴依微野逕泉倂盡風落桐花遶思生 浣花谿

雨晴

池上白蘋風起波冷紋縈碧暮煙和織成一幅鴛鴦錦零落紅衣遺恨多 文漪軒

追和戎是寄許鍊師

雲霧軒窓倚半空少霞銘處識新宮遙看一片秋山色鶴影徘徊明月中 長雲閣

題畫

樓閣參差霞綺開峯巒重複水縈廻赤欄橋外垂楊下步月吹笙向此來 卷畫樓

寄人

楊柳春風未放黃晴天孤雁不成行忽思小謝生幽夢芳艸池塘路亦荒 渡雪

題立會庵壁間

風雨縈懷夢不成紫薇花發渚南亭望中迢遞孤煙起白鳥飛來菰蔣青 縱浪

題畫

荷葉田田柳弄陰菰蒲短短逕苔深鳥飛魚躍皆天趣靜裏游觀一賞心 水一方

題高房山畫卷

樓邊昨夜春風起蔣芽荇葉生春水睡醒獨立無人聲歷歷青山水光裏 水明樓

宿立文館

立館清虛五月秋疎簾珍簟看瀛洲窗前種得青桐樹時有鳳凰棲上頭 耕烟閣

春雨

春雨蕭條獨掩扉庭柯逕篠綠依依閒看南渚停舟處烟柳垂陰滿釣磯 半野

題畫竹

怪石足當米老拜修竹定是王猷栽磊落瓌瑰雨洗出團欒清影月移來 湘徑

題張元播扇

聽雨樓中也自京閒停筆研靜焚香君來爲煮稽山茗自洗冰甌仔細嘗 遠山閣

用陳子貞韻題畫

仙居乃在惠山東悟者方知色是空却坐西巖雙樹下玉笙雲裏度清風 麥岩

寄曹都水

溪南山影碧叢叢水閣風林處處同黃歇廟前新漲潤數聲柔艣月明中 墮履橋

題畫竹

怪石雨餘苔蘚滋月明鸞尾影參差春風忽過庭前
樹會見清陰覆墨池 珊瑚林

題畫

嘉樹幽篁澗石隈當年曾此好懷開如今寂寞空山
裏誰復緘情寄野梅 翠涂堂

雙井院前小立

山色微茫好放船秋蕖野水夕陽邊西風更灑菰蒲
雨羨爾沙鷗自在眠 天上坐

題陳仲英畫次張貞居韵

杜老茅堂倚石根往來西瀼與東屯一庭秋雨青苔
色自起鈎簾盡綠尊 清樾堂

題幽篁古木圖贈文靜徵君

環慶樓前翠竹多雨苔侵石樹交柯不遊罨畫溪頭
路奈此春宵明月何 環翠閣

復用雲林小景圖韵

憶昔舟歸雪浦濱松林瑶草欲生春閒拈逸筆圖淸
思今日披圖似隔塵 微蘭堂

柯丹邱墨竹

竹裏梅花淡泊香暎空流水斷人腸春風夜月無踪
跡化雀還教返故鄉 春榮館

次何都水

蕭閒館裏挑燈宿山罽重敷大尺牀隱几蕭條聽夜
雨竹林烟鼎煑茗香 竹廬

林亭晚眺

八月江南未隕霜青楓欲赤碧梧黃停車坐對西山
晚新雁題詩已著行 蒼涵

題畫贈原道

二月東風溪水綠幽林修竹影參差杖藜日日溪西
路魚鳥相娛只自知 鬱蒼步

六月五日偶成

坐看青苔欲上衣一池春水靄餘暉荒村盡日無車
馬時有殘雲伴鶴歸 寂照貞元祠

秋容軒

乍見芙蓉開滿樹更憐楊柳綠含風秋容好處無人
會都在朦朧烟月中 問水

題畫贈原道

雪後園林梅已花西風吹起雁行斜溪山寂寂無人迹好問林逋處士家 白雲深處

題畫贈崔子文之金陵

性癖居幽每起遲一水溪口意悽迷林亭曉色蒼茫裏日送風帆過水西 草亭

六月十一日題吉祥庵壁

隨宜喧寂了殘生飯飽悠悠曳履行日落喬柯半池影莫將欣厭惱閒情 東園舊址

答范徵君見懷

想見雨池春溜滿唯應閒院綠苔生落盡櫻桃藕花發輕舟歸去看雲耕 十畝之間

為吳溥泉畫窠石平遠圖漫題

地僻林深無過客松門原是不曾關展將一幅溪藤滑寫得谿陰數點山 吳碧

第九世 與孝 字叔先號蒼崖孟公季弟著蒼崖詩稿

中秋漫興

空庭如積水樹影入簾明月浸千山冷風涵萬籟清酒醒人未睡夜靜雁初鳴寂歷多秋思誰能共此情

贈別木堂禪兄

破衲裁雲補尋山任履穿錫飛芳艸岸杯度夕陽天萬法原無著孤踪聽有緣嶺梅初放後野鶴自飄然

費翁新築潭西小翠深

笑傲已空裘馬興歸來重理舊園林一庭松菊秋將老三徑煙蘿客費尋野色遠連高士榻逸情如見古人心樵蘇共侶斜陽外結就溪邊小翠深

送孟公長兄北游

河橋分手片帆秋把酒長歌送遠游雁自南來人北去日從西下水東流關山杳杳連衰艸風雨蕭蕭冷敝裘遇世有才馮倚馬放懷莫起故園愁

其二

雲水天涯汗漫遊高情何必羨封侯一囊書劍關山月滿篋詩篇風雨舟莫望江南增旅恨且從冀北散

閒愁相逢若得投交處好寄鱗鴻慰遠眸

白鴿峯訪鶴逸上人

躋攀鳥道石嶙峋守戶曾聞白鹿馴泉落洞門空澗冷風來谷口小庵春窗含湖水孤帆影爐擁茶煙野話頻逝跡遠公仍送客虎溪何日再逡巡

雪夜山居感懷

逋仙去後孤山寂片片隨風到草堂雪色漸消雲黯淡冷香猶在月蒼茫隴頭惜別愁千種紙帳空留影半床夢覺羅浮人是否芳魂已點壽陽粧

庚戌元旦

曙色初分日影遲衣冠獨效古人儀聊將柏子編新戶閒看梅花發舊枝掃去寒威憑桐柚送來春意是酴醾山中無事閒時憲但覺和風自解頤

夏日過西園訪員嶠姪留飲竹下

雙扉晝掩薜蘿深一榻清風太古心虎耳草齊雲覆徑龍孫籜落玉成林不辭斗酒逢知己閒聽幽禽送好音醉裏呼僮茶熟候懶依苔石倦登臨

祝柰西來初度

相逢一笑總滄桑贏得蕭蕭兩鬢霜屈指與君俱老大側身無地問行藏春城花鳥驚時短故國山川入夢長杖履喜從知已訴半生牢落付斜陽

春夕言懷寄故里諸君

春風孤舘已忘名伴我蕭然只短檠一卷書殘成一笑三杯酒醉恰三更虛牕月影聽雞唱故國梅花入夢清寄語同人歸未得試看晴日柳煙輕

立夏日坐雨城南草堂與顧商巖分韻

一簾風雨送春歸樹色臨牕映舊幃蜂蹵花鬚紅漸

瘦燕穿芳徑綠初肥情多不覺繁霜鬢性懶長教掩竹扉相對豈堪愁裏過陶然共醉可忘機

答陳滄漁和韻

吾道尚清遠閒庭長綠蘿試泉茶未熟問字客先過交淡深文少詩成苦調多儘堪容膝處小閣獨婆娑

高蹈

山水平生志林深結數椽鳥飛雲外白豹隱霧中元萬物自衰成一身無變遷心如秋月淨夜夜映波圓

第九世 紹傑 字大啟，號遵園，孟公仲子

六十自壽

蕭然天地一閒身，落落羊腸六十春。課子有書延世澤，點金無術療長貧。園荒尙喜松筠在，屋古常愁風雨辰。事未息肩驚老大，箕裘還望後來人。

兀對遺編又一年，回看身世兩茫然。浮雲變幻寒宵外，明月淒涼孤枕邊。身爲愁多頭早白，心緣血少夜無眠。半生磈磊難消遣，且上春江載酒船。

第十世 期 字亦生，我素公曾孫，贅角直

小松詞輓顧貞松

小松不盈尺，天矯如蟠螭。蕭蕭數十鍼，慘碧秋煙滋。貞松念舊雨，持以遺安期。交情契道義，本性不改移。嗚呼松不改，哲人胡先萎。他年化鶴來，應集偃蓋枝。我亦登海山，擬報五色芝。

榮 字培風，研亭曾孫，原名昉，國學生，保舉知縣

肇昌感懷孟公叔祖

卷畫樓邊菊未殘，葛巾無恙布袍寬。盟要蘭芷人俱健，氣挾風霜夢獨安。白有性情涵宇宙，不將肝膽媚衣冠。遙知此夜懷榮意，惆悵應吟蜀道難。

玉壘關荓夜氣寒，江聲蕭颯角聲酸。四山風雨悲烌急，一室蛩螿詠夜闌。夢隔晨昏惟有淚，恩深寄託獨刳肝。何年方得楠廡下，報答平生色笑寬。

第十世 夏 字大巳桂坡大世孫秀水諸生隱吳縣之木瀆著九龍山樵詩草

病後經故里答從祖

別離重話一宵奇未盡從前兩地思枕上十年芳草夢書中三月落花詩貧嗟擔雪塡枯井老惜分陰補漏巵爲我惡心難自解殷勤囑付愼操持

次酬孟翁大叔見投原韻二律

干戈無處不荒原何日還家半畝園青鏡照人金印賤白雲留我布衣尊應憐亂世詩書少猶幸衰宗筆硯存飄泊暮年涼倒甚笑他彈鋏傍誰門

嗣宗文雅未衰年子姪雖多我黯然患難有身遑問舍饑寒無計肯求田霑襟白髮江山淚滿面黃埃鼓角煙正看柳花愁淚子何緣名句忽從天

亂後經故里歸喜接大從祖賦詩寄贈依韻次答

亂離重話一宵奇未盡從前兩地思枕上十年芳草夢書中三月落花詩貧嗟擔雪塡枯井老惜分陰補漏巵爲我不安耕鑿諭殷懃囑付愼危時

亂後省膠山 祖墓

世隔滄桑路欲迷他人指點墓傍蹊含情含怨鶯啼樹如眉如珠淚濕泥石獸半眠青草上苔碑空倀白雲齊規模今日翻嫌拙子姓卑微首重低

謁虎邱方丈夜同秦中楊吉公毘陵王雙白梁溪馬爾采同郡姚文初坐月千人石上分賦

登臨仍訪道萍聚亦情長佛隱諸名士人歸大法王一山明月照滿寺白雲忙忽有淒京調吹來鶴磵旁

雜興

日日雙扉掩經旬罷整冠夕陽僧寺遠秋雨女蘿寒

有竹深藏屋無花強倚欄新來緣病嬾不上釣魚灘

辭世詩

黃菊東籬轉眼香悤悤何事趣歸裝百年天地終爲客雙鬢風塵況已霜笑我欲吟秋愈疲憂時不雨夜偏長藥鑪燈影依稀夢月到疏桐一枕涼

葶草泥牆屋數椽村墟冷落自風煙沿門秔稻中秋景曲港菱花八月天祗許身閒留死後未聞事了在生前從今已斷英雄夢子幼家貧放一邊

腰帶家人解自鬆暗傷顏面不言中添香侍寢相從

淺把酒聽詩喜漸通恤我病衰勤料理憐伊稚拙盡愚忠瓶花倚對屋梁月起色滋他一朶紅

山色秋來翠更妍枯藤八尺立牀邊何堪原憲貧兼病不是陶潛醉欲眠棋局久抛盧白日釣竿空展憶清泉身遭離亂凶荒盡七十何妨少二年

時當亢旱湖田皆槁杞人之憂不獨病夫一人耳

康熙戊午中元九龍山樵記

十一世 高發 字天柱我素冢元孫書法二王工篆刻年僅二十八著寄閒草

端居晚眺

開軒時遠望徧處足驚心霞燦山增翠天青水益深浩歌來曉月虛籟促歸禽觸目皆成趣愁中爲展襟

乙未與丁孔璟同館苒潤臨別見贈奉答

識面知非偶其如又各天晚花含別淚細雨溼離筵日落寒山外鐘鳴古寺邊臨岐重相約修禊叟聯翩

過故莊有感

膠鬲巖苒地星棋列水莊名花開永晝芳艸帶斜陽飛閣晋題古華筵韻味長何時復兹勝贈眺意茫茫

讀李頎物在人亡之句感賦

物在人亡無見期蓉裳檢點淚沾衽室中虛挂霜紈帳梁上空懸燕子泥花落年來猶向日江流東去豈能鹵檜苒飛鳥知人意也對凄風不住嗁

聞雁

忽聞旅雁度霜天悽惋聲中形影單此夜蘭帷愁不寐破囱斜漏月光寒

膠山安黃氏宗譜卷十四二編下

堠村傳芳集遺著詩目錄

堠村傳芳集遺著詩

十一世 曾發字信翁孟公次孫修葺宗譜著有寄閒詩詞

乾隆甲申春余年屆七十預命兒輩早辭謝年世親知無枉賜祝果幸新歲得閒日對梅花飲酒元旦酒後拈長短句試筆非敢自壽也聞之禮七十曰老惜乎余雖老一事無成蹉跎歲月悔莫能追且大事尙遲疑不尤隱恨乎竊自幸生昇平盛世三代兒孫繞膝七旬夫婦齊眉邀天恩君恩親恩

艮厚當此新春對花酌酒亦無不足也時而一念悔恨時而一念欣慰雜然日塡一闋卽自狂歌侑觴而取醉焉迨穀日點次得八闋題曰日老醉墨緣皆秉醉塗墨也豈若羨門長灑石上成桃花者耶姑存之呵凍錄於思親堂東壁云

老偪人來憑杯酒沒推辭得道賤子屆稀齡矣合當輸及絳甲遥遥欣媲美閒丁鹿鹿差爲匹問從今日老竟何如難回答　擬弄翰稍文飾恰展鏡偏清澈駭吳霜點鬢一星星白眞箇韶華都遺老幾曾建樹些勛業照衰顏正醉赧横添紅雙頰

老悔嫌遲東隅逝桑榆無及胡未想晚當成器蚤應努力待補蹉跎云暮矣况貪自在誰鞭策說奇方却老好姱修仙難覓　三達尊齒雖一首序爵終崇德廼徒傷老大醉鄉潛跡敢謂聖賢皆寂寞惟耽飲者名留得任人嘲麹部事能兼高陽客

老至心知毋曰壽呼兒預白論五福明知少二敢期多一天幸假年應感戴老常將智醴流失舊鄉風韶

孟盡稱觥吾何必　默自檢宜藏拙恥倚老恣饕餮早恭辭賜祝勿通交接酒債尋常行處有人生七十無滋蘖老荆云兒女意客申休過執

老向貪盃觀梅雪朋尊常設守歲首合家歡飲矯情嚴絕子婦殷勤浮大白孫甥嬉戲傾餘瀝當華筵一醉轉興懷追曩昔　大耋慶椿庭說旣耋慶萱堂慷敷綵眉盛事恍如前日茲幸老猶萊子矣雙親痛莫年盈百學嬰兒斑綵笑還啼何由得

老頌期頤須三萬六千多日聖天子壽民民壽何修能得人瑞恩榮良可羨吾親盛德猶難及若痴頑敢

耋者稀年加而立　許杖國邀天錫好飲酒如鯨吸
老猶知其趣杯傾三百取醉懽呼如盆壯酲知蒲柳
非松柏話昇平但願綏須臾觀成績（荼讀南巡聖制詩在蘇州有黄衣問壽八十六佚汝歲方歸政辰蓋預擬壬丙辰歲也）
老勿孤斟欣與婦居然勝客解中聖銜杯偕樂况先
七十兩兩互看人共老雙雙陪算年多活並拈香元
旦謝蒼公頭應磕　本未學孔明擇却可擬梁鴻匹
自紅顏交鬌白頭加寄他老我憐猶辟纑他憐我老
猶耕舌耜前春對飲又今春逢人日

老件齊眉還幼子童孫繞膝長出繼戰禮闈能就遼
陽席遶殿春雷雖未響傳家經笥猶能接蓋予惄老
勿慮貽羞聊爲悅　自奢望官桂折盍喜見階蘭茁
仗祖芬未艾孫枝長發小子誦詩須問字老夫樂酒
忘傳德聽呼翁想貽甚嘉謀難消釋
既老何思甄陶外年誰拋出休妄擬能長壽考致忘
收十一切有爲皆放下豈容大事糊塗得速躬親完
辦庶寬心銷餘日　怕養牲爲寮客甘當肉辭齊室
入新年且樂眼前無缺綠酒歲登由我賒紅梅春到

當軒發漫擕懷且且醉花前閒塗墨

十二世 經傳 字繼勛我素冢來孫名諸生以孝聞力學早卒著蘭岩詩草

寄紫陽書院肄業友通州徐楚書

薰陶不見棄宗工把酒忘機漫自雄歲月遷流懷舊雨關河迢遞憶高風麥同蕉下君憐鹿書斷雲邊我覓鴻獨有道山亭畔艸青青還與昝年同

贈友

共羨幽棲遠俗塵山中光景爲誰新春來多雨嬾攜屐有刺無緣問雅人

送春

去年尙飲傷多酒今歲全拋欲盡花回憶朋唫飄萬句子規相和喚天涯

讀書罨畫樓

離溪罨畫亦天成時鳥緡蠻有友聲讀罷殘編心一靜箇中消息最分明

十二世 經德 字論芬號仙巖孟公曾孫著有膠山吟

西林咊友人韻

勝地從來路不迷名流蠟屐到今攜翠屏依舊圍斜照景榭堪憐剩野蹊徑曲坐花披草軟橋平扶柳度雲低元亭尙把空香覓醉石淋漓潑墨題

早春山居

洞壑排松鬫煙蘿護竹齋山深鮮人跡春到滿林佳

香花橋

何必天台去冢山步石梁欣逢天雨花曳杖聞空香

弔盛姬墩顧祖禹墓

鬱鬱佳城在水涯雄心巨製不沈埋盛姬漂母同高義地下逢君應愴懷

行藏聞說似王孫帶劍埀綸黙不言想像英風何處接芙蓉花外賦招魂

詠芙蓉

冰明玉潤自超塵綽約豪端見美人羞澀羣芳總搖落秋風嫋嫋獨傳神

桃源憶故人

戲柬翼亭陳表兄於菏澤 二闋

蘋歸好泛蓉湖月底事長浮菏澤一朵蘋花光潔蕩
漾烟波闊早教風起蘋之末吹送渡江得實何樂頻
年浪跡忘有齊宗室 右問蘋

蘋非貪作他鄉客把賦采蘋拋擲浮蕩知非長策流
滯難歸得故鄉帶水甯忘得應把蘋踪收拾掌速歸
根反宅當便辭菏澤 右代蘋答

浮蘋水闊盍表兄四字經也表兄年近八旬樂游

菏澤久而忘反爰戲拈此代柬庶速其早賦歸來
乎

遙祝翼亭陳表兄八十 時在門人安奎文山東菏澤縣署中

孝廉船泛停菏澤留慶年登大耋咸仰太邱碩德上
壽仙班集 美門赤玉几几舄穿得雄心益熱不把
釣綸收拾定遇宸遊獵

千秋歲

壽汪秀升妹丈六十初度

洒歌詩舞越國公西府耆碩壽耆英聚霞觴四座滿
金鑑千秋古張樂也小舂應奏長秌賦 瓜棗甜無
賀空記君初度當第一冬蓂吐遐齡無算祝始壽從
頭數還有慶青衿晚得青雲路

補壽聖和弟六十初度

金華故府蓉澤新堂戶閭始壽遥欣嘉吹塤伯氏一
聖恭大兄時年七十有四 舞綵丈夫五將進酒鳳雛繞膝爭觴祖
上壽偕仙侶老醜難爲伍宜莫與偕來賀賢賓瓜
棗散族末藕船補客後至罰應依醉純陽數

桃源憶故人

哭補卿汪妹丈 十闋

天高月白涼秋夜痛憤老成凋謝可與共持風化胡
弗憖遺也 卓然自厲成名者壯歲便深陶冶六十
五年不懈標格和而介

蚤孤歎侍萱堂下血淚椿庭牆灑却視千金如芥花
蓼孝輝也 相莊鴻案還相戒勤儉何曾滿假猶憶
耆年將屆祝嘏先辭謝

少年安肯居人下欲恨束書書舍發憤聯文文社十年
七丁外艱奉慈命謝師歸侍年二十一喪長姪兄命佐理家政 折挫何曾怕 凌雲

健筆原灑灑江浙兩闈連下（初進錢塘商籍後歸金匱學）惜未一
逢知馬驥子觀光罷

賀新郎

柬寶賢弟（寶賢以縣案列名第二不懨癸巳科案果進第一名泮元）

是出羣雄矣騁文壇杏花春雨淋漓快意橫掃千人軍退合健筆一枝而已何妨些些頭地王後盧前休較量那青衫披拂知如寄展驥足風雲起　龍峯憾未先登耳好加鞭龍門首躍泮元歸里趙幟拔分樹漢幟咸仰無雙國士當第一自無遺議若見父師還

謝過悔未曾領今案休記開口笑吐虹氣

滿江紅

賀長兄繼勛公得曾孫（戊午八月初七日生）

四代同堂人盡道德門盛事敬拜賀伯兄垂裕童孫生子（金輪年未弱冠已早得子）前月八旬初度慶（兄生康熙己亥七月朔日迄今嘉慶戊午恰壽八旬）今晨一索寧馨喜聽呱呱歸似武夷君呼曾矣　舊閥閱風雲起英物試啼聲異那生辰又好同高祖妣（先慈秦太君壽登九十）壽域重開登九袠卲駒還相能千里到飛黃騰達欲超曾皆歡喜

餘餘小草自序

蓋聞詩爲事之餘詞爲詩之餘故以餘餘自題詞也予生無所好亦無所能既不足辦人間事無論非詩人并非詞人也家貧從事舌耕課徒之暇偶閲彈指詞心竊喜之乃學拈長短句亦茫然不知甚末易效顰也聞陸平原云詩緣情而綺靡詞亦如之若予才既拙而不豪情又淡而不艷烏能如平原云云哉乃竊觀今塡詞者皆曰當原本論仙談何容易乎其餘槩以豪蘇膩柳爲粉本予則又有異耆卿詞與韓

偓詩皆非吾性所欲觀也惟東坡詞尚願學步焉又苦無其才氣故甚欲仰望而終不敢望焉者也抑又思之且竊自恕而欲自勉焉謂夫詞特餘事之餘耳古之人既先盡其事亦何必著意于餘之餘哉偶爾見獵心喜隨意興學塡寫一二闋如滄浪孺子如擊壤老人固不足以登詞壇而其中或有天籟自鳴或情話可聽并不知能叶詞律否也由是敢稍弄筆墨積久成帙檢點而錄存之題曰餘餘小草非敢以自炫也各言其志聖人弗禁吾胡弗趁課徒餘閒鼓無

聊餘興以自摘寫其抑鬱磊落之餘意不亦自有餘快耶倘有詞宗或賜覽焉曰是殆有詞家餘韻焉固不敢當也即曰其餘不足觀亦所不計也遂書以弁其詞云

小重山

括十二山成一闋

吾安世居信義瀆上蓋邑志所謂安鎮也四圖有十二山焉瀆之下流東入宛湖湖上有山一乃常邑宛山也瀆之南境山大嵩山正南作案左則鴻山石室山右則奚山白擔山佘山也其西北境山五堠山鷄籠山鳳凰山龍腿山正北膠山最高而爲屏也十二山環

繞舊廬遠者八九里近只二三里登樓四望高高下下斷斷續續疎疎密密雖大小不同秀頑各異而爲屏爲案莫非天設若宛山頂有石塔其文筆峰尤乃合焉向有十二峯中第一家圖章惜已失去爰括一詞志之倘有問吾鄉佳山水者亦便指數以對矣

四望繞廬十二峯天然文筆峭宛湖東藏書石室訪梁鴻奚佘斷南案亘高嵩　香送白擔風旗飄西堠上拂鷄籠鳳凰雛伏獨潛踪龍舒腿膠嶺北屏雄

百字令 又名念奴嬌　大江東去

膠山以膠鬲墓著猶古皇山以吳太伯虞山以虞仲也乃歷考邑志皆失載膠鬲墓爰題一闋以俟修志者闋焉

上家山去趁携笻搜討古人遺迹駭見一坏蓬蔽著道是商賢藏魄避亂初來隱魚鹽市卒老於泉石高風猶在荒岡衰草凄絕　想是天作高山山坵纍纍獨主名膠鬲應配讓王昆仲墓恰與皇虞鼎立至德碑崇清權坊古胡獨茲湮滅圖書遺却拾遺安得椽筆

滿江紅

敬和岳忠武王原韻 二闋

功敗垂成金牌恨何時銷歇聞當日岳家軍到兩河烈烈壯士氣吞鴨綠水胡兒膽落朱仙月詔班師灑淚別軍民傷心切　北狩恥王能雪南牧逝何難滅駕長車歌起唾壺敲缺志決黃龍豪酒飲身殲白日冤凝血屈精忠墓木透新枝猶朝闕

懊恨高宗遷汴鼎杭州便歇幾曾有少康光武中興謨烈兄弟苦行金主酒君臣樂玩吳山月怕復讎弁殺復讎人陰謀切　王不死恥終雪和不成親難滅算撤欽反駕當先出缺南渡方圖吾據國北轅那顧

他啼血道肺腸懇醜覷分明拔其關

謁膠山李忠定公祠并補紀先桂坡徵君配祀

用岳忠武王詞韻 二闋

承相祠堂空山裏馨香不歇看碑記獨田奉禮陸安義烈忠定公自幼讀書膠山寺入相後請寺爲崇親報德院故山中有李相讀書堂宋治平間遂有公像焉後堂豎遺像混於佛宇至明正德中先桂坡徵君乃特建祠奉公像焉并捐田十三畝合前陸丞思原捐七畝共有祭田二十畝全邸邵文莊公寶記年少讀書山隱霧宦成報德泉斟月較他山尙德薦蘋蘩尤親切 錫謚喜蒙昭雪罷相恨遺磨滅儘轉旋國難巍圓俾缺異矣魏公猶下石慘哉太學徒凝血使留公何致汴而杭移宮闕

高義徵君誰崇祀千秋不歇由雍正初分金匱縣公丕烈雍正中慧山祠欲奪膠山寺祭田邑侯王公喬林批定據碑記捐田既在膠山不得挪移別用并飭奉祠生李康候祠總李讓卿擴一室以安桂坡先生配享不注新宮西慧水偏圖古屋東膠月奉先公準配享前賢原情切 義舉久須重雪公案定容私滅問原田每每璧完無缺何幸默成虞芮質不煩野戰元黃血感賢侯整頓舊山祠開雙闕

踏莎美人

喜復李公橋用彈指詞韻

寂寞空山飄零大樹當年相國曾遊處我來圯上手頻招猶荎英雄人物再停棹 廢院觀泉荒祠聽雨獨深憑弔和誰語海田變易任風潮且喜重還僕射舊時橋

橋在安鎭西街跨信義瀆支浜上宋李忠定公建故相傳李公橋也國朝雍正中綠有據支浜爲魚池者妄自塡塞橋門作土壩往來將橋毀滅而里人口碑不磨也今乾隆戊寅秋里人發憤挑去土壩東岸舊石塊尙完好乃重整板橋焉是役也雖未能大爲修整而克復先賢舊蹟亦一快事爰題詞識之

人月圓

樗隱遺址

廢園一帶尋芳去樗隱漫停車當年樂志賦詩飲酒家 而今只見空山斷徊枯木寒鴉津迷難問羲皇楊柳秦漢桃花二語樗隱中舊聯

十三世全 字二勛號蘭岩孟公曾孫 國學生著經笥樓詩草

水居懷古

探幽溯淶湖滿目煙波渺高子此卜居綠水重重繞緬想正襟坐簾捲五湖淼悠然意有會戶外無人曉曾無卉木晋寒雲積空杳低徊澹夕陽隄畔鳴沙鳥

弟二泉

湖邊九龍蟠靈液瀉龍腹石罅是誰濬一泓千載畜秋晚滴蝸吻清響擬琴筑春曉泛岩花碧空雲影蹙陸子一品題俗人散汚瀆瓶罌終古汲源深水常綠

或稱氣若蘭或羡滑如玉堪笑偷中書絶不厭更僕幽人隱山中清宵帶月掬拾葉煮松間一啜齒牙馥寄語試泉人允宜致一斛

遊天平山

亭午上天平隨路觀奇石峭如壞屋欹險如破壁凸側如隄欲傾疊如薪乍積仰如熊羆登俯如牛馬渴連如長索穿斷如巨斧劈屹如列城垣森如秉干戚曲如老人傴直如壯夫立伏如狐聽冰銜如虎出穴變態有萬千擬議難盡述龍門豁然開仰首訝奇絶側身拾級登凜凜恐顛越煙霞起衿裾篠蔓牽羅襪再上徑愈巉兩足凘欲躄仰窺一綫天光景覺飄忽幽勝窮討探氣象變斯夕默默語山靈會當重物色

五人之墓

義勇奮姑蘇緹騎皆褫魄清流天慭遺實維五人力死或重泰山千載有生色

春日登九龍山望太湖

突兀層巒當面出日照霞烘態非一仰瞻峭壁聳青空落落長松掛遲日龍舂縈迴屈曲升手捫怪石升

高棱光景無邊覺心曠一聲長嘯逢孫登逍遙容與度雲關嶺上喬柯隨手攀清明滿眼無塵翳細數湖中幾點山冉冉林煙湖上靄垂垂細柳湖邊肺問湖誰錫此嘉名豈緣汪濊稱爲太斜陽返照徹山隅波光萬頃入畫圖珊瑚竿釣步兵廬

讀唐書

襄陽高致生前著諫議空名死後傳自古英雄皆有恨從來翰墨總無權千秋共惜才人厄當日誰思閹禍延黜陟須知關治亂忍教艸莽伏遺賢

秋興

雨洗環廬十二山遥瞻煙樹有無間夕陽深院蟬驚夢斜月長空雁度關驗氣亦知摧碧艸聞聲徒恨改朱顏生涯冷澹惟搔首謾道門多玉筍班

剪秋紗

一枝向晚怯輕寒藍入深閨壓素紈團扇可憐拋落後剪成新樣儘人看

讀信陵君傳

信陵上客重侯生大義何如毛薛明不請寵姬能投

印無傷宿將可驅兵敗秦快舉千秋慕救魏奇功一語成獨惜博徒終自匿但傳處士不留名

謁閆陳二公祠

明季多忠烈䔩城更絶倫宏綱繫馬阮大義激閆陳官小猷偏壯軍孤算自神許張功並懋李繆德爲隣草茂衣冠古碑殘血淚新等閒來禮謁英氣動儒巾

送春十章次段䔩臯韻錄其四

那忍卿儂各一天卿行儂住自年年欲沽美酒殷勤勸自笑空囊只一錢

誰把青鸞好信修鼓君歸與不容留當階紅藥行翻珮道是將離更動愁

落英四散盡沾泥君去誰知東與西遥望天涯雲樹杳但聞煙外子規啼

憶君冒雪過都亭快睹爭先似景星只合久留常作伴怎教芳草化流螢

遊靈巖

舟泊驚飛橋靈巖恰當面峭壁聳青空仰瞻銀海脏清蹕駐山巔巡幸周遺徧入夜秉燭行恍擊金蛇電須臾燈火齊深林燭龍現終宵人有聲聲應人不見昧爽法駕移嶺上雲旂閃萬馬盡銜枚千官齊帶劍揚鞭下翠微接踵馳芳甸翠華去已遥士女許遊衍逶迤陟巉巖矯首望宮殿小憩迎暉亭初日光猶斂香風陣陣來吳姬美而豔曾不畏嶙峋攀援耀金釧鼓興造高峯石罅荆榛罥一覽衆山低七塔悠然見

琴臺極飄渺疇昔誰消遣臺下白雲生冉冉隨風轉
移步歷幽崖古蹟已遷變徑荒香自飄廊毀響誰驗
洞口野花繁池頭春草蒨井枯遲日暄館廢和風扇
遺蹤渺無存躑躅空留戀欲窺西子顔惟有山間燕

登上方山望太湖

捨舟策杖陟高棱石道紆迴卧古籐仰望浮屠高十丈楞伽古刹何宏敞如蟻遊人塞道來危級肩摩不容上逍遥容與度雲關絕頂巍峩聳黛鬟極目五湖千里白浪中歷歷見青山垂絲畫舫堤邊颺破浪弋艎湖上放悵惘長風未得乘蒼茫烟水空遥望斜陽返照微山隅萬頃煙波入畫圖安得范蠡逢澤畔扁舟欸乃共歸湖

秋興四首

桂樹扶疎掛晚暉西風披拂漸稀微山無定翠雲初起院有殘花蝶自飛投筆班生豪氣在棄繻終子壯心違江東此際歸張翰滿目煙波鱠正肥

伊周勳業一圍棋局半難收祗自悲五世貽謀窮此日兩京拜爵復何時眾香閣下紅蘭歇暑畫樓中玉兔馳風過紫薇花欲動倚闌凝睇倍愁思

雨洗環廬十二山遥瞻煙樹有無間響騰深院蟬驚夢影落長空雁渡關驗氣亦知摧碧草聞聲徒恨改朱顔生涯冷淡惟搔首謾道門多玉筍班

濕雲帶雨壓樓頭落葉飄風滿院秋往事閒追成幻夢故人不見倍牢愁蘧蘧易認園中蝶渺渺難馴海上鷗把酒倚窗聊撥悶遥聞玉笛按凉州

秋郊晚眺

禾黍郊原已盡刪携節豁徑亦寬閒月澄暗水無低岸雲度前村不礙山煙外牧童橫笛起溪邊漁婦帶罾還臨岐歸去頻回首領取詩情落照間

和丁雪亭菊花二首

東籬菊綻暗飛香遊目渾忘徑就荒好潔自成眞隱逸遺時何暇計炎凉幽輝獨耀三秋月冷豔常融五夜霜風雨滿城情莫遣賴渠相對過重陽

獨戰西風未肯和不隨衰草萎山坡籠煙望去情無限冒雨開來趣若何傲骨難消知己少芳心盡展益人多試看晚節香偏遠老圃還應百遍過

遊膠山卽賦長句

膠山流覽興何如曾訪山中舊景無料想紀遊詩必富敢擒勝蹟效吳歈兩峯聳峙恰相對白雲飛去黃雲在東望萋萋草際天西瞻磊磊石應拜蜿蜒龍腿接鳳凰鳳凰常伏龍亦藏紅葉滿山飄不定龍鳳遍體呈文章山行自北得幽勝古木疏篁繞石磴橋鎖香花供治遊塢藏碎石足拚贈梵王宮殿憶當年唐朱名流吟咏傳環翠上方兩不見一叢榛莽斂殘煙秋老青梧翠葉彈黃菊欺霜野香播金牛有跡牧童

眠石馬無聲樵叟坐俯仰岩阿感古今流連光景漫沉吟侍郎廢墓寒雲聚丞相荒祠夕照陰竇乳涓涓注石罅色清味美人爭訝宋時翁挺嘗品之九龍中洽乃其亞楓葉蘆花飄暮秋幽崖潭水碧於油當年礪劍人何在今日臨池石尙留

經錢氏莊

此地當年我祖居幽軒曲沼最紆徐無端星散悲花柳不盡風流付鳥魚漫颺珊鞭驕欵段空憐翠袖倚林於何當故宇歸司馬笑對文君賦子虛

咏雪

斗覺寒威逼驀見霰先集聯翩勢漸繁飛灑看逾疾冷響自入耳斜飄潛點頰仰觀九天迷遥望千山失帶雨進危樓隨風穿破壁老樹燦鮮花阪田鋪白壁瓦縫碎玉塡林罅奇峯疊曠野渾川原空庭沒堦級傴僂倚竹彎豁刺老梅折傍晚已皚皚入夜猶奕奕伊誰定廟謨呼嫂語密室伊誰厲精忠飢臥拚漢節伊誰似刺史臨關馬欲息伊誰似將軍擒賊兵深入誰侍名師傍不覺深三尺誰念好友遥剡溪遽移楫

誰會聚星堂白戰不持鐵誰賞銷金帳淺斟情自適向蓬窗者誰展書讀方急理茶竈者誰煎茗啜未歇恥干人者誰僵臥不思出饒逸興者誰策驢灞橋側而我戀重衾終宵意不適清晨啟戶看滿目寒光瞥比屋素雲連冷烟生罅隙交衢縞帶縈行人苦紆折樵叟負薪來鞋如買臣濕遑遑競招呼掉頭中道立隔浦見漁翁繫艇整蓑笠提魚踏瓊瑤徑向酒家入欲披鶴氅行聊擬神仙跡誰家掃徑迎且宴煖寒客倘欲騁妍詞不數惠連筆戲與叶尖乂竟奪東坡席

知我不道鹽悅我若霏屑便如王毋來飲我嗛山雪

重至禓貞堂設帳

予以丁亥戊子設帳禓貞堂已丑家居養親課子今庚寅重至禓貞堂設帳衣冠肅瑟情緒悲凉畏孺子之長貧效王孫之乞食避殘魂之欲啾舍先祖之敝廬帳上梅花笑我何爲復至庭前桂樹嗔予底事重來張儀之舌雖存無僻以對李白之毫未秃落紙如飛

暗換流年歎擲梭重來舊地問如何舌耕秀到瓦苗少心織裁成美錦多寶劍有光容易割文琴無律却難和一枝江令生花管南浦依依賦綠波

白髮雙親不我揮伊誰橫使隔庭幃清聲閣迥牝雞唱畫樓空野馬飛請啟南曹迎養切謬居西席笑言違每聽烏鳥枝頭噪手掩殘編淚濕衣

男兒自古慨沉埋誰道青雲不可階久涸風塵需物色漫將冷淡作生涯樓前鳥語聲如舊窗外花開色倍佳雅須他年薦鶚陛課餘心靜好安排

哭繼室張氏 有序

二十七而遭變已鼓莊盆四十五而遇災復虛潘室漠然不哭早同奉倩神傷黙爾無言更甚子荆魂逝念音容之忽渺昔慘於今睹兒女之無依今悲於昔撫膺長嘆深慚太上忘情灑淚微吟聊步阿咸哀韻

過信操家在克艱恒如龍女颶風鬟傷哉蘋薦中元後因病思眠反得閒

爾不長年我豈知重傷鏡破被人嗤憑棺欲哭腸先斷大異疇曩死別時 陳氏姉卒於庚辰十月

含愁作苦最堪憐飲泣吞聲十五年化去想應留冷眼看人果値幾何錢

化臺有伴可無憂 與陳氏姉合光 虛室凄然我獨留天上人間難共語與誰細說萬千愁

戊戌八月十九日五叔毋卽世口占絕句一哭

姪 吉

誰念生平耐苦艱終朝不暇整雲鬟衣裳弟妹留針線十指何曾一日閒

廿載辛勤只自知偏因質直受人嗤生平未有開顏
日觸緒無非靦閔時
勞苦由來不自憐惜衣惜食度年年生前享用皆何
有空向靈几化紙錢
人世無情多苦憂無情塵世不堪留中秋風雨送歸
去雲結陰魂一片愁

十三世 吉 字集占號古琴我素七世冢孫乾隆己亥恩科舉人多著述採十二山人稿

詠裹二首

人生不如石靜然得自如林泉忘飢渴天地爲蘧廬
顛頭聽說法守介耽幽居偶觸片雲起膏雨徧海隅
青青淇園竹雪霜不能侵干雲挺直節溽暑生烋陰
結實邀丹鳳待月調素琴忽爲斗筲用披枝傷其心
嗚呼斗筲非其任願爲樊籬衛竹林春雷美箭長森
森配以緜弱鏃以金作貢王國威八紘

言志仿柏梁體

先生非是恣閒居讀書心導足自娛庭莳竹樹蔭扶
疏時花爛熳爭榮敷渺然一心游太初賢聖同來處
士廬廣披二酉窮五車開拓萬古凭三餘百家叛道
非吾徒羣言泛濫無歸虛諸儒曲學不愈愚漫開白
虎與石渠不如先生隱菰蘆研說妙悟皆非誣憶昔
髫年讀典謨疑義鎝出常紛如今文古文分有無判
然美玉與碔砆春秌易象竟何辜寸寸節節如薪槱
疋須古音皆模糊南音鴂蠻楚與吳小正詩書皆合
符漢儒刪之何爲乎儀禮姬公定宏模不列五經堪

嗟吁周禮成于莽大夫莽之正朔莽地輿官名七畧之膏腴奇字揚雄之操觚戴記說禮人人殊彼此矛盾相齟齬千年罅漏誰補苴先生讀書挾智珠奮筆灑墨復研硃校定經典恣乙塗文從漢篆師兩都不教秦隸並馳驅音從許春古六書不教唐韻滋牽拘篇從伏勝及商瞿費直杜預皆俗儒經文傳文別其區古經僞經異其趨聖人復起而不渝古今大業無以逾先生一笑拂衣裾大言炎炎來起予故知所好奚從吾以此忘年樂桑榆不管流光過隙駒假年天

帝帝曰命坐翰竹實湛露濡當有祥鳳鳴高梧

謁伏生墓

吁嗟乎秦人燒書書不焦秦人坑儒儒不死但見新安坑卒二十萬咸陽燒宮三百里始皇匈發成荒原徵君古墓今尚存鄒平城外一抔土曠世惟餘吾道尊二十八篇此不朽唐虞三代當君口（漢文帝聞伏生能治尚書老不能行乃詔鼂錯往受尚書訓詁）魯國諸生無傳人獨與孔孟同悠久我來弔古心感傷四顧煙空野麥黃百年幾見一同志殘碑風雨留文章吁嗟乎小清之南長白北鬼神呵護年千億蒼茫古跡樵人識壽讀君書念君德念君德百世之下千里之外偶然相値青天一片白雲過焚香再拜情無極

陳仲子墓

中庸不可能奇節堪矜式天下皆爭利仲子不謀食天下皆素飧仲子食其力策士笑其不臣王其矜強兵與富國貪夫藉口孟子語蚯蚓黃泉任殫劾試問世家廿讓祿萬鍾何如尺布斗粟骨肉相殘賊試問塗民肝腦剝民脂膏以爲功何如有祿弗食纑可辟

屨可織吁嗟乎蕭蕭古墓傳千秌廉士清風有誰識

法祭酒時帆大會同年于陶然亭有詩次韻奉和

風雅追韓杜論文共酒杯廿年同榜舊此日識荆纔
漫道雲泥隔應無貴賤猜執鞭欣御李多士一時來
勝地成嘉會相看氣誼眞軒車攀驥尾湖海躍鯨鱗
俊逸清新句東西南北人幽情同暢敘四面捲湘筠

校刊光祿我素公集記事贈惠生族兄

江南理學舊名家富貴浮雲未足誇手澤傳心書數

卷牙章衍祚悳無涯（先僉憲膠峯公嫡冢嗣晓我素公鐫保孤衍祚牙章日佩之其後大宗蕃衍）靈芝瑞秀參成色丹桂祥開五月花感慨餘
券非往日秋來依舊發英華
東林談道西林隱（我素公建言削籍講學東林從子茂卿搆西林三十二景）數典
常嗟不嗣音清秩兩京留史傳齊名七子剩歌吟弇
山記（西林記王世貞撰）蝕蠹虬毀鳳樹樓（我素公讀書處在桂坡公墓旁）虛
樵採侵念祖惟兄意猶切好培蘭玉繼纓簪

山左袁虞部秀峯四川岳别駕春田同游靈雨寺

古寺千秋靈雨名年年天子省春耕（寺即東巡行宮）佛開山
水迎鑾路民樂農桑進咒觥樹裏峯巒餘畫意鏡中
樓閣帶詩情錦江岱岳多文藻爭賦臨漪一鑑清

濟南觀趵突泉和松雲韻（泉爲濟水伏流凡三穴自地而出如萬花飛舞在西門外自雪樓旁巡撫李對泉所闢呂祖降乩題聯日勝地自從開撫闢仙人原爲對泉來）

僊境僊靈無處無僊游所在即蓬壺萬年不見原泉
涸尺水能澆滄海枯長夏方塘飛雪霰驚濤平地起
江湖道人詩韻留清興戀賞無悳唱和孤

送袁制府愚谷復保陽任

丹詔頻看下紫闈重臣屢拜荷乾坤節哀匍匐從王
事扶病勤勞報主恩隻手防河資保障單車仗鉞赴
軍門立忠爲國無非孝天語皇皇是定論（制府居恩逾年奪命看伊家河工吉云爲國立忠即孝也復任）

贈袁廣文蘅皋

三十年來寡知已二千里外一逢君高歌東魯餘狂
士醇意西京擅古文心赤遣同滄海日眼青獨對大
江雲連朝卧雲開新霽春到梅花已十分

來安署中謁胡蒼山夫子（四川癸酉解元名翠仁己亥同考官）

江北江南數十程清風晧月送將行孤標水面金山
塔突兀潮頭鐵甕城千里遠拔國士過一堂歡聚古
交情文章未足酬知已廉吏門庭作友生

和唐亦亭訪高子水居韻

陳跡荒凉誰闡幽郵堪重問水居樓留題先子曾書
額（先大令廉菴公爲忠憲塚書額日可樓）放逐孤臣此寫悳常向家山
藏屈蠖不將吾道付浮鷗汨羅千古同遺恨剩有青
青杜若洲

庚戌下第就瀋陽陳監掣洪緒聘出山海關用

杜少陵秋興八首韻

鸞鳳翺翔滿禁林珊瑚玉樹自森森遼陽雀去千山遠關塞雲深九夏陰何事容臺吟好韻獨來蕣店念同心庭闈江國思游子猶記當年賦搗砧（先僉憲膠峯公御試秋夜搗砧歌）

東復東來驛路斜雄關迢界兩京華（東至奉天盛京八百里西至順天京城七百里）人無縮地長房術車作浮天博望槎（海上有亭）過關東一路大水一夜月明時聽夜柝秋風起處響砧笳圜書

日日經河洛生盡游魚碎玉花

偶逢雨霽放朝暉鞭策泥塗馬力微無數好山煙霧鎖一行官道水雲飛舟車尺地行程改表葛崇朝月令違更有土宜人不識石田峯頂稻粱肥

思量往事總殘棋行路開關豈足悲孤竹有城餘古蹟臨榆設險到今時乾坤一統通中外秋夏長塗儘騁馳不管天涯遙與近沽來苦酒了鄉思

目雨驅車登首山可琴亭在綠蘿閒泉流乙字峯千折勝據三邊第一關（關門額天下第一關）風水松聲齊入耳海天山色總開顏文章周覽多奇氣想見龍門壓二班

長城入海跨潮頭澄海樓高正立秋風動島夷俱向化天空僊嶠不知愁御詩揮灑驚龍象大地浮沈似水鷗欲赴磻溪借芳餌巨鼇銜釣躍皇州

千巖萬壑出天功環繞神京山海中豐鎬舊都多雨露寢陵王氣護雷風久生遼水初冬黑日出榑桑殘夜紅此地令威僊跡在我來不見舊僊翁

奉天城郭自逶迤蕩蕩平平道險陂聖壽八旬調玉燭歡呼萬歲半金枝懷人日下音書隔去雁江南節

序移西望長安似鄉國茫茫海立復雲垂

甲寅南還

干莖黑髮壓京塵病體還留見老親幸慰倚廬歸海角媿將啜未當山珍家無長物人逾健野有清泉釀更醇從此名心瘖如水東風吹綠滿池春

甲子中秋

羈身姑孰又中秋薄命還邀天地留去穢馮霜除野艸洗心隨月映江流靜觀宿鳥棲庭樹細數更籌點

鼓樓夜夜星河明臥榻今宵景色倍清幽

和琴川黃琴六韻

江鄉處處好泉林靜夜與褱對月吟知己有人存海內勝游無往不山陰降康雨潤新苗長除惡庭剛緣艸深窺比校書天祿閣漫勞太乙獨關心

無才不敢試刀鉛窮達升沉聽自然識字淵泉深似海著書歲月福如天萬花飛舞銷長日五鳳樓臺搆莫年更有奇緣來錫我百朋悅意會羣僊

京邸寄家書

客中甘苦不足道一念思親日再三惟有夜囪明月好照兒清夢到江南

詠褱四首

蓬萊丹訣有真傳骨相紅塵誰是僊漫說盧生能學道黃粱未孰正酣眠

中秋共賞月娟娟安得金波夜夜圓我恐夕陽寅餞後一鈎初挂碧雲天

堪笑莊生與俗投任人呼馬又呼牛驥黃騂角由天產豈爲鹽車牧笛謀

欲寫天書奉玉皇雙縣日月借褒光千金一刻春難買付與斯文著作郎

十三世 治 字敬亭號春圃邑庠生著欲焚草

竹林飲酒

碧玉千竿爽若秋就中小飲暢情幽梅花佳釀清香滿竹葉傾杯翠影浮半畝綠陰留客憩七賢餘韻亦風流此君相對還同醉消盡平生萬斛愁

松徑煎茶

一徑松陰地自偏安排茶具卽神仙雨前香茗廿泉試雪沸支鐺活火煎風入鳴鸞添雅韻石邊有鶴避輕烟平生自得清閒味何羨淵明與玉川

雨餘埜眺

雨過芳郊景色幽斜陽淡淡斷虹留村邊綠樹濃如畫雲外孤峯翠欲流一徑殘煙迷蠟屐半篙新漲放漁舟幾回憑眺情無限又聽林間喚婦鳩

對月狂吟

一輪皓月照長空對此高吟興倍雄素性不沾迂拙氣歌聲欲達廣寒宫放開眼界塵埃外今古詩篇嘯傲中最是青蓮狂態好舉杯邀處問天公

焚香夜讀

一爐冉冉夜沉沉妙處工夫靜處尋開卷長吟先辟蠹聞香妙悟倍清心鼎浮烟篆芸窗細味到英華玉漏深添得龍涎留活火青燈照處惜分陰

子猷竹

塵外高情王子猷胸懷絶俗竹同儔綠雲滿徑關心切戛玉當窗與耳謀直友素標清品格伊人遐想晋風流平生劇愛蕭疎適領略湘江烟雨秋

淵明菊

領略東籬趣味深風流千古一淵明官辭彭澤名心淡秋到柴桑詩思清三徑留香曾入夢重陽冒雨最

關情白衣送酒先生醉花裏閒身仔細評

衆人愛牡丹

和靖重梅淵明重菊濂溪愛蓮子猷愛竹所愛各不同性情俱絶俗君子異衆人衆人何碌碌紛紛愛牡丹娛心弄悦目姚黄魏紫奇錦綉花團簇國色何嬌妍天香何馥郁濃艷說花王珍重遂如玉君不見亭有沉香園名金谷當時則榮今誰屬富貴浮雲轉眼過花開花謝春風逐君子眞賞殊富貴何足娛衆人

固不識每笑君子迂

女媧煉石補天得天字

試問媧皇未出前彼蒼缺陷幾何年詎開混沌無完璧直賴神功善補天石煉洪爐融五色磨經妙手得重旋何殊附會荒唐說月可修成海可填

十三世禎蘭巖長子字樂亭號九峯 佾庠生著有綠蔭園詩集

感懷

髮已短兮兩鬢蒼債未了兮情復長蹉跎歲月兮空自忙碌碌浮生兮徒悲傷傲骨難沒兮世不我臧願與時違兮不復望帝鄉曠達息機兮聊隨分以徜徉

有感

坐空齋兮壯志銷知音少兮長寂寥彼狡童兮心搖搖嬉且笑兮習世澆媢詩書兮樂逍遥嗟余嘵嘵兮口舌饒不遵訓兮我心焦我心焦兮無可消爰吟風而弄月兮違世俗之塵囂

農父

興到溪頭散步倦來樹下歆眠不願聖明捐稅但求雨澤零田

又

近樹遮門陰翳遠山當戶分明知足便堪小隱人生何用浮名

村景夏日

樹杪蟬聲斷續村頭燕舞高低不是桃源洞口偏饒

犬吠鷄啼

館中雜咏

興到吟詩數句渴來啜茗一壺老叟好談往事傷心只𨁊長吁

其二

傍石坐看飛燕臨溪好聽鳴蟬倦來散行數步領略薰風半天

其三

風起雲飛快快堂深燕語頻頻滿目天機活潑未許

說與時人

秋思

秋來何所變變此秋水清瀛然無垢滓徹底淨且明人心若能如秋水天地廓然長自在不貪利夕不貪名嘯傲烟霞無罣礙

其二

秋來何所變變此秋月光團團如圓鏡高懸照八荒人心若能如秋月胸中不存吳與越詎受塵埃半點侵皎皎心珠如日揭

其三

秋來何所變變此秋桂香滿枝金粟綻對茲快舉觴人生折取蟾宮桂須要讀書勤十載下帷董子不窺園管取金紫腰間佩

其四

秋來何所變變此秋菊金看花須飲酒呼朋共細斟人生好植籬邊菊翠葉瓊葩堪娛目古來淵明獨寄情醉餘高卧紗窗北

七夕吟

昔人曾有云巧者拙之奴拙爲世所遺巧爲世所趨巧勞而拙逸勞逸向相殊弄巧爲物忌守拙乃自娛乞拙固未有乞巧不如無余嗟此浮生兩鬢已斑白傲骨不嫌貧秉性偏疎拙今年遊埭村恰逢此七夕玉露自盈盈金風乍蕭瑟巧固非所喜天高亦難乞仰觀牛女星銀河一水隔鵲鴦渡河來一會經年別樓上携針女欣然看明月殷勤絲線穿乞巧心偏切寻今變新秋夜凉且棲息眼前皆子虛一嘯天地濶

中秋步月

溪畔長吟處處蟲村頭皎皎月當空自憐短髮如霜白且喜衰顏借酒紅瑩光照耀河山外爽氣清京宇宙中鏖戰文場今夜盡誰人高步廣寒宮

田家樂

十月農功畢田家樂事長鮮鷄堪作饌肥蟹足稱觴脫粟初成酒蒸梨已熟粱桃源即此境何必問漁郎

貧士吟

冬來驚歲晚百苦倍加身投衣猶在典覓粟尚求隣官課催方急私錢索更真長門如買賦蔀屋即辭貧

自咏

生平壯志已成塵浩浩乾坤一老人半世文章空白髮一腔翰墨負青春家甘淡泊常知足性愛清閑不計貧值此衰年何所事焚香日夕好朝真

家居

獨坐空齋日正長一瓢一卷足徜徉好書讀罷精神爽妙句吟來齒頰香裘馬翩翩何足羨烟霞淡淡是吾鄉世間萬事終歸盡枉用機謀空斷腸

言志

安居何事嘆窮途磊落襟懷是丈夫筆底詩情隨處有花前酒債一春無閑中好讀仙鸞語靜裡常參佛性珠世上利名何日了撒開粱夢見真吾

戒賭博

喪家蕩產莫如賭晝夜勞神何自苦好擲樗蒲家業空勸君莫走賭場路

戒貪酒

終日昏昏惟吃酒酕醄惡態不知醜勸君切莫好沉酣心地清明還益壽

戒好色

鐘情花柳逞風流伐髓枯精最可憂迷戀紅裙多敗德勸君莫去上青樓

戒拳勇

惹禍全由血氣剛勸君忍耐最為良一朝鬬狠傷人命受盡千般牢獄殃

惜字

羲皇一畫本先天蒼頡演成字萬千會意象形涵妙理豈堪拋擲不加憐

惜穀
年豐大有各家歡一値凶荒心膽寒菽粟養生宜貴
重農夫辛苦莫輕看
孝親
爲子須當詠蓼莪哀哀父母德如何昊天罔極眞難
報問者晨昏未足多
訓子
年少無知豈是賢輕狂羞殺在人前明窗常教書勤
讀自有恂恂禮度嫻

十三世 祥 蘭巖次子太學生恩賜八品銜著有清聲閣詩草
歲在丙申虛度七十追思少壯猶不如人顧此
龍鍾詎堪惕勵漫吟七律八章非敢用以徵詩
聊述鄙懷云爾
閱歷浮華七十春未能諧俗只天眞甑塵敢怨萊蕪
困囊粟難支晏倩貧差幸詩書緜後起却愁弓冶墜
先人驚心老大肩難息宗黨周旋媿此身
豺獺猶知報本崇靦然人面愧微躬試參宗祖栽培
意敢詡兒孫繼述功逐日未妨爲志士移山一任笑

愚公計倪原有課生術學步邯鄲謝未工
每思庭訓一泐瀾祠墓荒涼敢卽安薄設圭田供俎
豆恪遵祀典見衣冠捐資歲貼祭宗祠捐田復清明墓祭守歷代墓根補植松柏訟
保界址請禁樵牧派分珠里昭前職月掛金鈎復舊觀捐資歸始
遷祖墓前場地東埒碑碣缺殘聊補勒此心未了力先殫
族聚膠山九派開爲刊家乘幾低徊一宗流衍傳無
盡兩姓分枝溯自來文學成規先文學潔園公始修譜作譜傳先祖
輯先祖信翁公續修家乘稿明經大力明經孝臺先伯捐資刊刻孝廉才棄占先兄
主裁譜傳文稿頻將世系深探討小子曾叨半席陪

泉臨賓孔仰高風訪廢闕尋灌莽中樽俎自歸忠定
裔蘋蘩兼慰桂坡公（膠山李忠定公祠先徵君桂坡贈公建捐田奉祀公亦配饗祠屬李姓經管年遠祭廢余嘗清理修復）於今膠麓儀容肅終古龍峯禮
數崇邦喜鄉評仲亮節也推大令報孤忠（奉學憲牒送先大令廟庵公入惠山報忠祠崇祀學宮忠孝祠）

敢云爲善樂陶然差了吾身補綴縣古墓溪邊愁斷
石（先光祿我素公墓在鴨城橋橋圮嘗勉捐助修）危亭山半引清泉（膠山南麓靈跡泉先徵君鑿嘗濬復建亭翼之）踏青裙屐嬉寒食唱晚漁樵渡野烟
幾度尋梅詩思凋壩橋騾穩小庵前（山壩橋橋北有庵董先徵君建今屬他姓董修亦勉錫助）

膠山安黃氏宗譜 卷十四 二編 清聲閣詩草 二 中和天全堂

一經素分守寒儒有味青燈認故吾席帽未離誰捧
檄管花無力愧編蒲甘分桑果聊相慰篋檢萊衣且
自娛從古窮通原任運驪雲敢望有家駒

優游泉石際熙雍猶是家環十二峯萬樹春光古梅
里（梅里一作梅李）一谿秋色冷芙蓉由來南國詞華富願續
西林唱和蹤扶杖喜迎嘉客到槧伊黃絹佑黃封

李和邑侯齊公梅麓留別梁溪詩韻

鳳閣蜚聲出庶常弦歌百里接琴堂暫離香案通明
殿小試郎官至德鄉人愛使君思借寇馬逢伯樂豈
留良栽花已看河陽滿三徑重開蕪草荒

一鏡湖光入畫堪龍山秀色壓江南草多書帶風常
偃水號廉泉飲不貪馴雉有童騎竹馬拔茶深意在
桑蠶民胞一念昭千古撫字均沾化雨甘

道本天人一貫深那堪章句爨中尋裁紅快試并州
剪補袞難逢織女針不外倫常求實學卓然師表冠
儒林蓮池未了釣詩債入世文章出世心

膠山安黃氏宗譜 卷十四 二編 清聲閣詩草 三 中和天全堂

誰濟吾魚涸轍枯民飢曰我免烏逋八年江國留清
績一幅吳山入畫圖落紙雲煙雙管下登壇旗鼓兩
軍無高情信有黃州夢白鶴新居學士蘇

欲咏伊人道阻脩憑誰題柱砥中流王喬舄認神仙
吏摩詰詩描山水州總爲民邦齊政令藉云橋墓壯
遨遊身當范老先憂日忍賦淵明歸去不

春榮秋落景回環一枕羲皇午夢還夾岸桃花三月
浪滿林霜葉夕陽山襟期瀟灑風塵外樂事從容几

席間欣戴堯天歌擊壤情非扣角動齊桓

壽秦深若

此日開筵列五辛三陽律轉一家春歌融白雪傳先唱志羡青雲紬未伸涼倒胸襟呼濁酒太平風月屬閒人樽前莫問田園事滿案琳瑯自不貧

咄咄功名負此生康臧應念荷天成傳家經笥留兒讀常稔書田倩舌耕紙上雲飛雙管下杖頭春暖百花迎披裘試學持竿叟恰喜臨門一水盈

復清明祭掃

康熙二十二年長孫田廢後遂致失祭嘉慶初年予游膠山適清明節習聞外人竊議云安氏既有富而又有可出仕者墓坍不知修清明不祭掃枉稱巨族予聞之憤甚殊不知富者非嫡裔發科者不獲上達被人指責固所難免然我祖濬園公慨先塋之失祭於康熙四十八年命山南墳佃將友菊公墓門內平坦四畝開低爲田給與工食三年後起租至五十一年與合族定議於九月下旬征租復十月朔祭掃按房轉值集分與祭至先祖信翁公又念經費不敷置壽山墳傍西石墻外葬南高田一畝二分采息輪流貼祭此外人不知耳然清明不祭大爲闕典於是邀同族中欲議捐田復祭無奈竟無許諾者後於嘉慶十一年起予每歲清明節貼銀三兩照十月朔例辦祭筵一席到墓祭掃清明祭於此而復又復周涇七世祖子寶公墓冬祭每歲出銀二兩又復五世叔祖南崖公六世叔祖心崖公墓每歲貼銀一兩令其本支承辦增設祭田予思欲綿祠墓貼祭獨完各畝銀漕不可無切實恒産前所歸老墳圍門前基租出息

無幾不能劃一收取只可小助故勉力又置祭田七畝七分五釐以備所需倘有不敷再容日後經營總期辦理稽如方始無憾

附紀事歌一章

先人重祠墓世守奉烝嘗巍巍古陵寢松柏常蒼蒼後人廢祠墓別具一肺腸活活水有源森森木有章飲水不知本譬諸根柢傷根傷枝必萎源塞流豈長嗟予生也晚質弱多病尫更逢相士語道我貌如霜囑我耆修心謂有臟紋藏相者操神術應驗誇非常

予心聞慽慽清夜徒惶惶遂籌報本策大要明其綱
先整祖塋墳繼貼祭祠堂閒栽墓松柏補立塚碑坊
墓粮盜佔賣回贖值其昂尤恐祭不敷努力置田塲
非但重本支旁支亦周詳祭品合時宜春秋期不爽
祖墓及宗祠致祭共趨蹌只此邀靈貺默佑身康强
至今七十餘步履任翺翔相謂我稀子偏生六兒郎
相謂寡後昆孫枝又繁昌相謂難永年似吞却老方
變敬承家範行止習端莊詩書課子弟文名列膠庠
親好論古今風雨話連牀我心鮮虛靈我性却循良

志念存毋欺能格陰與陽或言相士妄我道相士臧
危言動人聽譽言都荒唐假使得功名焉能安故鄉
假使縱奢靡焉能獲嘉祥吁嗟乎百年事業韶華促
奉祀維敬家之光作歌勵子曷吾孫慰吾望兮綿書
香

東膠拙叟

繞籬秋色見霜葩小學當年處士家伴月團欒寒瘦
影吟香朝夕醉流霞清眞風味留詩品瀟洒閒情寄
晚花知爾幽棲酬世嬾肯將芳韵向人誇

祝朱永翁暨德配黃孺人古稀同慶

膠鬲山中春氣融春回萬象流霞紅長松百尺鶴千
歲隱者盤旋於其中在山不驕林棲迹平生抱負計
然策手擴田廬美奐輪胸懷慷慨敦任恤飢者與食
寒者衣所謂富而好行德邑宰白翁續于朝表翁高

義拜翁職洵哉仁者必獲福七十齊眉同挽鹿膝下
斑衣舞綵斛階前蘭桂森如竹賢郎相繼登雲程辟
雝黌序聯蜚聲一堂弓冶傳家學有書可讀田可耕
膠鬲山萃靈秀靈椿萱艸交枝茂羣仙共上古稀壽
海屋籌添南極星蟠桃獻出西池神老翁徒儉不稱
觴但求梓里仁風揚壯志心厚忘白首神仙精力老
彌强我羨老翁善操持我愛老翁性好施他日九重
下恩詔龍章象服慶期頤縣余今年亦六十願躋九
老會眞率敢擬翁意作長歌試杖鄉來祝杖國

祝司馬春塘表姪六十壽誕 二十二日

君曾祖母吾祖姨數傳中表無退邇吾又與君情異常生同年歲居同里憶昔先君與曾翁騷壇樹幟爭稱雄杖履追隨奉筆硯相將愛日臨春風少壯胸懷同磊落卅習相親更相勗愧余抱拙守邱園羨君涉世能超俗計然善策遊吳趨素業豐隆日榮敷娛親養志敦純孝樂序天倫篤友于題旌王母表貞節厚培根本葺宗祠閭里爭稱君孝友高風碩望重三吳從此復遊虎丘麓兎走烏飛時往復百花洲上暮雲

高膠鬲山前春樹綠甲子輪流轉盼周老至同庚情愈篤去春移棹過吳城欸接情殷倒屣迎廿載相思重識面芝顔不改鬚眉清階前蘭玉森如竹梧桐幹老孫枝生今日曾元昔曾子去時趨對今傳經桑果分廿風萬石家聲丕振繼長卿茲當穫稻爲春酒口值懸弧介眉壽綵衣起舞進霞觴酌以大斗祈黃耇霜葉流紅過舜花氷桃入饌勝蕘韭自炊丹竈出彫胡不向仙山採碧藕酒酣人似小春和賓朋儕簡祝三多銀管花生皆妙曲紅牙拍版雪兒歌羨門不遠蓬萊島乘查來獻如瓜棗劇羨羣公白雪詞漫賦俚言述舊好還期壽骨常如今同到期頤稱二老

十四世 念祖 字小補，號景林，無錫諸生，著有衆香閣詩稿

集唐五首祝華檜舫先生壽

遠抱非俗觀 韓愈 甚知丈人眞 杜甫 牀頭書不捲 王維 下筆如有神 杜甫 欲採南山芝 賈至 垂輝映千春 李白

一尊花下酒 趙嘏 高歌披心胸 岑參 樹接南山近 李嶠 得延二仲蹤 岑參 談笑無還期 王維 和氣生沖融 白居易

借問多壽翁 元佳 終歲頤好道 王維 觀變窮大易 李白 象外遇幽好 韓愈 海上有仙山 張九齡 整策務探討 吳筠

心與日雲閒 李白 春與青溪長 劉昚虛 西岑極遠目 柳宗元 意欲凌風翔 韋應物 風雲入幽懷 韓愈 歲月坐中忘 崔峒

迎新在此歲 柳宗元 轉盼生光輝 張九齡 一從歸白社 王維 美酒聊共揮 李白 萬物皆及時 孟郊 陶然共忘機 李白

和錢梅溪先生春遊韵

前途幾處杏花紅，小艇輕移楊柳風。入勝悠然尋釣渚，漫攜斗酒學蘇公。載酒

芳林佳日寄遐心，閒拖焦桐徑入深。不羨期牙千古遇，綠何山水發清音。携琴

閒過村塢獨遲徊，胸次偏因霽色開。一片白雲輕出岫，無心不辨去還來。看雲

遲日優遊意欲仙，偶攜竹杖步花前。尋春紫陌非迷路，却看君能道我先。策杖

綠林掩映屋欹斜，幾度遊人問酒家。何必桃源風景好，春郊無處不飛花。郊店

春生淺草送輕寒，陌上花開牧笛殘。野徑偶然逢雨露，獨邀青眼許相看。野花

當軒黛色碧天齊，綠樹遥凌雲腳低。飽看已知幽興熟，青峯江上早留題。山色

深山寒玉聽琮琤，省識中泠春水生。一勺原泉無斷續，響疑清磬雜松聲。泉聲

題茂苑友人照 獨立無補景

役心近塵俗，矯情倚巖阿。素位能自立，面目終非譌。樂地在名教，性天寫春和。對影悟眞意，身外原無他。

有感

駒隙流光過，曾經四十春。生來原不俗，面目尚然眞。劍短心還壯，書殘味自新。無能亦無好，贏得百年身。

見淺常滋惑，頻窺座右銘。癡頑一卷石，飄泊半池萍。

煮茗賡調瑟焚香課寫經年來多險阻不改舊氊青
未養浩然氣焉能不動心論文尙嗜古涉世敢非今
儘有幽懷寫難禁俗慮侵悠悠還忽忽把酒一開襟

題徐別駕也園

園亭也結小溪邊也作聯軒也作船也聽焦桐彈月
夜風來花下也神仙

答孫旭堂原韵

賞荷析義有前因儒雅由來契入神白雪歌殘驚曉
夢清風座右置閒身功名勘破塵間事詩句偏窮我
輩人化雨及時廿似醴滿庭芳草盡知春

秋日和顧見山韵

既雨晚來霽幽人思渺然飛香懸竹榻醉墨寫雲牋
一片故鄉月千絲秋暮煙蠡湖風景好新稻養花天

郵館新秋

旅館新凉早披襟對晚風雨侵牆腳綠日落樹頭紅
拈韻多秋興懐人動闗衷因思故園暮片月在梧桐

立秋有感寄顧見山

頻年攜篋厲長洲忽忽今朝又立秋曲徑新凉風乍

到半簾殘暑雨初收由來屈志希伸蠖無數流光寄
野鷗幸有幽人共還往一觴一咏解離愁

答姑蘇汪芝塘韻

變與詩人入畫圖却忘踪跡爲飢驅乍驚詞賦流三
峽恍見煙雲動五湖春暮綠慳聽雨榻日斜歸去挂
風蒲從今莫滯村籬下訪道無憂唱和孤

寒夜沽酒

殘冬典去舊綿衣寒夜沽來酒力微半醉半癡聊卒
歲問誰識我是耶非

伴菊

寄傲南窗孰與儔一簾佳色伴清幽素心常想親晨
夕瘦影堪憐共卧遊對飲花前應醉月尋詩夢裡亦
吟秋風高九日相投契破帽霜寒也不愁

夏初館中病感

不隨先子上幽燕旅館羈栖已廿年十挺自嗤徒餬
口千鈞難任獨仔肩勺泉無奈巵偏漏食字何時蠹
作仙幸有青箱連几席北窗伴我抱琴眠

春日夢中得句集成一律

此間托跡問何因夢裡傳來句有神辟色辟言兼辟地閒情閒話寄閒身二句夢得悲歡離合難忘我肥瘠寒暄莫告人曉看柳塘花似雪沉吟又過一年春

送張曉亭北上兼蔡蓉塘聘

征人北去雁南來兩兩心情莫敢推一二知交離惠麓三千客路望燕臺秋闈定賞雕龍手廉吏全憑倚馬才常念高堂頭已白佇聽鳴鹿即榮回

書館晚景

雨洗中庭暑洽然涼意生煙開知月上香滿覺風淸小坐應忘倦閒談不係情芸牕吟未罷銀箭遞初更

郵館自慰

浮生隨寓即仙寰大塊羅吾几席間花月半牕容我傲圖書滿篋辟人刪迂疏每幸逢知己名利無心盡等閒興到援琴歌一曲不求流水與高山

盆蘭和孫旭堂先生韻

移得靈根借綠瓷深山逸韻有誰知同心到此宜紉佩入室從前已締思芳草可人輕煖日幽香着意半開時好陪綺石滋淸露丹穎珍如五色芝

舊作記夢寄同社諸君子

塵心未淨思修眞好夢幻出身外身飄飄不知欲何往泛舟偕客遊花津芳靄沉沉林境僻沿溪幽邃多怪石煙花滿徑聞空香綠雲水底涵虛碧溪上高軒清且閒此中有人渾不言蕭然容與出塵外梭經持法心元元忽覺煙蒼下林薄燈火熒熒映帘幕客云幽邃近仙源地即武陵尊斗閣我曾問道來尋訪別來雲樹心遥想此日重逢逸興飛斜月疏星胸曠朗我欲低徊話舊盟無那客行蕩輕槳閣中忽忽聞人聲未獲談心殊悵悵東方已白心驚怵沈檀香氣留虛室諸君道心已入化勞吾夢想難爲述夢中何自接仙寰靈機相感通元關飄緲虛無語可刪踐行眞境思維艱幾時偕客復登攀浩乎與君談笑開心顔

題華藝香慈毋徐氏紉餘存草

昔聞孫氏白燭詩香蘭醉草流幽思名媛有才不矜炫偶存佳句多神委今聞藝香有賢毋紉餘新思如抽絲賦就燈前亦焚草兩人才思空自知藝香孝思勤冥搜數章傳誦得僅留雲牋傳寫乞題詠徵行不

從韵語求膝下茂才承母教文藻翩翩列郷校意如
畫荻敬人文母有義方子克孝

乙亥春初赴蠡口館卽事五首

莫道飢驅不固窮飄然寄食任西東由來萍梗身無
定慣狎鷗羣趣自同細雨颺垂雲脚黑夕陽棹破浪
頭紅前途作客今猶昔纔是江村煙月中

蠡湖東渡正春初旅館爲家當卜居子倩負薪香稻
草婦能供饌細鱗魚無才可媿對知已有酒何妨說
燮盧從此逍遥忘得失課餘静思學鈔書

客舍三楹傍曲隈一枝可借便須來軒當疏圃春初
韭徑護花籬雨後苔佳日詩懷陶令意小園賦憶子
山才筆牀茶竈堪幽賞二月餘寒猶見梅

東來問俗當遊春不作蕭蕭羈旅人白粲空囊常乞
糴青箱滿載未全貧夏時檢校成剞劂古韻停鈔待
討論勝日尋芳歌伐木還邀益友指迷津

年來如醉復如凝旅夢醒時淚欲垂典學未承弓冶
志傷心廢讀蓼莪詩多誧春雨孏携屐幾夜寒燈倦
下帷何日郊原天氣好呼朋挈榼去聽鸝

題友人讀書秋樹根小照

雲銷邱壑淸如洗秋樹涼歸眉宇啟高人對此可讀
書不求甚解求根柢

贈談迂村

同是天涯飄泊人廿年旅邸一相親當時誼切松蘿
舊今日懷傾翰墨新作客我還憐爾客患貧君肯餽
儂貧賞奇析義情無限煙柳湖邊滿目春

和鹿城諸君月夜訪談迂村於西莊韵

舊友西莊隱言歡采合昏縈尊開月夜紅燭坐花村

論快泉聲注風薰露氣屯主人吟興好佳趣繞衡門

幽人多静意趺坐卽心齋獨具詩懷抗何須里耳諧
挑燈蓮漏徹敲字竹扉排共倚花闌畔騷壇話絕佳

和重訪疊韵

蠡湖尋夙好佳句洗昏昏不懈唐東野多情宋後村
松濤驚月白槐市訖雲屯仙客一時至詩奚已倭門

勝日追歡會談經暢午齋興無今昔異韻已後先諧
學海花津渡當山繡闥排幽情吟未足雨過晚晴佳

和東林山長浚泊齋先生訪高子水居韻八首

道無今昔異只問讀書人氣節遥相待煙霞劇可親
高蹤雖縹緲餘韻足吟呻雅有知音者探幽獨會神

二

地僻心逾遠憑軒意豁然浩歌悲鶴去小坐學鷗眠
同志友三士與懷賦百篇扁舟隨所適秋柳漾湖煙

三

陳跡誰能闡名流意自關胸中羅磊落川上聯潺湲
載得琴書去贏來圖畫還有懷人不見相對白雲間

四

蹁躚乘灝氣逸興動高秋飛舄凌孤嶼披襟上可樓
尋詩耽嗜古好道獨懷憂不遠滄江趣追思往事悠

五

細訂先賢語經年競寸陰眞詮悟淵澈古處人林深
止水堪垂涕清風此滌襟精誠能黙契同具不彫心

六

絳帳尊前哲會無教思窮菰城來化雨惠麓扇春風
遊記琴山下吟傳槐市中抗心今似昔志意振蒿蓬

七

千秋念忠悃抱道不神疲勤業星軺駕興嗟日出扈
依庸雖遯世麗澤總忘私身隱漆湖上東林雨係思

八

卜居塵自遠宛在水中央明月與人近蒼葭引興長
高情寄寥廓遺恨咏滄浪異日重尋訪相隨杖履將

題談迂村詩稿

本是風流客溪山結靜緣一編幽思滿竹露潤花牋

丙子歲除夕自遣

歷盡艱辛又一年總徼天佑得安全豚兒有室苟完
美馬鬣無財未釋然一味利名心澹泊滿身詩酒債
糾纏癡愚妻子燈前笑問我爭多壓歲錢

丁丑元日

欣逢元日慶團圞子婦夫妻共席前雪霽梅花香得
意爐温柏酒醉如仙莫談往事知多少且看陽春景
萬千落拓慣爲人識笑舊衣拂拭拜新年

壽曹修吉 里中樂耆人

德門多樂事和藹古唐虞琴御歡宜爾春圍誦友于
老方知健骨貧乃識眞儒鄉校陳三豆何須五岳圖

贈顧簡亭 顧孝廉廷琥之弟名廷球同館鏊口

衡茅何地覓知音，偏有名賢共此心。海曲弟兄看幾許，人間冷暖莫相侵。及時聽鳥携清酒，何日呼童抱素琴。縱是春陰花霧隔，撥雲也可入林深。

白牡丹

滿目繁華處，檀心獨自清。檀心花名　名花無艷色，貴客有閒情。張敏叔稱牡丹爲貴客　映日裁雲樣，朝天捧玉英。映日朝天俱花名　何須瓊島覓，月下笑相迎。

人間稱富貴，曾識此英奇。不譜青蓮曲，應歌白雪詞。

無雙看月貌，第一比仙姿。頭刻花如玉，韓湘子開頭刻花碧牡丹　二朶天香入座時。

題茂苑徐立堂別駕譜華園步戈桂庭韻

避囂思僻地，好友共追尋。萑葦一方水，枌榆十畝陰。伊人聯誼篤，引我入林深。邱壑胸中出，丹青不易臨。

其二

孺子廟何處，圜通一徑幽。譜華香不斷，浥翠露難收。新竹雲囱罩，清泉石道流。林間謁高士，餘韻自綢繆。

其三

幽亭堪憩息，几靜自無塵。花木多天趣，風流憶古人。苔深垂綠髮，松老挾蒼鱗。坐久不能去，蕭然物外身。

其四

綠慳脩禊會，避暑入山房。樹蔭襟裾碧，花侵笑語香。憐余如隱癖，到此問詩狂。戀賞多幽事，新詞列滿堂。

其五

林泉闢奇境，小作即仙寰。宛入元中洞，飛來湖上山。日斜人未散，雲到鶴將還。後會茲先約，花開不掩關。

贈戈存齋

僻處羈棲，興不孤幽。人還往足清娛，早知異地多雲誼，何事家山獨守株。

擁蝶石歌

人傑自地靈，山以有仙名。氣化兩相感，造物能傳神。人中有英傑，山中有奇石。蒼蒼饒古意，挺然能特立。青落垂髮薜蘿衣，盤空螺髻凝煙碧。禀性堅貞本不凡，不供玩好輕吾質。幣聘胡爲來，守介常辭客。高和叔家有出重價購此石者，和叔不與　静養不動心，高人共晨夕。何須海外尋員嶠，虛無縹緲夸神妙。時有風雲護北窻，清聽

龍吟與虎嘯

山居

避囂尋僻徑棲息傍層崖對壑排松屬牽蘿護竹齋
雲來空谷暗春到滿林佳石道陵虛碧留題足寄懷

舟行

三湘挂席去壯志慕長風皖口迷春樹吳頭接晚虹
煙團遥渚碧日落滿江紅最是放懷處澄波皓月中

登高有感

佳節今如昔登高似舊不西林荃孤嶼景榭剩荒邱

風激空山籟煙凌古樹秋相携過松步野菊徑中幽

贈華振軒

崚嶒傲骨識君容談劇時披錦繡胸詩格清奇鷲渡
象文心靈變擅雕龍謫仙瀟灑非空世曼倩詼諧不
露鋒白社相從方恨晚那堪飄泊怨萍蹤

寄華翼菴姑丈

恬暢軒前興味濃許分經席樂追從池空水月皆圓
相日煖風花總笑容白社新詞涤樂府綠窓佳話侍
談宗欲知躁釋矜平處對榻頻頻聽曉鐘

和友人秋日閒吟韻

客裏驚秋一葉知那堪拈韻入神時情憐舊雨繙詩
艸興到新樽把菊枝碧水半潭涵靜影莫雲千里起
遐思懸知郢曲高難和且看游魚戲墨池
獨坐茅齋伴墨卿心慵強欲結詩盟含毫轉怕多愁
緒觸口難邀綴細評疎柳寒煙孤館夢丹楓夕照故
園情一簾秋思何從訴細寫離懷寄友生

壽舅氏秦爕庵先生六十

壽宇初開届六辛閒居常樂太平春渭陽媿乏瓊瑶

贈海上聯將瓜棗伸碧社高風思往哲竹林遺韻謂
伊人門臨池畔堪垂釣身外無求不厭貧

步吳巢雲見贈原韻

富藉多文久積儲閒居藝事亦游於水流幛外神來
處風入松間月上初才美劇憐攄錦繡寓安曾不陋
薪樗我思晨夕親芝宇塵蒴先投尺素書

白蓮

淨植亭亭自變深前身冰玉到如今不嫌澹泊無人
賞獨向淸漣展素心

佛手柑

仙果成形品獨嘉靈山會上幾拈花指迷早得逢神手笑向枝頭借八乂

和同社題仁壽室原韻

仙雲疊翠擁仙樓一瓣心香到十洲壽世文章宗大雅仁人氣誼羨清流新詩韻續三生約寶劍光寒五月秋無數高才題粉壁我來翹望鶴添籌

得華藝香書

五月辭芝宇三旬得手書仁言動心目雅意勝瓊琚

烏几焚香處芽齋消暑初鄙懷方耿耿尺素慰離居

月季花

百花一歲一懷新獨此丰神久耐人不管東風留且去芳心常得四時春

題李介臣先生照

人生險阻因數奇數奇始得大名垂行推激烈人莫及更有遺像傳威儀嚴父華亭身殉節孝子傷心慘收骨金閶迢遞哭天涯枯骨紛紜驗滴血歸葬佘山一坏土寒猿夜烏共哀咽遷裔輯譜表卓行後先忠孝相輝映回首當年泣涕漣幽思沈吟感無竟

癸亥下榻讓郁與陳粄如相敘五歲明年戊辰各有所適因作短歌以贈行

人處名教中樂地隨時有庭闈依父兄出外依師友天幾作合得我師相親晨夕不我遺談劇言泉流齒頰言言直諒心心知夙稱好古多研究漢人文史唐人詩論文相對一尊酒常醉窗前花月時流光五載忽分袂殷勤追憶從前契我祖遺文君校讎東林世講心相繫知君愛我既忘年彼此心情不忍捐離合

無常古今事異時良晤追前緣浩歌泛月梁鴻溪振衣直上龍山巔

擬顏延年五君詠

阮公有誰知矩步惡捷徑屬文無苦思詠懷率天性獨行非放誕勢位恥奔競不遇蘇門生抗心莫相印

二

中散好容姿絕俗無塵心琴聲靜入妙鮑靚爲知音採藥聊寄跡葆眞宜山深天質本自異養生復垂箴

三

伊人多雅意依樹寫雲箋竹里聽泉坐梧庭枕石眠
沈吟懷舊雨把酒話前緣戀賞不能去臨風思渺然

五

此地曾投宿相違動隔年煙蘿環曲徑綠樹擁平泉
不是紅塵境無殊元洞天何時得微祿也辦買山錢

又

雅慕將軍誼重過敘闊衷隄環芳艸綠水漾落花紅
閒靜思陶令遨遊學謝公南塘煙景好滿袖帶春風

二

且識兹園勝攀躋不費尋新落粘屐齒香霧濕衣襟
竹塢眠馴犬花枝穩宿禽向來幽徑熟竟入石林深

三

夙有山棲癖無嫌馬足勞巖巉如入峽溪曲擬遊濠
冒雨挑春筍和煙摘野蒿伊人重晤語花下酌香醪

四

平臺欣晚霽清沼落殘霞地隙多栽竹墻坳恰補花
流連猶是昔遲莫曷勝嗟杖履生平潤青山幸可賒

五

劉伶每潛默沉醉全其眞應事無畛域入德含溫淳
性耽一壺酒寄此身外身行止不忝情鹿車揚芳塵

四

仲容清挺異美質邁多文入官當妙絕芳標屬青雲
一麾心不卑兩袖煙霞氛列子託知己歎服名流芬

五

向秀殊卓犖纔攬探元妙不解眞是解潛心契寂照
灌園足供酒軒軒日舒嘯流俗難與諧廣陵自同調

擬杜少陵重過何氏五首

塔坡尋夙好邐迤過南塘僻地塵氛遠春隄霧雨香
籬穿金勒馬柳護綠沈槍引我入林密頻來野趣長

二

山色迎人笑重遊意陪親將軍應憶友稚子亦知賓
徑草侵雲屐籐花罥角巾石林追別緒細雨捲湘筠

三

自昔攜尊處而今已聽鶯琴臺當澗落茗椀坐風清
獨別煙霞趣非關隱遯情餘歡吟未足溪上晚來晴

四

空翠生虛室新茶試碧泉斯遊當永日舊好憶前年
何蝕琅玕老亭幽薜荔圓坐來心自寂晨夕此盤旋

清明後一日旅館書懷

忽忽清明節離家思悄然旅懷關此日䙊事憶前年
拭眼銜花霧推窻刼柳煙曉來無興味愁緒轉纏綿

答顧見山

生平曾敢作伊優破涙何時筆可投只爲疎狂懷古
誼至今倔强傲同流

旅館冬夜有感

羈栖茂苑又殘冬愁思偏逾酒味濃舊雨幾番歸別
浦暮雲千里接孤峯請纓有願情難釋彈鋏無才性
復慵誰是傀貧來益我鄰家香稻夜還舂

已卯新歲詠懷

常切弓裘志年强百不能念先垂福德裕後待孫曾
細讀清芬譜精研古韻徵遺經猶未墜夙夜恐難勝
時故難諳練無聞悔後生莫懷荊璞恨常守硯田耕
直率誰阿好迂疎寡結盟獨叨先德厚尙不類心盲
未免人憎惡無緣涉要津屋危憂似杞裘敝媿如秦
不怪囊中澀堅持席上珍和風解愁思匃外一枝春

壽景坡兄六十

極目仰天雲高情久紹聞大宗承七邑古處萃人文
雅挹蘭巖秀風傳桂子芬著書忘歲月世業守精勤

其二

兄也心希古耆英實可師城隅尋白社泉上奉賢祠
睦族唐虞教幽懷晉宋詞採芝遊惠麓常繫故園思

其三

西林遺澤永俊茂競聯班氣岸淩蘇海風流爰米山

花街雙屐健蔬圃一身閒喜樹堪怡悅何須藥駐顏

其四

耆耇熙朝瑞高人自率眞一心敦孝友隻手補陽春
元覽琴音妙飛香花譜新吹笙隨玉舄丹鳳遞絲綸

憶梅溪先生

憶昔談今日春風滿座披清言欽古誼雅度識人師
策杖看雲處携琴載酒時梅花溪上路香瓣切翹思

瀟湘八景

沙汀雲黑夜江寒幾點漁燈近蓼灘最是客舟聽不

瘃潮聲急處雨聲酸 瀟湘夜雨

煙園空翠接仙寰一徑晴嵐下碧山山店餘清足流憩細聽松澗瀉潺湲 山市晴嵐

曾垂野渡夕陽斜幾處閒鷗傍淺沙一片溪光雲影合蕭然茅舍近蘆花 漁村夕照

掩映禪林暮靄煙鐘聲響過落霞天誰知江上驚秋晚愁思新添到客船 煙寺晚鐘

輕帆片片下平波遠指如鷗逐浪過不管天涯遥與近秋江贏得曉風多 遠浦歸帆

蘆洲夕照影分明陡落平沙雁一聲望斷莫霞橫紫塞秋高無限別離情 平沙落雁

風清月白洞庭秋萬古湖光空自流爲問從來遊倦客幾回把酒岳陽樓 洞庭秋月

四圍密雪捲寒風漠漠江天眼界空不辨瀟湘何處是孤舟蓑笠一漁翁 江天莫雪

和齊邑侯留別梁溪詩六首原韵

愛人君子信非常早識盧明擬鏡堂東帶難爲清美客彈琴易治水雲鄉里淳猶憶梁鴻化政善咸稱卓茂艮異日甘棠應作賦筆耕無奈已榛荒

玉府鴻儒比仲堪偶膺黃綬宰江南片帆細雨多沾潤兩袖清風足化貪考績幕前知冀馬衡文席上聽春蠶勤民爲國還思孝常祿何妨奉旨甘

草莽常滋雨露深芳春柴陌屢追尋嘗叨明府懸淸鑑郤笑漁人用直針審考夏時符聖治研參古韵協書林一編先著逢青眼得識昌黎慰我心

梅里尋詩硯不枯清溪峻嶺問林逋鴻山古墓增蒼翠龍漼新橋入畫圖勝跡流傳千載後名人修復百

年無劇憐江國多風月志喜難忘太守蘇

均田築邑念前修遺愛如君第一流捐俸郵民師范子推心薦士慕荆州畫沙氣勢垂繩矩種柳風情狎釣遊卧轍慰留無別語他年棨戟更來不

君矦德感雀啣環九萬圖南幾往還愛日民皆思浙水攀車我欲畫吳山寒江莫色煙波渺花縣春光指顧間最是令人依戀處白駒延佇繫郵桓

題宜園二首

盛澤東園闢棲遲地最宜抱琴來鶴徑洗研近魚池

好鳥啼偏換閒花落故遲晴窓多逸興石上共題詩
彳亍通幽處林深可滌煩攀巖花拂袂臨水月當軒
桂馥侵書幌桐陰落酒罇仙亭佳趣得日涉此芳園
勝地幽情愜凉秋分外宜紫薇凝艷露丹桂動香飈
嵐影溪光合神移心曠時清風當曲檻小坐漫吟詩
留滯吳江路佳遊過此園觀魚臨石澗聽鳥坐桐軒
高畔煙霞古花間笑語温掀簾知月上清夜一開樽

桃花深處和友人韵

著花深處景未遜漁郎尋覔也情癡衣香共到湖邊

路雨過誰憐竹外枝春色莫教隨逝水芳容相笑逐
時宜當年陶令偏多感渡口流傳絕妙詞

和盛湖松陵書院洪山長探梅韻

客裏探幽路不岐此間索笑遇心知頻番好雨銅瓶
滌滿座春風紙帳披儘耐詠花人細嚼更教鈕月夢
相思幾生修到何須問領袖羣芳獨冠時
剩羡癯僊廻出塵清風林下置閒身暗香疎影宜尋
思淡綠肥紅自可人得意步來雙屐雪有緣攀著一
枝春相知便愛相逢處玉照堂前接笑顰

探奇共說到靈巖我愛松陵境不凡綠蔓幾枝橫側
帽幽香一徑染輕衫美人妻覺情還戀高士詩成韻
莫芟迂拙媿無和靖句願君東閣寄華緘

和汪竹軒少府月課松陵韻

治肅公明仰鏡堂燕閒偕客理詞章武林品藻堪珍
式舜水人文盡激昂綵筆臨風拈雅韻春衫步月染
天香笑儂共戀彈琴吏只恐高遷謁上梁

贈舜湖

訪道憐余性日慵歡然奇傑此間逢曠懷自足湖山

趣佳語時披錦繡胸白雪歌殘驚渡象綠沈雲護訴
飛龍從前雅會尋三徑對榻頻頻聽曉鐘

閏上巳和葉印石韻

修禊重逢三月三騷壇逸興酒同酣落花戀日春難
去舊艸吟香人細談拾翠輕衫非祓禊踏青雲鬢未
籃鬖曲高和寡情何限解熱無愁有蔗甘
四美何如月閏三長春花事有餘酣新詞再集流觴
會舊雨頻聽捉塵談乳燕親人聲細細遊驄熟路影
鬖鬖晴窗不了酬詩債定有知心問苦甘

過王旭樓家讀畫

携朋訪道叩松關盡日優遊飽看山幾許箇中能得到問誰門外敢來攀蒼崖歷刼煙霞古仙客忘機杖履閒坐久不知塵世界一身渾住翠微間

並蒂蘭步元人謝宗可韻

露含雨蕊一枝攀逸韻翩翩自有情芳艸競姿吟味永幽香分握袖風清擷英連理人多媚紉佩同心語不爭好友相思其晨夕靈根雙秀豁雙明崇蘭好借緣瓷擎並秀挺容繫我情君子奇緣成兩

美耆人神悟喜雙清花開並蒂香無極韻叶連環巧莫爭入室由來徵靜契謝家昆玉盡聰明

鳳仙花

秋來花發笑嫣然翠羽相嵌五色鮮不是瑤池青鳥降庭前那許列羣仙

贈王巢雲步紅椒館元韻

高懷夙擅晉風流鸞鳳翺翔結侶儔實樹凌雲培勝謝青湘鎮閣校同劉山林雅有修眞趣鐘鼎才儲裕國謀槐蔭階前來拜謁紅椒新詠句賡酬

贈米召林世伯

年來虎阜謁名流杖履追隨黃綺儔醉月坐花欣慕李夕陽秋水紀吟遊癯仙不涉龍鐘態佳樹能承燕翼謀梓里菊英供采摘南山相對願堪酬

題振公上人伏虎圖

世人縱欲常害身毒龍猛虎相貪瞋降伏其心善學佛聖賢克己能爲仁爲仁不易爲佛難人生歷刼千萬端仁者存理先遏欲埽除煩惱只靜觀佛者觀空無住相耽視逐欲胥棄捐深山大澤無恐怖昂藏體

貌神獨完

送汪竹軒主簿入都門

賢勞監餉已三周不待杏諴助壯猷兩袖清風披錦組一隄春色映華騮緣知易水烟雲好獨倩平陽詩句收相約歸來期夏五遲鶯指日到瀛洲

輓禚兄蔡玉照

聯袂忽分手聞之惻然驚君年未四十展驥不計程君器非斗斛親友知平生澤宮擅文譽修行希先民懷才不輕試硯石終歲耕余自金陵歸慨然歎離群

思君圖把臂君胡赴修文君豈厭觀世汙俗徒紛紛
君豈嗟遲莫儒冠誤君身終身不忘孝嗣息憂零丁
多愁每多疾壯志難自申翻然君去矣孤寡難為情
幸君天倫篤手足能搘拼遺文足傳世弱子能養成
哀詞強慰君魂魄安九京

癸未春日借竄仁壽庵之香清自在居偶成二首

百般煩惱緒到此撇塵緣竹脫殘雪紅梅逗曉煙
多情因避俗不醉也逃禪最喜春泉活新茶試雨前

春來幽興熟任意託禪林不厭瀹中味堪投物外心
松聰留古色竹院繞青音客到逢僧話應題白雪吟

題翁月如女史詩

才名不苟得才思賦自天士夫羨卑牧巾幗還自憐
琴川有女史婦德無間言新思抽緗餘舊艸焚燈前
韻語不矜炫潔羞傳晨餐孫氏白燭詩翁氏永晝篇
短章雖僅留傳誦千百年

題華某照

神姿高徹近瑤林不受凡塵半點侵對景寒香清肺腑孤山芳躅許相尋

題玉泉上人喚虎圖

玉人治人臻化神佛氏處世善降伏九根無礙十行圓一埽塵間眾耽逐有心觀世念觀音大空小空不相觸月公上人能喚虎勝日披圖得緣覺

影

常伴修容日日新天然類應有前因撫躬自在光明地慎獨偏來指顧親相對忘言知友已憑空寫照不求人勸君爾我毋爭拼到處關懷總一身

塵

漠漠騰空眾目驚非因逐隊歎浮生憑虛遠引聊乘化處晦深藏不矯情沈靜無妨凝几席和同隨地近光明玉階寄跡常相奉好共金爐香篆清

起東 字嘉林 號耐菴老人 著 樗莊吟艸 耐菴詩稿

古體

遣懷雜詩

三五團圓月竟夕揚明輝三日哉生明纖纖如蛾眉
人對一輪月酌酒酣淋漓庭中共徘徊不覺暝遲遲
我意亦欣賞不如新月宜月新日以長月盈日以虧
翹首問嫦娥嫦娥無一辭惟無常滿心斯有常圓時

其二

人生有悟境隨識分低昂所悟到何境各自見其長

譬之流螢火點點有微芒熒膏以繼晷所澈字幾行
庭燎大如樹輝煌止一堂日月無私照處處生明光
無怪井底蛙渺乎小彼蒼

其三

子房早見幾願從赤松遊淮陰不簪藏竟中女子計
英雄不見睫時有意外事君子貴冰淵兢兢恐失墜
思患而預防所往無不利可憐陷阱中人皆曰予智

其四

兩間有用財流通如流泉造物擇能者陰與主持權
主持得其權忘乎所以然良田與華屋子孫千百年
三春看花人羨此花常鮮大哉宣聖訓鐘聲清夜傳
富而可求也吾亦爲執鞭

寄嘯石二弟

年年春社期燕子飛差池尋巢忙又忙門戶誰家依
纔覺主人熟秋風又別離寒儒出門去世路多嶔巇
孰是近人情而況求相知吾弟獨閉戶幸免風塵馳
舊庭花木好子姪栽培之興來偶弄筆隨意裁新詩
遺墨重名賢雅玩常紛披更幸侍高堂定省無缺時

吾親年已老不能常扶持客中每心動靦顔方爲師
羨君在家庭晨昏膝下兒

雜感一 共十一章錄四章

美玉生深山奇光何皎皎琢磨始成器珪璋爲大寶
永爲席上珍不負卞和抱如何急求沽爲人作玩好

二

庭前樹蘭玉品貴壓羣芳春來雨露深栽培新枝長
干霄成大木不鬪紅紫裝如何逐春風柳花爭顛狂

三

魑魅善攫人鬼蜮工射影令人不能測毒害乃可逞
誰知醜類形早鑄禹之鼎誰知牛渚夜温嶠然犀炳

四

蠹魚飽人書蚊虻飽人血兩物俱損傷畢竟有區別
蚊被秋風吹聲消而跡滅蠹匿卷軸中香芸薰不絶

得家書

離家廿里餘恍隔數千里離家二旬餘恍若數年比
嗟哉無限情一身作遊子遊子衣食謀問安無一紙
鬱鬱腸九迴欲訴何從起意外來飛鴻一函落雲中

上書平安報一見寛心胸燈前廹不待歷亂橫開封
快讀兩三行道及白髮翁此言知不誑炯炯雙眸亮
四字寫分明精神近健旺快慰思親心客中減惆悵
差勝夢中歸縹緲神魂宕

歲暮遣懷 共四章 錄其二

長松四時青閱歷氷霜雪修竹無暑寒虛心標勁節
草木有本性挺然貞且潔人爲萬物靈何事趨炎熱
試看烘開花生機已消歇

其二

雖雉能辨色一飛全其軀浮鷗無機心優悠樂江湖
此理如不明康莊皆危途我今思舊雨謦咳生平迂
舊雨今不來中懷何從舒晨夕共古人相對案上書

遣懷

僻處艸野間碌碌如夢寐不得山水奇徜徉以自恣
窮愁攪中腸屏絶風雅事有志觀羣書健忘無一字
胸襟既不恢詩境何從異無聊强排遣拈韵聊自試
管見有幾何大雅所弗貴空思古之人性情多托寄
不能已於辭韵語傳深意忠臣孝子血思婦勞人淚

絃外有餘音言外有餘味慷慨悲歌中千秋有生氣
嗟嗟艸間蟲苦吟徒詞費

看山

平生愛看山家居近膠嶍橫亘七八里峯峯總一碧
雲氣變陰晴巒光異晨夕曉來靚如裝螺髻沐膏澤
柴扉向北開畫屏蒼翠積西有鳳凰峯嶺斷氣相釋
無心出白雲舒卷在倏忽日日送青來我慣以目逆
不須踏屐遊飽看恣情適誰知山之靈閱盡看山客
山色今古青山人盡頭白

題曹滄洲羽士畫蘭

靄然如春，皎然無塵。怡情方外，翰墨傳神。殘月未落，清風徐生。無言自芳，介石爲鄰。白雲空谷，如寫幽人。相契於凝，悠悠素心。

倪相於覲丈輓詞

仲秋猝傳聞，駭君嘔心血。客中放棹來，問君神恍惚。床席卧奄奄，支離剩瘦骨。托瓜以爲命，聊解心煩熱。遲遲數日間，精神稍振發。别來音問通，云頗能餔啜。醫理君自精，調攝素無忽。偃息安其神，靜養生其液。

勿藥自有喜，補以食爲益。光陰駒隙馳，小春我病阸。愁病更添愁，又過陽生月。想君已霍然，札中問至切。誰知訃忽來，客中心胆裂。秋間分袂時，生離成永訣。嗟哉素心人，逝矣重泉隔。憶君少孤貧，家世守清白。生涯一硯田，筆耕勤不輟。情性春風和，氣骨梅花格。學識超古今，理解明鏡澈。文事兼武備，無不究精緻。孜孜無倦心，忘却頭盈雪。文章本性眞，青眼何曾閡。胸中富經濟，無所施其策。每懷濟物仁，一片熱腸結。平生做緼袍，不羨軒車客。此中有眞意，恬然隨遇適。無怪塵俗中，笑君迂且拙。一朝騎鯨去，匆匆何太迫。陰陽消息間，達人似明月。長往不復還，夢醒紅塵役。從此作完人，高士傳中列。所歎世俗浮，無復眞心迹。渺渺古風凝，令人常惋惜。

雜感 三章錄其二

庭前有黄楊，早入瓷盆整。主人費栽培，望彼成奇景。誰知幹倔强，枝葉縱横逞。雖云阨閏餘，挺然一愚蠢。枉費剪栽功，莫抑勢剛猛。人生棠養年，合早歸繩準。少成若性天，名言可深省。

其二

美人在深宫，女子妬其色。賢士立朝廷，宵小忌其直。女子與小人，居心私且刻。大則毒害深，小則誹謗逼。歷觀古今來，是非亂白黑。此輩鬼蜮心，言之氣欲塞。人生行路難，何在無不測。君子善退藏，大德自不德。渾然穆然中，任爾含沙蜮。

十四世 道禎嗣子字進修號覺齋國學生著有挹翠軒詩草

讀飛香圃詩草

新詩清絕點塵蒙心愜芝蘭臭味通不教西林芳草歇風流遠紹茂卿公

筆花時露劍花鋒紙上煙霞帶露濃我本青盲爭快睹分明初日出芙蓉

清明登膠山四首

寒食空悲泉下魂朝來新火暖千門相沿南國遊春日浪跡東山著屐痕人坐綠茵芳草地鳥啼紅樹杏

花邨鐘聲半嶺蕭郎寺擬覓高僧對榻論

南湖一片白於霜霽色遙開綠野塘散彩千林新錦帳添毫我輩舊青箱餐霞人已歸仙侶懷古宮猶剩梵王此日空傳風韻事秋千院落鬭雞坊

莓苔稱坐翠沾衣對景無因問是非幽谷藏春樵徑沒古碑封蘚字痕稀人來絕頂雙峯拖雲落平蕪一鳥飛咫尺家山遊興熟那堪佳節更相違

春色迎人我亦憐野桃紅截半溪煙鶯啼綠樹方摧織柳變和風漸脫棉好景祇愁花易老閒心真愛日如年一聲牧笛山光紫點也歸來沂水邊

桃花水泛舟

飄然一葉逐輕鳧直下傾流到海隅青草欲迷雲夢澤澄波似泛洞庭湖直登天漢浮槎去倒曳風帆夾岸趨此日凌虛真快我分明身世在蓬壺

麥裏生涯一海鳧回頭身世在蓉湖滄溟眼界何爲者潦草人情已矣乎古調聽來流水韻新詩畫出輞川圖文章理學真兒戲千古聲名盡濫竽

雨後晚眺

草色侵官道鶯歌出上林春光何處好桃李自成陰水濁溪流急山青雨後深悠然自來往一片白雲心

前題

一榻清風絳帳垂夢回春晝日遲遲句中流水琴聲遠紙上青山草色滋筆墨有神應識我煙花含笑擬憐誰未能中聖三杯酒敢托猶賢一局棋

題畫樓賞玉蘭

瓏璁一樹璧無瑕幾費天工巧匠到蘭室人幽香滿座謝庭春暖玉爲花梅兄雪後芳音杳素女風前舞

珮斜最變夕陽廻照候酡顔不惜醉流霞

題司馬問渠西湖秋柳圖

冷淡神情欲畫難凄涼蟬唱夕陽殘風流猶是思張緒剩有遊人駐馬看

一鏡湖光淡曉煙冷風殘月白堤邊雞聲喚起相思夢又送離情到客前

去日韶華轉眼過纖纖曾憶舞婆娑祗今憔悴猶如此依舊含情悵恨多

誰人高唱柳枝詞馬上秋風動客思此日分明西子

老眼前不復鬬腰支

自遣

倦吟非爲怕詩窮坐變蒲團學懶融心有靈源江筆潤胸無長物阮囊空牙譾豈出酸鹹外班巧難拘繩墨中舉世劇憐方貴耳獨推蟬韻唱高風

次畢青城韻

靈心傲骨屬詩仙興味蕭然樂性天肯换鬚眉隨俗態惟餘筆墨作良田子虛沉鬱相如賦老大淹留杜甫年把酒放歌情最好白雲高卧伴茆椽

詠菊

西風吹出菊心檀獨殿羣芳花事闌綽約趣多留月影清寒品似脫梅酸苦吟秋色詩偏瘦默契幽情體自胖三徑嚴灘千古意陶樽雅勝釣魚竿

其二　七絕

簾捲西風倚朗吟東籬黃菊訂知音多情更有窗前月露滴天香一樹金

踏雪尋梅

一枝瓊樹倚棲鴉萬里冰壺乘小車粉筆白描晴雪

賦玉堂香凍老梅花試穿東郭先生履來訪孤山處士家一望羅浮何處是茫茫遥隔路三叉

已怯封條噪墨鴉未停飛絮逐風車望中玉砌千山徑開出瓊林萬樹花映雪讀書憐處士騎驢得句屬詩家陽春一曲吾何敢自愧才非蘊八叉

十四世 俊 字嘯石號彥伯議敘府知事有幹才著有彈鋏詩草

中秋月夜小坐凉亭

良宵風靜最清幽旅客悠然坐小亭夢到草塘千里綠山迎人面數峯青遊魚細弄天邊月飛鵲頻遮水底星身世茫茫無定局且隨柳絮化浮萍

陰雨

昨見浮雲送夕陽何來風雨忽顛狂農夫愁害平疇麥蠶女齊探陌上桑錢疊參差浮曲沼珠拋錯落點輕航小齋也喜琴書潤更省澆花幾度忙

丁丑八月上戊奉先徵君桂坡公栗主入鄉賢祠恭紀

回首想當年聲名早已宣豐功標國史崇祀合尊賢報德春秋祭名山俎豆綿聖朝加寵錫盛事足流傳

又

禦災兼捍患祀典本攸關高義倪張並襟期李陸間尊賢崇惠麓報德配膠山千古清風在泉流水一灣

時雨

四野群欣雨及時天工惠澤本無私千村夏木添新翠萬畝嘉禾嫩綠滋枝濯今朝原有驗亭名昔日起遐思傾盆白點農田沃也是催成七步詩

奉先大令郎菴公栗主入忠孝報忠兩祠恭紀

纔起東林氣節同甲申遭變恨何窮當年魂附龍髯去今日名垂國史中社稷殉墟宜食報春秋祭祀慰孤忠而今始得幽光闡千載皇朝祀典隆

又

草澤孤臣久沒湮禮宜追祀報忠純幽光總藉鄉評顯亮節惟因當道伸泉壤未消誅賊恨英靈已獲殺身仁千秋享祭黌庭內恭肅明禋賦采蘋

又

當年大節今如在此日烝嘗顯舊蹤曾待疾風知勁草轉奇巖壑有孤松品分陸子清泉茗韵逸梵王古寺鐘歲歲馨香隆國典飛騰遥接九龍峯

清明日司祭西老墳園膠山南北六代祖塋恭紀

西園拜墓屆清明歷掃膠山六代塋連理金鈎長釣月虧葱壽藏世鍾英遊人傳誦徵君德多士咸知僉

憓名處處祭儀同一體馨香俎豆潔粢盛

清明後一日司祭周涇七府君鄒節母墓恭紀

昔年禨祿落周涇萬古惟留一塚青天不假年貽燕翼婦能守義炳麟經歸宗定嗣全孤孽立節揚徽表墓銘世世子孫修歲事艤舟古渡奠椒馨

清明後二日司祭謝硃吳貞母墓恭紀

母子流離歷苦艱相依爲命轉相關曲全乘孽成忠孝與起貞風立懦頑香土一抔營謝硃精魂千古憶膠山拵齋來祀春秋祭謹采蘋蘩沼沚間

清明後三日司祭鴨城橋光祿公暨大令公墓恭紀

理學傳家作述精立忠立節並垂名千秋合傳標麟史兩世同坵在鴨城食報饗宮尊俎豆格歆墓祭降神明露濃蔓艸與春咸拜酹清觴到九京

清明後二日祭謝硃吳貞母墓歸遇風雨兩舟忽南北巹不可接出險後賦此記之

我祖存亡係母身大開名巹豈無因舊餘家產都拋却重振門墻歷苦辛錫賚貞風完節母保全孽子作忠臣一抔香土營湖上時薦馨香賦采蘋

時當掃墓清明候二十雲礽乘兩舟忽遇狂風吹白浪又驚驟雨點輕漚須臾撇棹分南北欵乃無聲任去留相巹浮沉不相見放將肝膽砥中流

水馬飛奔逐怒濤耳邊聲不絕呼號腸隨浪折層千疊命與舟輕等一毛末及收帆先下舵無從傍岸莫撐篙艄工善慰藏驚態但說平基穩坐牢

臨流莫唱公無渡十里湖波頃刻過天上坐憑春水泛柳邊人待晚風和料他北去穿三徑思我南來又

一河歷盡危機同出險大成橋下問如何

齋戒

君子不耕食何妨暫素餐坐終靡廪粟日欲照飧盤蔬筍權充饌簞瓢亦足歡清齋新戒殺莫作太常看

又

欲變東厨食因燒西竺香福希靈鷲降苦與腐儒嘗倚柱空彈鋏沉淵豈渡航計從妄想得好不破慳囊

膠山祭李忠定公及先桂坡公祠

丞相祠堂古處留膠山北麓幾經修捐田允念尊賢

意配享無忘報德由二姓忝嘗昭國典兩朝芳節共泉流至今仰止猶興起讀罷碑文思更悠

焚香 齋居雜咏錄二首

閒撥爐灰倚竹床龍涎添炷篆烟長不才未有生花筆敢把文章享是香

對酒

設醴楚王空致敬何如劉阮姓名標平生不解葡萄飲也把胸中磊塊澆

東沈蘭谷兼示子超弟

沈約才華久仰傾吹篪客幸結詩盟鶴群偏愛雁羣欒仲氏先傳伯氏名三載湖山勞夢想四時風景寄閒情望衡對宇渾相接擬泛扁舟一葉輕

風流家世舊能詩限隔雲泥唱和遲未識荆龍飛有望得攀嵇鳳舉堪期情多大阮虛西席學淺仲舒敢下帷他日虎邱追勝賞狂歌醉酒漫相隨

自遣

幾年彈鋏艸成編猶有三生未了緣不是數奇會遇偶也知情合則流連新詩夢被梅花笑舊緒春催柳絲牽歌舞教啼鳩自懶東風又送谷鶯遷

線牽歌舞教啼鴂，自懶東風又送谷鶯遷。

瑞芝堂歌效柏梁體

金華古墓靈芝產，舊觀重復幽光闡。十有八世流慶衍，五百年來幾微顯。溯昔勳卿棄軒冕，栽培樹木修壇墠。孟公繼起闢荒蘚，請示邑宰題額匾。康熙己巳孟公先生請邑侯徐公永言題額曰安氏古墓，并給示永禁。永禁牛羊勿履踐，永保甘棠勿伐剪。厥後墓門遭火燹，乾隆辛未墓門失火。幾代荒凉不舒展。運來漸覺神驅遣，墓道重開運復轉。嘉慶辛未墓產靈芝，始復墓道。三楹享堂今刱葳，今春改後廨茅屋三楹爲享堂，屋額其堂曰瑞芝。春

秋祭祀陳瑚璉。瑞芝之徵復祀典，世世子孫當懷緬。

古梅花書院

千層雪浪湧山隈，山半花明竹院開。石洞青垂書帶草，雲樓黃摘雨肥梅。江帆出沒憑欄望，天籟清和過嶺來。此是春風吹被處，萬枝桃李繞庭槐。

謁三公祠 閻陳馮三公也。閻公臨没時題聯于城上曰：八十日戴髮効忠，表太祖十七朝人物；六萬衆同心死義，留大明三百里江山。

三公名義振江濱，廟貌嚴嚴畫像新。俎豆允光明主澤，衣冠猶表漢家春。

當年戴髮効孤忠，六萬民心取義同。留得江山三百里，蓉城千古凛英風。

寥落孤城江上山，蒼松獨立翠微間。年年戰藝人來謁，淚灑荒郊艸色殷。

下幃罷畫樓

七載風塵外，今年暫息機。畫樓餘講席，玉樹伴書幃。春暖催花發，詩成趁筆揮。隔牆啼好鳥，使我壯心飛。

又

回首當年勝，爭傳罷畫溪。同人詩結社，名士筆留題。

試㸃生公石，時沾燕子泥。庭中遺植在，喬木儘依棲。

祝司馬春塘表兄六十生日

萬樹流霞媚小春，甲周初度週辰。齊眉舉案年偕老，七子稱觴慶六旬。仙堂山前開壽域，錦帆涇上宴嘉賓。拒霜恰放芙蓉蕊，紅映金萱綠映椿。

名標絳闕住青城，富壽多男總有因。志切弓裘肯堂構，心關祠墓表松筠。經時署大風維俗，濟世才雄市隱身。到處行言皆懿範，德高百福自駢臻。

史筆凌雲仰漢臣，温公才德更超倫。世傳洛社耆英

會代有梁園賦雪人蘭玉生階都蘊藉詩書娛老樂
天眞惠連時入西堂夢好比當年大小秦
由來中表說蘇程暌隔芝顏愧少親期値懸弧欣祝
嘏遐知壽骨倍精神詩徵吳下諸名士情重膠南幾
舊鄰忝附忘年兄弟末須君敢抱俚言陳
五月八日與小補麟林二兄同過約堂硯香出示其
先世遺澤口占絕句留贈
族祖高風仰約堂烟霞結癖比柴桑劇憐遺墨留鴻
爪奕世淸芬付硯香

名傳獨奕在龍公樂厲芳園動靜中數著勝棋山月
曉用洞賓句寥寥餘子數淸風棋子尙存
尺幅箋言墨數行銀鉤鐵畫逼歐陽靑箱寶重先人
蹟楷法猶餘手澤芳守中先生手書箋言二幅其書法九成宮筆畫秀勁可愛
吳人購硯識先生手製端溪石最精守中先生手製端溪硯溫潤可愛吳中人士慕之好古者見輒能辨曰此黃先生手製硯也合浦珠曾離浦去從
今趙璧重連城家藏遺硯前爲張姓所得硯香以十六金買歸
兩世休聲布九州一時名士訂交遊文章氣節推當
代二百年來墨蹟留硯香所藏墨跡皆兩先生交好名公之筆

挽立人姪 九月二十二日
愛讀君詩得識詩君尊族誼我尊師胡寅論史非臣
瓚康節觀爻到帝羲否塞一生憐北道孤高絕世傲
東籬忽驚繐帳春風冷此後推敲更屬誰
不羨聲華不隱淪澹然情味見天眞生無兒女尋常
累死有期功強近親一局殘棋留小劫半開冷眼看
紅塵知君爾爾原非想暫作人間懶道人
芝慶二姪報捷秋闈志喜
膠山靈秀挺英姿鶚薦鵬飛正及時古第宅添新氣

象舊家聲振大宗支流芳叢桂分秋月連理甘棠蔭
瑞芝東古墓產靈芝西墳園有連理木長發其祥休早見名題虎榜
木無疑
花開五月兆登賢大令公癸酉順天中式家白榆閣早桂有五月花開之兆公作早桂吟十首
世德文章兩美全冀北羣空孫子顯梁溪獨著
祖生鞭南榜無錫無二人才華久作東南望科第欣符乙酉
年光祿公乙酉鄉榜丙戌聯捷佇看春來聯捷報搗礁歌繼玉堂
仙膠峯公戊子鄉榜己丑聯捷御試秋夜搗礁歌選翰林
訪五峯園舊址在五峯公宅後五峯公闢鑿方池建一亭于池上峙太湖石爲

五老峰今廢五峰移在姑蘇獅子林

五老峯前一鑑亭當年水碧映山青如何亭謝峯飛
去獨賸方塘數點萍

清明祭膠山北麓桂坡公墓 觀者甚衆故作詩以記之

歲歲清明祭遊人擁墓前覺他拱兩手觀我獻三籩
爭羨衣冠肅咸欽禮拜虔可知青塚裡享祀是先賢

又雨霽踏青

濕雲飛去聽啼鳩潑火晴來好出遊沽酒村中春意
鬧賣花巷裡雨聲收新烟接霧迷山路弱絮因風逐
水流兩兩三三人作伴踏青鞋底潤如油

過崇教禪院 即祇陀寺梁大同間邑人王建舍宅為寺中有聽松軒元倪高士有聽松軒詩

古寺崇何教門開不二宗清風翻貝葉秋雨聽長松
破壁青蘿掛殘碑碧蘚封千秋王建宅留得一聲鐘

訪倪高士雲林艸堂清閟閣故址

林下雲何在堂前艸自豐相傳清閟閣惟有碧梧桐
故址有梧一株 名蹟留千古圵墟付一空騷人如訪舊徙此
仰高風

過華學士隆亭故里 舊有太史坊圖有金粟嶺

偶過隆亭鎮來瞻太史坊圖荒金粟嶺草沒舊門墻
帶水雙橋鎖長松五墓蒼也知雲變幻更莫問滄桑

和小補兄得孫之作 三月二十二日

時逢嘉會節伯氏喜添孫好夢徵符瑞新楣煥舊門
靈根挺玉樹吞圃茁蘭蓀聽得啼聲異興宗有後昆

賀小補兄添少子 九月初七日

自是勳卿德澤滋一年喜產兩英奇蘭孫春暖當階
秀桂子香吟晚節詩桑果分甘風萬石棗瓜貽穀念
安期他時共纘東林武小阮聲同大阮馳

十月初三日得子自韻

溯我懸弧期嚴君三十一今日得冢孫翁年五十七
抱孫已有年仲氏先生姪鴈行有五人相啄緜瓜瓞
非止門戶慶祖德正洋溢家貧無籯金世業舊書帙
不羨頌充閭惟期補余拙三日洗兒湯香暖小春日
會開湯餅筵酒泛洞庭橘喜氣滿庭幃兒孫繞翁膝

附錄伯兄小補和章

厚培根本發英奇積善餘慶意在斯偃桂五枝滋舊

德桐孫雙秀咏新詩靈泉靈應芝蘭砌經笥經傳麟
鳳兒誳賦當年居第一如磬挺拔自無疑

壬寅元旦恭頌南薰大兄六十初度

記得髫齡問字時從兄侍祖慶期頤童心不放英雄
老班鬢偏勞壯士思慚愧後生無足畏幸邀前輩許
追隨吾家世壽人爭羨次第稱觴已及師俊曾受業帳下
研究丹鉛廿載深淵源家學紹東林和風滿引三杯
酒流水空彈一曲琴信手書追唐漢體寫懷詩課子
孫吟春來耳順年華屆所欲從心始自今

燕巢吟寄逸亭星齋兩弟

春風入巷散烏衣次第尋巢各自飛何處雕樑知穩
便誰家門戶最崔巍烟銜緱嶺雲初起水掠梁溪月
正輝此日銜泥心不倦好教王謝一時歸
自從分翼出家山飛入槑花古里間傍却雛棲棲蘽
牖掀開燕剪剪荊蠻呢喃語有鶯兒學下上音催雁
陣還只恨梳翎同調少漫將片羽寄同班

小試有期寄逸亭星齋子蘊三弟

春入園林不及梅梅無花望棣花開譬爲山巳愧中
止看積薪應讓後來笑我獨無靈運夢幸君皆是惠
連才今當紫陌尋芳候好向青雲得路回
嚴君辛苦挽風頹啟後深將祖德培曾卜燕山森五
桂也如王氏植三槐文章當出諸公手騏驥須煩伯
樂推此去朱衣頭定點相期共勉上蘭臺

玉蘭樓看牡丹

水閣深護牡丹花藏得春光翠幔遮本與玉堂同富
貴不嫌貧士對豪華書聲伴我香誰占色相如君艷
獨誇最是綠天紅映處啣杯倚傲夕陽斜

樓閣春深滿院芳綠雲重處護書倉誰邀貴客臨僊
館常使天香伴玉堂紅暈美人脂一捻詞傳學士調
三章自從瓊島歸來後爭羨名花冠洛陽

玉樓春

玉樓春色媚春光猶是仙春館裡香風度尊前飛燕
舞日烘醉後太眞粧客來試把湘簾捲力弱頻將錦
幄張唱到清平三疊句花容人面共流芳
富貴花開錦作叢倚欄獨立笑春風曉粧帶露窺容
鏡醒酒凝香媚漢宮綵筆夢描脂粉態長歌艷唱玉

房紅主人骨傲心恬淡看到浮雲一眼空

族姪朝京寄食蠡湖死已經年其子曉鐘飄泊天涯掩棺失主棺骸未有歸山之日在家孤柩總無同穴之時由是奉大人命舟至蠡湖領柩歸鄉與其妻席氏葬膠山南麓 祖塋之傍十一月初八日也赤心相地山中合兆靈輀免暴露于荒郊盡誼情于遠族爲賦并記時日

獨掛風帆黑夜驅爲尋族姪死亡區三更月落經黃

㻋兩岸煙迷過蠡湖靈殿寺前停水馬香花橋畔問樵夫憑他指點荒村外丹旐飄零一柩孤

昔年湖口落荒村死別生離兩莫論弱子飄流踪跡杳枯骸暴露地方存風淒白水迷香國月照丹楓染淚痕憐爾孤靈無返日特來湖上賦招魂

載得靈輀返故鄉雙雙合兆壽山傍佳城鬱鬱沾先澤選日津津卜後昌泉下夫妻同穴處山中祖父共坵場祇期遊子歸來日知感春秋履露霜

華亭許烈婦趙氏殉節歌二首

許烈婦超今古完其名殉夫死死不朽兮名垂史 解一 當夫遠行代奉雙親柔嘉維則淑愼其身 解二 藁砧返憂罙薪翁纏疾婦禱神神感孝思疾回春 解三 喬漸茂梓忽落人百身竟莫贖血染楓林孤鵠 解四 素幃蕭瑟四十九日字剪皮金香標玉質千秋一日效前人不使前人名獨立 解五

其二

心如氷肝如鐵明大義識大節節貴殉兮義貴烈 解一 或旌高行或表懐清猶嫌毁體總覺偷生 解二 耳不截

鼻不割竟許身完趙璧堅夫化作山頭石 解三 生齊眉死同穴樹連枝鳥比翼九原無復傷離別 解四 幽魂已慰烈志未彰罙此貞風可激可揚不第松筠空表節雖與日月可爭光 解五

又五言律六首錄三首

趙氏連城璧無瑕歸許生六年循婦道百世殉夫名

艸勁風難動松孤性益貞而今完太璞日月並光明

立名甘赴義視死竟如歸畢命繇三尺傷心淚一揮

魂銷紅日黯氣化白雲飛青塚埋香骨千秋草木緋

華亭標烈婦昭代有完人垂史幽光闡旌門亮節伸
聞風敦薄俗見化正彝倫此義攸關大夫非女子貞

桐葉坐題詩 甲寅七月既望

老樹秋風雨不殊一梧爲我補新圖空庭閒靜初飛
葉隻字推敲偶撚鬚舊日風霜深閱歷淸時雨露久
沾濡結根自信栽培厚秀茁孫枝第一株

十四世 超祥 三子字孔思號逸亭 佾庠生著有忍齋詩稿

和仲兄下幃圖畫樓原韻

詩酒懷元亮文章羨陸機灌花歸舊圃修業下書幃
敢問靑萍價還將綠綺揮何當垂翼者亦羨九霄雲

其二

樓前森玉樹郭外繞淸溪花漾杯中月紗籠壁上題
靑箱餘舊業細草茁春泥坐嘯玲瓏石閒情伴鶴棲

月夜赴友人賞菊分賦贈之

日落西園晚溪流畫卷深金樽邀月影黃菊淡人心
舊雨多情話新詩共醉吟灞橋風景到踏雪再相尋

和族姪笠翁

笠翁尙高節題句亦馨香每逢花吐豔獨自泛瑤觴
阿咸髮已斑瀟灑出塵寰種桂南軒下芳時手自攀

鄧尉曉望二首

故人置酒具盤飧鄧尉山頭一壯觀獅窟霧開淸磬
徹龜峯雲度曉鐘殘霜摧橘柚黃金老煙淡菰蒲白
玉寒遥望太湖翻碧浪逢僧話舊坐林巒
孤撐一搭蘸雲端八面窗開盡大觀浪擁靑螺皆列

岫煙迷翠黛是眉巒秋容寂靜投禪契曉景模糊入畫看臨眺直窮千里木徘徊斜倚石欄干

山塘晚步

虎坵風景夕陽開過客迤邐不忍回亭暗鶴歸三徑去月明人下半塘來無邊秋色清詩思幾度鐘聲絶點埃步履偶從書館過舊盟鷗鷺莫相猜

喜晴

麥三時好小春天不起風雲只起煙一氣清空晴萬里白蘆舟畔泊漁船

寄蔡綺山世兄

落落雲霞意自親年來萍聚虎嘐濱才非異等生無偶學是同源托有鱗許借奇書思古誼着殘遊屐送晴春何當剪燭西窗夜共把衷情仔細伸

答蔡竹筠詞兄

淚說生涯問硯田投珠原不受人憐分嘗苜蓿盤餐後契洽金蘭絳帳前搖翅佩風終矯矯求魚椽木愧年年相思莫訝時相別晧月當頭得幾圓

賀景林兄得孫

伯兄喜煥門楣重階下桐枝集威鳳乍得啼聲羨物英嘉名肇錫徵嘉夢阿翁生日洗蘭湯湯餅筵開介壽觴十世清芬傳舊德東林道脉慶流長老桂新枝鬱而茂客賀充周期競秀頌禱新詞吟興豪席間共舉芳樽侑

偶成

古槐疎影月初明小坐溪頭水自清千頃碧翻新桃葉一山青送故人情尋思避暑風添價空望傾盆雨瀉聲我本無田猶望歲幾回秋旱夢魂驚

祝司馬春塘表兄六十生日

歲紀周花甲期逢夢降庚賓筵陳碧藕尊酒釀黃橙福應三多祝經傳七業成兒孫齊獻壽綵舞小春晴彰美兼傳盛前賢啟後英德功照北宋詞賦冠西京世望梁溪族今馳茂苑名門多佳子弟克紹舊家聲得序天倫樂深維世俗情道行三代直花愛百枝榮寶氏芳森桂田家義合荊卿邦推雅望梓里羨忠誠日睽三吳地春來萬象呈此翁添鶴算有子起鵬程眞率傳佳會新詩共載賡不慚詞下里也敢附長城

酬牛癡師見懷原韻

才高倚馬不匆忙走筆如飛寫萬行酒泛鵝湖吟夜月心懷鳳嶺步斜陽清談坐領春風暖古調歌來白雪香總爲離羣牽別夢深情難盡貯詩囊

懷牛癡師

冷淡生涯絆此軀別無長具逐時趨憐君空抱連城璧笑我徒爲伏櫪駒滯迹板橋依鴨蕩心隨流水到鵝湖那知海燕分飛慣却也懷南似鷓鴣

和牛癡師韻

伯氏吾師號牛癡丰裁別具不求知長康風度推三絕曼倩詼諧混一時晝畫樓前培古木衆香閣上詠新詩天心特重清虛品醒釀名流另有差

無權何處見才能一任顛狂識性靈難索解人衷未白得逢知己眼還青衣冠但拜元章石玉塵常排佛老經莫向江天怨雲霧暫時閒却少微星

氣欲凌雲筆欲仙淡然眞味屬書田百篇珠玉多光怪尺幅波瀾幾折旋藜火照人誰領會席珍待賈自貞堅素絲曾染朱藍色也覺無心取世憐

蕭然物外寄閒身那有閒情寄苦辛偶觸壯懷投筆起相邀豪飲典衣頻性耽書畫眞成癖跡滯江山總愴神秋到忽生濠濮想悠悠魚鳥向人親

酒酣高臥鳳雛傳未得登場試運籌北闕縈情才氣壯東林繼盛道心憂探源似泛仙槎去秉燭應搜絕境遊若過希夷贈豪楮莫教身被白雲留

方才襟懷海樣寬羨魚情付釣璜竿烟雲過鳥雖成幻世網搜才敢便安知命自宜甘淡泊和羹誰許棄鹽酸我今已悟先生意原把癡名作牛看

恭祝慕林大兄六十初度

吾兄渾不計窮通處涸依然氣吐虹放眼時高狂士態立心常抱大儒風鳶魚飛躍流天趣童冠遊吟入化工鶴髮翩翩忘甲子文章壽世錦囊中

漁樵蹤跡海天鷗皓首窮經志未酬酒肆藏名唐李白隸書入妙漢鍾繇雖無玉尺權衡柄幸有青箱繼述傳試看綵衣春日舞三杯且浣一襟秋

鷲湖葉琢齋館于沈蘭谷處離余館不數里時值大水汎濫不能互相過從倩沈君來館索

詩以答之

前輩風流仰茂長西林唱和久傳芳而今始識名流後翰墨依然舊日香

孔融初謁李膺門累世通家古誼存敢托雙魚陳景慕帳中應不難司閽

旅館相隣倍有情何當把臂結詩盟橫流不許人相訪遮莫殷勤倒屣迎

故人過我破離愁無限相思一筆勾還與魯連爲紹

介教巴人寫刺相投

次伯氏閏七夕竹枝詞原韻

銀灣依舊淺前流怪道秋中又孟秋勞我詩人頻索句朗吟再上錦雲樓

鵲尾憑誰辨酉申就中添出兩佳辰若教巧結雙蓮子擷贈同心製臉人

人間乞樣何嘗少天上良緣特地多鍼孔又憑穿線月鵲橋兩渡疊銀河

何幸情添此段緣暮雲如睡雨如麻今宵更勝前宵會恨殺雞聲促止車

憶惜班龍降漢宮雲中簫鼓過香風不知武帝當今夕可望瑶池駕復東

緱山子晉也吹簫一曲清商過野橋却笑世間兒女態温柔鄉裡度良宵

訪葉琢齋氏而葉沈兩友亦來訪余遇於半途

沈君蘭谷留歸設茶清談宿彼一宵以韻之

與君葵藿久心傾只恨緣慳未識荆忽地相思同命駕恰從半路遇行旌戔戔束帛何須贈落落雲霞別有情勞我故人多款曲親調茶鼎出門迎

趣時芝蘭一室幽蘭香飄動晨風流掃空世上相交態洗盡兒中兩地愁茸萩分嘗風味別詩文出示筆花浮清談轉怪秋宵短天已明時談未休

抱病有感

性僻直無能休將學業増病深佐藥石才短失良朋入夜寒侵骨遲眠枕曲肱何當師阮籍長嘯見孫登

題亦華陳鍊師照

不着塵中相請看畫裡顔白雲留夜服青簡𥫗仙班坐落餐霞罷行歌採藥還誰知陳處士混跡在荆蠻

十四世 魁一 辯四子字冠英號星齋 錫邑諸生著有焚餘草

蘇臺弔古 二首

往事欲獻枉斷腸姑胥臺古草荒凉爭先莫把熊夷辱振旅徒傳柏舉強西子鬟迷寒石洞采蓮歌散剩芳塘三高范蠡居然在可笑吳人恨竟忘

莫怪申胥淚滿襟鴟夷浮去恨何深當時敗越陳長策千載亡吳有寸心江渚鳶烏終古集荒臺麋跡到今沉寒潮暮急聲猶苦慷慨蘆中作短吟

虎邱懷古 二首

霸業良圖恨未成夫椒敗越枉相爭青山獨有疏鐘韻片石空留試劍名寂寞玉魚王氣黯飄零金虎祖龍驚年年士女紛瞻墓鶴市春深信有情

闔閭邱墓變爲庵白虎還應護佛龕青嶂至今餘劍氣講臺終古契禪談只緣頑石頹頭悟不信清泉一味憨亭下二仙何處去曉來鶴澗靄煙嵐

爲嘯石二兄得館寄呈六絶

仄仄疏檽小小庙也羅茶鼎也懸床生公有意憐頑石不厭鴉棲作講堂

瓣香一點祝南豐到處人情量亦同莫管東風留與去肯教金鐸振南中

北轅如許改南轅手足相連亦足歡只恨長途艱往返高堂未易教心寬

苜蓿闌干道亦崇生涯冷澹與秋同如捕此地無文處直上羲皇古朴風

知兄到處得超然況有青山與石泉明月清風相慰藉憑君領取入詩篇

虎邱風景最多情春草秋花次第呈憑藉清風聞報

信柳枝春色聽春鶯

山村

一帶烟村一小橋一灣流水自迢迢山農抱犢歸來晚人去黃虞猶未遥

賀小補大兄得孫

脊從帳底試啼聲快慰翁心物自英準卜與宗綿世澤欣符瑞夢錫佳名香生閣下蘭芽茁秀挺階前玉樹榮他日熾昌繩祖武賢科發傳紹勳卿

東李玉巖表姪

與君衡宇隔膠山，莫道三生夙契慳。祖廟駿奔承祭
肅（先桂坡公建尚德祠奉李忠定公，至本朝奉憲以先桂坡配饗，每于春秋仲戊日用呈俎豆，後裔咸）
集禪房私覰品茶閒。已將安李傳佳話，又逐蘇程憶
舊班。空谷足音何敢望，擬乘明月訪書關。

半年相近不相知，一到知時却恨遲。倉下館懸徐穉
榻（李館倉下）板橋人忝董生帷。翠屏邂逅勞君問，梁月凝
輝動我思。今日偶乘魚雁便，高軒未過且投詩。

過膠山謁李忠定公暨先桂坡公祠

宋代鼎臣明隱逸，兩公忠義貫薪傳。擎天志在殲金

寇（宣和時金人入寇，欽宗傳位于欽宗，宰臣主割地請和，忠定公力主守禦兩策，率以宰臣和議罷，公策不果用）靜海功成泛蠡船（邑志載先桂坡公具大經濟，李中丞之淩白茅、伍中丞之破海寇，皆賁其策。嘉靖中用楊文襄公薦召至京師，不欲仕而歸）。祠合久推人尚德，
祭同方信世尊賢（先桂坡公嘉李忠定公之爲人，建尚德祠以祀之，至本朝以先桂坡行義奉憲配饗）。猶餘生氣千秋後，令我低徊竇乳泉。

賀小補兄添少子

秋桂春蘭此第榮，一堂挺秀慶吾兄。石麟早向丹霄
降，芝艸聯從碧砌生。門掛桑弧雛出浴，筵開湯餅客
餐英。孝廉業待孫曾纘，佇看齊飛萬里程。

和嘯石仲兄得子

年來麟趾漸成行，又產家駒賦弄璋。叢桂流芳凝寶
樹，彩虹呈瑞洗蘭湯（洗三日彩虹現于中天，僉爲嘉瑞云）。阿翁慶試啼
聲異，伯氏欣歌祖德長。他日令名傳小阮，青箱深愧
大中郎。

祝司馬春塘表兄六十生日　冠瀛

有唐白香山，有宋馬君實。相傳九老會，耆英與直率。
好事綸其眞，以壽高年德。如吾老表兄，系自温公出。
孝弟存其心，温公稟其質。敦宗睦以仁，經世詳而悉。
營心六十年，乃克廣厥業。茲當嶽降辰，喜過小春日。
堂開介壽筵，酒泛洞庭橘。七子舞斑衣，並坐調琴瑟。
柳絮吟謝庭，桐枝繞翁膝。花蕚樓相輝，賦詩聯甲乙。
試繪家慶圖，堪與九老匹。風雅比樂天，富壽傳温國。
何必說西池，何必稱南極。祇將此盛言，已足爲君述。

十四世 章祥 五子字子蘊號賢溥著有半軒詩稿

祝司馬春塘表兄六十生日四首

神仙海上報添籌說道嵩生六甲周正值華堂開壽宴蟠桃先獻祝千秋

汾陽多子並堪誇四玉三珠萃一家更有桐枝如竹立千宵椿樹映萱花

手闢新居勝舊居題橋壯志繼相如而今一管凌雲筆付與兒孫賦子虛

艮月家家會煖爐欣逢今旦慶懸弧擬歌一曲南飛鵲來獻函關老子圖

賀小補大兄得孫

瑞徵休夢產猶龍繼武東林衍舊蹤頭角峥嶸真氣岸啼聲英異是靈鍾洗三翁喜逢華誕震一孫占象大宗快唱添丁爭祝賀好題名字五花封

賀小補兄又添少子

又兆充閭慶門楣喜氣駢秋風生桂子春圃茁蘭芽弓冶傳三代詩書繼五車湯筵開九日把酒對黃花

和嘯石二哥下幃雅畫樓二首

得悟窮通理應參涉世機不投班氏筆好下董生幃靜覺文瀾湧談揮麈尾揮此中幽趣足逸興自遄飛

雲樓高百尺名勝著梁溪石有元章拜門無鳳字題春風吹絳帳老屋補新泥坐看歸林鳥依依識舊棲

題陳亦華錬師玉照二首

讓王宮殿最清幽別有烟霞伴羽流羨煞希夷空世俗石鐺携入隔凡樓陳希夷盡散家資惟携石鐺入華山梅里道院有隔凡樓

羽扇輕揮尚慮空照中手執羽扇珊瑚秀骨畫圖中丹成九轉能傳述不負開山一鶴公亦華開山祖一鶴公

賀小補長兄遊庠

功名不獨在文章當念先人遺澤長毓秀而今傳舊德流芳此日發幽光玉堂常吐三春艷桂閣重開五月香是後鵬搏程萬里今朝初喜榜宮牆

海棠

日烘西府燦霞光想見華清醉後粧肉映紅紗無比色嬌藏金屋自生香照防花睡燒高燭護借春陰奚雪章宿酒近來應少解不須側看捲瀟湘

十四世 偉 字祥大子步雲號硯聖 著有徵蘭詩草

祝司馬春塘表兄六十生日

小春春酒熟介壽壽筵開案舉齊眉孟觴飛舞綵萊
椒花新獻頌柏葉始浮杯仙室紅霞滿函關紫氣來
三星輝閬苑八洞聚瑤臺共把鈞天樂爲君奏一回

和歙石仲兄下幃罷畫樓二首

敢鬬斂人織應收李白機有心培玉樹何幸近書幃
珠玉談中吐雲烟筆底揮好教王謝燕仍傍畫樓飛

其二

照水梅花發樓高得小溪白雲居士卧罷畫古人題
墨灑凌雲筆鴻留印雪泥青青牕外竹好共阿咸棲

題余芳谷左右修竹圖

愛竹能留客無君不可居相親思德茂得意左心虛
坐嘯諸清韻行吟動翠裾請看佳士照左右盡林於篠簜竹名

無題

變看芙蓉面堅持鐵石心花香休戀蝶琴卧謝知音
祇許牆窺玉無容線度針不貪原是寶好色本非淫

十五世 詩 字芝慶號仲依道光乙酉舉人癸巳會魁著飛香圃詩集

東林

文靖宗河洛道學南來始毘陵十八年皋比此棲止
有明邵文莊勵志繼前軌卜地城南隅數椽非舊址
遥遥幾平百載乃有顧端文高忠憲起披榛葺陳蹟下倪
弓河水兩賢抗名節先後返閭里小心主静學一本
朱儒理我祖先光祿公學者稱我素先生同黨藉趨趙六君子皦
舍聚螘垤築壇執牛耳非開標榜門周道本如砥何
意觸衆忌誣謂操國是極人煽惡焰器盡鬻棄恥遽

與楊左獄彪狗實噈使紛紛黠將錄謠詠肆譎詭鉗
網慘羅吉委鬼毒未已緹騎爭四出被逮但矯旨羽
檄馳至縣頃刻講堂毀端文及我祖先從道南祀忠
憲不受辱竟以沈淵死東林一片土瞬然泥不滓斯
人既云亡大厦亦就圮滄海正横流妖星絶天紀旋
聞九鼎移并見列廟燬只今梁谿旁靈光復歸峙千
秋臘瓣香天下盡衣被日月有陰蝕心性無晦否試
讀諸賢傳法戒昞國史

于忠肅公祠

北狩軍殲危社稷南遷議格定宗祧奪門閽弁悲孤注睎髮君王哭大招一片忠肝爲國殉滿腔熱血向誰澆東宮流涕沈冤雪不解魚㖸萬口謡

高忠憲公祠

鉤黨東林大獄成惟公騎尾肅冠纓連章攻擊賢奸混全局孤危水火爭臣節不移完此日君恩未報結來生鍵關泣血留遺疏講學何嘗負聖明

雙廟 祀宋麻尹二將

我來鵝子岸㶅淚弔古意殘局力難支猶是撑螳臂

桓桓三將軍忠不文山異短蘆如郢界好認死節地嗟哉天水碧瀝盡孤臣淚遺廟始何時茫茫數百載土人奉香火能說前朝事每當三春節鷄豚紛祭賽精靈常不泯天氣無陰晦終古枕橫塘一角青山對

謝文節遺蹟爲新安吳素江作

精靈原不死三尺朦琴材天地紅羊劫江山白雁哀孤臣餘涕淚故國久蒿萊好和竹如意冬青無數開

京口

壓背孤蓬去拋殘一枕書江山連北固風雨過南徐木落秋光迥潮回夜氣虛船頭堪極目眇眇獨愁予屑中多磊塊濁酒故應澆雄鎮臨三楚長江洗六朝帆檣排斷岸鳧雁趁歸潮古戍無人見寒煙鎖麗譙

野雞背

檣竿出樹杪打鼓發揚子使船信若馬峭帆疾於駛翦江一霎過金山無數閒鷗拍波起夕陽倒影絢晴色平鋪百幅青藍紙欻然霞綺極解駭變幻煙雲遠峯紫舵樓晚飯篙師語今朝繫纜野雞背枕流不辨水風聲一天秋在蘆花裏

金陵和韻

蕭蕭殘壘劫餘灰怕聽城頭畫角哀樹色淡隨秋氣改鐘聲寒挾晚潮來南朝事業歸詞客故國山河想覇才懷古蒼茫人獨立高原陵寢亂雲堆

涉江

角咽城形壯潮回水氣陰江天雙鳥過風雨一龍唫林寄朝煙淡峯高夜月沈中流思擊楫愁絶去來今

其二

乘風破浪去水影上征衫野岸樹旁樹秋江帆外帆

箋聲餘嘹嘵山勢落空嵌指點松寥勝游蹤尙帍光

贈武進薛郁亭

人海茫茫獨去來終年料檢故書堆禰衡罵是不平
氣阮籍狂爲有用才能保歲寒難變節縱經劫火肯
成灰登樓試向青山望無數閒雲鬱未開

伯兄菊圃生子培芝喜賦

吾宗故神秀奕葉毓氏族膠山地脈靈叢桂餘芳馥
詩也本輇才彈指年廿六兩次游金陵江上秋波綠
阻風燕子磯天台探窮谷歸汛鵝谿櫂好夢等蕉鹿
卯君謂萊圃弟寄書來挑鐙啟緘讀讀之未及竟喜氣溢
眉目伯兄初舉子已洗三日浴堂上樂含飴家慶圖
成幅先澤從此長瑞芝符吉卜時金華公墓有靈芝之瑞相期有
千秋讕言笑癡叔榮名在青簡抽簪返初服量買一
房山小築三間屋清芬播百世即是詒孫穀還共阿
咸游青青滿林竹

贈華小幻

少年慷慨赴公車掉尾長安氣未舒自古文章憎命
達從來賢喆歎才疏蘇生十上秦王策韓子三陳宰

相書抱璞在躬須寶貴莫將蹤跡溷樵漁
靜觀世態獨軒渠磊落胷懷任毀譽王猛高人衣有
蝨焉驢畸士食無魚壺皆擊碎初譚史研欲磨穿正
讀書富貴浮雲安足數千秋事業在蓬廬

宿膠山寺

冒雪登膠山遮頭筍皮笠梨花着身飛衣重如束溼
向陽地不積一步屐齒入陰面寒未蘇燒痕踢枯蹬
高低轉山腰石子不成級僧雛方埽門見我乃合十
同至方丈坐老僧擁破衲爇新篘款客設米汁
土銼焰無紅自將松卵拾泉聲斷竇乳踏取短綆汲
鴻爪迷處所空中歸影急萬竹隱深翠當戸一峯立
碎碑墨猶漬蠲紙模糊搨手指凍欲僵不敢繙焚夾
丁倒稻草舖奇温借禪榻夜靜人語絕窗隙風呼吸

大人奉先桂坡茂卿兩先生㝐主入祀尊賢祠
敬賦

丞相祠堂舊澤存膠山李忠定公祠以桂坡先生配瓣香重爲採芳
蘩衣冠世族千秋重俎豆名山一席尊南國騷壇傳
樂府桂坡先生著有游吟小稿茂卿先生名列後七子著有西林集西林福地脫荒

園西林桂坡先生始闢至茂卿先生益增勝王弇州撰記二泉亭畔裹同久文
采風流媿耳孫

畱畫樓

春來不禁雨緜緜暢好新晴逸興偏一串紙鳶飛白
月萬枝木筆寫青天問津此處尋殘劫樓前有族祖孟公先生問津處鐫石畱畫何時了宿緣欄檻昝人都倚徧盡歡莫惜
杖頭錢

莫春呈伯兄

三月春殘麥秀寒膽餅香浸素心蘭興來戲仿南宮

筆山水圖成墨未乾

寄暢園題壁同秦簡堂

林扉洞闢畫圖開危磴橫橋曲折來一嶂凌空撐突
兀孤亭搖影傴崔嵬參天老樹濃青合帀徑修篁古
翠堆聽到泉聲常寂靜方塘半畝漫縈迴

暨陽雜詩

瓦鐙搖颭影幢幢百八鐘聲晚寺撞欲寄魚緘何處
達門前潮水直通江
踏徧春風巷幾條蜻蛉夜泊馬嘶橋昔年曾與賈雲裴同泊橋下雲裴有句云潮落馬嘶何不許扁舟入時見淡粧人春風倚花立只今梵宇淒涼甚寧
堵波經劫火燒

侯鳥時蟲思不禁琴尊爲友感苔岑一龕花雨塵根
淨長願皈依紫竹林

誰家無那自調箏江上青山解送迎非是割愁愁不
斷怎堪潮落又潮生

坐覽江天一鼻觴海門秋色正蒼茫松風亭古無人
識千樹梅花繞屋香

陽羨曾留金石文偶因聯藝話殷勤他年雪裏應移

櫂鍛虎城邊一訪君謂陳景辰

贈武進薛澧浦

三生慧業記前因曾訂同心作主賓長吉儒才疑入
夢休文瘦影怕逢春焦桐泣盡雖醫俗破硯敲殘不
療貧清到十分誰是伴梅花香裏證唫身

管社山經項王廟涉楊山人故園重由溪河進
西定橋而歸

獨山原不獨管社遥相望道是神禹鑿明德何其長
項王廟亦古避仇曾此方郵巫走報賽劇演出塞裝

我登岳陽樓（山上有小岳陽樓）山色連青蒼清風斷湖流烏
江恨茫茫多情乃英雄飛空酹一觴翩然晞髮來悅
接詩人狂從者促我東棧路入山莊險絶度鹿磵徑
至倚友堂翠聲墮空際久壞竹色牆梧桐葉變秋淒
影添斜陽揮手出籬門不復問雪航蓬境理歸橈滑
芴舟輕飏路皆昨日經按景指數忙盤中剝輭角蔆
女髻茴香短縄如掛貉周圍界菰蔣前流簇四觴冰
池夏凝霜旋進五洞橋暑夜此納涼敲門月未上秋
衫溼湖光入枕忘雨聲幽夢迷滄浪

除日

多少春光上畫屏歲朝圖漾百花餠月當落處梅初
白雪到消時草已青蓬矢喜添新景色桃符重換舊
門庭含飴堂上殷勤祝華國文章有六經（伯兄生第二子保芝）（是日洗三）

金華公墓產芝業占族祖賦詩予作瑞芝記并
次原韻

鬱鬱佳城顯圖中產瑞芝精誠惟夢兆印證只心知
晞髮餘桐影棲魂想竹猗靈光宜妥侑神物定扶持
譜牒識名氏文終雜信疑星霜飄斷簡風雨碎殘碑
華謝長生草榮留連理枝（叔英公金鉤掛月墓有連理木一株爲安黃合族之祥）
侑非詳故蹟那得復新儀贍慕空悲往徘徊欲問
誰谿清環水帶嶺秀枕山眉幸已披先牒纔堪慰遠
追一編矜獨照衆口舉交推天棘爭除蔓祥葩忽吐
奇慈烏塗有字僊鶴唳成詩雲碧朝濃淡霞紅夜合
離采應藏傑閣餐待薦崇祠稟壽符前日鴻名叶後
時紫圖英爍爍翠衩葉垂垂好寫幽人畫還徵韻士
辭自今方以始來許聿昭茲蘋藻薦於此松楸蔭在

斯高曾繇德澤孫子副懷思夏屋原常覆春臺信共
熙相期縄祖武福履永綏之

唐鷺莛招同浚泊齋先生飲慧川園梅花下

牆角影橫斜未與梅花剔春風不稱意連作三日雪
故人招我往園林本清絶天寒欲問鶴不顧屐齒折
扣扉檐水下松釵墮蕭屑危橋僮不埽山徑露凹凸
遲客愛同軒鼻觀送芳烈紅蕊正爛漫綠萼補其缺
中開圃白點老幹更古拙冷氣壓不住風光驚一瞥
煮茗味自幽況乃酒尊潔小飲庶醫俗深得看花訣

細嚼沁肺腑入麥忘言說薄莫蹋凍歸一枝許屈鐵

重游小園

爲訪吾宗去行行至小圜人家如此古世澤只今存
楊栁一二里桃花三四邨牀頭餘白酒不厭醉淸渾

膠山之陽先茂卿先生西林在焉其北麓爲奉
直公朝列公墓道

秋原獨立意蒼涼爲訪西林煙水長萬竹圍時孤寺
隱衆山缺處一亭當香花橋古枯藤蝕風樹樓墟蔓
草荒馬鬣百年緜世澤蒼官無語對斜陽

尋西林三十二景得醉石一篆文猶存

片石亦名醉塊然天地間臺榭久傾圮白雲來去閒
當年暢豪舉吞船膽不𠧧金焦分兩點（西林創自先桂坡公廣池
百頃中留二墩題曰金焦分勝）補以一角山雪舲（亦三十二景之一）迷咫尺
渡頭灣復灣騷客挈榼來柴扉不常關只今風流歇
酒星何太頑老樹鬱嵂落倦鳥空知還餘霞半天赤
髣鬅映酡顏篆文漸剝蝕荒草無人刪吾家羨門長
墨灑桃花斑澗泉嗚咽聲日夕流潺潺

次大人題扇韻

漁父垂綸慣釣鮮一灣白水晚涼天荻花深處頻移
櫂風滿衣襟月滿船

題伯兄畫

石厂空巖結草廬高人風格極蕭疎幾株秋樹饒秋
意縹緲孤峯落照虛

舟至芙蓉澤訪族祖琴叔

腰鐮人過草根芟宿麥連畦碧已攙順水便搖雙隻
櫓橫風恰趁往來帆半林黃葉餘霞射一角青山落
照銜繞岸荒蘆殘絮影偏增熌色到寒衫

爛黃菜葉壞袈裟雪裏青（菜名）栽幾棱斜近郭有旗多
酒市遠邨無樹不人家牧童歛笛竹鞭插浣女提籃
花髻了傍晚網船相聚泊故應留客足魚鰕
西風陣急射眸酸卷起灘頭落葉乾樹杪月黃雅點
密稻堆霜白犬聲寒羊裘短短籠雙袖絮被條條擁
一圓問得前邨新釀熟買來甯飲醉先拚

同秦小峴先生祭尊賢祠作

祠堂一徑闢林霏敬向春風薦蕨薇白社名賢留片
席青山高尚遂初衣泉邊煙月自今古湖上雲霞無

是非太息風流久歇絶更誰樂府譜妃豨

寄凌妹倩厚堂

已抱騎省戚（予大妹於去秋八月卒）終朝掩鏡匳譚經餘蠹癖（厚堂方纂春秋學理辨）處世笑雞廉道路愁荆棘光陰誤米鹽豎陽蕭寺古卜肆且垂簾

元芝洗三日作

頭顱倚如許三十未成名幸遇添丁兆高堂喜氣盈但有書千卷媿無金滿籯多君識英物一爲試啼聲

贈族兄嫡于

腹內無書自吐奇誰從溷迹見鬚麋青衫識我應同癖白眼看人不諱癡獨奕枰開煙醉後無弦琴譜著香時蕭然午夢紅塵覺一任窗風故故欹

相馬篇

天驥呈材骨相奇霑汗流赭驚英姿顧影蹀躞太雄傑一蹴靑雲會有時孫陽不來孰推獎胥歎逸氣騰騰上天生神俊豈偶然未經翦拂抱孤賞憶昔鹽車赴太行短策難騁六達莊不知肝膽向誰吐挾翼翻羽徒昂藏今日幸爲知己見按圖自巾天閑選千金築就市駿臺飛黃騰踏追奔電

書估行

今人書日多古人書日少百家不廢江海流六經已同日月曉方今　聖世正右文讐會鄴架多風行挾貲身入五都市煙煤滿眼皆書城所惜蕺殘難掇拾思之不晤如佳客兵燹風霜久剝蝕安得奇文字青赤吁嗟乎秦火以後無完書令人懷古空欷歔惟如歐陽異想求海外或有遺編賸蠹魚

鳳仙花和仲妹韻

秋色一庭太絢爛女兒花亦門新鮮搔頭更有玉簪好試摘牆陰白鶴仙

附原作

秋花此最豔紅白相與鮮飛來鳳兮鳳留住仙半仙

十五世 燊 景林三子字韡軒號東雲平粵匪功贈恩騎尉著有韡軒詩草

擬山居

避囂來僻徑棲息傍層崖洞壑排松翩煙蘿護竹齋
雲歸空谷暗春到滿林佳石道凌虛碧留題足寄懷

清明

初傳榆火到柴門省識春光已滿園莫道尋芳無勝
地新煙深鎖綠楊村

山塘步月

塘映青山山映隄家家燈火舊花蹊澄波皓月千秋
在常使遊人徑不迷

漁家樂

蓼灘茭棹帶煙橫一片秋江夜月明老婦烹魚兒掛
網水雲鄉裡足平生

白蓮

雲爲式樣月爲容君子人情澹愈濃不與朱華趨世
態何嫌樸素寄芳踪

重九登膠山有感 二首

佳節今猶昔登高興不侔西林望孤嶼景樹剩荒邱
風發空山籟霜林古樹秋相攜過松步野菊徑中幽
萬玉山亭廢梵宮故處幽攀岩尋舊跡省墓念前修
箕踞栴檀地空懷楓樹樓殘碑方讀罷歸晚一天秋

膠山晚歸

餐霞岩外晚霞明月出松間山鳥鳴回望翠微橫絕
處雲歸空谷暗無聲

燕子

竹籬茆舍愛穿花畫棟朱簾望落霞隨在總多安樂
處年年憐爾客爲家

秦園避暑

暑氣消幽壑泉聲瀉石矼林陰涼似洗茶話倚松窗

村館

讀書深柳巷幽意樂如何地僻心逾遠林香得句多

揚名 歡石 炗子 字聲叶 號會輪 國學生 著有聲叶吟稿

北牕小坐

不羡羲皇上，不作眞人想。坐我北牕間，地窄心開朗。

下幃非敢擬江都，燭書胡必青藜杖。吾心善忘不善

讀，吾腹空疎空如竹。幾年奔走舌耕忙，連歲端州田

不熟。何處重修北面儀，歸來灑掃舊書屋。

春興戲筆

文章聲價重門楣，妙意天然偶得之。尙論不拈山石

句，效顰新學女郎書。囊中錐處鋒難見，筆下神來我

獨知。敷粉塗鴉聊戲耳，殘箋題罷任風吹。

漫題

砍破機關仗莫邪，夢回莊蝶悟生涯。可憐王謝堂前

燕，却笑公孫井底蛙。花到盛開春半度，行來捷徑路

三义。好風吹我情無限，一局殘碁日又斜。

牡丹

艷色妝何異，名花品不同。白憐明月下，春醉玉樓中。

衣染天香紫，脂留一捻紅。都緣爭寵愛，朶朶向東風。

月下白

一團粉雪釀淸華，月作精神玉作花。誰識鼠姑能雅

澹，不將富貴向人誇。

玉樓春

樓頭脂粉乍輕勻，無限嬌酣欲醉人。不是東皇恩寵

厚，那能占得十分春。

題山雲擁月圖

仰看游雲側看山，山雲相看自相關。雲移山色隨風

去，山接雲程擁月還。

咏雪

淡冶風神玉府飛，雪窗吟遂雨霏微。天然佳句供詩

料，昨夜扁舟訪戴歸。

寒雲羃羃遠山迷，白雪吟成和曲低。風雨一簾君未

過，滿園蕭颯鳥驚啼。

十五世 朝標 星齋長子字碩卿號企蘭平粵匪功贈雲騎世職工畫蘭

和東雲三哥六十壽原韻

鬱添海屋豈尋常更賴綿綿祖德長鳩杖閒扶情自厚兕觥歡酌氣同芳兄尤詣詠絲綸美弟却羞慚學業荒自壽佳章深致意佇看蘭桂得天章

梅花

東閣留吟興南枝早發花雪消香暗動月落影橫斜瘦入雲林畫清宜處士家夕陽寒數點淡意妙沾霞

十六世 顥 芝慶次子字而敬授歸德府通判在任候補直隸州知州

己卯九秋筱軒都轉宏開五秩見示自壽一律謹叠元韻奉祝兼誌德政勉成俚句聊抒悃忱

瑞菊欣開祝大年黔黎亦解頌懸鞭圭璋特達芝蘭秀文彩交輝軾轍賢合浦襟期光日月永嘉詞翰燦雲煙自慚別榻常承愛捧袂傾誠禮恐愆

雙旌開處驛經年昕夕叨陪厠執鞭鳴鳳早傳臺省望懸魚爭說使君賢盈囷好積千箱玉珥筆會攜兩袖煙冶譜鶺鴒窺資學步荅岑結契永無愆

十六世 鼎奎 嘉林孫字蓉若號星甫邑庠生工繪事

竹林飲酒

竹深留客共徘徊暢敘幽情酒一杯綠影搖風聲戛玉清香浮盞入新醅七賢韻事傳千古六逸高情總絕才儘我與酣談笑處此間幸少俗人來

秋水

一片琉璃鏡迢迢秋水長江清沉夜月雁影落寒塘沙渚蘆花白烟波鷗夢涼南華眞妙諦寄興在蒙莊

秋山

一筆參天勢秋山分外明烟空千嶂合木落萬峰清掃淨浮雲迹登高動客情窗中遠岫列好句憶宣城

寒夜

耐冷坐清宵離情未即拋犬從深巷吠門聽隔鄰敲燈暗花生燼梅寒月掛梢偶然新得句呵凍便分抄

家乘拾遗

（清）安璿 撰

《家乘拾遺》一卷，（清）安璿撰，清康熙稿本。

安璿（一六二九—一七〇三），原名興仁，字孟公，號蒼涵，晚號潔園，無錫人。高祖安國、祖父安希范、父安廣居，高攀龍爲其外祖。好讀書、工書畫、敏於詩，所至皆有留題。入清後隱居里中罨畫樓，藏書萬卷，以高士稱。順治十一年（一六五四），與同里嚴繩孫、顧貞觀、秦松齡等結雲門社，爲『雲門十子』之一。著有《罨畫樓詩草》、《孟公不在兹集》、《膠東山水志》等。

康熙初，安璿纂修家譜，《家乘拾遺》則是緊接家譜而作的，篇幅雖只有數千字，但重點叙述了安氏家族自明初安枝（處静）起，經歷安祚（友菊）、安國（桂坡）、安如山（膠峰）、安希范（我素）、安廣居（廓庵）至清初安璿，數代人由起家、鼎盛而至中落的概況，提供了很多有價值的史料。作者直抒胸臆，語多感慨，大有往事不堪回首之感，其中藴含有豐富的社會歷史内容，封建時代大家族分崩離析的悲劇結局發人深省。另其中有關安國活字印刷的記載也作爲學術討論的文獻依據而被研究印刷史的學者多次引用。

安氏家族敗落後藏書散出，精本多爲同邑著名藏書家孫毓修所得，安璿手稿《家乘拾遺》即其中之一，故鈐有『孫毓修印』、『小緑天藏書』二章。

本書據清康熙稿本影印。

（朱　剛）

家乘拾遺

勝國初，膠山里安氏與俞氏、蔡氏鼎足而處。靜府君雖從安姓，而實耕聊一枝，遠於其間，俞蔡每每强役侮之，府君不爲下。里役舊推首甲雖理，俞蔡舉舉相撓，府君不爲難，鄉黨有事多造府君直我，有王彥方之目，令聞而賢之，推爲耆老。當是時，耆老尊重，冠服長揖見令，言地方利弊，無不聽，俞蔡從而服府君。延後寢昌，安氏盡有俞蔡業，而代其八役，三百年來，所存者一俞一蔡，沿至國朝，猶四十年不改。今拒安氏田，尚可守其故物，而宗族自散，他姓參錯，亂而不可復治，未必不非運之使然哉。

友蜀翁，爲祭酒府君遺緒，蕃昌而大之，宅後闢園，名曰藥樂。蓋翁好藥，而日樂於其中也。及贈公當室，翁并尊，委家政，愈眺東籬歌山之趣，公期以志養，廓其園，名曰樂藥，建堂曰弘仁，引水繞之，後列太湖石爲三老峰，前則從大池崛起假山，高百尺，峰巒洞壑，彷彿飛來峰，弘仁堂，猶冷泉亭也。又前建樓崇臺之上，曰遠攬，下臨假山，北望膠山，如翠屏，諸山崎嶇，拱虞山，遠照林屋田塍，錯繡檻外，有虎丘千頃雲之概。旁磊石爲洞天，石橋跨之，中構精舍，喬木修竹，遶屋周匝，如入深山，不知其在世間也。日接賓客，事詩酒，以娛其親，爲一時盛事。歷僉憲公、少峰君、元白，家嗣九三世，一以宦遊，一以家難，一以治生，不能日涉成趣，往有門設常關之歎。然而時時修葺，完好花木叢篠滋長，高岩巨壑，邈弗若也。屹屹二百年，所謂元白下世，以園屬妻諸州，蕪伐木丁丁，緊阜濯濯，石亦多爲有力者負之而趣，惟所謂如飛來峰者，以險峻，非竭汗血，勞不能縋斷，抵峙爲池中物，猶堪登眺，然四壁荒野，如弔古戰場，徒增悲歎而已。茅瑋嘗遊武林雲谷諸山，准之皆如是園，天地大劫且備，名山何有，樹區區一墻壤哉。

膠泉鴻後嗣二十餘人，俱處膠里西偏，有玄孫大已、石真、蘇獨寓蘸灯，疎壞其貌，適似贈公，頗負賢豪之名。其奔也，有辭世詩四章，可想見其爲人矣。其一曰：黄菊東籬轉眼香，匆匆何事趣歸裝，百年天地終爲客，兩鬢風塵況已霜，笑我欲吟秋愈瘦，憂時不雨夜偏長，蕭爐燈影依稀夢，月倒疎桐一枕涼。其二曰：茅舍泥墻屋數椽，村墟冷落自風煙，沿門抗稻中秋景，曲港黄花八月天，祇許身閒甘死後，未聞事了在生前，從今已斷英雄夢，子幼家貧放遣□。其三曰：腰帶寬人解自鬆，晴傷顏面不言中，添香侍寢相從淺，把酒聽詩喜漸通，恤我病衰勤料理，憐伊稚拙盡愚忠，辦花倚對屋梁月，起色滋他一朵紅。其四曰：山色秋來翠更嬌，枯籐八尺立林邊。何堪原憲貧兼病，不是陶潛醉欲眠。棋局久拋虛白日，釣竿空在繞清泉。月遺雖亂山荒盡，七十何妨少二年。時當元旦，湖田皆旱。杞人之憂，不獨病夫一人耳。康熙戊午中元，九龍山樵記。

贈公創業未定，而中道遇變，諸子析居，都未周備。山塆置有別業，頗極幽峭之美。膠陽公性恬静澹泊，擇而處之，甚智也。公年長子南屏稍豪放，不能安其所，別置寧齋，承事舊宅，而還故鄉，亩兩弟玉屏、九屏於山塆，毋何食貧不支，再遷周涇。山塆屋以千計，基大三十餘畝；周涇屋亦半千，基大二十餘畝，終三君之世而屋盡已，所存者不過數椽耳，廊落荒基，至今以賠粮為累。被安氏有山灞、周涇二支，後山塆有名馨字仲和者，徙江陰沙山，遠不通問久矣。此皆膠陽公裔也。

五峰公析居在膠里東偏，宅後有方壙，壙上有一鑑亭，亭後列怪石，為五老峰，故公以自號云。桂坡翁曾勒名於石，後移琴川某氏園，今亦在荒烟蔓草中矣。然勒名尚在，可手摸其文而讀之。公有三子，止生一孫，四屋俱廢。公曾孫習昭二曾力農苦掙，稍復故業，貽玄孫三人，俱不壽。来孫亦三人，晜孫亦三人。五峰一支至今長幼止六人，然宅雖敝，而世守有舊，門户莫不知為老五房云。

三

金憲公讓養廉莊為膠陽世業，莊在鳴城，沃野屋積，而田腴園治，而林茂附郭。郊居之勝，疑莫過之。子孫不守，棄諸錢氏，遷於萬庄。今萬在數家，而鴨城世業叩錢氏亦三易主矣。乃土人念舊，稱六房莊，不改云。

贈公七子，金憲、鴻臚、文學嫡出，稱上三家；五峰、膠崖、十峯三太學庶出，稱下三家。七府君出嗣之周涇，早世無子，不惟視上三家如霄壤，即比下三家亦雲泥矣。幸鄧節母茹勤，卿公於襁褓，得延一綫。萬曆丙戌，胝捷南宮，戊子奉差歸膠山故里，毋何，上下三家俱寖衰，而勲卿公以一藐孤振興四十年，生大令公，繼科甲，維持又二十年。自大令公殉國，歷興朝四十年，子孫猶張力固守，令則敗亡不可收拾，豈盡人事哉？元寬兄嘗謂叔勲卿公之德，宜食報天道，豈亦有不可信哉？夫亦有天焉。叔向曰：閔之公室將卑，其宗族枝葉先落，則公從之。肸之宗十一族，唯羊舌氏在而已。幸而得死，豈其獲祀？不淑然哉。瑨亦云然。

四

十峯君分宅在老五房左，與小峰君結訟，盡傾厥家，流闌外遁歸，棲身無地矣。嗚呼！由不能無悔乎？苟守其所分，業即非素封，亦可小康，以之適安，不過於素封乃敝人，遠以自敝，情夜思之，能無悔乎。

金憲公未第以前，賻公一鄉里布衣耳，遂能動公卿之前席，如（桂坡翁出世正嘉間）
滄白、茅平海、寇撫軍為請諸借箸，載諸誌傳，毋論已。嘗讀其
游記，見每一遊歷吳下名宿，祝京兆、文待詔
諸公必賦詩寫畫以寵其行，則所在有司必具舟車夫馬擁
篲前驅，文讌流連，何其異也。北游日，適楊文襄赴召，翁晤之於
京口，文襄拉同舟行，卜夫鄉維行孔驛疾，翁亦自謂如李郭之
仙舟也。及抵都門，廖太冢宰日與款洽，欲薦用於朝，翁固辭，問
所欲，翁欲攬勝京都，即遣吏相導，凡內而禁苑之可到者，外
則西山諸陵寺無不徧閱，其還山也，大老贈言，珠璣錯落緗簾。
先是，廖宮宰欽刻東光縣志，知翁家有活字銅板，以書幣來屬
翁為殺青，故弆藏最深。翁聞蓋時每訪古書中少刻本者，悉以
銅字板翻印，欲名知海內。今藏書家往往有膠山安氏刊行者，皆
銅字板所刷也。猶曾從賈人購顏魯公集，乃先世故物，翁殁後六
家以量分銅字，各殘缺失次，無所用矣。噫吁！分及案荊，宜其
憔悴哉！雖然，此季世事也。若翁賻公當日以一布衣重如泰山，
非其才具過人，何能臻是？夫亦扶輿磅礴之氣實鍾厥靈者歟。
不然，猶閱世幾五十年，何以謗旁求焉，如翁者竟不可得耶。
惜乎，僉憲中進士甫六年，而翁遽捐館舍，設遲其美所就更當
何如。 五

安氏之富，當賻公昔，名震天下，而僉憲遺早貴，入詞林亦極一
時之盛，不謂賻公短矣。僉憲外遷膠，膠陽癸卯兆亂，幾得而
失，氣運業已薄矣。而後膠泉人文氣與邑俱，尚書兄弟誠有
碩氏三龍，不若安門一虎之謠。然工聞世廟旨下籍沒，幸徐文
貞公在政府，竭力回天，然家已破。嗣後以十峰之暴戾，與僉憲父
子為難，亦致上聞，事雖得直，而家益破。迨少峰之殁，二研繼亡，
四孫俱幼，設天不生我勳卿，托孤寄命，賻公之緒餘盡矣，而勳
卿竟為之維持調護，保有世業，墳墓修葺，一肩擔荷，又能置
勉有孫，胎四房立東西八大家，迄至明季，尚食萬石，甲第連
雲。勳卿之功德可謂隆已。今則老成凋謝，田廬變盡，康熙丁巳
至賻公全□之墓樹不保，饗堂隨把損失，舊觀嗚呼安氏之
衰於茲已極。聞嘗聞諸青鳥云：膠山以龍從東去，無回顧情，水出
東面鎖口，雖佳，其勢亦流，所往陰陽二宅享有二百餘年福澤，
亦已過矣。又聞諸故老云，賻公晚年擬築東山池，使內向以修
文之召不果行，不然挽回造化，其敝或不至是。
安氏先世典籍悉藏元老長房，琨父欲請見而遂兆，未果，迨八
旬左右，覩宗黨之式微，悠時進瓊而與之偏。令思古間出所藏
相示，有祭酒公遺囑，田止四百畝，興祚祉二子平分，又有承事 六

公遺屬田已四千畝與邦國二子平分業十倍於所授矣及辰
贈公分素衰然減冊屬於江府印鈐田至貳萬畝他物稱是約
亦十倍於所授三嫡三庶四六泊泊而七府君出嗣周涇不與
焉各守遺業柯泰素封乃家難迭起五枝並萎惟僉憲公以崖
遊自振獨存萬石一子二孫守之無斁雖曾孫四分公室鼎革
後所缺尚無幾也今則僅比承事公所遺之數矣勳卿公以孽
子亢宗不受僉憲公亢泥之封第得七府君嗣產二千石末年
亦擴萬石以子分析日銷月耗諸孫所食僅比參酒公所遺之
數矣至於膠山里第遷自洪武中延及三百年嗣有四大宅而
清遠堂最古蓋承事公廳事也貽贈部公意小之擇中而建裕
貞堂貽僉憲公而以清遠屬鴻臚公鴻臚意又小之即左偏而
建致遠堂鴻臚殁有六子而不宗并清遠歸僉憲僉憲以裕貞
貽冢孫研泉以致遠清遠貽次孫研亭巍乎壯哉修為息焉真
神仙洞府也其東偏一宅彷彿清遠者亦承事所建貽長君寧
齋後嗣不宗售贈公三房誼孫考屏自我得之即自我失之易
與勳卿公勳卿舍舊圃始建大全堂樸素渾堅雅越諸堂貽
大令公坐享五十年清遠堂授研亭孫子守至六十無端予人
負之而去旁有簡暢齋表石疏窗前後廣庭亦舊物也自堂一

七

去而其餘不復留矣致遠堂授研亭季子七十歲殘堂尚無恙
今則七子紛紛議棄堂不舉衰矣不止旁有秋芝堂白榆
閣貝葉菴墨顛齋含暉樓皆名勝也似尚可延裕貞堂授研泉
嗣君旁有東雅堂養和堂餘葉青弘仁堂玄攬閣寄暢齋清磬
齋雖存亡相半而諸子孫視如敝屣去留正未可必也天全堂自
大令甲申之變不類泰寫卅餘年矣志死家不命涂多外一身
躑躅壯子早亡餘男孱孫日夜競競懼不克保庚申春饑毅毘
陵蔓此堂崇宏一木不支右柱脫落而屋端然不動方奔呼搖
理而右柱忽屹立如故諦視閒見一官人幞頭繡衣緋細堂上
若陰相之者以四堂今日之勢合諸不類春夜之夢夫全其後
亡者哉於戲星七而墮之其火傳焉遙乎熾哉其勢不及漸至
奄奄一熄夫道循環固然也但俯仰之際不勝噫歎聊且伐
千秋是見論此典籍散佚毋論田廬舊觀不可復覩即紙上陳
言亦難再觀故為備言以備後世之觀覽焉

八

毗陵遷錫唐氏家乘

（清）唐錫晋　纂修

《毗陵遷錫唐氏家乘》十一卷附一卷，（清）唐錫晋纂修，清光緒三十三年（一九〇七）木活字本。

唐錫晋（一八四七—一九一二），字桐卿，号潛叟，無錫人，華甫公第十七世孫，東門支。光緒十四年（一八八八）以恩貢授安東縣教諭，後坐劾安東知縣貪殘，同落職。兩江總督端方等奏復錫晋官，改銓長洲，後以輸金助賑保道員。平生多致力於募金義賑。錫晋治賑，自乙亥至辛亥，凡三十有七年，其賑地爲行省八：山西、河南、江蘇、山東，以及陝西、湖南，東至吉林，西至甘肅；其賑款過百萬以上。義賑之遠且久，無過錫晋。殁後衆思其德，受賑各省咸請立祠祀之。

宋元以前唐氏祖先可考者甚少。始祖華甫，宋末元初人，仕元，自高郵遷居武進。孫誠之後，族分五大分。明末清初，族裔陸續徙居無錫，衍分八大支。唐氏族譜成於萬曆庚戌（一六一〇），順治丁亥（一六四七）、康熙丙寅（一六八六）、雍正壬子（一七三二）皆有續修，此爲光緒續修本。是譜輯録南門、東門、黄泥埄、西門、惠山、歡喜巷六支。卷一序、宗規、條例、義田、祠記、祝文，卷二至卷四世表，卷五至卷八誥敕、祭文、墓志銘，卷九卷十傳記、行略、壽序、輓詩，卷十一世表，附卷爲墓圖。唐宗愈、唐宗郭、唐君遠、唐翔千、唐英年等皆出此族。

本書據清光緒三十三年（一九〇七）木活字本影印卷一、卷五至卷十、附卷。

（陳小青）

毘陵遷錫唐氏家乘

唐氏族譜序

吾唐自余小子鶴徵而上所可知者凡七世云七世祖諱華甫爲高郵人仕元爲治中志不樂也時其姑適於夏家武進之白鶴溪治中公渡江依其姑居焉唐氏遂爲武進人或曰夏其外氏也至今白鶴溪有夏氏夏氏宅南有墓曰唐墳不復能考其墓爲何世矣七世祖生二子長曰汝文次曰汝章汝章有子曰俊民首登洪武進士榜麗謫籍絕矣凡爲唐皆汝文府君後也唐故無譜嘉靖中有諱涯者草略記其支系行事先大夫荆川府君欲修之不果姪孫一麐欲修之又不果誠重其事也余小

子不敏何敢肩焉以丁卯與兄大卿同領鄉書族人喜爲之飲食以相勞余兩人亦觴以復之凡唐之勝冠者無不赴也歡會累日恍六七世之祖儼然生也既而余族凡爲小會余若有著存也者同祖之兄弟子姪集則祖若臨之同曾同高之兄弟子姪集則高曾若臨之此何故也今日諸人之精靈故昔日一人之精靈也特合之而上則愈親析之而下則愈疏爾聯之親疏之間而恒若總於一人譜也今吾上之所可知者僅七世下之所可見者僅五世已不勝其疏而散矣譜烏可已也既而余以禮曹郎予告歸題銓次其支裔裒集其志狀其草略具然而中

有以外姓竄入吾唐者有以本宗逸出他姓者又有譜不稱絶而子孫竟不知其去向者有譜雖著名而尊卑竟不知相避者臚列以示諸弟姪令詳考之皆未有復也丙午之歲余叨補南京太常余姪傚成迺鋭然舉前所疑一一考證族人片紙隻字有關於譜者悉羅而致之絲分縷析傍引曲援閱歲而譜就唐之支裔世德蓋秩如矣燠如矣傚成謂余嘗有一言以發祖宗之遺而諗於族余惟有譜則有叙舊矣異姓爲之則多褒美同姓爲之則多戒勉然或取法於高賢貪戒於異姓如馬氏之訓子蘇氏之紀亭在余族不必也由吾祖宗之所爲以觀吾

祖宗之所不爲斯足矣吾祖宗以務本力穡起家以詩書紘誦立教以禮義廉恥範其行而不鶩爲說也以孝弟雍睦施於家而不私乎已也以坦夷遜讓行於鄉而不爭其利也以忠藎直亮效於朝廷而不鬻其名也故有聞於天下者天下稱之爲君子有聞於一鄉者一鄉稱之爲善人祖宗之所爲如此先大夫又以聖賢之學擴而大之今日子孫能一一述之乎若忍心悖理陰翕陽施挾智舞文混名亂實貪昧躁競反仄傾危宣淫藏慝背倫傷化居官則殘黷其民居家則朘削其鄉非獨不萌諸心乃其聞之而痛惡望之而遠遁者寔願其子孫有之

此固吾唐氏所以日引月長多歷年所而繩繩蟄蟄蕃以其仁厚一脉取盈造化也然問其官尊者未逾四品其通籍而殖者多矣問其業富者僅以千計其扶鋤而餓者多矣造化豈獨厘我唐氏不使若他姓之驟起哉蓋嘗觀之水矣溝壑之間雨集輒盈雨止涸矣長江發於岷山其爲涓涓者不知其幾千里而後足以濫觴其可濫觴者又不知其幾百里而後沛乎其萬里而走海也厚植而嗇用之天之保佑我唐氏也至矣余方恐唐氏之子孫失祖宗之意植之不勤用之太奢以賈我祖宗之積也安忍與他姓校一日之盈涸哉自余爲邑乘見毘陵之

唐頗盛於宋登甲第者十有九人未知其出於一族否何今日之泯泯別無一唐也高郵去武進幾五百里且界天塹毋論夏之爲姑爲舅非唐女夏則夏女唐吾唐時方食貧豈暇遠爲繫援若今之好事者乎必吾唐故爲武進宋末屠戮盡死忠義偶獲逃生流徙北去至我七世祖去鄉未久其姻戚猶有存者故舉室歸而依之復我邦族不然何今日高郵亦無一唐也先君子之存也宇內之唐悉相攀附先君子皆善爲之辭其慕古之顯人而冒爲之後有識者所爲大劇今無可考余何敢謂今日之唐卽宋之唐以去來之故徵之萬非無因也詩禮衣冠之傳

或有所自來余烏忍斬而廢諸至長房一支曰昕次房一支曰
㷆方其生族人共黜之今其死族人共收之此其故不可知也
統俟後人更有考焉

萬歷戊申歲次六月吉旦

賜進士出身中憲大夫

兩京太常寺少卿八世孫鶴徵百拜書

吾唐族譜成於萬歷庚戌修於順治丁亥復修於康熙丙寅計丙寅至今四十七年矣爲時久遠老成代謝新齒繁生其歿者不記其阡生者不存其字甚有生子抱孫而名未登於譜者失今弗輯遺漏舛誤日益滋多竄宗奪嫡之嫌由之以起後有繼者或苦於考據之無因一本之親漸同行路亦理勢之必然也余自丁年束書宦遊都下垂五十年其間需次家居前後不過數載一行作吏簿書勞勩日不暇給未遑復及其私己酉六月適以左都御史暫理直隸總督印務弟神駿姪知夔偕來省視居數日知幾南歸因以譜事相屬踰年始寄稿於保陽官署往來參訂又踰年而告成此四十七年間吾族之添丁育嗣者既得不漏不遺續名於祖父之後而支派淵源有條不紊後之有事於譜者不患其久而無徵此余之所深慰也余稽祀典宗廟之制自天子至於庶人各有定數士大夫之家例及高曾祖禰乃上及十世或十數世吾先人豈有過焉亦以士之子恒爲士業以科名世其家則望其後之人日引月長綿詩書之澤於弗替耳故非舉於鄉登於甲者不在祀典而至日之祭則以科名主之執酳執爵趨蹌奔走者即以吾宗之博士弟子員及試於有司而可期其進取者與之從事歷世以來未之易也乃創爲

異說者輒以科名爲不足重夫亦訓其子孫身入仕途潔清自好無致貪汙敗檢以貽祖父羞斯可矣概欲從而棄之獨不思今日之廟貌猶新儼乎在上在左右者皆昔之策名天府通籍朝端者乎此顯然與祖父操戈而好勇疾貧已不能不失聲於破釜此豈善承先志者哉維古盛時州有庠黨有序家有塾所以教人之法甚詳且備今皆廢此而又父兄之教不先求其知所向方內行醕備者指不多屈復以曖昧之過錮人於宗族鄉黨之間忍而不可爲也今日之譜所謂容抵弗類細告可原者概予存留以不失

唐氏家乘 序 二

祖宗慈愛之意而吾族之登斯譜者毋得假以自寬務各讀書務本飭躬砥行使吾
祖宗之澤益綿遠而無窮也余小子有厚望焉
雍正十年歲次壬子閏五月朔
賜進士出身光祿大夫兵部尚書十三世孫執玉百拜謹識

族之有譜非徒溯本源明支派夸耀閥閱已也固將率履乎前言步趨乎往行以無墜祖宗之矩矱長留孫子之儀型焉有如一人爲善則尊長優禮之儕輩導揚之卑幼敬服之其人將激揚鼓舞益自進於善一人爲不善則尊長訓責之儕輩董戒之卑幼諷諫之其人將感悟愧悔以自遠於不善有喜則舉族賀之有喪則舉族哀之有患難則舉族憂之有煢獨則舉族恤之有受侮於人者則舉族共禦之有受躓於人者則舉族共起之夫然後睦婣任恤友助扶持古之行於同井者今猶得行於同宗藉以肅孫子之儀型而無偭祖宗之矩矱者皆譜之力也吾

唐氏家乘 序 一

族自高郵遷常者三百有餘年由常遷錫者二百有餘年子姓繁衍散處城鄉或更出徙他邑咸豐庚申粵逆從金陵下竄常錫皆陷焚掠所至譜牒散亡亂平晉偕心齋從兄誠培按籍搜羅遍歷邑境旁涉蘇松諸郡采訪所及爲之披圖籍檢載記甚或拂拭木主求其世系與生卒年月五閱寒暑得華甫公後由常遷錫者凡八支遷東門祖玉裕公諱獻赤爲華甫公十世孫遷南門祖仍山公諱思祖爲華甫公十一世孫上溯毘陵郡合無間餘若黃泥埄支西門支惠山支歡喜巷支與鄉居之袁墅壩支宛山蕩支各有抄譜相傳兵燹後書缺有間不能直接統

譜而於華甫公各有世系相屬晉恐其久而湮沒將後之視今愈不及今之視昔因爲裒輯考訂都爲一卷附刊譜後譜其所知闕其所不知不敢蹈末俗斷足續鳧之習仍未失先王敬宗收族之意俾後世列是譜者咸懔然遵祖宗之矩矱確然立孫子之儀型相勸相規胥奮於善之一途近之爲鄉里式遠之即爲邦家光焉是則跂予望之矣

光緒三十有三年歲在强圉協洽日躔析木之次

敕授文林郎　誥授中憲大夫四品銜在任候選知縣長洲縣

教諭十七世孫錫晉謹序

唐氏宗規

祀典 計二條

一建祠本名義學自五世而下甲科貢三途從祀外其徵辟薦舉封贈恩廕（已出仕者）武甲武科與欽依實授六品以上（遴授不在此例）及例監儒吏雜流出身京職七品外職正印官七品佐貳官六品以上皆得從祀

一例得從祀者俟服闋後公祠置主其子孫設祭一壇擇吉告廟入主

祭祀 計七條

一黄塘祭掃額定清明日十月朔乃見及時孝享且便族人共曉不待傳單主祭用族長

一素齋公創造黄塘祖塋子孫世蒙其澤今千僧孤隴賴爲茂草能無愴心每黄塘祭掃次日管年人設奠往祭匪云報本亦以繼述吾祖父愛敬之志事也至於護持封植爲其祠生者既叨餘廕尤宜加意

一冬至祭祀年未十五者勿與（已入泮者不在此例）居喪凶服者勿與（管年料理不在此例）凡與祭者須前一日書名以便序分序齒祭則唱名入班燕則依次就坐如本日到者原無預設不得與燕

一祠中主祭分獻用將來例得從祀內分尊者以仰承前人
創立義學激勸後人之意其族長及有衣冠者俱得陪祭
位次主祭後如偶值乏人卽推衣巾內分尊者主之
一贊禮讀祝各一人俱用衣巾每人給紙墨銀貳錢
一執爵每龕一人儘用衣巾次擇膚敏者補之其餘族人俱
靜候唱名序立堂下行禮
一祭饌設飯每桌六人用二菓六盤（肉二雞一肝腸一魚一蛋一）一湯一
點大酒三觔飯一盂（除酒米外每桌定價銀四錢四分）飯畢待尊長議事
而後出不得諠譁躁率以乖禮讓

祠宇 計五條

一朔望凡屬子孫俱應參拜到者親書祠簿若管年人則焚
香點燭掃室淨几皆其職也每次議輪一人曠者罰銀五
錢
一享堂廳屋除祭祀朔望及公事公宴外概行鎖閉不許擅
開如有族人在內作寓搆訟酗賭及招引他姓雜處者罰
銀三兩守祠家人重責三十板罰飯米一箇月
一檯櫈什物額有定數不得擅移出祠如族人强借者許守
祠家人稟管年人清理不稟者每次責二十板如有各分
家人擅自借出者本人重責二十板守祠人倍責
一守祠家人非公事差用族人不得擅遣挾私凌轢者族人

唐氏家乘 卷一 宗規 二

共擊之若守祠家人凌轢族人者重責貪利奉行私遣者
亦查出重責
一修葺祠宇務要堅緻牢實其應用木石工費同各管年人
從公估計清算入册虛糜者管年人賠補

墳塋 計二條

一墳塋乃
祖宗體魄所藏子孫自宜加意培護卽樹木間有枯壞者管年
人須於掃墓日公同驗實擇吉親往剪伐以供祠用如有
不肖族人私行採取者嚴追重罰
一黃塘
祖塋既奉有明禁其四周田地凡屬吾家原產應漸次贖回或
賣入公祠以護墳塋倘有包藏異心或爲一已私圖轉向
他人射利者明係違禁聽合族共攻以
官法治之

倫範 計四條

一立身孝悌爲本除祖父惑於繼娶兄弟間於異母尊長起
於挾私欺詐聽公議處分外如有犯不孝不悌父兄指事
告祠者重則送
官律治輕則祠堂責處如父兄怯懦隱忍聽族人公討之
一吾唐淸白傳家各宜禮義自守卽語言悖謬意氣凌人已

唐氏家乘 卷一 宗規 三

失
祖宗之舊廕其訓飭之至有敗倫蔑理上烝下淫故爲賊盗其
事已露者誠情法不容
祖宗其棄逝族首
官依律重處仍行削譜
一族姓雖繁以
祖宗視之總屬一體即有小隙各應忍氣息爭若大事難容亦
須稟明公祠候管年人出單集議稟到兩日內出單十日
內集議管年人不得遲玩如規避不到先治抗規之罪後
論曲直究治如必應告理者公議聽告若屢喚不到嗣後

不許入 祠至公事興革俟冬至併掃墓日議奪
一夫婦人之大倫配必以正如以賤爲姻以娼爲妻及干名
犯分有礙律例者俱應依律離異如負强不服告
官治罪至於身充賤役及甘爲人僕者戒諭不悛則祠堂內痛
責之削其籍譜
優禮計七條
一童生入學者給襴衫銀貳兩祠生給襴衫銀壹兩不給膏火鄉
試給路費銀貳兩今加壹兩登科者賀銀六兩會試給長
夫銀拾貳兩登甲者賀銀拾兩其旗竿公宴等費臨時公
議酌用毋致虛糜鄉貢者賀銀叁兩廷試路費銀陸兩不

赴試者不給路費
一武途入學者給襴衫銀壹兩科舉有名者給路費銀壹兩
鄉試中式者賀銀叁兩會試路費銀陸兩登甲者賀銀伍
兩不赴試者不給路費
一族長一族之尊也不與優老同例歲給代帛銀壹兩今給米
以示尊尊之意年未六十者減半七十以上加銀伍錢八
十以上加銀壹兩九十以上加銀叁兩
一年高六十以上者歲給代布銀叁錢今給米七十以上者歲
給代帛銀陸錢八十以上歲給銀壹兩九十以上歲給銀
叁兩百歲給酒菓銀拾兩入仕者八十以上照例女人九

十以上照例
一孀婦自三十以內守至五十以外砥節無玷者歲給優恤
銀壹兩今給米其餘不給
一孤兒無倚者親房族人應曲爲之所仍公議量給布芭之
費十八歲以上者不在此例
一孝弟忠信行檢端方合族欽服者開舉一二人給代帛銀
伍錢以示激勸即於冬至日舉行已舉過者五年內不必
再舉
訓課計二條
一生童四季會課二文一詩壹等給筆墨銀叁錢首名加貳

錢貳等給銀貳錢叁等給銀壹錢管年人同族中老成人
監試試規另布其文義超卓者出仕人量加獎薦以示作
興
一舉貢生監歲給膏火銀貳兩米今給 武舉武生員歲給銀壹
兩生監休告者歲給銀壹兩不與祭者減半遇正考不得與祭者不在此例
給膏火者不給優老若年至八十者給優老不給膏火㸃
生不給溧陽族自有嵩祠彼應例給外生員來與祭者各
給銀壹兩共給路費銀伍錢

捐助 計二條

一入仕籍現任在京六品以上歲捐俸銀叁兩四品以上歲

捐伍兩在外七品以上正印官歲捐俸銀拾兩佐貳官歲
捐叁兩各入祠中公用以酬
祖宗之恩以廣子孫之惠
一捐田至五十畝以上者俱得從祀 凝庵公以彰高義

管年 計五條

一祠田捐自 凝庵公每年輪其嫡子孫一人司事另推族
中賢能者一二人輔之其田屋等契暨 撫道給帖合置
一匣每年輪交收掌管年人各給米四石用酬主僕往來
供給路費以免零星開帳
一管年既係公舉賢能便當顧名思義況事關

宗祖本宜竭力盡心凡祠墓公事及財帛出入應比自己私產
加倍着意如有怠惰誤事者是爲不能侵漁害公者是爲
不賢眾議更易宗法必行
一管年既係公舉身任不得有名無實如有事遠出告祠另
推弗躬弗親非所訓也
一每年田租房租等項入若干用若干存若干逐一開明須
於交盤前兩日大書粘壁與族人共目不獨任事者無染
指之疑而事外亦無反唇之譏矣
一交代帳目定於兌漕後集上下管年并族長與二三老成
人監算明白置簿付下肩以便稽考其逐年帳目并大小

什物俱於交兌日點明倘有缺失責在典守如交帳過端
陽罰銀貳兩

財用 計十二條

一完糧每年分嵩責管年人依限全完將庫串驗明交付下
肩不許絲毫掛欠除開徵東道外不得復開另項使費如
有短少差訛責在本年下肩不管如有預徵下年新餉不
容延緩者現管人料理不得卸擔下肩致滋挨捺使費
一兌漕除正米若干耗米若干例費銀若干外不得另開別
項花分使費倘因遲兌多費俱係管年人挪移所致不得
一毫濫入公帳

一冬米收貯祠中不得從管年人之便至夏麥則管年人入鄉就收每歲酌定盤費銀壹兩因時值農忙恐妨正業也米麥不許濫惡斛斗期在持平如遇年荒管年人約上下管年公同踏勘面定分數以防隱匿徇私

一夏麥隨收隨糶冬米惟應用者貯存餘俱於冬至前盡糶不得作弊減值亦不得徇情挪借犯者管年人公議罰之

一收租自交帳開佃欠一欵在佃戶起延捱拖賴之心在管年有朦朧侵匿之誘累歲漏戶既多公祠耗損何極夫管祠既已分年收租各有專責除豐年免限凶歲勘荒公定分數外務在照額全完並不許升合掛欠郎有佃戶意外

之事萬不能依限清完者亦必估價立票粘交盤册內以便下年清討其下肩收租時須先扣完陳帳後算新租

一租簿三年合立一册以便上下年查對仍刻租票給佃戶候查以防討租人匿收

一偶遇荒歉理應量入爲出夏冬租税首完
國課次酌祭掃其祭餘設飯及膏火會課慶賀路費優免恤孀管年飯米等項應減應停先期集議不許揭債廢產如有透用管年人任賠下肩不管（管年一歲効勞例不與諸項同如諸項全停管年減半諸項減半管年減米一石）

一祠費日繁致廢　凝庵公原捐田額理應竭力滋息漸次收贖每年務須節省贏餘酌除麥前公費數金外郎於交盤日公議或贖原產或置腴田或擇信義可託者交付生息郎以存餘之多寡爲管年之優劣族長及老成人公議賞罰

一祠田有原係族人佃種者必須早清租額爲各佃倡如或恃頑拖欠米麥夌轢值帳郎爲
祖宗罪人除祠中嚴懲清追外其田勒令退出另召異姓佃種其有原係異姓佃種退出者並不許族人接佃以滋葛藤

一房租原有定額管年人須逐月清理如守祠家人侵用嚴查追治

一一應公費悉照規條務求確証此外不得分毫借題虚費設有萬不得已事亦必酌情理饮當衆所同然者毋狥一二人鼓煽以遂其私

一宗規既經公同釐正斟酌詳明刊布後族長族望及管年人務宜倡率族人永遠恪守公祠行事無小無大逐一遵行當事者不得意爲出入同宗者不得妄議紛更庶不負
太常公創建初心以敎
祖宗來仁讓一脉

唐氏家乘卷一

條例

一

誥勅

朝廷巨典也士膺一命輒以爲榮况此綸綍之煌煌者乎宜載之以垂不朽

一吾家以理學經濟顯名當世者卽歲久猶在人耳目有一二扶植名義振拔鄉曲而稍稍湮没者誌銘不存也夫祖宗懿行胡可泯滅悉宜記載之以爲子孫式

一隴墓子孫之所世守也間有不再傳而罔知祖若宗之塋

地者世守之謂何當各識其隴墓之所在使有所考至於黃塘一墓乃通族發祥之所關係最大已經告縣禁約勿得混入以紊昭穆致傷風水若其祭掃無缺松楸無伐則又在我子孫之至情決不容漠然者矣

一夫婦人之大倫故配必名族合必以正謹其始也卽令再醮之婦亦必擇其操履無玷者娶之有等出身下賤經事數姓既配合之可苟何名節之足愛彼且居然以爲妻則族人將儼然以爲姆且嬸乎名號不正稱謂實難所宜擯而不序者也至於生子之妾只宜於所生子名下附註以便稽考庶不泯其所自出而亦不至匹嫡云耳其或族中親戚子女分次不相當者律有明禁不可婚配已往不究將來宜戒

一傳云諱名不諱姓豈獨父也今儼然同族而其名敢犯以弟冒兄以姪冒伯叔豈詩禮之家所宜有乎除已故弗論外見在者悉令卑者改正其或名屬二字尊者以此一字爲行而卑者偶移此一字爲名尊者以此一字爲名而卑者偶移此一字爲行及行輩相等而一字偶同者難以盡改姑容別議若夫命名既定刋布已成而遇考屢更至按名不知其何人者最爲可惡尤宜嚴禁

一古稱三達尊不獨爵與德也齒亦與焉彼出身科目致位

通顯及志行純備者或誌傳可傳足垂不朽其他優游壽考潛隱弗耀者亦山林之逸叟也自六十歲以上並宜誌之以見尊高年之意

一有以兄弟之子嗣者當於兄弟名下註明第幾子嗣伯叔某人某人名下更註明以兄弟某人子來嗣庶不有誤其或兄以弟爲嗣伯叔祖以姪孫爲嗣者俱於分次不相應不准承嗣

一族中有外姓入嗣者當卽於其父名下註明無嗣因取異姓親人某守祠謂之附系使後世亦得查稽弗致有碔砆之亂克承兄弟甚相友愛不乘唐氏之恩故並載之俾亦不得以爲例

一族中有出嗣外姓未即歸宗者且於其名下註明出繼何氏以待嗅回其或流徙他鄉世久恐湮亦當註明以何時徙何地使後日欲復本宗歸故土者不迷所自族人亦得執所自而查考焉

一族大則繁繁則容抵弗類細售可原也有等顯然作奸犯科及廿爲僕人者祖宗之罪人不可入於家乘並宜削去其子孫的係支派能蓋前愆者或別示容留庶幾不孥之意云

一據今譜之所載存者猶數百人有奇遡其先孰非一

治中公之齒毛膚髮乎乃有骨肉傷殘推刃下石意向一相左而遂至身世矛盾妯娌一弗睦而不勝體面破傷甚者左袒他人以洩其私忿藉手外援以助其逆鋒同胞等若路人同堂且視爲仇敵如蠻如髦流之必至何以對先人也夫尊卑大小名分截然即疏族亦不可紊而况於屬在期功者乎嚚陵詬誶犯上亡等又何以訓有一於此族長重斥不宥雖鳴之官可也

一所貴於賢豪長者爲能排難解紛也而况於族乎或事可以言而弗言可以救而弗救袖手旁觀一味使乖而不恤其事之敗者固仁人所不忍也乃有一等名託慷慨實懷奸譎耽耽然伺族人之長短而持之搆釁揚波使彼父子兄弟各不相容而我獨於其間賣恩覔利此又不仁之甚者也最爲可恨亟宜攻之以示懲於後

唐氏義田序

范希文先生云祖宗積德百年而發吾身吾一身即千萬人之身其本於一人者也豈貴賤懸殊而往來之情遂濶故有千金飾衷馬而族之貧者衣懸鶉伯叔昆弟有足帖帖居門下而比眼如不相識者亦勢使然也識者蓋恫乎傷焉易曰天與火同人君子以類族辨物義莊之設有由來矣爲之合之祖以生其敬其爲之肅之禮以祛其媮惰爲之燕樂飲食以洽其懽忻爲之補助周恤以供其困乏善爲之賞不善爲之懲有文而儁秀者爲之異其數而厚其糈此即古大宗之法踵其意而爲之者也顧宗法操於上之人凡族俱饒爲之而義田則非富家巨室

不可產厚而慳於財與產薄而限於力者均之讓未遑也古今侈談盛美者首希文先生希文清風高節振一時顧妻子僅足衣食何力而能辦此迨觀記載宋之幸馭其臣甚厚知希文出將入相垂四十餘年迄今蘇之范氏猶食其餘貲嗚呼此希文爲有宋第一流人物也而我外祖荆翁爲一代儒宗無負郭田二頃而我舅氏凝翁繼之守其貞操幾五十年不變一旦捐田三百畝捐金六百置屋一區以祀乎先而贍乎族以視希文何如耶厚而慳於財與薄而限於力不足爲希文與翁道也范於今爲易代聞其風猶令人肅然起敬也唐氏子孫入翁之祠覲翁之親食翁之毛木本水源之思將必有愀然動者矣夫以所發之身贍千萬人之身要亦本我一人愛子孫之心而推爲之人各尊其祖敬其宗則祖宗之靈快然而翁之靈亦快然第尊其祖敬其宗又豈在趨蹌俯仰間哉修其身弗僻於淫務其本弗荒於嬉思吾祖宗之所爲而勿爲吾祖宗之所不爲斯亦尊之至敬之至者矣又翁嘗謂予吾之捐此與他姓異義莊當啟爲義學何翁之眈眈於詩書一脈也大抵子弟之率不謹亦父兄之教不先無理義以浸其心而欲人之善良不可得也願其詩讀其書弟子恂恂不失我荆翁理學衣鉢輾轉相成而永稱清白世家此誠翁之至慮予願唐氏子孫勖之也曰至渭陽悠悠我思嘗靜念我翁夙望厚抱仁心已任睦族廣仁祇其一節

後必有興者矣而家道中落幾不支孫獻可又捐田百畝以祀其本支黃門公以下數翁是眞厚本之思尤爲可風余并及之以驗我舅氏世好行其德如此

賜進士及第正治上卿資德大夫禮部尚書兼翰林院學士協
理詹事府事前編纂
起居管理
誥勅纂修
兩朝實錄
經筵副總裁愚甥孫愼行頓首拜撰

義田呈

直隷常州府武進縣安上鄉十九都三啚具呈人唐瑞徵等呈爲置義田設義學懇立戶額以垂永遠事瑞徵弟太常寺少卿唐鶴徵五世情曾一生砥節爰念源流用敦族誼捐田三百畝捐金六百兩立爲義莊贍貧訓族竊思族繁則心難一不無侵撓之虞丁衆則力各分更有征徭之慮必奉憲文方可垂遠非敢比范文正之高風竊欲援毛船諫之成案懇臺俯念公義一體准行以唐義莊開立爲戶造入本縣本啚本甲串下關領由帖辦納稅糧一切編役照例優免實爲恩便爲此通族連名具呈須至呈者

萬歷四十四年八月　日具呈族長唐瑞徵

生員唐繼寅

唐儆成

唐儆清

唐際可

唐文斗

唐德宬

唐德昇

唐中生

唐字昭

本府掌縣事通判孫　批　看得本宦歷任以廉介自持居家以孝弟爲本捐恒產充作公田出囊金創置義學周濟宗族之貧難教訓子孫以禮義清風高誼世代仰承其所應立戶名以便輸將擇承管以稽出納更當頒條教勒碑銘悉聽本宦裁處以垂永久

本府知府劉　批　看得本宦理學世其家傳清白濟其世美立朝則芳猷亮節世仰斗山居鄉則懿行清修人推月旦年彌邁而德彌劭家非厚而誼甚高捐產捐金以養以教思隆一本義重千秋既經該縣履畝而勘其田又就塾而視其學里鄰族生公結可據附甲立戶故事可援似應照

例優免編役以崇義舉而勵世風者也

欽差蘇松兵備帶管常鎮道高　批　唐宦置義田義學此其高義豈讓古人立戶免役當俱如議仍候撫院批示行繳

欽差巡撫右副都御史王　批　本宦清修亮節又以俸餘溉及通族之雲礽蓋自文正公後不多見也田畝既經勘明准照例免役以高其義餘聽本宦裁處行繳

義田優免帖

直隸常州府武進縣爲增置義田照例優免以宏臺規以垂世守事蒙

欽差巡撫都御史王　批發本縣安上鄉唐泰徵等呈詞前事呈稱故兄唐少卿於萬歷四十五年捐田三百畝捐金六百兩置造樓房基地叁畝陸分創立義學訓贍貧族先蒙

院道詳允行府帖縣照例免役迄今三載乃時當易簀遺命孫男監生唐獻可復捐田百畝以厚黃門以下親支併入義祠懇准行縣入本啚本甲唐義祠內輸納稅糧優免雜役給由帖照等情蒙此仰縣查明併歸義祠戶內報等因蒙此隨經帖差操官

萬漢卿會同原呈唐泰徵里排黃文化等查勘結得故宦太常寺少卿唐鶴徵果遺命孫男監生唐獻可復捐田百畝併入義祠訓贍黃門以下親支取結在卷緣上年推收已定會計已編未經優免今據生員唐傚成唐宇昭等手本稟爲懇恩一併立戶給帖免役以便永守事稟稱唐義祠雖經立戶徵收而由帖未給徭編如故今正當會計之時理合照例優免乞將前後義田肆百餘畝基田叁畝陸分一併收入義祠戶內輸納正糧豁免雜役一面申繳

撫院一面給帖本家等情據此查得故宦太常寺少卿唐鶴徵前置義田叁百畝樓房壹所基地叁畝陸分先經詳允續增義田壹百畝今既勘明擬合給帖爲此合帖前去給本宦在於唐義祠戶內照例優免徭編雜役施行須至帖者

右帖仰唐義祠准此

泰昌元年十月初一日

吏王永隆承

唐荊川先生祠堂記

武進荊川先生弱冠魁南宮以道行文章鳴天下嘉靖庚子建言削籍歸草衣木食若將終身焉會倭擾東南先生從田間起視師海上尋進右通政巡撫淮揚卒以勤事死提學耿公同巡撫謝公操江洪公巡按董公僉議先生於德於功當特祀遂創建祠堂祀先生於鄉頃之先生之子太常君某始詣不佞爵爲記爵薄劣不足以知先生姑按先生始末論其世焉竊惟先生躬蓋世之才負王佐之望乃其沒也弗獲勒於宗彝祭於大烝而僅僅從鄉曲之議捧土揭木而襲師儒之俎豆先生之不幸也世之望先生者未止此也世人望先生太高責成功太速多

斷斷不可於晚歲之一出夫是處而非出也果哉沮溺之所事守也古未之前聞也或曰孔子則嘗以不仕悅漆雕開矣夫開自以求信悅耳奚不仕之足悅且信亦難言之孔則自信以管樂卒爲管樂孔子自信爲周公未嘗爲周公而亦不以其故貶聖事固不可以膚論也况今天下一主東西南北惟天子命民人社稷量力而共猶之可耳有如畀之以金革嬰之以寇難而逡巡揖讓猥以未信爲解此其爲易耶難耶壬癸之交東南何等時也戰骨燐於野而檻車復相屬於道當其時舍清冷之淵而親焦頭爛額之危知者所不爲也而先生以十五年不爐不扇一菜一葛之夫安所取資於世而險難其身以博功名如是此其自信審矣所云自信者亦曰吾斯云耳及其成功則時與命參焉昔者以漢武之雄畧匈奴猶嘗死疾鬬不衰止而從容稽顙于甘露之朝世遂以丙魏之優於衛霍也而不知其襲衛霍之餘威也時之所會非但寇有惰歸事有挺緩即兵將亦有不鍊而自精韧論亦有不爭而自定之日當先生之爲將彼未竭我未盈僅僅適相當而止而李胡兩司馬卒收其成雖然使李公當先生時兵氣囷囷未揚廟灣孽虜安能保困獸之不鬬使先生而胡公者叛人未繫組而身已伏歐刀於市矣故曰時也大抵先生之聰明膽勇强力忍詬雅類王文成文成乘義士之銳乎烏合未定之賊於呼吸反掌之間故似難而易先生以

孱將弱卒破人自爲戰之賊於鼓衰甲弊之後故似易而難而至其桑榆未收棟梁已壞出師幾時遽有志決身殲之痛道之不行也天命之矣先生縱自信能信於天乎夫隱非難也求志爲難枯槁之士求泉石得泉石如求以行義達道而可以必得哉求無負而已遡先生十五年之精研博討攻苦習勞將以何求縱其功用不大展而被髮纓冠以急國家之難迄於斂手及足而無歉於山中之面目其可以抱志而瞑矣自先生志不大就而世人爲之語曰何必窮六經優游抱槧可以爲公卿何必苦身已骨聚華腴可以飽妻子何必履刃而登鋒以退爲進操文墨而處人後可以有功嗚呼避夷而席險辭潔而就涸先生

獨非人情乎抑先生有云吾出山來看盡世事只少一甯武子之愚𢡟者非但不擇利兼不擇名苟不能爲愚之不事則盍爲蹇之匪躬大過之滅頂未有浮沈於仕隱間以自解免者今先生往矣而漸摩至於常之君子猶皆斤斤以讀書窮理砥節修行冠冕天下先生之流風至今在也夫其智可及也其愚不可及也夫

賜進士及第光祿大夫太子太保吏部尚書兼建極殿大學士
知
制誥 經筵 國史 玉牒總裁
予告 兩賜存問太倉王錫爵謹撰

唐襄文公揚州祠堂記

揚州府城外巽隅二里有祠祀明鳳陽巡撫都御史毘陵唐襄文公蓋公建中丞節剿倭東南卒於通州之舟次民悼喪公若慈母祀公邗江百數十年於茲矣明嘉靖中海內承平日久魁人鉅公薦紳秉笏於朝堂從容坐論以文學氣節相矜尚至若兵機戎略相戒以爲麤官武夫之事而非儒者所宜言會倭寇擾於東南先後幾二十年公時在廢籍朝廷亟才起公任樞曹擢京卿畀疆事公於是國爾忘家鞠躬盡瘁日夜與賊相角於瀕海之區倭患漸平而公亦病且殆矣當是時督撫大吏朱紈張經輩以南人任南事罹不測重禍惟公與李襄敏遂胡襄懋

宗憲以辦倭自任克有成功襄懋恒在浙公與襄敏恒在南畿而公實代襄敏爲鳳撫南畿倭患之平公與襄敏力也抑嘗論之襄懋之功似鉅然蹴徐海降汪直率以計誘之非力角也襄敏之功似多然前後二十餘戰斬獲三千八百率遣將當之非親敵也惟公身在行間突陣摩壘泛大洋者千里寢海舟者累月不避矢石不諉裨校三沙之戰姚家蕩之戰廟灣之戰公與兩公齊而忠義慷慨過之用未竟而身先沒天也公嘗論禦倭上策當截之海外縱使登陸則內地咸受禍矣故公每邀寇於波濤而脫民於烽火盍使此身在鋒鏑死亡之地而不忍使吾邦爲戎馬蹂躪之場民之沿海者既莫不賴公以得生而其居

腹者亦莫不恃公以無恐當日之耆老壽終幼孤遂長者皆公
恩也異時之士食舊德氏服先疇者亦公恩也公生則頌禱之
公歿則尸祝之建祠刻碑俎豆百世夫豈一郡一邑之人心而
已哉以其生於當而歿於逋而討賊之師於揚尤數祠之於揚
乃衆心所同然而公靈所式憑也自初祀迄今日久漸圮江都
邑侯李君蘇政成民和公暇討古緬賢哲之遺徽推父老之遐
慕新厥廟貌頓逾舊觀江南北士大夫相率馳書請予願有記
也予按祭法以勞定國以死勤事法皆得祀公祀兩應經義宜
垂永久禦侮事遠稍掇大凡以曉當世至公平生制藝與王錢
齊驅古文爲歐蘇後勁出永嘉之門不與附麗文章氣節一時

無出公右者俱具公本傳茲不贅述云

賜進士出身光祿大夫文華殿大學士吏部尚書婁水後學王
掞撰文
特賜進士出身翰林院編修六世孫執玉同年長洲何焯謹書
立石

嘉慶戊午從弟玉衡歸自邗江言祠鄰福緣庵僧人侵祠基
築室族父悔庵翁偕郡邑搢紳言於當事釐正之翁獨捐金
數百重加修葺秉植秋賦迄過揚謁祠詣翁報謝翁命繪公
像懸祠歲時瞻仰視常族經理大儒祠者爲加虔翁之先徙
自高郵與吾治中公同服三百年來往來不絕翁祖中丞公
又與余曾大父尚書公同官京卿敦族誼甚厚今余家中落
江畔叢祠仍賴翁力不爲僧寮爲子孫者宜何如志感乎秉植
請翁紀其事翁云分所當爲烏用文爲因書於此庶使後
人銘翁高誼弗替也翁名侍陛前河南開歸觀察使
九世孫秉植謹識

唐襄文公無錫分祠記

昆陵荆川先生前明以道行文章鳴天下弱冠魁南宫入詞林調兵部吏部主事以建言削籍歸嗣以倭擾東南先生從田間起視師海上尋進右通政擢右僉都御史巡撫淮陽卒以勤勞軍事死所著有左右文武儒稗六編傳世崇禎中追謚襄文事見明史列傳先生於次居長其季弟歎庵先生明附監生任俠負氣人以急告往往援之而不責報家產悉讓之仲兄卒至窮困安之若素事見荆川先生子太常少卿凝庵先生所撰墓誌銘竊聞荆川先生嘗云出山來看盡世事只少一甯武子之愚嗚呼先生之愚不可及也歎庵先生之愚亦不可及也嘗見世之儒者平時談忠義論孝友風擊水湧娓娓動人一旦禍亂將至如處堂燕雀首尾縮恧至家中析產則錙銖必較直欲摟臂卒至兄弟如讐者比比皆是觀兩先生之風亦可以少愧矣兩先生籍隸武進荆川先生向有專祠而歎庵先生曾孫名獻赤遷居吾邑二百餘年子孫蕃衍獻赤六世孫懋勳因路隔百里不得與祭爲憾曾籌欵欲建分祠不果懋勳子俊培等承父之志於光緒五年二月買地於惠山之麓創建祠宇至六年七月工竣奉祀荆川先生而以歎庵先生附焉呈請有司列入祀典浼余爲之記余謂唐氏以忠義孝友起家今上以崇先祀下以啟後賢族幾忠義孝友世濟其美乎

金匱秦臻記

華甫公家祭祝文

維

大清光緒十有幾年歲次干支二八月干支朔越幾日干支裔孫

某某等敢致祭於

宋翰林院檢討始祖華甫公之神位曰惟

公奮迹巍科置身詞館朝班供奉前烈能光家學淵源後昆

垂裕瓜緜椒衍早佑啟夫孫謀鱗定螽斯悉仰承夫

祖德兄支分而派别宜溯本而尋源兹屆仲春秋聿昭時享承

馨安侑其克來歆尙

饗

襄文公官祭祝文

維

大清光緒十有幾年歲次干支二八月干支朔越幾日干支無錫金匱

縣知縣某某某某某某敬致祭於

明誥授中憲大夫巡撫鳳陽等處都察院右僉都御史襄文

唐公之神位曰惟

公學務聖賢道宏經濟巍科早擢供奉詞垣勁節自持浮沉

曹署逢權相而南山拂袖十五年若遯儒林邀主眷而北

闕彈冠一再疏披陳軍國籌邊防於薊北籌兵備於浙西

躬泛鯨濤清狠孽於大江東去手分鶴俸賑鴻嗷於淮海

南來足徵體用之兼有爲有守無負平生之志全受全歸

季弟蜚聲黌序騰譽鄉閭質性愨誠克盡天倫孝友縹期

清落罔知人世公卿洵志行之同完宜禴嘗而合食茲當

春秋仲用薦少牢祗率典常永欣妥侑以

明例授脩職郎國學生歎庵唐公配祔以

明處士玉裕公

皇清敕授徵仕郎按察司經歷誥封奉政大夫候選同知勅贈

承德郎晉贈朝議大夫都察院都事隨帶加三級景溪公

皇清勅贈脩職郎候選教諭問苑公尙

饗

唐氏家乘卷五

誥敕咨劄

唐氏家乘卷五

誥勑咨劄

行在大理寺左寺左寺副唐復父母勅命 三世

奉
天承運
皇帝勅曰朕惟爲人子者孰不欲顯揚其親故子之賢而能宣力効職者朝廷必推恩以報之所以遂其顯親之心而勸
天下之爲孝者也行在大理寺左寺左寺副唐復故父唐誠善積于躬慶延于後是致有子效用于時推厥本原宜錫褒顯今贈爾爲儒林郎行在大理寺左寺左寺副靈爽不昧尚克承之

勅曰朕惟人子之材雖本于父而資于母德亦深矣故國家推恩臣下存則有褒榮之命歿亦有追贈之典焉爾張氏乃行在大理寺左寺左寺副唐復之母夙有德善著于閨門是生令子爲國之用揆厥所自宜錫顯褒玆贈爲安人靈其歆承永賁幽壤

勅命

宣德三年十二月二十日

之寶

行在大理寺左寺左寺副唐復本身并妻勑命 四世

奉

天承運

皇帝勑曰大理古廷尉之職所以平天下之刑其卿佐朕自擇
之至於其屬之長貳所以參贊其事者亦皆慎選不輕畀
人爾儒林郎行在大理寺左寺左寺副唐復發身賢科累
吏外任再爲理屬論讞惟明玆特錫之勑命以爲爾榮夫
聽訟決獄雖各有所司而平其輕重使協於中乃汝贊理
之職也往益懋以需續庸欽哉

勑命

初任湖廣永州府零陵縣署知縣事縣丞
再任浙江紹興府餘姚縣知縣
三任交阯鹽課提舉司副提舉
四任行在大理寺右寺右寺副
五 任 今 職

之寳

勑曰朕惟人臣克效勞於國者雖本於父母豈亦有伉儷內
助之力也故推恩之典必及之爾行在大理寺左寺左寺
副唐復妻杭氏克謹婦道以相其夫致能盡心於所職封
爾爲安人服此榮恩永光閨閫欽哉

勑命

宣德三年十二月二十日

之寳

廣西平樂府知府唐復勅諭 四世

勅廣西平樂府知府唐復朕嗣承
祖宗大位惟天下之民皆
祖宗之所付託肆用夙夜懷保爲心而保民之方在擇守令比
歲守令多不得人或恣肆貪婪剝削無厭或闒茸庸懦坐
視民患今愼簡爾等付以郡寄夫方千里之民安否皆係
於爾宜體朕心以保養爲務必使其衣食有資禮義有教
而察其休戚均其徭役興利除弊一順民情毋徒玩愒毋
事苛簡毋爲權勢所脅毋爲奸吏所欺凡公差官員人等
有違法害民者即具實奏聞僚屬之中有才德出衆政事

唐氏家乘 卷五 誥勅 四

脩舉及闒茸昏懦老病不勝事者具實來聞以憑升黜凡
所屬官吏人等有作奸壞法貪酷害民者爾就提問具其
實跡差人解京爾亦宜奉法循理始終不渝庶副朕之委
任欽哉故勅

廣運

宣德十年五月二十五日

之寶

兵科給事中唐世良父母勅命 五世

奉
天承運
皇帝勅曰國家推恩臣下必及其親者所以重本而勸孝也爾
何間于存歿哉兵科給事中唐世良父衡慶鍾厥子而祿
養不逮撰其所自宜有顯褒今特贈爲徵仕郎兵科給事
中靈其不昧尙克承之
勅曰朕惟羣臣之才者固本于父亦必資于母德焉存有褒
崇歿有追贈此有國之通制也兵科給事中唐世良之母
孫氏有子能官而不逮養哀惟所自宜錫褒榮玆特贈爲

唐氏家乘 卷九 誥勅 五

孺人尙克承之永賁幽壤
勅曰國家於任職之臣必褒顯及其親者所以重本原也爾
黃氏乃兵科給事中唐世良之繼母有子效用歷年于今
皆爾善教所致玆封爲太孺人服此隆恩尙懋敬之

勅命

景泰三年九月二十日

之寶

戶科給事中唐貴父母勑命 四世

奉

天承運

皇帝勑曰父之教子期於成名子之孝親志於顯耀肆國家推恩之典必有以體其藎孝之心而酬其善教之功也爾唐衍乃戶科給事中貴之父讀書樂善晦跡韜華訓子登科歷官近侍泝惟所自宜錫恤恩茲特贈爾爲徵仕郎戶科給事中靈其不昧服此嘉休

勑曰孝莫大於顯揚恩莫大於褒寵肆朝廷推恩臣下而榮必及其親者所以崇孝理而示激勸也爾徐氏乃戶科給事中唐貴之母懿行夙著於閨門慈訓能成乎賢子泝惟所自可綏褒章茲特封爲太孺人服此隆恩永綏祿養

勑命

宏治七年三月二十二日

之 寶

兵科給事中唐世良本身并妻勑命 五世

奉

天承運

皇帝勑曰國家設立六科職專言路所以宣布詔令審覆是非糾駁章奏其任重且要矣非端慤亮愼之士曷克稱之茲爾兵科給事中唐世良發身賢科給事廷陛歷年既久克愼且勤是用授爾徵仕郎錫之勑命以示褒榮夫居近侍而以言爲職貴達大體而略細故爾宜益端乃心篤乃行毋徇毋激懋於厥官尚有崇資需爾後效欽哉

妻邵氏封孺人

勑命遺失

勑命

景泰三年九月二十日

之 寶

戸科給事中唐貴本身并妻勑命 五世

奉

天承運

皇帝勑曰國家愼簡賢俊置之六科欲其平奏述而詳命令審是非而正違失其任可謂重矣必得端愼之士斯克稱焉爾戸科給事中唐貴早登進士之科簡擢夕郎之職時陳封駮茂著才猷顧歷歲之既深宜褒恩之是錫兹特進爾階徵仕郎賜之勑命以示褒榮夫居近侍貴達大體而略細故扶正道而進嘉謀爾尚益端乃心勵乃行毋狥毋激以懋方來之績爾惟欽哉

勑曰風化實始于閨門褒榮必齊乎伉儷此朝廷之異數所以勸羣臣者也爾戸科給事中唐貴妻周氏幽閑素秉柔順自持克相其夫居官匪懈兹特封爲孺人祇服茂恩永宜家室

勑命

弘治七年三月二十二日

之寶

河南汝甯府信陽州知州唐琎父母誥命 五世

奉

天承運

皇帝制曰國家封錫臣下必褒命其親者蓋教有所自故恩有所延其體實相成也爾戸科給事中唐貴乃河南汝甯府信陽州知州琎之父文學行誼素著於鄉邦及擢巍科被選居諫垣蹇諤之節忠亮之志益篤以宜何寵命方隆而遽爾奄逝乃發其遺餘有子克承實佐予治予用爾嘉特加贈爾爲奉直大夫河南汝甯府信陽州知州錫之誥命殁尚有知服兹茂典

制曰人子于母皆有顯揚褒大之心故朝廷推恩必均及之所以著孝也爾封孺人周氏乃河南汝甯府信陽州知州唐琎之母綏德履善休有華問既相夫以顯名復訓子以成德錫美流祉垂於無窮予惟汝賢特加贈爲宜人以崇表之用告幽宮尚其祇服

制誥

嘉靖十三年四月二十日

之寶

河南汝甯府信陽州知州唐琎本身并妻誥命 六世

奉

天承運

皇帝制曰國家設知州之官蓋寄之以利安一方所任攸繫至

重故必愼簡其人以充焉爾河南汝甯府信陽州知州唐

琎夙稟家學發身賢科及出典州政撫字勤愼廉公明恕

德澤旁敷賢聲茂顯蓋能相我民事以共成治理予實爾

嘉特進爾奉直大夫錫之誥命爾尚益敦素履弗懈于位

用光我訓詞欽哉

制曰人臣克幸厥職以成令名者匪直其才德之優蓋亦有

內助焉故國家推恩必均及之爾河南汝甯府信陽州知

州唐琎妻任氏克相夫子躋於顯庸雖年不逮榮而厥功

可錄特贈爲宜人錫之誥命尚其光靈服此寵號

制誥

嘉靖十三年四月二十日

之寶

翰林院編修唐順之母勅命 六世

奉

天承運

皇帝勅曰古之賢母秉貞抱懿非有哲嗣以顯揚之鮮克聞焉

爾任氏乃翰林院編修唐順之之母生有淑姿克循壼範

篤生令子爲時俊才祿養雖違母儀未泯宜頒郵典用慰

孝思兹特贈宜人爾靈不昧服命其歆

勅命

嘉靖十二年九月初九日

之寶

翰林院編修唐順之本身并妻勅命 七世

奉

天承運

皇帝勅曰翰林侍從之臣地近而職親厥選攸重朕念眞才之難罔拘常制用簡求于諸司必得其人乃克稱焉爾翰林院編修唐順之蔚以文藻之精首魁春試歷官卿屬令譽日聞朕因採之僉言爰授斯職乃克勤愼自持進修益懋朕甚嘉之兹以大慶霈恩特進爾階文林郎錫之勅命爾尙勵乃心宏乃業以副朕擇賢至意欽哉

初任兵部武選清吏司主事

二任吏部稽勳清吏司主事

三任本部考功清吏司主事

四　任　今　職

勅曰朝廷推恩羣臣必及其配重大倫也爾翰林院編修唐順之妻莊氏恪修婦道善相其夫夫既顯庸爾宜並貴兹特封爲孺人服此渥榮益敦儆戒

勅　命

嘉靖十二年九月初九日

之　寶

兵部職方清吏司署郎中事主事唐順之勅諭

勅兵部職方清吏司署郎中事主事唐順之嘉靖三十年該薊鎮督撫官奏稱本鎮兵缺少欲行召募選補分區設將操練防禦兵部題覆允行經今八年邊臣玩愒全不經心每遇防秋輒稱兵數不敷多調邊兵糜費糧餉司計告匱皆由於此夫主兵不練邊兵之調何時而已況連年遠戍人情不堪今特命爾前去薊鎮會同東西巡關御史查照兵部原題事理照依區分逐一查點見在兵若干缺少若干及閱視曾經操練堪戰與否俱要從實回奏以憑處治其缺少兵數目今作何抽補增募及責限將官如法訓練

務要堪以禦敵以免歲調邊兵爾宜悉心區畫來聞欽哉

故勅

勅　命

嘉靖三十七年七月十九日

之　寶

兵部職方清吏司署郎中事主事唐順之勅諭

勅兵部職方清吏司署郎中事主事唐順之該兵部題稱浙江舟山餘寇未靖皆因文武職官水陸兵將不肯協心效力以致日久財費欲要差官閱視催督進兵茲特命爾前去會同總督胡宗憲及巖督總副參將海道兵備守巡等官將見在餘寇剋期蕩平各該文武職官敢有偏拗怠忽阻撓軍務不行一心平賊者爾即指名具實參奏治罪其有內逆與賊交通接濟者著宗憲多方訪拿斬首梟示進勦機宜及軍門糧賞飭之聽爾與宗憲相度措處便宜而行將來海防一應合行事務爾有所知見查照兵部原題

條奏以聞朝廷以爾素負才名諳練兵事特茲簡用爾宜益竭忠猷以裨東南安攘大計庶副委任爾其欽哉

勅命

嘉靖三十七年十月二十五日

之寶

通政使司右通政唐順之勅諭

勅通政使司右通政唐順之該兵部題稱浙江地方餘寇未靖皆因文武職官水陸兵將不肯協心效力以致日久財費欲要差官閱視催督進勦茲特命爾前去會同總督胡宗憲及巖督總副參將海道兵備守巡等官將見在餘寇剋期蕩平各該文武職官敢有偏拗怠玩阻撓軍務不行一心平賊者爾即指名具實參奏治罪其有內逆與賊交通接濟者著宗憲多方訪拿斬首梟示進勦機宜并軍門糧賞飭之聽爾與宗憲相度措處便宜而行如逆賊奔散地方稍甯便宜訓練士兵以免征調之擾將來海防一應

合行事務爾有所知見查照兵部原題條奏以聞朝廷以爾素負才名諳練兵事特茲簡用爾宜益竭忠猷協心經畫以裨東南安攘大計務使海徼肅靖庶副委任爾其欽哉故勅

勅命

嘉靖三十八年　月　日

之寶

提督軍務兼巡撫鳳陽等處地方都察院右僉都御史唐
順之勅諭

勅提督軍務兼巡撫鳳陽等處地方都察院右僉都御史唐
順之江北直隸廬鳳淮揚四府徐滁和三州地方迺廣田
饒先年民皆力農近來有司不能恤民加以旱澇相仍追
徵不已民多流移田土拋荒雖屢有詔旨命官招徠未見
奉行間有一二歸業者又爲里書追索舊欠歸而復逃以
致錢糧戶口虧耗數多經差官招撫營田夫役近該言官
具題議革今特命爾帶管前項事務查照原題并覆議緣
由督同各該有司掌印并治農官用心經理流移人民務
要設法招撫旋定安集各計丁口授田俾盡力開墾以爲
世業先須寬其租賦俟儲積充足然後納糧當差仍嚴禁
里甲不得論取欠負庶幾風聲感召近說遠來錢糧戶口
以漸歸復不致虧耗各該承委官員如有抗違怠忽失事
者輕則徑自提問重則參奏治罪仍填註農官賢否以憑
黜陟每年終將招撫過人民開墾過田畝修濬過陂塘圩
岸儲積過子粒究問過官吏各數目造冊奏繳爾爲大臣
受茲委任宜殫竭心力着實舉行俾民皆歸業田盡墾闢
斯爲爾能毋或因循玩愒徒事虛文無益實用責有所歸
爾其欽承之故勅

廣運
之寶
嘉靖三十九年正月二十日

直隸鳳陽等處巡撫官傳勅 七世

皇帝勅諭提督軍務兼巡撫鳳陽等處地方都察院右僉都御史 近該巡按直隸監察御史馬斯臧題稱淮揚地方屢經倭寇爲患乞要專設大臣督理戎務方克有濟該部議覆前來相應依擬今特命爾前去提督軍務兼巡撫鳳陽等處地方爾宜查照該部題准事理專在鳳陽駐劄無警則以時循行各府州縣操練兵馬儲蓄糧餉繕葺城池修造戰船整辦器械撫恤軍民督察官吏將領禁革姦蔽清理鹽課賑濟饑荒其用兵錢糧庫無積貯卽於鹽課內支用有警移駐揚州相機調度防守如倭賊由海口突入淮河會同漕運總兵併力夾攻賊遡長江登陸勢逼瓜儀沛口等處則與操江都御史互相策應務要聲援留都疏通運道拱護鳳泗

陵寢若江海無事仍回鳳陽彈壓宿亳豐沛等處鹽徒賊盜其撫屬文武職官及額徐曹沂睢陳等處兵備所轄官員并沿海參將守備把總等官悉聽節制錢糧兵馬徑自調用敢有抗違阻撓致誤軍機及貪殘不職文官五品以下武官四品以下徑自拿問軍前臨陣退縮及逗遛不進者許以軍法從事各該官員如有廉能公正悉心幹濟者擬實旌奬一應事宜勅內該載未盡者聽爾便宜處置爾爲大臣保釐地方斯稱任使毋或怠忽誤事責有所歸爾其欽承之故諭

直隸鳳陽等處巡撫官傳敕

敕直隸鳳陽等處巡撫官　近該兵部題稱各處京操班軍往往缺少數多中間送問罰操等項法例雖嚴但人心玩愒積久因循要行責成各該巡撫官嚴限督催以祛夙弊相應依擬今特命爾不妨巡撫每年行委兵備該道會同都司官預先親歷各該衛所督責各掌印官將原額班軍務要揀選年力精壯者一一齊足籍記花名年貌備造文册并給批文交與劄付官赴爾并巡按衙門掛號驗發領班都司剋日一齊起程不許仍前分頭撥次撥名色以滋影射爾等將督發官軍數目日期具本奏報仍備造文册

送部以候到日查驗春班定以四月朔上班九月終下班秋班以六月朔上班十一月終下班缺少軍人俱以十分爲率衛所掌印官二分以上問罪住俸四分以上解京問罪降級六分以上問罪降級調發邊衛都司掌印官四分以上參問住俸六分以上解京問罪降級調衛如都司衛所照數齊發中途不到者領班都司并劄付官一照前例施行間有賣放賍多者照律例問擬其不到俱數責令各領班官及該道兵備照數追補限三箇月鎖解赴部查照問刑條例罰班扣算問罪送回本部施行爾爲大臣受兹委任尤宜盡心經畫務使宿弊悉除班軍充足斯副委託毋或徒事虛文無益實用責有所歸爾其欽承之故敕

直隸鳳陽等處巡撫官傳勅

勅巡撫鳳陽等處都御史　近該戶部題稱各處預備倉專爲救荒而設比年所司怠玩廢弛未見修舉甚至倉廒盡廢蓄積全無一遇饑荒賑濟無策欲行申嚴法例以期成效今特命爾嚴督所屬司府州縣衛所等衙門掌印正官及管屯管糧官員照依先年奏行事例逐一查處倉廒坍塌者即行起蓋損壞者量加修葺自嘉靖三年爲始務要多方區畫設法措置凡上司及本衙門贓罰紙價并稅契給引等項一應無礙官錢俱令儘數糴穀或雜糧上倉收貯仍照宏治三年事例以里分多寡爲率務足原數其管

糧官監收殷實戶領糴僉撥斗級看守選委官員查盤俱要著實舉行不許仍前怠玩誤事遇有水旱度知歲歉不必累次檢勘聽先申合該上司就行賑貸然後次第奏聞造册備照待豐年抵斗還官不許借名賑發虛數開除姑待還官以掩無積之罪有將例內糧米那移妄費及縱容下人侵漁者問以贓罪照例發落府州縣掌印及管糧官未及三年查盤過陞除事故俱要申達合於上司委官查盤無礙方許離任如違聽爾參奏治罪各該官吏倉攢人等敢有不行用心虛應故事通同作弊及將籍册數目捏寫虛塡等項即便究問如律應奏請者奏聞區處爾仍往來提督時常稽考務使儲蓄充盈足爲緩急之備如遇連年豐稔所積倉糧亦須易新勿令腐爛每歲終將措置過倉糧數目具實奏報毋或稽違爾其欽承之故勅

直隸鳳陽等處巡撫官傳飭 七世

勅巡撫鳳陽等府都御史　近該戸部題稱南直隸歲用各項錢糧積年拖欠數多以致應用缺乏合行作速查催以給邊餉宜允所請今特命爾不妨原務將所屬各府州縣除遵依將小民拖欠嘉靖二十年以前錢糧咸與蠲免及嘉靖三十二年存留并三十一年以前暫行停徵外其拖欠各項錢糧督令各該掌印管糧等官查係二十年以前有已徵在官與已解未獲批單者卽便起解追完赴部交納二十一年至三十三年一應拖欠有已徵完并見徵未完者不拘多寡通行截數作速起解其間有解戸侵欺并

大戸恃強不納者卽便嚴究追完從重問罪有已解未獲批單者嚴拘家屬監併批單至日疏放自勅書到日爲始以十分爲率三箇月不行起解三分者將府州縣管糧官住俸半年不行起解五分者將府州縣掌印官住俸一年不行完解者將各府掌印官參究限內如有先完者爾卽開奏以憑旌擢爾爲大臣受茲委任宜殫竭心力清查明白速行催完以濟急用毋或視爲泛常虛應故事半年之內先將各項大小官員已完未完并起解各數目開具奏聞務限一年盡數完解通行造册奏繳爾其欽承之故勅

兵部劄 七世

兵部爲遵照舊規　請明詔遣以重防秋事該本部題職方清吏司案呈照得該本部題前事內開議照薊鎮切近陵寢　京師關係甚重自往歲虜變之後節奉

明旨選練兵馬分區設備減調邊兵以圖久安長治使該鎮諸臣果能仰體

聖心慕選士兵補足原額分投訓練期濟戰守則邊關之地人皆爲兵數年之內兵皆可用虜謀可以豫伐邊兵可以免調錢糧可以節省夫何玩愒因循年復一年一卒未練每遇防秋專恃客兵以致各鎮士馬疲於奔命司計匱餉窘

於供億委非經久之計况前項入衛兵馬先該總督楊具題駐劄關外該本部議擬聽候臨期酌量虜情緩急奏請定奪今總督王　復又分布古北潮河具奏紛爭仰荷

聖明垂鑒特下臣等通行查議除宜大入衛兵馬三枝已該臣等議覆二枝駐劄懷隆一枝駐劄昌平聽內外有警相機策應無容別議外其本鎮練兵事宜誠爲禦虜第一要務卽今若不及時整頓主兵終無强盛之期客兵亦無息肩之日臣等謹遵

明旨查據原分區數東自石門寨起西自鎮邊城止各區設有

參將分守守備提調把總等官俱有原額主兵數目及本鎮鎮守總兵分守各副總兵并各區遊擊亦有額設兵馬相應查理以備捍禦合候

命下移咨都察院轉行巡視東關御史王漸東自石門寨起西至古北口止西關御史蕭九峰東自黄花鎮起西至鎮邊城止各親臨關營隘口照依區分一一查理要見二十九年以前原額軍馬若干以後抽琛若干召募若干解補若干班軍若干通共若干老弱逃亡若干緣何不行換補見在若干曾否操練有無堪用中間老弱逃亡即便行令總督王　督同鎮巡等官歐陽安馬珮設法選補抽募務足

原額責成總副參遊守備提調把總等官揀選精鋭分別奇正併力戰守則將各有兵著實訓練使兵皆有用盔甲器械有無完備作何修整騎操馬匹有無足勾作何處補主客供餉有無缺欠作何充裕其訓練事宜與一應戰守方略一一詳細具

奏定奪事完該鎮督撫即將補練過名數備細造册奏繳清册咨部以憑查考如有仍前玩愒時日未補完而妄稱已足原額未選練而妄稱精强可用支吾目前致誤邊計者聽本部指名參奏處治每年終聽巡關御史查照本部節次題　准事理清查一次各官部下有無缺少軍馬數日分別等第具奏以示勸懲庶主兵日强而邊防自飭戎務日新而虜患可弭矣等因題奉

聖旨是薊鎮總督等官不遵旨練兵靠定邊兵調以自衛倖虜不至輙相玩忽以致各兵頻年遠戍人情不堪糧餉多費歲復一歲何時而已該鎮原分各區兵馬你部裏差郎中一員與同巡關御史使逐一查明閱視兵數多少及有無操練限一月内回奏目今防秋已近責限王忬歐陽安等尅期嚴督操練防禦如再違延參奏處治其各邊兵馬明歲量爲減調你每定擬數目來說宜大兵駐劄懷隆昌平地方依擬欽此已經通行欽遵外所有差官事宜呈乞題

請案呈到部看得前項事宜既經奉有

明旨所據該司具呈前因相應題請查得本部職方司署郎中事唐順之留心邊務堪以差委除本官并隨帶吏書廩給口糧馬匹查例應付外合候

命下行移各該衙門請給

勅書關防即付本官欽遵前去會同巡視東關御史王漸西關御史蕭九峯查照原題事理親詣該鎮照依區分公同查理完日徑自具奏回京再照薊鎮邊垣東自石門寨起西至鎮邊城止延袤二千餘里每區關營必須處處經歷各營兵馬必須一一點查中間戰守事宜亦有應與督撫等

官計議而行者一月之内誠恐辦濟未周合無少寛
欽限使各官得以竭盡心力著實幹理庶於邊防有益臣等未
敢擅擬伏乞
聖裁等因嘉靖三十七年七月初九日題奉
聖旨是欽此

兵部劄 七世

兵部左侍郎臣江　等謹題爲議處倭寇懇乞
天恩差官共圖安攘以保萬世治安事職方清吏司案呈浙江
舟山地方久被倭奴殘孽負險盤據緣係兵疲人玩呈乞
差官前去大振兵威協力督剿以靖地方案呈到部臣等
看得牖戶之計當徹桑於未雨兵家之算宜求勝於未戰
東南地方倭寇煽虐已非一日中間雖節被當事臣下仰
仗
天威先後殄蕩但方屏息於此復馳騖於彼禍本已剪殘孽未
除者多緣水陸兵將不肯協力文武庶僚罔能同心或海
防地利設險未周兵連日久人心滋玩兼以民窮財匱供
億維艱卽今若不早爲整理切恐貽毒益大委宜特差部
臣肅將
明命前往協力經畧共圖安攘長策查得本部郎中唐順之生
長地方久諳夷情素曉兵機近奉
旨查閱薊鎮兵馬一人經畧兩關振飭旋收堵截大虜之功相
應差遣恭候
命下本部請給
勑書關防行令本官前往浙直地方會同督撫等官督責大小
將領并兵備有司遵奉

嚴旨先將舟山見屯餘孽設策協力必致蕩平中間若有水陸
兵將司府等官仍前不行協力共濟時艱者卽督令併力
或會行參奏以憑處治及將浙直緊關海防處所或遵照
舊
制或斟酌時宜或增兵易將或掄才儲糧一切戰守機宜俱要
區畫周詳會奏上請施行以防來春倭患以保財賦重地
庶羣策羣力並集兼收軍威自振而倭奴不患其不平矣
再照江北江南等地方倭久垂涎亦應防禦及與舟山餘
孽有相關策應去處合行各該巡撫一體會同施行併將
明年攘夷安內之術足食强兵之計限上緊詳議條奏本
部仍咨行南京兵部并操江都御史其爲先事之防以伐
島夷之謀凡足食戰守有應討處作速奏請定奪施行緣
係議處倭寇懇乞
天恩差官共圖安壤以保萬世治安事理未敢擅便謹題請
旨奉
聖旨是着唐順之去寫勑與他

唐氏家乘卷六

誥敕咨劄

按察使經歷銜唐懋勳父母敕命十五世
同知銜唐俊培父母誥命十六世
從九職銜唐爍父母敕命十六世
都察院都事職銜加三級唐淇培父母誥命十六世
江蘇安東縣教諭唐錫晉父母敕命十六世
都察院都事職銜加三級唐淇培并妻誥命十七世
江蘇安東縣教諭唐錫晉伯父母敕命十六世
江南淮安府安東縣教諭唐錫晉伯父母敕命十六世
國子監典簿銜江南淮安府安東縣學教諭唐錫晉叔父

母敕命十六世
戶部河南司主事加四級唐宗愈伯祖父母誥命十六世
戶部河南司主事加四級唐宗愈父母誥命十七世
花翎道銜隨帶加三級戶部主事唐宗愈曾祖父母誥命十五世
花翎道銜隨帶加三級戶部主事唐宗愈祖父母誥命十六世
花翎道銜隨帶加三級戶部主事唐宗愈父母誥命十七世
花翎道銜戶部主事唐宗愈叔祖父母誥命十六世

唐氏家乘卷六

誥勅咨劄

兵部咨

兵部爲薦舉

盛世人材乞

賜超擢以圖安壤事該本部題職方清吏司案呈奉本部送准
吏部咨該本部題文選清吏司案呈奉本部送吏科抄出
總督浙直福建等處軍務兼巡撫浙江地方都察院右都
御史兼兵部右侍郎胡　題稱案照先准兵部咨該本部
題開查得本部署郎中唐　生長地方久諳夷情素曉兵

機近奉
旨查閱薊鎮兵馬一入經略兩關振飭旋收堵截大虜之功合
行本官前去浙直地方會同督撫等官先將舟山餘孽蕩
平及將浙直緊關海防處所或遵照舊
制或斟酌時宜或增兵易將或掄才儲糧一切戰守機宜俱要
區畫周詳會奏上請施行以防來春倭夷等因奉
聖旨是着唐順之去寫勅與他欽此欽遵備咨到臣隨該署郎
中唐　奉
命前來緣舟山餘孽先已勦平就經具本題
知訖所據善後事宜見同本官議處除另報施行外臣惟責任

專則人不玩愒事權重則下知稟承今照郎中唐　政體
熟於閱歷之久施爲發於涵養之深學究淵源才兼文武
臣日與之計議俱各切中機宜備知肯綮負所信服目下
春汛方殷防範爲急俾得竟其所蘊是必大有可觀但以
郎中職銜當此軍機重務勢旣限於位分事必泥於施行
縱有謀猷似難展設臣查得
國朝故事有以郎中而徑陞本部侍郎者有以御史而徑陞
本院僉都者如唐　曾任春坊司諫且科第三十餘年資
望不淺如蒙伏乞
皇上俯念人材難得地方事重

勅下該部議擢將本官破格陞擢同臣在於地方計處戰守
事宜候過春汛方令回京庶以有爲之才處可爲之地其
於東南地方亦非小補矣等因奉
聖旨該部知道欽此欽遵抄出送司查得兵部職方淸吏司署
郎中事主事唐　於嘉靖三十七年十月内該兵部題奉
欽依差往浙直區畫戰守機宜去後續該總督胡　奏報彼處
賊勢剿平於三十八年三月該本部題奉
欽差將本官陞授太僕寺少卿今該前因通查案呈到部看得
總督浙直福建等處兵部右侍郎胡　題稱要將唐　比
照
國朝故事破格超擢仍在浙直等處計議戰守事宜一節爲
照浙直倭寇近稱稍平所據善後事宜委該先時計處今
陞太僕寺少卿唐　學究本原材足經世又諳練兵務屢
經薦揚總督官酌見其堪與圖事所以奏報前來無非欲
謀斷相資爲地方永久安全之計但本官雖陞太僕寺少
卿而銜門之位分旣懸則體統亦限於謀爲似難展布相
應議處查得先年修理河道海防等項多差通政使司通
政參議等官欲將本官改陞通政使司右通政仍在浙直
地方欽遵行事一應戰守機宜與同總督胡　悉心經畫
務求萬全待事有次第回京其應行事件合候

命下仍咨該部照例題請等因未敢擅便嘉靖三十八年四月
初八日本部尚書吳　等具題初十日奉
聖旨是唐順之陞右通政着同胡宗憲經畫兵務欽此欽遵擬
合就行爲此合咨前去煩照本部題奉
欽依内事理欽遵查照施行等因咨部送司卷查先爲議處倭
寇懇乞
天恩差官共圖安攘以保萬世治安事該本部看得倭奴殘孽
盤據浙江舟山地方兵連日久人心滋玩若不早爲整理
切恐貽毒滋大查得本部署郎中唐　生長地方久諳夷
情素曉兵機議令前去浙直地方會同督撫等官遊將

山餘孽設策蕩平中間若有水陸兵將司府等官不行協
心共濟時艱者即時督令併力或會行參奏以憑處治及
將浙直緊關海防處所或遵照舊
制或斟酌時宜或增兵易將或掄才儲糧一切戰守機宜俱要
區畫周詳會奏上請施行再照江北江南等處地方倭久
垂涎亦應防禦及與舟山餘孽有相關策應去處合行各
該巡撫一體會同施行併將攘夷安內之術足食強兵之
計詳議條奏本部仍咨行南京兵部并操江都御史共爲
先事之防以伐島夷之謀凡兵食戰守有應奏請者作速
奏請定奪等因題奉

聖旨是着唐順之去寫勑與他欽此隨該請撰
勑書行令本官欽遵施行去後今該前因查呈到部看得吏部
咨稱太僕寺少卿唐　改陞通政使司右通政仍在浙直
地方欽遵行事一應戰守機宜與同總督胡　悉心經畫
行事有次第回京其應行事件仍咨該部照例題請一節
爲照今陞右通政唐　才本足以經世志復切於憂時習
靜林居已知涵養之素起官郎署益占慷慨之英彼宗憲
之薦揚既有驗於已事在順之效川諒無負於
明時況責任既專則展布益力且謀議相協則區畫自審所
有本官職守已經奉有前項

明旨無容再議但聞舟山逸賊雖已奔散目今風汛之期如有
警報即宜相機逐剿免致滋蔓如或地方稍寧更宜練士
著之兵以免征調之擾稽錢糧之數以杜侵冒之弊以安
養休息責之守令務期保民以爲弭盜之本以戰守訓練
責之將領務期禦寇以爲安民之地事有可以易轍幸勿
狃於故常法如可以繩頑亦無事於姑息其他隨時應變
因俗宜民凡有裨於海防以爲久安長治之計者均宜預
處合候
命下本部查照先今所議職任請撰
勑書一道齎付本官照舊在彼會同總督等官將浙直應處事
宜悉心計議協恭經畫務期運之帷幄以靖海氛待事有
次第具奏回京則於

朝廷
簡命之意庶爲不負而本官經濟之學亦得以自效矣其原領
勑書徑自奏繳仍備咨總督胡　遵照施行等因嘉靖三十八
年四月十四日本部左侍郎江　等具題十六日奉
聖旨是欽此欽遵擬合通行爲此除外合咨前去煩照本部及
該部題奉
欽依內事理欽遵施行須至咨者

禮部劄 七世

禮部爲懇乞

天恩等事今塡故字一千二百二十四號勘合劄付直隸常州

府比號施行須至劄付者

一件懇乞

天恩褒錄忠勤以勵人心事祠祭淸吏司奉本部連送該本部

題本司案呈奉本部送禮科抄出

欽差提督軍務兼巡撫鳳陽等處地方都察院右僉都御史劉

景韶題稱切見故巡撫鳳陽都察院右僉都御史唐順之

忠誠報國慷慨任事頃蒙

恩起廢授兵部職方司主事陞本司郎中 勅查閱薊鎭兵馬

奏補主兵三萬餘名請遣客兵乃得減調條陳邊務一十

七件事兩關積廢因而振復尋改浙直視師凡浙之東西

江之南北一切地方險夷無不徧歷水陸戰守悉頼經略

且其親犯風濤橫厲海上截賊初來斬倭首一百二十三

級黎沉賊船十有餘隻繼陞太僕寺少卿轉通政使仍舊

視師浙直等處一聞淮揚警報忠義激發遣兵應援遂成

姚蕩之捷凡斬倭首四百七十八級旋即躬擐甲冑引軍

分行親冒矢石直搗廟灣之巢斬倭首四十四級迨三沙

逋賊再寇江北本官又復親督總兵劉顯過江戮力勦賊

斬倭首一百七十級前後功次俱經各該巡按御史覆覈

明白奏報在部荷蒙

聖恩三次賞賚順之銀兩表裏有差後陞鳳陽巡撫到任未幾

卽巡歷江海兵將怯弱精選易置地方險要分布防守雖

除夕元日猶在海壖巡行卒罕須臾之間至於諸凡待敵

禦寇之具靡不畢備且可爲民安養之謀罔不曲施及因

江淮饑荒異常殍死者枕藉於溝壑轉徙者相屬於道路

本官晝夜苦心策慮多方措處錢糧分投設法賑救故今

歲江北倭不爲患民多全活者實頼本官經畧先聲區晝

拯救之力居多也以致勞累過度遂在賑濟地名姜堰舟

中溘爾奄逝三日之後方就棺殮地方士民父老皆爲痛

楚感泣且易簀之際猶日授煮粥救饑方畧擘治軍書不

寘視昔人病革連呼過河者三寘爲不殊若順之者誠所

謂鞠躬盡瘁死而後已者矣但卽今屍棺暴露尙未入土

聞者莫不重爲哀傷臣伏覩

大明會典內一欵凡在京在外文武官員不拘品級其以死勤

事者恩典取自

上裁又一款若官而未高或以死勤事特恩賜謚者不拘常例

欽此欽遵臣又查得原任常夏巡撫吳鎧順天巡撫張嵩

俱以右僉都御史身故因有軍功俱蒙

賜給恩典及查延綏巡撫右副都御史張嵿在鎮身故該總督
三邊軍務尚書王以旂代奏亦蒙
特恩優䘏臣隨移咨總督浙直福建等處軍務兼巡撫浙江地
方太子太保兵部尚書兼都察院右都御史胡宗憲照唐
順之品級既與吳鎧張嵩相同死事亦與二臣無間所據
䘏典似應比例請給臣又惟人臣受職於君固有崇卑之異而
任職自靖實有難易之分若使尋常守位者卻荷殊恩而
勤勞死事者不蒙褒錄將何以風勵忠勤明彰
朝廷報功之盛典況臣與本官先日同事今復代任親見其赤
心報

國以死勤事甚爲詳悉儻臣甘於隱蔽不爲奏請是臣泯沒
人善豈爲國酬忠之義伏望
皇上憫念唐順之抗身軍旅夙夜匪懈不憚勞瘁廓清海氛底
寧疆圉功在邊鄙歷有可紀乞
勅禮部再加覆實并查本官生平文學行實不拘常格議擬上
請
特賜褒錄庶
國家報功之典益彰而勞臣致身之績不泯忠魂永慰於泉
臺而人心愈勸於將來矣臣愚不勝幸甚等因奉
聖旨禮部知道欽此又該禮科抄出總督浙直福建等處軍務

巡撫浙江地方太子太保兵部尚書兼都察院右都御史
胡宗憲題稱已故巡撫鳳陽都察院右僉都御史唐順之
幼稟異資早魁多士出入史館允迮班馬之傳肥遯山林
實係蒼生之望已而德望益彰聖明簡在銜命趨事既見
猷爲始焉振兩關之廢墜邊鎮幸藉其餘休繼焉清浙直
之侵氛士民咸稱其美績扁舟航海凡遠洋僻澳皆足跡
之所臨單騎當鋒雖勁敵在前亦奮身而罔顧且一夫不
獲若已之辜故賑埭徧歷於窮濱死尚爲之區畫今准都
御史劉景韶備開前因實出罔見之真鑿鑿可據然此以
事業而言未足盡本官之生平至於功勳著述實能繼往

而開來義嚴取予足以廉頑而起懦究心性理之學造詣
已極於真純力革浮靡之習人文因之而丕變其於世教
裨益良多臣與往來於養晦之日出入於兵伍之間知之
獨深不忍視其湮沒既經查有前項事例相應比請如蒙
皇上憫念順之致身軍旅以勞定難輿疾賑饑以死勤事乞
勅禮部再加覆實并查本官生平文學行實不拘常格議擬上
請
特賜褒錄庶
國家報功之典益彰而人臣致身之績不泯忠魂永慰於泉
臺而人心益勸於將來矣等因奉

聖旨禮部知道欽此欽遵通抄到部送司行准吏部文選清吏
司手本回稱本官歷官陞任與奏相同考功清吏司手本
回稱本官四品未經考滿並無被劾及准兵部職方清吏
司手本查得先任視軍情官兵部職方清吏司署郎中事
主事於嘉靖三十八年伍月內該本官題稱調度官兵在
於三沙生擒眞倭一名共斬獲倭賊首級一百二十三顆
該本部覆議合將唐順之先行賞賚以作其氣等因節奉
聖旨唐順之賞銀三十兩紵絲二表裏欽此本月又該本官題
稱督發援兵前至江北姚蕩地方助敵各該官兵斬獲倭
賊首級四百餘顆等因該本部覆議備行巡按御史覈實

具奏等因奉
聖旨是欽此本年九月又該巡撫鳳陽都御史李遂題稱視軍
情官通政唐順之志期許
國心切攘夷留兵助戰姚蕩之克捷有資臨敵搗巢廟灣之
斬獲尤偉功宜首錄等因該本部議擬合將唐順之量加
陞賞等因節奉
聖旨唐順之賞銀三十兩三表裏欽此本年十二月又該巡撫
鳳陽都御史李遂題稱視軍官通政唐順之心切同憂力
圖共濟頼其兵力竟收全功等因該本部覆議合將唐順
之併加賞賚等因節奉

聖旨唐順之賞銀三十兩二表裏欽此等因各回報到司查得
見行事例兩京四品文官病故者祭一壇其遇有邊功者
行兵部覆實具由題請取自　上裁又查得先該都察院
已故右僉都御史張嵩男張守身奏稱父嵩整飭薊州邊
備獲有軍功乞要
賜給祭葬等因該本部覆題奉
聖旨既有邊功祭葬准照例與他欽此又查得先任都察院右
僉都御史吳鎧在任病故伊妻王氏奏稱夫鎧巡撫甯夏
地方曾有邊備軍功乞要
賜給祭葬等因該本部覆題奉

聖旨查有軍功與他祭塟欽此俱經欽遵去後今該前因通查
案呈到部除褒贈錄廕移咨吏部施行外看得原任巡撫
鳳陽都察院右僉都御史唐順之在任病故係在京四品
文職未經考滿例無祭塟但本官履歷既該巡撫僉都御
史劉景韶又該總督尚書吳宗憲各題稱致身軍旅以勞
定難輿疾賑饑以死勤事乞要不拘品級
特賜褒錄比照張嵩吳鎧事例請給祭塟一節爲照本官學問
該博操履淸純抱忠貞而許
國殫心力以捐軀所有前項軍功已經本部行移兵部覈實
查與張嵩吳鎧事例相同其應否

賜給祭葬理合遵例具由上請伏
恩典出自
朝廷臣等未敢擅擬伏乞
聖裁等因嘉靖三十九年十月十七日少保兼太子太保本部
尚書翰林院學士吳　等具題十九日奉
聖旨准照例與祭葬欽此欽遵擬合就行爲此合就連送仰付
該司類行直隸常州府轉屬支給官錢買辦祭物香燭紙
就遣本府堂上官致祭仍將用過官錢開報戶部知數毋
得因而科擾不便等因連送到司合付前去煩爲類塡施
行

巡撫鳳陽都察院右僉都御史唐順之諭祭文 七世

維
嘉靖四十一年二月　日
皇帝遣常州府署府事通判王燧諭祭巡撫鳳陽都察院右僉
都御史唐順之曰爾性資英敏才識宏深早登甲科蜚聲
藝苑尋乃解職遵養益充爰及公薦起任兵事督兵兩浙
爲國殫忠審固謀猷擒倭奏績云胡一疾遽至長終軫念
爾勤特班恩卹遣官諭祭庸示褒嘉靈其有知尚克歆服

禮部主客司署員外郎事主事唐鶴徵父母誥命 七世

奉
天承運
皇帝制曰朕惟賢臣有勞於國宜令聞之世長孝子欲顯其親必遺忠之思紹肆有追崇之典以勵供職之臣爾故巡撫鳳陽等處地方都察院右僉都御史唐順之乃禮部主客清吏司署員外郎事主事鶴徵之父先朝碩彥當代名臣蚤歷曹郎繼遷館職乃抗言國本出身爲
宗社之謀遂落職里居壹志務聖賢之學迨起家就列能經國籌邊決勝算於幄中殲渠魁於海上方期大用遽爾長終

是開胤子之賢克效春官之績兹用進爾階中憲大夫職如故寵數載申用篤世臣之報忠賢有繼式增家乘之光
制曰義能成子以光前裕後爲賢孝大尊親以錫寵貤恩爲盛彝章具舉慈範益光爾故巡撫鳳陽等處地方都察院右僉都御史唐順之妻封孺人莊氏乃禮部主客清吏司署員外郎事主事唐鶴徵之母淑慎禔身儉勤佐内善承夫志勖成子賢雖鼎養未臏痛莫追於風木而渙頒有赫寵特耀於絲綸兹用贈爾爲恭人載揚女史之徽丕闡泉扃之賁

制誥
之寶
萬曆五年十二月二十三日

禮部主客司署員外郎事主事唐鶴徵本身并妻勑命 八世

奉

天承運

皇帝勑曰郎闈妙選允屬於春曹賓禮上儀專司於客部茲惟茂簡以待異才爾禮部主客清吏司署員外郎事主事唐鶴徵家承經學名起賢科筮仕今官克共厥職凡四夷朝貢宴賚之典極一時綜覈贊相之勞績敘有成褒嘉惟稱是用進爾階承德郎錫之勑命爾尚益展猷爲用稱任使豈惟不負所學抑亦能世其家欽哉

勑命

初任禮部主客清吏司主事

二　任　今　職

之寶

勑曰婦專饋祀儀型不出於閨門國重褒封寵命必均於伉儷彝倫攸繫典式具存爾禮部主客清吏司署員外郎事主事唐鶴徵妻萬氏出自宗卿之系歸於世德之賢無貫驕自恃之心有勤儉內襄之德宜膺顯號用表徽音是用封爾爲安人祗服恩華益敦敬勛

南京太常寺少卿唐鶴徵本命并妻誥命 八世

奉

天承運

皇帝制曰朕方顧瞻原廟崇事典章念留都豐鎬之區正湯沐本根之地肅明禋於祀事爰藉謹人布休命於綸音用光清選爾南京太常寺少卿唐鶴徵材猷特禀學術家承擢秀明廷騰聲儀部勁氣以標孤而見絀公才經論久而益中載歷水曹尋遷郡寺大官權別絕冗耗於漏卮小禮贊襄挺率規於若植偶人言之一二至遂家食者十五年閉門唯閫史之足躭幹國知經綸之益贍尚從南國秩爾原班適會東朝覃茲渥慶用授爾階中憲大夫錫之誥命夫世實須才人唯求舊勖勸未定折衝在禮樂之壇蘊藉誠閎介圭識琳瑯之器尚益抒所學敬爾在公望肅端凝唯朝夕奉典刑而無斁謀多聽用俾朝廷知徵器之不虛

初任禮部主客清吏司主事

再任本司署員外郎事主事

三任本部精膳清吏司郎中事主事

四任大明府開州同知

五任順天府通判

六任工部營繕清吏司主事

七任尚寶司司丞
八任本司少卿
九任光禄寺少卿
十任太常寺少卿
十一任今職
制曰夫詩稱尹吉之良傳美姬姜之族其世有令聞者必其
素嫻内則者也國家是以有進貴之章昭同德之美焉爾
南京太常寺少卿唐鶴徵妻封安人萬氏稟庚德門肅儀
令範貴高不汰布荆襄簨火之勤孝敬有齊錡釜佐蘋蘩
之奉每懷深於贈佩嘗儆切於韋弦爾夫世載弓裘而清

卿蔚望維爾規嚴圖訓而女士揚芬是用封爾爲恭人芝
檢方新蘭儀永茂
制誥
萬歷三十四年　月　日
之寶

禮部劄 八世
禮部爲行移勘合事今塡故事一千五百六十一號勘合
劄付直隸常州府比號施行須至劄付者
一件爲遵例陳情懇乞
天恩俯賜
恩卹以勵臣節以光泉壤事精膳清吏司案呈准祠祭清吏司
付奉本部連送該本部題本司案呈奉本部送禮科抄出
原任南京太常寺少卿今故唐鶴徵孫南京國子監監生
唐獻可奏乞伊祖祭典該本部覆奉爲照本官有學有識
眞品眞才幼承父師立身嚴義利之辨長籌君國經時務

文武之猷故所歷雖皆佐政於閒曹而所效實多奏功於
當路孤高忤俗廿三黜而不回著作好修垂百年以不朽
輿論夙推豪傑薦章屢達銓衡但以
恩與考例不重封實則先與後俸逾三載生前位旣不酬其望
歿後祭宜少賁其靈等因奉
聖旨是准照例與祭一壇欽此欽遵擬合就行爲此合就連送
仰付該司類行直隸常州府轉屬支給官錢買辦祭物香
燭紙就遣本府掌印官致祭仍將用過官錢開報戸部知
數毋得因而科擾不便等因連送到司合付前去煩爲類
塡施行等因到司案呈到部擬合就行爲此劄付直隸常

州府照依勘合内事事理一體遵奉施行

計開

一祭文

一祭品

猪一口　羊一羫

饅頭五分　粉湯五分

果子五色 每色五觔　按酒五盤

鳳雞一隻　鰈骨一塊

鰈魚一尾　酥餅酥飳各四箇

雞湯一分　魚湯一分

降真香一炷　燭一對 重一觔

焚祝紙一百張　酒二瓶

右劄付直隸常州府准此

原任南京太常寺少卿唐鶴徵諭祭文 八世

維

萬歷四十七年十月朔庚戌越九日戊午

皇帝遣常州府掌印官鎮江府推官安曦諭祭原任南京太常寺少卿唐鶴徵曰惟爾器識宏深資性高潔淵源家學蚤發著作之庭周踐郎曹茂著寅清之譽符臺歷陟庖寺洊更載晉奉常益嚴禋祀優游泉石清修不愧古人敦尚詩書明訓克開來學士類之儀刑攸屬國朝之文獻足徵爰沛殊恩用彰潛德明靈不昧顯命其承

南京禮部祠祭清吏司署郎中事主事唐士嶸父母勅命

九世

奉

天承運

皇帝勅曰嘉禮之設以報本也故生則均榮歿則追錫孝隆斯禮定耳爾舉人唐貞明乃南京禮部祠祭清吏司署郎中事主事士嶸之父擷秀儒宗升華賢席蓼莪嚠恤棣萼殷懷鄰高還劵之風戶滿問奇之屨飯年湛露冇子騫脣是用贈爾爲承德郎南京禮部祠祭清吏司署郎中事主事嗟秋翮之空搏宜春曹之寵錫

勅曰松柏之質經寒不凋惟其節也故從來女史爛然惟能撫孤成立斯奉爲女宗爾張氏乃南京禮部祠祭清吏司署郎中事主事士嶸之母性鍾仁儉訓稟癯勞勤作室而茹荼欲殉夫而矢柏鸞臺已肯鳳翽方雛家庭已無間言綸寵自應首被是用封爾爲太安人隆簡節於容臺寵珈聲於蘐背

勅命

崇禎十三年五月　日

之寶

原任南京禮部祠祭清吏司署郎中事主事唐士嶸前母

勅命　九世

奉

天承運

皇帝勅曰人臣職司典禮以練習稱則必榮及所生矣乃有恩殊毛裏恩則永言可無冥慰爾康氏乃原任南京禮部祠祭清吏司署郎中事主事唐士嶸之前母吉誕華閥性諳大義執機杼以佐讀服管鞠以襄勤方生桂籍之芬竟委蘭儀之色容臺酬勸寵綍疏榮是用覃恩贈爾爲安人望風木以淒淒錫霞章之旦旦

勅命

崇禎十三年五月　日

之寶

南京禮部祠祭清吏司署郎中事主事唐士𡾊并妻勅命

十世

奉

天承運

皇帝勅曰典禮首重秩宗丞損益禮儀斟酌故實則禋曹是賴

況豐芑之地尤宜明習者乎爾南京禮部祠祭清吏司署

郎中事主事唐士𡾊端凝粹品博洽名儒清才擢瑞錦之

賓卓識高士林之選爾能三祀具飭虞修上下之和九儀

不愆雅洽神人之會惟茲寅直允導肅将是用覃恩授爾

階承德郎錫之勅命昔富鄭公以子陟祠部爲孝於親者

之勸爾能世襄文之學預茲清選可謂不愧先正矣其益

奮榮以光茲典

勅命

初任直隸徽州府儒學教授

二任國子監助教

三任南京禮部祠祭清吏司主事

四任今職

之 寶

勅曰修禮命官主於和敬故職隆中饋德美有齋蘋藻之詩

爲助祀者詠爾南京禮部祠祭清吏司署郎中事主事唐

士𡾊妻華氏梅儷迨吉桃實歌宜訓飭矜鞶厭綺紈其若

浼儉師紽緎引圖史以爲箴調瀡奉姑飲冰勋潔是用封

爾爲安人副翟佩於舜華佐鴻儀於閫省

勅命

之 寶

崇禎十三年五月 日

按察使經歷衔唐懋勳祖父母勅命 十四上

奉
天承運
皇帝制曰考績報循良之最用奬臣勞推恩溯積累之遺載揚
祖澤爾唐陽和廼按察使經歷衔唐懋勳之祖父錫光有
慶樹德務滋嗣清白之芳聲澤留再世衍弓裘之令緒祜
篤一堂茲以爾孫遵例急公貤贈爾爲徵仕郎錫之勅命
於戲聿脩念祖膺茂典而益勵新猷有穀貽孫發幽光而
丕彰潛德
制曰册府酬庸聿著人臣之懋績德門毓慶式昭大母之芳

徽爾胡氏廼按察使經歷衔唐懋勳之祖母箴誠揚芬珩
璜表德職勤内助宜家久著其賢聲澤裕後昆錫嘉式承
乎嘉命茲以爾孫遵例急公貤贈爾爲孺人於戲播徽音
於彤管壼範彌光膺巽數於紫泥天庥允劭
勅命
咸豐七年四月　日
之寶

按察使經歷衔唐懋勳父母勅命 十五上

奉
天承運
皇帝制曰資父事君臣子篤匪躬之誼作忠以孝國家宏錫類
之恩爾唐應龍廼按察使經歷衔唐懋勳之父善積於身
祥開厥後教子著義方之訓傳家裕堂構之遺茲以爾子
遵例急公封爾爲徵仕郎錫之勅命於戲殊榮必逮於所
親寵命用光夫有子尚宏佑啟益勵忱恂
制曰奉職在公嘉教勞之有自推恩將母宜錫典之攸隆爾
張氏廼按察使經歷衔唐懋勳之母壼範宜家風協承筐

之孅母儀貽穀載昭書荻之芳茲以爾子遵例急公封爾
爲孺人於戲彰淑德於不瑕式榮象服膺寵命之有赫益
賁徽音
勅命
咸豐七年四月　日
之寶

同知銜唐俊培父母誥命 十六世

奉

天承運

皇帝制曰求治在親民之吏端重循良教忠勵資敬之忱聿隆

褒獎爾唐懋勲廼同知銜唐俊培之父禔躬淯厚訓端嚴

業可開先式穀乃宣猶之本澤堪啟後貽謀裕作牧之方

茲以覃恩封爾爲奉政大夫錫之誥命於戲克承清白之

風嘉茲報政用慰顯揚之志畀以殊榮

制曰朝廷重民社之司功推循吏臣子懔冰淵之操教本慈

闈爾葛氏廼同知銜唐俊培之母淑慎其儀柔嘉維則宣

訓詞於朝夕不忘育子之勤集慶澤於閭門式被自天之

寵茲以覃恩封爾爲宜人於戲仰酬顧復之恩勉思撫字

載焕絲綸之色用慰劬勞

制　誥

同治八年十一月十七日

之　寶

從九職銜唐燦父母勅命 十六世

奉

天承運

皇帝制曰設官分職昭器使之無遺錫類施仁喜蒙恩於伊始

爾唐纖周廼捐職從九品銜唐燦之父秉性醕樸飭行端

方教誨懷式穀之勤政事本貽謀之善茲以爾子遵例急

公貤封爾爲登仕佐郎錫之勅命於戲一命得以逮親遂

膺曠典庶政期於稱職篤迓休光

制曰登皇路以馳驅忠原本孝入庭闈而侍奉嚴必兼慈爾

沈氏廼捐職從九品銜唐燦之母性本和柔飭矜鞶於閫

內教惟勤慎紓章服於庭前茲以爾子遵例急公貤封爾

爲九品孺人於戲所親邀優渥之恩勉圖懋績有子效靖

共之誼宜播芳徽

勅　命

道光三年十二月十一日

之　寶

都察院都事職銜加三級唐洪培父母誥命 十六世

奉

天承運

皇帝制曰詎篤靖共入官必資於敬功歸誨廸能任而教之忠

爰沛國恩用揚庭訓爾唐懋勳廼都察院都事職銜加三

級唐洪培之父躬修士行代敦儒風抱璞自珍克毓珪璋

之秀析薪能荷彌彰杞梓之良茲以爾子恭遇覃恩贈爾

爲朝議大夫錫之誥命於戲昭令聞於籯經義方久著佩

徽章於策府禮秩優加

制曰移孝作忠懋簡臣勞之績推恩錫類式揚賢母之名載

貴奉綸用宣懿範爾葛氏乃都察院都事職銜加三級唐

洪培之母早嫻典則夙著規型敬以從夫宜家聿徵其順

德勤於訓子備官一本於慈祥茲以爾子恭遇覃恩贈爾

爲恭人於戲荷彩翟之天章徽音益暢被彤毫之仙藻惠

問常流

制誥

光緒十五年二月十五日

之寶

江蘇安東縣教諭唐錫晉父母勅命 十六世

奉

天承運

皇帝制曰任使需才稱職志在官之美馳驅奏效報功膺錫類

之仁爾唐文源廼江蘇安東縣教諭唐錫晉之父雅尚素

風長迎善氣弓冶克勤於庭訓箕裘丕裕夫家聲茲以覃

恩貤贈爾爲修職郎錫之勅命於戲肇顯揚之盛事國典

非私酬燕翼之深情臣心彌勵

制曰奉職無愆懋著勤勞之績致身有自宜酬鞠育之恩爾

張氏廼江蘇安東縣教諭唐錫晉之母淑範宜家令儀昌

後早相夫而教子俾移孝以作忠茲以覃恩貤贈爾爲八

品孺人於戲賁象服之端嚴誕膺鉅典錫龍章之渙汗允

播徽音

勅命

光緒十五年二月十七日

之寶

都察院都事職銜加三級唐洪培并妻誥命 十七世

奉

天承運

皇帝制曰名列蘭臺之選臣職克修榮分豸服之光綸音用錫爾都察院都事職銜加三級唐洪培識運通明才堪綜理比茲紀綱之任亦頼參贊之賢鷺序斯膺龍章攸賁茲以爾恭遇覃恩授爾爲朝議大夫錫之誥命於戲推恩及下聿彰寵渥之施位事惟能益殫精勤之力

制曰勤宣聲績聿徵服采之才茂著規型式奬同心之媺爾都察院都事職銜加三級唐洪培之妻余氏夙諳内則作配名門淑慎其儀允協珩璜之度柔嘉維則克彰蘋藻之風茲以爾夫恭遇覃恩貤封爾爲恭人於戲荷殊寵以流芳魚軒煥彩被國恩而錫祉象服增榮

制誥

光緒五年二月十五日

之寶

江蘇安東縣教諭唐錫晉伯父母敕命 十六世

奉

天承運

皇帝制曰誼篤靖共入官必資於敬功歸誨廸猶子亦教以忠爰沛國恩用揚家訓爾唐廉源迺江蘇安東縣教諭唐錫晉之胞伯父躬修士行代敦儒風抱璞自珍克發圭璋之秀儲材足用聿彰杞梓之良茲以覃恩貤贈爾爲修職郎錫之敕命於戲昭令聞於經籯書貽刻鵠佩檄章於策府寵賁廻鸞茂典丕承榮名並劭

制曰家有孝慈之範美以相濟而成國崇褒錫之文恩以並推而厚爾何氏迺江蘇安東縣教諭唐錫晉之伯母德可相夫教能啟後一堂環珮和音克著其慈祥五夜機絲内治聿昭其柔順茲以覃恩貤贈爾爲八品孺人於戲溥一體之榮施鸞章賁采表同心於訓廸象服分光

敕命

光緒十六年三月二十二日

之寶

江南淮安府安東縣教諭唐錫晉伯父母敕命 十六世

奉
天承運
皇帝制曰誼篤靖共入官必資以敬功歸誨廸猶子亦教以
忠爰沛國恩用揚家訓爾唐慶源迺江南淮安府安東縣
教諭唐錫晉之胞伯父躬修士行代啟儒風抱璞自珍克
發圭璋之秀儲材足用聿彰杞梓之良茲以覃恩貤封爾
爲修職郎錫之敕命於戲昭令聞於經籯書貽刻鵠佩儆
章於策府寵賁廻鸞茂典丕承榮名益劭

唐氏家乘 卷六 誥敕 誥

制曰家有孝慈之範美以相濟而成國崇褒錫之文恩以
並推而厚爾奚氏迺江南淮安府安東縣教諭唐錫晉之
伯母德可相夫教能啟後一堂環珮和音克著其慈祥五
夜機絲內治聿昭其柔順茲以覃恩貤封爾爲八品孺人
於戲溥一體之榮施鸞章賁采表同心於訓廸象服分光
敕命
光緒二十年八月十六日
之寶

國子監典簿銜江南淮安府安東縣學教諭唐錫晉叔父
母敕命 十六世

奉
天承運
皇帝制曰誼篤靖共入官必資於敬功歸誨廸猶子亦教以
忠爰沛國恩用揚家訓爾唐武源迺國子監典簿銜現任
江南淮安府安東縣學教諭唐錫晉之叔父躬修士行代
啟儒風抱璞自珍克發珪璋之秀儲材足用聿彰杞梓之良
茲以覃恩貤贈爾爲修職郎錫之敕命於戲昭令聞於經籯

唐氏家乘 卷六 誥敕 義

書貽刻鵠佩儆章於策府寵賁廻鸞茂典丕承榮名益劭
制曰家有孝慈之範美以相濟而成國崇褒錫之文恩以
並推而厚爾曹氏迺國子監典簿銜現任江南淮安府安
東縣學教諭唐錫晉之叔母德可相夫教能啟後一堂環
珮和音克著其慈祥五夜機絲內治聿昭其柔順茲以覃
恩貤贈爾爲八品孺人於戲溥一體之榮施鸞章賁采表
同心於訓廸象服分光
敕命
光緒二十六年三月十二日
之寶

戸部河南司主事加四級唐宗愈伯祖父母誥命 十六世

奉

天承運

皇帝制曰沛醽庸之慶典茂對皇庥敷錫類之殊榮曲成臣

孝爾唐廉源迺戸部河南司主事加四級唐宗愈之伯祖

父箕裘紹緒詩禮垂聲詒厥孫謀樹芳規於珂里繩其祖

武奏茂績於彤庭玆以覃恩貤贈爾爲中憲大夫錫之誥

命於戲開堂構以培基德鍾家慶沛絲綸而錫命澤渥泉

臺

制曰德門衍慶淵源早裕夫孫謀盛世推恩綸綍載揚夫

母範爾何氏迺戸部河南司主事加四級唐宗愈之伯祖

母高門毓德華閥傳芳有穀詒孫頼同心於內助自天申

命表異數於中閫玆以覃恩貤贈爾爲恭人於戲光生褕

翟常昭彤管之輝德媲珩璜允著徽章之色

誥 命

光緒二十六年三月十二日

之 寶

戸部河南司主事加四級唐宗愈父母誥命 十七世

奉

天承運

皇帝制曰考績疏庸特重推恩之典服官資敬聿推式穀之

功爾唐錫晉迺戸部河南司主事加四級唐宗愈之父世

擅清門代傳素業家風湻厚垂弓冶之良模庭訓方嚴敬

詩書之介緒玆以覃恩封爾爲中憲大夫錫之誥命於戲

薄籯金而示誨世澤長延錫鞶帶以加榮天庥勿替

制曰宦學方成讀父書而繼業發勞交備稟母訓以揚名

爾孫氏迺戸部河南司主事加四級唐宗愈之母克樹芳

型尤多慈教著承筐之雅範早知率禮無愆寓徙宅之深

心果見克家有子玆以覃恩封爾爲恭人於戲彤毫灑潤

爰推顧復之恩彩翟流芳彌振賢明之譽

制 誥

光緒二十六年三月十二日

之 寶

花翎道銜隨帶加三級戶部主事唐宗愈曾祖父母誥命

十五世

奉

天承運

皇帝制曰嘉謨垂奕葉允昭世德之求殊寵錫公朝益展曾
孫之孝祇承新渥用報曩徽爾唐秀林迺花翎道員銜隨
帶加三級戶部主事唐宗愈之曾祖父敦脩無斁垂教有
方種德問先堂構益恢於來緒詒謀啟後箕裘克紹於前
庥懿矩攸彰恩施宜逮茲以覃恩貤贈爾為通奉大夫錫

之誥命於戲四世其昌久聚德星之慶九原可作永承褒
命之榮國典溥膺家風益振

制曰剛柔佐治寵既被於外僚貞訓垂庥恩聿推於內德
特敷惠澤用播徽音爾廉氏迺花翎道員銜隨帶加三級
戶部主事唐宗愈之曾祖母肅雍可範令善堪模樹慈訓
於後昆爰著鍾祥之德傳素風於奕葉式彰貽穀之謀允
作母儀用昭國典茲以覃恩貤贈爾為夫人於戲九重錫
慶溥邀丹詔之褒四世承恩益煥朱幩之色勑宜令問用
闡幽光

制誥

光緒二十八年十一月十三日

之寶

花翎道銜隨帶加三級戶部主事唐宗愈祖父母誥命 十六世

奉

天承運

皇帝制曰表官報績爰歸美於貽謀司仕詔功必溯原於繩

武殊榮洊被積代增華爾唐文源迺花翎道員銜隨帶加

三級戶部主事唐宗愈之祖父衍緒開先垂休裕後孫枝

挺秀聿昭樹德之符世業丕昌大啟承家之學茲以覃恩

贈爾爲通奉大夫錫之誥命於戲錫五章而敷澤珂里流

光推三葉以承恩德門襄慶祇膺茂典長荷寵綏

制曰鴻恩錫類聿彰貽穀之休令範宜家益著含飴之媺

式逢慶典爰沛殊施爾張氏迺花翎道員銜隨帶加三級

戶部主事唐宗愈之祖母度叶珩璜訓嫻圖史心莊體順

著壼範於中闈善積慶餘表母儀於奕世茲以覃恩貽爾

爲夫人於戲播蘭陔之芳澤寵被重闈揚芝檢之徽音光

流華胄榮章洊逮德範猶存

制誥

光緒二十八年十一月十三日

之寶

花翎道銜隨帶加三級戶部主事唐宗愈父母誥命 十七世

奉

天承運

皇帝制曰夙夜宣勞事君資於事父雲霄布澤教孝實以教

忠特賁綸綍用光閥閱爾唐錫晉迺花翎道員銜隨帶加

三級戶部主事唐宗愈之父操修淯篤矩範嚴明術在詩

書克啟趨庭之訓業恢堂構實開作室之模茲以覃恩封

爾爲通奉大夫錫之誥命於戲天府之徽章殊榮下逮

際人倫之盛美茂典欽承祇服誥詞益勤勵翼

制曰家聲昌大夙彰式穀之休壼教賢明不替樹萲之彝

適奉上慶用錫殊榮爾孫氏迺花翎道員銜隨帶加三級

戶部主事唐宗愈之母敦習禮規恪循箴訓寢門治業著

恒德於貞心閫塾授經寓慈風於雅範茲以覃恩封爾爲

夫人於戲恩能育子挺杞梓之良材善必稱親被笄珈之

茂寵祇承嘉獎益表芳儀

制誥

光緒二十八年十一月十三日

之寶

花翎道銜戶部主事唐宗愈叔祖父母誥命 十六世

奉

天承運

皇帝制曰沛酬庸之慶典茂對皇庥敷錫類之殊榮曲成臣孝爾唐武源迺花翎道銜戶部河南司主事加四級唐宗愈之叔祖父箕裘紹緒詩禮垂聲詒厥孫謀樹芳規於珂里繩其祖武奏茂績於彤庭兹以覃恩貤贈爾爲中憲大夫錫之誥命於戲開堂構以培基德鍾家慶沛絲綸而錫命光耀泉台

制曰德門衍慶淵源早裕夫孫謀盛世推恩綸綍載揚夫母範爾曹氏迺花翎道銜戶部河南司主事加四級唐宗愈之叔祖母高門毓德華閥傳芳有穀貽孫賴同心於內助自天申命表異數於中閨兹以覃恩貤贈爾爲恭人於戲光生褕翟常昭彤管之輝德媲珩璜允著徽章之色

誥命

光緒三十年正月十五日

之寶

唐氏家乘卷六

誌銘

唐氏家乘卷六

誌銘

封大理寺左寺副伯成唐君墓誌銘 三世

按公諱誠字伯成其先高郵人也元末遭兵燹其父汝文挈弟
汝章從遷於常之武進依其舅夏姓居焉去滆湖垂虹里許迄
今號曰唐門又呼墳上此夏之故墟也木本水源安可不揆厥
自君配張氏繼巢氏生五子衡復律衛衎也讀書好禮強學力
行惟克勤克儉營業耕作嘗自言曰民大概有四士農工商而
已吾祖父世以讀書爲業相傳祖華甫爲宋末翰林檢討父汝
文爲元鈞州提舉迨我

太祖高皇帝龍飛淮甸祖父自愧以夷亂華攜我兄弟依夏而
立此公家庭常談歲久猶在人耳勵志訓子以續書香次子復
早登洪武庚辰進士第孫世良亦令業舉以補郡庠餘子弟或
商或農不數載而家貲巨萬焉創建城館四所兩所逼唐家灣
兩所鄰隋司徒廟莊業亦四一宅出南郭四十餘里地名欽風
一宅出東郭五十餘里地名安上二宅出北郭五里許地名大
寨橋教子星分散處自耕自鑿以杜游惰漸綜理家政大率類
此是時洪武新政規矩甚嚴戒勑諸子動輙筆楚繼以泣涕懲
之於是爲士者功名令終爲商爲農者得以積粟盈貲宣德開
追贈大理寺左寺副妻張氏贈安人享年七十有六生於元王

正乙酉正月九日卒于永樂庚子九月十二日夫婦合葬於永豐新隴其子復因朝廷下追崇之典走幣乞文以補誌銘遂奉胡公少宗伯濚狀以述其概如此惜乎闇其懿行而不復挹其風範可勝嘆哉銘曰一片白石爲君壽藏青山綠水萬世難忘永豐祖隴松柏蒼黃祇今傳世襲襲耿光

賜進士及第奉直大夫右春坊右諭德兼翰林院侍讀江右曾鶴齡撰

向來世係一祖此文及近年纂修據各分所遺互相考證此中稱述多有未合然皆無的據也姑兩存之八世孫鶴徵謹識

處士仲南唐君墓誌銘 四世

兵科給事中唐世良聞其父處士君之喪即日解官將奔訃於家卜以襄事予往弔之世良匍匐號於予曰不孝孤不幸至於大故抱痛終天無所逭罪敢以誌墓之銘爲請予退而考其行事之狀云君諱衡字仲南姓唐氏世爲常之武進人父誠贈大理寺寺副母張氏贈安人誠五子君爲之長次復讀書以進士起家歷官餘姚知縣市舶提舉今以大理寺副遷廣西平樂知府次律衢衍君娶孫氏繼黃氏子男六世英世賢俱早世世良其第三子也亦以宣德癸丑進士嗣其家業給事黃門世昌世隆世宗皆有士行女三董全梁砭閔珩其壻也孫男女各七人

以正統六年六月二十一日卒於正寢以其年　月　日葬於黃塘村先塋之側享年七十有四君生有令姿溫恭謙慎事二親以孝怡色下氣務得其歡心張安人沒奉養繼母巢氏惟謹撫諸弟友愛備至及諸弟既長固求析居君不能止各令擇其田園屋宇之便利者悉以與之一無所較教子孫必以義方處鄉黨和而不流君善理家治產積蓄家日以裕然性好施予賑人之乏無問識與不識以是人尤稱爲長者予與君寔同鄉井自宦游以來不相見者至是二十餘年矣俯仰存沒爲之慨然故於世良之請有不可辭也嗚呼惟君之德修於身行於家及於人者如此使得位行道則其所施又何如也是宜銘銘曰

孝友之行修於家庭賙卹之惠亦著鄉評傳名繫世刻此墓銘
百世而下子孫其承
誥授奉議大夫左春坊左諭德兼國子監司業邑人趙琬撰

唐處士仲雲墓誌銘 四世

處士唐姓諱衢字仲雲世家常之武進曾大父華甫大父汝文俱有隱德父伯成以仲子復亨貴贈大理寺寺副母張氏贈安人處士自幼爲人孝友篤實張安人沒大理君再娶巢氏處士事之惟謹而巢氏亦愛之人不知其非所出也比長諸兄仲南復亨仲聲子姪日以蕃盛議欲各爨處士度不能已乃以宅舍田園讓與諸兄別築一室以居勤儉治生生事日以就緒處鄉黨謙恭有禮人皆樂與之交遇有貧乏不能自存者必量推所有以賙其急於是人爭重焉處士初娶周氏繼室以仲氏側室江氏子十八世顯世德世觀世綱爲邑庠生世昂世安世淇世和世高世完女二人一適潘旻一適王偉處士生於洪武己巳年六月十一日卒於正統六年十月三十日得年五十有三卒之後又二年爲正統癸亥三月乙酉葬於邑之永豐西鄉黃塘村先塋之側諸子世德欲圖不朽介處士之猶子世能與郡庠生蔡良佐以鄉塾師王彥章先生狀來求予爲銘惟處士孝行於親友於兄弟和於鄉里隱遁弗耀而教其子送終以禮銘無愧焉銘曰善修於己惠施於人嗟若處士君子之倫考德摭行作此銘文勒諸貞石永世勿湮
誥授奉議大夫左春坊左諭德兼國子監司業邑人趙琬撰

明故朝議大夫福建布政司右參議頤庵唐公墓誌銘 世五

余昔居郡庠時與姨丈亞參唐公同齋同號同經心志相孚氣誼相合筆硯之相親疑難之相講而其學皆有所成予自登第爲秋官尚書主事時公亦官游京師日夕商確政務議論章奏而於事皆有所濟自是予與君先後各領方面之寄不獲與君相盍簪者有數年于茲矣余丁內艱歸適公卒越明年厥子鈺以予與君有夙昔姻婭之好相知之深持其友俞憲謝琦所狀平日行蹟踵門泣而請銘予多君之德重鈺之孝甯以吾憂而不副所請乎乃按狀序曰唐公姓世良其諱用彰其字頤庵其號也實常州武進人世爲衣冠望族曾大父諱汝文有隱德匆

耀妣陳氏大父諱誠德性寬閑儀容脩整以仲子復貴贈大理寺左寺副妣張氏贈安人父諱衡持己以敬接人以和以君貴贈兵科給事中妣孫氏贈孺人繼黃氏封太孺人兄弟六人長曰世英次曰世賢世昌世隆君則第三也自幼丰姿偉麗穎敏異常初以俊秀選爲郡庠生遂有志問學能自刻勵淹貫經史尤工場屋之文上司每小試多取爲第一由是才譽燁然以起人皆以爲重器遂大期之宣德癸丑以書經登曹鼐榜進士第觀都察院江西道政謗明律意辨閒囚徒無有壅滯爲都憲諸公加重正統初元差往閩浙二省纂修實錄竣事回朝爲
皇上嘉獎遂拜兵科給事中轉陞掌科君在任介然有爲以兵務爲重事以參駁爲己任朝野無不聞其賢能十四年適處州盜鎮強賊葉宗留等反叛天官以君才識老成政達體要尋陞浙藩右參議陪朝列大夫奉　敕馳驛之任廵歷彼處多所設法奸宄勿率者鋤之治之良善逋亡者撫之綏之未幾地復甯靖民獲安生皆君之功也景泰四年奔母喪回家自聞訃哀毁骨立葬祭之儀咸克如禮人多稱其孝及服闋赴吏部景泰七年調除福建布政司其在福建蒞政持己一如浙江時公暇則吟咏自娛有頤庵藁數十卷藏于家公一旦以疾召其子鎮等曰吾年六十有六而居官蒞政未嘗有戾于法汝曹當立身揚名以圖報稱言訖而逝生於洪武三十二年二月初三日卒於

天順六年三月二十七日娶邵氏同郡同知俊之女封孺人莊重寡言婦德母儀爲宗族所仰子男三人長即鈺配陸氏次曰鍊配何氏繼吳氏鎮尚幼女二人長適同邑黃章次適錫峯章嵩皆名族也孫男五人長禎次泰溥濂瀚孫女二皆幼君爲人器量宏廓知識高明自釋褐居黃門參藩省而所決事務必斷以經術惟以事之可否民之休戚爲心他無所顧忌也每旬宣郡邑必以勸學與化爲務忠君孝親爲本非過民利便事輙具以
聞由是上下之間咸敬服之卒之日諸縉紳大夫莫不嗟悼之曰唐公仁厚君子也以九載榮滿在邇正期其大用弗意遽止

于此悉往弔祭無不爲之哀慟民哭之如喪所親非有德孚於人惠及於民奚能致此憶唐君自登科甲歷顯要始終一節有子孫若公者其可多得哉鈺等自閩藩扶柩而歸擇於今年四月二十六日葬於本縣盧墅新阡之原嗚呼公之行蹟類此者多姑摭其概而銘諸幽以詔來裔銘曰唐爲宦族肇自毘陵衣冠相望是繼是承傳至于公實其雲礽淹貫經史科甲立登黃門職顯華省名稱訓宦閩藩愈勵厥能未獲大用一夢弗興勒名墓石千古光騰

賜進士第嘉議大夫湖廣布政司右參政毘陵楊鏞撰

誥授奉議大夫戶部郎中郡人卞榮書丹

勅授承直郎刑部主事同邑吳淵篆額

竹庵唐君墓誌　五世

竹庵父仲南衡吾老友也慨昔我窮時苦科第不就假館卒業以從士夫游承遺子世良世隆以資博問遂久兄弟好未幾我就第而世良亦高擢焉斯時也

宣宗章皇帝龍飛駕馭言路振揚吾儕世良叨列班僚世良未考績忽聞仲南訃音使我悲悼不勝而輟朝告沐矣後閩廣狂冠滕茂七作亂朝廷揀才能特　勅世良勦捕緣部屬違詔敗走亦憂憤搆疾而卒使我益悲悼而遂無意於世矣因念少者壯者尚不可保如此遂決意歸田欲從竹庵輩以樂餘年其子鏞欽取科第而鉉鋹亦綽綽有才幹而竹庵甚亦可樂不十年而又搆疾不起予方老病扶杖往哭之曰吾傷汝兄繼汝父汩沒幸汝有子振耀宗風汝父兄雖死猶不死也豈汝今又死乎嗚呼吾與汝父交汝年方志學而汝兄亦方强壯矣今吾雖老病猶存殘喘詎意哭汝父又哭汝兄而今又哭汝乎且物理固有盛衰而桃李豈多植于門牆而致此耶曰不然顔夭跖壽自有定數而夫子夢奠兩楹止于七旬而亦哭鯉矣豈天欲喪斯文而使斯文不終於孔氏否乎雖然堯舜禹湯文武之道終敗陳於子思之中庸吾意天之造就竹庵未必不類於孔氏其五星聚奎將在於子子孫孫千百世矣辱契生給事中白瑜撰文

故母潘孺人墓誌　五世

鏞以成化壬寅歲之秋領

朝命出判岳州時念先君竹庵公已殁惟吾母尚存且老因奉吾母同至岳署欲就一日之祿養也又明年春吾母以諸幼之故思歸比歸甫閱月而得疾以卒成化乙巳之正月又九日也計甲子僅一週焉嗚呼痛哉鏞等卜以是年之十二月十又三日合葬于先君之墓先是欲求大人先生言以垂諸不朽念吾母之懿行著于閨門者惟鏞等知之詳遂濡血以志諸石吾母姓潘氏父諱宏遠年十七歸於先君時吾祖徵仕公已故僅得事祖母黄祖母性嚴重吾母事之甚恭謹間有毫髮不如所

拮祖母言色不在則終日悚懼無疾怨意祖母尋喪明每飲食吾母與先君更自嘗進食畢然後退及殁每季春掃墓獨拜墓下號哭歲久而孝心不衰伯父世賢暨伯母陳皆蚤世遺女及子鑑皆在襁褓中吾母取而鞠之不啻已出比長爲之嫁娶而嫁娶之儀與鏞等一也先君蚤歲歷家事而吾母以勤儉濟之日夜躬事紡績不少休有阻之者輒不悦雖寸帛尺布亦不輕棄疏餼之類務有餘蓄每賓客至所需未嘗匱也鏞等從師讀書得歸省吾母者歲或一見或再見不日卽遣去曰爾業荒矣鏞等卒有成者母之教也鏞等方喜榮吾母於膝下而吾母已不待矣嗚呼痛哉子男四長卽鏞娶路氏次鉉娶梁氏次欽中成化丁酉榜娶秦氏次鋸娶鄒氏女四長適丁廷祥次適胡承吉次適薛璿次在室孫男八長澤娶趙氏次濩聘鄒氏次涞聘畢氏次涯聘張氏次津聘薛氏餘幼孫女七長許聘張應奎次許聘吳承祖次許聘潘濡次許聘王穀餘幼嗚呼先君以成化庚子歲卒今吾母又卒不五六載而父母俱亡終天之恨曷其有極天乎人乎抑有數存乎其中也於乎痛哉孤哀子鏞泣血百拜謹述

明故徵仕郎戶科給事中曾可唐君墓誌銘 五世

宏治乙卯十月十五日戶科給事中唐君暴病卒得遺奏於几上其畧曰董仲舒謂天心仁愛人君故出災異以譴告之今日之災異眾矣惟
陛下脩實德以應之假因是警懼以修其身是天愛
陛下之身也因是治其家是天愛
陛下之家也因是治其國與天下是天愛
陛下之國與天下也反覆數千言指切時弊有諷有直疏具未及上固有識者之所隱也然足以覘君之志矣君諱貴用思其字常之武進人祖伯成贈大理寺左寺副考衍贈戶科給事中

妣徐氏封太孺人君天質穎邁始就外傅日記千言比遊場屋有聲籍甚每科首選議必歸君然數上輒不利或勸其少變文體以逐時好者君笑而不言己酉秋年四十二始占解額明年
會試第三
廷試賜進士出身冢宰三元王公之巡撫東南也固已知君及會錄出指君名曰岡東南奇士也以賀主司得人君爲給事中嘗奉
敕按兩廣邊儲監光祿寺內西庫出內會校羸縮不激不隨踰日直內封駁惟允導 駕侍經筵威儀折折人方以大器期君而君卒矣壽止四十有八君體貌恂恂若不能言爲文浩博奔佚尤以詩自喜語不刻削而有蕭散之趣素精鑒賞法書名畫人多以一言定其眞贗焉天性孝友痛封君不逮養事太孺人謹甚扁其居爲曾可蓋其意曰事親若曾子可也而以自勵其使兩廣道過平樂拜其從父太守公祠爲文以祭郡人皆竦知府諱復由大理出知平樂以清節廟食於其土云君娶周氏封孺人子男一瑞女三長歸毛汝泰次聘楊埔吳山瑞年十三業然衰絰來請銘葬之日爲卒之又明年十二月六日原曰黃塘憶予同考庚戌會試得卷之僞異者五方參伍先後其一卷光彩爛然透出紙外予驚焉亟塡冠詩房拆名則用思也銘曰室通屯亨物理之大有蘊維深亦諧其會胡發之艱胡敓之亟我

銘于幽昭示無射
賜進士及第翰林院侍讀學士兼左春坊左諭德奉直大夫同修
國史經筵講官吳郡王鏊撰
賜進士出身觀大理寺政姪欽書丹
賜進士出身工部都水清吏司主事門人夏從壽篆蓋

明故戶科給事中唐君妻周孺人墓誌銘 五世

鄉貢進士武進唐瑤以正德庚午十一月十四日喪其母孺人周氏卜明年十二月二十日葬於豐西鄉之黃塘村奉司訓徐先生東之狀請銘於予東之予故人其言可徵乃爲敘而銘之孺人亦武進人父恕讀書爲儒娶於陸生孺人莊重沈默鍾愛之及笄歸瑤之父用思時其舅贈戶科給事中仲遠姑徐太孺人在堂生事頗落孺人躬率女奴勤女紅以助旨甘仲遠卒相用思由博士弟子員領鄉薦魁會試官戶科給事中三載考績孺人以是受封而敘荆裙布服之自若宏治乙卯用思卒於京師孺人扶櫬南還襄事畢以舊第暨御器物悉讓用思諸弟而

迎養太孺人於新居人稱其孝瑤少業舉子孺人慮其怠學每夕辟纑燈下以延誦讀庚午秋瑤當應鄉試孺人時已得疾瑤不肯行遂強起視事促其行甚力瑤果領薦而歸孺人喜見顏面然病勢日危屬纊時呼瑤告曰昔女祖疾革女父焚香籲天求以身代亟爲嘗糞甘苦平日不以語人女當如女父之孝又曰女叔母王孀居守節吾死女謹事之言訖而逝年六十有四子男一卽瑤娶義興任氏女三壻曰毛汝泰曰楊墉曰吳靜夫楊吳太學生孫男二順之聘胡氏正之未聘孫女三壻曰董士宏曰劉天恩次未聘銘曰孝其姑相其夫而教又成其孤生既封壽亦崇而塟復同夫之宮若孺人者殆可爲閨門之楷則百千斯年而銘不泐也噫

賜進士第承德郎南京兵部武庫清吏司主事姑蘇都穆撰

明故壽官月樓唐翁暨配臧氏合葬墓誌銘　五世

嘉靖戊戌秋九月戊戌壽官月樓唐翁卒其承重孫一之將於十二月壬寅啟翁配臧氏壙而合葬之附其大父贈寺副公塋禮宜有銘翁從孫吏部主事順之爲撰狀以請一之介予內姪褚滸來予以衰疾例辭謝重以吏部吾友也而吾嗣子則嘗交翁之孫吾內姪又共壻辭謝不容以固按狀翁諱世美字用誠月樓其別號也世爲武進人大父諱誠以仲子復貴贈父諱衍以冢子貴贈戶科給事中母徐氏封太孺人翁二兄一弟貌獨魁梧負氣倜儻善談論居常作草書駸駸逼眞而詩歌則亦有唐人興致少志進取受經史於其伯兄既而以產薄父且患

癰重念伯兄業以百務遂不卒業乃晝夜侍父疾兼以營家俾兄獲肆力問學其孝友有如此者伯兄既登進士官戶科時孝宗敬皇帝最重言官翁則佩兄教言罔敢怙勢雖里中騎亦稀往來其謙慎有如此者翁常坐一室焚香吟味晏如也郡長吏知翁名特請賓蜡飲時年已六十矣邇歲我皇上詔賜天下八十以上老人冠帶翁乃始冠帶然惟一服之後竟不更服亦猶一與蜡飲不更往飲也其好恬淡有如此者子珙與從子某齊名數同入場屋而珙竟不第則慰之曰命也督孫學甚嚴逾弱冠猶未鼓篋而從孫某則已魁天下亦慰之曰命也其達觀知命有如此者翁生景泰丙子八月十日享年八十有三夫以潛德弗耀而於父子兄弟之間乃獨以耄終殆亦食報於天而無媿者矣配臧氏常德府經歷濟之女翁與白首相敬而臧亦溫惠能逮下撫嫡庶均一蓋與翁媲德云其生也後翁六年爲天順壬午二月二日卒則先翁一十八年實正德庚辰七月七日享年五十有九男即珙娶謝璥女亦先翁一十六年卒女三壻張溥褚滸蔣禂孫男二長即一之邑庠生娶典膳蔡昂女次什之娶范希陽女孫女一未字曾孫男五時儁時傑時偉時佑時仰俱未聘曾孫女二長字楊光祖次未字嗚呼翁不可作矣而與配同穴其銘則予徵之庶德也應德嘗官翰林爲太史氏將亦不阿私於所親是誠可徵以銘者銘曰昔

漢張蒼多藝而壽嗟嗟此翁壽豈罔咎太守燕之於學之宮
天子有詔錫服華躬亦有好逑孟光齊賢嗟嗟此配生後卒先
黃塘之原白壁聯瑩刻我銘辭於昭百世

賜進士第通議大夫兵部右侍郎前都察院右副都御史奉
勅巡撫貴州等處地方兼理軍務邑人徐問撰鄉進士邑人顧
明隸蓋鄉進士邑人黃相書丹

明故岳州府通判海萍唐公墓誌銘 六世

岳州通判唐君諱鏞字元振海萍其別號也成化二十一年十一月九日以疾卒於家其孤澤等以明年十一月一日葬於黃墩之原從其先君竹庵公之兆謂予與君雅好知君爲深故來乞銘以垂諸不朽予辭弗遂乃誌其梗概而爲之銘唐氏世爲武進宦族曾大父伯成贈大理寺寺副大父仲南贈兵科給事中父世隆性好竹故號竹庵君卽竹庵公之長子也君少學通經由郡庠弟子員領成化乙酉鄉薦後屢試禮部下第以貲格拜岳州府通判岳有洞庭湖湖中歲多盜賊君巡捕未數月賊盜用息又多流民君推誠撫之衆皆安堵九溪蠻每掠民間子女貨物者亦請君受罪君尤重學校月給紙筆以勸勵諸生凡諸遊惰皆斥黜之居官幾三載勤勞政理前後一日自奉甚簡與在太學時不異及聞母潘氏喪促治裝回囊橐蕭然故士大夫遺之文有曰惟洞庭之清風明月載在歸航於此可知君之所存矣君平生寡言笑處事鎮靜竹庵公嘗以事誤責君君惟自責而已終不建明人初接君多疑君爲僻人之乃信其坦易竹庵公歿君理其家凡竹庵志所欲爲而未遂者君悉成之其所遺器物雖小必加寶愛不敢輕兢兢業業常恐墜先人業此意每以爲諸弟子告與人交久而不渝性好飲酒然微醺卽止每有所到處輒寄諸詩有海萍稿若干卷享年四十有四正

統壬戌其生之年也娶路氏子男二長澤娶國子助教趙佑之孫女次淶娶泉州府同知畢宗賢之女次妨女三長許聘吳承祖福州太守淵之孫也餘幼嗚呼君之服官正古人始仕之年也知君之器識者咸以遠大期之而止於斯惜哉雖然君之子淶能讀文書他日相繼以登膴仕有可待者君之靈亦可以少慰矣銘曰粤惟唐氏爲常望族平樂叔祖亞參伯叔三傳至君俱起科目出判岳州吏民胥服彼蒼云胡乃奪君速才則有餘命實不足知君者誰惟義爲獨謹述銘章萬古照燭

賜進士第觀禮部政同郡何義撰文

樂晚府君墓誌 六世

吾父卒之明年將祔葬於竹庵君祖隴卜吉告期於宗親給事可齋曰喪具稱家有無不汝禁也然汝父懿行當求文以誌之歸告母梁曰求文以文父行譬之畫工形影我言之汝述之孤無辭遂揮淚以書按公諱鉉字元吉別號樂晚享年四十有三而捐棄於世也可不痛哉公慷慨有大節不矜細務以鋤强扶弱爲心事父竹庵綜理家政甚愜人情鄉者以其能薦役萬石長征歛之法不拘常制富者利之貧者薄之不踰月而公紓以輸邑令魏公璋胡公溥言奇之而信任不疑一日海蠻會長貢於朝廷經吾驛魏公薄其賓需會長怒執而囚之羣議聚衆以

奪公曰海蠻如豺狼然豈可以力角但當以理諭之公郎毅然登舟具言於會長曰公輩此來其將獻敬以忠吾

天子耳抑豈藉此呵辱

天子之命使吾輩告諸巡撫聞之

天子

天子震怒公等何以處之諸會長皆吐舌縮頸而應之曰吾輩不過求醉飽耳何出此言遂釋魏而且懇不謹府縣聞公大義咸以膽畧許之凡巡撫滇領大命靡不咨議剖決竹庵家居甚嚴厲不如意輒加箠楚未嘗有難色伯兄鏞一日失歡於竹庵併妻逐居於外兄奉命欲逃去公郎挽而留之遂歡愛如初季弟欽銀得父歡心未娶也出私帑以成其室末子也或遺愛而繼其嗣于兄弟應試路費靡不周悉兄判岳州仍歲遺廩給而以廉慎諷之充拓家業悉與之共未嘗私爲已有弱冠奉父命賓國子助教梁公礪館思親之心毎動聲色其碩德表表于大學士商公輩詩什及梁公殁繼妻母陳卒喪葬皆爲周至嘗時咸謂雖子孝父母不過是也內而宗親外而朋友凡周恤之義無不曲盡其道於乎吾父德業尚多可錄母子悲咽不能言姑撮畧以告于後焉謹誌孤子涯泣血百拜書

明故進士半軒唐君墓誌銘　六世

維宏治十年丁巳冬十月十九日甲子進士唐君元敬以疾卒于武進西拼唐家灣之里第喪不能舉明年戊午夏四月莆田卬君守嚴以進士出令武進篤同年之契誼甚加撫恤又明年己未謹以冬十一月四日瘞于黃塘祖塋之側先事持侍御胡華所述行狀來史館乞余銘按狀君資稟穎異自幼讀書爲文不以浮淺爲彩深刻爲奇而優裕和平思致層出成化戊子遊郡庠南畿提督侍御若天台薛公陳公今大司冦浮梁戴公閱其文皆期以遠大之器同輩多師事之丁酉領應天試鄉戊戌試禮部不第南歸及門者益衆晝講經書夜校文義畧無怠倦

以造就爲己任里生許國幼穎異而貧君資給成諸姪淶涯暨孫輔輩悉陶鎔其材並隱然起名於庠序間君試禮部者七舉宏治丙辰始克登名於榜

廷試

賜同進士出身觀政大理寺左寺方將嚮用而一疾不起矣嗚呼君生景泰庚午七月四日得年四十又八諱欽字元敬曾祖誠贈大理寺寺副祖衡贈兵科給事中父世隆母潘氏兄弟四人伯兄鏞領應天府成化乙酉鄉薦卒岳州府通判君行第三娶國子生秦琳女子男一漢蚤卒女二壻蔣楠丁谷繼娶教諭陳嶙女子男二鵬聘萬氏鳳聘卞氏女一壻王棟君平日志於有爲雖家業饒裕而傫然若窶人自視坎如不營家業累遭回祿蕩無餘貲未嘗以爲意然於人之是非毅然不少假貸復玩心于奕射咸造其妙所著詩文若干卷得古人之遺旨因其自號題曰半軒稿藏于家葬之費悉出于卬君而宜興令內江張君汝賢無錫令進賢姜君士元江陰令臨川熊君伯修咸屬同年相助有差銘曰君之生也謂天其有厚耶胡早其逝而促其齡謂天其有薄耶胡登于時而榮于名嗚呼君之死也將身有所庇耶祇以遺其孥幼將身無所庇耶又幽有賴乎良友嗚呼造物茫茫孰得而徵生死存志我生作銘嗚呼

賜進士第文林郎翰林院編修兼司經局校書郎修

國史

會典經筵官宜興吳儼撰文

唐母陳孺人墓誌銘 大任

孺人陳氏爲進士半軒唐公元敬之配山西行都司經歷鵬之母孀居守節者五十餘年年八十有四而終鵬卜葬有日乃奉其族叔父永州太守國秀所爲狀請銘於予惟半軒公以成化丁酉與我先憲副府君同舉於鄉及公以宏治丙辰進士希周亦忝與其列有通家之誼而孺人貞節尤有關于風化者銘固不可辭也唐與陳皆武進名族孺人之父曰廷璋爲餘姚縣學教諭母曰劉氏孺人自幼端莊敏慧父母愛之必求佳婿半軒嘗受業於教諭君稔知孺人之賢後喪其初配秦氏乃求爲繼室教諭君喜曰是女得所托矣遂諾而歸之時半軒公已領鄉

唐氏家乘 卷六 誌銘 卅四

薦而累試禮部不偶更值家業中衰桂玉關心已怠於進取孺人乃日勤女工以資生理凡家事身任其勞不使爲公累由是公得肆力於學竟登進士孺人實有助焉未幾以疾告歸而居止未定孺人請曰君家先世舊業向屬之他人在子孫所當復者君其圖之公從之乃以重價贖而居焉公寢病篤孺人晝夜扶持寢食俱廢哀哀籲天祈以身代及卒日號慟不欲生親黨憐之既免喪乃矢心守節攻苦食淡以持其家卒賴以不墜二子方在童稚鞠育保護靡不周至而隨事訓誨咸有禮法少司馬陳公玉疇公同年也嘗以御史董學南畿鵬時甫十二已嶄然見頭角陳公奇曰元敬有子矣即命爲郡庠生其族叉有二子求入庠校者孺人謂其子曰某皆長于汝也不可先之汝其讓焉其子傳命陳公嘆曰賢哉孺人也吾不可不成其志因併取之鵬漸長孺人教之隆師親友以充其學謂明師不必他求汝叔父是矣遂令受業于太守君自是學日進孺人更加勸督且諭之曰爲學當取法前言往行非徒以文爲也其識見超卓如此鵬自郡庠升太學久負才名而困於場屋凡十有一試而不偶孺人謂之曰吾教汝力盡矣而不獲一第將如之何古人有家貧親老而爲祿仕者盍就一官以及我之見乎鵬泣而從命於是謁選銓曹以考人優等擢今職乃迎養孺人於官邸甫一歲而卒遺言不及家事惟訓其子爲清白吏毋貽先人羞茲

唐氏家乘 卷六 誌銘 卅五

其正大明達見于屬纊之際者可以見其平生矣初孺人之歸舅姑皆已下世凡歲時享祭誠敬備至秦氏遺二女撫之如己出爲擇所歸而厚裝資以嫁之女之子貧而無依更收育之而爲之娶婦人服其義至若和於妾媵慈於婢僕睦於族黨洽於鄉里其可稱者蓋不一而足也孺人生成化乙酉二月二十七日卒於嘉靖戊申六月十五日以卒之明年十二月二十六日葬豐西鄉黃塘之先塋合半軒公兆子男二長卽鵬娶萬氏次曰鳳先卒娶卞氏女一適太學生王棟孫男四俊卿娶姜達卿娶左大卿娶蔣上卿未娶女三長適太學生李志遠次適郡庠生徐向春次適陳城曾孫男五女一俱幼銘曰從一而終惟婦

之義世降風衰斯道或替懿兹孺人矢心不易五十餘年有如
一日煢煢遺孤爰撫爰教祿養是膺爰食其報亦有曾孫濟濟
列侍壽考令終諸福咸備佳城鬱鬱良人是依永固其藏千載
同歸

賜進士及第資政大夫南京吏部尚書致仕前翰林院侍讀學
士
經筵講官兼修
國史睢陽朱希周撰

明故中順大夫永州府知府有懷唐公墓誌銘 六世

嘉靖壬子正月十一日毘陵有懷唐公年七十洪先爲文以壽
大意以爲程大中蘇老泉名位不甚著也後世美慕若有不可
必得者豈非以其父子之間皆能自立而又有以相成者耶蓋
況公與應德也後三年乙卯七月一日公終於正寢既葬某地
久之應德始能力疾走數千里索閩中王君道思爲行狀而以
墓銘屬洪先應德與王君既皆以文名世洪先安能爲之後獨
知公之父子不後於王君地遠不得謝則取王君之狀書其大
者以見公之自立蓋逆知後世之必有傳固不係於洪先之文
不文也公爲人樸厚質易坦然中無他腸絕不知深坎機械何
等然負剛狷守理道不敢尺寸出繩約以是不盡合於人然以
素無他腸故久亦自信於人其急人也力雖不足油油然猶欲
遲回於爲計其持己也分雖已足恐恐然猶慮形迹之或嫌若
是者非獨求盡理道也發於至誠雖欲已而若有勿能盡所謂
天性也公二十八舉鄉試六舉進士不第吏部試其才授信陽
知州公當官務勤職事職事所得爲執之甚堅或不聽即以去
就決之在州未明視事漏下二鼓不爲倦信陽當孔道賓饋費
擬爲之一切省約部使者或疑其矯關遂役人誘閽曰州官山
費錢幾何將取償汝不得則以毒刑恐之其人寧死無一言相
蛾於是廉聲益播按察分司遍城分巡惡城樓不利郡舍議徙

之時蝗旱甚公仰天竊嘆不應分巡問故答曰方視飛蝗耳分巡雖含恚然議竟寢每歲上死刑甚繁公以州人多椎埋輕生恐致枉濫日夕曲求其可生或得說必諍之上官活一人退而色喜不爾終日悒悒若有所失一貴官誣其怨家七人爲盜且挾勢搆語相軋公不爲動而分巡嘗誤出眞盜公抱獄詞力諍之不專爲慈也有貨郎商歸而婦與所私殺之以久旅給其族人未之覺也踰年爲衆所告先發而逃公雖出計得尸然罪人不可得蹤跡夜不能寢忽聞戶外若有嘯聲祝曰汝得非貨郎乎終當白汝冤毋迫我也月餘禱之神出私財資善偵者購獲之斃於獄嘯亦頓息其盡心於民類如此四年用薦者擢戶部

某司員外郎爲尚書梁公儉庵所知推補本科本科主十三司奏草蓋法家極選也三年擢南京戶部某司郎中二年擢永州知府永俗淳少事公欲與民休息晨起聞吏報四則甚辴顧嘗曰此地宜我可不煩教令惟去其害治者耳道桂與猺接境猺喜嫖亂而冥愚易紿居民乘以詐利故數爲害公緝民善乘猺者置之法而猺有生熟兩種則以恩信厚結熟猺俾致生猺諸會幸喜率其黨詣府自效且持崖蜜以獻公面嘗蜜返其餘出兒女語諸之諸會叩首喁喁受約束以去蓋喜官之不貪又且幸其不已疑也其卒不能致者掩捕之殲其魁首鄭仲義者數百人終公之官猺不爲患楚故多游民而永尤苦强贅婦新孀則游民更相媒證納壻無問聽否既婚則奴其子貲其產而他之公痛芟鋤室有嫠婦壬寅秋瘴癘大作騰若絳雲觸者輒死死且數萬人公行禱散劑歸櫬瘞歯備極勞勩左右以諫公曰吾恨不能身代而敢自愛乎是時麻巾滿城道過公多脫巾走公遥望見揮手止之作莫脫巾謠詞者莫不掩泣郡故有唐刺史祠於是人爲語曰前唐後唐云公既宜永在郡止二年而年纔六十有二一日遽乞休致上下交留之不爲止曰吾不能奉上官欲去者數矣不早自決使人逐我當何顏而見周巨津乎周名振爲巨津知州與公莫逆嘗以出處謀公公曰君年七十乃折腰作萬里蠻荒吏耶周竟棄去故云然然公兢兢自保自

其少時已然不獨以巨津也公年十三喪父始舉鄉試復喪母居常以不逮養爲恨取詩有懷二人之意以自傷嘗侍父觀客奕父曰汝何觀此爲後嘗會飲被酒觸公使人致訟毋取骰子擲之詈曰皆此物作祟也自是不識奕亦不蓄骰子蓋終身云叔某欺其孤嘗虐使公公視之若恩已者從弟負公恩一日醉酒持斧向公公曰汝醉耶其人皇恐棄斧走後一不聞凡宗戚與友人死者計公必且恤其孤後皆果然凡此數者在人皆最難而公則以爲於分宜然非有異也故以是處鄉亦以是治其官以是持身亦以是望於人人有小善惟恐不聞其不肖者心竊病之又若浼於吾身不爲少假借也有市人均己產與兒子

者則力薦爲鄉飲賓其人雖謝避而因之懲勸者頗衆友人遊其父父出誓言決絕公咄嗟曰是誠人耶座罵之其人至自恨死乃已比在官存恤孤遺激奬節義爲之尤力周不止此兩事郡此兩事推之其嚴於是非好惡可知然公固長者非不能容人特畏其踰閑耳其被訶責與素有怨者亦莫不口公長者也其言則然其心未嘗惡我必不報復我也公爲州與衛並居在戶部總十庫主中貴人而永有南渭王府此三者世苦其難與而易擾者也故事軍人民田租税而不徭民以益困公請於上官咸計田而坐之徭其始交訌及民與軍訟約衛官同聽罪必當情不爲偏狥公去州而衛官問訊不絕此猶以爲有所德也若中貴人王府與之恩則見侮與之威則賈禍而問訊公者覘衛官頗益密嘗見十庫中貴人言及公涕簌簌下也公歸且十餘年交際慎謹有可欽慕風誼數數求見不得已而出方幸識面不疑其慢也宗戚有謁公者力拒謝之至不得已而言聞者輒首肯不疑其私也然公旋悔之矣性喜酒與田夫鄒翁飲輒至醉衣冠之會頗有所擇至不得已而往歸復自悔雖屢至悔終不忍絕也吳人喜遊公以婚往來陽羨溪山中未嘗隨人出游顧好客客至必營辦饌食獨不能以家事縈心其在官常恐輕動一錢至俸入周遺匱乏隨手輒盡又嘗不餘一錢即空囊竟不能委曲干人故經數十年於先業無甚長益自處蕭然儉

衣菲食在貧士所不能堪見者不知其宦家子也垂老始闢一圃圃故有池疊石池上日坐其間曰山水盡在是矣暇則灌花聽禽爲樂若將以是寄其意者臨終端坐令告別於先祠告畢取薦果啖之未吐核而卒嗚呼大節隱行不愧其心其自立可爲能終始矣應德入官數十年公視之不啻嬰孺時其再以言謫也則幸其相見而不慼其去官其後聞薦則幸其相守而惟恐其去已故應德之學以優游爲戒而尚苦志以議論爲後而勤實修不出戶而道日進身雖退而人益尊之此非得之薰蒸浸漬者乎大道之明於天下固必有賴乎人而其人之得與於道與否又若有待乎天蓋不獨資之近道爲難而所以增益成就之者爲尤難二者常相因而多不相値非人之所能爲也然則公之有應德也豈偶然哉豈偶然哉公名瑶字國秀其先世居於高郵由封寺副公誠始徙居常州遂爲武進人寺副公五子次子復以進士爲平樂知府有宦蹟載一統志第五子衍以子貴封給事中貴宏治庚戌會試第三人爲戶科給事中以清愼長厚祀於鄉公之考也母封孺人周氏以公信陽滿考多奏薦合格得推

恩進戶科公階奉直大夫贈周氏太宜人娶任氏贈宜人三子長順之即應德嘉靖己丑會試第一人爲翰林院編修兼右春坊司諫今稍起爲某官娶莊氏封孺人正之郡庠生娶王氏繼

孫氏妨立之郡庠生娶毛氏孫三人鶴徵郡庠生娶萬氏錫徵聘王氏魁徵聘華氏曾孫一人玉女六人適布政司參議董士宏書算劉大中翰林院編修王道立監生賀鑑監生左烝庠生沈有恒孫女五人適孫臬白啟京餘幼洪先與應德同舉進士其後同官又同以言被謫而歸往來其家知公之父子行事爲最詳雖微王君之言猶能識其大也又況王君之文固自詳也銘曰雖曰學道質勝忘言世變日僞枝葉始繁惟公肫肫獨耻尙口概其初終篤行多有公嘗自許不忮不求義有必往萬夫莫留歛其弗施克開厥後不有大中二程曷授譬彼制器作始範型又如索寶光耀先呈唐氏之後百世彌久有考其源公名

不朽

賜進士及第前左春坊左贊善兼翰林院修撰

經筵講官年家晚生羅洪先撰

明故唐母任氏墓誌銘 六世

唐母任氏者兵部主事武進人唐應德順之之母也宜興人任公端者室於工部侍郎沈公暉之妹於是生任爲信陽知州唐君國秀之配而有應德焉嘉靖己丑應德舉會元成進士文章行誼聞天下予從縉紳中敬其名矣辛卯冬應德身衰絰借其姪舉人音持古庵毛式之狀垂涕泣來問任銘時雨雪連日夜泥塗凍澀應德自僦肩輿卒力不具或步蹤居驚峯三日無人知每語及學則白洞朗脫落塵土邁如也則嘆曰名之茂者其實果盛乎閱狀任之歸信陽也舅給事中曾可先生已卽世姑周孺人性嚴整任事之婉恪有則承意命惟謹一錢尺帛不私

藏姑嘗女女於有吳氏卽傾已粧奩畀小姑不以勞姑念及姑卒相信陽喪之皆從禮信陽每館於外身豆羹糲飯斷腥肉不一御蒞內政三十年衣裳簪珥未嘗增於嫁時非病困不輟紡績補刺一布被經十年其誨諸子女雖慈劬周洽而規訓尤嚴應德幼好弄則厲色曰兒尙有童心乎應德或晏歸或使氣則厲色曰兒將爲宕子乎將不免乎他日慮應德及正之多病且弱也復賛於信陽畜媵以廣嗣得子女則喜曰若女吾女也若男吾男也提抱鞠育踰於其母鄰媼日往來莫辨其非所出焉性好深閨靜居非歸寧及掃墓不輕出女姻或招延者輒辭解之信陽試南宮屢不第署不色慍及應德應試魁天下亦不色

高於是信陽屢稱之曰大丈夫寵辱不驚者亦不過如此耳予然後知應德所造如今日者皆自於此則嘆曰流之長者其源果大乎乃應德猶自悲痛曰嗚呼吾母相夫三十年不及享其封教子二十餘年而弗食其報其病也方藥委諸塗人而不暇擇乎其良其卒也含襚棺斂辦諸水濱而不克盡乎其心人生有涯此痛無涯順之孽天不以戮而何使吾母至此極也予慰之曰應德節痛夫吳自季札言游之後雖世有聞人然皆不有能並其盛者應德篤學好古卽力追札游之舊以爲母任於千萬年顯者在是乎任生成化辛丑十一月二十四日卒嘉靖庚戌六月六日隨信陽行以痢疾卒於天津舟中享年五十歲

子男二應德娶參政莊公釋孫女正之聘應天經歷王君文炳女女四長適鄉進士董士弘次適冠帶書算劉大中次適無錫庠生王立道次納丹陽賀鏜爲庶男一立之女一納左烝聘應德將卜壬辰年三月十一日歸窆於般塔村新阡銘曰年叔禕之孝胡淑修之學皆常之先媛也其歿已久乃今於唐任而再見乎況其子材旣大魁志欲登岸吾知任其不死雖千萬年並明月乎煥也

賜進士及第奉政大夫南京尚寶司卿前翰林院修撰
經筵講官同修
國史高陵呂柟撰

明故處士素行唐翁暨配周孺人合葬墓誌銘　七世

吾常唐氏族姓蕃衍文物蘇延以科甲起家者肇始於洪武庚辰進士復厥後繩繩相繼代不乏人皆屈指可記以是稱文獻望族必首先唐氏云吾外父素行翁外母周孺人皆以壽考令終葬之明年從姪鶴徵舉進士在告家居重修世乘翁子爲霖以誌銘請嗚呼是役也敢以不文辭哉按其先世苗裔高祖諱誠以復貴贈大理寺寺副曾祖衢祖世和父鎡母謝氏是生翁翁諱厚之素性謹愼敦慤舉動不妄言笑皆中矩矱少有志克繼先業以家累幹蠱中年遂廢學能克勤且儉善自封殖以厚其生又能節愼盈縮酌量出入有得於深藏若虛之道雖未底

於豐洽而衣食剩有餘饒其訓諸子也因質委任各責其成授伯子爲霖仲子爲邦以舉子業望其立身行道以貽父母令名也授叔子爲龍季子爲章以生殖業望其協力治產以毋隕厥家也中間成敗利鈍固不能侔齊而翁之教則有成命矣早歲生吾妻恭人愼於相攸久之既得不肖遂委禽焉每以德業相勸勉期以成立如其教諸子也後得倖進不負翁言甚爲喜之孺人及笄歸翁徽音懿範惟德之行善於治家有相之道內外井井而又睦族和里纖悉備具其撫諸孫若女慈以濟嚴愛而有則可謂賢矣翁生平有德每每飭躬勵行不挫屈於人雖居稠衆中而聲容氣習不爲闤闠所染常自誦曰君子素其位而

行不願乎其外眞格言也佩以終身遂以素行自號可以覲翁之心矣翁生於成化甲辰二月初三日終於隆慶己巳七月二十一日享年八十有六孺人生於宏治己酉十一月十七日終於隆慶丁卯十二月二十一日享年七十有九先翁三年而逝子男四長爲霖郡庠生娶陸氏次爲邦娶王氏次爲龍娶孫氏次爲章娶王氏女二長歸吾妻誥封宜人加封太恭人次適吳之才孫男九堯煥堯年爲霖出堯治爲邦出堯封堯典爲龍出存初庠生簡初愼初敬初俱爲章出不育在翁庇下三十餘年沐翁之愛最深無以慰於重泉遂摭其實行勒之窆石俾唐氏之後有所據而思焉銘曰志能抗俗行不虧貞雖居市域不混

囂塵義方立訓蔚有令聞遹追先世以開後人黃塘祖隴麟趾振振雙玉並瘞高阜嶙峋後有攷者視此幽珉

賜進士第奉議大夫廣東按察司兵備僉事進階朝列大夫

誥封中憲大夫愚壻陳崇慶頓首撰

承德郎南溪唐公暨元配萬安人合葬墓誌銘　七世

武進鄉貢士唐君大卿以從父太學君應禮手持邵武郡守斗城金公狀介予內弟劉子謙來請其父南溪公及母萬安人墓中銘將以今年十二月二十有六日合葬於豐西鄉黃塘祖塋之次且曰生母金先吾父卒藁葬祖塋傍若干年矣茲亦起而從焉父命也予少嘗薄遊毘陵幸接見南溪公其氣貌溫溫然蓋有道長者而公爲老成先輩予方弱冠時卽幸蒙公許可耿耿於中未忘也今重以貢士君之請其容可辭按狀君諱鵬字文舉南溪其别號也世爲常之武進人高祖諱誠以子平樂守諱復貴贈大理寺寺副曾祖諱衡以子福建參議諱世良貴贈

兵科給事中祖諱世隆號竹庵生子諱欽是爲半軒公舉宏治丙辰進士觀大理寺政未及授官而卒先娶秦氏繼陳氏陳氏生二子長卽公也公方八歲失怙教育於陳太安人年十二而補郡弟子員凡試場屋者八卒業南雍試者二奉母命謁選天曹又應京闈試者一竟不一遇選授山西行都司經歷迎母養官邸僅一載而丁内艱來歸服闋補萬全宮萬全者凡幾年而以衛昌風雪患寒濕症乞致仕書三上始得請家居若干年而卒其年爲萬歷癸酉八月三十日距其生宏治庚戌十二月之八日年八十有四萬安人出自包右族父諱有餘母鄭氏初以擇配歸公既歸公若干年齊眉以老而先公一年卒年亦八十

有四側室金卽大卿生母也年五十有八公生有異質自童稚時卽能文受知督學玉疇陳公兼以行優蒙鑑賞稍長而師從父有懷先生與從弟予先師荊川子互相砥磨裒然以學行爲郡中所推郡中諸弟子及公之門登仕版者後先踵相接而公竟不遇殆亦命也夫初任山西能禀受母訓爲廉吏庫藏羨餘頗豐厚例屬之公郡不瑕邊圉有急莫肯往守者公則毅然請行憲使以爲賢檄署渾源州事能使州人不好訟又能講明經義使州士子蒸蒸起於是禱久旱雨輒應心比白日青天政似和風甘雨頌聲輒上聞部使者其在萬全也職專軍務以除戎器修焉政參罪錄功爲己任他行能蓋亦與山西同而於給

餉餉軍之際釐剔寅緣冒破諸弊殆盡督撫及監察諸公以廉能交行奬薦劾亦交馳焉且超擢矣公竟飄然去不屑少濡忍以俟家居以來日惟葺舊祠時孝享其先公集古方書通醫術以瘳宿疾居閒課子孫學文修行與二三鄉老結社會飲酒賦詩郡大夫强致賓飲繞一至卽謝不復往重惜名檢未嘗以一事干公私老而能自儆儆又有衛武公抑戒之遺風而性尤愛敬其弟妹弟鳳號梧岡蚤卒而公能撫其孤妹爲王進士納言母公以穿兄弟而弗忍時時加禮焉親疎內外告乏者家卽無餘儲亦一施予而不責報也公平日未嘗妄取亦不妄費然以樂於爲義又未嘗一無所費類如此安人能事姑當意相夫君

能成其行業教子能致憂勤處娣姒間能雍雍以和而於側室金尤甚鍾愛其卒也哭之哀尤婦行所難能迨晚歲以喪明遺疾遂不起而金之事公與安人也能不憚勤勞數十年如一日公遊太學及宦途前後五六載獨留於家門以內事無不待以井井至於教其子讀書成名亦其功居多焉蓋公惟以身範型於其家故能使家人宜如此而安人能撫金有恩金亦能順承安人無違言卽樛木小星之賢亦無以過也於乎若公一門可謂難矣子二人長達卿次卽大卿皆金出女二人皆安人出長適國子生宇志達次適府學生徐向春達卿娶楚府典膳左宗本女先公幾年卒生孫男師敏縣學生師毅師遜凡三人大卿

娶吉府審理蔣盟女生孫男紹美紹科紹慶亦三人孫女三人曾孫男七人曾孫女一人其與議婚姻者皆郡中名門也所著有致政集若干卷藏於家於乎以公文學行義雖不獲顯遇於身前然有子能繼其志於褒贈之典方有待諸孫者方蘭茁而玉立雲仍之秀又方相繼起未艾也而公與安人又並以壽考終若公一門尤可謂難矣是宜爲之銘銘曰黃塘之邱卜爲幽宮伊誰居之曰甫溪公萬氏安人厥宅攸同側室者金亦兹焉從百千萬年家室猶然所能者人未定者天待予
龍章以賁重泉我並爲銘貞珉是鐫庶以永其傳

萬歷改元冬十有二月吉旦前南京國子祭酒丹陽姜寶撰文

明督撫鳳陽等處都察院右僉都御史荊川唐公墓誌銘

荊川唐先生字應德諱順之高祖伯成以上世居臨淮伯成遷常之武進生五子以仲子復舉進士爲大理寺寺副恩封寺副復遷守平樂政績稱於世季弟衍先生曾祖也亦以子貴貴封給事中貴卽先生大父宏治庚戌會魁擢戶科給事中以諫重重於鄉子瑤中鄉舉仕至永州知府配贈宜人任氏以正德丁卯生先生先生生而明毅嘉靖戊子南畿舉明詩高等明春試禮部第一人

廷對第四人策蒙

御筆嘉奬

特恩前未有也改翰林庶吉士柄臣方忌諸吉士奏罷之而以主先生會試欲特留先生先生堅不可遂例授兵部武選主事冬膺余自刑部主事調武庫與先生朝夕講習先生能奕而余能酒淬勵省絕務求爲學本原以修己而以其餘力適情六藝爲經濟正務世好利達漠如也學本朱文公然恐其偏於綜急故於應事中求無事有象中求無象庚寅秋余以論諛俗得罪去先生亦弃任宜人之喪壬辰免喪除吏部稽勳主事尋遷考功不阿流俗獨任風裁重清議吏部弗堪也柄臣以翰林多缺遂改先生編修校先朝寶訓將成當例遷先生素以直道自任耻出柄臣之門遂稱病求去柄臣固留不可而忌者因譖之故命先生以主事致仕錮不用先生浩然南歸學者多宗之自是稱爲荊川先生蓋年未三十也庚子立

東宮

召爲編修兼右春坊司諫江西吉水羅念庵爲贊善同官有犯物議者言官論汰去　廷臣更舉以聞

上更簡少保霍公首宮寮東郭鄒先生今少師徐公爲洗馬時春編氏拔爲史校司御史諱鈇者改清紀郎天下謂得人自是時春從諸先生講益日獲所未知蓋忘晝夜甫一載東郭遷南祭酒少師奔太夫人喪冬十月少保卒於位先生深念天下之重又以皆充講官故與念庵及余請以辛丑正

大朝會及朝

東宮朝禮欽蒙

御札下柄臣云三翰林臣請朕及東宮臨朝之意甚好朕久在於懷卿等以言度意諸柄臣紬其奏留中二十六日乃皆免爲民自是荊川先生之名重天下學徒及論薦者衆而忌者日深先生弗恤也疏布飲水杜門絕遊宴博極典策百家衆技刪蕪撮要研精竭神又十有五年乃渙然自信曰吾學足以用矣庚戌胡冠　郊甸徐公薦先生及余余復爲兵部主事後五年先生亦復兵部主事戊午遷職方郎中歹生先民拮永州府君喪哀毀飲水病腹臍腫欲求去適奉　命查薊鎮兵馬先生經畫

素定條守邊事宜奏行之甫三月歸事具北奉使集中既歸復
使視討南倭師先生素欲平南寇以靖鄉郡故與胡總督諱宗
憲者計度南事尤詳己未三月遷太僕寺少卿胡總督奏進右
通政參軍事先生謀欲破賊海中使弗擾居民躬泛舟海波自
江陰至於劉河渡白嘉興放洋至於鮫門風汛日行幾及千里
羣從驚眩嘔噎先生宴如也三月海多東南風寇乘風利掩掠
岸上號曰春汛時環岸要害列兵將坐食於民然皆遊惰不習
戰弗禦諸海寇得登岸散掠去乃攘取死掠之民貲以自利先
生病之登舟泊崇明沙督舟師列岸下出私貲激犒諸將約曰
能戰則吾有賞不能戰則吾有刀寇至見岸下舟師驚怖先生

急督諸將捕斬之沉舟凡十三斬首百二十俘獲無算餘寇奔
三沙會總督以總兵盧鏜之師來援先生使鏜討三沙而江北
賊亦爲王師敗之姚家蕩餘寇奔廟灣四月晦先生師至淮安
之駐馬邏遶寇二舍五月朔進師新溝撫都指揮何本源軍齊
楚將兵凡五阻廟灣河而軍先生所將亦五軍持火器及青州
射手助之明午攻斬散寇四十六焚舟十三進攻賊巢弗克三
沙寇亦拒命月望先生奔命還討三沙始二寇之敗諸將不能
乘勝急擊旬日觀望二寇得伺間堅守先生知其非顧無如諸
將孱何命四面分道夾攻承以火器騎兵掩其闕勇士別持火
器焚寇舟分兵樁絕海路詰旦鼓之矢石砲火殷地寇中傷者

衆然皆設樓垣翳蔽反自垣穴中出火器擊王師且以北路遊
掠之賊伏師傍林樾以俟釁先生別分兵逐捕頗斬獲戰至午
寇度師氣漸衰并出突師青師却鋒及先生先生堅騎振旂徐
令驍將劉顯爲先鋒當寇諸將夾助之盧鏜以大軍軍中六月
朔劉顯以銳師進攻寇閉壘不戰總督以遊擊王應岐之師五
千士兵二千來會六日諸將恃衆進攻應岐先奔亡其贊畫師
皆奔寇乘勝攻盧鏜先生麾兵發火器乃解度諸將益孱乃以
十一日環甲先登設誘兵令劉顯嘗寇促兵將各傳餐並攻寇
堅守望樓弗應顯及誘兵皆熸揚言兵餒矣先生下馬自操刀
致寇去百步許二將懼扶歸明日再戰士兵傷郤　勑陞通政

嚴督兵將先生曰藉此以令諸軍可克也往太倉迎之諸將竟
縱寇遁去廟灣師亦解先生甚憤嘔血然自此絕江少寇矣論
功賚白金文幣因條上海寇機宜事具南奉使集中九月擢都
察院右僉都御史巡撫淮揚表謝有曰被髮纓冠之救時先生
疾日甚因便以示余余以庚申三月讀其書壯而悲之方任春
坊時連禍深憂門進不得見
上退困於讒佞尸厰不去如天下萬世何盍請　朝乎議既細
將別又曰臣子矣
上知深矣去胡以報乃又相語曰不十年北胡南倭必大作不
得爲國醫願爲瘍醫鞠躬盡瘁死而後已以故先生竟力疾賑

凶荒治戎伍四月朔卅巡泰州猶操筆散賑粟七千石訣諸將勉以忠義語妹壻左某從孫一麐曰死國吾志也今得良死冊中足矣顧閑居三十年未聞道念之介介飭衣履坐而卒胡總督以　聞

賜祭葬有司祠焉念庵及余皆以文哀之已詳故茲不復載文詩奏疏凡若干及所編著左氏始末古文皆梓行配莊封孺人與先生同志攻苦淡生子鶴徵爲郡文學生女二長適孫梟次適白啟京先生嘗謂余子女無多亦自少累其勵志類如此是以卧不治脉禱行不備輿蓋如獨行狷士及臨政治劇乃更彬彬云銘曰將不將而兵非兵余戰於北而先生南征逝者已矣

而余衰皓尚生世又烏知其怒髮衝飈而指使振鑊者耶嗚呼

先生獨立卓行雖積匪崇大道宏濟巖甫借榮望之未見行而未成壑壑罔僻道積厥躬有德無命有進無程身逝志存嗚呼

先生

賜進士出身督撫山西三關都察院右僉都御史聽調平涼楮時春撰

封孺人莊氏墓誌銘　七世

孺人病踰三年嘉靖戊申冬十一月二日而卒年四十有一孺人之病也積於驚發於悲釐於鬱庚子冬余以狂謬侯罪者二十七日孺人寤寐惕惕若其夫蹈不測而已不能以生然者既蒙

恩免歸孺人抱餘驚就途抵家熱蒸骨如是者數年熱漸解而痔則不復肉矣未幾母陳孺人卒臨尸而驟淋蓋醫家悲動肺之証也每淋輒暈死如是者又二年淋既止而生氣耗矣自是瞋腫瘢泄百痛間作既病甚則念其二女未有所歸又以爲女縱得所歸而已且旦暮死不能終其奩具禱帨之事以爲鬱鬱

雖其病必不起而其釐之也則若以是然者叢三不可解之情以竟成三不可藥之疾嗚呼其可哀也已孺人莊氏河間守鶴溪公之女孫靜思翁之女永州守有懷翁之婦其夫余順之也年十七而嫁二十六而夫爲編修以

恩例封孺人孺人始嫁見於舅姑舅曰所囑婦者無他第閨外不聞婦聲足矣自是舅往來閨外竟廿餘年不識孺人聲舅毋嘆以爲能婦余癖於書平生不一開口問米鹽耕織事則以孺人爲之綜理也余最迂僻穿合入門則歡然若得朋以孺人素能得余心事也其與余處者則然而其鍾情母子間也特甚自父母之亡雖男子或移於妻子而女子於父母家記禮者亦外

而不內孺人雖以與余廿餘年之歡未嘗一日輟其母子之戀其所爲父母家計者黽黽焉卹其乏而排其難較其家亦未嘗少內外之也其教二女也愛不廢嚴其教子也嚴過於予其封十五六年余未嘗爲置一翠冠其所享率如是孺人固不少謫望我而余所居官每不能過慎以速咎則孺人口不敢止也而心切苦之故余嘗謂孺人女也而任子之事母也而兼父之嚴未嘗過享其夫有官之奉而歷於其夫有官之累然則所謂三不可解於情者蓋不獨其致疾時自其居常則然也孺人卒於鳴雞時燭人則漸矣自其夫及其女與妾與女奴皆有囑囑余者曰吾身後而當爲計則然又曰篋中衣以歸二女餘衣以與

妾已而曰田五畝以遺吾家然則其不可解者又不獨其疾時及瞑猶苟不能解也孺人有烈性居常不媚笑語如莊士又每聞余死生之說若有契焉故其卒也精明若此葬且迫不及請銘於當世之君子而余猶茹痛不能詳也謹述其死生大致以見孺人之平生子一人鶴徵聘萬氏禮部主事思節之女女二其長者以字行太僕卿孫公南野之孫臬則卒之前一月也葬以卒之年十二月十九日祔於姑任宜人之墓而先一年則余弟婦窆焉孺人事姑六年而姑卒其妯娌間姊妹也余既已載之弟婦誌中矣故於孺人之葬也爲之辭以慰之曰姑於是只娌於是只生苦離只死相隨只夫順之撰

唐氏家乘卷七

誌銘

唐氏家乘卷七

誌銘

明故郡文學重庵唐公墓誌銘 七世

郡文學重庵唐公葬且十三年矣一日其子魁徵手持公從子儀部君所爲狀來請銘墓予惟荆川先生公伯兄予師也予旣舉於鄉乃始師事先生以砥磨行業爲事而公先在門師門交誼數十年思有所自效而未得今得藉以表見其區區固予志何可辭按狀公諱正之字應貞别號重庵少以博士弟子就試督學使者嘗爲諸生第一人其人亦業舉子有可以遇而竟不一遇每從先生學爲古文辭欲有以傳而竟亦無傳也於乎古

人以生無所遇於身死無所傳於後爲不幸天之生斯人也而命之若此以非所能知爲歎且恨若荆國王公之於王深父同是已公無乃亦似之歟深父年僅四十有三而公之壽適亦止於此天不欲公壽考以底其才使有待而後顯也亦既與深父同然矣深父得荆公爲墓誌賴以有傳於其身後顧予世鄙何能爲公重又何能使公有傳雖然公之自有可傳者第予等辱在交游之末當爲之稱述而表著之爾蓋公之父爲有懷翁始以信陽繼自留曹出守永於

齒家爲循良吏於其鄉稱長者公爲之子以能當翁意稱能子則可謂是父是子兄惟先生先生由省元爲賢太史後起家爲名中丞文章道德高當代爲一代大儒公爲之弟以能當先生意稱能弟則又可謂難兄難弟也已以此傳於後宜獨爲佳子弟將不蔚然聞人哉將不蔚然聞人哉狀稱公不自矜門閥嘗恂恂輩行中不一苟取於人然嘗厚施而薄望急人之患難甚於身所自遭王氏外母時有所私嘗因以遺孤爲託公卻不受而爲之經紀其家事母亡後十餘年猶一日不少厭怠最後因先生殁里中浮薄子忍相背負欲有所中傷有司者逞私臆亦欲有所甘心焉公與二三子弟杜門屏居廪廪懼以生平不挂文網竟無可指摘而解乃事後公猶能容忍不一睚眦其人蓋得於父兄者長厚之訓爲多也第居常誦往事輒欷歔時起循

階除躊躇四顧以此致宿所患羸疾作不復起於乎古謂憂能傷人公亦豈忍之過不能自遣也竟身受其憊歟元配王氏文肅公倎之孫應天經府文炳女繼娶孫氏國子生需女前後並以產厄死無所出子女各一俱側室范氏生子卽魁徵國子生娶翰林學士華公察之女女嫁邑博士弟子毛翼隆都諫毛公愷付孫孫男二長儆成邑博士弟子娶國子生吳君尚行女尚寶司丞吳公性女孫次儆清娶光祿寺監事萬君智女禮部侍郎萬公士和女孫孫女一嫁國子生吳雅言順天經府吳君履謙子太僕寺少卿吳公仲孫也曾孫男一獻吉聘國子生蔣君佐女憲副蔣公致大女孫也其先高郵人封大理寺副始家

武進伯成生五子最少諱衍贈戸科給事中衍生戸科給事中貴貴生瑞瑞卽有懷翁翁生三子公其次伯兄順之卽荆川先生竝翁元配任宜人生公生於正德庚辰七月十七日卒於嘉靖壬戌四月之十日葬於萬歷乙亥七月二十有四日墓在殷塔村銘曰惟公之賢天靳其年身不隨父兄兮偕遡名則因父兄兮偕傳殷塔之原水清土堅死不與父兄兮偕葬葬則與父兄兮偕安我爲公銘兮去葬期在十年之後公藏孔固兮宅兹卭可千年之久公之子孫亦可繼公之父兄兮何以擬之玉佩瓊玖於乎是公所以爲不朽

賜進士出身資政大夫太子少保南京禮部尚書前南京國子監祭酒翰林國史編修丹陽姜寶撰

弟婦王氏墓誌銘 七世

弟婦姓王氏尚書文肅公之曾孫女應天府經歷横山文炳之女余父永州守有懷翁之中婦余弟郡學生正之之妻也年十八而來嫁其生而貴家女也既嫁而驟見余儒生家所尚一旦解去所御金簪珥悉易以銀而褫其華衣至於中饋女紅率常身先諸僮奴其所解去金簪珥又以之易銀爲本而經營什一之息拮据勤生若素處窮約然者其性警慧爽豁故於人情世務不習而曉家人尊卑上下一無不宜其舅稱之曰余中婦最能潔茗精饌以適我意於是賓客茗饌有不盡以分屬之諸婦而多以屬之中婦者其母徐孺人聞之曰是在我側固然固知其能事舅也其姒余妻莊稱之曰吾嬸最能得我心事於是心

復委曲有不可以諮於其夫而必以諮之婣嬸聞者其姊妹聞之曰是在姊妹中固然固知其能睦於其姒也其始歸余弟三歲而兩娠皆半胎而墮卽以後嗣爲急偶余弟從余自宜興歸入室見一女子訝問之知所置妾也余弟靳靳以年始弱冠爲辭不御而遣之後五六年竟無子乃更爲置妾至親爲之膏髮整容惟恐不當余弟意居常夫婦間相得歡甚也及置妾則每割牀第之愛若使其妾得以時御焉而不以己故妨之者具在姊妹五人中最得其母徐孺人意初横山公卒母以意遺之二百金乃以母當總總時不忍受其後母病且卒以金簪分與諸

女爲訣其所分又獨倍諸女乃復以獨厚爲嫌而併辭其所固得者嗚呼其能置妾於中年無子之日不足爲難而能置妾於少年始婚之時則爲難能辭金於母存之日不足爲難而能辭金於終母之身則爲難蓋其自少知書稗官小說終日未嘗去手每覽至古人奇節輒激烈自詫恨其不爲男子余以爲正使其爲男子必能磊磊植立不媢妬以敗人之國不貨賄以自汙其身可知也與余弟夫婦間相得歡甚而警戒相成之者尤切始余宦於外余獨與弟居弟或所過動也乃不喜而謂曰子縱不自愛其若汝兄何且又爲之隱護不使人知蓋恐以是見尤於其兄而或至於相疎也弟有一善可稱也則喜而謂曰非子之能其汝兄薰染使然蓋以是深動余弟而欲其與兄相親

善也以是余弟能知强於爲善而兄弟之好益密彌縫慫恿其間蓋有助焉以彼才且賢宜其多男子享高壽而竟以無子夭死其死也又以産此則理數之不可知者也自其始連娠而墮則已不專意於自娠矣既置妾固日夜以娠望之妾也及自娠矣然且以不妬之報庶或在此而竟以是死謂之何哉謂之何哉其卒以嘉靖丁未六月初五日年二十有九葬以卒之年十二月十三日祔於其姑余母任宜人兆之右方銘曰詩詠螽斯詵詵振振嗟彼淑媛羅此不辰讓娠於妾不欲自娠幸自有娠卒災其身造物報施孰云可信惟其美行久而不泯伯氏銘之以垂家人夫兄唐順之撰

明故唐生母范孺人墓誌銘 七世

吾叔重庵翁捐館三十有五祀而側室范令人歿其子魁徵衰絰詣余泣且請曰嫡母王吾伯銘之繼母孫墓石猶虛吾母可銘乎顧其賢德不宜終泯可以無銘乎得一言以私示我家人子婦死且不朽余亦憫其不可以無傳也因按其狀爲文之令人范姓生而端重不苟言笑不爲嬌飾與人居煦煦然恐忤其意人有急惻惻焉恐不能賙之者居常一布衣澣補之功勝於杼柚甚至不堪紉綴猶不忍棄少猶日食一肉晚而清齋一蔬不能盡徹而飽諸女孀其婦華强以華衣甘食進輒推去曰吾享有餘矣當暑郎燕居未嘗袗絺綌晚卧未嘗啟戶牖蓋褆身

之慎閨閫中所未有也先是重庵翁始弱冠王孺人乘其肄業於外也爲置一妾翁歸不御而遣之後五六年王孺人竟無子乃納令人又置一二妾王孺人盛有樛木風而令人於諸娣中曲承之惟謹不敢若他娣之恃其惠而少肆也既而王孺人夭於娠繼室以孫孺人孫性嚴峻諸娣少當其意獨令人事之猶王孺人以故令人舉一子孫孺人愛之若己出亡何孫孺人又夭於娠令人與他娣事重庵翁翁意專有所向令人曰吾既有子矣別有當夕宜也其人頗挾寵凌之旁觀者多不堪孺人曰翁既屬愛矣欲出我上宜也久之重庵翁益賢之其人亦愧悔不敢有所加重庵翁歿其人他適令人泣而送之所御服飾聽

其滿志而去嗟夫善事惠下之小君非難不失繩下之小君爲難不失繩下之小君猶非難讓貫魚之寵而同入宮之妬爲尤難使令人而爲男子吾知其無於市於朝之爭矣令人生于嘉靖庚寅四月七日卒於萬歷丙申九月二十四日享年六十有七卧病者累浹旬未嘗作呻吟聲卒之夕起更新衣不一言及人事惟誦佛經數語而已重庵翁一子一女皆令人出子魁徵太學生娶華氏無錫翰林學士鴻山公察之女女嫁同邑邑庠生毛翼隆郡庠生若思公中正之子壻女皆先令人卒孫二長徵成邑庠生娶吳氏同邑太學生循庵公尚行女次徵靖娶萬氏宜興光祿寺監事磨庵公智女孫女一嫁同邑太學生吳雅

言順天府經歷磬玉吳公履謙子曾孫一獻吉聘同邑太學生右章蔣公佐女徵成出曾孫女三長受同邑郡庠生無隅吳公世翼子允肅聘次未聘徵成出次未聘徵靖出魁徵將以是年十二月二十日安厝於重庵翁墓側而爲之銘銘曰生也歷兩小君而皆得歿也從兩小君而侍特魂兮歸此樂何有極宗子鶴徵撰

叔父太學生歎庵暨配毛孺人合葬墓誌銘　七世

翁唐姓諱立之字應禮自號歎庵其先高郵人五世祖諱汝文元末從武進之欽風鄉依其姑而居焉先是宋季唐之在武進者甚盛登甲榜者十九人今皆無後雖以伯顏屠戮之慘或失其傳不應若是之靡孑遺也豈我唐氏始自武進徙高郵復自高郵還武進耶不然何以有姑嫁爲武進人也雖不敢執言其然而木源之思則疑似間有不可忘者汝文公生誠誠公生五子其最少諱衍則翁曾大父也贈徵仕郎戶科給事中生會可府君貴官徵仕郎戶科給事中贈奉直大夫生有懷府君瑤官中順大夫永州府知府生三子季則翁長則余父荆川府君也

翁生適當父兄貴顯且名行高一世望其門第若在雲霄翁爲子弟未嘗以勢凌人未嘗以權取利布衣糲食不乘不蓋鬱鬱行泥塗人亦不知其爲貴介公子也爲人任俠負氣不能屈志於人人以急告輒躍然起援之而不責其報時海夷入寇騷擾浙直有司議築川城以守費千金而羨命友人白某以非辜陷獄有司將役而釋之其人以告翁爲請之荆川府君白其冤罪役兩解其人懷金以謝且請爲婚翁笑曰所謂故人知君君不知故人豈不信哉盡郤焉萬某翁族妹夫也夭亡子且幼族人將利其有而無以爲名也則目其妻爲妾目其子爲庶別有所扶以壓之翁爲言之不肖以聞於縣大夫而分乃正先是萬某嘗以數百金寄之某子甲他人不知也獨翁知之其人憚翁因日願以其半爲壽翁厲色曰咍是人面而獸心也亟還之萬氏竟得完璧翁一無利焉有懷府君雖屢仕爲有司中又司倉權千地冑然以清節自勵一無所取又不善盈縮身殁析窘三子僅千金荆川府君曰吾非孜孜於家人生產者也稍稍經理正爲兩弟貲計耳請兩分之毋令我負其初心翁曰長兄將獨爲君子哉平日兩弟嚴事荆川府君如父師事事時其顏色而順承之至是荆川府君不懌者累日戚里亦苦言之翁不顧也日亦各行其志而已盡以讓之仲兄而後已冢宰吳公某以倭難僑居武進知荆川府君婚嫁已畢請緊援於翁翁笑曰吾將利

其有戚將附其炎也不然昔人非偶之譏何居荆川府君素抱匡世之志自錢穀虛實山川險隘兵甲驍鈍人才眞僞以至弓矢戈戟陰陽星歷韜鈐禽遁諸業凡持其技至者罔弗禮持其書至者罔弗傳翁亦一一爲之刳心荆川府君未及延納者輒命翁館穀一日有以長鎗至者自謂無敵翁疾其誇挺鎗而起其人不及措手應鎗而倒自是罔敢以虛聲謁者總督胡公某聞翁才欲屈致之令里人郤某諭之曰倘見枉當論異日參戎可立致也翁曰往見諸參戎紆犀嗇黃儼然貴倨望見制府則頭搶地恐不及矣心竊鄙之以一青衿長揖爲座上客顧不彼此交重與強之再三竟不往翁有房一區富者爭睥睨之輩

君某遺以二千金翁宿負亦三百金議者欲入之券董有難色既而曰吾辱其父兄久矣豈論此哉翁素耻以父兄故乞憐於人遂掉臂而出有習公性者急以甘言愚之且諛且歆歡洽竟日翁不知其術也竟減三之一房已屬之矣大都翁居常恂恂下人雖里社稷積未嘗加慢欲以勢利屈之則雖失顯交去厚貲勿問矣其於理家之術甚疏凡有所營業始聽其議甚有條理亦可信其取羸及爲之鮮不敗非其智之謬也不耐瑣屑則利已歸之他人矣別有所圖仍復如是以至田農拙業愚夫愚婦所優爲者翁亦必減居其虧故每一從業輒損數百金少亦不下數十金以至於盡非有侈享亦非有橫費也翁惟恬然安之

唐氏家乘　卷七　誌銘　十一

已爾少承父兄之庇中年不肖叨占一階蒞其地者頗加優遇翁始爲博士弟子後爲太學生未嘗一謁有司之庭未嘗一與鄉曲之斷晚年不肖再擯於世悉謝縉紳之交跧伏山谷齮齕者踵至時時貲之凡組問翁之舊交零落已盡與世益遠後生親識藐若路人翁亦恬然安之已爾蓋惟其常盛而不盈故處衰而不覺居饒而不侈故遇乏而不求豈世之酌水爲盈涸者可同日語哉配毛氏給事中古庵毛公憲之女孫太學生毛公　之女性溫膺謙下未嘗疾言厲色勤儉尤出天成其歸也猶及與吾母莊恭人仲娣王孺人比肩事其翁妯娌間分雖均而年甚相懸孺人事之甚有禮逾年王孺人歿又逾年莊恭人又歿孺人獨事汞州府君亦以賢著又六七年不肖室人萬恭人來又十餘年而姪婦華孺人來於時諸尊人俱逝獨孺人居尊而姪婦以事姑者事之孺人愛之亦不減於其婦蓋垂四十年情好日篤未嘗有一間言也無論城居鄉居逾時不見兩姪婦必屈致之至則留連數日而後別率以爲常孺人紡績無間寒暑朝晉以一手足勞致田二十餘畝歉庵翁生產日瘠日用或不給又時出以佐之歉庵翁稍不如意頸面發赤孺人溫顏受之既而歉庵翁併其田而廢之孺人亦無一言於時年已六十餘矣執前業不已復置田十餘畝布數十疋以均分其子若孫嗟乎若孺人者真可謂賢矣翁生於嘉靖己丑六月二十

唐氏家乘　卷七　誌銘　十二

四日卒於萬歷庚戌十二月五日享年八十有二孺人生於嘉靖己丑十月三日卒於萬歷戊申十二月廿八日享年八十卒之日有羣鶴數十盤旋於所居樹杪待孺人氣絕而後去想孺人亦僊籍中人耶生三子長錫徵先翁卒娶王氏庠生伸弦公之女禮部尚書謚文肅公僎之玄孫女次翰徵娶周氏福建布政司經歷垣庵公李履女戶部尚書謚襄敏約庵公金之曾孫女次泰徵娶毛氏訓導恬思公中岳女郎給事公曾孫女女四長適庠生周季晉行太僕寺少卿白溪公仕之子襄敏公金之孫次適宜興縣庠生邵維楨庠生楚石公　之子次適毛鷹鳶中翰仲欒公中順之子給諫古庵公憲之曾孫次適宜興太

學生萬嫌靖州幕靜軒公柟之子孫男十一人孫女五人嫁娶皆士族曾孫男三人曾孫女二人俱幼先是翁嘗買屋數楹於陳霍村以爲讀書計旣廢箸遂挈家居焉家日以落形家以址爲咎去址西南百武形勢盤旋人以爲善翁遂築室其上擬徙居不果築隨以圮又思卜葬於宅之東南不肖以爲非正脈也久之不決會翁病篤翁祝之曰此間東西弟亟令我入土足矣不肖唯唯後更決之二三談堪輿者費決之因以翁卒之三年壬子　月合翁與孺人窆焉祔之以子錫徵孫儆康儆韓翰徵韋貧甚不能乞言於當代之宗工鉅人謂鶴徵姑銘之銘曰蚩急狷人以氣自負志所難屈義必有赴不欣戚於盛衰不驕諂於貧富昔卜所居今以爲墓夫婦既偕子孫亦聚返顧所居直不百步旣固旣安錫胤錫祚姪男鶴徵百拜撰

明故山東沂州學正春崖唐君墓誌銘　九世

君輔其諱堯佐其字春崖其別號嘉靖戊子季冬仲七日卒於家子鄉進士音奉庠友薛寅夫所爲狀要予銘蓋寅夫在君之門最久知君最深以予與君舊曾同游郡庠同肄經業而其志又同一以狀委一以銘請也按狀君世爲常之武進人高祖衡贈兵科給事中曾祖世良舉進士累官福建左參議祖鉦父永貞母賈俱有賢行可紀君在襁負時已具美質年十二受學於塾師日誦數百言課業下筆立就師力辭不能教從大父進士公元敬聞之召至門下果英發穎脫喜不任曰嗣吾後者是子也宏治庚戌御史王公考應舉儒生君得優等遂進學聲聞籍

甚遠近子弟爭鼓篋以從君講不覩書作不搆思隨材品高下而俯成之時康敏白公甫歸田延致義塾俾教諸子姪自賀以爲得師至於太學生理之大尹獻夫皆出君講下其學能及物如此君才富學博凡舉皆北正德丙子例應歲貢至京師爲君親且舊者咸說其卒業太學上可以圖進士下不失州縣君慨然曰當今事勢我稔知之才進士也而命非焉貧賤而已命進士也而才非焉富貴而已梗官祿雖貧風化所關秩雖賤師儒之任何負於我哉吾其如命何哉遂試禮部第八
廷試第二當道莫不器其學而惜其用之不副也其安於義命類如此初分教浙江溫州府學嚴條約勤課試士氣百倍副使

劉公病郡學書籍不備無以淑多士意將委官置買難其人有司以君名聞劉乃專心任之事既人以爲不負所學其官不素餐類如此嘉靖改元

詔修實錄郡侯以次舉君秉筆君不就讓僚友鄉進士曹不欲傍其聲而大其用也其先人後己類如此一日外出聞慟哭聲詢之知其家貧負債方鬻妻以償念有乳哺兒無所歸夫婦泣不忍舍君惻然出俸金若干與之俾其骨肉復完其推恩類如此在任凡八閱祀吏部廉其能陞今職君至沂以溫州之教教之州守郡侯禮遇日隆巡撫王公獎勞交至見者嘖嘖稱榮而君懸車之念則恒切於懷矣一日移文王公申請頗力適沂州兵備王副使進謁公持君文諭之曰人才難得若唐某者好官也彼年力未邁而遽告休我輩當爲朝廷愛惜歸達吾意王還任即日檄州諭君君不獲已復視事時諸生方以君去爲憂而又以二王之留爲幸其德能動衆類如此嘗歲秋闈領薦捷書至君歸志益決乃以痼疾聞不待報即行其勇決類如此君抵家不踰旬病竟不起是雖位不滿德而得考終於牖下者實神明有以福之也君爲人誠直坦夷雖不立異於人而亦不苟同於人故不問賢不肖樂與之處至割俸以養親分財以撫弟自處則甚約而能視義以爲之盈縮有四書精義春崖詩稿數十卷藏於家生於成化戊子七月孟六日春秋六十有一配陸氏

青田典史忠之孫女後君十五日而生先君七年而卒事舅姑睦鄰里相夫教子有賢婦風長男音娶陳氏次晉娶王氏女二長適邑人黃篪次亦蚤世孫男二一麐一鳳幼未聘夫士君子讀書講學其志將以爲天下也故其所以日乾夕惕惟恐失之盡吾心耳至遭逢際遇展其所有則天也沈困阨塞不得一小攄其蘊亦天也唐子雖不得於天要之修於我者無愧焉銘曰

有絕塵之足而不究其所至有華國之才而弗克以試孰其豐之而又嗇之孰其通之而又塞之君之所留其在後昆蚑騰鴒舉式大其門

敕授修職佐郎國子助教邑人姚儒撰

敕授修職佐郎河南汝甯府汝寧縣學訓導葉夔書

敕授文林郎浙江溫州府清樂縣寅生曹卿篆

明貢士慎齋唐公暨周孺人合葬墓誌銘 八世

予與懋卿兄弟居相去不數武，懋卿兄弟又從予受詩，故周旋特久，其居家行誼無不知之最悉。丁卯丁內艱，一日偕其弟敘卿過予，拜伏不起，涕泗橫集曰：孤兄弟不幸早失怙，賴吾母旦夕訓誨，幸有成立，今吾母又没矣，崩心之痛，九死曷贖。且先君不孝兄弟齒尚稚，故墓中之石猶虚，今將啟前兆合窆焉。緬惟吾父生平苦志，母氏畢世辛勤，可無一言以彰不朽，而康知內外者無過先生，敢徼片言以光泉壤。予謂孝子懇而諛之是誣也，美而弗彰亦妄也。慎齋公碩德懿行，表表耳目，予又知深交久，嘗獨不當辭，亦不忍辭矣。姑舉其萬一之概。按公諱彬，字子

畏，別號慎齋，父曰淶，祖曰錦，登成化乙酉鄉書。錦之先代以詩書起家，不具述。公生而穎異，十歲即能文，弱冠即補弟子員，屢試冠其曹，未二十而館於庠。厥配周孺人，名家女也，及笄歸公。公時家食貧，孺人佐之，攻苦茹澹，一燈熒熒，公讀孺人績，每丙夜不休。時公聲稱籍甚，戶外問字者屨恒滿，戚得虚往實歸焉。府主王公知而延之以授經於子。時有豪族搆獄，惟公一言可解，裹五百金夜投公，峻卻之。每對孺人曰：吾家世清白，布衣蔬食可給，何必骫法苟容以圖不義之富也。故出入公庭者三年，而絕口不譚公事，雖府主詢之，終不言。當道雅重公爲人，累以德行旌。與人交恂恂，常若自下，即倉卒無疾言倨色，接兒童牧豎靡不盡其欵誠。古稱數馬踐繩，何以踰此。年四十，例當貢，居公下者齒邁矣，公慨然曰：吾齒未衰，何爭一歲，不讓之。遂托疾不就試。明年貢於廷，已而卒業南雍，大司成葉公絕器重之。比時方山薛公官吏部，方山公氣高一世，意無當可者，而亟推轂公，謂德行文章吾常無兩，且暮必大售，而終奇於數。旋北上嗣銓選，而遂物故焉，計年僅五十三耳。二子雖能讀父書，而均未遊庠，孺人攜之，旦夕督課不倦，師必高門，遊必名士，即不佞最嵇，亦令二子執經。蓋孺人雖女流，而雅有烈丈夫之概，居恒輒對二子泣曰：汝父有志未成，成其志者未嘗不望汝，汝兄弟曷奮志青雲，以竟乃人未竟之志乎。二子亦感激勵志，未幾九德

補郡庠，九思補邑庠，戊午旋舉於鄉，孺人始驩然爲一見齒，餘欲窺其喜怒之色不可得也。處家最勤儉，雖業隆隆日起，而持之猶如其初，晨起盥洗後即催織課績，雖米鹽絲縷靡不手自操焉。主客至必擊鮮供腆，有陶母之遺風，以故門多長者車。性茹素，自慎齋公没即絕去鉛華，口持長齋，寸帛不掛體，每朔望焚香誦經，積二十年如一日，至彌留之夕猶誦觀音經不輟。大都孺人持身嚴而馭下未嘗不寬，待人和而私居未嘗霽色，治家儉而待客未嘗不豐，撫子慈而嬉遊必痛爲責，故後公二十餘年没，而教子有成，家聲不墜，送往事居，孺人以一身兼之，孺人真不負公之托，而公得孺人亦可爲不亡矣。公生於宏治壬

子卒於嘉靖乙巳享年五十有三孺人生於宏治癸丑卒於隆慶丁卯享年七十有七有丈夫子二長九德郡庠生娶南京孝陵衛知事西槎王公女早沒繼娶太醫院張公浚泉女次九思中戊午鄉試娶陳氏早沒繼娶金公　女女二一適蔣燦一庠生嶺西李公女次際可際會幼未聘孫女二一適繼野孫公子柄一適聚岡陸公子寶學九德等擇以是年十二月初八日安厝於塘橋之新阡啟前兆合葬焉而乞予言以銘銘曰惟唐之先簪纓代起惟唐之後衣冠世濟克父克母亦光亦敵有子令名封章日侈塘畸之原松栢芊芊玄扃一閉永永萬年

賜進士第中憲大夫江西按察司副使眷生黃憲卿頓首撰

明故心齋唐公暨配淩孺人合葬墓誌銘　八世

心齋唐公諱彩字子文其先代多聞人具家牒中　國初有諱衡者以長子世良成進士贈兵科給事中次子世隆世隆生鏞舉鄉薦判岳州府事以廉節著鏞生淶淶爲諸生博學工文詞從游者滿戶外郡長吏爭延致爲子弟師然未嘗以非公請郎公父也公甫齠失怙繼母丁生母王方當盛年有從旁睨之者公扼腕折節爲學弱冠補郡庠生儁聲籍甚弟矜年視公不甚莫公督之學尋亦補邑庠生兩孺人沾沾喜顧公曰今而後所不負吾含辛而茹荼者孺子也公念家世以科名起而身且落落鄉校中益下帷憤發日兀坐讀裳後盡穿至不掩臏鼻而所

配淩孺人黽勉佐之孺人名家女性婉嫕事兩孀姑孝治生勤公得以一意於學公於書無不窺務必析其精義尤刻心舉業出而得儕偶一綺語必歸而次之書絕楷細如蠅蟻以爲筆細則心細吾藉以自約而已所繕寫幾盈篋搜羅採擷淵博汪洋而三試棘闈輒報罷竟退隱於滆湖之濱與孺人有終焉之志溪煙芰月悠游自放蕭然四壁立人不能無幾微見色公弟一笑而置之詩歌碁局間詩自建安以至大歷長謳短詠靡不逸從容至與花間手談孺人爲具腆潔酒酣作婉轉聲泠然塵外而語人則依倣大誼所告門人子弟動必以聖賢標準嘗從從父荊川先生遊講明理學屋漏衾影㦬然無憾其入而可語之

淩孺人者無不可出而告之人也凡三嫁女一娶婦寸絲尺帛皆倚辦淩孺人未嘗一窺市井不復知人間有機械之巧郎有以機械至者公亦朓然不校蓋天性也方公負儁聲於諸生間司教者雅重公適視邑篆知人有負公者庶藉手以收責而公謝不屑邑中踐更故例不及青衿公嘗率其僕應之顧謂孺人吾脫必有代者謂勞逸何終身不以貧故一失身於公庭之上而力貧支儋全公耿介則孺人力也於乎世道波靡士稍稍有文章俊髦之譽有不結有司競關說者乎新進諸少年尚未暇爰衿韡而輒指某稅吾例當免某逋負吾得執而問焉其有遠慾緩者家人且詬呵之而起而騈塞郡邑什伯矣公郎性耿介

不知有機械事乃至不聽司教責逋而猶勤勤於踐更之役不置也說者不亡謂矯枉似過而奕世以下聞其風亦可少愧已夫有淩孺人之委婉順志莊侍公四十餘年無閒言而公得以專修先世之德斯所稱齊行者乎公生於嘉靖壬午六月既巳卒於萬歷癸未三月之二十五日春秋六十有二孺人以嘉靖甲申八月二十六日生後公四年卒於萬歷丁亥十一月七日年六十又四云子一名九成妻章可久次女女三長適毛中元次適楊欽次適張家孫一名一虔聘楊裕大次女女孫訓長適金壇儲允中次適楊鎮次聘於蔣昉次未聘九成卜己丑十月日葬公於芳茂山南麓之新阡以元配淩孺人柩合厝焉先期匍匐持狀乞銘予念昔與公同遊郡庠辱愛最深即不文惡敢辭謹據狀爲誌而系之以銘銘曰孤而幼將母挈弟孝友摯厚儒而醇手編腹笥古貌與心文而厄節嗇留餘前繩後弗噫嘻是誰其相之而鴻妻萊婦愈有蒲芝芳山紫氣萬年碣思

賜同進士出身文林郎湖廣黃陂縣知縣同邑友弟李際春頓首拜撰

唐母蔣安人墓誌銘　八世

安人姓蔣武進世家大父鄉會魁潼川州知州東川翁岺父吉府審理西溪翁盟母楊生母陳夫君望濱唐公隆慶元年丁卯公登應天賢書後三年庚午余亦附公同袍籍遂以筆硯相切劘道誼爲久要迄今幾四十年稱莫逆以故稔知安人賢余不能文欲爲諛墓文更不能安人先公卒一日公以安人臬誌相委且矢蓍蓍而言曰余狀字字實字字涕也余之信公久矣公平生無言不實不知人間有智慧機巧與夫傾危懻忮事鄉邦一團元氣絪緼公身自起家孝廉至入仕後居惟故廬食惟故田一無增益眞是四壁蕭然公安焉安人更以守清貧甘淡泊

居恒相勖即謂今人中公鴻安人光奚其諛唯是前人有言人有善皆本分事何必書出與人知以故古人多闇行且有并其名姓藏之者今人纔有一善便報得滿世人知淺已陋已矧安人行在閫内不求人知故唯公可狀公狀自傳安人之賢自彰公狀之余又襲公狀而重言之即類諛余固不敢惟按安人梗概而系之銘詩於惟安人裔出蔣氏曰蔣曰唐世家相似三歲訂盟十九歸止蔣稱淑媛唐美賢姒西翁南翁相笑憚嘻陳金孺人奉養伊始相繼奄逝安人慟只哀思孝祀虔奉筵几雖出名閣井臼迤邐宛然田婦謝習綺靡奮有原聘罔一私滓上之翁姑公祜是庀夫君孔孟安人麻枲機韻書聲互礪交砥柔芹癸歲鳴鹿丁艱夫君誾奮安人斃視靖安艮牧春融百里開州化鐸蘇湖芳趾晉倅青郡偷兒遠徙捕盜功高顏神福蘸西省東省山巖江汜在咏廉吏至欽處子訓食有祿而飲但水推本内助安人之以王事禕益微疴起耳夫君謀歸安人亟旨人謂出處不謀妻子得如安人且成夫美視彼巍巍役役不已夫君不屑安人亦恥白頭伉儷璠瑳瑜玭紹笑紹科紹慶惟子光瑞奇奎孫則四士有周之半尤奎之竢七十餘四安人壽齒王汀之阡安人之時我視安人晚永安只生死隔世幽明一理公余好友久要未已不百餘年毋夙公軹

賜同進士出身文林郎前巡按廣西奉

勅兼理湖廣衡永寶等處鹽法福建道監察御史奉

旨編戸屢

詔予閒眷生錢一本頓首拜撰

明故太常寺少卿凝庵唐翁墓誌銘 八世

唐族甲郡中自黃門公至吉士公凡五世科第黃門公曾可生永州太守公有懷太守公生中丞公荊川中丞公即翁父而吉士公完初翁第三子也黃門公會試第三人中丞公第一人而翁鄉試第二人中丞與吉士皆選庶常翁歷南●北太常翁少有才名中丞公亡後乃折節理學諸儒語錄淹貫以隆慶丁卯中鄉式辛未成進士選禮部主事時江陵聞翁才急羅致之不就尋中以浮躁江陵敗諸公重之起歷工部郎遷尚寶司丞陞光祿寺少卿又陞太常寺少卿請從祀白沙先生得旨復不能諧時好以言歸丙午春諸公引重忽起南太常報至翁不信也在南會妖人劉天緒將變與大司馬孫公計殲之京師以靖又疏法璫毆屬丞得旨嚴治人轉忌之尋有言急謝病歸翁凡籌天下事衆刺刺不了一兩言輒了即計所施爲衆一言莫辨翁刃迎縷解百千言立辨以是有識者最賞重亦終爲旁觀者所忌即談性命微奥與聖賢脈絡同覺者雖心覺其是而口不肯俞旁●觀者縱面屈其高而退不能相傳以解庚寅前出入宦途嫉惡不顧面唾言事不避風生時則以航髒聞辛卯後家居寄興園林卜築排情聲歌賓客時則以博大聞丙午未起用前出而遠遊歸而著述揭太和闡生機即侮我至門勿較也時則以渾潛聞戊申再歸

唐氏家乘 卷七 誌銘 七五

休後詣屈伸運化好醜世情捐獎後生終日談笑參商而一切牢騷擊磨之氣無有焉時則以敦厚聞至其樂與人善樂觀時清泰每一風驚塵起輒抵掌太息人疾病貧困竭力捄援歷初終不變也凡天文地理陰陽術數家無不究極凡古書畫器玩鑒定俱過勝人少十歲餘試以莊生齊物論即●立就大歸除法及勾股測望輒通曉自六十後每每語余人到生死不亂方是得手居常當歸併精神收攝一路毋令滲漏息則其變之入深者矣初仕有珠寶貽者卻不受某人命以千金浼曰是將舍讐人讐我也人每服邊材數薦擭自居家數十年未嘗通一書長安當訪一人余曰此要人徒也絕不復通此足以知翁之操植也所著輔世編兵農水利經畫處獨詳又有易象義憲世編三關彔桃谿劄記南遊稿南華正訓東林商語及詩文若干卷邑志若干卷年八十二耳聰目明手持書不釋皴夏必肅衣冠郡志若干卷先一年成出緡助婚喪祠置義田一生提保合太和者靜諳易贊詩云學道於今四十年乾元確己見眞詮一段生機齊躍躍百年和氣自緜緜來從歷險凌心過歸又臨崖撒手還不向此中探妙訣毫釐何以辨人天嗚呼此又足以知翁之自得也翁諱鶴徵字玄卿別號凝庵生嘉靖戊戌八月初五日卒萬歷己未三月二十六日爲配萬恭人尚書履庵公女子三伯仲天季吉士公諱傚純娶蔣氏萬恭人出吉士亡後置妾馬氏

唐氏家乘 卷七 誌銘 七六

生三女一適庠生陸卿鵠一適董鯤化一適荆鍾辰孫男一獻可太學生娶賀氏孫女二一適衛慕董遇泰一適孝廉顧與沐曾孫男三長宇昭邑庠生娶于氏次宇量邑庠生聘許氏次宇仝聘吳氏曾孫女三一適庠生陶元祐一適庠生吳任思一字史覲翁嘗自歎三世單傳今郁郁昌矣學業並能世其家郎以其年十月二十一日龕宜興桃溪之淑慶山蓋生平所遊息處亦上世與萬恭人舊家也翁承荆川先生後文章學術自謂見大力請條編㤼江陵指終爲江南大利嘗使秦中條虜事若習憤見撫順清河報至日自後不知生民荼毒何如郎忠臣良將當殺戮盡直待重創後方可挽回俄而遼陽之敗三路喪師適

翁易簀時至數年中外益恨憎不堪蓋其先識如是翁居家日久行侍于家亦最久談道講藝夜分不倦銘曰

世才術士一絜自喜望翁之洋浩蕩無涘亦有節士擇地而趨翁處華芬檢繩不渝無忙無閒一編手持得與日新下筆纚纚春陵尋樂湖南求仁博極千古提此一眞莫訝其變豈遲其韜我聞前哲少學晚逃大材難用從古所歎太阿龍淵輝光終燦長日竟坐深冬夜談發矇可忘知音實難渭陽悠悠西州慟哭鐫我衷言九泉可告

賜進士及第禮部尚書兼翰林學士前本部右侍郎詹事府少詹事編纂起居管理誥勅愚甥孫愼行頓首拜撰

唐母萬恭人墓誌銘　八世

恭人姓萬，宜興人，歸于武進唐中丞荆川翁之媳、尚書履庵公之女、太常寺少卿凝庵公之妻、翰林院庶吉士敬止君之母也。中丞翁以道學文章倡海內，海內名士多從之遊，而尚書爲高弟子，乃以恭人歸公。生三男子，伯仲蚤世，季爲吉士唐世甲第。有令德，而中丞翁執範益肅，恭人十五輒稱能婦，慎行生脫不及知疇曩事，然以所嘗聞及所習見，合公所自狀行實，總說終始。初公未第，產尙拓落，費用多不貲，恭人順以調。公外婉以調公內，有無挹注數年。公竟下帷讀，奮發高名者，恭人贊之也。及公之仕也，博大通方，遊道日廣矣，恭人則百計環應之業，故未

饒，有非意冠飾驪珠結綠，進者輒動色以妖戒。公萬月憂世故，賢豪伸屈多極口無諱，恭人則偲偲以好盡戒公，以忤權相躋已相敗，乃起又躓又起，累晉南太常，身雖速退，名以不隕。大率在里日多，在官日少，嘉會日多，閒居日少，勤毖左右，紀綱盈詘，使公升沈喧寂一意安之者，恭人大有助焉。迨公之晚歸也，蚤夜纂著述矻矻，恭人心憫其劬，終不闌以凌屑與子姪諸甥輩商學術，深微譚詩文，要渺徵今昔，變態至夜分，更僕恭人囁嚅治具愈殷，郎俛首息片時，未嘗不端坐，竟會至書堂花墅，不日以成，恭人拮据勞來，使公快焉。桑榆衰耄不嗟者，恭人之力爲多。大都恭人性慈而篤，材周而敏，凡公有所恚怒，每從旁好調

郎不遽乎，要後必平乃已。凡與人交，寧惡來，好往，其勞賄親姻也，多薄來厚往。凡賓至，脂膏瀹瀡必腆，郎旁午至，各令意滿，諸夏畦馬醫閭嫗驛候，惟所遇無不恩餉之，人人皆曰恭人惠人也。吉士亡也，第纔半載，吉士卓有特操，恭人傷病幾不生，然或見人輒收淚，强自排，或病小已，使幹營如故。其傷兩女孫也，輒病，輒幹營如之。或勸之休，則曰吾事勢不得不然。公或苦其不休，則曰吾性固然，郎吾力亦能然。雖病數足小軟，耳目聰明，髮尙大半黑，孫曾繞前座，親常滿，公時亹亹談，恭人徐出一二言，窾曲洞中，人人皆曰恭人大福人也。稟强厚，慣勤肄，其天賦也。最明義識大體，初恭人不及事姑，事中丞翁亦不久，有遺妾李

事之加謹，其歿也，喪之加哀。念公無親昆弟，待余母白媍母諸甥若他子姓，輩無不加等。公素未畜妾，已吉士亡，恭人慨然親爲選妾，生女子三人。嗚呼！以公之才之氣之遭際之學問見地，瑋然一世，而恭人閱終始無所不宜，劻勷六十年，至令公慟哭長友，若失臂然，豈無故耶？前十五年恭人大病，外人多吽呼顟者，已瘳則懽呼溢市。昨歲心痛不倒牀旬餘，諸外人吽呼顟更甚，已皆行哭失聲。公嘗謂吾意好修而于世多不諧，恭人動隨心而忌者不能毀，此可以知恭人矣。嗚呼！初封安人，官南太常封恭人。生于嘉靖庚子五月初九日，卒于萬歷甲寅十一月十八日，年七十五。病閒未嘗歇幹營，勞瘁卒之日，言語𡠗𡠗如常

而去三子四女孫一女孫二曾孫男三曾孫女三公將以今年十月十二日葬恭人于宜興桃溪淑慶山之陽蓋母張夫人家亦郎公所卜築棲隱處公特屬愼行誌銘行卑陋且數年病謝不爲文矣然終不忍不誌恭人因銘曰

於乎恭人所都所遇無不阸遂於乎恭人所施所植如未嘗貴少而諳世之苦有而恤無之匱尊而習卑之傴老而躬家之瘁於乎恭人婦德婦材可爲克配

賜進士及第禮部右侍郎兼翰林院侍讀學士前詹事府少詹事編纂

起居管理

誥勑愚甥孫愼行頓首拜撰

亡弟太學生掄卿墓誌銘 八四

嗚呼吾睹吾弟上壽猶未也軀幹豐碩神氣長王筋骨斂束生無疾疢而葆嗇實勤於几蒙露露履嶮巇近於戕生者皆遠而去之柰何奄然逝哉吾弟之存也時無早暮必偕而處殺無豐薄必待而食事無纖鉅必諮而行余偶獨往必將之河滸久而解維余旬日不返則吾弟手書可成篋矣私又語其子曰自我幼而孤也兄則字我畜我稍不恪則誚讓我我之稍有成立纖毫皆兄德也以故我之事兄直父耳字之畜之我不敢忘誚讓之我不敢怨也汝兄弟其志之嗟夫信斯言也父有不能盡得之子者矧於兄乎余何以得此於吾弟哉吾弟忽焉舍我吾亦

焉用生爲也吾弟生而恭愼精詳既是其兄確乎不渝年十三而尊人捐館舍先是數年閒家大人相繼見背齒齔屢至所不爲人几俎者岌岌矣吾弟郎幼惴惴如成人不敢輕出一語妄窺一兄同舍郎誘以非禮吾弟正色拒之其人慙恧而去久之余出從宦則舉琴書門戶一切付之檢點籌畫多出於余意所不及者郡邑諸當事時過而存之或吾弟造而謁焉進無欲儀對無失辭一辭而退未嘗少干以私也與人交無問紈綺襏襫必謙而下之爲人謀無問疏逖親暱必罄而竭焉得人一厚言色欣然喜曰是人之愛我若此雖僞弗察也進人以善言懇懇款款惟恐不盡即弗納不厭也先世器籍幼時衣履雖不給於

用亦斤斤弗失尊人嘗製一衣衣之浣紉再三終不忍棄曰時時若見吾父也郎自爲衣數十年弗沾染及不蔽膝則續之若緣而吳中羅綺日爭新巧人競曳之吾弟未嘗裁一束也俗尚洗腆一筵數十金吾弟款客雖不敢儉然亦於常品斷爲豐潔山珍海錯不一見於庖人其所自御則苟不至餒敗餔終日對客郎甚歡洽不爲嘲謔不爲褻媟衆或喧囂吾弟微莞已爾退而燕居亦未嘗有箕踞之坐跛倚之立一室閒圖書筆硯几榻奩盂置之必以其所秩秩有序使一僮奴於親友反覆命之猶慮遺忘或旣遺而躡還述之無謬乃令郎行若鉗攝其家衆不得有忤於人則夢寐以之者或私出而受侮必詰之曰誰令若

出衆雖橫詎入吾室侵若哉郎遣之而出者亦詰之曰誰令若不走避猶或鞭之以示懲迺其居常不啻父子少勞則卹之有役則加廩焉未嘗不優也偶於元夕閉門延客僮指悉侍忽聞鬨聲甚急且毀門而入座客驚愕甚詢之乃一豪家夕游僕從夾道持杖辟人誤有攖之者疑爲家僕大肆其毒座客憤忿欲與爭曲直吾弟力止之諸客自吾門出其人猶張大無忌吾弟曲躬屏息唯唯受罪惟謹衆咸非之然後稍戢不一二日其人以他事敗人始知其往往畜羸病垂絕者數輩以爲奇貨每爭輒舁以往是夕已嘗舁至弟門矣座客迺競服弟之能忍云甚至有田於野不輸以稅有室於廛不酬其僦一切聽之蓋吾弟

惟恐一與人枝郎蹈危機故常忍人所不能忍忍理所不當忍人病其過怯吾弟曰吾受庇於兄寧使人謂我服訓其寧使人謂我㾐儱耶人示以一詩一文必手錄之前後盈數帙尤喜青烏軒岐諸家言不惜重酬以求之方有奇驗輒修合以濟人其於產難尤多所存活自妫習爲制舉弱冠而遊鄉校余時從遊者衆軌無虛日吾弟悉館穀之相與切劘文義砥礪節概駸駸日有進焉旣而入成均少司成南昌習公抜以冠成均之士又旣而歷事戶曹大司徒曲周陳公復拔以冠司徒之士計當借一於丁酉棘闈會以生母艱歸則屬望其子儆成儆成不第明年望其子儆清儆清又不利於有司先時吾弟產故薄婦家稍

資給之時有羸羨乃不敢出以營子錢而食指日繁竟坐需以蠹余又罷官林居不獨生平浮慕之者掉臂不顧郎所深德者往往負之吾弟不無芥蔕又不能以自解也抑鬱侘傺日且益深神或慌惚語或重復余甚憂之每以語弟弟不自以爲病也久之遂不可藥時憒時明反覆於枕席間者餘半載郎方憒時余至則明矣弟婦度不可支以後事請吾弟曰有兄在安俟吾言嗟嗟吾弟郎病憒中猶知嚴我信我自非生平一念無愿無違烏乎能然余何以得此於吾弟哉吾弟忽焉舍我吾亦安用生爲也嗚呼齊窮逼一得喪逢者能之世之紈膏子弟鴟張鴞睨恣睢腹削肆無忌諱一旦時移報或少過夫亦出反之固然

何所置憾吾弟曲謹繩墨豈獨不爲世家子弟態卽尋常寒素猶讓飭焉而於達人之觀不無拘拘故余嘗謂仕宦之父兄得此於子弟復何虞於名檢爲子弟而若此安用父兄之仕宦乎時有去來翻足累爾竟以此殁柰何欲余之遺諸懷也吾弟名魁徵字掄卿生於嘉靖庚戌十二月十四日卒於萬歷己亥十二月二十七日享年五十我唐自顯高祖考封戶科給事中友蘭府君始分而爲小宗者五嗣是爲顯曾祖考戶科給事中㑹可府君顯祖考永州府知府有懷府君其後復分而爲三長則先考都察院右僉都御史荆川府君次則重庵翁次則歉庵翁重庵翁暨元配王孺人繼配孫孺人吾弟考妣也而范則其生

母配華氏翰林學士鶴山翁察之女子二長傚成邑庠生娶吳氏太學生循庵君尚行女尚寶司丞寓庵翁性之女孫次傚清娶萬氏光祿監事睿庵君智女禮部尚書謚文恭履庵翁士和之女孫女一適太學生吳雅言順天府經歷馨玉君履謙子太僕寺少卿劍泉翁仲之孫孫男三長獻吉聘蔣氏中書舍人右章君佐女山東副使毅齋翁致大女孫次獻台未聘傚成出次獻恂未聘傚清出孫女四長字吳允肅郡諸生無隅君世龔子江西參政容宇翁之龍之孫餘未字傚成出者三傚清出者一方吾弟之明憒不時也調劑甚難弟婦時其饑飽審其寒燠搔其疴癢不以頃刻委之僮奴吾弟殁且期年弟婦之淚不泣而常流所嗜則薦之所好則陳之周旋几席幃帳間不以存殁異其纖毫也世迺有婦如是哉悲夫吾於是益知吾弟之篤於倫也傚成等以弟婦命卜于庚子冬十二月二十一日葬於殷瑜村重庵翁之側乞余爲之銘余方憒憒烏能搦管成文哉傚成等促之再三乃强爲之銘銘曰少遭不幸惟德是競脫而失意爲厥心病豈朝氣之銳而暮氣之怠耶抑無受天損易而無受人損難耶吾於吾弟有餘悲已兄鶴徵撰

唐母華孺人墓誌銘 八世

戊寅秋八月，余予告歸里，唐子儆淸手其母孺人之狀，泣而言曰：吾母獲歸淺土，年已久矣。淸無似，弗克光大前人遺緒。成兄又見背，墓中之石闕焉，吾母懿行無聞，淸之罪也。微吾師，無能爲吾母傳不朽者，敢載拜稽首以請。嗚呼！吾何足銘孺人耶？然先君子出荆川先生門下，而奉常公又出先君子門下，今子復從吾遊，而長兄又與余同研席。唐與陸通家，蓋三世矣。且余館於君家者數年，稔聞孺人之德，微子請，吾固當銘。嗚呼！吾何忍不銘耶？按狀，孺人無錫華氏，父翰林學士鴻山公，諱察，登嘉靖丙戌進士，母顧氏，以子進士，叔陽官儀部，封安人。孺人生而貞

淑，數歲知書，自《內則》、經史、稗官，有關風化者咸通曉大義，以是益嫻禮教，父母特鍾愛之。先是，學士公與荆川先生同建言歸里，交最善，相期世好。孺人年十七，來歸太學君。太學君諱魁徵，字掄卿，文學重庵公子。大父黃門曾可公生有懷公，有懷公生三子，次重庵，荆川先生同母弟也。兩家門第相高，華雄于貲，唐自黃門五世爲淸白吏。太學年舞勺而失怙，遺逋累百，遺田不盈頃，所居第宅、所有僮僕器具，皆得於華。一切公私所急，惟孺人委曲是應，勤敏和惠，上下稱賢，而中嚴一介，郎骨肉閒不肯乞假。作緺眉態，逾年歸甯，孺人有身而病瘠。學士公憐之，知家累夙逋，意將代償，卽之再之三，孺人不以告也。亡何，學士公與儀部公相繼卽世，顧安人無他嗣，孺人例得分授經營節縮，始高大其閭，而太學君得耑意科舉，初遊鄉校，師事奉常公，文章故有家法，切摩砥厲，無虛晷。孺人屈十指供魚菽，不腆而潔，以時奉常官京師，盡舉琴書門戶一聽總持，內外斬斬，孺人克相之力居多，獨以不逮事舅爲恨，烝嘗必致謹焉。大母范孺人，重庵公側室也，性卞急，稍拂督過不休。孺人先意祇順。小姑出閣，資妝隨所欲，得大母之歡。後爲諸甥畢婚嫁，大母㘞姑㘞終身待之不衰。從姒王孺人老且食貧，鄉城閒濶，不能朝夕，繼見則逆歸，與同衣食而已。下之孺人再舉子矣，念太學君幼孤無同氣之依，嗣育不可不廣，則擇小星而已讓之。凡此皆人情所至

難者，而自奉至菲，一衣數澣補，十餘年無新製，務以施貧活族爲急，豆區釣石，必準以平，閒遺苞苴，必滿人望，其他有求無弗給者。御下毋苛，人人樂其和易。諸子小失言色，面懲之不已，必聞於奉常公，庭訓之嚴又如此。常言：日者推吾壽命不長，吾非畏此，而強爲善，當爲子孫計長久耳。顧安人旣無子，常卧病，孺人左右侍，衣不解帶者半年，殆則幾以身殉。大母病，痢親執湯藥，無須臾離，忘其熱暑之委頓也。太學君屢困棘闈，悒得心疾，時憒時惺，尢難調劑，凡時其飢飽，適其燠寒，疴癢抑搔，不一委之僮僕㘞。且祥矣，食飲嗜好，供帳如生。孺人之淚不泣而常流，語具奉常所爲太學君誌者。益信。嗚呼！詩次葛覃，言治絺始末

耳無溢美之辭而說詩者謂貴而勤富而儉已長而敬不忘己嫁而孝不衰孺人殆兼之其篤于夫婦子母之倫又可知矣歲己未十月既望孺人有微疾猶晨禮大士如常時數日而眩眩復醒曰次婦萬心事如我慈祥性雖躁而勤儉過我他日繼我後者婦也諸孫多其出今頭角皆露且成人但我猶未見有小進者爲感耳又云我事已分析餘無足言急備我後事遂卒內外皆失聲無不爲孺人傾且泣者時萬歷己未十一月十八日也距其生嘉靖己酉七月二十六日享年七十有一云子二長儆成邑庠生娶吳氏太學生循庵公女尚寶司司丞贈大學士少傅寓庵公女孫次儆清邑庠生娶萬氏光祿寺監事磨庵公

女禮部尚書諡文恭履庵公女孫女一適太學生吳雅言順天府經歷磬玉公子太僕寺少卿劍泉公孫孫男六長獻吉娶蔣氏中書舍人右韋公女寵副毅齋公女孫次獻台娶孫氏河南南陽府照磨翼明公女次獻箴聘李氏孝廉確庵公女俱儆成出獻恂郡庠生娶吳氏孝廉聚所公女尚寶司司丞贈大學士少傅寓庵公曾孫女獻恭邑庠生娶楊氏四川副使葵庵公女獻憬娶左氏光祿寺署丞惠賢公女俱儆清出孫女七長適邑庠生吳允迪次適戊辰進士吏部主事黃襄餘未字儆成出次適荊溪太學生吳洪綱次適郡庠生蔣拱辰次適郡庠生惲應十俱儆清出曾孫男三曾孫女三於卒之年即合葬於殷塔村太學君之兆陸完學曰生死且眷事耳孺人自少至老事無不盡一日無所耶事此心虛度一日不自安嗚呼是可銘矣銘曰

扶輿清淑多鬪氣婉娩令人成美備温其爲仁肅爲義榮身不屑倚門庇內恬外穆梱事治琳琅環天廟器食報千秋取如寄封章未錫殖幽閟何以傳之眎此誌

賜進士出身光祿大夫太子太師協理京營戎政兵部尚書前兵部右侍郎都察院右副都御史巡撫浙江
賜環光祿卿太僕卿八閩方伯兩浙臬藩禮兵工部郎官通家眷姪陸完學頓首拜撰

唐氏家乘卷八

誌銘

唐氏家乘卷八

誌銘

明故雞澤縣知縣克庵唐君墓誌銘九世

嘉靖壬子冬十二月甲戌克庵唐君卒於京師其孤一麐奉君之喪陸走三千八百里歸於宜興是時北方饉於旱潦鄒滕盜晝剽徐淮水溢河道堙塞一麐晝夜犯風雪崎嶇攘奪寇盜之中辛勤備至君子以爲孝君之卒也殯於館棺衾之外囊無餘貲一麐黽勉有無竭力營治還君數千里之外不借助治所一金之賻蓋君爲吏非義一毫不以自點染故雖無遺命而一麐曰不欲以此貽先子身後之玷也嗚呼何其廉也始君在縣以冒暑得疾及一麐以省覲至則疾且愈矣因勸君暫息縣事休養精神君曰吾每上枕時則自誦數語云嚮晦宴息以待盡也朝則聽政承天命也吾存一日則盡一日之職死生豈敢必哉病革一麐問以家事不答先卒之夕沐浴就寢臨終言語了了不亂嗚呼又何其達於死生之際如是也是可以觀君之平生已君少得疾幾不起父學正公令其廢儒業醫君雖遊於醫肆中日取四書誦讀之已而棄去讀書日課九六葉遺晝夜不輟其刻勵勤苦有人所不能堪者學正公尚憂其病每禁止之隨任之温州于中路書一絕云力倦山阿憩無何又上山須知爲學者不可放功閑學正公見之始聽其勤學荆川先生於君爲

從叔自習舉子業同筆硯又同舉於鄉最相善也君怡怡樂易
而先生嚴毅莊靦然其剛果自立不詭隨於俗而相砥礪以古
人之學兩人之操行不同故叔姪間自爲知己終其身雖所自
立或少異而心事未嘗有間也鄉先生毛古庵應當道之聘爲
諸庠士講學於道南書院其學一宗程朱之訓居敬致知交養
互發絕不爲高奇超脫之論然實世俗所不道故聞而信者亦
少君初不與負牆之列獨心慕之一日諸生散去乃造其門而
跪弟子焉古庵諄切懇惻教人腳踏實地不以講說爲事而君
飭躬勵行華不足而實有餘古庵最心許之莊渠魏先生講學
於蘇州時君嘗會試北上乃慨然誦古人之言曰居易未必不

得也然窮通皆好行險未必常得也然窮通皆醜吾惟斬足于
學問而已窮通之來自有數在何必以仕爲急耶乃辭不赴之
吳門從先生遊先生之學淵然自得每示大易潛龍勿用之義
教人培養其靜根君執經請正先生隨所問點化之大意以爲
學問所以開天聰明當求吾天然之知不專以聞見爲知也君
信向專而用功確故得聞先生之教二先生世所稱鉅儒其學
深造而有得於內君登其門皆爲入室弟子而莊渠先生尤稱
君嘗與王順渠先生書曰近得二士其一人謂林君朝相其一
人謂君蓋許以爲狷者之徒也君於爲學堅苦約密斂束就規
矩中使筋力強固精神凝注志氣奮發然後於天下之物可喜

可懼視之漠如也於齋中自揭一絕云食淡精神爽心閒夢寐
長若能知此味輕富賤侯王一生清苦之節蓋占於此詩云讀
書必反覆玩索推見古聖賢之心於千載之上在師門有疑必
問未得則思期於明辨而後已嘗錄在莊渠門下質疑之言四
書五經周禮凡若干卷而專務反躬實踐其所問難辯質之言
皆用以密證於禮樂之先後善信大化之積累循蹈等級截然
有序不妄意希高騖遠以獵時譽也既講於家庭鄉里師友之
間聞當世名公傾意嚮事之當世名公習君之賢一見自以爲
得益友至於議論學術有所不同則不規規以阿從爲事也如
答鄒東郭先生書有曰在高明視之則可頓悟而入若後生輩

雖用力持守尚恐不免得此失彼又何敢自信以冀其化耶答
古庵先生書有曰周書言且須權止檢詳書籍各以心來相參
務求是當然則檢詳書籍時心豈不在耶又豈不求是當耶又
言吾所謂知識者豈若諸儒所謂即物窮理湊泊而得之耶要
在反躬自悟默而識之不知舍即物窮理之外又何有反躬自
悟之機豈閉目兀坐而可得耶答劉平崗書有曰中庸論道則
之端而必先之顏淵之體善則知君子之學貴得實地躬行有
疑參諸同志斯之謂講未有置踐履於後而且以講說爲一事
也又言錢書謂人生爲此大事出世不知何指豈以講學明道
爲大事耶愚謂此事自人觀之固若爲大自已觀之直常事耳

道具吾性吾自明之吾自體之何大之有世之稱君賢者特以君爲篤行君子至得於理義之所涵濡成於踐修之所克闡世莫得而盡知之也君没而其往返論學之書始見於幽行之撰述讀其書君之所養可考而知也既屢會試春官不第乃就選爲雞澤知縣雞澤固瘠邑又比歲旱歉庚戌之秋虜犯京畿逼於北方者率嘗儆備差科之擾君爲之均節裁省視民力所急與民財所窘必百計思以紓之而才贍力勁展宷錯事務在必行其志毁譽得失則姑置之嘗言於太府君曰上司各行所見未嘗親視民之疾苦故多以操切爲事所賴以調停其間者在吾有司耳若上司知操切而有司不知調停則民無所措手足

矣時朝命議買馬縣則若干疋民不願鬻於官官必威取之君曰吾不忍殉一官以重困吾民也上司督之急君請罷職民聞爭願出馬半月而馬畢具肥好更爲諸邑冠君蒞任二歲而乞休者三一爲市馬一爲牌坊其一則論范頂罪情也初巡鹽御史歆爲邑宦劉御史豎牌坊君以民窮財詘姑紓其事巡鹽御史檄縣逮主吏杖之君遂以病乞歸太府慰諭之數四君沈思良久乃曰劉御史吾故與也亦頗相信爲牌坊而逐一知縣彼亦有所不利焉因寓書於劉而併以竄詞病狀示之事以不果行范頂者邑之巨猾也以饕滔險虣横行閭里間鄉人患苦之至是午夜挾鐵簡馳入陳國卿家因椎國卿而汚其少妻比聞摯起縛之君處之如律頂瘐死獄中己而推府疑爲衆人所謀郤其獄擬以和姦翻案君具揭帖論其事且請罷斥曰念卑職性剛忤物終非適治之才昧律滔刑何堪民牧之寄伏乞憐准放回原籍庶賴曲成之恩永遂守株之願君之切於愛民而以身任事皆此類也縣有小寨浮圖二堡上司爲防秋計令民修堡入守以防虜騎之侵軼他邑奉命至有以數十里外之民冒試暑奪農業而操畚锸者計道里往來之間已不知日費幾何矣況虜騎果至亦決非堡所能禦也君所治浮圖堡又奸宄桀黠之淵藪修之未必足禦侮而一旦有變則彼得負之以爲固利不一而害百乃陽示奉行陰緩其期徐以其情告同府劉事

獲寢巡鹽御史戢商言配鹽斤銀於縣歲溢額若干清軍御史覈絶軍差僉民頂軍以實伍君皆以爲不可君於上司之言有從有不從皆視民利病苦樂未嘗以文法之緩急上官之意向爲趨舍從違故往往以此得罪然真意爲民無所矯飾色雖正而不抗辭雖厲而不激因以見信者亦多有之其又難者呂公祠建甦凡有職於其方者自巡撫而下鱗集君獨固稱病不往時惟同府劉與君意合觀君所以對劉之言其義正其守堅然其詞則不得而記也君在縣孜孜民事而尤盡心於訟獄徵歛民有訟於縣者貯一空匣中吏初不知爲某事也訟者至乃發狀決遣之不旬日而事畢以此獄無留人邑無廢事其所決遣

自杖徒以上當治其罪者治之小事擬照成案而已不深究也邑中當審差君親集應徭者於庭據其籍而訊其業苟籍與業不相應則以所收者與所開者互檢察必核實而後已士夫自應免外必括其餘業以起役有一士人占田四頃計其官已免三頃則以其餘一頃署其子之役其人丐免不已君諭之曰使某容有弊當具呈於撫若按我冊籍已定不可易也且小民凋弊已久吾所以推析於方寸者亦欲稍寬一分則民受一分之賜耳故差一下百姓受差者比往年減強半上自數十頃之貲下至一丁一畝之產吏胥出入之弊一朝爲之盡洗差之輕重與差之高下相應毫氂損益悉得其當有差而一邑無不頌其

平君諱音字希古克庵別號卒年五十有五其先自高郵徙常之武進至君始卜居宜興曾祖鈺祖永貞父輔沂州學正配陳氏子五人一麐其長也次一鳳一夔一驥一鷺女三人君少有志操共於義利大閑忠孝大節不學而能隨父任溫州遇母喪歸學正公知其至性以白金幾兩托同僚與君爲騎馬乘舟之費君竟徒步扶柩以歸學正公病篤於沂君與弟奔赴至高郵湖中無一舟有操小舟者曰吾固願渡汝如水方漲急無人操舟何君解衣盤礴與弟持槳鳴櫓與之從事平生不殖產業居官清約如寒士故其卒也幾不能歸武進之唐人　國朝代有名人聲迹相望至於今爲特盛仕雖不達然天下以其言行爲蓍龜君之幾世祖復宜德間

詔舉可爲郡守者大臣以復應

詔仕終平樂守有政績事載國史君子一麐學行世其家者也墓在邑東南梅林里葬以癸丑十二月十有八日銘曰士以儒名不專挾冊考古證今斗以蓄德解剝紛紜靈明滋塞有反其爲靜觀嘿識豈不躍然如光曜魄虛僞翳之無異佔俾君於爲儒亦誦亦讀不爲元虛追逐象罔不爲形器模擬依倣期會簿書俗吏相矜有不然者爲聲爲名緣飾儒術以愚眾盲君於爲吏亦廉亦仁惟志之行惟道之循惟義之視不用爲身人謂我儒曰守家學謂我循吏曰祖有作來者繩繩如玉方琢刻辭不

誣質於漠漠

賜進士出身奉政大夫南京吏部考功司郎中同安洪朝選撰文

明故翰林院庶吉士完初唐叔子暨配蔣孺人合葬墓誌銘　九世

天地間至尊者自至貴者自得也自得云何是必慊乎心之所真是舉天下非之不顧也非必慊乎心之所真非舉天下是之不顧也夫豈惟天下即一家之內情最親也目之所視耳之所聽口之所談手足之所持循少而習焉長而安焉日漸月染不知其然而然轉移最便也亦惟是率其本來面目隨分成詣成局無假借無倚靠無沿襲無遷就無牽合甚而一彼一此判然相反了不存異同之嫌何者誠有以自得也毘陵完初唐叔子奉常凝菴先生之子也始荆川先生以峻行高天下天下望而

嚴之凝菴先生繼之軒豁磊落不務瑣瑣重意氣與人交瀝盡底裏遇緩急傾身赴之即生死弗避翩翩有古賢豪風至叔子乃又孤立行一意其於自奉衣不曳采食不兼味泊然不知聲色貨利爲何物其於公庭視之若浼不以一字干其御諸蒼頭檢束惟謹間出而受侮亦以法飭之不少姑息其稟稟如此則是父子相反也叔子有兄二人伯曰孟孫早卒仲曰微元仲在懷抱中能解文義口授以古歌詩時觸事則援以諭叔子三四歲不能走五六歲不能言識者曰之曰行遲語遲是必達到既而就塾師師授以書仲數過成誦叔子必倍之則仲頗遺忘叔子猶初耳凝菴先生上公車仲時慰藉其母萬恭人後先周旋

以襄其勞而娛其意叔子惟挾策他無所問也仲爲文咄嗟而就叔子每懸思竟日凡經人道語誓不襲一字仲雖少人或就之謀必忠或就之假貸必應叔子絕不樂與人事間有不得已勉爲居間必使兩皆心服而後退退則盡匿形跡若初未嘗與者則是兄弟相反也叔子元配曰蔣孺人叔子侍凝菴先生品隲今古剖析疑義論事可否成敗娓娓如也而孺人侍萬恭人斤斤不輕吐一語叔子與人交無眾寡無小大無賢不肖怡怡如也而孺人端容肅視人雖巧諛不能博其一笑叔子性簡易遇所知脫略禮數不爲容落落如也而孺人於妯娌相見必理新衣將迎甚虔則是夫婦相反也且萬恭人敏而則閫以內闔

以外事無巨細莫不兼而綜之而孺人約處一室趾不踰閾雖至親罕見其面萬恭人溫良樂易大小臧獲凡幾百指莫不人懷而人沫之即有犯多所寬假不問而孺人堅持禮法尺寸無軼左右侍者雖既退猶若儼有臨乎其上然則是婦姑相反也然而廣大者不見其爲蕩謹密者不見其爲狹高明者不見其爲亢篤實者不見其爲拘真率者不見其爲疎恭恪者不見其爲矯寬裕者不見其爲弛嚴毅者不見其爲苛何則誠各有以自得也是故父子得焉而親兄弟得焉而友夫婦得焉而諸婦姑得焉而協天性之樂人倫之勝世濟之美偃然不出庭闈而坐收之矣則是相反者原未嘗不相成也抑又有異焉予竊見

叔子恂恂退讓如不勝衣而志邁千古言視規行視矩懔不越跬步而神超六合仁義之宮禮樂之府詩書之囿閑搜恣取無所不快於意而日蒿生民爲名茂才爲名孝廉爲名太史餘光末耀足以照映人群而胸含邱壑則是叔子一身之間亦相反也予竊聞孺人居閒一布一葛雖極敝不去而推衣履於親故必裁純練傾囊而出不爲惜其自奉一腐一蔬日費不踰數錢而作一餐以餉客非腆潔弗快人偶有乞貸生利者必厲辭卻之而戚里間或以匱乏告務委曲周恤不令有怏怏心生平於米鹽猥屑澹不經心而獨所奉於凝庵先生及萬恭人即一菓一茗必手滌而後進且死拮一篋謂子獻可曰吾終年積愁積

病未嘗積貲此中存有七十金可以了我無以累大父母則是孺人一身之間亦相反也噫嘻異矣及徐而按之卷舒有會操縱有適張弛有體繁簡有宜卽欲從而窺其間無繇矣信乎相反者究未嘗不相成也是故信於心則不復有畛域之可分而爾我之障撤矣信於理則不復有方所之可泥而中和之體備矣此吾向所謂自得者也叔子名儆純字敬止別號完初生於嘉靖戊午十月十五日卒於萬歷己丑十月二十四日得年三十有二孺人同邑吉州知州蔣公如京女也生於嘉靖己未五月二十日卒於萬歷丙午四月二十六日得年四十有八墓在宜興鳳凰山子一郎獻可太學生娶丹陽江西按察使賀公邦泰女女二長適同邑太學生董公應朝子太學生遇泰次適予次子府庠生與沐先孺人卒孫男三長聘金壇邢學生于君玉全女禮部郎中于公孔兼孫女餘未聘孫女三長字溧陽南京大理寺寺正陶君人羣子元祐次字同邑翰林院編修吳君宗達子任思次未字先是歲丙午秋八月獻可持狀詣予屬文其墓中之石予愴然傷懷不果爲至今歲己酉夏六月困暑時時卧北窗下一日追念叔子不已因檢其狀讀之則凝菴先生之爲也起而喟然嘆曰卓哉知子莫如父矣已復檢孺人狀讀之則獻可之爲也起而喟然嘆曰懿哉知母莫如子矣表章揚厲責在後死予何能終無言況日居月諸倏踰四載卽予亦已駸

駸作老態復何待也遂稍爲次第而志之爰繫之銘銘曰立天之道曰陰與陽立地之道曰柔與剛立人之道曰仁與義惟其相反所以相濟吾何以知叔子與孺人哉以此

賜進士出身奉政大夫南京光祿寺少卿前吏部文選淸吏司郎中姻眷生無錫顧憲成頓首拜撰

叔父縣文學履溥翁墓誌銘 九世

翁唐姓諱敚清字尹標別號履溥武進人也始祖華甫爲元治中五傳而及有懷公諱琇永州郡守郡守公三子長襄文公荆川次郡廩生重庵諱正之重庵生國子生震庵魁徵翁父也翁母華無錫翰林學士鴻山公察之女翁性逼和無忤與人交諠至篤久而弗渝族戚之間情長而禮勤性不能飲能飲人傾釀弗惜也叔奉常凝庵公卿貳南北縉紳傾仰翁未嘗恃蔭投郡邑一牘准撫省吾李公翁父行也招之勿往其和而介如此震庵公之殁也旦夕哀慕迄老彌篤奉母華孺人定省溫凊二十年如一日伯兄修能性方嚴翁事之如父妹適吳早寡吳敚宦

裔饒于貲玩交遊搆取翁獨不染指表妹之節鳩眾緩公惟力是視及妹之亡嗣甥國子生昂養產日落故交灰冷翁每招而食飲之浹辰弗厭昂養湧而作詩志感族姪士奎同庠同硯也撫其孤振芳厚振芳饘粥若干畝擴於碩佃翁爲懲治而歲徵之及振芳學爲文而穎試有司而利翁輒色喜如其子翁之篤親故如此居脩司徒里左右皆高閎大閥公以老青衫廁其閒弗見侵爲其好禮而推仁也晚廢舉業坐斗室植名花披覽囂吏吟咏自得脩然有幽人韻士之致慨世風之變每語子姪曰吾猶及侍先輩見皆守禮兢兢勿踰尺寸今憮敖吳揚江河奚底至于國事日非邊圉孔棘翁輒蒿目而憂形於寤寐有辛有伊川之嘆至今日而服翁之先見遠識也翁生於萬歷丁丑年七月十九日卒於崇禎庚辰年九月四日壽六十有四以卒之明年辛巳十二月十九日葬邑之懷南鄉西横林高丘不封而墳青烏家過之無不嘖其佳氣公配萬氏宜興光祿寺監寺睿庵公智女禮部尚書謚文恭士和孫女端嚴溫惠一如其姑公亡猶勤理家政生丈夫子三長獻恂郡庠廩生庠貢已及竟歿去之可謂善承先志者娶吳氏孝廉聚所公宗奎女次獻恭邑庠生娶楊氏副使葵庵公以忠女次獻愫娶左氏光祿寺署丞惠賢公國士女女三長適宜興太學生吳洪綱次適郡庠生蔣拱辰三適郡庠生惲鵬士孫男五宇肩獻恂出宇福娶薛氏獻

恭出宇敔宇京宇春獻愫出孫女七獻恂出者四長適郡庠生萬睿生次適張學滋三適庠生薛雯四字白萬獻恭出者一適江陰庠生金履鐘獻愫出者二長適宜興貢生儲懋概次適宜興徐懋先士嶸於翁猶子也義不敢夸敬質志之而繫以銘銘曰穹者高岡尊者謙光其人其岡若之何而忘小姪嶸頓首拜撰

先妣萬孺人墓記 九世

嗚呼吾母之殁已十七年矣不孝恂欲乞言於名公大人以垂不朽而衰年貧病遷延至今誠重其事也不孝年八十且晚就木則吾母之懿行勿傳終天之恨曷其有極因揮淚搦管略述一二以記諸墓使子孫得以考焉吾母姓萬氏荆溪禮部尚書謚文恭女孫光祿寺監寺靡庵公女文恭公受業於襄文公與曾大父重庵公同研席相善既以女配襄文公子太常公是謂萬恭人又以女孫配履薄府君郎先妣也先妣年十七于歸善事翁姑最得大母華孺人懽心王父震庵公捐館家業分晰多窮厚薄未嘗出一言勤勞工織一切中饋事必躬必親朝夕不

離大母左右每食先進大母大母於哀痛之餘得吾母差慰荆溪親戚來候恭人者絡繹不絕恭人之親戚即吾母之親戚也設席治饌每盛於恭人家生平寧自儉不以儉待人寧自處於不足而喜人之有餘或有貸於人未嘗不償人或有貸未嘗責償性固然也每時物出荆溪所未有者輒買送外大母孝於姑又孝於母如此萬恭人喜曰不愧文恭公家範矣延師課子供膳治具不遺餘力府君好客客至酒食精腆必盡懽而去府君有姊嫁於吳早寡而無子每月必延歸相與流連慰勞撫嗣甥吳岛養不異已子兩姪女一適吳允迪一適黃襄白失恃後朝夕依吾母吾母撫之踰於已出族兄士奎與府君同學士奎早亡撫其孤振芳振芳得以肆力於學庠貢爲太倉學博光祿左丞賢俤弟已聘其女惠賢暴亡以少妾起獄訟有謂宜悔盟者吾母與府君皆以爲不可迨俤弟畢姻在產業蕩盡其女隻身來歸吾母憐之不以爲憾也明於大義又如此母嫂賀太孺人暨路安人尤重吾母賀孺人數日不見即迎母歸同牀夜話達旦不休時年已八十皓首快談人爭羨之兩姨憐吾母貧有所饋遺吾母度可受者受之不當受者不受也辛酉壬戌間恂與仲弟恭遊庠試輒前茅吾母輒色喜望甚殷及屢試屢蹶知數奇不偶抑抑者數年迨甲乙之變恂棄貢不就試母聞之喜曰棄之誠是也嗚呼不孝恂博一已高尚之名拂老親顯揚之

望罪通天矣府君不事家人生產兒女婚嫁後家業日落三子皆貧恂尤甚假使力能養母不致勞瘁則年猶可望百蓋母之精神強固年八十五猶於宇晟姪處竟夜觀劇無倦容無蹇步暇日紡績無間寒暑見地上塵垢輒自灑埽間有小疾未嘗服藥曰誤服反有損不如勿藥也然竟以不起痛哉先是已亥秋恂婦吳氏病亡母哭之慟曰慈孝者先亡也時恂年六十矣與母同寢室晨夕知起居安否夜則命肩兒侍寢如是者未及五年母竟棄我長逝嗚呼痛哉母生於萬歷戊寅九月四日卒於癸卯二月十三日享年八十有六生三子長即獻恂郡庠生娶吳氏次獻恭邑庠生娶楊氏次獻俤娶左氏女三長適宜興太

學生吳洪綱次適郡庠生蔣拱辰次適郡庠生惲鵬士孫男五字肩娶卜氏獻恂出字福娶薛氏獻恭出字敦娶杭氏字京娶徐氏字春娶楊氏獻悌出孫女七人獻恂出者四獻恭出者一獻悌出者二曾孫男共十人曾孫女共九人葬於癸卯年十月十九日與府君同穴西橫林之兆不孝恂於生事死葬之禮深有愧焉嗚呼痛哉不孝男獻恂泣血百拜謹述時年八十

明故進士止庵唐君墓誌銘 十世

止庵唐君荊川先生之重姪孫也予昔與荊川爲道義交則已識君而心敬之嘉靖己酉君發解南畿鑑兒幸與同舉凡舊舉子與計偕郡縣例有夫銀爲贐新舉則否或諷君請於監司亦可得君獨不欲以始進瀆其防予聞而加重焉自是予父子以年誼契益深逮乙丑鑑兒又附甲榜竊喜君遂當攄所蘊蓄以建立清時彪炳卓犖偉然爲　國朝名臣詎意未服官政以丙艱歸逾年抱疾卒將卜葬子德明持姻友王君所爲狀請誌諸墓嗟乎以君之造詣如是而天不假年不獲見君所大就惜哉又烏忍不爲君誌哉按狀唐氏武進宦族自封大理寺副誠再

傳生給事中世良又三傳生沂州學正輔學正生克庵公音合雜澤癸陳孺人生君諱一麐字仁甫號止庵君幼端重不與常兒伍稟穎悟過人始隨克庵公見魏莊渠先生開萬物一體之說猛然警省時年十四銳志欲學聖人而先生稱之後師事荊川先生日聞性命之奧經濟之畧相與上下共議論而先生尤加器重君之學淵源有自又志堅思苦務於深造故六經子史能博極周浹惟學識其大而不徒空言故礪行飭躬敦尙孝友處家儉約守先世儒素之風而於義利之防介然不敢自苟克菴公嚴毅清介君善承厥志時與辦事或有失則諷之咸得其懽心其令雜澤也每取給於家君黽勉有無應之罔拂其意以

助成清方之操壬子會試便道隨父朝京克庵公以疾卒於旅邸上官惜公廉吏多所賻贈君一不取而棺斂悉力營辦既晝夜哀毁復阻於河道湮塞乃興櫬陸走間關千里艱辛備嘗陳孺人嘗有疾不遠數百里迎醫調治湯藥親嘗寢不解帶母憐其弱命之少休不敢懈甲子秋當北上念孺人疾不欲遠離孺人固遣之不得已從命途値嚴冬憂母轉切貽書囑其弟奉事惟謹入試感寒幾欲廢卷以禄養在念勉俯力疾終場及登第當道勸赴館選君謝之惟覬得官於南以便養親而已兄弟四人平居卒以禮法有難則保翼不遺餘力教其季一鳳恩義兼至爲給供費克庵公未始知之父殁析産自念稍有成立固推

所有以益孳弟業師邱思庵君卒於官貧不能歸君下第時特枉道捐貲扶其櫬以還又述其行義於上司得祠於名宦親友凡貧而有行者多量力爲之賑貸君於財義所當予卽無所靳不當取眞若有浼而不屑焉宜興尹九難王君以君僑居欲贈以長夫固郤不受爲舉子十八年未嘗私謁公門比後君僑居憂司年謝省庵黄後山二君令於武進宜興雅與君厚每有咨訪多以利病關一邑者告之事干詞訟雖問不答蓋君力學慕古勤法前哲故行義大節卓然可述至爲文則宗韓柳應試諸作亦寓古法間傳以時格主司得之擢冠多士會試不與魁選識者猶以爲憾云嗟乎止庵可謂文行交修之君子已胡畀之厚而嗇其壽耶君體素羸自扶克庵公柩歸瘁於行役遂成痼疾後歸奔母喪又以哀毁中嘗葬過勞病復作勢已漸進丙寅春洪中丞芳洲公屬校荆川雜編卷帙浩瀚窮日夜參閱竄改自謂方當用世不憚習勞至觸暑弗止迨秋逾冬病日益深竟勿可藥矣是宜知君者論其才識强毅以未及究所設施見於經遠爲可痛悼艮不誣也予則謂君有可自慰者焉夫自一體之學不明於世固有以外物爲得喪莫能取必於己以異形爲忻戚不免有間於人豈知備厥萬有何假建立而後裕如千古一息凡所能爲莫不自我君旣明乎萬物一體也已見道於生存則雖未究於用亦奚憾於不齊之遇也耶君生于嘉靖癸未卒于

隆慶丁卯享年四十有五配儲氏子一德明娶陳氏女四適白紹先曹司政蔣紹美賀學古葬于宜興遺踪之原銘曰質直敦厚斂華若虛行非不篤而文則荒玉珮瓊琚大放厥詞文非不工而行則劣信二者之相兼雖自古而難得於休止庵靡美而潛亦既施於家矣而行實孚於孝廉亦既揚於　國矣而文未展乎鳳翰以茲阻於遠到遇若可憾而道則不然孰彼孰己孰後孰先吾惟明其廓然者以實身其間是謂合萬爲一而齊同物我相忘乎得喪存順而殁寧焉者歟於休止庵裕後而光前雖沒不朽我銘君阡

賜進士出身奉政大夫廣東按察司僉事前南京兵部郎中致

仕年家仲山王開撰

明故太學生君俞唐先生墓誌銘 十世

自予以中表世講獲侍君俞先生而信貞觀後重制科之失天下士也夫士躡屩入棘操不律銓聖喆微言次亦衡量古今緣此習軍國務何可謂此中無人郎瀏君俞先生而上黃門郡伯中丞太常以迨尊翁太史公下則孔明兄弟詎非此中人疑淡壁數行耑爲唐氏設而予竊有進也與唐氏數公同升者曲江遊宴追隨幾何而數公獨張目論事退而堅卧楡里或以時艱起輙引宮府營壘若身事否則講筵史局卓有殊詣何磊落多偉丈夫哉蓋執此相繩而列其中者且不敢望唐氏踵肸況肩臂乎天於是特屈一君俞先生以明一家之無全盛又特縱一

君俞先生之才以明制科之不足珍而風流文藻至性卓識自有區域與此事無涉先生諱獻可其書幅署名直曰可別號醉翁然自江南以迄海內凡胸中有一點墨瀋耳中有先輩姓字日中有煙嵐樹靄篆籀鼎釜形者無不字而頌之曰君俞君俞雖林貴人聞聲企慕且謂俞君何代人居何地可梯航謁否又所履職必極華要差不負玄賞而不知先生特常郡武進人以太學生老耳初中丞郎世太常以巍科起家萬太君選宗伯文恭家訓佐太常秖職京邸先生適以是時生生時三秀莖來來階側甫六齡壬午太史完初公舉於鄉是時海內承平久京邸風物熙阜執樞要者皆吾吳產向小挫於江陵分宜者無不騰

躍而上羣飛刺天太常益矯矯冷署太史入館遽殁先生穎於
姿而婉篤善迎大父母指撝管爲制藝盡嘖嘖完初公有子太
常凝庵公有孫駿駿度越中丞荆川公而前矣千秋格調後先
經孫宗伯洪澳許相國潁陽知晚近紈綺乳雛文不諳村學究
紙上唾當事強爲書名鬻版採掇堪滿牘且升之天府先生於
此復何有而學使者以朝局心嗛太常不難舉郡邑首簡士驟
抑之先生翱翔六館不可覊束俛仰四十年金臺桃葉吳閶廣
陵三泖六橋間我冠鉅公岸幘文士下逮名娼狎客白團練裙
乘間乞索無不意滿而九莊事者太常石交管東溟先生太史
蘭谿董思白先生輩至其所自許可吳門陳古白同里鄒臣虎

而外固無多昵好耳唐旣世族常爲通衢擅行集蟻高才致役
香山磁斗糊械方損買山之具而意所睠屬尤在媚黨又太常
介立太君慈敏調劑其間適得平愜至二老旣逝身肩重務左
支右吾於逋縶費重之後雖先生通才肆應不過破擊鉢咏倒
薤書斧劈點苦之片刻而囊篋已中耗形神亦漸憊矣屢試留
都落落不售己酉乙卯皆僥得而復失之卯試知己郎兆質公
相國罄味之合其可誣乎大抵先生大節在追慕盡哀色養盡
孝祠五世祖盡敬爲大父母觴祝卜兆不惜千金至爲中丞鄘
典則又倍之其微瑣則潛置二十金牀頭以釋友誣謝逋家李
淮撫招以全介性出眞定窑鼎售人自留贋者以明然諾其他

懿行不克枚舉脫棲桃溪山中課禽魚弄翰墨藝花果間按譜
授雛女子新聲聊以遣胸次磊磈非其志也詩自眉山漸近輞
川書法米襄陽畫在董巨黃倪間臨終朗吟而瞑先一夕有還
生臺之夢誰知大還之證不還蓋脫穢合漠幾於道矣先生生
萬歷丁丑閏八月二十九日卒崇禎辛未九月十七日得年五
十有五配賀孺人觀察淡庵公女子三宇昭丙子舉人娶于宇
昰己卯舉人娶許宇全恩貢生娶吳女三適蘭溪知縣陶元祐
太常典簿吳任思庠生史觀孫八子光庠生于昰于景于辰于
昌于旦于是于昱孫女七婚聘皆士族宇昭兄弟卽世所稱孔
明茂宏人玉以博雅醇摯似先生者也匍匐顧予田間徵先生

銘石予因語孔明兄弟倘祇論科目則予與君伯仲皆忝附前
人惟論科目以上事計伯仲所以步先人與不肖所以步先刑
部育我府君者永懷方始耳所著已鐫者桐花集碧風集秦淮
集挾仙集雀門集行行集鶡樹集桃谿集餘片箋寸素秘笥中
與流布人間者甚衆銘曰疇顚而嗟廼劇厥牙疇燒而珈廼笑
厥車疇辨而葩廼覆厥璣於戲先生發膝折衡韜鍔不加俾邇
者獲父道者赴家而特挾其超然者以傲猿鶴而閱蟲沙顚書
癡繪雷琴羽茶此緖餘耳曾何足誇先生往矣流徽映霞千祀
下過隴樹而撫之者能無推爲瀛士之陳墓而墮淚之羊碑也
耶

賜進士出身原任知開封府愚表姪薛寀頓首拜撰

唐氏家乘 卷八 誌銘 三十四

唐冢孫婦賀氏墓誌銘 十世

嘉靖中先君子荆川翁設教於荆谿遊塘間聰敏好學之士響應雲集其以夙慧稱者四人雲間富仲恒于德錫山徐子初大復皆蚤夭雲陽賀道卿邦泰余姪孫一麐先君子尤屬意焉皆成進士道卿官至觀察使壽幾七秩丈夫子七人女七人所享特厚每閒念先君子玉成之誼輒思以其女嬪吾門以爲報時余家三世單傳岌岌乎危之亦思沾其廣嗣之風顧先君子生余甚晚與道卿年不相當子女先後相懸以爲無由繫援矣旣而天作之合道卿老復舉一女遂以字余孫獻可道卿幾及見其有家室喜可知也孫婦年十五歸吾門時余室萬恭人子婦蔣孺人皆無恙而性頗不同萬恭人喜周旋親族終日不厭蔣孺人喜深居密處終歲不一二出閫閾孫婦兩得其意皆稱之曰賢恭人於所愛簪飾時解與之蔣孺人至親爲之膏沐蓋孫婦善迎人意而曲中之類如此故家人上下咸屬遠近罔弗宜之一切家庭煩瑣上不以干其姑外不以干其夫裕如也三四年間連舉三子余喜甚疑廣嗣眞有種也皆以痘殀又疑余家艱嗣之風未殄耶旣而六孕子女各半皆成立竟以廣嗣爲實然孫婦猶以爲未也時覔婢飾之以進於夫昨年秋爲余八秩之誕其長女已嫁長子可婚矣孫婦卜吉於余誕前二日爲八月三日適値其嘗年于歸之辰親母又其同胞姊也逎請婚於

唐氏家乘 卷八 誌銘 三十五

姊擬持一觴爲余祝姑拜於前婦拜於後以彰盛事豈非子婦孝敬一念之大快老人賞心之眞樂乎媒妁請之兒銳遄往請之孫婦身請之雖未得周於老人情慇至矣今年春旱于歸方將姑率其婦潔滌瀡以供老人匕箸不意兩月而病作其年未艾一病輒不起傷哉豈數不可逃耶於時萬恭人蔣孺人已前後物故內政方倚辦於孫婦居常少兒幼女稚婦弱婢蒞親近戚皆若自生自長無所藉於孫婦者既屬纊百事瓦裂米鹽鍼線一切索之其夫夫那知也啼饑號寒無爲之恤者其他須歷練待約束者又無所稟承也其夫曰吾今始知吾婦之賢吾婦之才吾婦之有大德於我也哭之輒殞其子女曰吾今始知不

可跬步離吾母也不衣而溫不食而飽今乞之無從得已諸親戚皆曰孺人之存斗粟尺帛如取如攜今亡矣吾何待以舉火諸臧獲則曰吾母之存裘領網綱可振可張今莫適爲主奈何哉則知孫婦之存歿舉家之得失繫之蓋非特情之休戚已矣可悲也孫婦素不談佛臨終十日令女奴來謁曰孫婦儻微太翁之靈獲再生且學爲比丘尼已可毋責以人間事乎諸無所需惟乞一席地結一團標耳余唯之以爲喜自此於諸子女若無繫戀於家務一無所囑惟請身後以素供完初念爾一段虛閒景像卽素力於經懺者或不能然也唐之世系詳於譜間於世諸不更紀紀其生卒大畧以示子孫云婦生于萬歷己卯五月十六日未時卒於萬歷戊午六月廿日酉時享年四十生子三長宇昭邑庠生娶金壇郡庠生修甫于公玉全女次宇量未聘次宇參聘太學生貺所吳公襄女卽余同年友復庵公孫女也女三長適溧陽福建邵武府知府匏宇陶公人羣子康祐次適右春坊右中允去閶吳公宗達子邑庠生任思次納溧陽中書舍人容城史公致蕃子萬化聘余孫獻可將以是年十月二十九日祔葬於陳渡先府君中丞先慈莊恭人之右不及請銘於當世之賢士大夫老人不忍其泯泯因爲之銘銘曰吾有賢婦克媚我壯何以旌之曰肩其傍

萬歷戊午十月八十一老人祖翁凝庵書

唐母嚴太孺人墓誌銘 十世

甲申予令武雷霆風雨驅馳食息又何暇悉幽隱貞淑事迨下車戴笠扁舟江上始獲與唐子滋九相得甚驩遂抽彤管補母壽詩丙申予客武亟叩唐子之廬意中作登堂拜母計一舉首而訃狀已挂門矣遂束生芻補母哀輓唐子哭謂予曰子屬通家好且闡幽表微令職也令雖去補詩補輓曷不爲不孝撰一銘乎予弗克謝謹按母行略云唐故世族荊川公以來名賢輩出指不勝屈滋九爲南漠公後聚予公之孤也聚予公一經半生七篇午夜得天不永一秋二喪祖孫相繼時滋九甫四齡耳母以盛年上奉姑嫜旁支門戶栗栗孤危履冰不啻也亟爲子

擇明師延良友烹雌釃酒綽有剉薦鬻髮風顧恩勤以保此孤猶虞不測忽一日未旦其從叔夫婦操斧劈門將得孺子而甘心焉母起蓐中抱孤子潛從別門出控之族人始獲免既而流離竄伏備諸艱辛凌暴狎至母智勇兼備處之裕如其方畧權變每多定識先事能防臨事能籌指畫所及利害井井後驗如操左券卹下嚴明臧獲不敢欺計母春秋七十有七爲婦而兼子職爲母而兼父職者歷四十四年滋九之身母存之滋九之學母教之滋九世推國士而孤栖恬淡身隱焉文願爲孝子不願爲名臣滋九之志母贊之滋九以四歲遺孤今與子若孫尤大詩書之澤肩荷南漠公以來之文物母留之予仰毋之大有造於唐也因念婦道臣道一也家有艱貞之婦國有志義之臣亦一也雖然家國云幸未可謂其人之幸每見披髮行吟而不得欣荷天日篝燈恤緯而不得歌歔春風其閒幽囚憔悴而死者什之九竭蹶終事可告無罪於先人者什不得一二茲母大幸矣由前以觀母孱怯孤嫠引四歲之伏雛拮据於霜天淡月之下一含辛集蓼之母也由後以觀母鶴齡華髮督繩繩之孫子指畫於晨飧夕釭之庭一貽謀燕翼之母也母茲大幸也松柏不腐於冬智勇能出乎險漏天五色繫鼎一絲滋九可毋哭也令雖去有對母而掩袂自泣者矣按行略母嚴氏父心初諱師逵暨江名士司訓姑蘇其先有志道先生諱立御史諱萱祀

鄉賢先賢母年十八歸唐先產女四俱適名族後生滋九命名振芳年甫十五應郡邑試卽以首名入泮癸酉副中癸巳應貢入都郎歸侍母孫元瀫元溯元泓元濬元潪曾孫初楣初楹初檠等娶聘皆名門乙未仲冬母偶不適卧時兩孫以諸生就試江陰甫從牀牀間叮嚀祖道踰日竟奄逝於戊戌十二月十六日與聚予公合厝洪地次穆穴焉銘曰八世代傳機絲以續萬卷寒香庭梅同馥唐氏中興子孫衍福塚築麒麟鴻功首錄

賜進士第文林郎原任武進縣令年家晚生沈捷頓首拜撰

潔庵先生墓誌銘 十止

潔庵先生姓唐氏名獻恂字君知常州武進人潔庵其晚年自號也高祖諱瑞正德庚午鄉貢進士官湖廣永州太守曾祖諱正之英姿篤學有聲膠庠爲右僉都御史襄文公介弟襄文公創天下所稱爲荆川先生者也祖太學生諱魁徵父文學君諱儆清先生其長子云唐氏以文章行誼推海內郎甲第蟬聯亦逾二百年矣先生生於名家刻克志學其於文事眞積力久精詣日上而連不得志於有司顧志益奮弗少挫迨更世變當以明經入貢先生則慨然棄去之先是南都再建有故舊踞要津欲爲先生援引則立可登仕籍而先生竟謝之先生以文鳴於

時既困名場有欲物色鉤致之者先生亦避弗應其志操如此至是客有謂其棄去不當者先生笑曰吾道固如是也吾豈以今日茸蒨一官有累吾素耶先生潛隱園巷和光玩世絕不爲崖岸而遇有不可則危言觸諱無所顧嘗訾時事忤貴要聞者咋舌而先生意氣自如晚年家日益落元配吳碩人歿幾不能具棺殮而平時刻厲自守絕不染世資頗時從少年遊戲蒱博得失一笑而已人益高之先生寄託高邁不爲鄉里曲謹似古通隱者流至其植節艱苦內行醇備生平大節毫釐不假則又有古獨行君子之風焉人固未易知也年將五十繞舉一子名之曰宇肩家貧不能延師乃自教之旣成立克修父業隱居養志先生益自得年八十六有疾宇肩蹝而進藥先生麾御弗欲曰吾豈以八十有六餘生尚欲借此以延旦夕之命耶吾食餼二十年棄明經之選欲無隕吾祖父家聲亦欲無慙吾師勿齋徐夫子之門也吾死木主可題曰隱士言已而卒先生蓋少執經於先文靖公云先生好遠遊嘗減產趣裝溯大江而西歷豫章諸勝又南渡錢塘北過大河遊漳郡涉淇水拜比干之墓徘徊於孔子擊磬處而弔故蕃之遺宮爲之出涕又嘗游金華入一山洞當其阨塞至昇版燃燭偃卧捫摸弗爲阻宿智者寺脩然有塵外意而必詢士人以先時江東戰守狀噫有以也先生一子郎宇肩娶卜氏四女皆適士族四孫同庚同仁同倫同書

女孫一先生卒時爲乙丑七月二十日逾月而合葬吳碩人之兆爲先塋之昭位焉宇肩以遺命來請銘銘曰不羇不帶似古通隱不夷不惠爲古獨行義熙人物歷四十年其志弗隕傺然長往郤藥不御以終吾先生之隱遁家世弟秦餘山人俟齋徐枋撰

潔庵唐先生墓誌銘書後

先生歿將葬子宇肩匍匐數百里深入乎秦餘山以乞銘於崇禎壬午孝廉俟齋徐先生成父志也世人卑辭厚幣乞俟齋一言而不可得宇肩一見而諾不日而竟銘之何以得此於俟齋也哉蓋兩先生之跡雖疏而心則有深契也潔庵少從俟齋先

人文靖公遊其終隱不仕即所以報其師故非俟齋不可銘俟齋之銘固以報潔菴即所以報其父故於潔庵不可不銘雖然銘者千秋之鑒存焉并不必有夙昔之交也潔庵之生垂九十年一以直道行之往往周人之急不見德唾人之面不見怨見德者其恩必私見怨者其言必刻均非直也至人之德與怨兩忘而直道乃益著由是言之潔庵屬銘於俟齋與俟齋之爲潔庵銘夫豈有私好也哉亦各行其直而已矣潔庵平生之交指不多屈既往則有故大令李霜回民部蔡紫楓黄門濟歸和尚而布衣垂老與共晨夕者則有澄江黄蓉峯荆溪邵毖民同里白宜庵皆古之遺直也璿以中表世誼得先生忘年下交亦忝

金蘭之末先生瀕危取晉處士之義命以隱士書其主而屬璿題之嗚呼璿奚足爲先生重哉獨念先生達於死生處身後事無弗井井殁之日強起沐浴猶且悠游賦詩云八十六年寄蹟七朝草野遺民世事滄桑歴遍一生落落無成只有肝腸如雪此中可對人神屈指古來眉壽幾人能到百齡詩成啜茗揮扇怡然以逝嗚呼非先生識力素定能如是乎聞之者稱其守正全歸至死不變雖曾氏子之啟手啟足易簀而斃亦不是過故讀俟齋之銘重有感焉遂書數言於後同里小弟楊璿識

潔庵唐先生墓碣碣陰 十世

往余應毘陵駱郡伯之聘寓郡南小悉園一時郡中諸名賢多過我者而潔菴先生過我尤勤論古談心晨夕晤對瀕別繾綣別後見懷十餘年來書問頻寄不絕緇衣篤好有不可得而形容之者余不知何以得此於翁身非木石何敢一日而忘翁耶客春邵子幼節寄音於余俾爲文以壽翁今夏楊子雪臣報訃於余俾爲文以傳翁邵子稱翁貧而介隱德操居恒不求人知楊子稱翁坦率諒易任眞而行不愧三代遺直余未見翁誌銘行實不詳翁之生平而二子皆天下士也其所推許當不誣則翁之爲人從可知矣蓋翁爲荆川公從孫凝庵公從子家學

淵源有自其立身有本末不墜家聲有以也夫余感翁惓惓雅誼故因二子之請遥題翁墓而識其由於碣之陰二曲土室病夫李顒識

封安人亡室華氏墓誌銘十世

華氏者唐士𨱐妻也年十五而嫁二十七而夫成進士三十二而夫爲禮部主事敕封安人四十三而卒庚寅十月十二日也父曰備涫張公母曰華孺人然則安人固華甥也曷言乎華氏也唐子曰嗚呼此余於潘安人重有知己之感也潘安人者孝廉震川先生之女湖州二守完冲華公之配福建布政司理問念完公之嗣母先是完冲公以仲孫女字余不幸女殤潘安人曰此子也進未可量不華婿令他婿乎命安人父其舅念完公母其舅姆楊孺人締婚媾如初於是安人遂稱華氏故余論內黨之戚亦止於華而不計其他所以承潘安人之意示不敢二

也亡何潘安人與完冲公相繼謝世不能終奩具襦帨之事念完公向平多累又家難未堪親疏厚薄之間恒情未免介介安人處之若忘無幾微見於言面終其身歲時饋問於嗣父母不少衰於所生不加篤也當安人之于歸也齒未弱輒端重如壯士吾母張太安人嚴謹齋肅家嗃毋嘻安人事必稟承雖米鹽瑣屑無有敢自耑者性簡澹不務華飾從於宦者數年服御悉如其舊平居食不兼肉終日周旋不踰閫閾醯醬鹽豉澼絖紡績常自操作爲女奴先子女皆自乳其儉勤大率如是庚辰春吾母渡江涉淮沂黃河而西者二千里抵宋不半載而荒疫薦至流土交訌余以一書生爲九屬長拮据綢繆日不暇給且以閨門婺首多內顧憂安人曰有命在子其勉之閩儀氏有相食者瞿然改容即日屏肉食不御迄於今長齋十有一年非佞佛也非求福也特迫於不忍人之心不容自已也辛巳 予告歸田安人爲余手調藥餌或夜分就寢或未明求衣積旬累月無倦色乙酉遘病瀕危復甦從此塵念頓空併與余割牀第之愛矣是年爲長兒娶婦閱四載舉三孫安人喜溢眉宇方思白首與偕稱天倫樂事且自恃精力健旺每暑月猶沐浴當風余危言止之不信詎意寒入膏肓百藥罔效竟至是哉嗚呼安人婦於余者二十九年前此爲諸生婦無論已緬思旣貴而後曾見其出入擁蓋使粉白黛綠者列隊而前以示炫燿乎曾見其

假髻侈袖明璫錦袿鈿金纍然飾容止以媚笑語乎曾見其較盈縮權子母遣二三蒼頭呼吸市井競錐刀之利乎曾伺余耳目所不覺而陰受一緡爲私財私蓄計乎曾欺以其方悅以非道而蠅營牝晨羅織其休乎此皆習聞習見不斥以爲非者而安人無一於是是安人之於婦道於妻道洵不可多得矣乃天不慭留蚤奪之年以死嗚呼其可哀也已死之前十日夢兩青衣導而前見有牆巍然大書阿彌陀佛四字且告之曰汝旣持齋還須念佛安人於是日夜嘿誦佛號無一語及他嗚呼是可以知安人矣安人生于萬歷戊申年九月二十日蓋一乳二女安人其次也子二長宏穀邑庠生娶秦氏次旋穀聘王氏女一

宇郡庠生陳禮祉孫男三長茂淵次茂濟次茂澂俱充穀出今
奉吾母太安人命葬於雄塘山新阡以期迫不及乞言於名公
鉅卿而余又茹痛不能詳不能文也聊述其生平梗概勒石壙
中俾吾子孫異日有所考焉因系之銘銘曰易戒攸遂詩愼非
儀無成代終地道乃宜於惟安人庶無愧詞胡奪之速倏爾相
離今雖爭離殁共汝居爲修爲短日昃必西幽宮永閟千秋是
依夫士巏撰

先大父紹鑑公暨妣廉太孺人墓誌銘 十五世

咸豐庚申粵逆南竄先府君見勢孔棘欲奉先大母廉太孺人
徙鄉以避太孺人義不苟免決不可先府君不獲已乃獨遣不
孝一人出以存宗祧而自率先母張孺人及幼弟錫福奉廉太
孺人以家居城陷合門殉焉亂平之二年有姻戚自賊中脫歸
者始詢得太孺人以下殉節狀不孝先具櫬爲太孺人招魂合
窆於惠山新開河先大父紹鑑公之兆無力乞銘於當代鉅公
而深懼公與太孺人高風勁節奄忽無聞乃泣血以誌之謹按
公諱秀林字紹鑑姓唐氏系出宋翰林院檢討華甫公六世孫
明右僉都御史襄文公季弟太學生歉庵公後世籍毘陵五世

祖玉嵠公諱獻赤自毘陵遷邑之靖海門高祖康侯公諱宇鶼
曾祖季明公諱士禹祖諱錦龍公父諱肇基公母史太孺人生
二子長茂林公公其次也公性純孝事父肇基公母史太孺人
能以色養疾疴庭戶數十年如一日事兄茂林公以敬一出入
必咨白既長廉隅自砥嚴取與一介不苟或以急告則力赴援
之雖所費不貲不吝也里黨以是咸敬服公公以道光己亥卒
不孝以道光丁未生不及見公之行事其梗概則聞之廉太孺
人云太孺人姓廉氏年十九歸於公佐公治家政百廢具舉能
得翁姑歡針黹之餘兼課紡績暮歲猶然先府君恐太孺人過
勞以爲言太孺人則曰昔敬姜晝績孔子韙之今吾家不如季

氏子不逮文伯敢含績以嬉乎其勤苦自勵類如此尤好談古來忠孝及義俠事暇時輒以訓子女至老不衰不孝幼時侍太孺人几杖猶時時聞之蓋中心所結沒齒難忘此庚申之變所由必以身殉而確乎不可拔者也公生以乾隆三十七年壬辰十月初四日卒以道光十九年己亥九月十四日享年六十有八太孺人生以乾隆四十二年丁酉九月初二日卒以咸豐十年庚申四月初十日享年八十有四子四人長廉源次慶源次文源郎先府君次武源女一人適沈孫男二人長錫晉次錫福孫女四人長字沈未嫁守貞次適秦次適淩次適倪銘曰

吾祖之孝追蹤哀祥吾祖之介抗衡隨光吾妣之賢舉案相莊

吾妣之節投崖齊芳傳家清白教子義方貽我孫謀明德馨香

龍山纍纍蓉湖湯湯於焉卜兆終然允臧

同治五年歲次丙寅十二月不孝承重孫錫晉稽顙謹誌世再姪吳祥霖頓首拜填諱

贈修職郎候選教諭問苑唐君暨張孺人墓誌銘 十六世

粵寇之變大江以南名家巨族遷徙流離死亡枕藉或迫不及避邂逅鋒鏑倉猝捐軀乃亦不可紀數甲子冬官軍克無錫大吏招集流亡稍稍復其故土而城廂內外收殘骸於頹垣廢址之間或并杳無踪兆僅得招魂歸葬哭聲震日夜慘不忍聞丙寅十二月二十四日唐君桐卿因伊戚有自賊中脫歸者始訪得其祖母廉太孺人與其母張孺人遺蛻於井中於是先奉其祖母之喪合窆於其祖紹鑑公之兆而復具衣冠爲其父問苑君招魂與張孺人合葬於紹鑑公塋之昭列子挺生耐有司列其事以聞得

旨旌表入祀忠節祠桐卿復請諸學官補行丁憂服斬衰三年毀瘠如初喪既恪既誠哀禮兼盡乃屬其友人唐彬爲文誌其墓大節昭昭天人相許彬雖不文其奚敢辭謹按君諱文源字問苑無錫唐氏系出明右副都御史襄文公諱順之之弟附監生歎菴公諱立之之後六世祖玉谿公諱獻赤始由郡城徙邑之靖海門世以居積致富君既少席豐腴慷慨自將一不問家人生產視人世碌碌皆無足措意以是家中落然天性孝謹自以爲事父日淺終身抱憾故事其母廉太孺人聽於無聲視於無形昕夕問視恪謹有加張孺人性尤純摯經營甘旨黽勉有無克稱厥職時太孺人年逾七旬起居寒煖時其候以爲進退

不失尺寸咸豐之初君以家計日絀乃徙居大婁巷入市肆逐什一以佐日用然賑困乏急患難有告者無不應鄰有周姓嫗死無以殯君傾囊周之無少吝蓋君意氣豪爽見義必爲殆出生性不以豐嗇而少異也唐氏爲邑著姓以廉著起家累葉儒術而敦尙樸儉獨君與族兄懋勲篤氣誼務施濟以好善聞鄉里而兩家子姓亦遂得以讀書發聞著聲庠序後起彬彬蒸然向學積善之慶庶幾未艾君生以嘉慶丁卯九月二十日咸豐十年城破殉節張孺人生以道光甲戌五月二十日與君同日殉方賊之初圍城也君知事不濟乃命桐卿先出將覓地奉其母挈家以避太孺人不可君強之太孺人乃曰賊氛四擾去將

安之唐氏名門義不可辱死復何言賊至乃自投其家井中張孺人挈幼子挺生從焉君遂號泣自盡時四月初十日也嗚呼臨難而不求苟免君殆所謂知命者耶子男二人長錫晉郎桐卿也以恩貢生就職教諭壬午科考取國史館謄錄次挺生從君殉難者也女四人長字沈未嫁守貞被

旌次適秦次適淩次適倪孫男一人宗傑女四人銘曰

舉世趨利人謀自䀹唐君卓卓獨習是袪舉世事親日礴於薄嬌嬌唐君實遺其俗蘊此懿美履道宜亨昊天不弔乃蹇其身其身雖蹇其澤孔長睆彼後起接武馨香亦有賢昆儷美予季濯濯孫枝交柯連理衣冠翼翼精氣所融祔以淑配秀杰斯鍾君子之宮神龜契吉銘以詔之永永無極

光緒八年歲在壬午季冬穀旦世愚姪席彬頓首拜撰

國子生候選詹事府主簿心齋從兄墓誌銘 十七世

丙戌夏六月十有四日喪我從兄心齋時晉方患末疾足不任地者九閱月矣不能往哭思哀次其行事以塞余哀而興念我兄盛德年甫逾艾而奄忽齎志以殁輒悲從中來不能成一字既恐感傷益疾亦姑俟諸異日矣次年冬十有二月之二日又喪我從嫂龔孺人從姪永鎮奉柩合窆於龍山送子殿北之新阡而以誌墓請適晉將之任涟東倉卒未果壬辰春假歸省墓與永鎮晤於舟次皇然愧曩言之未踐也歸途乃追述從兄言行梗概郵寄永鎮以誌墓道焉按兄諱誠培字心齋國子生候選詹事府主簿景溪從父之第四子也性懇摯遇事務求其實

少讀書於句讀訓詁硜硜詰問必了然於心而後已稍長棄而賈暇則仍手一卷雖同輩姍笑不顧也喜讀先正格言讀必擇其最切身心者摘書之以置座右又精賞鑒好藏法書名畫及古磁銅得間則摩抄拂拭郎嚴寒溽暑無倦容晉嘗見而諷之謂兄何自苦乃爾兄曰吾豈癖此而爲之吾以養吾心也夫人日入廛肆營營於權子母逐什一百念戰於中萬緣叢於外其心亦既苦矣吾持格言以怵之於先使吾心不敢有所肆持古玩以怡之於後使吾心不復有所營凡此皆養吾心也此可想見兄之所得矣事父景溪翁母萬太恭人以孝晨昏定省間雖年逾强壯猶依依如嬰兒癸酉秋景溪翁卒哀毁逾禮服闋猶嘻淚嘗搏土作遺像外飾金采供之以龕寒暑易衣飲食必祝製聯云木仲禽父觀橋意聊致丁蘭刻木情歷十五年如一日尤人所難也處兄弟怡怡無間言尤殷殷於敬宗收族當姑景溪翁喪時兄弟於苫塊中思所以繼述先人者既議悉翁餘貲建宗祠於惠山寺塘涇岸　又捐田四十六畝有奇爲建置義田之倡而於輯家乘一事尤盡心焉憶乙丑冬晉補博士弟子景溪翁置酒招之兄於席間出所次玉裔公遷錫以後世表相與興議輯修而吾族各支經亂散處四方不能遽集丁丑戊寅間偕晉四出采訪凡毗陵遷錫各支無不爲之拭木主搜文篋參互考訂譜其所可據闕其所不知繕寫成帙而玉裔公後

仲明公一支徙居吳江無所考兄又買舟獨赴吳江尋訪半月乃已兄之處事務求其實類如此而毗陵宗譜之成則在丙戌之冬兄已不及見吁是可悲已兄生以道光十有一年辛卯七月十有八日距其卒也得年五十有六嫂生以道光十有三年癸巳五月十有三日距其卒也得年五十有五子三長郎永鎮次德鎮次華鎮德鎮出嗣泰培孫二政彝永鎮出銘彝德鎮出銘曰兄之孝兮丁蘭刻木兄之友兮元宗義竹親九族兮九族睦潤三黨兮三黨足秦時銅漢時玉右軍書數行右丞畫幾幅非玩物而沈酣乃游心於物穆宜慶之延胡奪之速蓉湖千龍山麓山迴水抱佳城卜我銘其幽綏後祿

光緒十有八年歲次壬辰夏四月從弟錫晉頓首拜撰

唐氏家乘　卷八　誌銘　四十

國子生竹山從兄墓誌銘 十七世

癸未秋九月既喪我從姪敬臣竹山從兄哭之哀嘗謂余兄喪此子生趣索然矣余亦痛敬臣之英年儁發而倏焉物化也輒相對黯然雖欲解慰而卒無詞自是兄常抑鬱不自聊往往鄉居避囂數月不履城市余亦時患末疾杜門不出故兄弟罕相見丙戌夏五月聞兄感時疫病於家越數日而訃音至矣嗚呼兄之殁其果以感於疫耶抑鬱於中者久而發於外者暴耶從姪渠鎮以是年冬卜葬於龍山送子殿北之新阡而以敬臣祔其昭余方思爲文以誌哀而病魔作祟不能事事者數年於兹矣深恐兄之懿行歷久湮没而無以示於後也乃力疾而書之

唐氏家乘　卷八　誌銘　四十一

按兄諱福培字竹山國子生景溪從父之第八子也性坦易不立崖岸寡交遊而意氣相得者輒終日晤語無倦容咸豐庚申金陵大營潰粵逆東竄邑城陷景溪翁挈家徙鄉以避兄與諸昆往來太倉崇明間棲遲有無以奉堂上雖舟車况瘁不敢告勞其侍父景溪翁與母葛太恭人也承顔伺色惟恐不當二人意其與諸昆從事也無往不咨白而行四十餘年如一日自奉甚約禮服外不製一絲衣食不兼味雖疏食未嘗不飽而慷慨好施凡施衣施米施藥施棺諸舉無不爲尤殷殷於周戚族之急當兄居景溪從父之喪也既與諸昆議悉翁遺貲建宗祠矣又手提自置田十畝有奇另籍其出入待諸昆議置義田

而合之以贍族此其用心何如耶余每見諸昆將有善舉與兄言無不欣然蓋蓄意於中已久特不欲先諸昆發居首善之名耳其權衡於名實進退間又如此兄既以兵燹之故廢其誦讀平生常以爲憾故課其諸子讀書加嚴長子熙鎮郎敬臣年十七受知於閩中林錫三侍講拔冠童子軍補博士弟子員則喜形於色以爲未酬之志可於厥子償之矣乃不數年而遽赴玉樓之召此兄所以痛之深而不覺自傷其生平噫兄生以道光二十有一年辛丑七月二十有五日卒以光緒十有二年丙戌五月二十有二日得年四十有六配馬孺人子五熙鎮渠鎮藩鎮殿鎮麟鎮熙鎮出嗣鈺培孫二煒鼐炘鼐皆渠鎮出銘曰兄事親兮惟婉其咨兄事昆兮惟命之從其奉己也則約其贍人也則豐讀書尚志教子亢宗宜昌其後胡戾厥躬我銘英幽詑歎無窮

光緒十有八年歲次壬辰夏六月從弟錫晉頓首拜撰

唐氏家乘卷九

傳記

唐氏家乘卷九

傳記

武進人物志廣西平樂府知府素齋唐公傳 四之

唐復字復亨，洪武庚辰進士，授浙江餘姚知縣，擊斷無滯，尤加意撫細弱，恩威並著，百姓德之。調湖廣寧陵，又調交阯。悉如所以治餘姚者。會安南黎季犛亂，復爲書數千言諭以禍福，又著華夷解示之。其大略曰：某聞中華與外夷，譬猶溥博之天，固不類乎管窺之天也。彼螻蟻之微，得以逞其勢於一拳之土，已耳，豈能大其所欲哉！夫中華爲文明之地，以四海爲國，四夷者，中華四裔之地，各以其一隅爲國，乃天子俾各爲一方之長，與天子世守其土地人民而已。故夫政教禮樂紀綱法令，威福予奪，一皆自天子出，而達乎天下，若日月之明，無遠弗照，雨露之澤，無物不滋。彼蠻貊之邦，安有舍是而能治耶？我中華自聖天子繼登天位以來，乾坤開闢，秋殺春生，號令嚴明，綱維整肅。凡錫圭擔爵，受分封之命而有國者，莫不遵邇一體，中外協心尊

主，庶民無有彼疆我界，無有凌弱暴寡。彼意夫土地非我之土地，人民非我之人民也。故曰：普天之下，莫非王土；率土之濱，莫非王臣。閣下獨不然。閣下非不曰我朝貢矣，我小心效職爲四夷之先矣，而背理欺天，孰若閣下者？願爲條陳之。凛乎肆不賓

也何爲易其世守之國政疆域非不廣也何爲侵其鄰境之土地財富莫之能倫也何爲索鄰境之差發天兵莫之敢敵也何爲發兵于長者命于
天朝而司于天官者莫要乎名爵又何爲僭自授官受于
天子而頒于天下者莫重乎正朔又何爲改稱年號非有罪不殺今恣殺虜於寧遠以殘無辜非其人不使今縱多人於甯遠以擾其眾又以盜達地方爲甯屬國事多類此姑舉大略皆所謂不當爲而爲者以若所爲求若所欲不過恃區區管窺之天蠖蠖之勢殊不知取僭竊之罪者必不能保其軀造背逆之禍者適足以亡其國是以夷狄而干中華罪實不宥以中華而治

夷狄事誠無難我
天子好仁姑寬爾罪以觀所志何如耳閤下不畏其大不悟其小不警其已非不思我
天子之恩威不睦爾四隣以悛小過不請罪於朝廷以免愆而冥行妄爲之不已倘
天子震怒一調戰艦十萬揚帆於南海之上一命驍將領兵越銅柱而來一勅西平侯親率甲士從水尾而渡譬猶疾風之掃秋葉利劍之斬蓬蒿玉石俱焚死無餘噍悔之晚矣季犛讋懼以象齒金錯來獻南荒奠安
成祖見之

命付史館已乃爲當路者所蔽置不錄後陞大理寺寺副宣德五年陞平樂知府先是
上聞除郡守以資格多不稱任特命大臣各舉所知擢用後遂與況鍾等九人同擢知府授璽書假便宜馳驛之任時禁綱疏濶平樂去京更遠猺民雜居刁弊更甚復至釐奸革弊扶弱抑強薦拔下僚奏減冗官軍民休戚所當更張者累章敷陳悉見施行荒莽之地盡闢猺獠之地以化郡以大治幾無遺便至於諸所建置費甚浩繁經理有方一不煩民尤所難也蓋復智周識達剛正不撓兼之簡重寬宏是以事皆盡善如此士人謂風土記有云忽然他日遇明賢滿州人富貴爲復之符驗不虛也

及去位百姓思之立祠學宮之傍前諸縣亦多祠之云

竹庵記 五世

吾友竹庵宅後築圃畝許鑿半方塘小搆周種竹故扁曰竹庵日課二子鏞欽讀書於中勤則經史策論倦則詩賦詞章一日偕翰林王君思軒過訪大參殷酌於花果池亭聞書聲朗朗而風弄竹聲猶僥清韻思軒揖殷曰歐陽子夜讀書其亦勤矣殷曰吾兒豚犬耳其與下阿蒙乎予應之曰此少參用彰弟竹庵之子也嘶志讀書一字元振一字元敬皆郡庠生思軒牽衣而起從予而言曰可以覩其儕輩乎遂扣扉入室二子雍容有禮命童子知竹庵竹庵匆遽而來懇謝迎迓簡端遂出蔬果酒殽延坐酒酣思軒協韻而朗吟曰庭栽棲鳳竹池養化龍魚唐君其有之竹庵曰否非吾意也池魚盆池畜魚耳庭栽今日之樂也使非育雙鳳胡來哉思軒曰公之言善矣公之意美矣雖然方以類聚物以羣分門內有君子然後可以至君子飲樂後濶別數年鏞欽相繼魁南畿而思軒適擢南雍成均二子俱坐春風予乘興訪思軒暨二子思軒慨念夙昔良會而今復邂逅於此遂賦一律以贈竹菴而士大夫和之者甚衆命予作文以誌巔末遂亦爲此記云

賜進士第都察院右僉都御史姻生白昂撰

黃門公傳 五世

叔唐氏諱貴字用思武進人世系詳志狀中生而貧甚父又病瘓不能謀生貴世爲儒家子又不能徙業於時制義未有刻行者乃竭晝夜廣求精擇而手錄以售以爲父母昆弟餐且遠而求售於他郡跋涉饑困不勝艱苦歎曰吾不以文發身父母終溝壑耳且誦且泣覃精研思徹夜達旦楞腸欲斷膚欲裂不自恤也年十七補博士弟子強束髮加冠出授童子句讀乃試則必居高等遠近始爭延之以教子弟修脯歲至百金事育少充乃畢力甘旨及弟妹之婚嫁務在得父母之歡心而後已二十餘年有田三百餘畝則併修脯謝之矣宏治己酉中應天鄉試庚戌會試第三人既而授戶科給事中輒奇語諸弟以權利爲戒每曰有無甘苦吾必與爾輩共之毋爲急急營營也是時法網疏濶出納無藝而兩廣尤甚廷議遣使稽覆以敘逼達令奉

勅行叔一切用寬和民心感悅爭償競輸倉庾頓盈惟瓊在海外前八畏渡吏得爲奸諸逋一槩至死無得釋者叔奮然南渡多所開釋差其負之多寡而與之期未有不以期至者囹圄幾空瓊州自入版圖未嘗有此比其歸也犀象珠璣名香珍藥一無所攜也不久而卒卒之日猶諸生時所置田三百畝而已叔歿吾嬸周氏病垂絕語其子琉曰昔汝祖病革時汝父爲嘗糞

甘苦稱額北辰求以身代吾嘗爲汝外祖言之汝父曰此人子分內之事焉用言之吾自此絕口不道人亦莫知也吾今不言恐子若孫亦不得聞也故以語汝汝其識之嗚呼生人大德孰先孝廉若叔者其可易得哉姪欽撰

海萍公迄愬廷公敘傳 六世

海萍公名鏞贈給事仲南公孫竹庵公伯子也成化乙酉舉人任岳州府判湔官勤而廉撫流民馭九溪蠻恩威並著盜息民安幾三載以母艱歸岳士大夫贈文曰惟洞庭之清風明月載在歸航實錄也久之岳人有官侍御巡南者行部至常感念清德爲建坊於宅門之前額曰清惠異數也後宅歸他姓額爲所毀石柱二亦以漸斵去之今存者各半耳傳子文學名淶再傳貢生彬號愼齋初爲諸生有聲屢以德行受旌郡守王公延之教子比三年不他請一事歲當貢其次耄矣託疾讓之遲二載貢不及仕而卒子九德號愼吾能文績學持行其高久困場屋

以子衿老享年八十有五兩舉鄉賓余曾祖望溪公從父也樽酒從游有竹林香山之適焉愬廷公名繼寅愼吾次子也性醇篤無他嗜好專於學爲文密麗花明霞綺屢前茅於督學亦輒於有司克肖父祖乃亦數奇不遇循例貢於廷教新城士者十二載士服其訓變之如父母弟子某以貢簿武進會濡湖西鄉有甲科之悻悻者居爲嘯唐族殺其僕婦以誣之邑屬簿往驗得其情曰此吾師族子弟也可放入乎紳嚇之不從卒白其事此公得士心之一證也浙撫按交薦擢宰北清河自萬歷以來仕習大壞外官賄內下官賄上內與上之賢者猶介然持平牘者處焉惟以貨入爲殿最矣時荆溪九台盧公余姬也秉憲粵

魏請移一札往公邸之廣平郡守某中州人也出吾邑先輩吳公之門亦願移一札往公又邸之惟族高祖承州公有云求薦書等於破地獄士人一行入仕奚詎不能官而汲汲求薦豈不同亡者之子孫不顧祖父之行過與否而漫倩僧人託爲能仁卓錫乎公於此了了然而明經宰邑徒手以行無具甚矣及涖任孜孜愛民一切與之休息囊篋蕭然何以事上諭期守公慨甚以常情處之亦坐以不及左遷或罷軟老疾放歸耳某之意不然曰必使之終求解於我乃可於是列欵誣之直指直指不察據以上聞某啇謂是網中之魚也公曰何有我於哉但去莫復聞白雲無盡時遂不顧而反耳部民不平爲之立石以鳴寃

嗟乎時事可知矣余童子時從師及親輩至公家未嘗不傾罍爲歡憶一日大雪及尺親輩數人荷笠以往公喜甚命觴至於投轄若乃勢利之場炎鬧之席不一投足公始終食貧不趨時恬澹寡家居久之春秋高賓朋日少君平棄世世棄君平頹眷孑然偃仰一室因患末疾不起曰吾得以正終焉足矣亦壽八十五父子耄耋世稱罕有然而歷於時者久味於世者希歟之豐嗇未可詰也唐氏風氣清寒學多不售宦亦不達其爲士者皆樂道讀書性情淸和委蛇任運而仲南公以來一支海萍公之裔一支吾高祖廷平公之裔尤多陶陶遂遂無懷葛天之遺風大都不以炎熱措足不爲財利動心并不知世間何物美好又能自持檢柙安貧不苟恩廷公其得全焉者也夫公世所謂無用人也然不入而天不今而古偏令人承懷不置者何歟

公從兄三緘公嘗謂予曰予與弟方虎皆足不履公門惟爲祖墓松楸連名訟一人於縣分而計之一生告半狀耳然而兩人以是愧矣名掛邑中嗟乎今人尚有抱此愧者否方虎恩廷字也三緘名際可嘉靖戊午舉人履吾公九思次子慎吾公猶子也爲人高明慷爽勇於行義爲文簡勁古秀有宋曾王筆法書英蘷林與恩廷稱二難設教大江南北門下多顯人汲引後進不遺餘力才氣宏濶交道廣遍二公一負熱腸一守冷寂操行不同其砥節貞廉則兄弟一轍焉從孫振芳敬述

重建清惠坊紀事 六世

先曾祖三緘翁本支譜記云海萍公仕至岳州府判常俸而外分毫不染艱歸而士大夫送之有洞庭風月載歸舫之句岳人蓋實录按吾吳下車輒問公後捐俸爲之建坊題曰清惠坊側有巨室公所受分後裔不能守轉售他人富貴者遷居之謂此坊傷破風水因火燒石擊不遺力子孫無力與爭也零零丁丁止存兩半柱小子輩萬死不足贖倘後人有能飭而新之以存公之遺績則小子於幽泉且下拜之矣噫天長地久此恨緜緜子孫何敢一日忘哉自前朝至今日兩半柱巋然尚存雍正二年巨室轉售高氏高氏頓改舊觀造門樓九間此柱在門之右

意欲滅其故跡有私相告語者吉初率姪位金城子曾開恭懇高氏幸勿去之或子孫重新亦未可知而高氏輕薄已甚詈些罵爛石何足重輕再四懇求而高氏聲言此非唐氏坊柱遂私擊斷移過數尺不得已鳴之官將縣志家乘及本支譜記刻本呈閱當事當事皆云子孫理宜修葺但遲延日期未有定命適布政司鄂來常吉初率子姪力懇念滄作倡合通族訴之於鄂鄂公調閱縣志家乘及本支譜記批云子孫修坊足徵孝念無得阻撓違者郎著縣官解究而高氏仍指東話西謂此柱係瑣垣坊舊址並非清惠因復糾通族考尋大宗祠之左原另有瑣垣基址今在高氏門右者的爲清惠無疑郎奉鄂公明文集族人謀建兩坊採買柱石依鄂公限日興工而高氏終苦有妨門右力浼吾族親知代爲調停曲全鄰誼遂移開高氏門垣一二丈鳩工飭材刻日重建報明鄂公完工日期兩坊斯得並峙嗚呼物之成毀有數功之興廢有時海萍公之靈實式憑於鄂公而後吉初與子姪輩得以殫其心竭其力數月而告厥成功皆時與數爲之也先人之恨庶幾其少釋矣故紀其始末附之家乘使後世子孫毋忘鄂公之力云

雍正九年三月十三世孫吉初謹識

郡志巡撫淮揚都察院右僉都御史荆川唐公傳 七世

唐順之字應德武進人生而穎異潛心聖賢之學弱冠舉省試第一楊公一清奇其才將以魁廷試遣客索所對策不應也授兵部主事丁內艱起補吏部主事尋改翰林編修時永嘉當國遂稱疾求去勒令以主事致仕既而簡宮僚起補春坊司諫時

上齋居決事不受朝賀順之因元旦疏請正東宮朝禮

上怒甚除得罷歸杜門謝客砥節益嚴日從山中游或趺坐竟日冬不爐夏不扇行不輿臥不裀衣不帛食不肉備嘗苦淡曰不如是不足以拔除欲根徹底澄淨年垂五十恍然有悟曰此心天機活潑自寂自感不容人力吾順此天機而已障天機者

莫如欲欲根洗盡機不握而自運矣四方學者翕然尊師之亦惟使之精析義利而徵其實於辭受進退之間不爲元談假以利器也歲庚戌虜薄都城人情洶洶屢欲奮身勤王幸尋解嚴已而倭人犯東南騷動蹂躪特甚慘不忍言歷五六歲無能一剿順之憤懣廢食時攜一編袖中或竊視之乃七大傳內留侯鄴侯以至李忠定皆在焉蓋古今所稱大經器也會有以邊材薦者起兵部主事

敕視薊鎮邊務條上十七事著爲令尋視浙直師計以禦倭之策還諸陸孰與海擊其歸孰與至因自定海歷蛟門至江陰出沒怒濤具得險要會哨應援悉授成畫未幾賊舟薇洋而至大破之斬首百三十餘級溺死無算餘賊奔三沙無一登陸者捷聞賜金帛陞太僕少卿尋擢撫淮陽每事必躬親驅馳南北迄無甯晷竟以是病猶然冒霜雪窮海壖既調度兵食又苦心賑貸行至泰州自度不起進諸將士曰死國吾志也艮死舟中幸矣諸軍其各努力復語其族子一磨曰吾死不恨第山中尚少十年工夫耳無一語及私遂卒順之才高意廣包絡今古游王山陰羅吉水趙平涼王晉江間務各取其所長切磨助法與慈舟釋峯金道人輩爲方外交其於書無所不讀讀輒窮其奧至於甲兵錢穀象緯歷筭擊劍挽強凡稍習其說者必折節下焉既得其說輒以全力赴之所得卒超初說之上蓋異人也晚而

應召齋志以沒聞者悲之所著有荆川文集所緝有諸儒文要及語要儒編左編右編文編稗編批選朱子集左氏始末周秦文六大家文答子鵠徵辛未進士孫儆純己丑進士選庶吉士簡技有志操未幾卒顧憲成撰

明史巡撫淮揚都察院右僉都御史荊川唐公列傳 七世

唐順之字應德武進人祖貴戶科給事中父珤永州知府順之生有異稟稍長洽貫羣集年三十二舉嘉靖八年會試第一改庶吉士座主張璁疾翰林出諸吉士爲他曹獨欲留順之固辭乃調兵部主事引疾歸久之除吏部十二年秋詔改朝官爲翰林乃改順之編修校兩朝實錄事將竣復以疾告璁持其疏不下有言順之欲遠璁者璁發擬旨以吏部主事罷歸永不復敘至十八年選宮僚乃起故官兼春坊右司諫與羅洪先趙時春請朝太子復削籍歸卜築陽羨山中讀書十餘年中外論薦並報寢倭躪江南北趙文華出視師疏薦順之起南京兵部主事

父憂未終不敢出免喪召爲職方員外郎進郎中出覈薊鎮兵籍還奏缺伍三萬有奇見兵亦不任戰因條上便宜九事總督王忬以下俱貶秩尋命往南畿浙江視師與胡宗憲協謀討賊順之以禦賊上策當截之海外縱使登陸則內地咸受禍乃躬泛海自江陰抵蛟門大洋一晝夜行六七百里從者咸驚嘔順之意氣自如倭泊崇明三沙督舟邀之海外斬馘一百二十沉其舟十三擢太僕少卿宗憲言順之權輕乃加右通政順之聞賊犯江北急命總兵官盧鏜拒三河自率副總兵劉顯馳援與鳳陽巡撫李遂大破之姚家蕩賊窘退巢廟灣順之薄之殺傷相當遂欲列圍困賊順之以爲非計麾兵薄其營以火礮攻之不能克三沙又屢告急順之乃復援三沙督鏜顯進擊再失利順之憤親躍馬布陣賊搆高樓望官軍見順之軍整堅壁不出顯請退師順之不可持刀直前去賊營百餘步鏜顯懼失利固邀順之還時盛暑居海舟兩月遂得疾返太倉李遂改官南京都擢順之右僉都御史代遂巡撫順之疾甚以兵事棘不敢辭渡江賊已爲遂等所滅淮揚適大饑條上海防善後九事三十九年春汛期至力疾泛海度焦山至通州卒年五十四訃聞予祭葬故事四品但賜祭順之以勞得賜葬云順之於學無所不窺自天文樂律地理兵法弧矢勾股壬奇禽乙莫不究極原委盡取古今載籍剖裂補綴區分部居爲左右文武儒稗六編傳

於世學者不能測其奧也爲古文洸洋紆折有大家風生平苦節自厲輟扉爲牀不設裀褥又聞良知說於王畿閉戶兀坐匝月忘寢多所自得晚由出處於羅洪先洪先門向己隸名仕籍此身非我有安得俾處士順之遂出崇禎中追謚襄文子鶴徵隆慶五年進士歷官太常少卿亦以博學聞

巡撫淮揚都察院右僉都御史荆川唐公傳 七世

公名順之字應德武進人文行爲學者所宗稱爲荆川先生嘉靖己丑中禮部試第一及廷試遂庵内閣使鄉人索試策欲首擢之而公以年少筮仕守己當嚴竟不與遂置二甲首其榜首則江西羅念庵洪先也自與羅公見知其人品甚高因定爲石交授武選主事以幼時嘗竭精神於舉業幾成瘵疾而學問文章未成恐碌碌仕途無以爲終身自立之地庚寅春疏病得歸值母艱服闋無赴官意以父有懷公教乃速裝壬辰改稽勳主事調考功居家時素知有司某某賢後取至京以不通關節留滯不時用公郎官白其賢擢科與道不使其人知之羅峯相公

改各屬官爲翰林部中首舉公爲編修校對累朝實錄于時王遵岩陳后岡高蘇門皆以詩文名當世一見公作心服之而公未敢以爲然也至其戒行雖苦終少自得之趣公尤自歉時則王龍溪以陽明先生高弟寓京師公一見之盡冊陽明之說始得聖賢中庸之道矣校對完例當陞賞公不欲受又以羅峯愛己將遠其嫌遂告歸張緣是怒以吏部原職致仕居家窮甚而於文章之潤筆弟子之贄儀未嘗妄取林下三十年不役官府一人不受坊價一緡官府積公所却至三千金會

皇太子立妙選宮僚

上面諭宰臣起公爲春坊司諫竟以請朝

東宮落職歸自是御一布袍嘗居宜興山中與諸生講學宦於其地者欲一見之無從也四方之行過是邑者必先禮於其廬以得見爲榮踰歲殆無虛日獨雲川舒侍御之薦章有曰學以聖賢爲法道以經濟自期立朝著蹇諤正直之風居鄉有廉靖無求之節乾坤不可無此正氣

朝廷不可無此正人可謂得其眞矣公喜靜坐樂與方外之士遊曰方外之學雖與吾儒不同而其苦行堅守洗淨心緣知自求之身者固賢於今之儒也居恆於書無所不讀無不精究其妙而於歷算九精文章可以窺班馬詩可以追李杜然嘗曰此

不過應酬之作更看山中靜坐十年後文字更何如耳與人無間於貴賤貧富惟投其機則言笑無厭有所拂則咈然見於顏面遇之途亦爲之趨避曰匿怨而友吾弗爲也其與人言罄竭底蘊若無所不盡事關機要則深沈隱默際不可窺於瑣屑之事若不甚通曉至於籌畫世故則辨悉毫芒性恬淡不樂仕進而見民之瘡痍困頓又若痌瘝切身思救援之如不及貌不踰中人而視天下勢之所至若萬軍之壓卵處之晏然舉天下之所不敢爲不能爲者獨毅然當之嘗自謂當今少一寗武子之愚蓋自況也甲寅倭奴起釁流血東南公目擊其變至不能寢食適居有懷公喪而趙文華者以

上命視師海上來訪公與陳機畧且言非專任梅林胡公不能
平此寇遂歸
朝首薦公以南部車駕主事起之尋陞北部職方員外堅卧不
起及巡按提學二待御奏
旨促行不得已赴京陞本司郎中
陞見後郎奉
命查勘邊務繼而視師浙直公奮然曰一月賊不平請拿將官
三月賊不平請拿郎中十二月公將至浙賊聞而遁去公計平
賊上策當禦之海外而海道不可不熟乃自江陰與嘉興兩次
下海泛大洋至蛟門而還未幾春汎急自登海船督諸將泊崇

明沙沈賊船十三隻斬首百二十級餘賊走三沙陞授太僕少
卿胡公奏留同事又陞右通政於時江北巡撫李遂告急胡總
制檄總兵盧鏜往援公以江北
陵寢重地乃以三沙賊檄鏜堅守身往江北與李首尾擊賊敗
之於姚家蕩又敗之於廟灣場度其勢無能爲復自江北往攻
三沙居海中二月竟以鹽鹵之故腹疾增劇方同太君調遣攘
兵而賊乘風雨夜登江北岸矣公每以此自愧其斬馘功皆遜
不居而胡公竟上之三有白金文綺之賜公每與胡公論國家
事未嘗不泣下沾襟誓以身許國曰胡公計事先我一著至忠
義一念則甚相符合未幾陞僉都撫淮揚因積勞病甚不能行
然以淮揚重地
朝方倚任十一月勉强赴官値歲歉請於
朝得餘鹽銀二萬兩以賑又自捐俸金令有司以次捐俸易米
散各鎮爲粥以食饑民公素仁心不忍見民之饑死又以淮揚
所轄爲天下要道卽有變於內倭寇乘之貽患不細故於賑濟
獨勞心焉時病已甚治軍旅不少休三月二十一日登焦山望
三江歎曰吾第一梟將使吾病而不能展其能奈何然使一病
都堂居海中則諸將無敢不下海諸將能下海則敵人自奪氣
也欲從太倉取道常居海中行至通州而病不起矣將革猶以
爲人與學問未成未了十年工夫自恨時天皎皎聞天鼓鳴於

舟上者三而公氣絕
焦弱侯論曰嘉靖己丑唐公應德羅公達夫同爲舉首一時以
爲聯璧云達夫一斥不復用世以難進歸之應德晚節爲分宜
所薦至今以爲詬病不知爲達夫易爲應德難也嘗觀易之否
以包承小人爲大人之吉甚且包羞而不辭唐梁公婁師德周
旋女主之朝豈誠戀戀於腐鼠者流哉非隱忍堅決將取日虞
淵之功終委之溝瀆固志在天下者所不忍出也始烏夷蹢姑
蘇戟嬰兒爲戲公一見痛心疾首憤不與之俱生此其志何如
而可以硜硜之節繩之哉漢人有言中世選士務於清慤謹慎
循常習故者乃婦女之檢柙鄉曲之常人耳嗚呼世多隱情惜

己之人殆難與道此也溫陵李贄撰

江南通志太常寺少卿凝庵唐公傳　八世

唐鶴徵字元卿順之子隆慶辛未進士授禮部主事歷官太常寺少卿請以陳獻章從祀文廟得允既以言歸重起南太常計殲妖人劉天緒又疏劾璫毆屬丞得旨嚴治人轉忌之遂病免所著詩文若干卷郡邑志若干卷

郡志太常寺少卿凝庵唐公傳 八世

唐鶴徵字凝庵武進人隆慶進士授禮部主事歷官太常寺少卿請從祀白沙先生得允既以言歸重起南太常計殲妖人劉天緒又疏劾璫歐屬丞得旨嚴治人轉忌之遂病免日與同郡龔道立顧憲成輩講學東林書院諸儒語錄天文地理陰陽術數家靡不究極家□在郡力請條編為江南大利所著詩文若干卷郡邑志二十卷

保合堂記 八世

今歲丁巳母舅凝翁八十壽方春孫獻可屬慎行書扁壽因題之保合堂蓋取乾義所謂保合太和義也翁自廿年來每教人輒提之以為學道宗領故云而會有間保和義於予者行不敏因間述翁志翁常稱張子太和所謂道一語最妙晚注易又纂憲世編其敘曰始以一乾元散之萬乾元終須合萬乾元為一乾元使吾與天地萬物生生不已之意充融渾合而毫無乖隔其間方謂之保合太和而所謂保合者由曾思孟以窮理由孔義以至命而盡性始無餘蘊聖門惟簞瓢陋巷不改其樂之顏子夫子稱庶幾焉宋儒謂顏子春生有自然之和氣與夫子太和元氣之流行若㭊符合豈非如愚若虛眞有化物我之見而擔天下歸仁之重耶噫此非特窮太和所來亦足以知翁得力之大也翁夙以英采慷慨聞而纖乃泊然一歸之道術郎道術自九流百氏天文地理稗官野史無不究極而繼之莊生之逍遙齊物又繼歸之湖南之求仁濂溪春陵之尋樂而恍然悟乾元所謂生天生地生人生物生一生萬生生不已之理眞太和奧窔以此尋樂樂莫加焉以此求仁仁莫備焉於衷情欲不排遏而調於世藩角不破除而盡於一生聰明材技之昭灼旁蹊曲徑之奔馳不收攝而瑩然無有矣翁每語太和脈絡以為明之河津絕似宋之春陵宋之春陵絕善學聖門之顏子豈非會

之深而言之特有味哉翁無冗無歲節無不覩書所纂著刊成册極多中更升沈哀樂慰極不堪常自謂年來最拂意處便是最受益處然則非苦心之至不能見太和翁非特超識絶人其鑽研日到其陶練日粹也翁今耳聰目明精神凝遠義田立祠根本汲汲奬幸皇路平□臣節貞亮民風愉樂慨然發乎天性壹壹譚說過少年遠甚此雅意太和一驗已八月五日實惟誕辰孫曾滿前英英不凡可謂和氣盈一時而翁又時常語余曰家大人荆翁極邃心理學然遇田夫野老多有油油與偕之風大父有懷翁郎口未嘗言理學然至性飲人以和人稱爲不言躬行之君子此一段生生不已之眞意實默相流注今何敢不

日孜孜女輩亦何可不孜孜此又足以見翁保合之心無已也會白氏外兄弟來商祝翁行敢特記玆堂以爲翁壽

萬歷四十五年八月日之五

賜進士及第禮部侍郎兼翰林院侍讀學士掌印信編纂起居管理誥勅愚甥孫愼行頓首百拜撰

唐母華太君傳　八世

唐母華太君者余舅氏太學生震庵翁諱魁徵令妻文學重庵翁冢婦父爲無錫翰林學士華鴻山諱察女生母爲顧太安人以子叔陽官儀部郎馳封學士公與余外祖中丞荆川公建言歸里遂諧秦晉中丞公郎震庵翁世父也年十七于歸甫廟見會余母太夫人歸寧愼行方總角隨侍不離左右太君每啖以果餌太夫人謂愼行曰舅母素篤慈孝睦姻戚嫻禮儀予最契而心折焉兒輩謹事之其無忽愼行自幼至老往來外家年五十餘益思我太夫人之言勿謬也太君來歸重庵翁邱世久惟側室范令人在堂令人性卞急太君曲爲怡順小姑出嫁毛氏

不惜傾己奩具諸甥長大爲畢婚嫁華本素封學士公愛女情鍾妝奩壯麗有貼金獅子二本梓人雕琢而成外飾以金翠用爲壓衣裙具邑中喧傳有金獅子從嫁太君請於老姑縣之門首以釋羣疑萑苻之恐由是而息震庵翁幼失怙多逋逋學士公欲代償太君鄧之曰父債子還理也那有婿遣翁償之例迨學士公捐館遺命授田百畝典銀千兩太君辭讓再三曰父死之謂何敢言及於利其弟儀部君曰此父命也太君受之而歸丙申春范令人病痾太君侍湯藥寢食俱廢者浹旬溫凊抑搔躬自服勞至九月杪捐室太君泣血三年泣如也震庵翁終鮮兄弟惟我舅氏太常凝菴翁式好情深太常公宦遊琴書門

戶事震庵翁力爲主持毘陵孔道四方賓客往還雜沓太君司中饋潔茗饌不辭勞勣伯姒萬恭人隨官舍凡倉庫筦次筦鑰俱太君司攝仲姒王孺人鄉居食貧歲時饋贈數月不見郎延入城依依情話至老靡間震庵翁中年得心悸疾無祿早世百懼交集衣食禮數之數絲縷𢈈嫛之用靡不取給於太君噫太君之心力亦孔瘁矣震庵翁卽世進二子而命之曰無墜先人遺緒二子恪遵慈訓冀捧檄有時迺屢試屢蹶心輒怏怏太君慰之曰窮達數也先世簪纓斌矣汝輩讀書未就宜也何嫌命途之多舛哉一生樂善好施修橋梁飯僧衆貧乏周卹夏施帳帷冬施棉襖力行善事未易更僕數尤好醫藥濟人念太翁永

州守有懷公經驗良方載在本草綱目常依方虔製廣愈百病而於產難尤不吝重費購方因嫡姑王繼姑孫兩孺人俱歿於娠故也己未冬十月既望忽染微疾次子儆淸延予胗脈語以老至衰弱須善自珍重太君從容相謂曰吾自知此病不起憶汝舅氏臨終有言二十年後相見今適當其時矣身後木主神所憑依煩甥題就他無所囑也病中强起猶禮大士如常至十一月十有八日病革兒孫環侍異香滿室太君自云見有袈裟老僧持幡接引口誦彌陀而逝經有云上品金臺安樂來迎是耶非耶儆成儆淸大喪既畢持狀乞傳愼行執紼餘哀未遑摛管儆成方修葺家乘促至再三聊述梗概自愧不文俟他日采風光生彤史云爾

賜進士及第禮部尙書兼翰林學士前本部右侍郎詹事府少詹編纂

起居管理

誥勅愚甥孫愼行頓首拜撰

武進縣志直隸廣平府雞澤縣知縣希古唐公傳 九世

唐音字希古少病不幾起其父已令棄學業醫音顧晝夜刻厲不廢也隨任之温道書一絶云力倦山阿憩無何又上山須知爲學者不可放功閑父始聽其學音性狷介不詭隨於俗於義利大閑忠孝大節不待學而辨幼與從父荆川先生同几席已相砥礪必爲聖賢旣而聞鄉先生毛古庵應當道之聘爲諸生講學輙造其門又聞魏莊渠先生談道於吳時音已領戊子鄉薦嘗對公車竟謝不往赴吳受業二先生負笈門下者不可指數音獨稱高弟音讀書必反覆玩索推見古聖賢心於千載上在師門有疑必問未得則思期於明辨卽兩先生言未慊於心

不强唯諾蓋其問難辨質皆以養其反躬實踐故耳其視禮樂之先後與善信大化之階級截然有序一毫妄意高遠皆非也其言曰堅苦歛束悉就規矩使筋力强固精神凝注意氣奮發於天下之可喜可愕視之漠如而後學爲有基爾故其所造確有實得久之就選廣平雞澤縣知縣其爲吏一如其爲學實心幹理視民力所急與民財所窘必百計謀畫以紓之其才贍力勁足濟其志又能斷以必行未嘗以上官意旨文法緩急爲趨向依違也嘗言於太守翁相日上司各行所見未能親覩民之疾苦故多以操切爲事所賴調停其間在吾有司耳不謂能停民安所措手足乎往往以此得罪然其誠心無所矯飾色雖正

江南通志直隸廣平府雞澤縣知縣希古唐公傳 九世

唐音字希古武進人少病其父令學醫音力學不廢領鄉薦公車竟謝不往專志於學久之選雞澤縣知縣未嘗以上官意旨爲趨向在任二年請去者三一以上議督民買馬一以上爲貴臣建坊一以上欲脫巨奸於獄卒從音議不允其請後卒於官無以爲歛諸監司部使者皆厚賻之

而不抗辭雖厲而不激因以見信者亦多有之在任二年請去者三一以上議督民買馬一以上爲要人建坊一以上欲脱巨奸於獄卒之俯從音議不允其請也至於吕公祠建醮凡有司無不赴者音獨以病謝非其學有定見安能然耶一日督學使者至廣平諸士子咸集使者諭諸士子於庭曰諸生何從學聖人乎學雞澤令即是其見重於時如此卒於官至無以歛諸監司部使者皆厚賻之其子一磨一無所受曰不敢以此貽先子身後玷也

宜興縣志直隸廣平府雞澤縣知縣希古唐公傳 九世

唐音字希古原籍武進常從唐順之讀書宜興樂其民淳樸遂徙居焉少多病其父令棄學音顧晝夜刻厲不廢也性狷介不妄交遊聞鄉先生毛古庵講學造其門又聞魏莊渠先生講學於吳從之受業嘉靖七年領鄉薦當對公車竟謝不往讀書必反覆玩索推見古聖賢心即兩先生言心未愜不敢輕諾必明辨審思期於有得而後已久之就選雞澤令一以實心幹理邑地瘠民貧音曰民富而後可教也勤於勸課不數年民以饒足其才贍足濟其志又能斷以必行未嘗以上官意旨爲趨向在任二年請去者三一以議督民買馬一以爲要人建坊一以欲置巨奸於獄上官皆從其意挽留之督學使者至廣平諭諸士子於庭曰諸生何從學聖人乎學雞澤令可矣音居官惟務勤儉每語人曰勤儉者養廉之本也其治民專務德化綽有政聲壬子入覲卒于京所著有四書五經質疑若干卷

記唐氏四世軼事九世

唐子振芳嘗與予道其先世軼事蓋卓卓可傳者而誌傳皆不載駿聲曰烏乎此可以觀古人之深也已夫誌傳者子若孫所謀以不朽其祖父者也細大備舉焉乃有事卓卓如是而遺之耶非遺之也當時行之直不知其事之爲美爾矣烏乎此可以觀古人之深也已古之人性質醇澹雖有德舉不顯外跡既身爲之而自忘之及乎後之得於傳聞者觸緒形唱憑虛追討然後知其事之宏達而不可及焉然俯仰百年之間而已如道上古荒畧之事矣君子於此又以悼風氣日遷不得際其時與其人握手慷慨一決其中之所有故嘗謂生於古人之後爲無緣

也予既感唐子言因爲之記其畧半軒公者成化丙辰進士未仕而卒後有同籍某以學使案郡檄取兩孤名將補弟子員公內君陳氏吾祁伯吾兄幼吾族二童某某年長學且成盍先焉學使如其請二人皆進於庠駿聲曰此何其友讓而膝好耶顧半軒公殁矣而發之自內不尤難耶南溪公者半軒公長子官山西萬全都司經歷山西督撫與公從弟襄文公同籍而厚襄文公移牘屬之公度眞弗呈比告歸乃投之督撫大蹴踖曰吾負荆川子時有某官缺祿纂一月計可數百金强公留公弗從竟歸故事衛弁有罪隸經歷司奏當有某將失律當斬公洞其里誤原之其人饒於貲以千金藏茗中進公弗納復囊之乘夜

自垣間進公立命擲還之望溪公者南溪公第三子隆慶丁卯舉人判青州所定贖鍰有以貧告者輙判免及致政歸篋中空然主藏吏見公困呈狀曰某藏羨錢若千願佐行旅公曰奈何以去吏耗官錢判貯以俟新任者某鄉有田數十畝公世業也他姓田此者皆以漸拓徵額公獨弗拓曰吾留有餘以詒子孫駿聲曰烏乎二公父子間於聲利何落落不經懷耶且夫弁之金雖賢者處之於義應可無大疵而卒卻之詩所謂我心匪石者耶二公致政歸食貧如布衣而皆怡怡自得每諸孫侍輙喜謂使吾爲貪官必罹天譴得有是乎敬宇公者望溪公次子自半軒公而下居郡城西右里望溪公晚歲見諸孫有不類者歎

所居不可保語公曰卽不幸棄宅吾宗向無合祠當以作祠耳毋與他姓後諸孫果有徙宅議左右豪貴家願以重貲貿公不從卒立祠如先志駿聲曰成先志難也而割其可愛之重貲視世之殫心金錢牘耗君父者奚啻霄淵耶公每事厚人薄己操衡量出必贏入必縮人或哂之不爲動蓋天性然已唐氏宗祠禮子姓以朔望趨謁然人情怠終鮮能如約焉惟公無一朔不至或值大雨雪俟稍霽卽往如是者終身駿聲曰烏乎此易行耳而終之難如敬宇公者非先聖所稱有恒者耶公有子曰啟予早遊庠攻苦善屬文而早卒公既喪父及子外侮雜至公素得老氏學一以退讓勝之而中之闇然者不少衰撫其孫振芳

已成人嘗曰吾命薄無他冀得吾孫生子餼於庠吾願畢矣殷聲曰唐子幼而才令譽騰翥都人士推爲文章祭酒而公言止此誠深於知止知足之訓者耶予記唐子言凡十有一事敬宇公之謁祠不替蓋得諸守祠老僕云南溟公之卻金望溟公之弗取美鏹乃聞於老友卞還眞先生先生與敬宇公少同學故能知其先世事而素端慤無苟言其餘則敬宇公居平以語唐子者烏乎此可以觀古人之深也已予嘗讀遵巖王子集稱李空同其人已死而魄猶足以華國彼顧乎文而已耳若南溟公前後諸隱行所謂百世之師者非耶唐子又嘗與予論文唐子曰文其人須天下不可少此人後之讀吾文者重其人而快

幸於見吾文則天下遂不可少此文烏乎唐子之言至矣予能然耶否耶而顧命予文之耶今天下能不謂其人不可少而其文可少惟唐子而已耳孫駿聲述

武進縣志仁甫唐公傳 十世

唐一麐字仁甫雞澤知縣音長子也少穎慧讀書日記萬言因躭經史於書無所不讀發之爲文有鳳翔鵬舉之氣嘉靖己酉領鄉薦第一對公車下第其父卒於雞澤遂迎喪歸賻奠一無所受乙丑成進士高等高新鄭慕其名欲令讀書中秘力辭不赴考方成童時父音攜之謁魏莊渠先生先生許器之期以大就既而從鄉先生耶思菴遊又聽教於從祖荊川先生一切義利之辨益嚴立己益峻規矩繩墨不爽毫髮雄心銳志前無古人視世之以才藝自名者鮮足當意以故雖見知於正人君子亦不免爲流俗所不喜居宜興與諸生陳棠吉獨契善蓋棠吉

亦以好古力學清修苦行雄視一世也者

武進武科志江西長寧把總子過唐公傳 十世

際明鄉進士九思子世本儒學際明獨用武起然廉潔好修不失先世矩矱也主司初得際明卷擬以首薦乃其座主爲儀部郎其二人則給事銓司也遂居第四主司甚惜之授長寧把總南贛巡撫秦公破格優禮爲加兵百人際明益兢慎自持一無所染未期卒於官貧不能斂秦公斂而歸之

叔父寓庸翁小傳 十世

寓庸公諱士奇望溪公之幼孫也同父昆季三各異母性亦殊公獨慈仁幼見愛於祖與從兄先考聚予公相師友就學於江村僧舍者經年早失怙恃兩昆仲廢棄公產授田無幾公恬然安之未嘗一爭理兩昆仲貪鄉紳厚價售祖居公獨與叔敬宇公協心力從望溪公遺命減價建祠早鰥不復娶子二俱贅外家公孑身與予相依託足一椽如禪衲者身終焉戚族以公愿厚爭延爲塾師課讀未嘗一日曠修脯供膳悉不較論豐嗇也公產失安貧未嘗就人一假貸未嘗負人一財物胸無城府未嘗以貴賤分恭傲未嘗以疏戚殊親愛終身不吐一僞語不談

人一過人以其慈近懦其讓近怯始或凌之後終不忍欺焉宗祠公舉德行者四年七十七而卒公二子先亡孫三操耕而弱天之報施於公似爽焉然公兩昆仲悉無嗣而公今有曾孫三人克勤力可冀樹立仁者有後不於公益信也哉姪振芳頓首謹述

三緘唐公傳　十世

明與江左盛文學多世家巍科理學最表表者有吾邑襄文唐先生彼士大夫所指名晉江毘陵是也昔者吾友君禮乃其强近族子家學淵源所從來矣君禮諱際可豐頤聳顴目光的的每以拳納口對人曰口能容拳食祿萬千法當富貴唐生豈鬱鬱久居此乎聞者或笑之嚚嚚然不屑也五歲喪父母孺人代父課之甚嚴日夕學中歸必問今日讀何書講何義先生曾責否驗之掌股間有撲責痕即更復責之時時洒淚告之曰自我歸汝家汝父一窮措大我不惜簪珥佐之讀鄉舉之歲小試不利用錄遺於時無驢馬賃僕僕地上走耳家門無幸非久舍我

去我所以不即死者以汝兄弟在汝兄學文不成去學武繞一弟之官無多時又舍我去今日煢煢母子二人汝若不能成立我恃何人况吾家鼎貴連綿汝以孤貧厠之又何面目生活相持而泣於是君禮發憤下帷肆力爲文才情坌發然不必雅馴友人或勸之小自貶損遊於彀中亡何遂遊庠有聲諸生間凝庵先生器之曰是吾家駒也致之塾其孫君俞氏筆硯者久之於是遊道益廣出門下者半郡邑生平忼爽胸無留滯稍有不平即引大義譙讓之或者有急求之無不應事屬糾紛善爲之排解嚴取與不苟一介館穀外一無所干即交遊中有顯者迎之輙謝去間有契密館之衙齋絶顧金錢睨傍舍友囁嚅與童

僕交關輒惶愧欲死若將浼焉每對人言吾父孝廉時有以十金請一事者中夜徘徊終謝不納吾愧吾父多矣方今之人朝離蔬屬夕擁華腆此輩不剢之鄉即剋之國名義謂何吾得志不爲也即有鄉黨自好外榜廉白而内逋責負清畏人知固如是乎吾得志亦不爲也吾幼奉母氏之訓長從大人君子之教即不能一命顯揚而幸無失墮以不貽前人羞平日所自失耳嗟夫予與君禮交最早又最久相得最深可稱歲寒白首數十年來恢諧笑劇何所不有其事親孝奉兄恭處宗黨公平蕩直大節較然夫人能知之至其存心立志嘉言忠告種種有概於余衷者獨余詳之即其子若孫未必如余之悉也大抵君禮天

資樸質兼之虚中好學就其六十自敘中有云余嗜古好積書而意莽莽不盡解好古法書而字不成畫好奕而品卑卑好貨而臨財面頳逡巡不敢取好色而恍惚中若神鬼鑒臨之不敢近嗟乎此孟夫子之有取於齊宣也且君禮才辨縱横按古今成敗料一切事如指掌侃侃鑿鑿聽之如坐爽風中令人作數日快又豈世之譾譾者乎第其少壯時丰稜咄咄逼人人多苦之故以三緘自號迨其老也退然朒朒與一二老友棋賭外足不越戶日不言事常常過余齋頭談說往事獨舉業一道偶及之不無悵悵逢世之未工奇不在數也嗟乎結習之不能忘如此余略以闇道一則微逗之良久答余曰古人有取於狂者信

矣夫方欲與之研磨此事而君禮已先我逝矣悲夫傳曰古昔重門閥豈非薰習達則風規過人乎至如以帖括自炫而內行不修又何以稱名下士噫嘻此予之有意乎君禮也其引經歷史篤學好修多得之襄文公其慷慨負義言論高遠多得之太常公其恂恂純謹不踰尺寸多得之庶常公魯無君子斯焉取斯彬彬乎君禮眞不愧王謝家風矣

賜進士第都察院左僉都御史友弟鄒之麟撰

三緘唐先生傳 十世

唐先生名際可字君禮號三緘常郡武進人生而修幹隆顱嶽嶽衆中探喉吐音若視臟腑唐氏占籍武宜間伯成公始著伯成子曰復孫曰世良皆進士先生七世祖仲南公衡六世祖竹庵公世隆郎二進士同産竹庵公第三子欽亦進士長子別駕海萍公鏞以賢書爲岳陽廉吏生諸生聖夫公淶文譽重有司而力拒關說貢生子中公彬以氣節受知先高祖方山公諸老履吾公九思登嘉靖戊午賢書爲荆川同本高足郎先生曾祖祖父云先生幼孤節母金孺人課之嚴藝歸視殷掌夏楚痕槪加撻與伯兄際明分文武業兄既從武科奮先生益攻苦至二十八年而始青其衿爲青衿二十年而始謝場屋風燈雨囊榜下途中所閱歷艱矣先生自言吾摛詞不今不古置身亦濁亦清吾黨私評則謂流俗獵腐渠脂目不識唐以前藝握算不越籬溷間輒自詑鼎彝冰雪如先生畫界西京吸茹沆瀣妮古純清鑄今範濁何言之謙也金節母性烈意拂則室中器立碎先生婉承勿替叔祖凝庵公方赫奕臧獲或不善解主意負氣蹶張先生訶責之若竄下養至書生妄刺時政漸及温室中樹先生訶之曰食士之謂何而加以朋儔所不堪事伯兄悌撫孤姪慈爱同社待及門煦煦偏在困蹇中迨飽飀而執權鷙避若浼己翟公門寂未嘗不欵勉歲晏也薦張清惠公於凝庵先生至

汲齒不知孫文介公門庭高峻特心折先生伉朗詩經藝爲海內所誦邵陽李組修聘致之訓少文侍御世臣中丞於弱冠時兩君固攬轡直上先生鑄之亦鑪鞴殫勞矣好積書好觀晉唐帖量窄而好酒乏脯糈而好客賢配葉孺人爲外母所愛憐絕不敢干半鐶召嫌於內昆有子虞臣亦以經書藝繼起詞壇與予及馬文忠數君尤訂形外盟蓋虞臣固慎許可而以早曠不克赴遠近牛耳耑甈三十年來名士其身名俱泰與隕身保名者幾人天實以疾全虞臣哉亦先生之篤行有以貽之也晚年學道號無言道人臨終手畫虞臣掌曰吾甚樂遂瞑年七十七時爲崇禎壬午孫元鼇元揚元登皆英藻醇謹鼇揚從予遊唐

氏祉未艾

逼家子米曰予五六歲先母遡大母皆已逝日嬉戲曾大母劉室曾大母卽稱外孫女於唐者也故予遇唐氏尊屬必致敬或嘲予子殆蟻集荆川數仞耶予謂高山景行雖疏可昵豈先世莅葦而有遐心後交虞臣因得侍先生卽微懿戚豈非里門長者哉先生輩從君俞先生寄情墨疇爲流俗所不解予每述先刑部語推爲風塵外物而先生則以磊砢有節目銅棟梁於巖壑二唐翁並予父行若使子猶子敬分賞高士則君俞類長卿慢世東以徽纆君禮固井丹高潔擴以宏雅矣私居品目二唐翁一六尺珊瑚一百鍊純鉤先刑部則辟寒暖玉固當鼎峙進

而學道如駿駃就銜耳先生覩化時不既微乎予已髠頂爲道民故傳先生而因及此野衲米奇逼家子辞案述

安宇兄記　十世

辛未之秋與兄聚首於滆水之濱望其貌魁梧奇偉似會稽之軒舉似方山之精悍聽其言慷慨激烈似淮陰之登壇似景略之捫虱試其才勝艱大勇作爲似魯連之解紛似虞詡之盤錯觀其識決幾先料事後似南陽之三分似戶牖之六出相與促膝而談者屢曰心竊愛之敬之謂今天子設武舉求方畧以吾兄應明詔提兵萬里外當必卓卓樹功業如古人可紀者惜乎其未遇也竊於修祠一事畧見一斑云

宗祠

望溪公故宅也而捐田入祠者有

凝庵公二公功德均堪不朽故俱從祀廟庭但祠之成在於萬歷丁巳年其來舊矣行見榱桷將傾牆垣欲圮癸酉至日公議修葺相視而嗟莫克勝任惟兄慨然曰是予之責鳩工庀材不辭寒沍越數月而告竣予於甲戌歲幸擡言旋諏日假

祖兄廟貌聿新前堂後寢美輪美奐使非兄之才力有什伯庸眾者安能使數百載之舊業忽鼎新於一旦哉且會計木石等費公用不足復捐囊給之嗟乎人於公事或借以營私者殆不乏人即不然亦就公物辦公事已耳誰能以私財助公用不矜勞不市德如兄者耶是繼

望溪公之遺澤全

凝庵公之義舉非兄其誰與歸異日撫棟宇之巍峩仰簷阿之高聳相與頌兄之功德於不衰而兄綜理之才經營之識亦於此得其大概云時

崇禎乙亥三月清明後三日弟士嶸撰

先大父膂力絕人以勇氣聞州里爲人慷慨豪俠不屑與儕偶伍且能以公正服人所以鄉無寃事亦無訟端至於處世上交不諂下交不瀆有古國士風其行誼多可稱述豈特修祠一節而叔祖損占公謂其有功於

宗祖故以是附之於譜末祖生于隆慶丁卯四月初二日卒于崇禎丙子四月初一日享年七十歲孫元廣謹識

唐氏家乘卷十

傳記

唐氏家乘卷十

傳記

桑梓潛德錄潔庵唐君傳 十世

唐獻恂字君知郡廩生順治丁亥當貢不就試遂棄諸生同學岳某過匪人溺諸水幾死獻恂鳴於直指直指斥爲多事獻恂曰朋友人倫之一寃不爲理安用友爲直指義而雪之某喪子無以爲殮獻恂鬻妻奩爲之櫬某四十無子以女聘金爲之娶婦親朋或有所負力不能償者悉焚其劵獻恂初未有子暮年生子字肩人以爲爲善之報

隱士唐潔庵先生傳 十世

一百六十年前當肅皇帝盛時海内有文章大家理學正宗經濟名臣合爲一人者曰荆川唐先生順之常之武進人出自永州太守有懷公瑤公生三子長卽荆川先生次曰重庵公正之邑廩生生震庵公魁徵太學生公生二子次曰履溥公儆清邑庠生配萬氏大宗伯謚文恭女孫生三子長卽潔庵翁也翁諱獻恂字君知晚取歸潔其身之義自號曰潔庵郡學生食餼二十年六試場屋不得志於有司方當以明經入貢會南北滄桑遂棄弗就以隱士終其身無間識與不識咸謂翁才名三十年不登一第僅得廣文先生片席又敝屣去之以此爲翁稱屈

要之後世科名固不足爲翁重區區苜蓿一官又何足以重翁哉易曰尺蠖之屈以求信也蓋屈蠖非他卽潛龍是已君子之學知進莫要於知退知得莫先於知喪孰知夫人之所共爲翁屈者乃翁之所自爲獨信者乎翁爲文杼軸於性靈鏤心刻骨蔚然深秀無一字寄人籬下屢爲學使者所識拔一時聲譽赫然雅不喜標榜吐言社事及其登壇立幟儕偶莫敢爭先鄉里先達素號知文識士者無不決其必售壬午以後絕意仕進而止於此道熟處難忘往往有見獵之喜年已八十矣諸孫篝燈夜讀時自拈小題課之間以給余此吾家塾師所作大都性情流露而出入於左氏國策不失宋羽皇繆太質諸公法度時流

新進或瞠目不可解於古文辭不多作必有爲乃作嘗手輯劉忠毅王忠烈徐文靖陳寒山金濬歸李霜岡六公尺牘裝潢成冊題曰忠臣遺翰各製小傳於其右高古精確斌爲惲遜庵李灌溪諸公所歎服每篇多不過三百字墨光懔懔鬚眉畢見游刃猶有餘地余最愛其隨案隨斷處波瀾忽然橫潤別有熱血飛灑所謂此竹數尺耳而有萬尺之勢至如劉忠毅傳尾突入乃祖以牛屠姦盜身殞焚如公手執利刃剜牛屠心肝以祭其祖一事尤極得穀梁子筆法此外長書短簡或爲扶植綱常或爲保全士類或爲干城名教務有關於世道輒慷慨爲之則又洋洋灑灑衝口而出眞如茹物不下必吐出乃已所著有續毘

陵人品記潔庵漫筆髦言續漫談諸書皆足以勸善懲惡信今而傳後忤時觸諱或所不免令子宇肩什襲藏於家翁自小試童埸受知於邑侯董公衡文者失之董公薦補邑庠翁恥不就覆試棄去之某科之役主司網羅名士以翁爲夜光之璧懼其暗投用關節鈎致翁翁峻拒弗受金陵再造仕路混雜有故人踞權要欲爲翁道地諷翁入貲爲郎翁直答曰昔人所謂不及一年此中狐兎遊矣何以祿仕爲謝却之以此見翁嚴氣正性不徑不竇進必以禮於始進已然於科場復然於仕路又然固不獨時移世換抱河山陵谷之痛激發於普天義憤倣屈一叫經廣文而已也其行事大者尤在於天性湻摯根本孝友能躬修實踐行人之所難行先公歿遺田二頃斥其過半以盡心於大事迄母夫人之歿并所存數十畝悉歸烏有猶以棺杉禮儉爲痛居恒仰天歎曰我唐氏爲毘陵望族非以科名著也即其以科名著者始洪武己卯終崇禎己卯共二十八人前乎此皆淺於世故深於文章薄於勢利篤於義理恬於功名急於道德者也終其身悒悒然以世德難繼祠宇弗葺川爲三憾僅存二百年先廬一區兄弟同居者數十年弟亡猶子不能擇交一旦踞其十之七翁度勢不能守亟謀徙宅避之亦絕口不言其故推此以待外人凡事疏財舍己仗義施仁或救人死喪或完人婚配與夫人之負恩背德詈子吞母多不下七八百金翁悉焚券

不問如棄涕唾親友見其貧或非誚之翁笑曰書稱堂構播穫豈謂是乎古者民有三疾浪子與騃子非我誰能爲浪與騃哉嘯傲自得如故翁爲人風儀秀挺修髯瘦骨玉立長身有時烏巾藜杖有時籜笠欆鞵有時不冠不韈廣袖飄飄獨來獨往望見之者一以爲神仙一以爲野鶴幾不知塵寰中有此人性不善飲好以酒飲人尤喜堅坐觀飲茶酒內挽鬚抱膝稱說國朝典故前賢風範旁及三案邪正社事始末對人子孫談其高曾祖考時事歷歷如畫亹亹不倦少年伏聽漫不知作何代語生平不多出遊然性好遐覽溯臨漳涉淇水踰彭蠡渡錢塘亦旣屢登飽經窮幽極眇矣尤稱玉壺金盆之勝下有洞壑怪奇不

可名狀爲第一快游所至抉剔碑碣參諸載記瞻拜墟墓徘徊先聖遺跡爲肅然敬慨然懷者久之若夫中州破滅宗藩淪喪竄走乞降崎嶇不振與夫江東戰守同舟遇風自爲敵國雖仗節死義各爲其主而仁暴利害較然不侔莫不咨詢父老詳求曲折欷歔評論而後去性尤篤於朋友嘗自言我之爲友非特不辭勞怨并不顧利害者也不平之事我代鳴之不法之事我面斥之干紀之事我力挽之知者以爲實錄又言年愈邁交愈少晚得武林澹歸道人吳興李霜回最爲合志同方以心相許澹歸有贈翁詩云劉四罵人人不恨毘陵唐大亦如斯長江直下偏適駛老桂單行辣莫支竟舍一官兒子好未沾五斗老親

慈何來澹漢憐窮漢窮得無端便有詩又與翁書云有此一種窮人挨此窮歲月磨此窮世界須少他一日不得乃知窮字是長生不死之訣也其數千里外筆墨往還如握手嬉笑多此類李公每過毘陵必主翁家翁亦訪公於苕上俱累旬浹月不能別公有同君知宿智者寺及同訪芙蓉庵坐智者橋觀瀑諸詩睎讀其洞中歌曰長山截雲眺天目呼噏帝靈羣怪服有洞邃居三十六神關峻拒路疑伏短樣卧撐肩背踊列炬破冥殊灼煜八埏之奧藏一腹町畦莫鋤具四隩樞陛層層邃且複石乳倒垂光磔磔猣頭蛇腹形千族蹲如巨象卧如犢乘龍天矯角鬣蠶蛟蜒吐沫旋成瀑暗井窺天天一掬巍然窈然排夏屋和氣襲人冬乃煥磨崖之字鬼欲哭仙人驅使劈白蝠那知洞外變陵谷上延霄客窮水陸應有丹經及寶籙形神相對雙肅穆歸詑搜奇我敢獨翁所稱怪奇不可名狀者備見於此歌此所云相對肅穆搜奇敢獨蓋謂翁也舵石既投老丹霞東柯復慘死董狐之禍翁於此時鳳鍛鸞悲芝焚蕙泣徬徨故里杜門深巷所朝夕相過從者惟白宜庵楊砥齋雪臣許勿庵蔡紫楓蔣櫟庵邵匙民諸公暨余兄弟共不及十人落落然如殘星數點又時時爲造物者芟去一二翁以碩果不食靈光獨存眼底餘子殆無與語益不得已輒闌入少年場與羣兒遊戲杜老呼盧昌黎博塞稍以散遣其抑鬱無聊之懷抒寫其天真飛動之趣

拘滯者或以爲累放達者愈以爲高要是二者豈足以窺測翁而位置之哉翁生於萬歷庚子三月初七日卒于乙丑七月二十日年八十有六先是六月之杪翁感微疾至七月加劇遂徂藥弗進前卒一日呼諸孫語之曰吾明旦辭世矣汝輩讀書守禮勿忘吾言徧訣親友口占六言八句一章有肝腸如雪可對天人語厥明沐浴[illegible]著而逝蓋由其胸無芥蒂表裏瑩淨故能神明不亂考終正命如此翁元配吳碩人孝廉聚所公女翁常云內子克成吾志究無悔言卽其明大義有賢德可知子一字肩有志節女四俱適望族孫男四同庚同仁同倫同書孫女一翁之葬也睎適病憊弗獲偕宜庵雪臣匙民諸兄弟甸甸執紼

竊究覘窺以爲别於心歉然乃詮次翁言行大略伏枕而爲之傳

贊曰睎曾大父海南府君流寓毘陵受業於荆川先生之門與重庵諸公爲十友紀年之會以道德問學相與切磋砥礪庶幾古者伐木之風府君與凝庵公皆爲文以記之睎又讀荆川先生與重庵公書所示日用功夫在於忍節嗜慾痛割俗情振起十年氣習歸併精神苦切點簡居常反身見過讀書務爲心得以是知公於先生以介弟而懔嚴師先生之理學文章公爲確得其傳震庵公切劘文義敦勵節概自幼恭慎精詳不敢輕出一語妄窺一足退而燕居未嘗有箕踞之坐跛倚之立焉非意

相加曲躬屏息唯唯受罪惟謹即翁所嘗稱受某氏横逆者也履薄公力行孝弟迄老彌篤待親戚朋友逼和無忤情長而禮勤顧有父比要津屢招弗往尤確然秉一介不苟之節唐氏自重庵公以來迄於翁爲四世上遡始遷祖伯成公凡九世蓋莫不代挺賢哲深培厚植以有翁之守先啟後也夫豈偶然者哉睎自國難家禍顛跌困阨平生相識或如路人翁父子獨存余兄弟於荒江寂寞之濱相與追十友淵源尋四世盟好手足兄弟之歡久而彌篤余每至翁家翁父子或不在諸孫雖尚童穉牽衣捧杖揖坐進茗藹藹然以我爲家人即此觀之翁之力行古道垂裕後人蓋又己一堂三世矣世嘗說古今人不相及或又言古今人同不同未可知若翁之仁心直道蘊義生風剛腸勁節涅而不緇進而躋諸古人之列豈有多讓也哉澄江同學

世弟黄睎頓首拜撰

唐潔庵先生傳 十世

唐潔庵諱獻惸武進人生平惟忠正自許萬歷戊午童試時爲董邑侯懋中拔取及院試見遺邑侯爲經營補邑庠公恥進身之不以正也不與覆試遂復去之壬戌始入常州府庠丁卯督學陳侍御保泰試補食餼癸酉主試者採取名士託南部某致公又念進身不可以不正也堅不肯謁因復黜焉甲申三月十九日　烈皇帝死社稷乃北向大哭及聞在朝一時殉節二十餘臣又大哭五月南都冊立公至京見主弱臣邪逆知當日之無科場獨不與科試或有勸廪生加納得官欲代爲經營公笑而不答曰功名豈可因人而立哉丁亥膳夫以序貢逼試不就

唐氏家乘　卷十　傳記　九

遂棄之後數年公内弟吳方思與督學石申有舊欲爲補貢公再四峻卻丙申過君上侯李霜回先生同至金華訪張國維朱大典死節始末張奉隆武朱奉魯藩朱堅守婺城城破男女戮辱朱闔門焚死張守東陽見事不可爲服毒而死縱百姓出城東陽人無恙以故江南之口多譽張而毀朱公喟然歎曰二人各奉一主行事不相同均忠也己亥海艘之變避兵困於溥務及吉凶諸費家道漸落處之泊如也乙丑年八十六而終先易簀前一日呼諸孫語之曰吾明早辭世矣汝輩當讀書守禮毋忘吾言至期親知齊集與之永訣啜茗賦詩而逝公居恒尙意氣不避勞怨同學岳某被兇人溺諸水幾斃公率諸友鳴之直指直指叱爲多事公曰朋友五倫之一見其幾斃而爲之伸冤公固然耳直指頷而行之楊某被富豪毆辱公率諸友愬之命令以原文申督學甘侍御不悅大張曉諭列公名爲首頼鄉士太夫請得免有某生者父喪未終欲應試公勸沮之不從厲聲曰汝考吾必攻之然後已後六載某生登第人曰此公之力也同邑某生素逆母母縊死嫁禍於鄰逼國側目鄉先生某不討逆而怙之公馳扎往讓禍遂寢家無餘蓄好濟人之困厄嘗不計其酬陳某炎天其子病卒公以妝奩中物值二十金爲之典棺殮夫叔鈕某年四旬無家室公以次女聘金爲之完婚公廪缺未補適當補荆溪秦某求讓曰先生不補是虚廪無害於貢

唐氏家乘　卷十　傳記　十

某不補則文宗行矣公遂讓之同邑某官戶曹督左餉昌濡被參逮問浼公求援於某僉院許酬錢三十萬事安寢前議公取券焚之有大文生貸銀三百金不能償又取券焚之公曰盗人負我毋我負人如此不可枚舉性好友以心相許者無多人最曉得莽靖公趙止安黄仔薪邵幼節而已而李霜回先生爲徐勿齋太史庚辰試二房所取士公受業太史門者宜其相視莫逆云

捌從中曰潔庵公先世臨淮自公七世祖遷居毘陵遂爲毘陵望族自洪武己卯始至崇禎己卯終鄉會中式凡二十人而荆川公理學名臣是其曾王伯父也其王伯父當庠貢以下眉一

友老病讓其先之皆恬於功名急於道德者觀公之行事如讓廩辭貢不就噫所從來遠矣山陽胡從中拜撰

唐母吳孺人傳　十世

吳孺人者毘陵隱君唐獻佝之妻宇肩之嫡母也其先荊溪人曾祖尚寶司丞贈少傅大學士性徙居毘陵之洗馬橋遂爲毘陵人父宗奎萬歷辛卯舉人母王孺人文肅公曾孫女年十九歸唐君幼時眉宇秀整穎悟絶人其曾祖母爲王孺人之姑故王孺人時往來於唐見君而愛之遂字以女當是時吳氏科第貴盛甲於一邑王孺人又無子於諸女中愛孺人特甚唐君儒家子樸遬素風孺人安焉性至孝其家有美饌必先進於太姑與舅姑而後食君弱冠即食餼有聲諸生間然素落拓不善治生產以故家日落孺人連生三女後絶不復生力不能置側

室孺人時以爲憂父孝廉公捐館舍遺命三女各分田三頃質肆二百金孺人所受皆瘠田且未敷其數質肆無一金孺人絶口不言無幾微見顔面後其家散遣女樂二女各得一人以賈厚利孺人曰吾夫子年垂四十未有子嗣但能置一妾以爲生子地足矣女樂非所願也因訪得張氏女處之側室久之果生子宇肩孺人愛之不啻如己出彌月即抱與俱寢推乾就濕不少倦嚴冬大寒嘗披衣抱兒就乳於其母乳畢懷之以歸弗忍頃刻離也宇肩幼善病孺人爲之調藥餌節乳哺撫摩護視寢食俱廢疾甚嘗禱於神曰天乎此其父舍功名而得之者故屢瀕於危卒無恙先是丙戌君需次當貢棄去不赴孺人問之寄

謂必生賢子以報君後督學使者石君灤州人也孺人之弟戸部耶方思任灤州與之善念君貧欲言於石孺人曰汝姊壻雖一諸生然二十年食朝廷廩餼何忍復以貢士對大廷哉因義其言而止其卒也以巳亥海上之警避兵於鄉時宇肩被病先返卒之日猶諄諄問吾兒安否且以不獲終事姑爲深恨云蔡元宸曰君與吾父友也少相善及滄桑之變謬以元宸爲同志復稱忘年交君子宇肩與兒輩同硯席遂延以訓諸孫故於孺人之德知之爲最詳孺人既殁至今垂二十年宇肩每道及孺人未嘗不嗚咽流涕也嗚呼此固宇肩之孝然孺人亦賢矣哉

賜進士出身戸部廣西清吏司主事眷甥蔡元宸頓首拜撰

中憲大夫浙江按察司副使損占唐公傳 十世

公姓唐氏諱士嶸字晴甫號損占世籍毘陵襄文先生裔族也父贈禮部祠祭司主事諱貞明育於外祖無錫金氏遂家焉中萬歷巳酉科鄉試乙卯捐館舍公生十四年矣年十九補諸生中天啟丁卯科鄉試以侍母疾不赴公車崇禎甲戌成進士以就養母夫人乞改教得徽州府學所造士皆敦孝義尚氣節巡按山東聯絡河南御史死難凌君駉其最著者也由教授爲國子監助教由助教爲南京禮部祠祭司主事管耶中事出知河南歸德府時歸德被賊蹂躪公視事卽爲城守捐貲設法甃外城十六里而濬之濠深一丈有奇二月經始九月畢功民不知病於是嚴守禦賑流移周宻備中竅虆雖赤眉銅馬充斥兩河訖公終任歸德九屬無恙公之力多矣晝營戰守夜宿城頭憂慮攢心風霜侵骨身任巖疆不敢引疾撫按廉得其狀特爲代題竟得請時崇禎十四年也甲申八月卽家起補嘉興府知府以家宰徐虞求先生薦也先生素知公爲桑梓擇人手書敦促公力疾赴任到郡卽拮据措餉釐剔宿弊以免脫巾地方賴之明年乙酉遷浙江按察司副使整飭水利未及上而南都失守公遂歸一意奉母研心周易雖居城市邈若深山二十餘年如一日也丙午八月廿八日以疾卒於家遺言惟奉母而已他無所及也公生而孝友初舉於鄉不赴公車以母夫人之故旣捷

南宮乞改量移亦以母夫人之故纔遭　國變而兢兢慎謹無踰越尺步溫凊省定晨昏不間者二十餘年乃竟不克終養以沒知公於家國之間亦未免有遺憾焉公在歸德擒獲妖僧洪儒叛賊趙民樂楊方茂剿土賊劉明宇於濟陽皆親授方畧事克有濟庚辰九月以營衛軍兵及鄉勇武健不及二千人殺賊賊盡而官兵不傷巡撫都御史高公名衡疏聞　詔褒美焉其在嘉興當選淑女於杭州路太監田成所至誅求無藝公力折之巡按御史彭遇颽攜材官家丁桀驁無狀及按部公設法禁戢兩人不能難也公滹事族黨周親故下及佃作推心撫字絕不干人以私雖狷介性成其所得於學問之力者深矣余與公

同登進士榜出處亦頗相似公每利攸往余輒邅迍初余請改教不許公繼余請卹許之余筮仕中陽公出守歸德先後皆賊衝公與余在事時皆悉力殫心城守完好余以拂時貴意掛彈章公以病告得請乙酉四月公將力疾赴浙差余亦將墨衰辦軍司馬事夻未上而土崩瓦解不可收拾自是而後公優游愛日余備嘗患難僅全腰領視公之讀書養志吐納呼吸其苦樂相去尚有間哉公遊道山者八年矣余尚作未亡人視息塵世然老且病焚爍筆硯已三十年乃辱公之子宏縠請為作傳不覺縷叙公之梗概因及兩人生平所遇蓋瞠乎後也

司馬氏曰公生平學問得力於易其在易之井乎出則六四之井甃無咎處則九五之井冽寒泉食也近世大夫士進退維谷其履虎尾而據蒺藜者指可勝屈哉公獨視履考祥其旋元吉非特受命於天者厚亦人事使然以是知易之不可不學者如此

職方司馬年眷弟嚴栻頓首拜撰

先大父孝思公傳 十四世

吾唐氏世爲毘陵鼎族代有聞人繼周六世祖仍山公諱恩祉始遷錫之陽春橋三傳爲佩仁公諱元塤四傳卽先大父也諱永錫字孝思自遷錫以來家已中落迨孝思公以勤儉起家漸致饒裕公之事曾大父佩仁公也輒能先意承志以婉容愉色得其歡心曾大母李孺人卒於雍正九年時公纔五齡耳每以垂髫失恃爲恨時見諸涕泣又深體佩仁公中年以父兼母曲盡恩勤故公於寢門定省跬步弗離此其至性然也自積有生產家以豐腆然而持籌握算實非公所屑意也宗黨親串間遇不給者輒貲之未嘗少有吝色乾隆乙巳歲値亢旱邑中捐資

助賑公出而爲之倡令賢之給惠濟桑梓額以示奬其他以仁存心解衣推食不令人知者殆不一而足數十年如一日也周禮所云孝友睦婣任卹公殆兼之矣居家訓子弟必以禮節凡飲食服飾不令稍事侈靡繼周自幼時所稟承於庭訓者蓋諄諄在耳焉卽謂公之積而能散留其有餘者於已補其不足者於人以爲挹注之地也奚不可哉族譜旣成繼周不敢隱公之懿美爰爲叙其端末用申導揚之志卽以質於宗人及親黨之知我大父素行者

嘉慶二年歲次丁巳春王正月孫男繼周百拜謹述

先大父孝思公像贊 十四世

維我唐氏桐封兆興支分派別來自蘭陵六世於茲繩繩祇承猗歟王父弓冶相仍懋遷化居以莫不增匪屯其膏洽比親朋分災卹患衆口交稱萱幃垂逝樾蔭軒騰益深孺慕孝亦難能式瞻遺像愧武之繩

嘉慶二年歲次丁巳春王正月孫男繼周百拜謹題

唐瀾叔姻兄小傳 十五世

夫四序代成冬日可愛八風應節夏雨稱時故澤以智周物由仁育然食曰嗟來人藉黔敖之粥悅憂不足濟勞子産之輿已惠不宜梁伯夏清徽已渺周郇自諱寇子襲高誼誰敦　瀾叔唐君諱源漢余之姻婭也潘岳面城居近梅里晏嬰近市水繞龍谿舍[illegible]芻以奉晨昏承色笑而敦式穀時則歲行在木天不雨金

聖皇發粟堵鞏鴻飛義士倡捐謀貽燕翼而且方兒輸金旋贍鞭石地當水驛橋建陽春是橋也楚糯吳秔糧艘霧集越商荆客估舶雲馳工鳩貫縏駕鼉非易而乃經營協乎同

志董幸出以精心俾雞鳴霜曉揭謝征衫鷄首風和穩行擊楫亦既得箕裘之善緒悟弓冶之心傳矣加以肯構爲懷播穫是切惟麟之趾性本履仁惟鳳之毛腹還抱義堯有水而湯有旱歲又適然父爲作而子爲述風斯古矣爾乃捐貲則爲親繼後平糶則命子開先斗米換真珠不計長安之價升水救涸轍用紓鄉里之憂然而秋稼不登春耕未熟號寒漸過啼饑益深又復命哲嗣以服勤與仁人爲同善詎圖金報廣推漂母之恩非邀惠名大暢公叔之志桃花粥煖人圍野竈以騰歡蓮籽香浮氓望炊煙而喜躍呼庚有應嬪子以宵洎乎麥秋已至叟占大有之年首夏告登邑鮮流亡之詠賢宰循名而論德

聖恩勸善以頒旌惟一姓應兩邑之捐以兩匾彰一門之美此固樂善成風奉

綸音而載錫惠濟疊見映舊額而增輝者也至若里近恩渾橋因廟建雖非驛路亦接通衢雁齒紅欹勾連岸塌鴨頭綠冷厲揭歌長方商擢乎成梁特進修乎古廟惜乎虹作卧波水流春去垣猶草長樹靜風來痛月建之逢申悟太歲之在酉值既望有三日當中澣之八天華表風清丁令竟傳化鶴緱山月朗子晉倏已乘鸞能不使鄉里欷歔口傳墮淚碑耶　君年近古稀止虛六載　德配徐孺人少

君二年曰艾之期已占炊臼壺範多儀早傳家乘琴瑟遺韻無俟譜傳所幸光生合浦分王氏之雙珠煙煖藍田詩陸家之雙璧梓恭橋倨再世勤劬棣萼常華一門競爽洵乎善人有後也今者靈椿一枝寒霜輕瘁玉樹雙立哀毀可知惟宗門昆仲分一絕以傳家柳氏喆嗣高百世以肖父行見詩歌不匱非徒無改於三年尙宜禮就節哀不却水漿於七日勉兹繼志無忝承家是爲傳

嘉慶二十五年歲次庚辰秋八月穀旦

賜進士出身

誥授通奉大夫福建布政使司加二級前翰林院編修教習庶

吉士年姻家眷弟孫爾準頓首拜撰
勅授文林郎福建邵武府光澤縣知縣加三級前知安徽太平
府當塗縣事姻愚弟周琦頓首拜書

從父景溪翁暨配葛太恭人家傳 十六世

壬午春二月從兄履卿既奉從母葛太恭人之柩合窆於從父景溪翁之兆遵翁遺命不乞言於當代鉅公而深恐翁之潛德幽光泯焉澌滅也屬晉爲之傳晉不文慮不足以傳翁遲遲未有以報命歲丙戌毘陵大宗祠續修家乘從兄乃督晉爲翁傳晉念翁與先君子於從昆弟中最友善晉侍先君子既得聞翁之梗概及長時時從翁杖履而翁之嘉言懿行又饜飫乎耳目之中回憶及之歷歷如昨雖不文其曷敢辭謹按翁諱懋勳字景溪姓唐氏系出明右僉都御史襄文公弟太學生歉庵公後世籍毘陵六世祖玉碏公始遷無錫卜居靖海門外五世祖康

侯公諱宇鑣高祖孟明公諱士舜曾祖諱錦章公祖蕙均公諱陽和父諱應龍公配張太孺人生三子長正方早世季集勲翁其仲子也少讀書即求大義不屑屑於章句之末稍長棄儒而賈雖日居廛肆而敦樸醇厚藹然有儒者風事父應龍公母張太孺人晨夕間視能以色養撫季弟友愛臻至翁年三十有二而應龍公卒又十有六年而張太孺人卒自念業賈不能博封誥無以遂顯揚乃積貲援例以按察司經歷封贈祖父母父母以光泉壤尤好施與歲庚申粵逆陷邑城族黨之流離失所者往往就食於翁翁權其緩急而周卹之所全甚衆而敦念一本殷殷於建宗祠輯家乘置義田實與先君子有同志會先君子

殉庚申之難同志者蓋少亂平乃命四從兄心齋良次玉裕公遷錫以來世表爲續修家乘之本命二從兄履卿卜地於惠山寺塘涇爲創建宗祠之基命七從兄子良八從兄竹山置田於懷仁鄉爲捐置義田之倡迄今晉得從諸兄後建宗祠輯家乘次第觀成而捐置義田設立書塾亦指日可冀於此歎諸兄之善承父志而益見翁之留貽遠焉翁訓子嚴一跬步不得踰尺寸然皆以身教薰涵陶育默化潛移則諸兄之怡怡一室與姪輩之孝友相承皆翁之教也太恭人姓葛氏元亮公女年二十歸翁孝翁姑和妯娌裙布荆釵佐翁理家政翁深倚之晚歲豐

腴不更其素里黨以桓孟比之子婦七人不事華飾雖有婢僕然皆操作爲之先此寶太恭人儉德有以倡率之也翁生于嘉慶五年庚申正月初五日卒于同治十二年癸酉九月十七日以子俊培封奉政大夫以子洪培晉朝議大夫太孺人生於嘉慶八年癸亥十月十七日卒於光緒七年辛巳十二月十五日以子俊培封宜人以子洪培晉恭人子八人嘉培俊培爵培誠培泰培洪培福培鈺培嘉培後兄正方與爵培泰培鈺培皆先翁卒俊培郎履卿誠培郎心齋洪培郎子良福培號竹山出女一適國學生張順全孫男十有六鴻鎮保鎮俊培出永鎮德鎮華鎮誠培出浩鎮滋鎮濟鎮明鎮圻鎮鎣鎮洪培出熙鎮渠鎮潘鎮殿鎮麟鎮福培出保鎮後爵培德鎮後泰培熙鎮後鈺培

孫女五長適祝俊培出次適邑庠生鄒厚培次適殷爵培出餘未字洪培出曾孫男十桂原鑑驫榮驫崑驫英驫鴻鎮出道驫保鎮出政驫永鎮出銘驫德鎮出開驫望驫熙鎮出曾孫女十長字徐鴻鎮出餘未字

光緒十有二年歲在丙戌季夏之吉姪錫晉頓首拜撰

葛太恭人八十壽序 十六世

竊惟徽揚彤管半出文人頌禱之辭彩溢錦屏類多學士鋪張之作目未識鮑宣家婦已交誇提甕汲井之賢身不爲陶侃座賓輒試稱截髮剉薦之事郵筒相寄道遠僅得之傳聞里閈比連室邇尚違夫色笑周未有少扶几杖以猶子分棗栗之甘長列冠裳隨諸昆作庭階之謁如晉之知我

伯母大人葛太恭人者也太恭人相國華宗仙門令媛甫離毀齒早譽徽柔乍卸勝衣咸稱婉淑晨拈芸管不謝讀桃詠絮之才宵肄葩絧維求刈葛采蘩之義允矣善心爲窈冠吳下之名閨岵然在手有文歸晉陽之世胄常其佐我

景溪伯父大人也鹿車對輓鴻案相莊模雀筒魚怡色奉堂前之膳劉芹孟笋洗手調厨下之羹和妯娌於閨中籌有無於閫外時則逃名萊子不羡朝登嚬跡韋康偶思市隱茂陵秋雨馬長卿四壁徒存栗里春風陶靖節一尊空對太恭人方詠齊牢仰爲代賢拔釵析鈿經營賓客之歡膳藿薪槱屏當室家之計黽勉既深豐亨斯兆范大夫則手置千金張文瓘已家稱萬石太恭人自席厚豐益敦任卹當九族解推之日正一方塗炭之時烽火連天樹有覆巢之鳥鼓鼙動地轍多困涸之魚封公既分釆散錢效郟景興之周貧乏恭人亦齊環典珥助王太叔之賑孤寒惠澤均施咸疏罔間此揚其婦德眞不數梁妻桓女之賢而景彼母儀又高出歐氏陶家之上和丸五夜用襄稽古之勤斷杼三冬特著廢時之戒卜宅師孟母之三遷同居書公藝之百忍用使孔能讓棗山不分荊姜家之被可同眠氾氏之衣無常主怡怡如也難爲弟亦難爲兄籍籍稱之非此母不生此子遂乃陰濃庭梓秀擢階蓀記劉殷七兒曾聯玉筍看穆甯四子各粲金枝履卿兄婚締延陵汝南騰二龍之譽心齋兄姻聯渤海河東馳三鳳之名子良兄奉續鸞膠並挺燕山五桂竹山兄瑞徵麟定分傳奉世四經花

萼爭輝先後拔文壇之幟藻芹擷秀聯翩載贊序之聲況復蘭茁其芽椒蕃其實子生孫而孫生子螽斯之慶緜緜姑方婦而婦已姑鳳卜之祥疊疊合四代以同堂萃一門而競爽良以徽音所播足傾動乎一時故其懿範所垂得並邀夫百福夙徵祥而夢月宵守庚申今結綵而蒸霞歲當壬午錦披八秩之筵雲麗五花之誥桓少君年臻耄耋視聽未衰郟夫人歲望期頤神明不爽椒花獻頌羅門下之衣冠菊酒稱觴駐庭前之車馬於時彩毫才子競進春詞斑管詩人迭賡壽曲胥也行分玉樹坐附瓊筵有聖善而弗揚恐淹潛德知柔嘉而不述誰闡幽光用綴蕪詞先

仲華祝兕觥載獻政效邠人之躋公堂燕喜重賡竊比奚
斯之歌壽母
光緒八年歲在元黓敦牂日躔娵訾之次上澣穀旦從姪
錫晉頓首拜撰

葛太夫人八十壽詩 十六世

天開壽宇婺星明松柏南山句載賡四代團圓膺景福一家歡
喜祝長生孫枝聯擷芹宮秀子舍重迎芝誥榮春到瑤池桃熟
未欲邀王母酌金觥　勤儉持家母也賢萱幃康樂小神仙於
今計日經三萬以後長生算八千積善好教培玉樹施仁曾不
吝金錢試看北里慈雲覆封錫桐圭世澤縣

姻世再姪陶世鳳頓首拜祝

瑤池宴會眾仙人上壽爭傳已八旬翠柏蒼松千歲茂伯歌季
舞一家春江南信寄梅花早海北樽浮竹葉新四代同堂徵瑞
慶正堪樂事敘天倫　遙望蓬萊五色雲琪花瑤草植紛紛芙
蓉湖水鍾靈秀蘭玉庭階透馥芬賢婦親供安邑棗文孫競采
泮宮芹織成蟫窟登科記又有佳音入耳聞

世再姪范廷銓頓首拜祝

瑤池春暖醉流霞餐進蟠桃又勸加五福九疇推上壽一堂四
代播芳華孫謀指日齊攀桂母範堪風著績麻慶溢門庭方未
艾晉陽舊族近相誇　芝蘭玉樹護階墀繼起孳英卓舉姿留
得芹樽祝多暇乎教蔗境美佳時誥應頒紫榮何極管待書彤
德可思繞膝孫曾猶老健稱觴端合卜期頤

世再姪顧祖辰頓首拜祝

淑德門楣本列仙霓裳高會大羅天喜看壽母稱觴日正值諸孫射策年堂上萱開春八十盤中桃熟歲三千他時文戰秋風捷眞覺箕疇五福全　春到瑤池笑語溫天教福履萃清門吹笙詩譜南陔什益算籌添北海樽四代同堂姑作婦一家餘慶子生孫五花頒誥非無故鍾郝由來齒德尊

世小姪侯家鳳頓首拜祝

熒熒寶婺爛星光春滿瑤池綺席張八美八旬登上壽天生四

代使同堂杖鳩閒享神仙福誥鳳頻頒雲漢章王母蟠桃垂顆顆堆盤紅映紫霞觴　絳雲一片靄萱闈璀璨中堂絢曙輝萊子剛披斑綵舞潘生新導板輿歸梁桓自昔堪追步鍾郝於今有嗣徽更喜芹宮聯擷秀孫枝濯濯正交輝

世再姪華慶[?]頓首拜祝

瑤池瑞靄卷萱闈寶婺中天燦德輝玉樹臨風華屋滿金樽醉月煖爐圍方看詞客稱觴祝行見文孫奪錦歸自有天倫眞樂在導揚難仗彩豪揮　勤儉持家說母賢北堂春氣足新年萊衣晝舞文鴛錦珈服宵融寶鴨煙誥鳳頒來天錫嘏杖鳩扶出地行仙期頤已出尋常外況復同堂四代全

世再姪王華[?]頓首拜祝

寶婺熒熒映綺筵華堂銀管雜冰絃書傳阿母來天半詩獻長庚祝大千令子已占星聚井諸孫又見玉生田九重綸綍西池下歲歲恩光近日邊　祥光正靄萬年枝錦帨高懸舉玉卮挽鹿丁年思淑德丸熊乙夜課佳兒書傳瑤島三青鳥食采靈山五色芝況復忝居蘭譜末俚詞邃頌壽維祺

世再姪薛國楨頓首拜祝

徽揚彤管屬吾徒況見柔嘉足楷模山鞠遺來躬獻舅湖蓴煮出性諳姑相夫慣汲桓君甕課子常書永叔蘆今日陶家賓客滿稱觥拚與醉屠蘇　瑤池佳氣靄瓊筵酒進麻姑祝大年鳳誥榮封頒魏闕霓裳仙樂奏鈞天捧觴伯仲羅階下讓棗孫曾繞膝前四代一堂眞盛事椒花獻頌迭爭先

世再姪朱元興頓首拜祝

先考問苑府君暨妣張太孺人行略　十六世

府君諱文源字問苑系出明右副都御史襄文公弟附監生歎庵公後世籍毘陵六世祖玉裕公始出毘陵遷邑之靖海門曾大父諱錦龍公妣胡太孺人大父諱肇基公妣史太孺人父紹鑑公諱秀林妣廉太孺人府君性誠懇激烈四五齡即喜聽人談忠孝及義俠每值幾啼廉太孺人爲述稗野中忠孝事啼輒止九齡出就外傳一年而習四子書三年而五經成誦宗黨咸目爲讀書種子後以家貧不能卒業去學賈府君意頗不屑歷數年迄無所就既以紹鑑公且老不得已勉就廛肆權子母取什一之利以供甘旨然出告入面色養未嘗少疎府君於次居

五弟兩兄撫一弟怡怡一室間紹鑑公與廉太孺人顧而悅之嘗曰吾家有天倫樂不羨人世顯榮也府君年三十有三而紹鑑公卒哀毀盡禮而事母廉太孺人益加謹惟恐以居喪之故損暮歲精神此皆不孝幼時所聞於廉太孺人者也府君好施與奉養有餘輒以濟貧乏即非族黨有所求無不應嘗有周某喪其母無以爲殮詣府君陳情府君即爲治具所費不貲無德色願得子遲年四十有一而不孝始生又五年而幼弟生府君嘗鍾愛然有過則督責不少寬府君以貿易故常外出不孝畢聞訓誨甲寅春夏間府君得肺疾日夜吐膿痰升餘百藥罔效後得古方用五更重露中絲瓜搗汁温服不孝季姊之字倪者時年十二每中夜起持釋氏經以待五更冒露叩治圃者之門親往采擷歸如方製之以奉府君閱月始愈是秋府君養疴在家乃時時以行己接物訓不孝而歸本於誠敬二字不孝年十三始搦管習舉子業府君見之喜則又訓不孝曰吾家自毘陵來遷路隔百里春秋二祭常不與每興念祖宗在天之靈罔伸孝享心實惱然宗祠之不建先靈罔無由安也吾嘗適毘陵遇襄文公歎庵公子孫之隸本籍者相對若不相識間與語及同宗亦往往隔膜視譜學之不講族誼亦無自敦也吾族雖不甚蕃而豐腴寒儉不能强同往往有青年苦節與繼養殖孤子伶仃難謀成立者義田之不置孤寡又無所養也此皆吾未償之

志小子他日有成其竟父之志不孝謹誌之弗敢忘咸豐二年髮逆起於廣西三年陷我金陵據爲巢窟大江南北半遭蹂躪府君扼腕恨無尺寸柄効力戎行十年四月粵逆陷毘陵府君欲奉母廉太孺人徙鄉以避廉太孺人決不可乃獨遣不孝出不孝不忍離膝下乃厲色訓不孝曰吾所以遣汝出爲宗祧計汝不行是墜宗祧也不孝莫大焉督不孝自南門出囑之次日旋復入城越七日而城陷矣彼蒼者天曷其有極此不孝泣血椎心百身莫贖者也太孺人姓張氏裕田公女幼育於舅氏沈沂川公家年二十歸府君佐府君事紹鑑公與廉太孺人捧匜饋食敬禮有加一堂妯娌聚處無間言待下嚴而有恩有所使

則操作爲之先故婢僕無敢少惰困乏者輒貲給之不給則典衣飾以繼每謂不孝曰此郎所以貽汝輩也撫子女不事姑息有疾病則日夜不去心而心力尤瘁於不孝一人不孝九齡始入塾太孺人常蓄果餌以待其歸夜讀至宵分太孺人必篝燈以績不孝恐太孺人重勞以爲請太孺人則曰汝未寢吾寢終不安也然則不孝之至今日府君之教太孺人之養也而竟不獲伸烏哺之私少報恩勤於萬一天乎痛哉府君生以嘉慶十二年丁卯九月二十日太孺人生以嘉慶十九年甲戌五月二十日同殁於咸豐十年庚申四月初十日粤逆之亂子二長錫晉即不孝次錫福一名挺生以咸豐二年壬子五月二十八日

生從府君太孺人同殉庚申之難女四長字沈未嫁守貞次適秦次適淩次適倪

同治五年歲次丙寅十二月不孝男錫晉稽顙謹述世姪朱蕚頓首拜填諱

唐氏貞孝女傳 十七世

女姓唐氏文源公女予友桐卿名錫晉胞姊也性聰慧讀書一過即成誦針黹之餘課兩弟讀讀有誤輒爲正之年十四贅沈君雙壽雙壽未婚卒父母詰其志女泣曰從一而終義也況吾家貧弟尤幼吾忍背親而他適耶乃獨居一室課女紅以奉父母父母深倚之嘗謂人曰吾有此女不羨世之鼎烹而養者矣歲庚申粤匪陷常州父母遣之出女又泣曰臨難無苟免古人猶勉之況有父母在耶其女弟適秦氏托病迎之去無錫陷祖母父母及次弟挺生俱殉節女得耗大慟絶粒三日女弟力解之勉進湯藥病二十五日卒年二十有六時十一月二十一日

也同治六年桐卿以其柩合窆於沈君之兆有司爲之請題於

朝　年得

旨旌表

論曰自予占錫籍與諸君子相友善後交唐君桐卿其爲人性純孝而剛直好義予心儀之及與之談往事輒嗚咽不自禁蓋庚申之亂貞節孝義萃於其門今皆邀例一體入祀忠節祠矣然則桐卿獨免於難天實啓之以彰唐氏之德也予既爲之作貞孝傳因並及之

光緒元年歲在乙亥孟春之吉南沙唐彬撰

問梅唐翁傳略 十七世

君唐姓諱炯字問梅七世祖諱思祖公始由毗陵遷居無錫南門丁漸繁庶勤樸一守先世儒素風至君父桐軒公則稍稍習會計居君之生家日以裕君性木訥無躁容無激語誦讀外闓屏靜坐闃然不聞謦欬聲里閈中亦罕睹其面值善者尙與周旋否則吃吃然訥若故喜濟人困乏竭己力所到年三十屢試不售人代扼腕君乃夷然謂讀書明理非研鉛槧而專博功名其曠達如此君承椿蔭游熙皞之天釣水樵山謳吟間作迨桐軒公歿家務悉委諸兩子子賢善經營事無鉅細勿使老人一縈心君益優游養素始遷祖墓年久未脩君親持畚插植

松楸并一一爲族輩指示昭穆庚申之變一家避寇他鄉輪重多所拋棄惟 列祖神容敬謹隨護故遭此紅羊大刦子孫今猶得瞻數代衣冠宜君之流風餘韻似水斯長也君生於嘉慶丁丑正月初五亥時卒於同治丁卯七月初四午時以子丕基誥封奉政大夫德配沈宜人子二樂基太學生丕基五品銜賞戴藍翎女一適同邑高氏孫景鏞

光緒丙戌仲夏族弟煥孫拜撰

振南唐翁傳略 十七世

吾宗毗陵唐氏簪纓望族理學傳家自荊川先生闡道脈之源流繼繼繩繩代有賢喆第年湮世遠聞而知者每苦畧而不詳余年逾弱冠尤不文凡前輩之懿行本不敢妄參一辭則諸簡端今唐君春泉敬誦乃祖振南翁遺徽乞傳於余余與春泉交最深不敢辭因謹按之按翁諱楷字長生號振南考諱廷椿八世祖留三翁娶梁溪錢氏生三子嘉納嘉孚思祖思祖依舅氏以長以教始遷錫之南門爲南門唐氏賈且讀勤樸猶守毗陵先世風範翁生而敏練性更孝友待伯叔昆季一盡其誠爲里黨所欽佩戚族偶有匪眦翁至郎釋初習賈卽爲居停所重持

籌握算始終謹樸不稍渝翁安於貧篤於義周施予無德色形愼笑言無畛域見於春秋祭掃始遷祖墓翁議折餕餘錢百各子姓始歆其利繼展其誠祭日衣冠蹌濟彬如秩如族中尙有祭田數十畝子姓擇賢輪年經管杜侵挪弊習翁嚴覈交盤悉心經理首供 國課次辦烝嘗又積每歲羨餘置田以充其用故雖歷紅羊浩刦至今猶得籍斗升之入以隆報享者翁之力也德配朱氏子二懋和雍和女一適同里王順昌孫三芳洲芳標芳榮曾孫四文奎文鈞文炳芳洲出文錫芳標出翁生於乾隆壬子卒於咸豐丙辰享年六十有五己卯歲東省祲饑同邑李秋亭太守奉憲勸捐辦賑時芳標託業伊家主持一切爲翁

追捐候選布政司都事馳贈徵仕郎翁生平懿蹟指不勝屈茲
據春泉諱述一二勉爲泚筆以慰報本之孝思云
光緒十二年丙戌夏六月乙酉科舉人世再姪史久華拜撰

贈徵仕郎候選布政司都事雲表先生傳 十八世

先生諱雍和字雲川號雲表仲雲公諱衢之裔孫振南公諱楷之哲嗣也先生性誠謹自幼迄成人言規行矩處家庭以和律己以信嘗謂人曰吾人一生做不盡只此和信兩字自念晃陵唐氏簪纓華族理學世其家苦志讀書期於勿替嗣因家況日艱棄書業賈而扶危濟困之念仍不少衰見人有急視人事如己事必多方籌措數或不足卽質衣縷以足之旋焚券契不望報於人不責償於後其慷慨類如此宜乎人欽其義服其量至今猶芬流齒頰焉庚申之變挈眷居鄉諸物拋棄殆盡惟列祖遺像及舊譜一本必隨時護時令嗣芳標芳榮俱幼囑

夫人華氏曰謹藏勿褻異日大宗祠續修藉可展水源木本之思也癸亥歲賊猶充斥先生迫於生計赴滬經營擬博蠅頭微利以資俯育遽遘時疫而殂權厝於荒塚旁越二年始得歸葬於南門外景雲鄉之新阡子午向兼癸丁三分夫以先生之孝思高義籍籍里黨而一任湮沒不彰忍乎哉今重姪孫芳標乞序於余余恨不獲親見詳爲紀載爰表揚一二著之家乘傳之後人用以遂其追孝之忱云先生生於嘉慶二十五年庚辰五月十二日酉時卒於同治二年癸亥五月二十五日未時享年四十有四德配華氏子三長芳洲嗣懋和次芳標三芳榮芳標秉性安和遇事謹飭修譜之役尤克仰承先志以蕆其成先生

有知應亦快然自慰也已孫四文奎文鈞文炳芳淵出文錫芳標出孫女一未字時歲在丙戌同族叔氏鍾琦謹撰

敬臣小傳 十八世

後從姪敬臣之喪九閱月從兄竹山裝其錦囊覓句圖遺照將乞詩於大人先生而屬晉以一言弁其簡端晉亦不忍敬臣志行之歷久湮沒也故據平日之習聞者見略次之以爲緣起敬臣名熙鎭吾八從兄嗣君之長也生三齡而吾九從兄漢章卒景溪從父悼幼子之亡命八從兄以敬臣爲之嗣故八嫂馬孺人與九嫂謝孺人並撫之年六齡受句讀於同邑張俊甫茂才凡六載而七經成誦會張先生病卒乃從余游時十有三齡耳初學操觚好爲五七言近體詩往往標新領異時諸兄望姪輩進取方殷乃專攻帖括兩應童子試年十七受知於閩中林錫

三侍講拔冠一軍補博士弟子員益折節讀書每與論古今得失獨見其大壬午冬別余歸其同硯友曹棫卿茂才欲延之以課其子敬臣家中貲非須館以生者顧篤於友誼不欲辭癸未春遂就館於邑之綫山竟以是秋得疾假歸就醫醫以其軀幹強壯力下猛劑凡六日而奄然以殁嗚呼傷哉敬臣性沈靜遇事瞭然而口不言髫齡嬉戲即異常兒稍長周旋庭戶能得父母歡嗣母謝孺人性孤潔敬臣時其顏色而承迎之有不懌敬臣至輒解蓋和氣愉色所積厚故所感神也同祖伯父三敬臣事之如父一出入必咨白而行同祖昆弟十餘人怡怡一室間雖靜躁不同而敬臣與之皆無間言出與人交亦敦樸不事浮

華遇稍長者輒敬執弟子禮始終不懈御下亦寬和有體終其身未嘗以疾言遽色對人余嘗謂得敬臣以儀型姪輩常有蒸然日進循良者乃甫冠而倏焉物化是豈一人之不幸哉抑亦吾宗之不幸已先是敬臣以嗣母謝孺人青年苦節欲乞恩題旌以慰其志閱幾年例未滿中阻會學使案臨敬臣邀同學諸生聯名疏請得給晝荻遺徽額余方疑敬臣之旌其母者胡若是之急乃不數月間而棄親長逝豈逆知不能終養而爲是汲汲於一旌乎嗚呼傷哉敬臣以同治元年壬戌四月初一日生以光緒九年癸未九月十四日卒年二十有二配李氏子二開纛先敬臣殤望纛後敬臣之卒二十日生

光緒十年歲次甲申季夏八日叔氏錫晉撰

哭敬臣詩 十八世

庭階玉樹舊聯枝聲價龍門重一時方詡吾家千里駿[illegible]幻相九光芝蕃披東野惟揮淚痛慰西河苦乏辭聞道中秋明月夜錦囊嘔肖尚敲詩　笑談無語不深沈胸次渾淪若飲醇侍杖披興背色養推梨讓棗亦天眞幼耽藝術成三絕早擬芹香慰二人底事曇花惟一現不堪重問夢中身　十三齡便侍琴書回首流光九載餘作字愛摹柳承旨爲文喜學馬相如煙波春泛澄江棹霜曉秋登白下車倚向舊游問蹤跡一回延望一欷歔　病魔六日苦相纏辜負登高作賦天桓景萸囊難辟疫長房菊酒不延年無緣隱竹蹤前哲有望徵蘭葰後賢留得

黎衰未死教成遺息慰重泉

光緒九年歲在癸未秋九月叔氏錫晉揮淚草

敬臣錦囊覓句圖遺照詩　十八世

芹宮領袖擅才華芝草三株首茁芽海上逢山原咫尺無端風
起散曇花　白玉樓高望渺茫虛齋寂寂瞭青囊呂黎痛極情
文至可想當年十二郎　雲綈三尺寫精神孝友由來面目眞
莫謂天年太恩促靈根都付石麒麟

霍邱仲若弟裴景綬拜稿

家世書厨媲汝賢名場小試著先鞭假年定作風雲器底事蓬
萊返謫仙　文星長去太倉皇倚馬雄才竟渺茫不信曇花眞
一現他年允卜鳳毛翔　曉起晴窗展素紈詩人骨相露毫端
錦囊自負奚奴背可作當年李賀看

潁川亞農弟裴景祥拜草

錦囊不合貯牢騷神駿呼來氣自豪相見據鞍雄盼處滿腔生
趣茁詩苗　上帝生才轉忌才玉棺遽降亦悲哉而今鬼斧施
何處冷月深宵跨鶴來　錫山一路秀煙僾別館人爭認浣花
片羽吉光憑哲嗣他年捧冊獻天家

潤州省吾弟陳慶會拜題

泮池芹藻綠初生角藝文場舊有名鴛鴦忽尋王子晉月明緱
嶺夜吹笙　好句人間護碧紗春風底事散曇花似聞遺恨滕
王閣日夕空江詠落霞　縹緲高寒最上頭鏤金爲榜玉爲樓
自從長吉工趨詔今古才人一例收　燕山桂樹一株摧壽世
參苓苦乏材聞道麟兒崭頭角靈根定有好花開　小閣垂簾
欲暮時茶煙縷縷雨絲絲披圖別有憐才感幾度沈吟下筆遲

霍邱伯謙弟裴景福謹題

識君竹馬嘆宵聲此度披圖衿尙青應補千秋文苑傳竟虛九
月少微星　徽流彤管悲辭痛玉產藍田喜得丁庚子日斜傷鵩
鳥莫囊辟疫太無靈　慘綠場中儀表誇其年在癸病杯蛇撫
棺未及張元伯宿草今尋古押衙雪涕重陽停菊宴傷心雨度
踏槐花竹林惆悵阿咸去欲一彭殤費咄嗟

陽湖蓮舫弟孫毓林拜稿

惠山李巷東始遷東門支祖玉裕公墓

保墓局註羌字二千二百九十二號土名沿大路

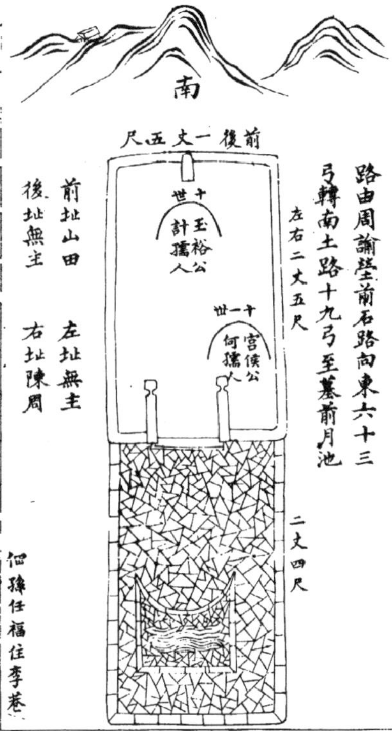

佃孫任福住李巷

唐氏家乘 墓圖 東門支十世十一世十二世

每方大小均係四尺內有不盡方者各照前頁方式核計

龍山梢送子殿南康侯公墓

保墓局註戎字一千九百三十一號土名大塊王四里

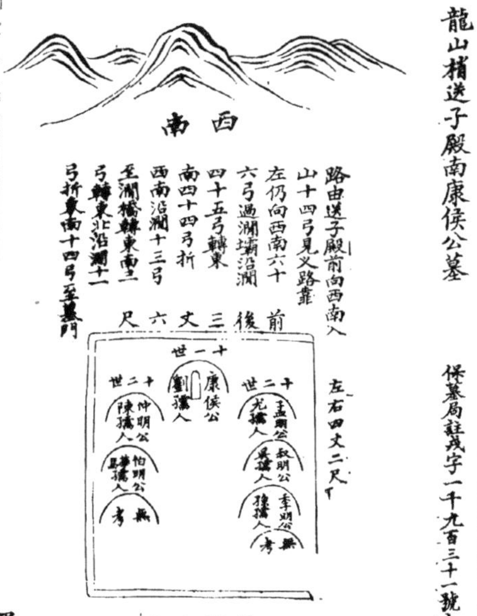

佃張順生住張巷

龍山梢秦氏世墓西錦文公墓

保墓局註戎字五百九十五號土名盛家山脚

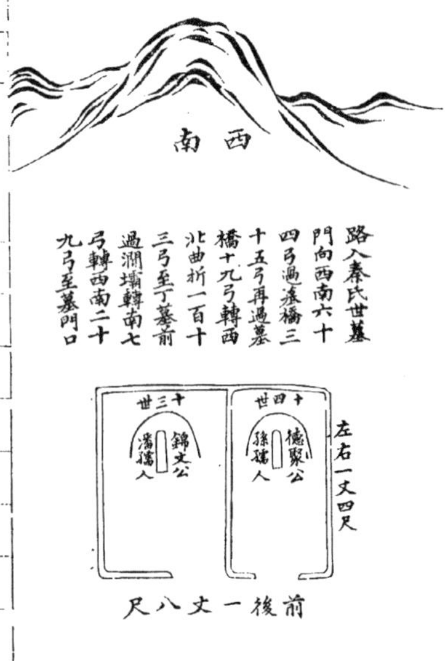

佃張順生住張巷

唐氏家乘 墓圖 東門支十三世十四世 二

龍山麓嚴家棚南錦章公墓

保墓局註體字三千零七十七號土名秦家橋上塢

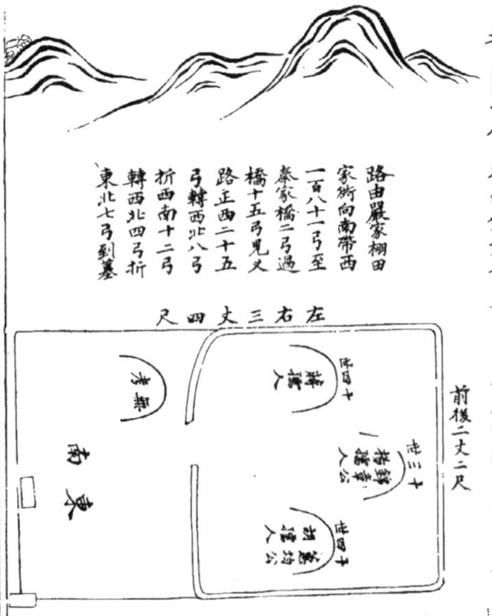

佃田阿長住

孔山王巷錦龍公墓

路由徐巷向北二里許至
王巷右旁向南四弓到墓

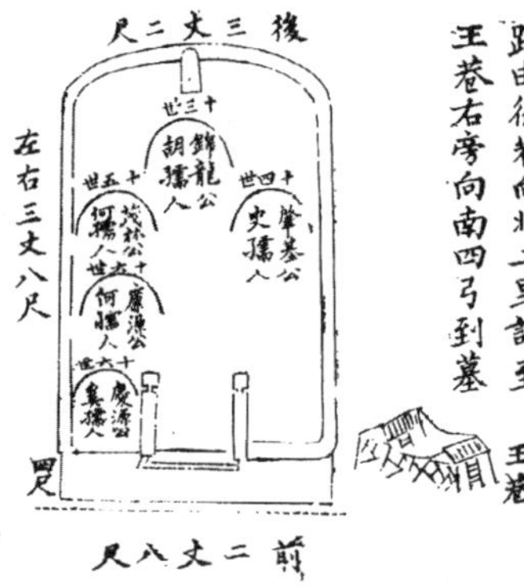

王巷

前址路
後址田
左址巷
右址路

佃住孔山庵

唐氏家乘 墓圖 東門支十三世十四世十五世十六世 三

龍山草庵下渭川公墓

路由草庵前向東石路三十五
弓至普同塔轉南十九弓到墓

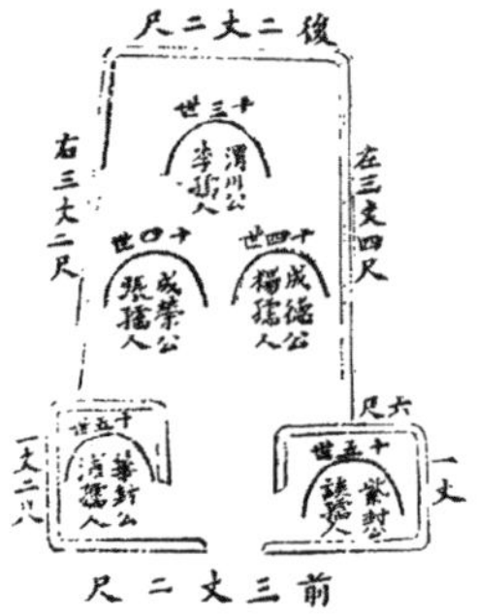

前址沈
後址空
左址李
右址丁

保墓局註鳳字一千六百三十七號一千六百三十六號一千六百三十八號土名草庵下

佃王小奔住

東門外黃塊橋泰和公墓

西 北

路由東門外眠
春橋東塊向南
五十一弓轉東
二十二弓向南
滯東石路一百
三十五弓轉西
南二弓過河壩
轉東南沿河小
路八十一弓至
墓右沿河餘地

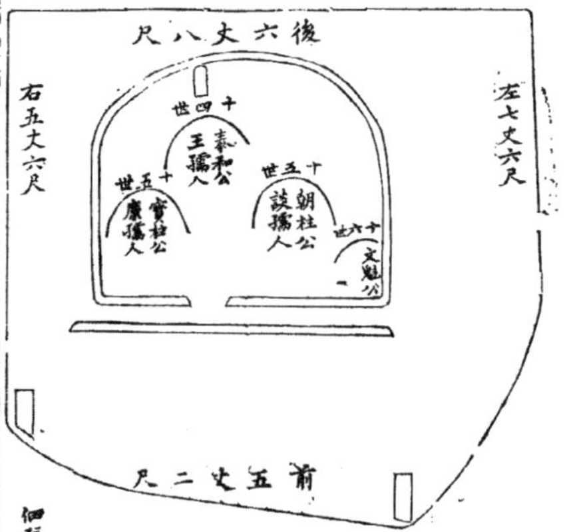

前址
後址
左河
右址

佃張阿金住眠春橋

唐氏家乘 墓圖 東門支十四世十五世十六世十七世十八世 四

章山東大池裕隆公墓

路由真武殿東角
門向東十七弓轉
北八十三弓轉
東十弓轉東北
二十弓過溝
石正北曲折
一百零一弓見
叉路墓左小路
入山越墓仍向西
北七十二弓至墓

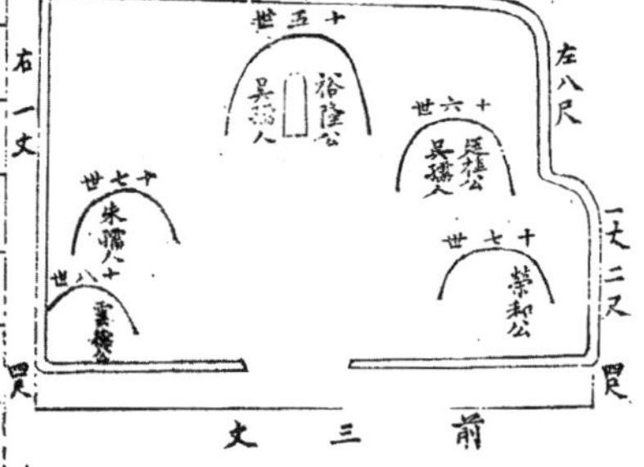

前址陳
後址榮
左址謝
右址丁

佃謝惠成住謝巷

唐氏家乘 墓圖

東門支十五世十六世

青山裕安公墓

路由土地堂前向東北十八弓過澗橋四弓正北二十弓又路由左仍向北六十三弓至張墓左角轉西北曲折五十三弓上剎越墓三十二弓至墓

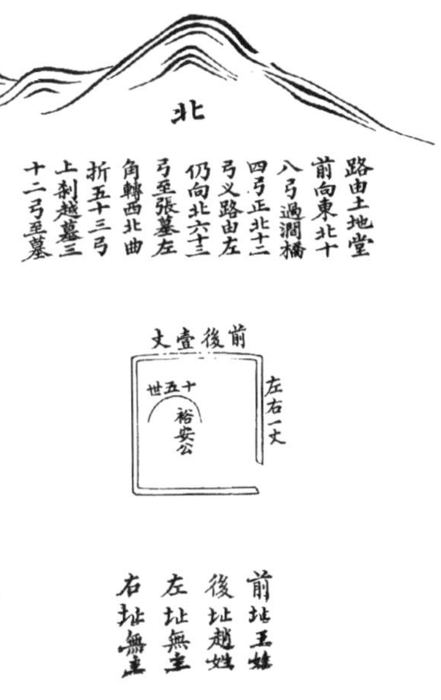

五

黃埠橋毛家灣應臯公墓

路由黃埠橋東堍向北沿河二百三十一弓轉東九弓向北十一弓轉東二十四弓向北曲折四十八弓轉東十七弓轉北二十四弓至墓門

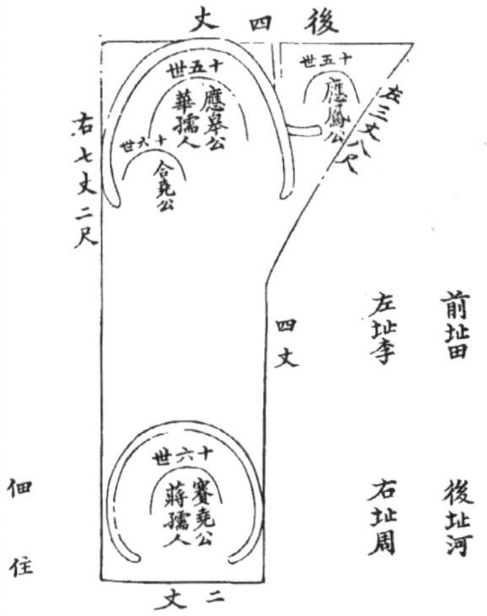

唐氏家乘 墓圖

東門支十五世十六世

九圖里應龍公墓

路由通濟庵前向東四弓轉北沿牆小路八十一弓轉東北田岸一百零七弓正北四十四弓帶東五弓至墓後界石

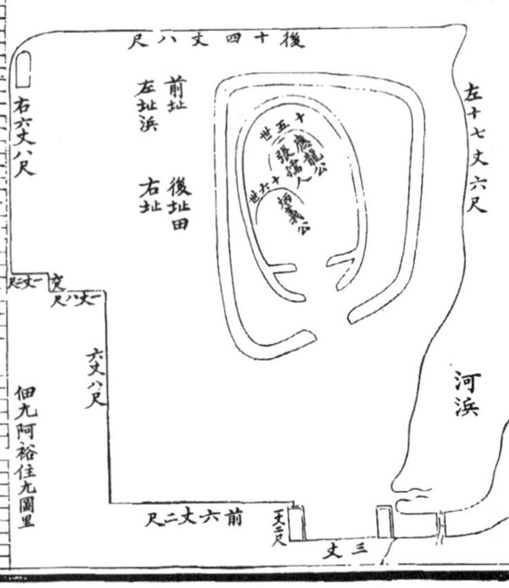

六

嚴家棚呼雞墩國柱公墓

保墓局註冊字二千九百零七號土名田蒂上邊

路由嚴家棚田家街向南入山曲折八十六弓轉西北十四弓轉東北九弓至墓門口

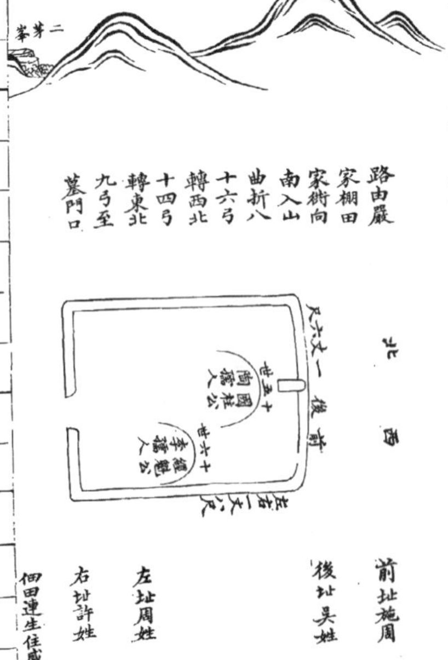

唐氏家乘 墓圖 東門支 十五世十六世十七世 七

惠山新開河紹鑑公墓

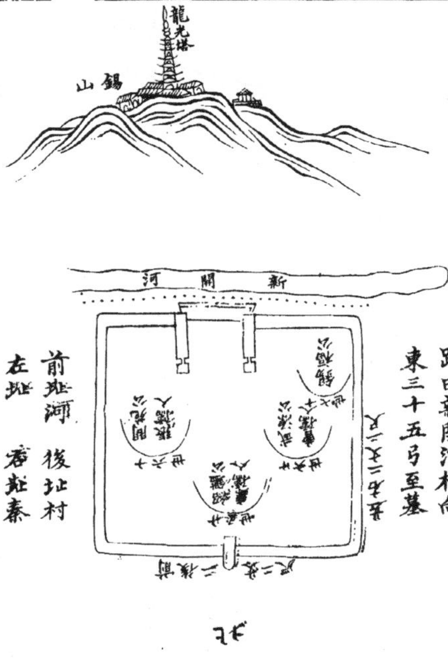

路由新開河梢向東三十五弓至墓

前址河 後址村

左址 右址秦

東門外黃埠橋毛家灣炳宸公墓

路由黃埠橋東塊向北沿河二百三十一弓轉東九弓向北十一弓轉東二十四弓向北曲折四十八弓折東六十三弓向北三弓折東南二十四弓折東北七弓折東南四弓正東十九弓至墓前

前址 後址

左址 右址河

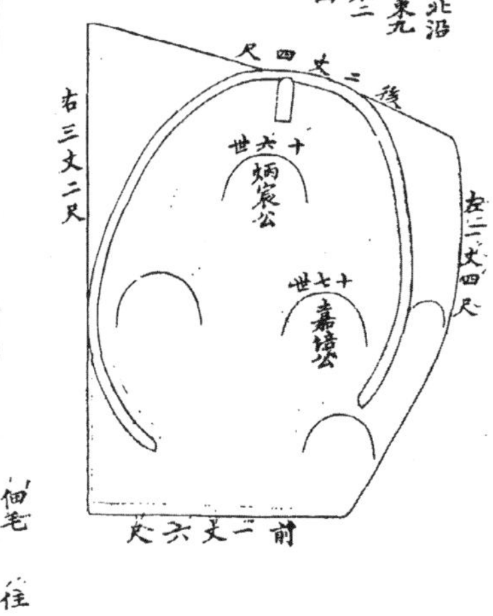

唐氏家乘 墓圖 東門支 十六世 八

龍山梢送子殿南景溪公墓

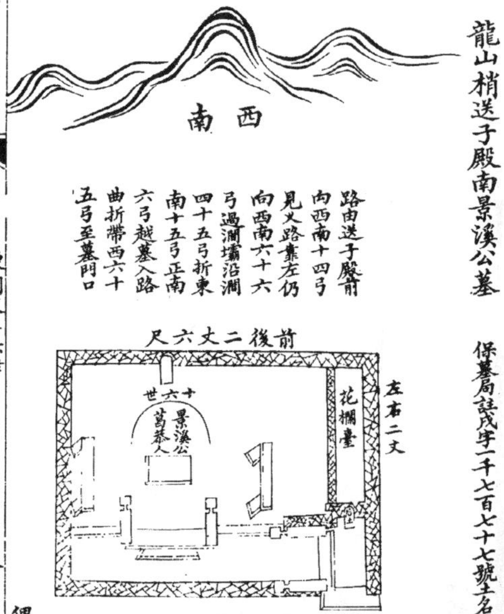

路由送子殿前向西南十四弓見叉路靠左仍向西南六十六弓過澗壩沿澗四十五弓折東南十五弓正南六弓越塞入路曲折帶西六十五弓至墓門口

保墓局註茂字一千七百七十七號土名惠家牌樓上邊

前址薛 後址王 左址王 右址李

佃張寶生住送子殿北

東門外熙春橋南作孚公墓

路由東門外熙春橋東塊沿河向南四百六十六弓至墓前

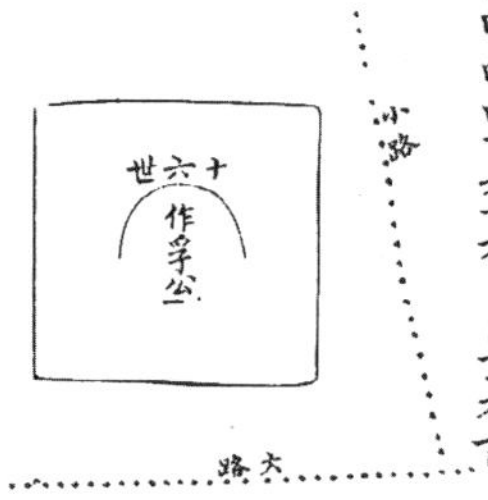

前址大河 後址墩

左址小路 右址朱

唐氏家乘 墓圖 東門支 十六世十七世 九

惠山廟巷西紹基公墓

保墓局註屬字三百十九號土名廟巷沿大路

西

路由廟巷內俞祠前向南十五弓牆角轉西曲折五十三弓折北三十四弓轉西入小路十三弓至墓前

左無主
前址丁
後址王
右無主

佃王阿本住廟巷

惠山嚴家棚南燦庭公墓

保墓局註體字四千六百六十四號土名矮牌樓口

西南

前址顧
後華錢
左址朱
右址徐

前後二丈四尺

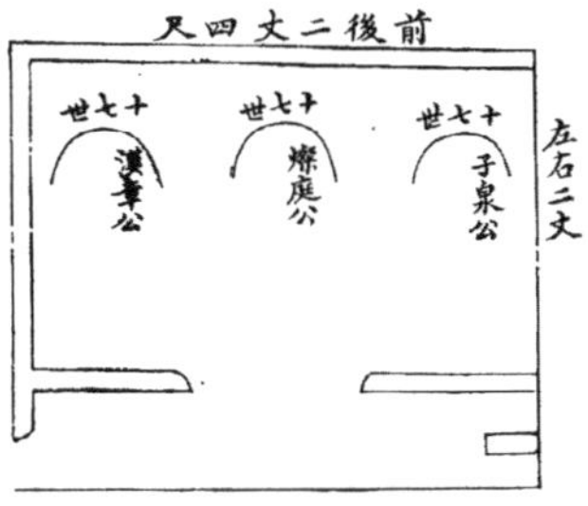

左右二丈

路由嚴家棚田家街向南一百八十一弓至秦家橋仍向南沿澗七十二弓轉東四十弓過澗向南沿澗三十四弓轉東南三十弓向南越墓八弓折東七弓向南越墓十二弓折東南曲折二十九弓至顧氏墓前向南五弓至石街轉西四弓至墓右

佃王阿六住

唐氏家乘 墓圖 東門支 十七世十八世 十

龍山馬鞍塢余恭人墓

保墓局註體字三千三百七十一號土名胖頭上

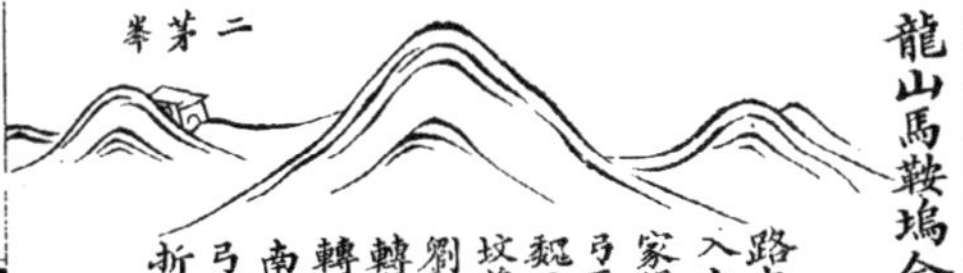

路由嚴家棚田家街向南入山一百八十一弓至秦家橋仍向南一直一百十弓至魏大坟旁二十弓至魏坟後向東南十弓在范坟前轉西南四十六弓在劉氏坊右折東南十八弓轉南十弓折西南十二弓轉西北小路十二弓折西南八弓至侯大坟旁二十弓越祝墓秦墓許墓曲折約三十弓至墓右門口

前後一丈四尺

左右一丈六尺

西南

前址施
後址顧
左址邵
右址許

佃嚴雙寶住嚴家棚

龍山送子殿北竹山公墓

前址河
左址河
後址田
右址田

前後十三丈六尺

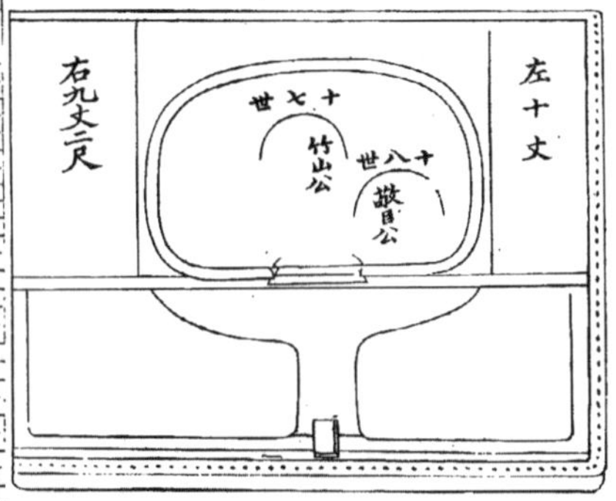

路由王家浜梢脚板橋西南堍登岸向西南沿河一百三十四弓至本墓門前

佃張金林阿富住張巷

唐氏家乘 墓圖 南門支 十世至十四世 一

每方大小均係四尺內有不畫方者各照前頁方式核計

龍山馬鞍塢始遷南門支祖仍山公墓 保墓局註體字五千八百三十二號土名大王蕩

路由許巷向南入山五十五弓見义路由左帶西南一百六十四弓至錢墓牆角曲折沿大王蕩一百二十七弓折西北十三弓向西南越墓六弓正西越墓三弓西南沿牆越墓十八弓折西北十八弓向東北六弓折西北五弓至墓前

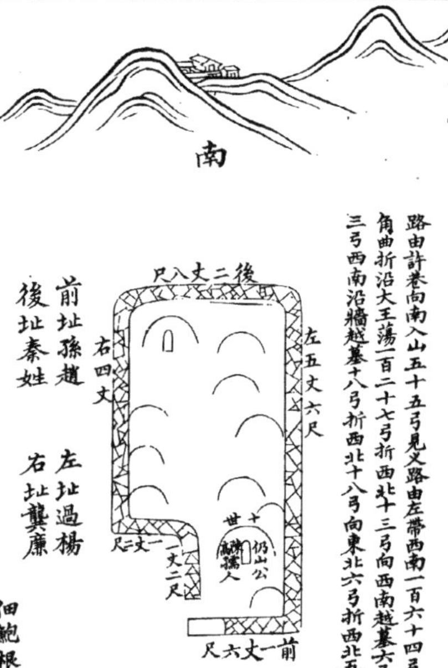

前 址孫趙
後 址秦姓
左 址過楊
右 址龔廉

佃鮑根全住許巷

龍山馬鞍塢振山公墓 保墓局註體字四千四百五十九號土名長山上節

路由許巷向南入山五十五弓見义路由右折西二十八弓過小石橋三十八弓折北五弓轉西十六弓至墓

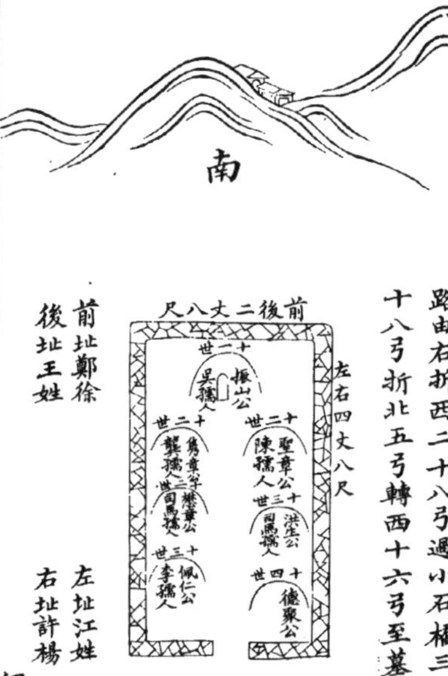

前 址鄭徐
後 址王姓
左 址江姓
右 址許楊

佃許隆興住許巷

唐氏家乘 墓圖 南門支 十三世至十七世 二

南門外蔣維橋聖生公墓

路出南門外陽春巷過陸巷周巷青蘿庵前沿河濱經蔣維橋北堍至墓

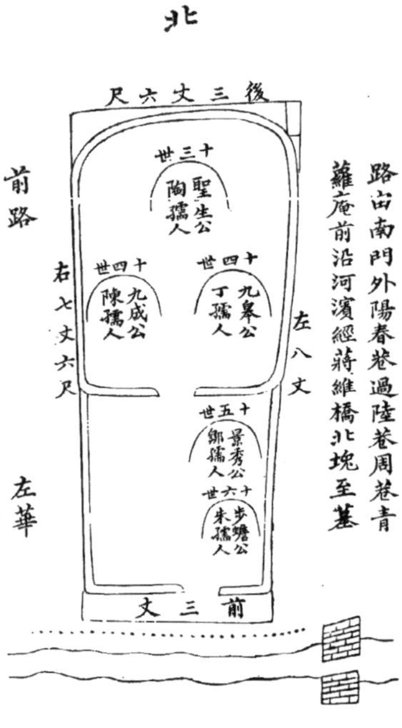

前 路
後 田
左 華
右 丁

佃顧阿興住馬巷

惠山三周巷南朱家塢孝思公墓 保墓局註羌字一千四百四十七號土名門前墩

路由三周巷西角薛墓石照牆東角向東南二十弓至墓

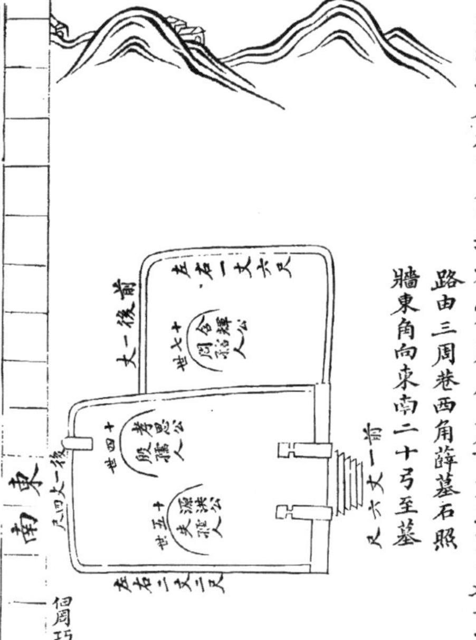

前 孫
後 楊
左 鄭
右 朱

佃周巧林住三周巷

章山楊落炮墩瀾叔公墓

北

前曹 後佃

左章 右佃

路由大澗橋真武殿東角門向東十七弓折北八十三弓帶西三十五弓又路由右正北曲折三十六弓入小路向東北十七弓過濮石折西北二十三弓向東五弓折北二十四弓入施墓門向東二十一弓折北帶東過濮越墓二十九弓至墓

佃劉士觀住劉巷

惠山三周巷振業公墓 保墓局註荒字六千號土名張家蕩

前吳 後無主 右無主 左空

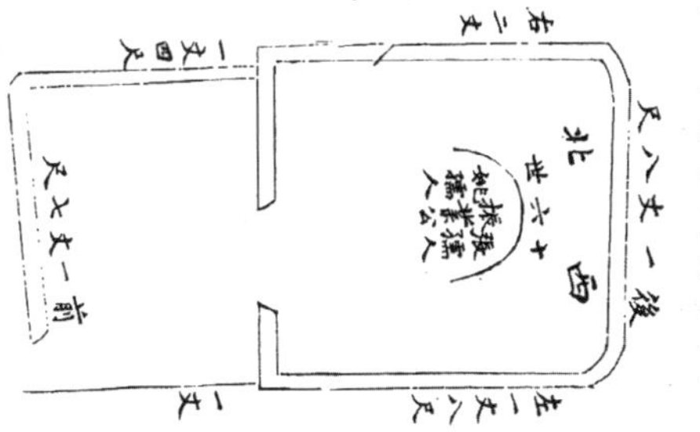

路由三周巷西大路旌德義塚西角入山向南九十三弓到墓

佃周巧林住三周巷

章山東大池念茲公墓

北

前址空 後址王 左址空 右址劉

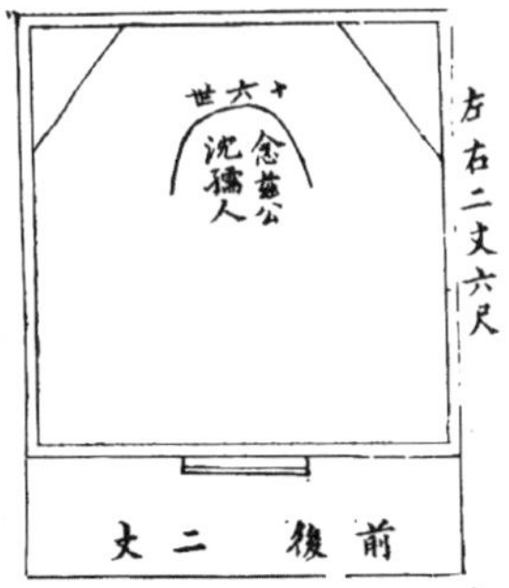

路由大澗橋真武殿東角門向東十七弓折北八十三弓向東十弓帶北二十弓過濮石正北二十九弓小路入山向東北五十三弓至墓門

佃謝玉成住謝巷

惠山三周巷桐軒公墓 保墓局註荒字一千一百六十七號土名錢家墩

路由三周巷西河池前向南十一弓至墓

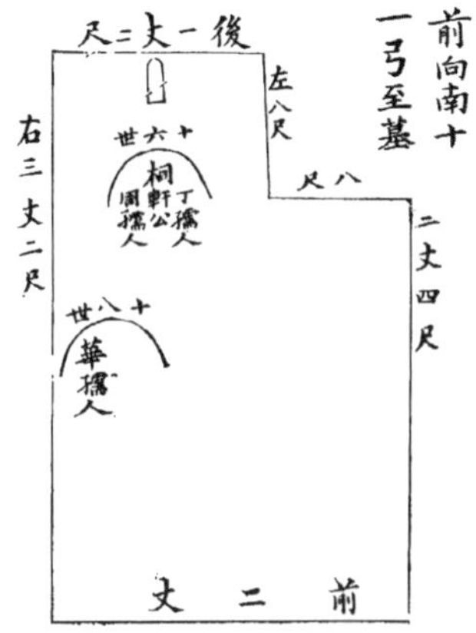

前灘 後李 左周 右蔣

佃周根大住三周巷

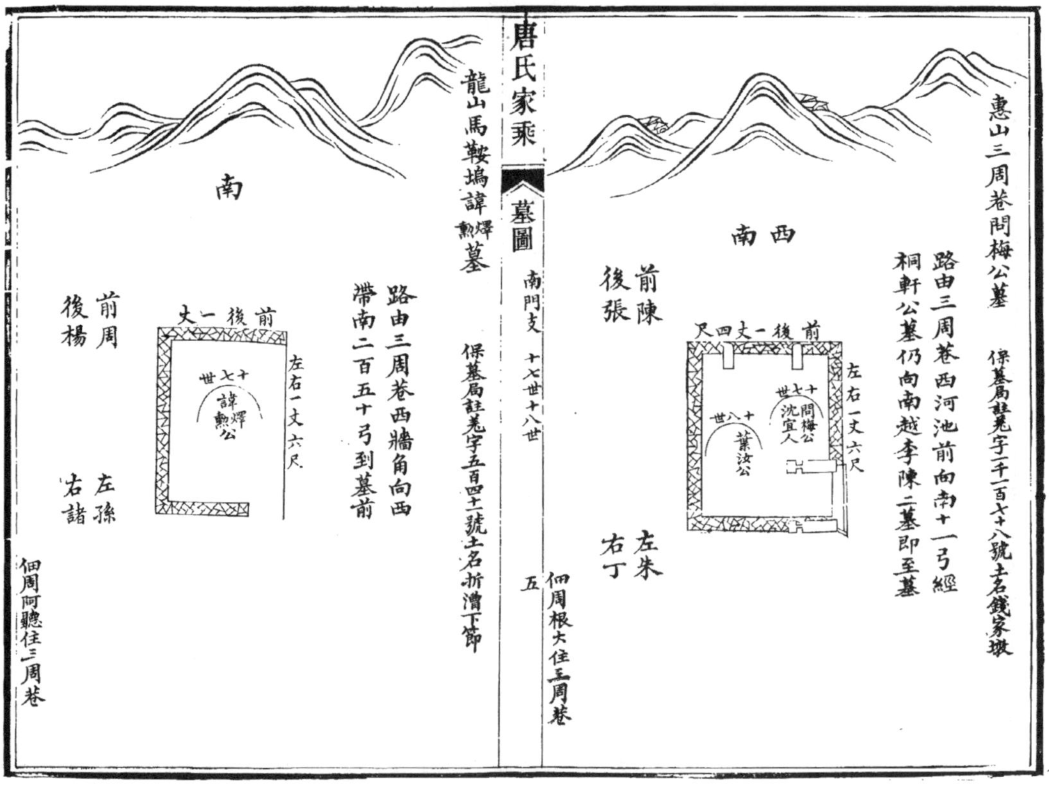

惠山三周巷閂梅公墓 保墓局註羌字一千一百七十八號土名錢家墩
路由三周巷西河池前向南十一弓經桐軒公墓仍向南越李陳二墓即至墓
西南
前陳
後張
前 後 一丈四尺
左右一丈六尺
十七世 閂梅公 沈宜人
十八世 葉汝公
左朱
右丁
佃周根大住三周巷
唐氏家乘
墓圖
南門支 十七世十八世
五
龍山馬鞍塢諱燀勳墓 保墓局註羌字五百四十二號土名折漕下節
路由三周巷西牆角向西帶南二百五十弓到墓前
南
前周
後楊
前 後 一丈
左右一丈六尺
十七世 諱燀勳公
左孫
右諸
佃周阿聽住三周巷

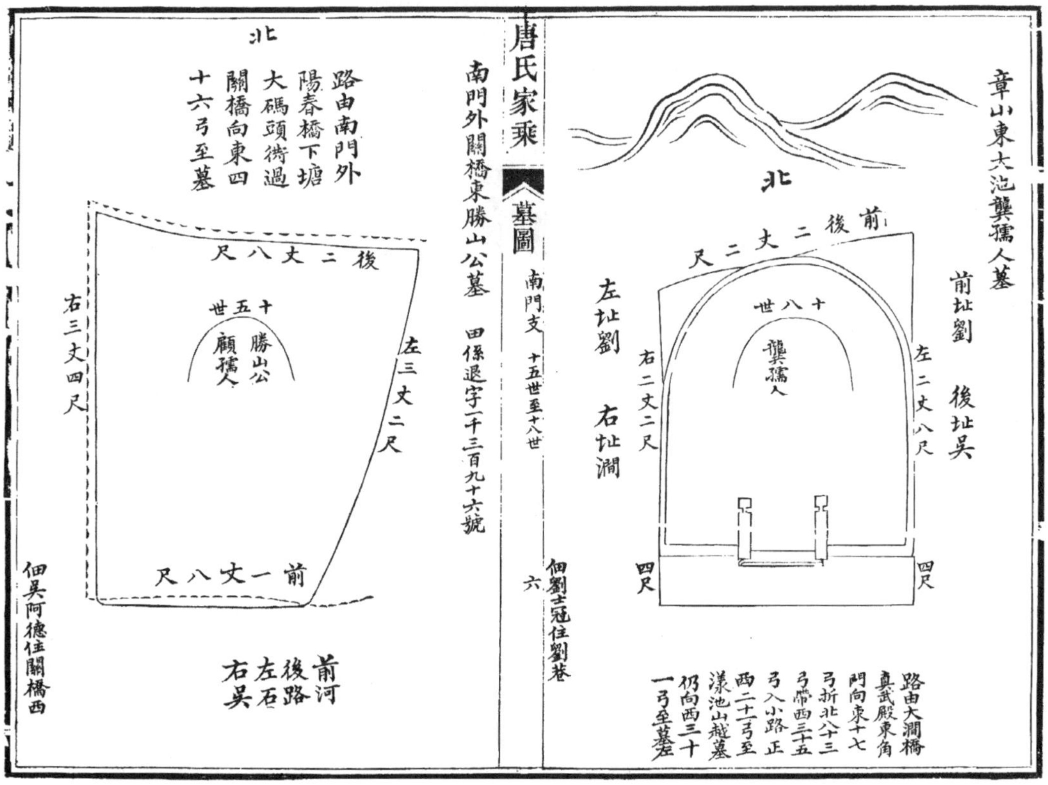

章山東大池龔孺人墓
北
前址劉
後址吳
前 後 二丈二尺
左二丈八尺
右二丈二尺
十八世 龔孺人
左址劉
右址潤
四尺
四尺
路由大潤橋真武殿東角門向東十七弓折北八十三弓帶西三十五弓入小路正西二十一弓至漾池山越墓仍向西三十一弓至墓
佃劉士冠住劉巷
唐氏家乘
墓圖
南門支 十五世至十八世
六
南門外關橋東勝山公墓 田係退字一千三百九十六號
路由南門外陽春橋下塘大碼頭街過關橋向東四十六弓至墓
北
後二丈八尺
十五世 勝山公 顧孺人
左三丈二尺
右三丈四尺
前一丈八尺
前河
後路
左石
右吳
佃吳阿德住關橋西

唐氏家乘　墓圖　南門支　十六世十七世　七

南門外青蘿庵橋南慶元公墓

東南

路由南門外陽春巷過陸巷周巷沿廟橋河濱過青蘿庵橋向西南十九弓至墓

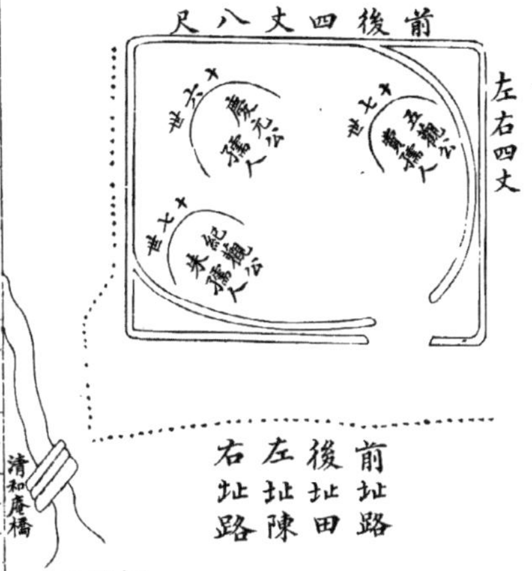

前址路　後址田　左址陳　右址路

佃馮阿大東住學巷

南門外陸巷東聽生公墓

東南

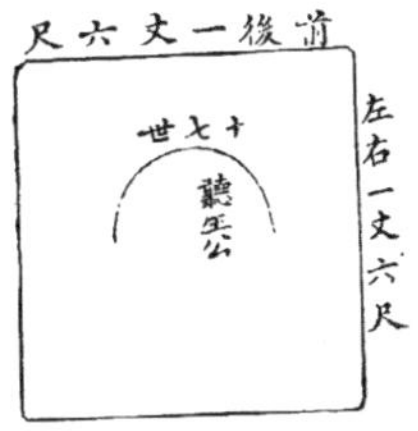

路由南門外陽春巷過陸巷向東北大路曲折四十五弓折東南小路十六弓向東北九弓折東南二十四弓正東十四弓至墓前

前桑　後址　左冀　右址

佃

唐氏家乘　墓圖　南門支　十一世至十九世　八

舜柯山杏如公墓

路由舜柯山陸巷中心大路向北二百四十九弓帶西入义路八十三弓對墓門正西十七弓至墓

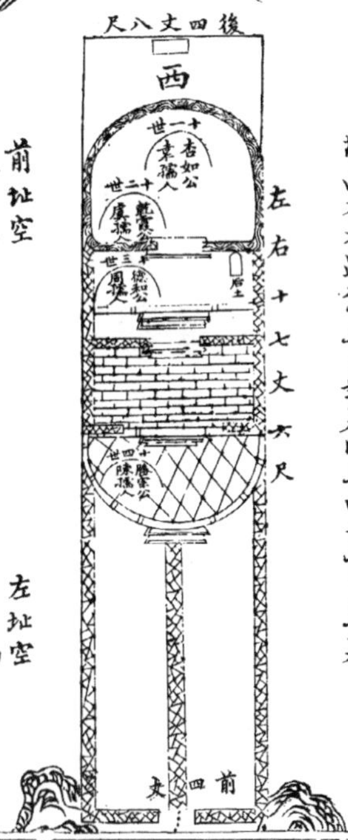

前址空　後址孫　左址空　右址馮

佃陸阿東住陸巷

龍山馬鞍塢太保壤德載公墓

保墓局註體字五千零五十二號

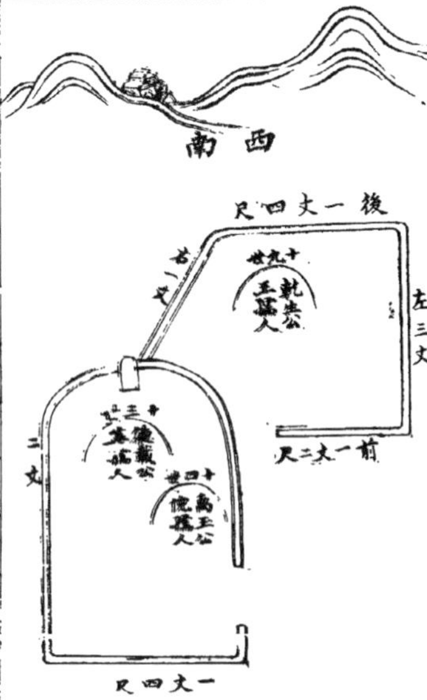

前葉　後華　左朱　右徐

路由許巷向南入山五十五弓見义路由右折西二十八弓過小石橋帶西南一百四十弓折東南十一弓至墓

佃施阿金住許巷

龍山石門下德峻公墓

保墓局註戌字三千二百號土名土地堂下

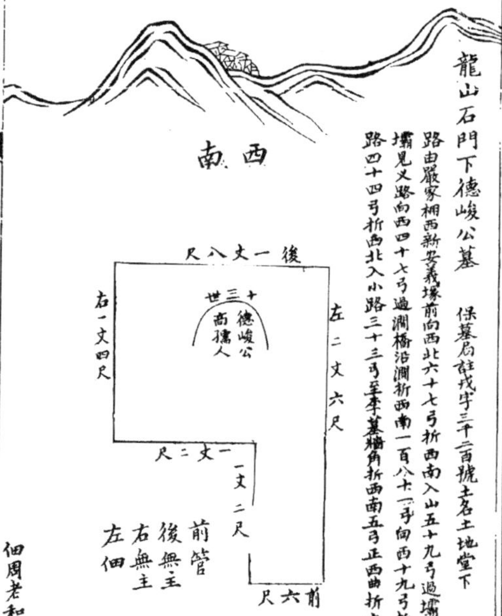

路由嚴家橋西新安義塚前向西北六十七弓折西南入山五十九弓過壩二十九弓再過壩見又路向西四十七弓過澗橋沿澗折西南一百八十一弓向西十九弓折西南石門大路四十四弓折西北入小路三十三弓至李墓轉角折西南五弓正西曲折十八弓至墓門

唐氏家乘　墓圖　南門支　十三世至十六世　九

佃周老和住庄前巷

南門外關橋北德成公墓

田保退字一千三百九十六號

路由南門外陽春橋下塘大碼頭街過關橋向東十三弓折北二十九弓向東北越墓二十四弓至墓前

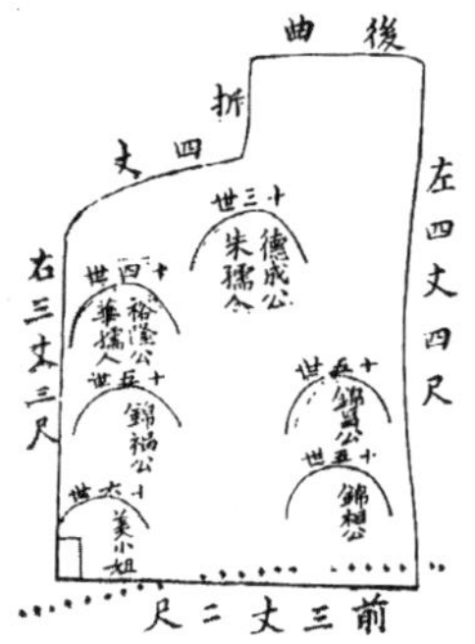

前唐　後潘

左吳　右華

佃吳阿德住關橋西

保安寺河南大雷公墓

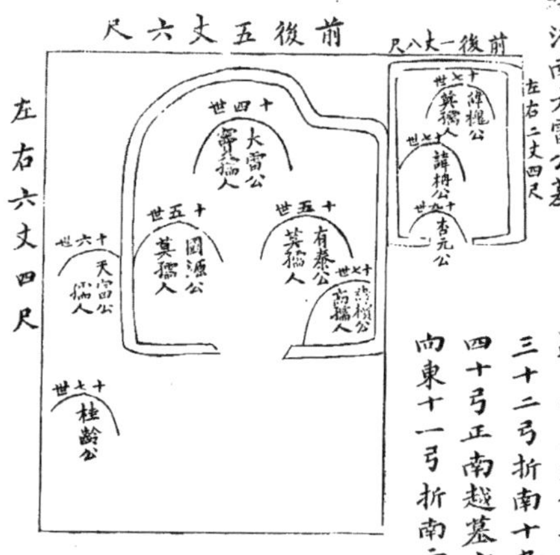

路由南門外保安寺前向東三十二弓折南十九弓西南四十弓正南越墓六十九弓向東十一弓折南二十弓至墓

前址陸　後址蘇

左址陸　右址王

唐氏家乘　墓圖　南門支　十四世至十九世　十

佃吳雙桂住小橋頭

軍將山金蕃公墓

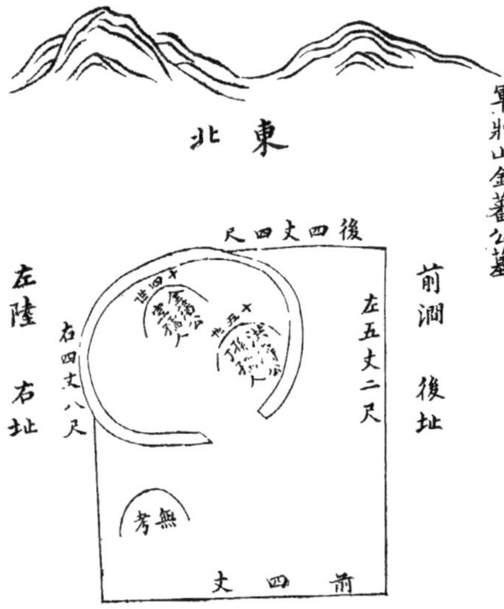

前澗　後址

左陸　右址

路由關化坊前西北二里葉家巷向北沿殤三十八弓至巷後折東北曲折六十二弓向北十六弓折東二十五弓向西北八弓折東北七十弓過溝向北十一弓轉東十四弓向北曲折五十二弓轉東北入山七弓過溝八弓至墓門口

佃華阿大住華巷

龍山石門下穀詒公墓　保墓局註體字四百四十八號土名八分頭山上

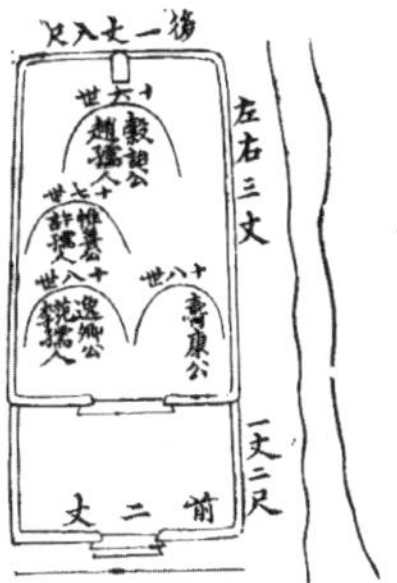

前址蕩　後址臧　左址顧　右址蔡

路由嚴家橋西新安義塚前向西北六十七弓折西南入山五十九弓過小橋四十二弓再過小橋向南沿澗八十六弓至杜家山折東南過澗十七弓折西南十五弓至墓

佃張杏大住鮑家橋

龍山東麓草庵下正謨公墓　保墓局註鳳字二千一百十六號

路由廟巷出南巷門向西十四弓折南二十四弓向西曲折經石牆二十五弓折南一百十弓至新安義塚前向南帶西過溝二十弓至張某前正西八弓至施墓前月池帶南三十五弓正西三十六弓轉北二十二弓過澗墻六弓至劉墓前越八弓至墓

前址龔　後址秦　左址劉　右址龔

佃曹阿四住上余巷

南門外廟橋河濱步宮公墓　田係造字八百二十四號

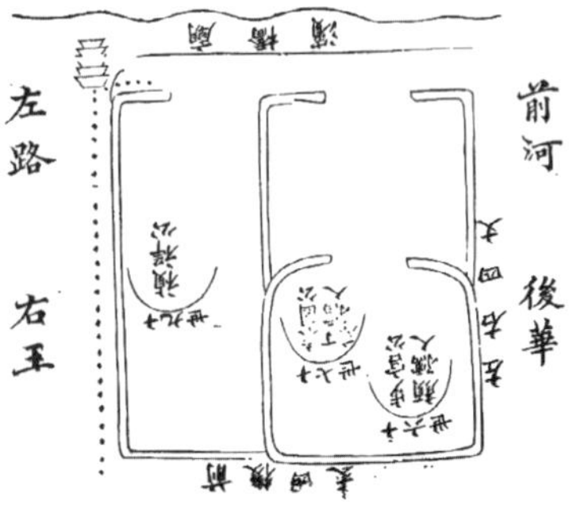

路由南門外陽春橋下塘大碼頭衕石牌樓下向東北十四弓折西北曲折四十四弓向東北五弓折西北十七弓折西南十弓向西北曲折九十三弓至廟橋河濱向東四弓至墓前

佃

南門外廟橋河北雲表公墓　田係退字一百七十八號

北

前址路　後無主　左址楊　右無主

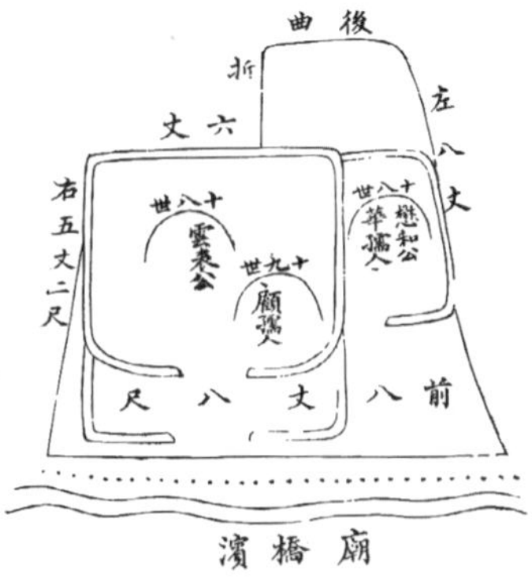

路由南門外陽春橋至廟橋經陸巷至周巷左角向東四十四弓轉南五十二弓向東沿廟橋河濱四十二弓至墓前

佃秦補生住周巷

唐氏家乘 墓圖 南門支 十二世至十四世

南門外楊厶灣維章公墓

路由南門外陽春巷過顧橋至大竹圍村前大路右角向東三弓折南六十五弓過溝二十五弓折西南十一弓向東越基二十弓至墓前左角

前桑 後田

右址田 左無主

土名南沿埒

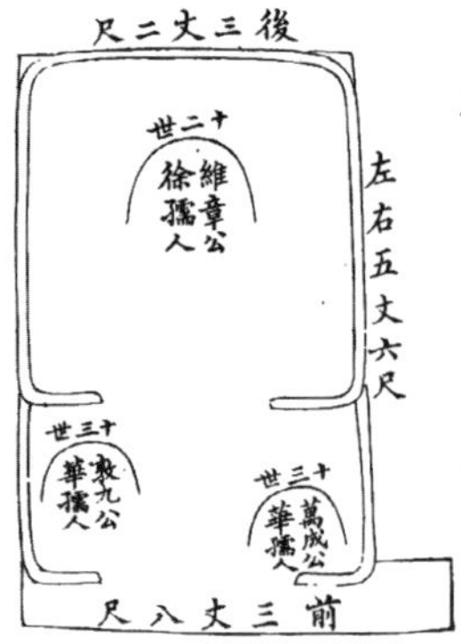

佃張桂生住大竹圍後巷

十三

南門外石羊里允諧公墓

路由南門外陽春橋至顧橋經陸巷至周巷左角向東四十四弓折南五十二弓向東沿廟橋河濱一百五十四弓至夾漕河西岸折北沿河八十弓至墓門

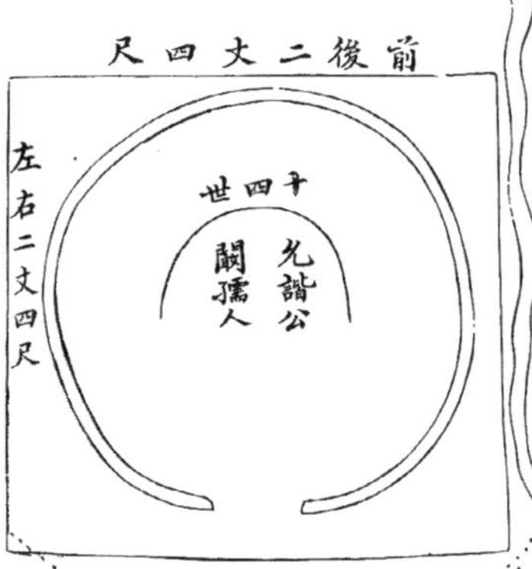

前址路 後址墩

左址河 右無主

佃張桂生住大竹圍

唐氏家乘 墓圖 南門支 十四世至十六世

南門外楊厶灣大竹圍泰山公墓

路由南門外陽春巷過顧橋經陸巷至大竹圍村前西大路向東三弓折南小路九十弓西南七弓至墓

前池 後桑

左金 右路

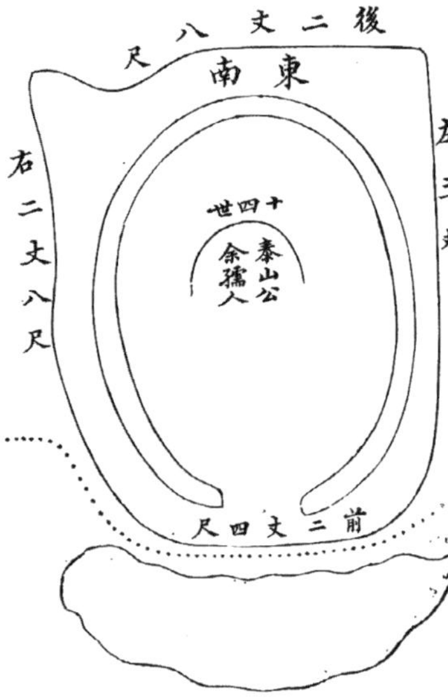

佃華龍生住大竹圍

十四

南門外冷瀆橋若千公墓

路由南門外陽春巷過顧橋經陸巷大竹圍村至朝東巷左角向東六弓折東北七弓向東十四弓折北沿河二十四弓向東十四弓至墓

西 北

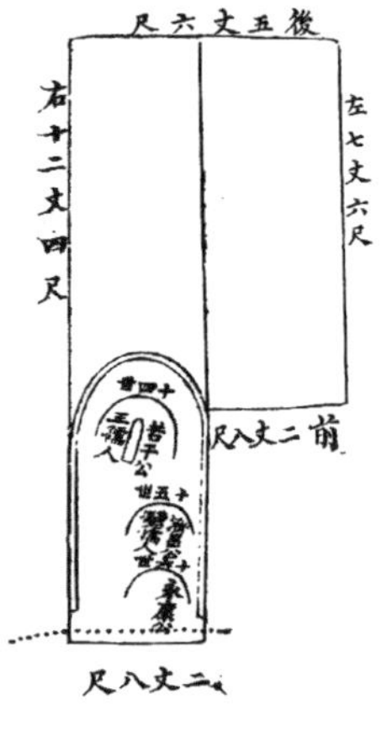

前址田 後址河

左址馬 右址梅

佃

南門外伯瀆港李巷九錫公墓

路由伯瀆港至李巷左角向東北十二弓正北曲折二十二弓向東六弓折北二十九弓向東北十五弓正北曲折三十九弓向東七十三弓轉北曲折五十四弓向東三十六弓至墓前

前址　後址

左址　右址

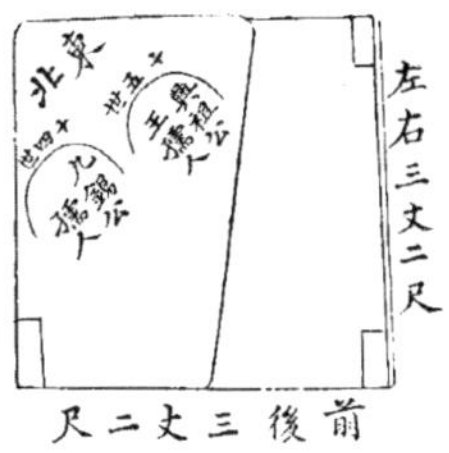

唐氏家乘　墓圖　南門支　十四世至十九世　十五

佃楊阿保住李巷

南門外伯瀆港李巷乾元公墓

路由伯瀆港至李巷左角向東北十弓正北曲折二十二弓向東二十二弓折北小路十弓向東越墓二十二弓至墓右斜角

西　北

前袁　後劉　左潘　右路

佃楊阿保住李巷

南門外楊公灣高埠上曾美公墓

路由南門外陽春巷過顧橋經陸巷大竹園至高埠上出村向東帶北四十八弓正北二十五弓至墓右

西

前址錢　後址計

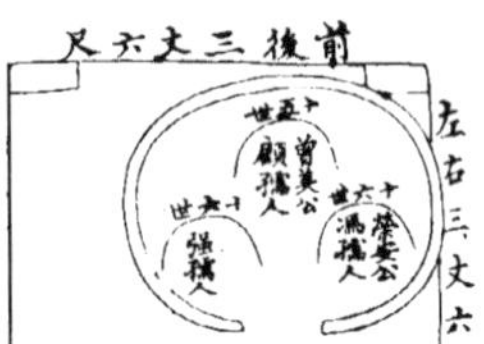

左址曹　右址計

佃吳記寶住大竹園

唐氏家乘　墓圖　南門支　十五世至十七世　十六

南門外伯瀆港陸七房莊耀廷公墓

路由伯瀆港過李巷至陳七房前莊左角向東北五十一弓正東六十二弓折北三十七弓向東三十九弓至墓門

北

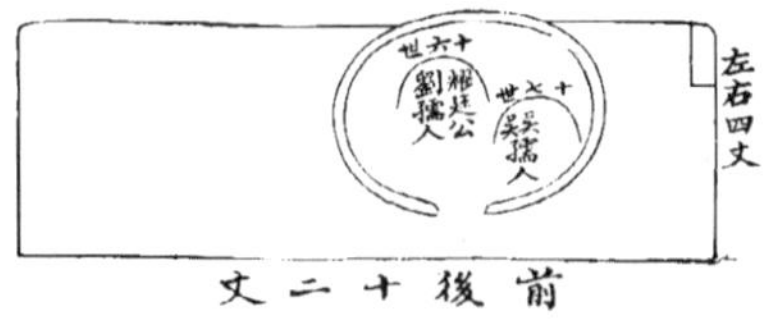

前田　後龔　左吳　右田

佃

南門外保安寺河南浩生公墓

路由南門外陽春橋下塘四倉廳巷至保安寺前向東三十弓轉南十九弓折西南七十弓正南八十弓至墓

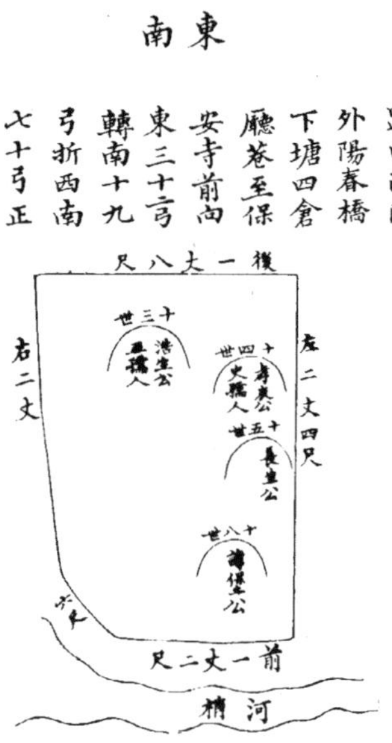

佃吳雙桂

南門外伯瀆港文萫公墓

路由南門外伯瀆港壩頭巷東橋堍向南十九弓又路由左轉東十四弓又路由左向南二十四弓又路由左轉東八十五弓折西南四十三弓至墓右空地

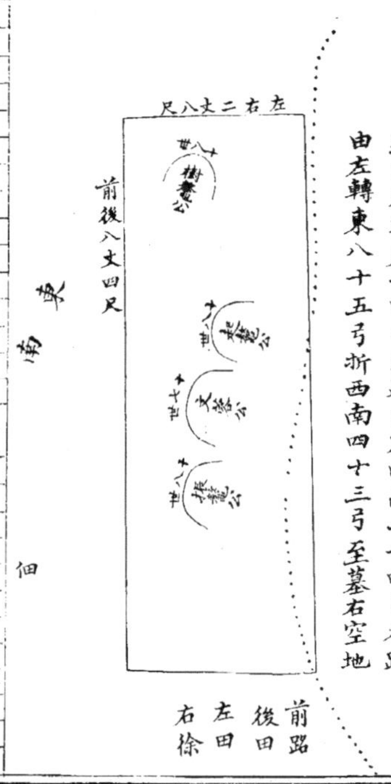

龍山馬鞍塢君瑞公墓　保墓局註體字一千三百十八號土名老虎墩前

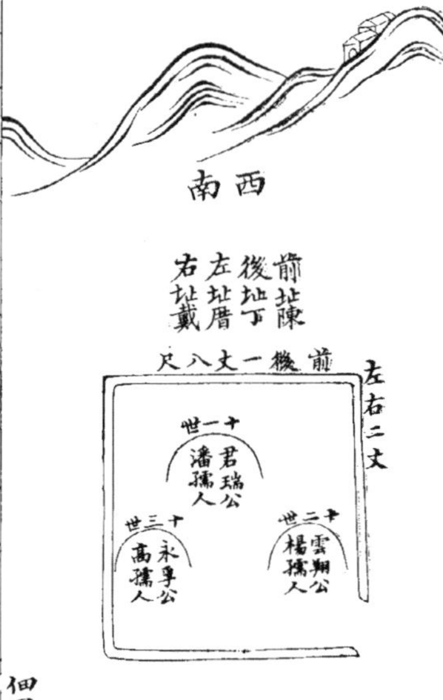

路由嚴家橺西址圓通庵澗橋向西北大路三十八弓折西南入山十四弓向西曲折四十二弓過十字路帶西南三十九弓至澗向西北過壩二十弓折西南沿澗二十二弓折東南九弓至墓左

佃田阿根住盛巷

龍山馬鞍塢一琅公墓　保墓局註體字一千三百五十三號土名老虎墩後

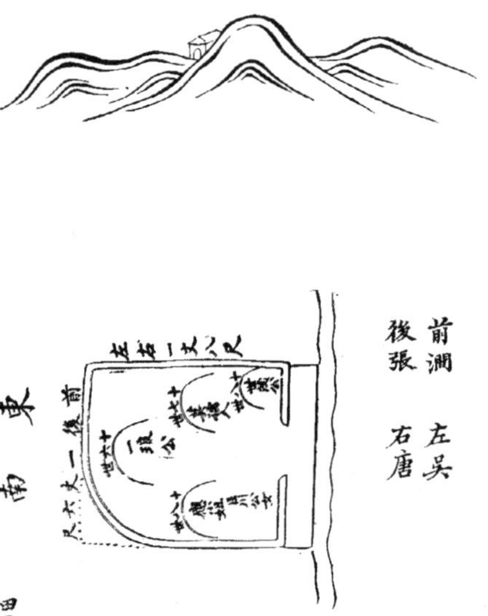

路由嚴家橺西北圓通庵後澗橋向西北大路三十八弓折西南入山十四弓向西曲折四十二弓過十字路帶西南三十九弓至澗向西北過壩二十弓折西南沿澗三十弓至墓

佃田阿根住盛巷

唐氏家乘　墓圖　西門支　十四世至十六世　二

惠山娘娘堂前裕章公墓　保墓局註遐字七百十二號土名觀墩上

西南

前圵潘　左圵無
後圵王　右圵季

路由茅蓬大路張南濵公墓前石路向東南十四弓折西南入山小路五十弓越衛墓向東南三弓折西南十九弓過牆向西北四弓越裕康公墓折西南九弓向東南七弓折西南八弓暫北四弓至墓

佃喬阿金住惠山黃祠

惠山娘娘堂前永興公墓　保墓局註遐字六百九十三號土名觀墩上

西南

路由茅蓬大路張南溟公墓前石路向東南十四弓折西南入山小路五十弓越墓向東南三弓折西南十九弓過牆折西北四弓至墓

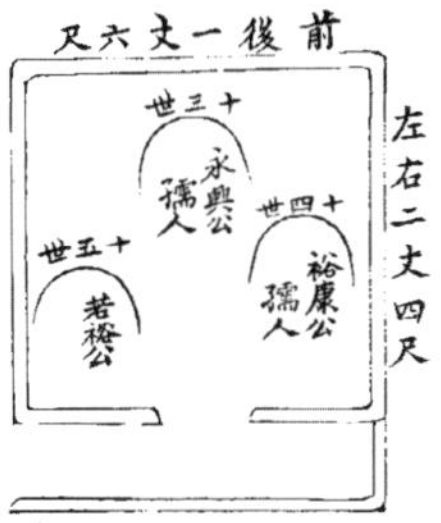

前錢　左蔣
後宋　右楊

佃陳盤生住惠山周祠

唐氏家乘　墓圖　西門支　十四世至十七世　三

青山灣裕寗公墓　保墓局註鳴字三千一百六十二號土名燦山腳

西

路由土地堂前西南十四弓入小路曲折四十三弓過溝至西六弓又路由左十二弓過十字路十八弓向西南曲折三十四弓過墻沿澗向西七十四弓折西北二十弓向西南十二弓折西北五十八弓過橋沿澗向北五十一弓向西南曲折[illegible]越墓六弓向南六弓至墓

前無主　左趙姓
後無主　右無主

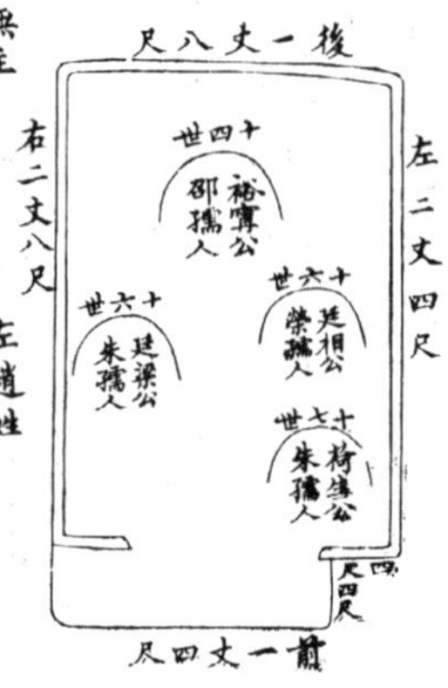

佃周壽福住莫巷

青山灣若巖公墓　保墓局註鳴字三千零三十號土名荔枝山

西北

路由土地堂前向西南轉西北曲折一百九十四弓過知惠橋向西北二百五十六弓至高墓石牌樓三十九弓過橋沿澗一百三十五弓過墻正西三弓折西北三十六弓正北八弓折西三弓西北九弓向西南沿張墓門十五弓至墓

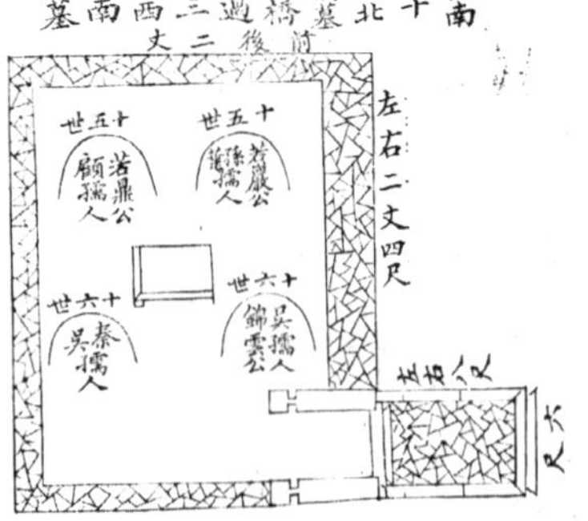

前朱　左丁
後龔　右楊

佃孫士福住土地堂前

唐氏家乘　墓圖　西門支　十五世至十七世　四

青山灣若海公墓

保墓局註鳴字二千七百六十二號土名荔枝山

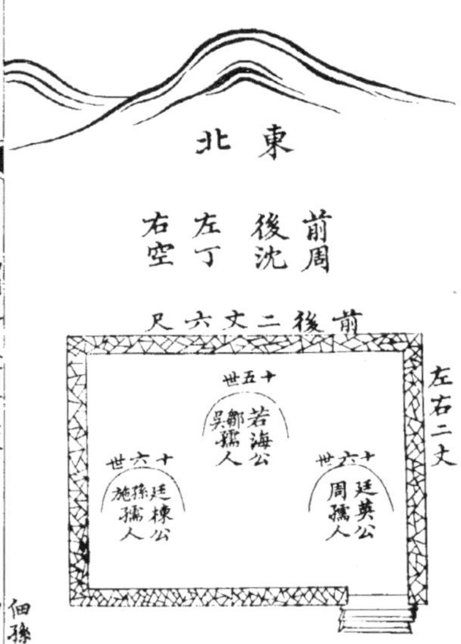

路由土地堂前向西南轉西北曲折一百九十弓過知惠橋向西北二百五十六弓至高墓石牌樓三十九弓過橋沿澗三十八弓過橋二十九弓义路由右正北一百十五弓折東北七弓向西北八弓折東北五弓至墓門口

佃孫進喜住馬巷

惠山李巷南廷益公墓

保墓局註羲字二千六百三十九號土名施家墩

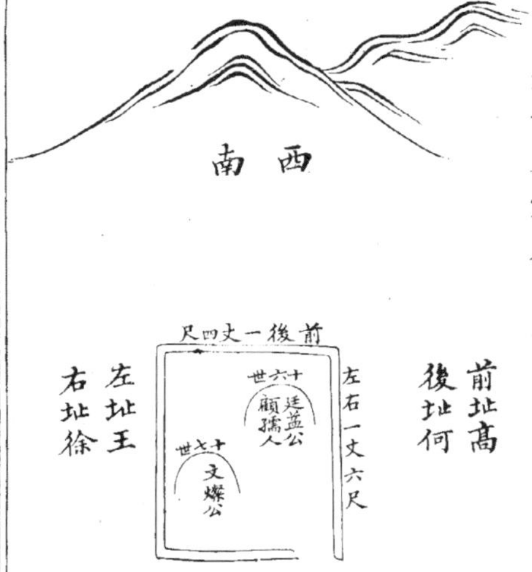

路由周氏諭堂前大路向西北七弓折西南入山七弓見义路由左仍西南一百零一弓過十字路仍西南六十九弓义路由右正南三十三弓越墓折西南十一弓至墓門

佃曹三福住李巷

唐氏家乘　墓圖　西門支　十七世　五

青山灣巨川公墓

保墓局註鳴字二千零號土名荔枝山

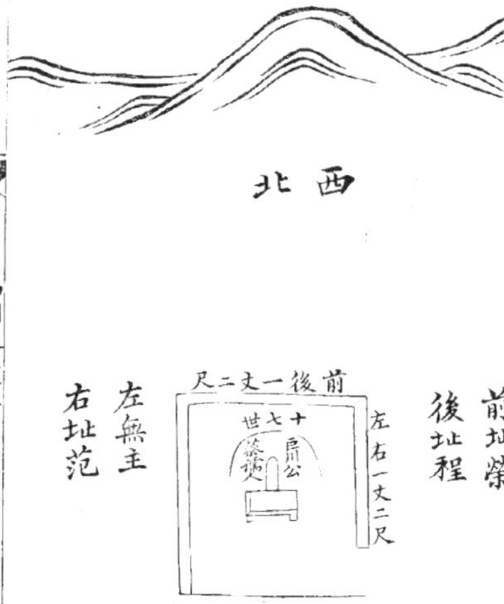

路由土地堂前向西南折西北曲折一百九十弓過知惠橋向西北二百五十六弓至高墓石牌樓三十九弓過池沿澗一百三十五弓過壩正西三弓折西北三十六弓向西南二弓折西北五弓至墓

佃孫士福住土地堂前

青山灣仲文公墓

保墓局註鳴字二千三百零五號土名華家墩

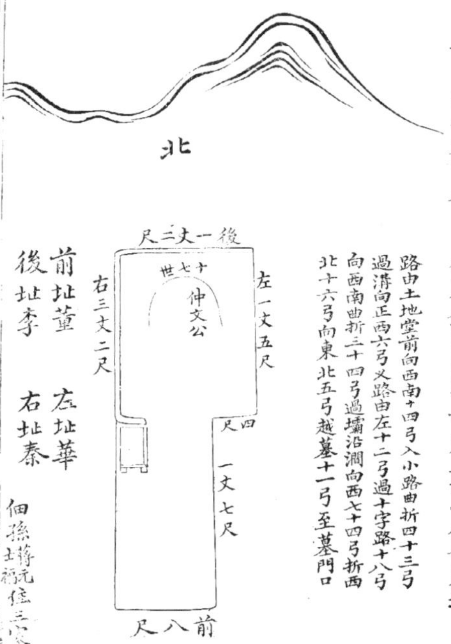

路由土地堂前向西南十四弓入小路曲折四十三弓過滑向正西六弓义路由左十二弓過十字路十八弓向西南曲折三十四弓過壩沿澗向西七十四弓折西北十六弓向東北五弓越墓十一弓至墓門口

佃孫士[illegible]元住三[illegible]

青山灣文炳公墓　保墓局註鳴字四百五十號土名土地堂後

路由土地堂前向東北十八弓過澗橋四弓正北十二弓又路由左三十八弓折西南四弓至墓

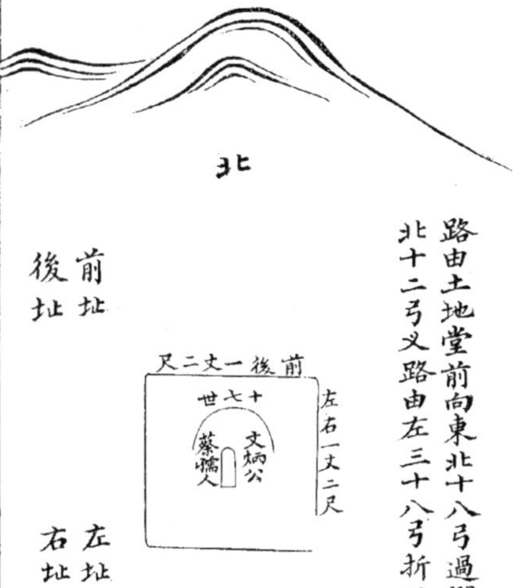

前址　後址　左址　右址

佃孫阿慶 士福 住三家村

唐氏家乘　墓圖　西門支十七世　六

溇塘山履純公墓

路由溇塘浜大石碣頭向南帶西沿河曲折一百四十六弓至叉路仍向西南十五弓過溝三十弓見叉路從右仍向西南二十九弓經王村前正南一百二十一弓至村右轉東二十八弓過虹橋南二十一弓轉東入山過澗墻十八弓到墓

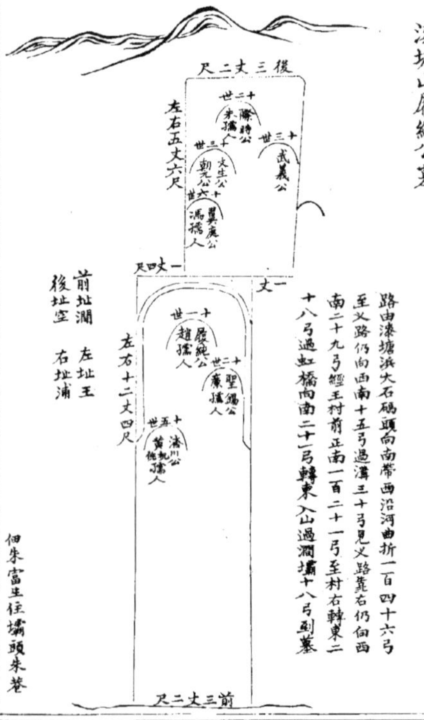

前址澗　後址宜　左址王　右址浦

佃朱富生住墻頭朱巷

唐氏家乘　墓圖　黃泥埄支十一世至十五世　一

龍山五支頭摩藩公墓　保墓局註體字五千三百十五號土名錢大墳後

路由許巷東南角向西南石路入山五十八弓叉路由右四十八弓過墻二十七弓正南一百弓過墻五十一弓轉西四弓向南、四十弓至孟氏墓碑前折東二弓向南七弓折東越墓二十五弓至墓門

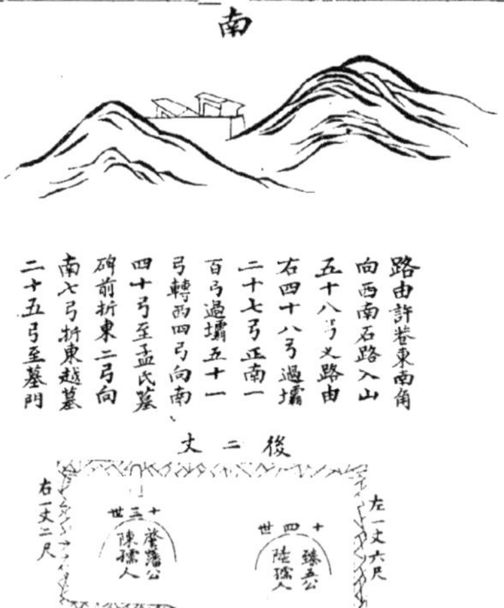

前址宜　後址陸　左址路　右址袁

佃許雙福住許巷

惠山三周巷西用吉公墓

保墓局註荒字二千二百二十三號土名葉家墩

南

路由三周
巷西轉角
向西三
十八弓
轉南十三
弓到墓門

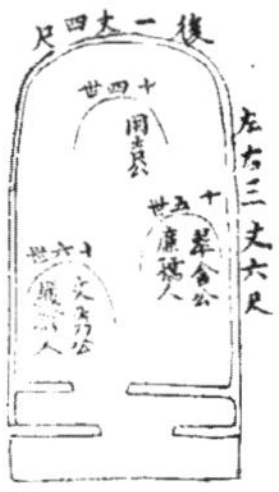

前址唐
後址葉
左址周
右址葉

佃周寶林住三周巷

唐氏家乘 墓圖 黃泥埠支 十四世至十六世 二

龍山馬鞍塢與新公墓

保墓局註體字三千號土名湯家墩

西南

路由嚴家棚田
宕[illegible]向西入山四
過蔡家橋轉西
北十七弓轉西丈
南八弓至墓門

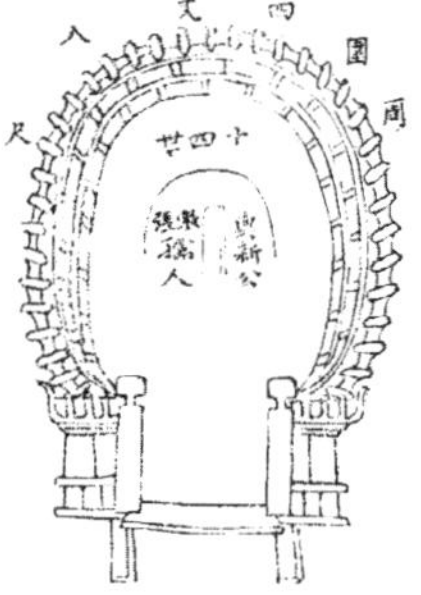

前址楊
後址杜
左址沈
右址嚴

佃季來壽住季巷

龍山石門下與新公再繼室周孺人墓

保墓局註體字三百六十號土名湯家山十節

西南

路由嚴家棚西新
安義塚前向西北
六十七弓轉西南
過滸橋五十九弓
過澗橋仍向西南
四十二弓過澗橋
南向沿澗一百七
十三弓見丈帶西
七弓至劉界正西
二十一弓至墓門

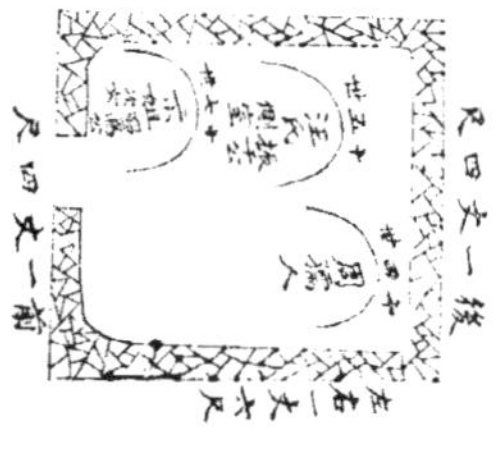

前址徐
後址楊
左址王
右址李

佃吳大[illegible]住莊前巷

唐氏家乘 墓圖 黃泥埠支 十四世至十七世 三

青山灣以介公墓

保墓局註鳴字二千九百二十號土名龔家山

西北

路由土地堂
西北曲折里
許至高忠憲
公祖墓前左
行即至墓門

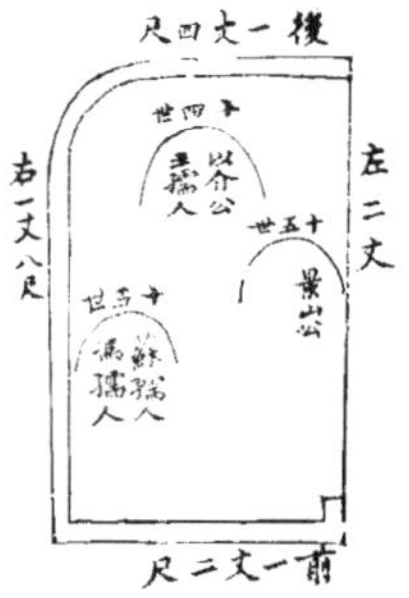

前址空
後址實
左址丁
右址高

佃周阿[illegible]住土地堂前

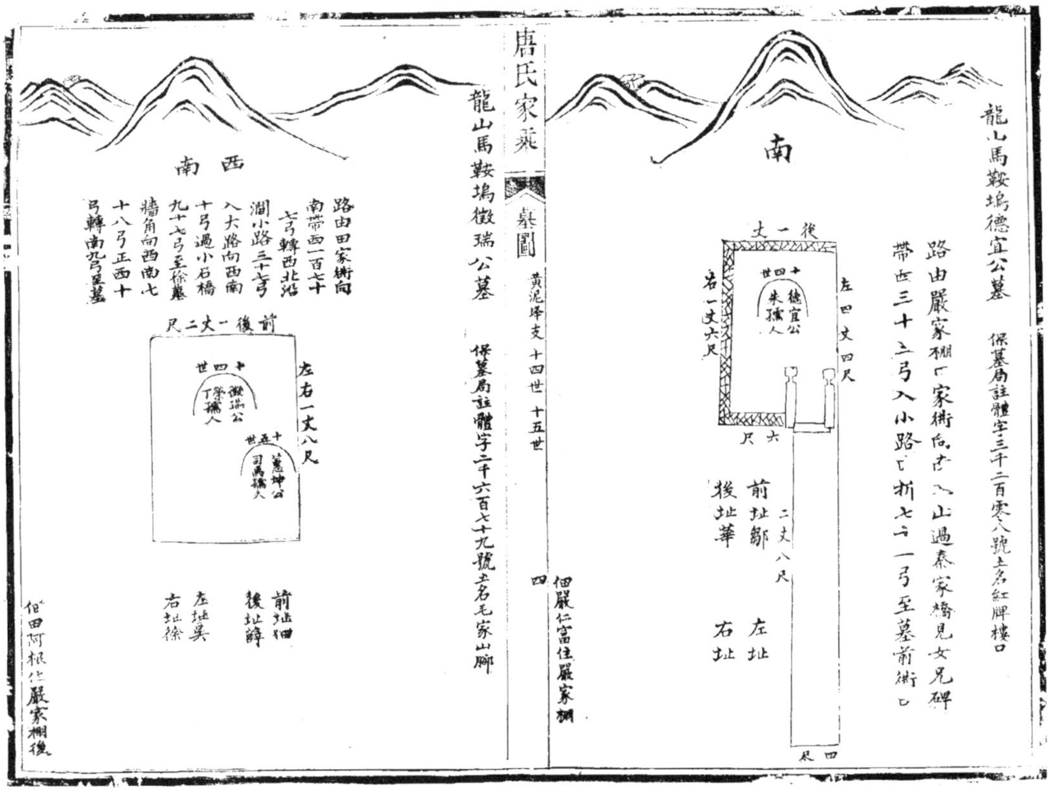
唐氏家乘
墓圖
黄泥埒支 十四世 十五世
四
龍山馬鞍塢德宜公墓
保墓局註體字三千二百零八號土名紅脚樓口
路由嚴家棚亡家街向西入山過秦家橋見女兒碑帶西三十三弓入小路亡折七十一弓至墓前街口
南
後一丈
十四世 德宜公 朱孺人
左四丈四尺
右一丈六尺
六尺
二丈八尺
四尺
前址鄭
後址華
左址
右址
佃嚴仁富住嚴家棚
龍山馬鞍塢徽瑞公墓
保墓局註體字二千六百七十九號土名毛家山脚
路由田家街向南帶西一百七十七弓轉西北沿澗小路三十弓入大路向西南十弓過小石橋九十六弓至徐墓牆角向西南七十八弓正西十弓轉南九弓至墓
西
南
前後一丈二尺
十四世 徽瑞公 丁孺人
十五世 蕙坤公 司馬孺人
左右一丈八尺
前址田
後址薛
左址吳
右址徐
佃田阿根住嚴家棚後

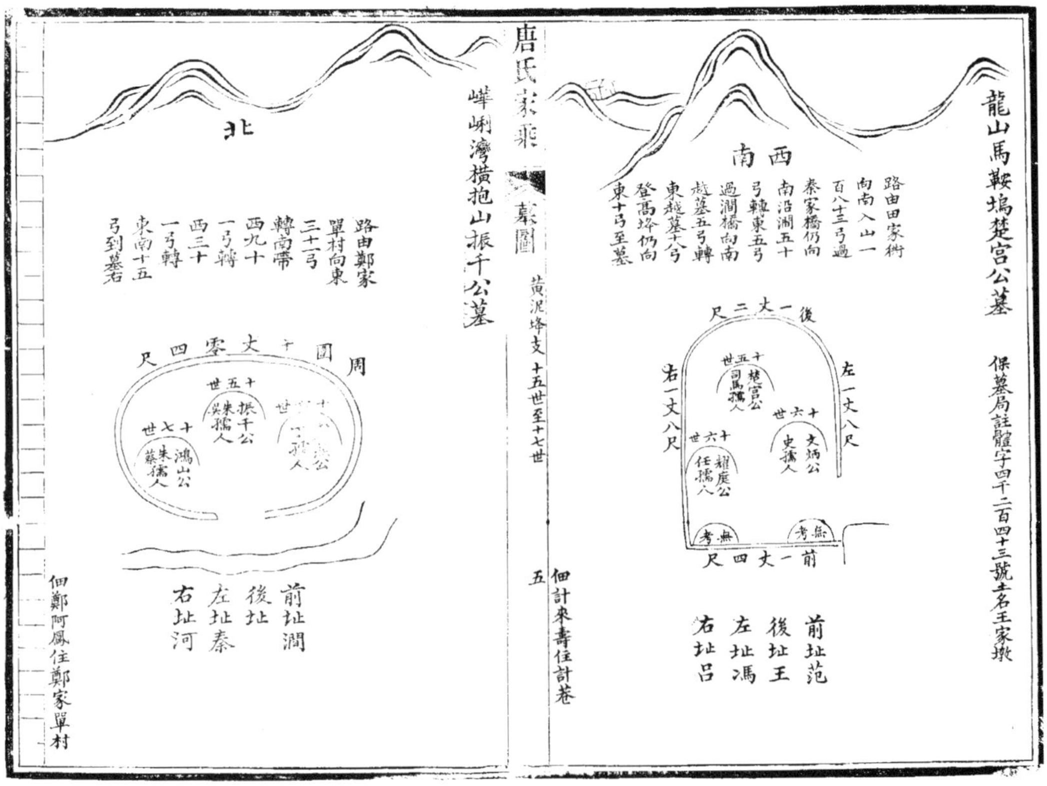
唐氏家乘
墓圖
黄泥埒支 十五世至十七世
五
龍山馬鞍塢楚宮公墓
保墓局註體字四千二百四十三號土名王家墩
路由田家街南南入山一百八十三弓過秦家橋仍向南沿澗五十弓轉東五弓過澗橋向南東越墓五弓轉東越墓十弓登高埒仍向東十弓至墓
西
南
後一丈二尺
十五世 楚宮公 司馬孺人
十六世 文炳公 史孺人
十六世 禎庭公 任孺人
無考
無考
左一丈八尺
右一丈八尺
前一丈四尺
前址范
後址王
左址馮
右址呂
佃計來壽住計巷
崋峒灣横抱山振千公墓
路由鄭家單村向東三十弓轉南帶西九十一弓轉西三十一弓轉東南十五弓到墓右
北
周圍十丈零四尺
十五世 振千公 吳孺人
十七世 鴻山公 朱孺人
前址澗
後址
左址秦
右址河
佃鄭阿鳳住鄭家單村

唐氏家乘 墓圖 黃泥埒支十五世至十七世 六

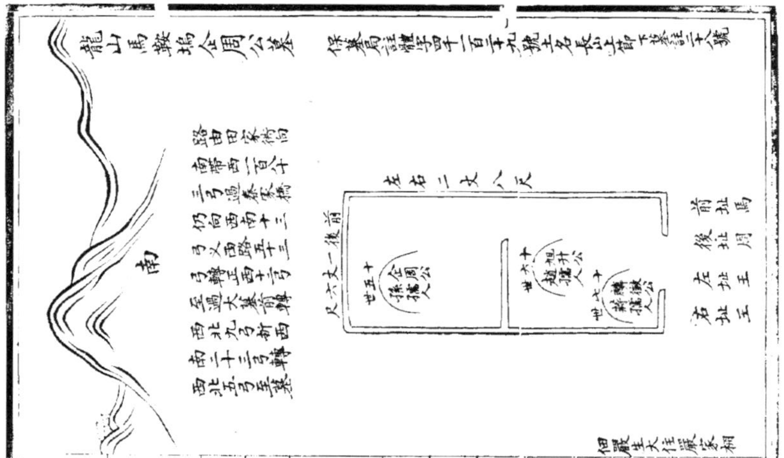

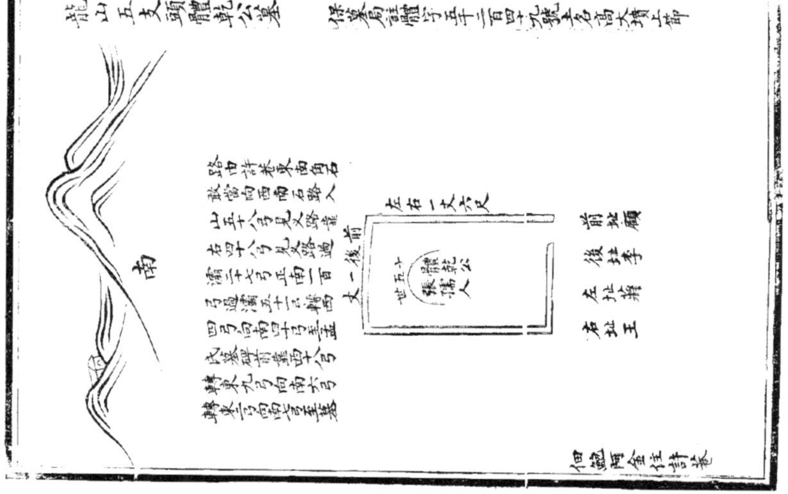

唐氏家乘 墓圖 黃泥埒支十六世 七

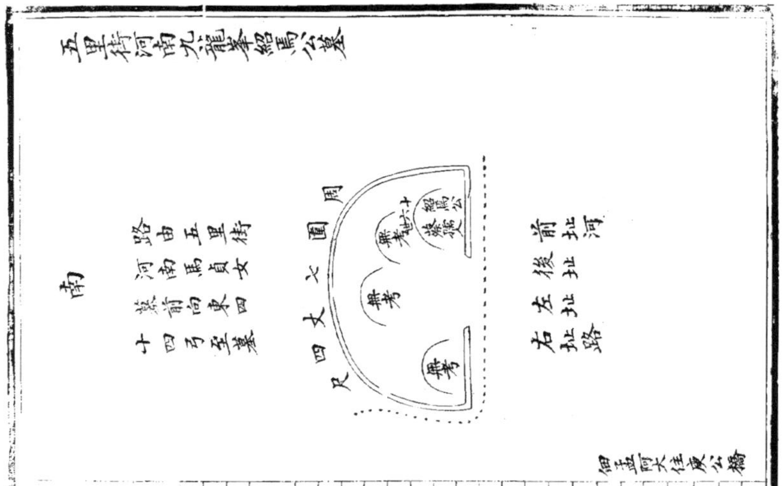

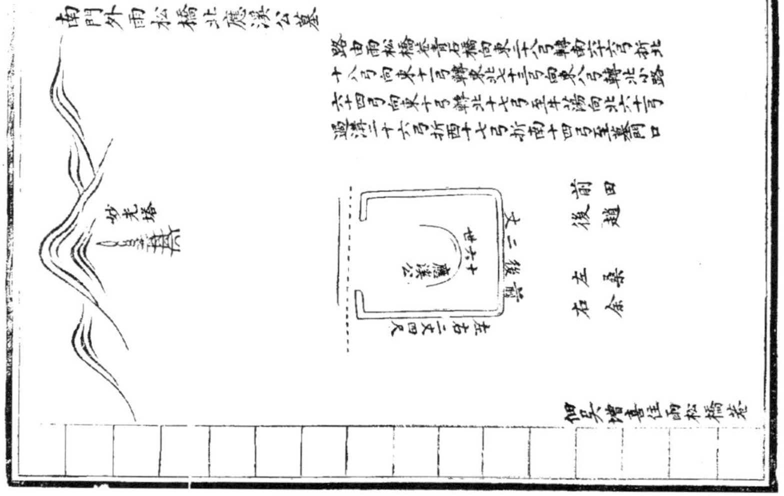

龍山五支頭覲揚公墓

保墓局註體字五千八百五十八號土名大王蕩

路由許巷東南角向西南石路入山五十六弓見又路由左向南一百二十弓過津仍向南五十四弓轉東三弓向南一百二十弓轉西十三弓向南七弓轉西二弓登埼牆向南二十八弓轉西八弓越吳墳向南四弓至墓

南

前址吳
後址祝
左址陳
右址趙

唐氏家乘 墓圖 黃泥埠支十六世十七世 八

佃許仁富住許巷

南門外紀巷有章公墓

西北

路由南門外張王廟前過謝家橋至紀巷西角向北二十三弓過涇轉西小路五十九弓到墓

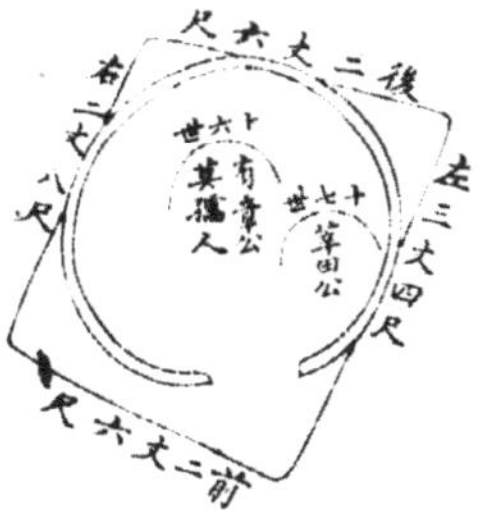

前址
後址
左址
右址

佃

南門外紀巷三家村秋浦公墓

路由南門外張王廟前過謝家橋青石橋至後郡巷西首向北弓轉西曲折三十六弓見又路帶北曲折八十弓向北六十三弓轉西十三弓向北二十一弓到墓前

北

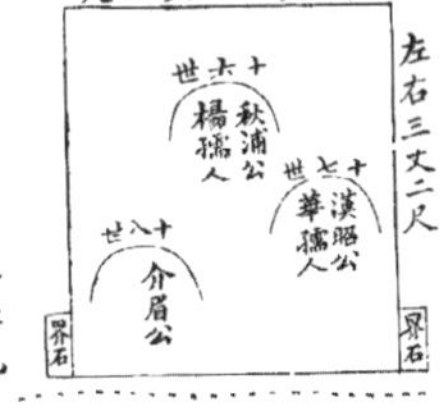

前址桑
後址田
左址紀
右址路

唐氏家乘 墓圖 黃泥埠支十六世至十八世 九

佃紀阿五住後郡巷

惠山三周巷西北培玉公墓

保墓局註羌字一千一百十八號土名許家墩

路由三周巷西牆角向北帶西曲折一百三十弓至墓

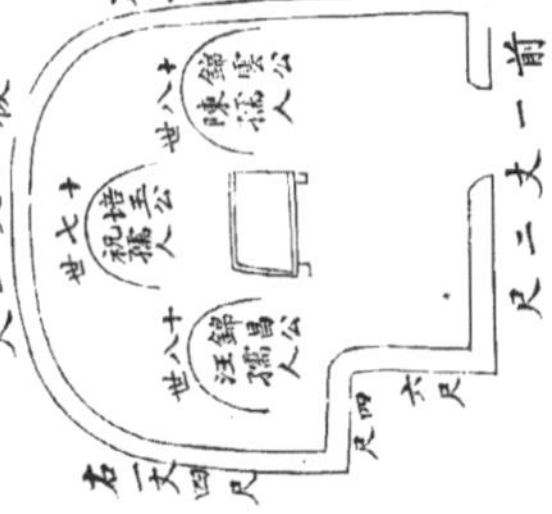

前周
後徐
左徐
右周

佃周恒太住三周巷

龍山馬鞍塢輯庭公墓

保墓局註體字二千五百四十一號土名大龍身

路由田家衖向南帶西一百七十七弓轉西北沿澗小路三十七弓入大路向西南十弓過小石橋九十七弓至徐墓牆角轉西北十二弓向西南十九弓至墓門

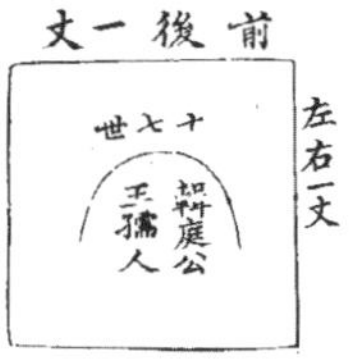

前址詹　後址祝
左址楊　右址劉

佃強泉元住田巷

唐氏家乘　墓圖　黃泥埄支十七世　十

龍山馬鞍塢呂孺人墓

保墓局註體字二千[一]百十號土名小龍身

前址顧　後址韋
左址顧　右址衖

路由圓通庵前向西南大路入山一百四十二弓過澗壩向南帶西一百十弓到墓

佃田阿根住嚴家柵後

南門外青蘿庵橋玉田公墓

路由南門外陽春橋里姚墩左角向東北大路五十五弓轉東南二十二弓正東三十弓至周巷右角過巷向東五十六弓過閘四十二弓轉南二十弓過水車溝二十三弓向東二百十八弓沿河小路轉南八十三弓曲折四弓向東五十弓至墓右

佃

唐氏家乘　墓圖　黃泥埄支十七世十八世　十一

龍山馬鞍塢德載公墓

保墓局註體字三千一百零八號土名秦家橋

路由田家衖向南一百八十三弓過秦家橋仍向南沿澗七十三弓見平字路折西二十八弓至墓

前址宣　後址李
左址宣　右址沈

佃李來壽住李巷

龍山馬鞍塢王衡公墓

保墓局註體字四千零七十五號土名長山上

路由田家衖向南入山一百十三弓轉東過澗角三十弓至墓後

西

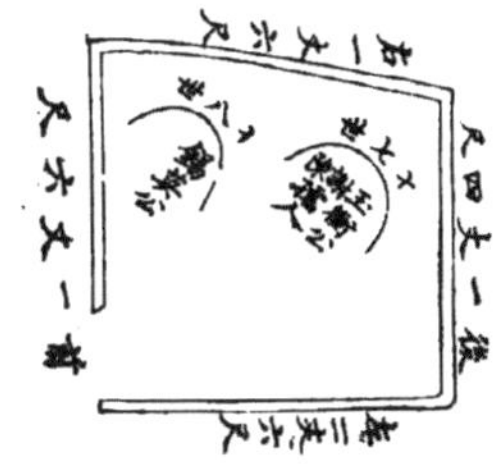

前唐 後孫 左佃

佃嚴仁富住嚴家衖

唐氏家乘 墓圖 黃泥埠支十七世十八世 三

龍山馬鞍塢旭升公女三小姐墓　保墓局註體字四千九百二十號

南

前無主 後胡高 左址澗 右址吳

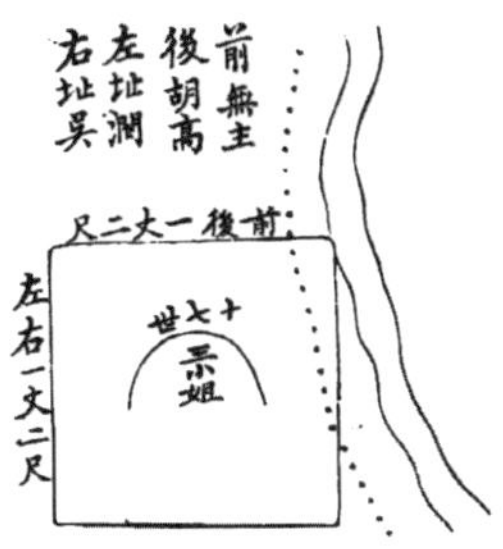

路由田家衖向南入山一百八十三弓過秦家橋十三弓又西路五十三弓正西十三弓過大墓轉西北二十六弓折西南沿澗三十一弓到墓前

佃殷雙寶住嚴家衖

青山灣景山公墓

保墓局註鳴字九百號土名黃地蕩 旁墓註九百零六號

北

路由青山土地堂後孫錦謙公墓前朱雀橋沿澗向西北曲折五十二弓轉西一弓過澗頭向北七弓轉西八弓向北十一弓轉西三十弓向北六弓至墓左

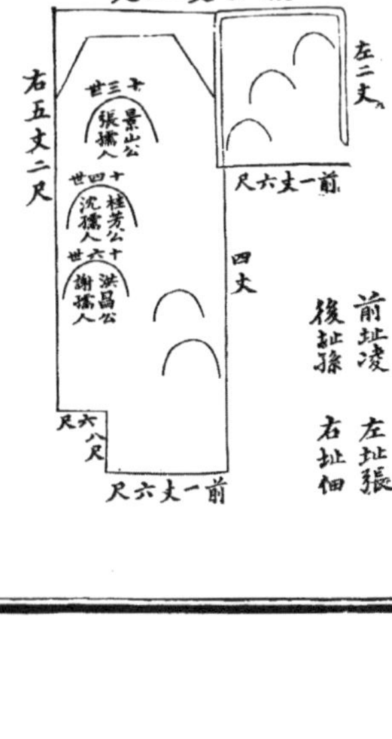

前址淩 後址孫 左址張 右址佃

佃孫大本住土地堂西

唐氏家乘 墓圖 惠山支十三世至十六世 一

惠山廟巷西桂芳公繼配朱孺人墓　保墓局註鳳字九百六十四號土名惠大墳

西

路由廟巷出南巷門向西十四弓轉北九弓向西七十三弓轉北九弓稀西四十七弓折南六弓過澗橋向西曲折過吳墓轉到墓

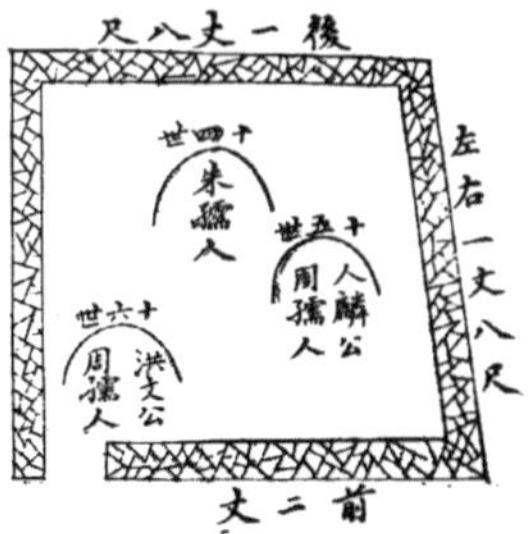

前址吳 後址廉 左址周 右址汪

佃朱阿記住廟巷

惠山嚴家棚南洪興公墓　保墓局註體字五千五百七十一號土名荒蕩上錢家墩

路由許巷向南入山六十弓轉東一百六十四弓折西至錢大坟前十四弓到墓門前

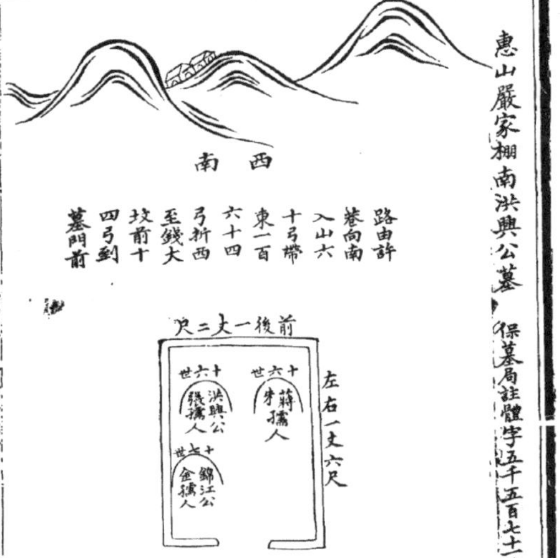

前扯無主　後扯佃　左扯陳　右扯王姓

佃鮑大全住許巷

惠山三周巷西宋家塢洪源公墓　保墓局註羌字二千零十三號土名龍舌尖

路由三周巷西牆角大路入山向西南一百二十五弓轉東南二弓過小石皮橋折東北七弓轉東南四弓至墓門

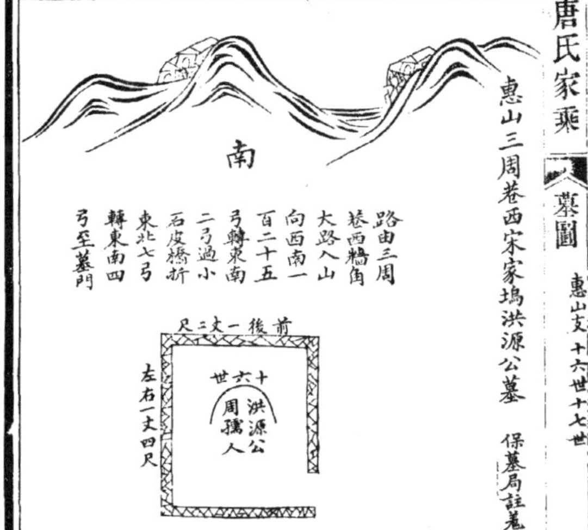

前扯錢　後扯主　左扯路　右扯吳

佃周巧生楊元住三周巷

惠山三周巷西祝孺人墓　保墓局註羌字二千二百二十二號土名葉家墩

路由三周巷西牆角向西四十二弓轉南五弓到墓

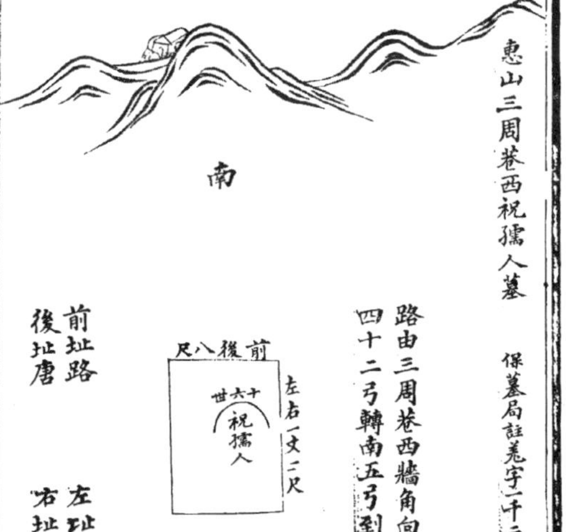

前扯路　後扯唐　左扯汪　右扯路

佃周阿毛住三周巷

惠山娘娘堂東錦濤公墓　保墓局註迴字三百十三號土名娘娘堂前餘地註三百二十二號

路入張南溟公墓門向南十一弓轉西五弓至墓門

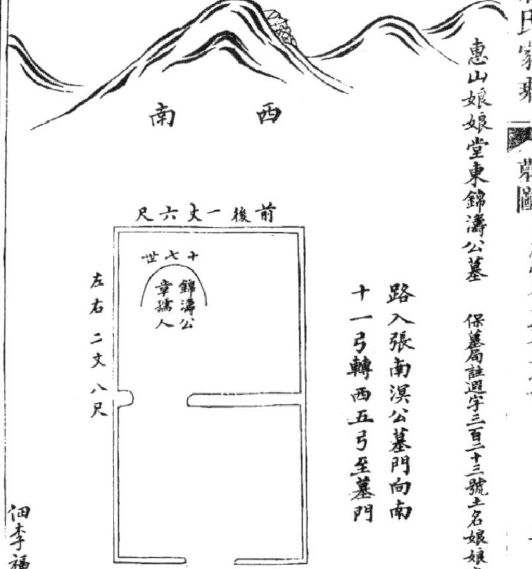

前無主　後扯秦　左扯王　右扯張

佃李福壽住秦園後

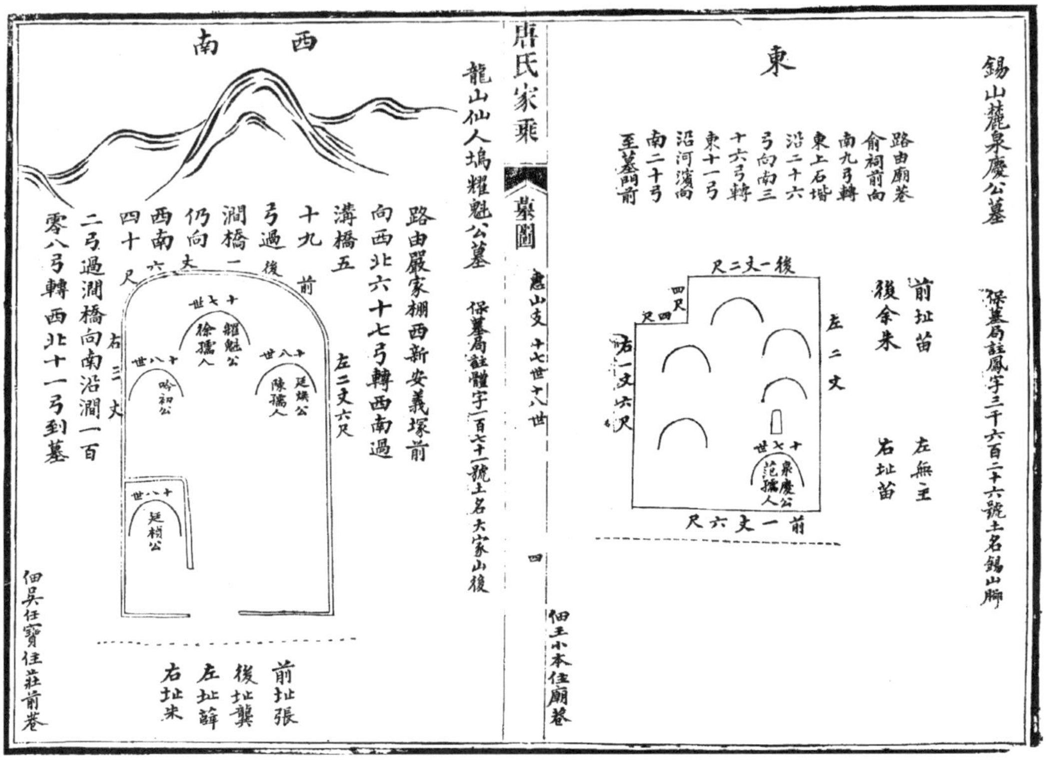
錫山麓泉慶公墓
保墓局註鳳字三千六百二十六號土名錫山脚
東
路由廟巷
俞祠前向
南九弓轉
東上石堦
沿二十六
弓向南三
十六弓轉
東十一弓
沿河濱向
南二十弓
至墓前
後一丈二尺
左二丈
右一丈六尺
四尺
四尺
十七世
泉慶公
范孺人
前一丈六尺
前址笛
後余朱
左無主
右址笛
佃王小本住廟巷
唐氏家乘
墓圖
惠山支 十七世十八世
四
龍山仙人塢耀魁公墓
保墓局註體字一百七十一號土名大家山後
西
南
路由嚴家棚西新安義塚前
向西北六十七弓轉西南過
溝橋五
十九
弓過
澗橋一
仍向
西南
四十
二弓過澗橋向南沿澗一百
零八弓轉西北十一弓到墓
後
前
丈
六
尺
右三丈
左二丈六尺
十七世
耀魁公
徐孺人
十八世
吟初公
十八世
廷棋公
陳孺人
十八世
廷楫公
前址張
後址龔
左址薛
右址朱
佃吳任寶住莊前巷

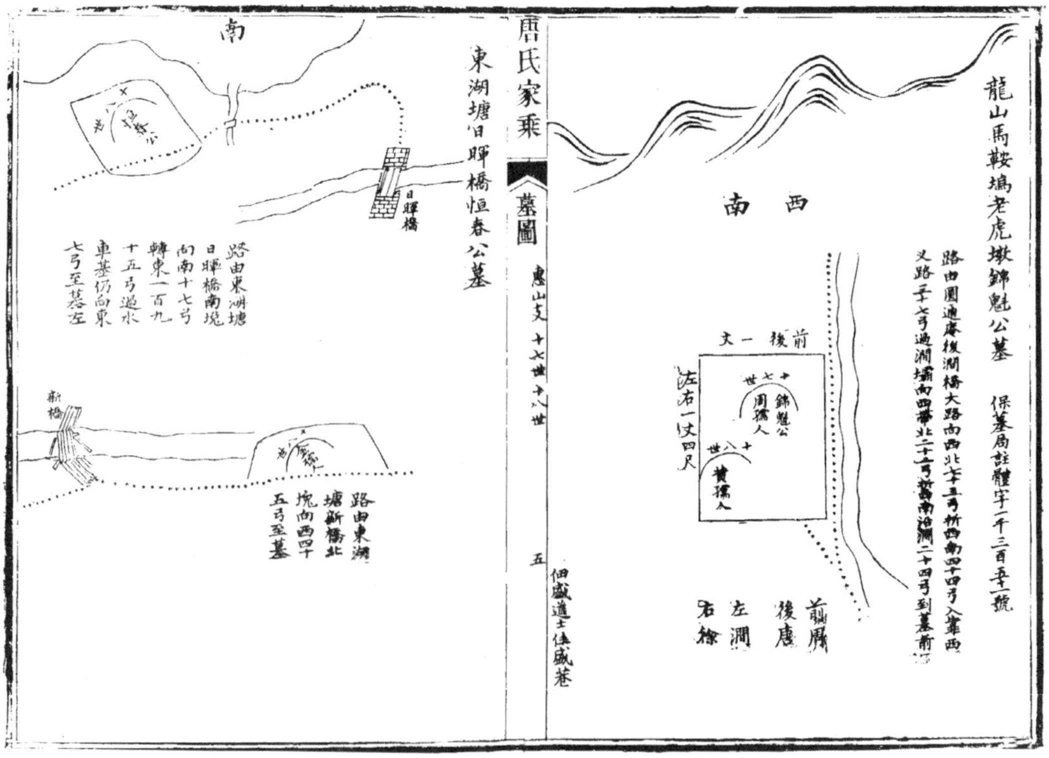
龍山馬鞍塢老虎墩錦魁公墓
保墓局註體字一千三百五十一號
路由園通庵後澗橋大路向西北七十三弓折西南四十四弓入峯西
又路二十七弓過澗墙向西帶北二十五弓折西南沿澗二十四弓到墓前
西
南
前後一丈
左右一丈四尺
十七世
錦魁公
周孺人
十八世
黄孺人
前趾
後唐
左澗
右徐
佃盛道士住盛巷
唐氏家乘
墓圖
惠山支 十七世十八世
五
東湖塘日暉橋恒春公墓
南
日暉橋
路由東湖塘
日暉橋南境
向南十七弓
轉東一百九
十五弓過水
東墓仍向東
七弓至墓前
新橋
路由東湖
塘新橋北
堍向西四十
五弓至墓

唐氏家乘 墓圖 惠山支 六

惠山點易臺側孝女唐素之墓

保墓局註遐字一千一百十二號土名仙人澗下

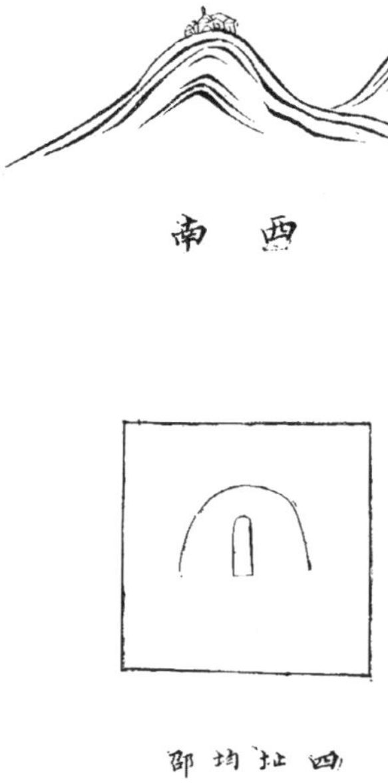

路由點易臺右五弓到墓

唐氏家乘 墓圖 歡喜巷支 十五世至十七世

龍山麓送子殿南瑞安公墓

保墓局註戎字一千五百十二號土名送子殿前

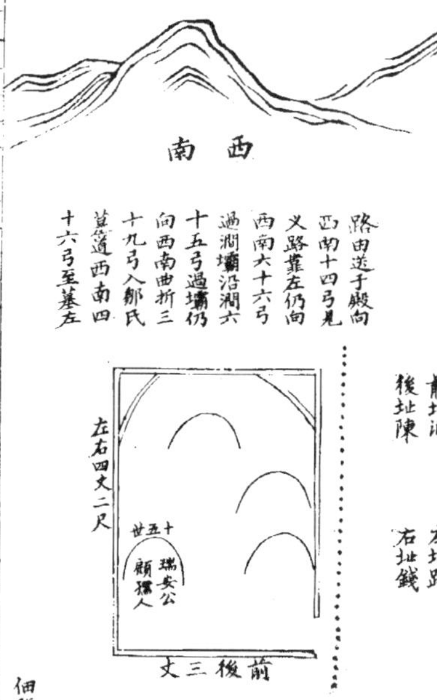

路由送子殿向西南十四弓見义路靠左仍向西南六十六弓過澗墻沿澗六十五弓過墻仍向西南曲折三十九弓入鄒氏茔道西南四十六弓至墓左

佃張阿狗住送子殿前

龍山東麓雙壽公墓

保墓局註鳳字二千五百六十五號土名談都堂墓右

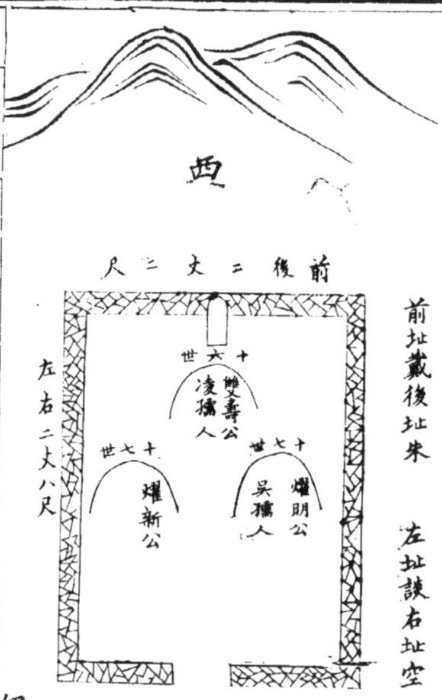

前址戴 後址朱

左址談 右址空

路由廟巷南入山半里許至談都堂墓八字牆前向東十六弓轉南八弓至墓

佃戚連生住廟巷

青山灣土地堂西雲暉公墓

保墓局註鳴字三百四十二號土名烏桕樹汀

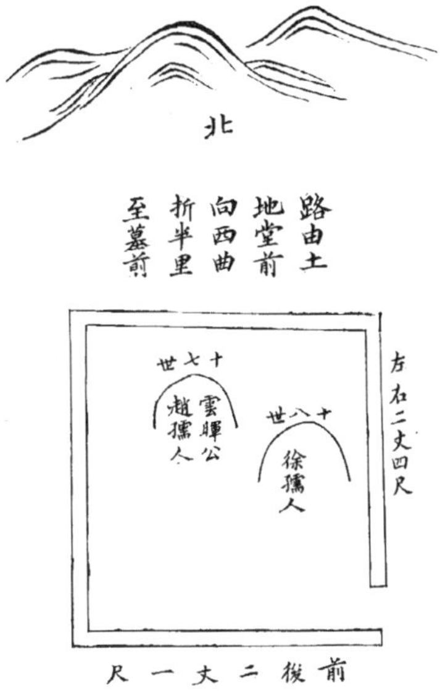

路由土地堂前向西曲折半里至墓前

前址陳　後址空　左址許　右址張

佃周阿茂住土地堂前

勾吴盛氏宗譜

（清）盛德裕　纂修

《勾吴盛氏宗譜》九卷，（清）盛德裕纂修，清同治十年（一八七一）敦本堂木活字本。

盛德裕，盛氏十五世（即泿湖支十四世）孫。

盛氏之先，周穆王時盛國之後，以國爲姓，歷漢晋隋唐，去古寖遠，譜牒無傳。無錫盛氏傳爲北宋大臣盛度之後，元末裔孫景森偕侄綬自晋陵遷常熟，又自常熟遷無錫，景森居邑城，綬居泿湖。明洪武二年（一三六九）朱元璋定鼎編氓，正式入籍，叔侄分别爲邑城、泿湖始遷祖。卷一譜序、祠堂記、宗規、家規、訓誡、像贊、誥敕、盛顒年譜，卷二傳記，卷三碑記，卷四詩文，卷五至卷九世系。該譜於明天啓辛酉（一六二一）始修，清康熙乙巳（一六六五）續編，嘉慶己卯（一八一九）重修，道光癸未（一八二三）續修，此係同治本。盛顒出此族。

盛顒（一四一八—一四九二），字時望，號冰壑，無錫人。明景泰二年（一四五一）進士，初授河南道監察御史。天順時上疏彈劾石亨、曹吉祥，被降爲束鹿知縣。任職期間推行九則户法，黜暴除苛，善理民訟，百姓頌德。成化初擢邵武、延平知府，尋升雲南右布政使，後改陝西左布政使，召擢刑部侍郎，改左副都察院御史。巡撫山東饑荒，多方採取救荒政策，居三年，以老致仕，弘治初詔進中丞大夫。著有《冰壑集》。

本書據清同治十年（一八七一）敦本堂木活字本影印卷一至卷四。

（陳小青）

同治辛未纂脩

盛氏宗譜

敦本堂藏板

盛氏新脩宗譜序

昔先王以親睦教天下聯之以姓立為宗法即禮所云別子為祖繼別為宗繼禰為小宗是也俾〻合族而食序以昭穆冠昏則告喪葬則赴歲時蒸嘗相率登宗子之廟進退揖讓於其間此王道之所以日隆而風俗之所以日美也自宗法廢而視〻之誼薄矣彼其視族之人也奚翅秦人之視越人雖其在五世

序　一

之內既允從相爲服茲特録於令甲
而行之耳非有惻怛悽愴出於誠然
者也後儒慨之於是廬陵歐陽氏眉
山蘇氏相繼出而世譜興焉則譜
者所以維宗法之窮者也歲辛未余

序 二 唐

館組在家有族外甥蔣亭之婿盛君其
昌偕族人理貞具如等來訪并出其
盛氏新脩宗譜以乞序焉余思盛
氏素稱望族之閲其譜以翁子公爲
始祖翁子公諱彦晉旌表孝子其事

實詳載晉史五三十一傳文肅公諱度近
元季有諱景森者與姪綬自晉陵遷
常熟常熟遷無錫至洪武二年編
氓定居漯湖是以綬爲漯湖支祖
其後裔遷徙靡定而世代里居歷歷

序 三 唐

可稽且其屢遷而居也總不越毘陵
宜興姑蘇錫麓數大處此無足盛姓
所由來也其譜中雖無甚赫赫者而
尊卑長幼親疎遠近之次序以及其
人之德行道藝生卒墓娶無不

詳且備焉可嘉也余觀國君其昆季恂
恂儒雅以其敬宗收族之意發為修
輯宗譜之役其誠知所本也夫其能合
於先王以親睦友天下之意也夫故
不辭而為之序至某傳遷晉陵某

序　四　唐

傳遷常熟某傳遷吳邑之滾湖以及新
瀆楊莊村錫店等處則詳載譜中余
不復贅時
同治十年辛未孟夏
特授山陽縣教諭姻愚弟侯嚴拜撰

序　五　唐

勾吳盛氏宗譜目錄

卷一

卷二

卷四
冰壑公詩
冰壑聯句附錄
冰壑輓詩附錄
時正公詩
駿元公詩
和韻詩附錄
東林書院成追憶先子詩有引
西園初稿

盛氏宗譜 卷首 目錄 七 唐 敦本堂

卷五
總支世系
各支世系
卷六
新瀆橋世表 劉塘橋支
莊村世表 陳巷支
卷七
漠湖里世表 大大房 大二房 大三房 小大房 小二房 小三房
卷八

虞山德仁里世表
卷九
老大房世表 新村支 胡村支 西王街巷支即胡村遷去 姑里支 倉街支
老二房世表 蓉墩橋支 吼山黃泥灣支 亭子橋大帝菴前鐵樹橋 大河埒支 周家衖支
老三房世表 旺樹橋支 戴邢支 沐家灣支 吼山西支 虞山在城支 邑城正巷口支 麥東支
老四房世表 錢伯江橋支 錫典盛家灣支 九里橋支 鴻山盛家橋支 三塤子橋支 鴻山南盤巷支 鴻山蔡家灣支 羊尖支
給譜錄
領譜字號

盛氏宗譜 卷首 目錄 八 唐 敦本堂

勾吳盛氏宗譜卷一

天啟辛酉　第八世孫裔芳原編

康熙乙巳　第九世孫晉明續編

嘉慶己卯　十三世孫鏞編修

十三世孫錫祥協修

十四世孫紹澐校訂

道光癸未　十三世孫鋃續修

十四世孫範泉紹基重訂

同治辛未　十四世孫德裕纂修

盛氏宗譜　卷首　編修名號　一　盛　敦本堂

十五世孫基鎣協修

十六世孫撰校訂

宏治庚申　六世孫恂彙輯

嘉靖甲子　七世孫錦鎣校梓

萬歷甲寅　八世孫惟增輯

順治己酉　十一世孫于陸校編

康熙辛巳　十二世孫錫奎錫晉分校

嘉慶己卯　十四世即漰湖支十二世孫鏞合修

道光癸未　十四世即漰湖錫祥支十三世孫鋃續修

同治辛未　十五世即漰湖支十四世孫德裕纂修

十六世即漰湖支十五世孫基鎣協修

盛氏宗譜　卷首　編譜原序　一　盛　敦本堂

十七世即漰湖支十六世孫撰重訂

編譜原序

嘗攷盛氏之先周穆王時盛國之後以國爲姓歷漢晉隋唐去古寖遠譜牒無傳欲溯源流於千百載之上固已難矣雖我無錫漯湖盛氏本自常熟而遷於錫邑者歷數傳而至於裔芳忝列黌宮而才疎學淺遂將泯没無聞安可使後人不知夫本源所自思有以亢其宗乎念吾宗原於常熟常熟原於晉陵宗祖淵源固宜追溯奈舌耕餬口力不從心爰於課徒之暇將始遷祖壽康公以下得之祖父之傳聞者手錄

一編藏之篋笥以備遺忘若夫推隱拾遺旁搜遠紹彙爲全譜付之剞劂氏以永其傳尚有望於光前裕後之人裔芳拭目以待時

天啟歲次辛酉菊月

嗣孫裔芳謹識

盛氏族譜原序

家之有乘猶國之有史以傳信非以傳疑也而近世俗尚浮詭作譜之家往往遠取先代之地望高顯者祖之以贋亂眞而恬不知其非恥孰甚焉昔狄青不欲自附於梁公而郭崇韜乃拜汾陽之墓千載下猶得執筆而詆之豈譜也而容厚自誣上以欺其祖禰下以欺其子若孫哉盍徒以資誇炫而不知作譜之繇也夫譜奚爲而作也將以遡本源別支派紀世數辨等列而惇九族也嘗見有蕃衍之姓昧其所自出

歷數傳輒途人相視奮拳毆其長上者有之貧富凋絶相爲奴隸者有之厮養冒其姓而列之同宗者有之此皆繇無譜可攷其流弊一至此也漯湖之有盛其爲土著舊矣淡樸相尚不競時趨世其業於耕讀代有素封之家而文人亦繼起不絶且其尊長卑幼秩然有序粲然有文誠吾邑之令族也然其先無譜九世孫晉明君晋氏憂焉恐其後不知源流之所自出而子孫遂無統紀也即其族伯振數之底稿創爲譜系按其先有諱綬者於元季自常熟縣徙居無錫

盛氏族譜序

吾友盛君西園以詩歌擅名藝林者三十年吾與之唱酧久矣西園之論詩也曰情眞曰景眞而其要旨則曰清骨肉使肉多而不膩骨立而不枯故其爲詩不高不卑適如人意所欲言而止已卯秋西園來謁余談詩之暇出其所爲盛氏族譜一編示余且使予爲之序予覽之曰此西園之詩也昔之論者曰詩逼於史三唐以來杜少陵爲詩壇一大宗工世謂之詩史然今讀其詩如曰我之曾祖姑爾之高祖母又曰

吾宗好孫子質樸古人風若此之類不一而足詩人之敦倫誼重骨肉者莫如少陵人謂少陵之詩不知其爲少陵之譜也西園耎居養志怡然油然吟咏之餘敬宗收族以其暇日綴爲此編人謂西園之譜不知其爲西園之詩也按盛氏自伊祖文肅公著名宋代居晉陵爲吾郡右族其後裔徙常熟又自常熟徙無錫今湨湖壽康公則無錫始遷祖也以明洪武二年抽丁實空乃來居焉其自序如此嗚呼方明初淮張割據時晉陵無錫分地而守羽檄交馳而湨湖當縣至洪武二年編氓定居湨湖是爲始祖核其實也不諱單寒自矜華胄不逐譁覊妄附薦紳其所以風勵其子孫者大矣編成問序於余余嘉其斯舉不墮三吳之末流卓爾高步遂書此以弁焉

時

康熙歲次乙巳嘉平　葉退客頓首拜題

其衝湖邊蕎草不堪秣馬矣西園念祖宗斬艾之艱流離之苦長言短咏情見乎詞今天下承平四方無事西園乃與其族人食德服疇型仁講讓追鄉飲之古歡咏醋賓之樂事年豐人壽水浮波明向時遺簇斷鈎土花剝蝕杳不可見固不必以無病沉吟上效子美而其敦倫誼重骨肉則有與子美前後一轍者然則讀西園之詩卽知西園之譜覽西園之譜卽知西園之詩信乎詩與譜之相通也是爲序

嘉慶歲次己卯孟秋之月

世愚弟鄭際昌頓首拜譔

刊修宗譜序

竊惟譜系之修所以追祖宗聯本支也人之有祖如木之有本水之有源乃數傳而後諱字無聞世次罔攷則譜之所關重矣吾宗世居溵湖自明初迄今未有刊譜高曾長幼日紊其序心竊憂之前十五年鏞於族兄英粲敝篋中得世系一編係第八世振數公第九世君晉公手錄具載洪武二年壽康公諱榖自常熟遷居無錫萬安鄉溵湖爲第一世祖生二子長諱茂林遷居富安鄉新瀆橋次諱茂梓爲溵湖第二世祖茂梓生二子長諱安遷居興道鄉莊村次諱寧爲溵湖第三世祖編次至十世昭穆秩然此一幸也而鏞於嘉慶已巳年續編十世以下世系俱賴先伯父允恭公指示此又一幸也今年春與從兄錫祿從弟思善倡議修譜因追新瀆橋一支則有第十世錫仲公手編世系可攷追莊村一支則有安公後裔各房世次可稽俾三百餘年不通往來之本支彙於一編此又意外之幸也且吾宗原于常熟常熟原於晉陵其宗譜咸奉宋時太子少傅諱度謚文肅爲始祖

盛氏刊修族譜序

天下之物莫不有本本之所在是即生之所在太極動而生陽靜而生陰陰陽無始動靜無端此生生化化之機所以亘古今而不息也然人與物同天地之氣以生而人獨得其至秀而至靈故能知其本之所自出而不忘其身之所由生譬諸水焉江出於岷漢出於嶓河出於崑崙而或滙之爲湖瀦之爲澤注之爲川蓄之爲浸雖其支分派別萬有不同然皆本於岷嶓崑崙之所出所謂萬理一原萬殊一本是也惟

昔聖皇繼天立極因生以賜姓錫之土以立國名之氏以立宗姓統其祖考之所自出氏別其子孫之所自分其初蓋不數也降及後世或以跡爲束或以奚爲稽何與韓或本於一荀與文或歧而二或賜姓改姓之不同或避難避諱之殊致紛紛籍籍變易不常不有記載能無混乎此後世族譜之所由作也族以系其世譜以序其族使孝子慈孫世守而不失則何紊亂之有哉錫邑盛氏係宋時端明殿大學士諱度謚文肅之後迨元季有諱景森者與宗姪綬自虞山

而其支之星散於外者若揚州宜興靖江無錫皆是也然則因茲譜而尋源于常熟追系于晉陵俾世世子孫知所自出將并合揚州宜興靖江之同祖所自出者而備載于是編如木之異條同幹水之異派同源不更有深幸歟乃讀禮未終出門惘惘公貧不剟剞劂爲難姑就錫邑本支纂其本末以就斯編亦以志鏞之私幸不致昧所自來并以俟後之孫子於無窮也若謂補前人所不逮則鏞豈敢

嘉慶歲次己卯仲夏

守制裔孫鏞稽顙百拜謹識

遷居錫邑明洪武初年編氓景森之子福居邑城綬居漯湖里族譜之傳廢失于兵燹之餘然自景森與綬而上不可得見斷自可見之世以至于今凡若干世巳不勝其繁善乎歐陽子之言曰自元孫而別自爲世遠者疎者畧之近者親者詳之使各詳其所親各承其所出則詳者不繁而畧者不遺矣斯言也實後世纂族譜者之良法也余同窓友盛君西園偕其從弟思善以所纂族譜示余且囑余爲序余諦視之見其世分其支支敘其族如水之行各疏其派派別

其流而統宗會原歸于一本親疎具在榮悴各殊雖盛氏之族由來已久郎以始遷祖景森與綬爲始系其統于上分別大小宗于下蓋亦竊取歐陽子之意云爾於以知西園之敬宗收族俾後世子孫各知其所自出油然生其孝悌之心者意在斯乎意在斯乎

嘉慶歲次庚辰孟春之月中澣

賜進士出身

欽點翰林院庶吉士世愚弟蓉塘蔡培頓首拜撰

刊修族譜記

夫譜何爲而作也所以勸親親道敬長教孝弟而厚風俗也夫親親仁也敬長義也仁且義焉有不孝不弟而風俗不厚者乎故教之以孝弟之道如人身之護其元氣元氣存則康而壽元氣亡則病而夭人命之短長在乎元氣之存亡風俗之厚薄在乎親長之勸化使人人各親其親各長其長而風俗自厚矣故聖人立綱植紀建立宗譜以昭法守僎名分辨等列少不加長卑不踰尊遠不間親疎不離戚而教之以

事親從兄之道消其浮薄澆漓之氣使入孝出弟尊親敬長之心油然自生豈曰小補之哉吾漯湖盛氏始祖綬公係宋端明殿大學士文肅公度系孫於元季同叔景森自琴川遷居錫邑値元綱不振迭經兵燹其先世譜牒之亡意在斯乎迨明太祖定鼎編氓給帖綬公居漯湖景森居邑城故邑城以景森爲始遷祖漯湖以綬公爲始遷祖自二公而上溯文肅未及追明世系是先人編譜之意豈忍等始祖於空桑廞列祖於弁髦也哉要其如是而止者迭經兵火之

餘其孝思阻於無可奈何也吾溉湖宗譜自裔芳晋明兩祖編輯之後迄今百有餘載未經修緝生齒日繁支流延漫慶弔不通者有之道路不相識者有之再易之餘必至長幼不分尊卑紊亂親親敬長之誼漸替矣己卯春從兄西園思欲上承先澤下啟後昆倡議編譜謀及於祥祥因拊髀而嗟曰兄之志猶弟之志也弟有是心久矣兄既以斯爲任弟曷敢憚煩哉遂將族中所添裔丁昭穆次序尊卑名分諱字名號一一注明付之剞劂氏因訪同宗支派合而譜之

並歸一本之誼俾後世子孫覽觀斯譜視遠如近視疎如親庶幾服盡而親不盡親盡而恩不衰鄙者寛薄者敦興仁興讓致教化於靡窮此尊祖敬宗敦倫睦族之義也自兹以往支派日繁嗣而葺之則有待於後人

嘉慶己卯仲秋

十三世孫錫祥謹記

新瀆橋合譜序

夫輪囷離奇干霄蔽日葉密枝繁者木之茂也而必由其根之培也蒼茫浩渺浮江達河派出支流者水之盛也而必待夫源之濬也人之於祖也亦然始而一人之身一身之氣分而爲二人三人以至千萬人之身千萬人之氣猶之一木之本一枝之葉生而爲二枝三枝以至於千萬枝之枝葉一水之源一支之派流而爲二支三支以至於千萬支之支派是也蓋千萬人之氣一人之氣也千萬枝之葉一木之根也

千萬派之流一水之源也以故同氣連枝同源合本惡可不念其初哉此宗譜之不可不作而支譜之不可不合也吾族盛氏自始祖毅公來居溉湖而第二世茂林公分遷新瀆橋由一人而衍戶口數百耕讀相承世守弗替亦足徵遺澤至厚也溉湖與新瀆橋相隔二十餘里從前慶弔不通途遇不識同源合本之思幾亡親親敬長之義漸替矣今年秋錫祥與從兄玉書纂修家乘遍訪宗派而新瀆橋宗叔大章宗兄紹南等有志纂合將十餘世尊卑等列序次昭穆

名諱字號一一注明付之剞劂氏彙之以圖誌之以
表合成一譜非特州處羣萃者聯一體之情郎派別
支分者知本根之庇所以尊祖敬宗敦倫睦族之至
意孰大於是噫數百年星散瓜分一朝聯合非列祖
之靈有以相之其能若是乎是誠吾子孫之厚幸也
嘉慶己卯嘉平

溟湖支十三世孫錫祥謹述

莊村盛氏宗譜序

予嘗讀易至萃渙二卦未嘗不掩卷深思而嘆其義
蘊之無窮也蓋天下恒始於萃逮其後而合者分分
者又分遂至一脈之所衍而相視如同陌路豈惟陌
路且秦越焉渙而無以萃之無怪寖衰寖薄淳風日
漓此家譜之設仁人孝子所以培養愛敬之所爲作
也然竊有惑焉承平日久有譜之家十且八九而宗
法不明遇有名德著聞者必曰此予族某某之裔也
遇有爵位通顯者又曰此余族某某之裔也不究根
源不分支派以爲非此不足爲家乘增光而不知蕪
穢實甚是有譜不如無譜滋之僞耳其於愛敬何有
焉盛氏系出宋太子少傅諱度謚文肅後屢經宋元
兵燹世系不可考明洪武初有諱綬者自常熟遷居
無錫之溟湖里郎以綬爲始遷祖核其實也生二子
長茂林次茂梓茂梓生二子長諱安次諱寧安於永
樂年間遷於興道鄉莊村子姓繁衍幾于渙而不可
復萃今年初夏溟湖支裔孫盛玉書偕弟思善鳩集
錫邑宗支纂修全譜莊村支固盛綬公之的派也其

十三世孫兆義十四世孫孝宗十六世孫在富等請序于予予觀其譜尋流討源辨支分派有世系以爲譜綱有世表以爲譜目一披覽間恍舉十數世以上儼然聚于一堂十數里內外恍然會于一室豈非追始篤終辨物類族渙而能萃者乎不必遠追他郡即同居于錫邑者彙而載之已爲人物叢藪鄉邦典型萬石君之世法太邱期陵之世望關西燕山之世德班氏之世史韋氏之世經斌斌乎兼有其美矣開祖之弓裘裔孫之堂構交相力交相輝以成不朽之業則

玆譜亦爲不刊之典云是爲序

嘉慶歲在屠維單閼仲秋月吉

南圖鄭友棕拜撰

渨湖盛氏宗譜記畧

竊聞水之有源木之有本源之遠者流必長本之大者枝必繁況人爲萬物之靈不可不知源本之所自始宗譜之傳所由來矣余盛氏世居渨湖始遷祖諱綬者於元季遷無錫明洪武定鼎之初頒有民帖一幅至萬歷年間失之於火祖時年已六十四歲矣生二子長諱茂林徙居新瀆橋次諱茂梓爲第二世祖也茂梓生子二長諱安徙居莊村次諱盥爲第三世祖也盥生三子長諱旲次諱杲季諱昌爲第四世祖也長房旲傳至今相沿一線二房杲三傳而無出三

房昌躬耕好善生二子長諱蕙次諱芸爲第五世祖也蕙生三子長諱隆爲橋下大房因橋在門前也次諱際爲大二房季諱邵爲大三房此大房之三支也芸生三子長諱邦爲小大房次諱郭爲小二房季諱郯爲小三房此二房之三支也大房隆無出止生一女適陳田產額鐃四分均分一分分與女以二弟際生三子分得二分三弟邵生一子分得一分仍以際之長子諱儒者爲嗣際號臨溪生三子長諱儒即嗣

於隆名下者次諱仕號慕臨季諱任號懷臨即晉明之祖也邵生一子諱伏號雯溪白手成家置田百有餘畝小大房諱邦號東溪家貲數千金充糧役至京數次生一子諱儀號小溪承父產業居家頗豐服飾華美出外必操卅僕從甚衆小二房諱郭號西溪生二子長諱應期號儆吾邑庠生長於詩賦受知邑丞王公好義者薦入駙馬萬瞻明家訓帝之甥猶記伯祖寄回家書中云東修雖甚微而爲帝甥之師又嘗語子孫云身雖老邁足跡遍至兩京入省相交知者

有八十進士如錫邑鄒愚公嚴雲老楊侯堵高諸大家皆日夕往來者也次諱應登號懷西亦嘗以買販起家誓不爲他人之佃晚亦置田數百畝遺後小三房諱郊號後溪生二子長諱佾次諱應時號思溪家業饒足田數百畝天性亢爽抑强扶弱排難解紛有古烈丈夫之概延師極其誠敬生五子二女長允芳號大愚邑庠生與馬文肅公諱世奇同科爲解元周蓮峯門生有近稿行刻四子諱裔芳號振數邑庠生亦白手置田百畝長女適孫號懷濱舉五子其三數

華字彥章中天啟辛酉科舉人爲盛氏甥之傑出者小溪公生三子長諱節號葵長邑庠生亦與大愚同案閉門謝客善於營家田連阡陌七百餘畝計貲巨萬自是伯叔兄弟輩業儒者連翩鵲起雖未能飛黃騰達亦足以繼書香於後來摠計始祖迄今傳世十有一代歷年三百餘載我族之昆季孫曾輩耕讀相仍世無失德非我祖之積善垂蔭不克臻此然世遠年湮能保無名諱之相混者乎能保無昧祖宗之脈而同室操戈乎予深憂之於是課徒之暇將振數公

之底稿排行編次彙爲一帙其間有先代之碩德懿行堪爲子孫效法者不妨傳數人以垂訓於後世令後之子若孫輩俾知某也賢可以法某爲某祖某爲某父推而遡之出自一人有不視同族之兄弟子姪輩皆相聯於一本一源者乎願我族之兄弟子姪輩業耕者竭力南畝溫飽肥家業儒者苦志芸窗顯親揚祖更願我族之兄弟子姪輩和睦宗親無生異釁安分守己毋作非爲以得罪於祖宗云爾

康熙歲次乙巳仲冬　　嗣孫晉明謹識

合譜辨

予譜漊湖支又譜新瀆橋莊村二支既而邑城新村戴祁三支皆來合譜予亦爲之編其世次客見而問曰新瀆橋莊村同爲壽康公後裔而邑城新村戴祁三支其祖爲默菴公也歧而二之何以合而譜之乎予對曰子之言是也然而子之見拘矣吾盛氏爲周穆王時盛國之後以國爲姓歴漢晋隋唐子姓蔓延天下若廣陵會稽晋陵皆爲支派其初本一人耳特經宋元兵燹子孫遷徙不一譜牒散失無傳吾想淮

張割據時晋陵無錫羽檄交馳人民離散閭舍一空無錫盛姓者僅有壽康公一人與默菴公父子兩人而已孤姓零丁同宗叔姪相依爲命誼切同胞明太祖定鼎編氓默菴公之子福居邑城壽康公居漊湖里昔也同爲錫山地著之民今也合訂錫山盛氏之譜有何不可客又曰子之合譜則善矣而默菴公後裔不獨邑城新村戴祁三支也何爲不一概譜之予曰子之識更拘矣即如吾宗原於常熟常熟原於晋陵晋陵譜晋陵常熟譜常熟錫山支未嘗合譜也或因採訪之未周或因刊費之不給此其中盡有定數焉且吾宗支派相傳爲宋時太子少傅諱度謚文肅之後然世系無可考自當以可據者奉爲祖漊湖支則始壽康公邑城支則始默菴公默菴公四傳而至冰壑公清風勁節傳誦臣民儒業大勳昭垂史冊譜合於先朝或爲趨炎而附勢譜合於今日則爲收族而敬宗客曰子之用心良苦矣設後世邑城支有能亢宗者重修宗譜收本支而汰漊湖支則奈何予曰子之說又迂矣西園修譜盡西園之心後人修譜存

後人之心而已若云本支百世則文肅公後裔散處他郡者俱可合譜也若云無服則親盡則自高祖至元孫而止矣何以譜爲今吾之合譜邑城新村戴祁三支亦猶譜同宗之無服者耳豈若呂之代嬴牛之代馬乎漊湖遷祖爲壽康公邑城遷祖爲默菴公各表其所自出亦豈若唐宗之立祠李耳崇韜之拜墓汾陽乎不肯影響以滋疑惑未嘗舛錯以亂尊卑予於此煞費苦心若夫合而復分亦聽之後人而已予安能知之客不復問而退

遷居無錫時默菴公爲叔壽康公爲姪茲譜邑城新村戴祁三支以默菴公爲第一世而湨湖新瀆橋莊村三支以壽康公爲第一世假如湨湖新瀆橋莊村三支第十三世與邑城新村戴祁三支第十四世同輩也是則邑城新村戴祁三支第十五世猶之湨湖新瀆橋莊村三支弟十四世稱呼也彼此面晤敘談尊卑世次可以類推

嘉慶歲次已卯八月望日

湨湖支第十三世鏞識

續修合譜說

嘉慶庚辰九月散給宗譜凡默菴公後裔散處他鄉未經合譜者皆聞風而至予因囑從弟思善胞弟慶祥爲之編其世次又囑從兄錫祿族弟東山遍訪支派越三年始付之剞劂氏是役也於敬宗收族之義或少有合云

道光歲次癸未重陽後五日 鏞識

老四房合修宗譜序

家之有譜所以念先祖序長幼聯族誼也吾宗自第四世文博公（諱晃）自邑城卜居梅李鄉子孫繁衍世以務農爲業鄉城寫遠凡族中親喪慶賀事不能長相往來康熙辛巳年有第十二世聚五（諱錫奎）接三（諱錫蕃）二公分校宗譜於邑城支欣訂獨詳而在鄉支如碁置星散不無遺漏（賡祿）每展讀宗譜自愧學淺力綿未能彙萃宗派設法合修以遂水源木本之思以明昭穆尊卑之序得以信今而傳後也去年春過邑城同

宗（玉明）家得見湨湖支（西園思善）輩嘉慶已卯合修之譜益怦然心動即過湨湖訪問爲合修計幸蒙稱善爰於課徒之暇手錄一編併邀叔祖（東山）徧告各支捐貲合刻自今以後庶幾上祖不等於弁髦同宗不視如途人也茲幸剞劂告竣因敘其端末如此

道光癸未重九日

第十六世裔孫（賡祿）謹識

琴川族譜序

譜以徵信非可傳疑也（鏞）劬讀振敷公（諱稿芳）天啓辛酉所編宗譜知吾宗原於常熟常熟原於晉陵嘉慶已卯重修因讀禮未終不獲溯源於常熟追系於晉陵今年春常熟源官發官輩挾其先祖劍崖公（諱賓汝）手定族譜過訪意欲爲合修計（鏞）以爲始遷錫山祖壽康公（諱毅）得以追所自出矣乃檢閱之下見遷徙他郡者不一獨無卜居錫邑之公心竊疑之即如所載本支世系第一世黎陽公（諱鐵）爲漢景帝時右僕射第二

世容山公（諱宸）爲散騎郎第三世懷山公（諱坤）第四世錫菴公（諱運光）第五世振陽公（諱昇）護宋高宗駕南渡歷授護軍觀察按其間歷東漢後漢晉宋齊梁陳隋唐北宋共計一千二百餘年僅系五世（鏞）未敢遽信第六世復陽公（諱洪）官至監察御史第七世紫峯公（諱益）第八世靈巖公（諱子明）自府城分居常熟大東門外德仁里爲虞山始祖第九世具區公（諱均德）第十世怡曉公（諱莊）始載生於元至正四年卒於明永樂十五年且詳誌其行誼奉爲大宗而尊崇之是靈巖公以前數世當

日劍崖公亦未免疑信參半也吾想爲子孫者手編宗譜僅得諸祖父之傳聞不過四世五世以上皆屬渺茫若欲追數百年以前難矣更欲追千載以前抑又難矣即有見於史傳彰彰可攷者其前後亦難聯屬與其世系多而滋疑不若世系少而可信故（鏞）修錫邑宗譜在城支以默菴公（諱景宗）爲第一世在鄉支以壽康公（諱毅）爲第一世昭其信也而劍崖公所編族譜何以無卜居錫邑之明文豈當淮張割據時吳人離散壽康公能知所自出而虞山諸前輩莫知壽康

公之所適歟抑或劍崖公編譜時未及採訪同宗故畧而弗載歟常熟譜常熟錫山譜錫山昔已分編今難合訂爰奉始遷祖靈巖公爲第一世核其實也（鏞）學淺才疎遽易前人手澤極知僭踰無所逃罪然自靈巖公至今四百五十餘年子又生孫孫又生子相傳一十九世別爲德仁里支派差堪徵信不致傳疑倘後日有亢宗之彦能追溯本源而合譜之則幸甚矣（鏞）拭目以待

道光三年九月望日　錫山漯湖里鏞謹識

莊村支敘畧

夫波流灝瀚必溯其源木葉華茂必求其本人爲萬物之靈豈可忘其所自出之祖乎吾宗於元季有壽康公諱綬自常熟遷居無錫縣至洪武二年編氓給民帖證居於萬安鄉漯湖里生二子長諱茂林次諱茂梓茂梓生二子長諱安次諱盧安公於永樂年間徙居萬安鄉莊村是爲莊村始遷祖迄今十數傳子姓繁衍雖無科甲簪纓之美而孝悌力田亦足以訓子孫而垂永遠今年初夏漯湖支西園思善二叔纂修宗譜聯綴莊村支輯成宗譜亦敬宗收族之美意也予因遍告族人追敘世系合漯湖支付諸剞劂氏俾莊村子姓可以共識所宗并將斂貲立廟俎豆莊村一如別子爲祖繩繩繼繼百世不遷則又無嫌與漯湖支異矣

嘉慶歲次己卯仲夏之日

莊村支裔孫孝宗謹述

譜序

漯湖盛氏支譜成於天啟辛酉者曰裔芳續於康熙乙巳者曰晉明以宋時端明殿大學士諱度謚文肅居晉陵後裔徙常熟自常熟遷居無錫至洪武二年編氓定居漯湖壽康公諱綬爲支祖綬子茂林茂梓茂林遷新瀆橋爲新瀆橋遷祖茂梓子安遷莊村爲莊村遷祖嗣後子孫繁衍數百年支派毫髮不爽嘉慶己卯堂伯西園先生仍支譜間附管窺若漯湖新瀆橋莊村等處皆始終條分縷析不濫不漏散失必確查補入既告成然未知大宗究何屬也歲庚午有吳下宗望卓卿等來訪以晉時舊譜見示知始祖爲晉旌表孝子翁子公諱彥二十一傳唐初勅封葛國公武衛將軍行軍總管賜謚武莊諱彥師宋時文肅公郎葛公十世孫也歲辛未命兒鑾堂姪基赴蘇謁宗望卓卿星杉等話譜情長有異時合修之約今姑命兒等重輯之祖翁子公從舊譜重大宗也亦庶幾廣先人之志云爾

同治辛未季春　後裔德裕謹識

重修宗譜序

族之有譜所以尊祖敬宗收族也記曰尊祖故敬宗敬宗故收族可或忽歟昔晦菴夫子云三十年不修譜者即爲不孝蓋亦於尊祖敬宗之意拳拳也況其間孝子悌弟義夫節婦功名建於一時著述藏於名山胡可不詳於家乘耶且非特此也數十年後子孫繁衍支分派別使不加纂輯同宗之人視如陌路尊卑長幼紊無倫次生卒葬娶茫無稽考其能免不孝之責耶予堂伯祖西園先生於道光癸未纂修後各

房家道中落後啟乏人咸豐己未吾父珮玉府君曾約族人有重修宗譜之議因屆於時艱於勢不果未幾因遭兵燹事遂停止迄今又逾十餘年矣今春府君命鑾修輯偕堂兄基族姪撰等糾集族人告以原委涓吉開雕同里唐君藹樓諳於譜法者也敬延在祠主修家乘鑾亦共襄厥事精心校勘惟恐謬訛凡數易稿而後成庶幾於尊祖敬宗之意不相悖戾而不孝之責或可寬其萬一也爰以告宗人之後啟者是爲序

時

同治歲次辛未季春　　裔孫鑾謹序

渨湖祠堂記

盛氏宗祠吾師西園娛親之地也於嘉慶甲戌建造因書是亦爲政四字額其新堂以寓意焉後太師母葬太夫人殁哀毁之餘園政幾廢師居其中執經請業載酒問字者無虛日歲道光丁亥西園師染症告仲嗣承恩曰高曾祖攷欲謀建宗祠以妥先靈有志未逮君子以宗廟爲先居室爲後汝所知乎吾殁後以吾娛親之地改爲先祖之祠吾願足矣承恩謹誌之是年秋西園師殁承恩服闋後承父命告族人曰

吾祀宋時端明殿大學士文肅公諱度及支祖諱綏栗主於其中而以大中承諱顒祔焉禮也嗚呼吾師當日娛親之計卽爲今日安祖之計耶馨香俎豆雖不能榱桷之雕琢堂構之輝煌而扆櫩堂廡規模粗備可安先靈承恩慨然曰此事可告先府君於地下矣嗣後子孫春秋致祭咸深水源木本之思者當知承恩克承父志之不淺也余雖不文不忍沒其志因不揣固陋而爲之記

道光壬寅仲春　門人鄭士徵拜撰

莊村祠堂記

家廟之設所以妥先靈薦時食樂燕飲也莊村盛氏其先有諱安者於皇明永樂間自渨湖里卜居此迄今幾四百年子孫繁衍倫序攸分且耕且讀亦儉亦勤誠吾邑之令族也嘉慶戊寅歲有朝宗冬玉孝宗瑞甫等唱集族人捐湊公貲置得海宇號房屋厥位面陽新其堂宇爲家廟焉昭穆次序在其中春秋祭祀在其中子姓兄弟敘天倫之樂事亦在其中雍然肅然莫不致孝致敬足以見風俗之淳人心之厚也

予因其家乘告竣爰附數語於簡中庶幾並垂諸百世而不朽云

道光癸未仲春之月　黃瓚頓首拜譔

宗祠基糧

祠乃祖宗神靈所依子孫思祖宗不可見見其所依之處即如見祖宗時而祠祭必加敬謹凡棟則葺之有漏則補之若使殘延所費愈此事死如事生事亡如事存之道族人所宜知者志宗祠第一

澱湖宗祠在萬安鄉十一二圖感巷重字五百六十號糧壹畝壹分五厘四毫道光辛卯裔孫承恩承父命改立

莊村宗祠在輿道鄉十二二圖海字一千四百二十七號糧貳分五厘嘉慶戊寅裔孫朝宗冬玉孝宗瑞甫等倡建同治癸亥兵燹毀燼於同治乙丑裔孫令蒼乃本南秀等又置海字一千三百九十五號糧一分正建屋一楹權妥神靈者也

條例

一古法宗子無後乃應立嗣其餘則否今爲權變令凡無子者俱得取應立之子爲嗣即於本生父母格內書名註嗣某人而於嗣父母格內書嗣子某註某人之子云

一無嗣者由嫡而堂而從以次嗣續不容紊亂至由聘螟蛉例不入譜但事已如此特爲通變之道註明由聘螟蛉等字以別之

一出繼外姓者載明出繼某姓某人以爲後日歸宗之地結姻之禁

一娶妻則書配或書娶繼則書繼妾書側室女子出嫁書適某姓令後人於婚姻之際不致冒昧無攷云

一族中有出門謀食而流寓他方者有因母轉醮而就養者有髫年困頓而從別教者歸則備收不歸亦必於名下註明蓋一脈相延不忍絕也

一族中名諱前後或有雷同但已稱熟莫可更改惟將同音之字易其字而不易其音庶子孫不犯亂

宗之諱號其或有上下同一字者仍之

一譜久不修世遠年湮則遺忘缺畧者多矣故或有名無字有字無名而生卒配葬亦或有或無或仍舊本缺而莫追或因各裔忘而莫攷概從闕疑或用空白不敢臆斷懼失實也

一子孫若有作奸犯科及爲下流者宜削其名至出幹蠱子孫仍應編敘此一定之理也

一家廟所以安　先靈也倘祠中堆木柴貯車軸作踐侵食有人而修葺莫問惟後人入祠讀書不禁如違則傳知議罰

宗規

一謹祭掃　近代新塋春秋致祭固屬報本之誠而遠祖墳塋向來六房輪祭邇年竟有醴奠不修者殊可痛恨今與族人約每年照舊值祭倘有人復蹈前轍合衆議罰若斫伐樹木與匪類同科

一敦孝悌　此是分內事各宜自盡如有忤逆父母及凌犯叔伯兄長等稟知族長按罪責罰如恃強不服通族具呈解官究治

一睦宗族　誼關一本豈容漠視凡慶必賀喪必弔

一切大事須協力佽助倘有強凌弱衆暴寡智欺愚凡搆鬭爭競等類議罰不徇

一慎姻婚　凡嫁娶須擇門戶相當配耦相稱者不可貪圖財物輕信媒人致悞攀匪族使後日男女不齒於鄉里深爲可愧嗣後如有不分良賤與奴隸娼優等輩聯姻者通族絶其往來屏不與齒其本人議罰

一篤友恭　凡人當幼時非不十分友愛其後多不和睦者大抵以兄弟分析爭財奪產搆釁鬩墻抑

或此貧彼富有求莫應若秦越之相視同氣參商職是故也甚且聽信婦言遂生嫌隙子孫尤而效之爲禍不淺族中宜宛轉開道諭以相好如有犯者重加責罰

一睦鄰里　祖宗以忠厚傳家凡子孫居鄉者務必謙讓和藹與人無競不得好勇生事貽累身家若有不肖子弟事恃血氣倚仗族人欺凌鄉里者察出責罰或平日安分守拙反爲他人所侮者族中當協力拯救不得坐視若與族内不和而反外向

者責罰加倍

一戒淫賭　敗行品破身家率由此二事一切賭具不許私藏如有三五成羣互相抵角不論尊長老幼衣頂會衆共懲淫更所關不小犯者嚴責重罰若干倫紀罪尤加等公議逐出例與下流匪類同科

一禁爭訟　族内之事只須族内人處之况有族長房長在公是公非誰曲誰直皆目見耳聞易於剖決較之官府但憑吊上虛辭判斷相去奚啻天淵

惟處治不下不得已乃涉公庭如有恃財恃勢恃衙門人熟遽爾興戈者集衆痛懲

家規

一端品行　當家人爲一家之主須做出好榜樣自然門內整齊嚴肅家業興隆若作事不端存心偏向非但被外人看輕卽子媳亦有時不甘從令成何體統急宜自勵

一審術業　子弟中資以上讀書可望有成者務策之使上進若資不能讀者卽令務農力不能農者卽令服賈或令習一技藝皆可資生自當安分守業不可遊手好閒致入匪類

一尊師傅　子弟不讀書縱有家私亦一團俗氣且易爲非禮之事凡爲父兄者當慎擇明師待以忠敬厚其脯修俾得安心訓誨又須誡子弟輩無怠無傲惟師言是聽日引月長自成佳子弟品行端方文章出色若父兄不能尊師重傳而子弟能有成者未之前聞

一愼交遊　凡中等人莫不因習而移與善人遊處則交儆互戒受益無窮與不肖往來則隨波逐流受累無極每見少年子弟內無嚴父兄外無賢師友狎昵惡少怕近老成或羣聚呼盧或舞拳弄棍或日夜縱酒或引類宿娼所爲習下流之事所語皆戲謔之談相勝以衣冠相爭以鬬狠坎險在前而不顧觸犯刑辟而不知必致辱身破產族中如有不擇交遊者定行懲責

一勤耕織　一夫不耕或受之饑一女不織或受之寒況上有父母下有妻子所當仰事俯育每見不肖子弟惰其四支春則野多板田夏則禾皆稂莠更有一種懶婦但知吃好着好閒坐閒話至號寒

啼飢生活無計稱貸無人而恒心不失者幾希矣

一崇儉樸　方今世風日下競尙奢華每見好勝之人產業無多居則務營華屋食則務列珍羞衣服必着綾羅宴會必極烹宰婚嫁必極美麗彼此相效舉國若狂一遇凶荒家室不保殊堪浩嘆諺云省吃省用省求人眞至言也

一謹閨門　三姑六婆淫盜之媒不可任其到家行走凡爲男子者不可縱容少年婦女燒香看會聽戲觀燈冶容誨淫被人指摘卽老嫗村粧亦宜恪

守婦道不得放蕩於禮法之外犯者責罰其夫
一睦妯娌　婦人度量狹窄者居多惟是情性温柔語言謹慎便爲佳婦若舌尖口快撥弄是非妯娌不和必致兄弟不睦爲害不淺甚至不安本分怨天恨地恃其潑悍辱罵旁人皆由其夫平日不能約束責有攸歸

訓誡十二條係鏞巳卯年底稿自嫌粗俗未載家乘但吾宗多以務農爲業讀書者甚少若引經據典昭示來兹恐閱者不解爲何語譬如古方雖好其如服藥之人不信何惟以俚言抉其病根猶之軍連寒附桂蔘去病爲尤速也故棄之而仍列之

孝

身體髮膚受之父母饑寒屎糞果我爹娘幸其成憂其疾愛子心長竭其力用其勞報親日短少日未滴

天性膝下依依長時漸習澆風家中嗃嗃弱弟同胞常愁析產嬌妻到手便説分家委重任於雙親蓄私財於一巳更有怨後母而時回虎視忌庶子而暗想鯨吞忤逆之名未著抗違之罪難逃

悌

險路危橋攙扶爲要下船上岸照應宜先遇道途則謙退相隨見負戴則殷勤相代覿面必要先呼某叔某伯假手自宜速辦有始有終時時緘口處處虛心雖未讀詩書亦稱佳子弟

忠

視人猶我毋我負人我既至誠人皆信託代謀事件有十分力用十分代買東西授一百交一百非我莫能爲遇風波而不避代人任受怨被疑謗而不辭若謀事或有怠心買物欲存後手傭工不能滿月夥計必至回家

信

几月久長無忘舊約山川修阻必踐前言一諾無辭千金爲重一言既出駟馬難追姑妄言姑妄聽臨事

必多懊悔有定識有定力當機不致游移若朝三暮四指東話西立品低疲被人鄙薄

禮

出入起居循規蹈矩往來施報量力準情長幼有次序夫婦有分別一室雍容妯娌能和睦兄弟能友恭閨門聚順見叔伯必敬必恭勿輕貧而重富遇賓客相推相讓毋踞坐而狂言每逢佳節俎豆薦陳若到新年衣冠往拜至於婚喪喜慶自當不儉不豐儉則鄰於慳吝每得罪於他人豐則近於奢華必傷財於自己

義

人人好利見利必思事事依仁爲仁宜盡救人之急成人之美豈釣譽而沽名量我之力用我之財當審時而度勢若分所應爾竟袖手而旁觀事所當然忽抽身而退避志氣全無不顧他人訕笑銀錢富有常言自巳貧窮親友艱難徒然苦口兒孫蕩廢都也甘心

廉

物各有主多取則傷人孰無情吃虧則怨合夥謀生

均財爲是擔本放債重利實非玩物當前勿奪他人之好餘貲在後勿圖一巳之私即如每歲收租斗斛不宜寬大有時買物權衡須要公平臨財不苟君子所稱見利必趨貪夫可鄙

恥

矯首青天神明可告捫心清夜衾影無慚大丈夫作事不愛人見奇男子出言不怕人聞若白日難言低聲附耳黃昏有事微步潛蹤鬼蜮之形莫測人禽之判幾希吾知其面目靦然而官骸尸爾

嫖

一夫一婦儘可敦倫是色是空何庸縱慾花街柳巷誰知喪命之鄉錦帳蘭房莫識迷魂之陣十載醒揚州之夢薄倖才人連朝興巫岫之雲風流浪子一已之聲名頓壞先人之基業漸銷子孫尚且貽殃妻女定當還債偶然失足及早回頭若是偷情尤宜絕跡

賭

喝雉呼盧原非正道招朋引類漸習下流每日身游局內自言借以消閒連朝目注盆中吾謂等之行劫

祖父百端辛苦遺下錢財子孫一念猖狂視同糞土青年而妙手空空窮來號鬼白首而癡心躍躍老去成精但聞敗家子未見發財人

吃

糲飯飽餐皆由福命菜根咬斷纔是英雄若但知一已肥甘不顧雙親奉養過屠門而大嚼前賬未還入酒肆而亂吞慳囊欲破無故殺生難消孽障不時飲醉漫出狂言少時飽欲死啖牲禽而猶未快心老去食無餘餬饘粥而不堪回首

着

衣合時宜衣常改造服與人稱服始有光輕薄兒遽穿狐貉滿面驕容庸碌子亦被綾羅渾身醜態祖父創業維艱一領緼袍常愛惜子孫守成不易半生錦繡足奢華有福不宜享盡無錢便覺難堪倘易米柴而脫去當無不盡之頭若可親友以贖歸會有難齎之腳

憤時嫉俗之言未免有過激處但目之所見耳之所聞不禁舉之於口而刊之於譜也惟望後

之人當閒書看看當笑話說說有則改之無則加勉則幸甚矣

跋盛氏譜像　　楊芳燦

世以譜傳而不能像傳能並傳者必其人之勳業著於當時乃能留其像傳於後世蓋譜者所以詳其世次而像者所以誌其儀容也故無譜則世次無可攷而無像則儀容無所寄後之子孫當春秋享祀欲致其如在之誠必有徬徨而莫據者矣然則像爲可少哉今觀盛氏譜像焯然可垂千百世而不朽其後嗣瞻先人之像而不興仰止之思未之有也

盛氏宗譜　卷首　唐　一　致本堂

太子少傅文肅公像

盛氏宗譜　卷首　像　唐　一　致本堂

贊曰

宋有棟臣往矣其邈世傳遺像超乎物表德容恢異天骨峻擢波澄東溟日照泰嶽具瞻崇崇起敬起忠貌與神會凜然生風氣蘊方寸色形匪躬當時經濟如在胸中無喜無慍亦如斯畫嗚呼爲臣儆爾夙夜

仲山王　問

邑城始遷祖黙菴公像

贊曰

和氣致祥謙尊而光曰勤曰儉不柔不剛公之器量萬頃汪汪公之精神千里昻昻黃金百鍊白玉深藏

秦金

漷湖始遷祖壽康公像

贊曰

其貌渾樸其心淳古肇啟螽斯比閭爲伍燕翼貽謀原田膴膴墓寫芳型無忘乃祖

冉涇邵寶

大中丞冰壑公遺像

盛氏宗譜 卷首 像 四 敦本堂

贊曰

公之立朝也品端方節剛勁公之愛民也清如水明如鏡東鹿歌謠山東善政吾也拜公遺像述公德行不禁穆然深思而肅然起敬

東洛張　愷

中順大夫舜卿公像

盛氏宗譜 卷首 像 五 敦本堂

贊曰

乃父立朝職司秋典淑問聲名昭然策簡厥子多材佐平邦憲繼述無慚于秋稱善

南京工部侍郎萬象春拜題

貢元時表公像

盛氏宗譜 卷首 像 六 敦本堂

贊曰

螢窓雪案黄巻青燈精研五典衆究三墳薇庭射策蕋榜題名才華品望令我心傾

副使顧可久拜題

庠生春谷公像

盛氏宗譜 卷首 像 七 敦本堂

贊曰

美質修髯天生使獨文章蓋世經綸滿腹名噪黌宮行超儕俗仰溯芳徽其人如玉

吏部左侍郎孫繼皐拜題

指揮使時正公像

贊曰

形容磊落器宇軒昂精忠報國青史[illegible]芳如[illegible]玉之溫潤

如松栢之堅剛

顧明

儒學教諭駿元公遺像

贊曰

宏才博識達古通今敢廸後學喬楚儒林談道自樂挾鶴携琴標清幹偉目秀眉森汪汪乎叔度之雅量飄飄乎周子之胸襟方公之未遇也故探元闡教而出入與琴鶴爲侶及其登龍坡遊鳳沼柄文鐸而風斯世也蓋將亟反乎太古之遺音

河南道監察御史于業題

庠彥季長公遺像

盛氏宗譜 卷首 像 十一 敦本堂

贊曰

公爲諸生試輒前茅屢困場屋有志莫酬公門桃李濟濟名流公爲人師文行兼優眉龐目秀額廣髯修不愧不怍寡悔寡尤相知長逝使我心憂

濟川張文輝題

恩賜耆碩雲祥公像

盛氏宗譜 卷首 像 十二 敦本堂

贊曰

岡陵不改松柏後彫童顔可駐鶴髮飄蕭克勤克儉仗國伏朝

皇恩優渥晚歲逍遥

斧仙賈鉞拜題

候贈羅名公像

盛氏宗譜 卷首 像 十三 敦本堂

贊曰

公之處衆也犯而不校公之持已也矜而不爭取予不若然諾不輕義方垂訓課讀課耕承前裕後公固宜奕世而有聲

仲博鄭際昌

鄉飲賓永清公像

盛氏宗譜 卷首 像 十二 敦本堂

贊曰

太上立德用晦能貞語言事功或以近名紀公之行施於有政持已以莊與人無競貽公宅北陸子泉西庚秋泛菊丙夜燃藜賦就三都書藏二酉禮舉賓筵蜚英騰茂覩公遺像憶公生平頑鄙俗革仁讓風行

芝亭馮　昉

庠生閽修公像

盛氏宗譜　卷首　像　十四　唐　敦本堂

贊曰

東吳碩彥江左名林香披芹藻珍比泮琛冠厥多士懷以好音風流常在德澤惟深

黃　贇拜題

貤贈登仕郎西園公像

盛氏宗譜　卷首　像　十三　唐　敦本堂

贊曰

高懷秋水雅度春風英才特達學問宏通梁溪之畔隈湖之東義聲夙著德行攸崇

世愚弟張星燦拜題

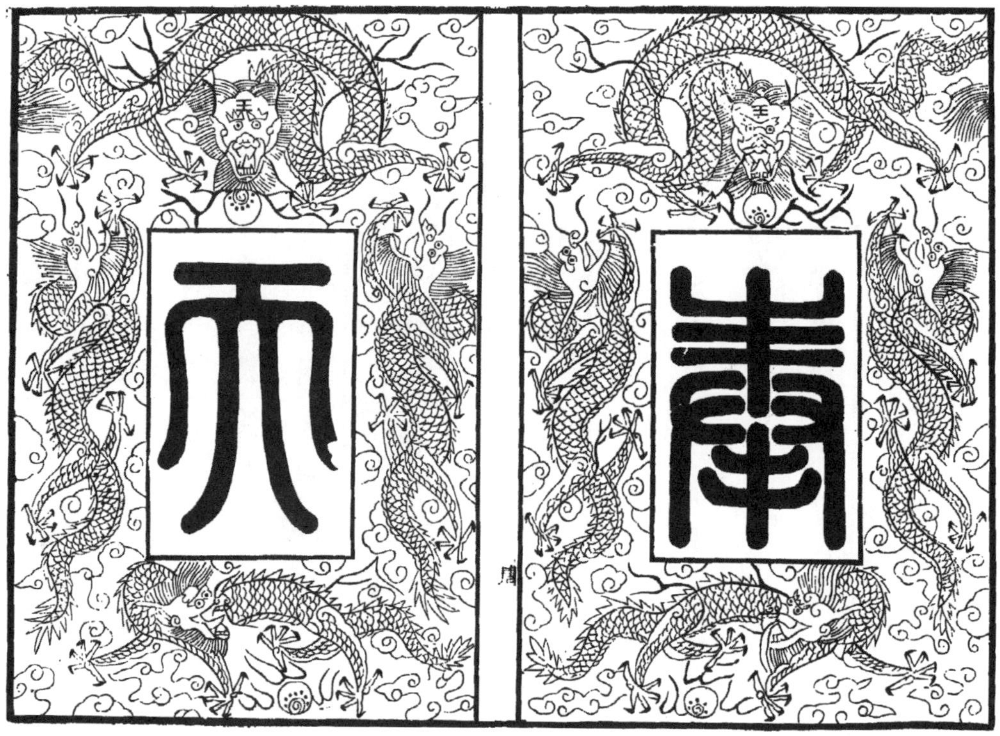
奉
天

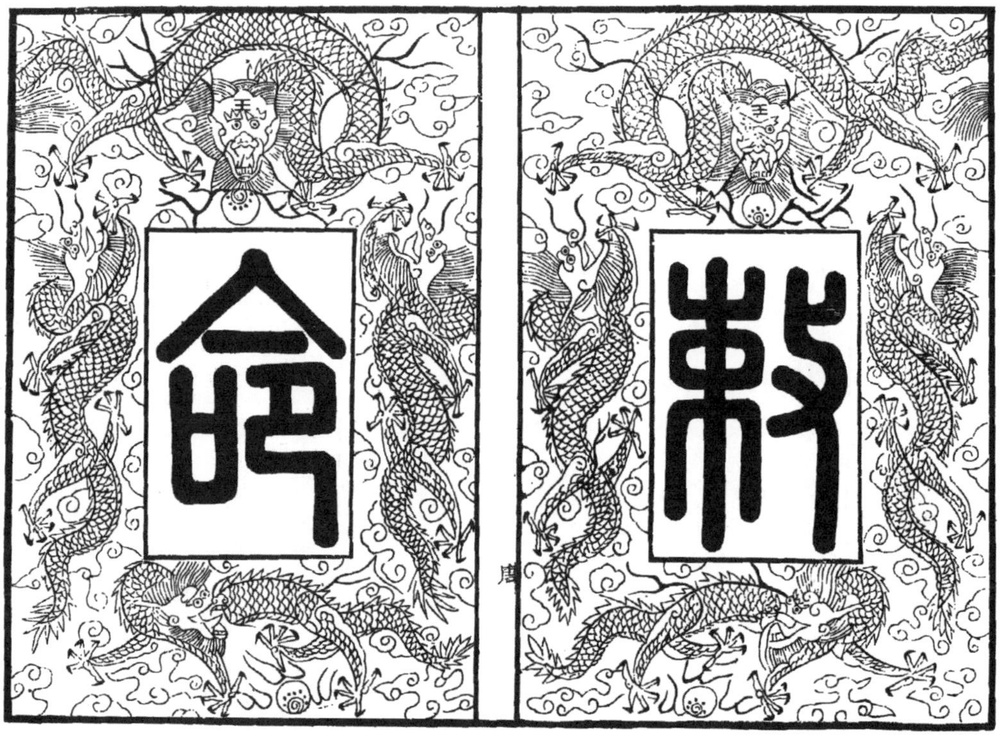
敕
命

奉
天承運
皇帝勅曰朕惟人子之
孝皆欲顯其親故肇

臣之任職者必有推
恩之命所以體其心
而勸孝也河南道監
察御史盛顒父文珪

誨成其子效用于時
推厥所從宜隆恩命
今特封爾爲文林郎
河南道監察御史爾

其祇承毋忝榮命
勅曰
國家推恩臣下必及其
親者所以重源本也

河南道監察御史盛
顒之母馬氏有子效
用歷年于今皆爾善
德所致茲特封爾爲
孺人服此隆恩尙茂
敬之
景泰六年三月初九日
勅命之寶

奉
天承運
皇帝制曰朕惟父教其
子以仕進爲忠子愛
其親以顯名爲孝肆
國家推恩羣臣必體其
心而示彰勸之典焉
封河南道監察御史

盛文珪乃福建延平
府知府顒之父樂善
養恬義方教子比因
子貴已受榮封子復

進官爾宜增秩是用
進封爲中憲大夫福
建延平府知府服比
茂恩益綿壽祉

五 唐

制曰孝子之愛親者靡有
存殁之間故
朝廷推恩必及其親所
以體其心而重大倫

也爾孺人馬氏乃福
建延平府知府盛顒
之母婦儀母道著于
闈門因子受封蓋有

六 唐

年矣子今進官宜申
邺典特加贈爲恭人
幽靈有知服比寵命

七

制誥
成化八年二月二十日
之寶

奉
天承運
皇帝制曰積德深者必
克昌其後享名盛者

八

必克顯其先肆
朝廷推恩有典非徒厲
有功亦欲彰有德爲
世勸也爾盛子實乃

都察院左副都御史
贍之祖父倘義好施
修身愼行德善之蘊
老而益隆慶澤之流

遠而彌大致有孫子
揚歷顯官因勞推恩
宜崇褒典茲特贈爾
爲通議大夫都察院

左副都御史服此休
嘉益昌裔永

制曰
朝廷簡命賢才畀之重

任而褒及前人者蓋
體其報本之心而勸
天下於忠孝也爾吳
氏乃都察院左副都

御史盛顒之祖母盡
宜家之婦道有範族
之母儀垂裕賢孫克
膺顯位流澤所自命

數宜頒茲特贈爲淑
人膺此茂恩永光泉
室
成化二十二年三月十六日

奉
天承運
皇帝制曰爲臣能事君以
忠者

朝廷必遂顯揚之心爲
父能教子以義者
朝廷必有推恩之典惟
官愈進而忠愈勵斯

親愈顯而恩愈隆於
以見下無怠滿之心
上有激勸之道也封福建
延平府知府盛文珪

乃都察院左副都御
史盛顒之父讀書尚
義忠孝存心齒德重
於鄉評孝友刑于族

黨篤生賢嗣爲
國憲臣旣屢沐於褒恩
宜載申於卹典茲特
加贈爾爲通政大夫

都察院左副都御史
靈其有知服斯寵命
尚於爾後庇佑無窮
制曰朕惟賢才爲

國家茂建勳庸亦惟承
世澤服膺家訓肆褒
封之典視其子之祿
秩所以隆恩禮而昭

十五 唐

善教也贈恭人馬氏
乃都察院左副都御
史盛顒之母勤儉相
夫仁慈裕後致有賢

子顯用於
朝祿養既違恩典宜錫
茲特加贈爲淑人服
此榮恩永賁幽壤

十六 唐

制誥
成化二十二年三月十六日
之寶

奉
天承運
皇帝勅曰夫婦人之大倫故　國家推恩羣臣命必及之而於存歿一也河南道監察御史盛顒之妻殷氏克相其夫而已早歿茲特贈爾爲孺人九原有知服斯榮命
勅曰　國家推恩羣臣而必及其室家者所以厚人倫之本也河南道監察御史盛顒之繼室顧氏克勤內助以相其夫茲特封爾爲孺人服此茂恩毋忘儆戒

景泰六年三月初九日　勅命之寶
制曰婦從夫之貴不以存歿而異恩蓋重人倫之始以敦風化之本也福建延平府知府盛顒妻孺人殷氏恪敦婦道善相其夫因夫受贈已有年矣夫今進秩特加贈爲恭人服此榮恩永光泉壤
制曰　國家錫命羣臣而必及其室家者所以嘉內助之賢重人倫之始也爾孺人顧氏乃福建延平府知府盛顒之繼室克勤內助嘗受褒封夫既進秩爾乃早歿茲特加贈爲恭人九原有知服此寵命
成化八年二月二十日　制誥之寶
制曰　朝廷欲勵乎臣工恩命必及其伉儷蓋生有封而歿有贈今昔之所同也爾都察院左副都御史盛顒妻贈恭人殷氏淑慎德儀允宜厥家早偕祿仕弗克永年顧推恩之典有常宜追榮之命屢錫茲特加贈爲淑人冥漠有靈尚其嘉享

制曰臣之効忠能有以報乎　國則　君之昭寵必有以及其家雖以勤賢勞亦以嘉婦德也爾都察院左副都御史盛顒繼室何氏勤儉惠和作配君子淑德允宜於閫闈錫恩曾荷於宮闈爰攷書章宜頒新命茲特封爲淑人益懋祗承永綿休顯
成化二十二年三月十六日　制誥之寶

皇帝勅諭廣西布政司右叅政盛顒今特命爾專一
清理田地催督錢糧巡察邊務整飭官軍糧餉
提督各該官吏倉儹人等及時催徵如法收貯
但有兜攬侵欺收支留難作弊害民及有占種
田畝致使貧難虛納稅糧等項及官吏通同不
舉者文職六品以下并旗軍人等聽爾徑自提
問干礙軍職并文職五品以上應奏請者具奏
拏問發落所屬去處若有奸弊當禁革者亦聽
處置爾須持廉秉公正已率下務使糧儲足備

邊務修舉庶稱任使如或侵擾剋害致生嗟怨
責有所歸爾其敬慎之故諭
成化九年二月初十日

皇帝勅諭都察院左副都御史盛顒今特命爾巡撫
山東地方操練軍馬修理城池撫安人民及提
督一應稅糧邊糧屯種并預備倉糧務在宣布
德意扶植善良摧抑強暴使軍民依時耕歛各
安生業凡遇歲荒民饑須盡心設法區畫救濟
務體 朝廷憫念之意俾不至於流移失所若
有盜賊生發即便調遣官軍民壯勦捕毋令滋
蔓官吏有能奉公守法修舉政務者量加獎勸
其貪酷不才害人誤事者從公黜罰除軍職及

五品以上文職有犯具奏區處其餘就便拏送
所司究問臨清爲南北衝要之地四方商賈所
聚中間多有亡命之徒在彼結搆爲黨與滅詞
訟等項爾尤須用心禁治仍令按察司官在彼
事理凡事有便於軍民者聽爾從宜處置應與
內外官并三司等官會同者須從長計議而行
爾宜輸忠效勞務使人民安妥地方寧謐庶副
委任如違責有所歸爾其慎之慎之故諭
成化二十年四月 日

奉
天承運
皇帝制曰 國家建都察院以總風憲而副都御史
實贊其長所以振肅紀綱表率內外公激濁揚
清之舉成匡時輔治之功其爲職要且重矣非
達大體堪大任者不輕畀焉咨爾都察院左副
都御史盛顒發身科第擢官風紀屢進官于方
伯才譽益彰復轉佐于秋卿公勤弗懈迨遷今
職巡撫大藩進退不易初心出入每著嘉績顧

其操履清白練達有爲簡在朕心寵恩宜錫特
進爾階通議大夫錫之誥命以爲爾榮爾尚攄
誠盡瘁思益茂於公忠扶正抑邪務丕揚於饗
謗必惡者懲而善者勸斯業愈廣而名愈榮尚
其欽承毋忘朕訓
成化二十二年三月十六日

先世十賢祠崇祀祠在江蘇省城婁門內曹胡徐巷
晉旌表孝子翁子公諱彥
唐勅封莒國賜謚武莊公諱彥師
宋太子太傅參政殿大學士諱度
宋吳江食邑八百戶開國伯諱章
明參議公諱逮
明御醫公諱寅
明御史公諱顒
明兩廣總督巡視河南中丞公諱應期

明嚴州府公諱應陽
明蘭谿縣公諱王贊
唐餘杭縣公諱瑢
宋平江通判公諱岫
明歷城候平燕將軍諱庸
明承事公諱睿

氷壑公年譜 諱顒字時望明史有傳

戊戌 永樂十六年四月二十日公生

壬子 宣德七年公十五歲遊庠

戊午 正統三年公二十一歲娶殷氏

庚申 正統五年公二十三歲子唐生

辛酉 正統六年公二十四歲中式舉人

己巳 正統十四年公三十二歲繼娶顧氏

辛未 景泰二年公三十四歲柯潛榜進士授巡按河南道監察御史

癸酉 景泰四年公三十六歲巡視淮南河道

乙亥 景泰六年公三十八歲三月　勅進階文林郎父靜齋公封御史母馬氏贈孺人妻殷氏贈孺人繼娶顧氏封孺人是年公巡按福建

丙子 景泰七年公三十九歲繼娶何氏

丁丑 天順元年公四十歲五月疏劾石亨忤　旨謫直隸保定府東鹿縣知縣

戊寅 天順二年公四十一歲丁母馬孺人艱

辛巳 天順五年公四十四歲服闋東鹿民刻海葦數百人伏闕乞公再任時有東鹿令錫山盛詩如水明如鏡之謡村落素荒寂者皆成市名之曰清官店後公陞邵武民立去思碑建生祠

甲申 天順八年公四十七歲十月石亨伏誅臺諫呂洪等交薦陞福建邵武府知府民樹碑頌德政

丁亥 成化二年公五十歲子龍生

庚寅 成化六年公五十三歲政延平府知府巡按御史左鋐書錄公兩府政績傳檄諸郡

壬辰 成化八年公五十五歲十二月　誥進階中憲大夫父靜齋公加封郡守母馬孺人加贈恭人妻殷孺人加贈恭人繼娶顧孺人加贈恭人

癸巳 成化九年公五十六歲二月　勅陞廣西布政司右參政

丙申 成化十二年公五十九歲六月陞雲南布政司右布政使未行丁父靜齋公憂

己亥 成化十五年公六十二歲三月服闋改陝西承宣布政司右布政司尋轉左布政使

庚子 成化十六年公六十三歲提調鄉試

辛丑 成化十七年公六十四歲　召爲刑部左侍郎

癸卯 成化十九年公六十六歲改南京刑部侍郎未赴任

甲辰 成化二十年公六十七歲四月　勅改都察院左副都御史奉　璽書巡撫山東時值大旱竭誠懇禱大雨隨注又節縮冗費得儲粟五百六十餘萬石以備賑饑修　宣聖廟延及周公廟

丙午 成化二十二年公六十九歲三月　誥進階通議大夫祖父侗僕公贈都察院左副都御史祖母吳氏贈淑人父靜齋公加贈都察院左副都御史母馬恭人加贈淑人妻殷恭人加贈淑人繼娶何氏封淑人是年十一月致仕

戊申 宏治元年公七十一歲　詔進中丞大夫

壬子 宏治五年公七十五歲正月二十六日卒葬惠山北桃花塢又名擔鈎塢新阡上穴坤山艮向兼字號山三十畝　欽賜葬祭禮部尚書文淵閣大學士邱文莊公濬志墓

道光三年二月十八日　漫潤支裔孫鏞謹編

冰壑公傳
公姓盛氏諱顒字時望號氷壑常州錫邑右族世
有聞人乃祖樂順公父靜齋公俱以公貴
贈都察院左副都御史大母吳氏母馬氏俱贈淑人
公生而質穎好學未冠遊庠時督學御史彭公勗
一見奇之曰此公輔器也正統辛酉中鄉試景泰
辛未會試中進士名皆在前列
廷對賜進士出身初授河南道監察御史立
朝蹇諤有風槩癸酉巡視淮南河道會年亢盗起

有司以督捕爲能一朝戮五十人而繫囹圄者百
餘人公曰此曹廹於饑寒而有司恬不知恤致使
弄兵潢池中爾亟言於
上詔盡釋之於是開倉廩賑乏絶招徠逋竄而歲亦
有秋閭井晏然巡撫督憲王公竑大加咨異曰盛
御史能體
上好生之德如此我輩不及也巡歷所在見吉旺充
門役彭教爲隸吏異其秀拔而教之後吉魁鄉闈
彭魁天下甲戌滿三載給

勅命封靜齋爲御史
贈馬氏孺人乙亥巡按福建屏黜貪殘扶植良善民
有蠱毒人者痛懲之其害遂息歲届賓興復大袪
場屋之獘是科所舉稱得人如大司冦彭公韶太
常卿陳公音皆是也天順丁丑英廟復辟武臣石
亨目爲已功專權紊政妄起邊釁公謀於同列張
公鵬曰吾等待罪言官烏可顧身家而不言乃率
十三御史抗疏挟其奸
上怒悉置於獄禍且不測公曰吾死職也處之如常

是夜大風雨雹 承天門災詔恤刑以應 天變
出諸御史繫授縣令公去令東鹿其地近畿賦役
繁重民甚不堪公罷不急之務省無藝之征且創
爲九則戸法人人稱平嘗闢地得瘗錢數百萬悉
給貧民爲商販之貲叉日一按視以驗其勤惰焉
公之治邑如治家利爲之興患爲之防而民亦親
戴之有事造滕下語如家人父子而敲樸不施禮
讓 行碁月大治會馬孺人卒憂官民擁留去不
得前公泣民亦泣乃效崔華州故事抱持取其韡

懸之邑門然猶逆計公終制父老劉海輩數百人
伏　闕下乞還公
上爲之感動亟命銓曹復任公東鹿比至則舊政在
官者故無恙遺愛在民心者故不泯蓋不勞餘力
而令行化洽有田氏兄弟異財結訟十載不平公
諷以古人兄弟之義二人悟復同居鄰邑聞風而
赴愬者日相屬於道有清如水明如鏡之謠村落
素荒寂者皆闤然成市名之曰清官店旣而石氏
伏誅臺諫呂洪等交章論列謂宜褒忠直遂陟公

知邵武民又留不可則相率立去思之碑邵武雖
喜儒術然獷且尙氣有蠹政者公芟除之數以新
化條約號令委曲詳盡諸司百務綜其會要屬僚
無事惟恭默仰成而已郡有紫雲溪湍悍輿梁久
圯乃從民欲壘石爲址架以巨木結屋覆之凡若
干楹以通往來居貿易民趨赴恐後咸稱便利成
化已丑都憲滕公昭巡視八閩謂邵武郡小公才
不克盡展布乃用更賢育民例移公知延平府而
邵武之民亦樹碑頌德政焉先是治延平者頗尙

嚴刑公曰此先賢講道之所豈無遺風餘韻而有
不可化者哉於是振民育德去荒理出滯獄以儒
術繩吏治民讙然相慶於道曰不圖今日復見慈
君仁父秩滿藩司以政成一郡名冠八閩書其考
殿元羅君倫贈詩亦有異時金匱書循吏記取公
當第一人巡按御史左君鈺書録公兩府政績傳
檄諸郡以爲式事聞給　誥命加
封靜齋爲郡守馬氏亦加
贈恭人癸巳陞廣西叅政奉

敕總理糧儲經畫調度邉庾充羨尋奉表入　朝東
鹿民爭酒脯請道左至挽其車入邑中老幼瞻拜
以一見顔色爲幸時公已去邑數載而人心不忘
如此亦可謂難矣丙申陞雲南右布政使因靜齋
卒丁憂已亥服除改陝西尋轉左布政使綏輯黎
元撫和戎洛治聲流聞爲諸藩稱首辛丑　召爲
刑部右侍郎與尙書林公聰相得歡甚疑讞經公
訊决者卽不復省
朝廷方倚任公輔治弼教會當道有怙勢者旣咎公

不附巳且私其鄉人欲奪公位陽薦公老成練達宜改任南京重根本之地而陰實擠之冢宰論甚不平屬齊魯荐饑拊循之任議非公不可甲辰年改左副都察院御史奉　璽書往時値大旱公乃竭誠懇禱大雨隨注槁木發生饑孳復甦乃拯民急務數十事以更徹政勸率富衆節縮冗費得儲粟五百六十餘萬石以備賑飢自是流移漸復田野懇闢飢民自陝以西來就食者公皆有以給之萬姓沾恩難以數計復屢進議大要以固民心厚風化爲本

上皆嘉納見諸施行時出內帑修曲阜　宣聖廟廷營度贊襄遂成絕代之制其旁有周公廟久廢併[illegible]葺復至如先賢名宦在禮當廟食茲土如漢太尉楊震宋儒孫明復石守道

本朝永康徐安伯書雀恭悉具疏

上聞建祠祀之若魯樂陵王子殺庠生滅禮法者雖宗室王親必閱實正法乙巳復給二品　誥贈丙午歲年近七旬懇乞致仕

上優允賜給驛還鄉行至彭城以魯有大獄復召公還讞姑聽其歸　朝廷眷注如此而公乃謝去此縉紳所以羨其榮而稱其決也到家時書史之外一空囊而巳戊申

詔進階中丞大夫公與弟承事君順怡怡相處篤暮年歡盍公天性友愛而承事君亦克盡敬順方在宦途歲致金帛以資其廉及居家處常具甘脆以贍養其老即小圃中搆方塘書院壘山引泉蒔花植竹凡可以娛耳目者靡所不備客至不較貧富

汲惠泉瀹茗清談或芳醴珍殽承事君已具舉杯相屬笑歌欵洽日暮客散而公亦頹然就醉矣稍有餘暇或乘肩輿或移畫舫尋山問水訪親會友飲酒談詩敘濶言情情投意適相忘其位望之尊年德之高也公爲人純心直道一誠無僞與人無貴賤大小皆一例看顧遇事無閒劇纖鉅皆酬應無滯然卒不流於和無舛於理自筮仕以至休官由鄉黨以達

朝廷不惟不横遭口語且頌德之美不容口出夫豈

恃才傲物以勢凌人者所可同日而語哉公遊於惠山之麓憇於聽松菴見菴之左有隙地林谷靚深崖松秀挺遂卜樂邱於其下客顧而問曰先生壽且未艾奚以此爲公聞而笑曰人以長生爲可學而以反終爲諱是未知天道循環之妙也人生如電光石火能以此身爲父母遺體全而歸之使無遺憾則予之爲此夫奚過且年踰七十來日苦少與其死而閟藏於斯孰若生而晏樂於斯乎於以知公能達觀隨化以俟命於天也公生於永樂

十六年卒於弘治五年享年七十有五

欽諭塋葬惠山桃花塢

欽諭祭文暨誌銘表贊具載全集中嗚呼公之爲人居官則剛直慈祥居鄉則謙和樂易歷觀史傳所載千古能有幾人哉

嘉靖元年孟秋上澣

賜進士出身

詔授嘉議大夫福建都轉運鹽使運司山東兖州府東平州知州兵部主事年通家姪張愷拜撰

永年公傳

蓋聞根之沃者其葉茂源之深者其流長吾宗自壽康公始居此地以稼穡貽謀居心仁厚四傳而至永年公又五傳而至晉明屈指親丁已滿百人矣先君子告晉明曰永年公之爲人躬耕好善平心率物相傳有隱德配張氏生二子長芸次蕙公以壽終葬場庄墳爲主穴在大梠樹下子孫繁衍悉公之遺蔭也爲其後者疇敢不追思致敬哉

康熙歲次乙巳冬至前三日　裔孫晉明謹識

梠樹大合數抱蔭垂十餘丈乾隆三十年間有惡僧詭云樹夜發光積薪燒之樹遂萎後旁枝復生蘖大如臂又被樵夫斫伐遂枯至嘉慶二十三年春根蝕仆地斧斯之香如檀

嘉慶二十四年八月十六日　裔孫錤附識

季長公傳 附履醇公

公諱應期字季長號儆吾古貌長鬚邑庠生長於詩賦受知於邑侯王公名好義者萬歷二十年間贈清德醇儒匾額因薦上北京駙馬都尉萬瞻明府中訓帝之二甥京中寄回家書云東修雖甚微而爲帝甥之師此語亦膾炙人口後往來於郡邑諸名公家與郡愚公嚴雲老楊鳳麓侯少知薛堵高唐諸老先生結爲詩友坐臥一樓吟咏不輟有詩稿六卷行刻未就嘗勉子姪輩讀書曰讀書爲向上第一着吾雖寒

微足跡遍至兩京八省相交知者有八十進士非讀書何以致此公次子履醇公能承父志苦志芸窗優於文藝亦館於駙馬都尉萬瞻明府中三載後往來於諸縉紳家如澄江張祐望王若惺袁希我中丞公俱有東西之誼

康熙歲次乙巳冬至前一日

裔孫晉明謹識

彥翹公傳

公諱允芳字彥翹號澹餘又號大愚幼聰慧讀書過目輒成誦長善屬文爲解元周蓮峯先生門生每試必列前茅與從兄葵裒同案入泮在馬文肅公世奇領批案中遭父思溪公覆盆之寃竭力奔走痛哭當道願以身代父不獲命連年科舉不第諸大家爭慕之延爲弟子師嚴督有法諸生在門下者多領教益西關河上兩秦氏如亭山大監諸公聘延十餘載配施氏生二子長玉蕃次玉茂妾顧氏生一子名天琦

振敷公傳

公諱裔芳號振敷思溪公之四子幼遭父難家業廳零依孫氏姊家同甥輩苦志讀書天啟辛酉進庠課舉子業與兄彥翹公齊名課徒之暇手編宗譜底稿矢志年至四十始釋館政後果如其言得以安閒數載初晉明受業吾叔門下深相契合嘗語予曰人生難得六旬之壽吾至五十歲必邀親友暢飲三日不意四十七歲辭世吾叔之不能中壽若有先見者然良可悲也

姪晉明謹識

節母張孺人傳

孺人姓張氏年十九歸嗣芳公嗣芳公爲思溪公第三子天性誠篤而聰慧不及昆季輩苦志讀書夜必三更後遂得心疾往往而劇年未三十而卒時孺人年僅二十有七也子天璘甫五歲孺人泣謂姆娣曰一門兄弟五人若彥翹大伯振數四叔皆能早撥芹香吾夫困於青毡天又不假之以年而獨遺此呱呱者吾之命薄若此亦無顏苟活於人世矣屢欲投繯姆娣力勸以撫孤成立爲要孺人意稍解家無恒産

躬勤織紝足不踰閫終身無笑容苦雨淒風和機聲而彌慘堅松勁栢歷歲寒而愈貞辛勤十數年爲子完姻至六十壽誕邑侯王公親給冰心榮節匾額以嘉孺人苦志六十四歲病革子婦環集孺人曰汝等弗悲吾自念青年守節備歷艱辛而今而後可以見先人於地下矣含笑而逝葬於楊庄祖塋之南

姪晉明謹述

仲林公傳

公諱天琳字仲林振數公之次子幼承父訓鋭志讀書思續書香年甫弱冠振數公辭世家業蕭然艱於衣食因喟然曰慈父見背不克訓誨有成强作蒙師惟恐誤人子弟況青毡一片所獲幾何焉能爲仰事俯育計遂廢讀務農炙膚皸足冒雨衝寒不輟也稍有嬴餘必備甘旨以奉母自後食蔬糲惟恐母之弗甘也終歲不入城市一生不出惡言鄉里咸稱善人云

曾孫廷颺謹識

賓卿公傳

公諱王僎字賓卿仲林公之次子公之爲人外有廉隅而中無執着故事無論大小初無利巳之私具有讓人之念至義關倫常禮效之大則有無所依違不容苟且者矣一生矩步繩趨動無過舉即有横逆之來未嘗與校故人無有怨公者毎語人曰貧富命也勤儉分也愛親敬長理也吾惟循理安分以俟命而已矣斯言也得之先父周南公口授云

孫男廷颺謹述

盛君瑞公傳

諱公君瑞諱朝瑜錫城西北三十餘里新瀆橋人也係出宋太子少傅端明殿大學士文肅公後明初有諱綬者自常熟遷居錫邑泿湖里一傳長子茂林公又徙居新瀆橋公茂林公八世孫也賦性坦易躬耕守己非分之財一毫不取足不入公庭口不談人過鄉里中以隱德傳聞公常語人曰人生處世安分兩字使有無窮受用處吾一生以忠厚待人人亦以忠厚待我故終公之世人人愛敬無橫逆相加其居家

惟勤慎二字訓誡後人其所以風勵于子孫也大矣配張氏克修內政終身無間言生二子椒衍瓜綿曾孫數十易曰積善之家必有餘慶將見蘭芝挺秀丕振家聲善人之報正未可量余以人事合諸天道當必不爽焉嗚呼自公沒後迄今以數十餘載盛德長者猶在人口每一語及必曰古人古人云

乾隆歲次丙午仲秋之望

澄江馬燿頓首拜撰

盛君公裕傳

泿湖梁溪之支流也距泿湖二里許少北而西有陳區焉土厚水深盛氏所聚族也耕讀相承族多俊彥而其以氣義相尚者尤得一人焉姓盛字公裕自幼膂力過人性剛直家貧一椽頹敗三畝汙萊壁立蕭然別無長物晏如也爲人落拓不羈不修小節弱冠後夏日浴於溪中得一小罌以木塞其口啟視之皆白鏹也持歸買圩田二十畝躬耕而食其餘以權子母十數年後業漸裕贍益豪里中某受人凌辱往訴

之餽以鯽魚一僅計值百文耳公裕慰之曰爾雖懦弱有我在誰敢侮爾願代爾與若作敵也若家亦素封權力與公裕埒結訟數年劇費千金公裕無怨言亦無德色又甲與乙鬥公裕適見之遂力助乙之負者甲忿甚父子兄弟數人設計以害公裕伺其入城歸必夜半各持器械要於路公裕手無寸鐵度不免反走至橋橋已被甲黨撤去即涉水數重從間道歸時值嚴冬比至家衣裳已凝冰矣公裕一生肝胆相示弱者懷德强者畏威譬家雖夥卒以自全每自言

曰吾非好以力制人但事有不平一時耐不下耳晚年置田七百畝搆宅數拾間富甲一鄉生四子且讀且耕克守舊業於以知公裕之抑强扶弱濟人之急救人之難者不少也宜其克昌厥後云

嘉慶歲次戊午暮春之初

烟霞逸老賈維漫書

盛君裕昆傳

昔軒帝紀三綱而闢圖書乃使隸首作算數是數雖居六藝之末而能得其傳者實難後世之人有能習其藝而善用之亦未嘗不可以成名也以吾所聞裕昆盛君奇士也能精此藝裕昆嘗告人曰數之爲法莫善於勾股蓋平而横者爲勾直而竪者爲股自勾至股兩端之斜線爲弦而其算法勾股相乘半之以求積也勾股相爲比例以測高深廣遠無不可知他如和較方圓諸法錯綜參伍凡一百四十四題至通其法以變而用者則有平圓渾圓二法用於平圓者爲平三角用於渾圓者爲弧三角皆有正有鋭有鈍正角者角所對之邊九十度也鋭角者不及九十度也鈍角者過於九十度也雖筭法不同而皆恃八線比例以爲用八線者則正弦正矢正切正割餘弦餘矢餘切餘割也縱横相交以成勾股其斜兩線以極夫天表適得九十度也則三方平而角直其過乎九十度也則太寬而角鈍其不及乎九十度也則太狹而角鋭回互其位反覆其數舉一反三由三度一以

古乘除法求天之黑道赤道亦無復還矣然裕昆雖言之鑿鑿而鄉人能解其意者什不獲一云吾又聞裕昆善隸書夫隸書三十六字體秦始皇時邽人程邈所作取其便捷以後凡爲吏者多因之裕昆以一人之身而兼六藝之二其肇錫嘉名曰惟能良不誣也惜也裕昆抱有用之才終老於鄉隅遂致没没無聞耳假令當年遨遊於京邸有權貴爲之汲引見用於當時而授以監副之職俾得展其才能何難與古之羲仲和仲並垂名於後世也哉

嘉慶歲次己卯仲秋之月中澣

賜進士出身

欽點翰林院庶吉士特授山東曹州定陶縣知縣改

授登州府棲霞縣知縣黄揚鑣頓首拜撰

治行公傳

公諱有成字治行松年公之季子也天性醇和胸無芥蔕好讀書家居課徒暇則於堦前堆假山植嘉卉偕二三益友清談竟日門對青山屋環緑水高曠遠矚意境灑然致足樂也一切意外之事非所樂聞一切意外之人非所樂覩徜徉自適以終老焉其殆自樂其樂者歟

姪廷颺謹識

子誂公傳

公諱宜振字子誂裕先公之子也天資明敏有才辨善爲人排難解紛事平未嘗有德色以故鄉里咸器重之裕先公早世配劉孺人苦志守節年符旌獎之例公匍匐陳情蒙　恩榮獎位入惠山節孝祠有司春秋致祭以彰母節以慰先靈彼慳吝鄙嗇之徒家業充裕而埋没其母之苦節者多矣其爲人之賢不肖何如也

姪廷颺謹識

先大父邦祥府君傳

邦祥公諱桂馨玉僎公之仲子即小子之祖父也甞聞伯父承恭公告小子曰汝祖父之積善垂裕孺子未之知也吾與爾言其爲人也賦性踈坦不慕榮利平心率物不逐諱嚚事親孝交友信治家有法教子有方爲人排患釋紛極力周旋不辭艱辛望重名高一方瞻仰且又善治產業炎炎日長創造廳房六間兩進娶汝前祖母周孺人謹愼小心雍雍婦道內助堪稱生吾與汝二伯惜天奪之速中道而亡時吾年尙幼未達世務汝二伯尤小温飽未知因娶汝後祖母袁孺人以襄內政袁孺人淑由天授曲盡婦道撫養吾兄弟寒暖關心視同已出吾兄弟亦事同生母後生汝父年幾及冠而汝祖不祿袁孺人不辭艱辛內外兼勞吾兄弟三人亦同心協力恪守先業承父之緒纘造後進六間袁孺人整理家務不勝煩苦因邀同親族將先人遺業均爲三分析吾弟兄袁孺人得以優遊晚景且享壽極高　恩賚粟帛余聞伯父之言始知先人積累之長吾子孫托庇其蔭而不知

也疇敢不追念前德而致其誠敬哉祖父享年六十有一合周氏祖妣葬於楊庄祖塋之穆新阡袁氏祖妣享年八十有七葬於六畝浜西新阡小子承伯父教示懼先祖攷兩祖妣之碩行懿德鬱而不聞而後無所攷其典型也故記伯父遺言述其生平以昭示於子孫云

時

嘉慶歲次己卯季夏　孫男錫祥謹識

公顯盛公傳

公諱明煥字公顯朝琬公之孫處士國棋公第四子也少業儒有文名平生淡於榮利而天性孝友敦行家庭之際周旋骨肉之間拮据艱辛不辭兄瘁眞有卓乎其不可及者與朋友交則恂恂謙退雖數十年無一言戲謔惟恐得罪於人宗族鄉里無不稱其溫厚犁鋤之暇手不釋卷所居之處左右圖書逸情古初裴然不艷雖身出農家而襟懷曠達有雅人之致配陳氏勤儉持家克敦婦道有令德之譽舉五子耕讀相半並皆端樸敦厚有積善遺風古人云天定勝人人定亦能勝天迄今公之孫曾繁衍孝友弗替非公之德有以基之其能若是乎今會其族刊修家乘故書其梗概以爲善人勸

時

嘉慶歲次己卯秋七月望日

世愚姪鄭士徵頓首拜撰

先大父周南府君傳

鏞幼時祖母嘗呼而問曰汝識而祖乎鏞曰未也祖母曰憶汝生於戊子六月赤身臥僕盤汝祖以手摩汝頂撫汝腹笑曰來年能笑語吾抱汝也乃竟以是年十一月辭世而祖上有兩兄行三自吾歸而祖三十餘年未嘗見而祖與人牴牾里中稱爲三好人年四十始生汝父汝父九歲入塾日誦百餘行三年習四書五經而祖大喜後吾以貧故欲令汝父學稼而祖艴然曰余雖貧然兒能讀書不可廢學俾稍知文理爲弟子師不猶愈於長作農夫乎於是延毘陵史先生（庠名騄飛）城中張先生（庠名璉）俱飛聲黌序者也先後館於家六七年汝祖晝則力耕夜則聽讀至三更無倦容後汝父歷試鎖院不獲一衿而祖已遘疾竟齎志以没然而待師之誠望子之切吾猶能爲爾道之小子其無怠鏞跪而志之及鏞知受于學使者劉雲房先生祖母已没先君子不以爲喜而以爲悲也先君子雖未青一衿然當代宗工屢經賞嘆吾邑馮雷州暨給諫兄弟尤刮目結布衣交如鏞之不肖猶得

厠身黌序濫學吹竽未必非吾祖待師之勤望子之切不得之於子而得之於孫也兹因譜牒告成爰備録之以爲後人讀書之勸

時

嘉慶歲次己卯仲夏之月

守制孫男鏞稽顙百拜謹述

世榮盛翁傳

翁諱鳳麟字世榮瑞興公子也少穎悟喜讀書不求甚解而時有别見意有所得便欣然忘食逸韻高情賦詩自樂然勤儉性成兼務農業事雙親纖悉如志與人交接温温以恭喜怒不形於色若遇人有爭角則必婉轉開導曲爲排解其人雖負屈忿怒聞翁言不覺涣然冰釋鄉里間無不推重配侯氏綜理内政勤慎小心不辭煩苦翁之菽水承歡恒資孺人内助生二子長萬安次文安承孝友家風並皆端厚質樸

而次子文安尤善承父志耕讀爲業守己安分匪言勿言非由勿語不愧爲克家之令嗣而孫輩亦皆温閏綽有祖風嗚呼翁赴召玉樓已久其流風餘韻猶膾炙人口可謂老成人矣會其族輯修家乘公子文安以傳來請因按其顛末而畧爲序次之

嘉慶歲次己卯菊月

世愚姪華希頡頓首拜撰

繩名公傳

公諱起榮字繩名公裕公之季子承父業家頗饒天資誠篤不喜奢華弱冠時因獄訟株連幾遭折辱後遂自斂抑橫逆之來概不與較居家益自刻苦薑鹽瑣屑不假他人手飯蔬食一簞卽短衣操作負耒耜蹈桔槔操井臼一切傭工雜作事靡不嫺習經理三十年田逾五頃貲積萬金爰搆宅第樓堂廂廡咸備時公年逾五旬夜則巡視木石諸料晝則雜作傭保間幾不辨其爲主人翁也每日黎明黙揣日所當

爲事歷歷在胸或指使或自任從朝至暮井然秩然其持家勤儉若此凡里中有義舉則又慷慨好施修葺廟宇建造橋梁或獨任而興事或倡率以成功不惜厚貲以垂久遠且納厚糈敦名師以教子督課綦嚴長子英粲優於文藝肄業太學生次子邦賢早世三子新鎰苦志芸牕亦納粟爲太學生公短髯豐貌卽之樸誠和藹儼若居易之君子焉今歿已三十餘年余倘能髣髴其生平因謹按其顛末而畧爲序次之

論曰素位而行謂之君子彼家無恒產居然衣綾羅饜甘旨優游玩日必有不義之財以濟之此居貧之位而行富之爲固顯背乎君子猶之木槿之花朝榮暮落悅目能有幾時若天擁厚貲廣田宅而躬行節儉布衣蔬食旦暮力作此居富之位而行貧之爲自隱合乎君子譬之豫章之木始則難辨其材迨日久月長自然干霄蔽日垂蔭靡窮豈非理有固然歟

嘉慶歲次己卯孟秋

守制姪鏞稽首拜述

永恭公傳

永恭公諱學詩桂馨公之長子王僎公之孫即小子之大伯父也生於雍正壬子賦性易直朴實誠篤翼翼小心古訓是式言必信行必果遠近稱爲忠厚長者云且又能記事童時所讀之書至老猶口誦如流喜與兒童戲耍有風浴詠歸之趣余少時伯父常與余講論古今余亦喜與時談嘗謂余先君曰孺子可教也及予弱冠訓蒙伯父猶時至予館究論經史而予賦性窒魯雖粗讀詩書未能明攻翰墨有負伯父

期許之心抱愧實甚伯父娶伯母蕭孺人庚少一春雞警戒恒資內助汲水修行德齊陶婦眉舉鴻案偕老白頭惜乎伯父運未濟時進不數出耆老辛勤未得優遊晚景然志節堅挺處涸猶懽可謂貧而能樂素位而行者矣生一子諱錫祿賦性硬直不徇私曲扶弱鋤强豪俠好義救人急難雖赴湯蹈火勇於敢爲以故產業蕭然簞瓢屢空晏如也原配蕭氏生一子名時福童年早喪而蕭氏亦鸞鴎早分繼娶謝氏又數年遽逝未有所出三娶周氏賴永恭公福蔭生一子因乳名祖福亦可見伯父之翼燕有貽矣伯父享年七十有二伯母享年七十有八合葬於蜻蜓浜南新阡噫伯父之齒德有上世鼓腹遺風可稱爲老成人矣故予雖窒陋不文而贅記數語畧序其生平而識之

時

嘉慶歲次己卯季夏　姪男錫祥謹傳

期椿公傳

公諱惟明字期椿娶陸氏卽予族之祖姑也公少貧善圍棋鄉里無敵手雖長不滿六尺而兩手過膝人皆以異相目之及長館錫章巷精于貨殖不數年家貲盈萬人咸謂得陶朱公秘術云今年秋盛氏增修家譜公之孫來請曰先祖節儉力行樂施好善乞敘梗概以示無忘予素不文然以尊親念祖乃仁孝之心義有不容辭者今夫人之可法可傳者德行功名文章三者而已其他勤儉成家兒孫安享比比皆是

而欲邀身後之榮增光家乘非千篇一律卽海市蜃樓則傳猶不傳也若公之孝弟力行樂施不倦無矜容無吝色則雖非文章功名之可傳而其實跡之符乎德行者固足傳也迄今公歿十有餘而年孫曾繁衍有孝友風益信天之報施善人固不爽也予生也晩未能盡窺公之生平第傳其流風餘澤人所共知可以垂世而行遠者以之增光家乘豈猶海市蜃樓也哉

嘉慶歲次己卯中秋　眷再姪陸寶樹拜撰

盛孝先公傳

公諱洪高字孝先明華公之子國棋公之孫也天性至孝養父至厚自奉甚約以勤愼起家深自奮厲創置田產力構堂宇爲人誠樸臨事不苟與人約既諾不辭雖風雨必至鄉黨無不稱其爲誠實君子配過氏係出名門幼嫻內則勤紡績孝舅姑雍雍婦道孝先公家業充裕得孺人內襄之力恒多生三子長順祖先父而歿次耀祖季臣祖翼承父志曲守成規孝先公克享期頤之福白首相莊含飴弄孫嬉然自樂

可謂完福人矣孝先公生於康熙己亥六月十五日卒於乾隆己酉五月二十三日享年七十有一過孺人生於康熙甲辰四月十四日卒於嘉慶壬申六月二十日享年八十有九合葬長腰山轉水墩易簀之日惟以忠厚勤愼勉厲後昆嗚呼若公者可謂存而順沒而寧者矣

嘉慶歲次癸酉長至日

世愚姪張玉成頓首拜撰

永昌公傳

永昌公諱學禮桂馨公之仲子郎小子之二伯父也德性謹厚閑靜少言有隱君子風一切交關貿易勿佔便宜常謂人曰欲利於已必害於人須公平爲是鄰里鄉黨共目其忠厚吾嘗聞先君曰汝二伯年少多疾及老而精力益强豈非報善之一徵乎娶伯母楊孺人溫和莊重不喜冶遊艷服賦性勤愼一切虀臼井臼必親整理生一子諱錫爵沉靜寡欲喜怒不形曲守成規箕裘克紹伯父壯年余則未知見其晚

年頗樂閑散喜觀聲樂遠近優演必操舟而往曰觀戲最善觀其忠孝烈節可以感發人之心志然居家極其儉約衣不服帛食不重葷享壽極高四代同堂携孫抱曾鼓腹含飴分甘自娛可謂完福人矣惜伯母楊孺人中壽而沒未偕眉壽伯父以此常有不滿於懷然子孝媳賢而孫輩並皆敦樸溫厚其非積善之餘慶乎因不揣謭陋謹記其生平以遺後世云

嘉慶歲次已卯季夏

姪男錫祥謹識

永清盛公傳

自舉業興而道德不明久矣士或聰明攻苦能文章一旦春風得意則驚塵障天驕呵如雲寵變皆僊問康濟而不知憶素履而茫然致簠簋之不飭并帷薄而失修遂令文章滅色士類含羞亦有遼東豕怪井蹈蛙傖浮談無根躁氣塡膺蔑視天常嫚罵一世如斯士類邈以人齒此而求所轉移之在躬行實踐之君子夫君子者性眞且揭經腴夕餐高文與世運相權祇談名理庸行握聖功之要不涉元虛浮雲既絶

外心疏水自饒眞樂使貪頑忽焉其沮喪懦鈍因之以振與此顏氏守簞瓢其功可與大禹平成等也天無日不生是人至篤生君子其人者亦鮮矣閒嘗綜之古初核之當世得我太姻臺鄉飲賓永清盛公公諱廷颺幼穎敏目數行下而攻苦逾常輩課畢不爲兒戲輒默然端坐如成人及爲文下筆千言全學如蔣子雲莊朱子曉滄周子仮千等羣推風雅主而憲麓鱸塘蔣氏昆季皆時彥太孺人蔣以是遂歸我公焉公與孺人事兩尊人色養備至而子舍常一燈熒

熒丙夜不絶公黙誦孺人鍼線不使兩尊人知也常曰讀書作世上第一流人自當與人間第一等若農人手胼足胝泥塗溷厠不過爲終歲計工人審執傷材汗顔血指不過爲成器計商人擁貲遠出山險風濤不過爲贏利計士人深居飽煖不思繼晷焚膏輒欲邀榮 上國吾譽無窮豈不大謬此公託自箴以訓我後進也公爲文體凡三變始則端莊流麗繼則稀落宏通終宗朱程性理太極西銘曰作文不當如是耶一歸于平澹切實而止嘗與科歲試同輩或飛

黄去而公輒偷取不售俄兩尊人相繼謝世丧葬禮畢遂無意進取然手一編終不輟曰我之所以爲吾固在此而不在彼耳辛膝前雛鳳成林傳經教稼以聽一家之政焉蓋至是而邑之薫公德者亦多矣嘉慶甲子邑侯楊舉賓筵禮禮公乙丑余與蔡蓉塘庶常廉雲階職方鄭屏山孝廉金庠鄭南圃等並躋公堂爲公稱六十觴則見公岸然者道貌怡然者德容使人鄙陋之心頓盡自非積數十年之躬行實踐豈易臻此其長君西圃先生與余夙好而兼姻戚者也先生訓承詩禮翺發宮墻其羣季亦惠連流亞將來雲礽鵲起閥閲蟬聯正未有艾吾於永清公之厚德卜之且於諸昆季之能承考訓决之也公生於乾隆丙寅卒於嘉慶丙寅享年六十有一丈夫子五人女一適張至若孫男十一人曾孫男二人第據填譜日世次所先見云

贊曰盛自有周以國爲姓歷漢廷尉吉孝子彥唐總管彥師宋文肅公度文肅勳閥詳本傳中厥後扈蹕南遷椒衍瓜緜虞山藥市言子琴絃及明洪武初綏

公始定居無錫之濼湖則烟耕雨釣蓮香竹鮮詩書成圃理義爲年遂繁子姓亦一桒川然在先朝大中丞冰壑公既以宦績顯至我 朝鄉飲賓永清公乃以隱德稱若孟氏所云達不離道民不失望中丞公有焉窮不失義士能得已鄉飲公有焉聞諸禮朝有三老五更邑有鄉大夫鄉先生所關係世道人心不淺自非抱道守德始終一轍彬彬文質之君子其孰能與於此乎

嘉慶歲次己卯中秋 姻愚姪馮昉頓首拜撰

先妣蔣太孺人誄

嗚呼吾母之見背也忽忽二年於茲矣言念罔極深恩畢生難報愁緒茫茫百端交集未經舉筆先亂衷腸不孝何忍述吾母耶然膝下瞻依言猶在耳不孝又何忍不述吾母耶吾母姓蔣氏外祖太學生二星公女二星公世居惠山繡塘家素封外祖母孫孺人婦道雍雍嘗以內則勗吾母而吾母之夙嫺壼範其淵源蓋有自云吾母年二十歸吾父爾時吾父勤習舉子業偕二三益友讀書於惠山忍草菴吾祖有薄

田數十畝以耕以食祖母張爲內助日夕勤勞吾母雖自幼處順適之境而承顏順志不敢少懈以故能得祖父母歡吾母嘗告不孝曰吾之在父母家也勤紡織而已習針黹而已若乃場圃之間夏日炎蒸秋風塵起吾身未之習也蹀禾打麥抒臼揚糠吾目未之見也然而易其地則事其事始而勉焉繼而安焉今媳婦五人俱農家女而所耕田數不加多分任其勞轉形拮据吾回想當年一身獨任豈敢憚勞不孝因知吾母之筋力一敝於經理家務也嗚呼痛哉吾母又嘗告不孝曰吾生五男二女未嘗僱乳媼置奴婢寒儉之家固宜如是而一生苦況所最難堪者莫若發乳癰二次一於夏日值農忙之際日間頃刻不寍不暇思痛日暮少息覺痛入骨髓而又兒輩索乳吾以一乳給兩兒輾轉反側忍痛達旦目不交睫者累月一於冬日血膿淋漓兼之小兒糞穢冰河滌洗冷徹心肝至今兩臂十指間時覺酸疼不孝因知吾母之筋力又敝於養育男女也嗚呼痛哉其間克循婦道動合女箴難以枚舉至於延師以訓兒曹也供

膳不豐務求精潔僱工以耕田疇也飲食以時不加苛責親戚之往來也盡心款待絕無厭怠鄉鄰之借貸也量力周旋毫無慳吝家中有喜慶事親友咸集設筵數席叱嗟而辦不煩假手於庖人孫男女二十餘人保抱提携心無偏向若輩因祖母鍾愛之過深也羣然環繞膝前幾於應接不暇年至七旬精力日衰不孝察吾母之神氣似苦其煩因於祖宅之西偏搆茅屋數間栽植花木奉吾母休息其間以冀報效勞於萬一孰意甫及三年竟棄不孝而長逝也嗚呼

痛哉痛忍言哉猶憶歲戊寅吾母年已七十有四矣春日晴和向牖設繡架教諸孫女刺繡針鋒所向不爽絲毫不孝心竊喜之以爲吾母目力如此精神猶幸無恙也詎料八月初旬驟發氣痛症喘不得卧晝夜坐床褥至二十一日嘗不孝江甯鄉試歸猶強起嗣後竟不起病中猶日日懸望捷音也時時撫摩孫曾也誡不孝等勤儉持家手足相顧也訓諸媳婦顧復兒孫娣姒和睦也淹延兩月藥餌無功不孝焚香告天願減巳算益母壽病不少痊然終無可奈何

此不孝之罪孽深重禍延吾母也嗟嗟不孝自幼而長長而壯壯而老宜其釋之懷抱而吾母之愛育彌周有加無已薄福庸材賴吾母蔭庇五十年可謂難矣一家數十口俱賴吾母調停不生嫌隙抑又難矣竊恐子若孫忘吾母撫養之深恩且不知佐吾父創業之艱難也爰和淚以書顛末載之家乘昭示來茲

時

嘉慶二十五年歲次庚辰七月望日

不孝男鏞百拜謹識

丞芳盛公傳

已卯秋余家居閒處盛錫錫祥纂修家乘謁余乞爲其先君子作傳余謝不文顧誼切懿親識行實雖謭陋亦何敢辭公諱學義字丞芳號恒豐處士邦祥公季子也性敦厚閑靜少言以孝友仁厚傳聞鄉里與余處相隔數里不得朝夕親見間遇良辰令序過予相訪對談之際聽其辭氣之温潤覩其容貌之端嚴誠謹飭士也予性疎懶倦於酬答惟盛公至竟日不厭予則不自知也若當燕賀嘉會朋儕萃集諠譁歡

飲之餘人或舍其坐遷僊僊屢舞以致俄頃側弁公則正襟而坐匪言勿言益見其爲愼重君子古人有言見微知著若公之周規折矩鄉里中有幾人哉嗚呼吾不得見盛公顏色幾二十年矣其和厚之容温恭之氣宛然於心目間也公生卒子女詳譜表中茲不悉

嘉慶歲次已卯相月

眷弟張有達頓首拜撰

永芳府君傳

永芳公諱學義號恒豐王偕公之孫桂馨公之季子郎小子之先君也生於乾隆己巳公自少德性温良兄弟友愛年逾象勺不幸早孤奉母至孝賦性敏達翰墨咸明及長不務浮華躬耕守己克儉克勤非禮勿履善治產業造置房屋兩所其存心温厚鄰里均推娶吾母張孺人庚長一載舉案相莊琴瑟靜好吾母性成勤慎事姑至孝妯娌和睦其端莊温惠宗族咸稱且又善相內德氏所謂紿褻飧備薪水多寡遲

速靡不曲當吾父於墻下植桑以供蠶事吾母勤攻紡織不虛月夕生小子兄弟五人女妹一人攻讀婚嫁辛苦備嘗吾父常以忠厚勤儉訓吾兄弟常戒之曰居家必須儉約毋事驕奢驕乃禍之根奢乃貧之本又常戒之曰勿談人短揚人之過非惟大損陰德且又惹禍之源嗚呼吾父之言可謂厚於仁者矣小子兄弟受承其教終身不敢忘惜祿壽不長先考享年五十有四先妣享年五十有八俱未週花甲相繼辭世先考葬於陸畂浜西祖母新阡之昭先妣厝於蔣家橋西新阡吾兄弟九我洪恩未報抱恨終天因懼吾兩大人之碩德懿行湮沒不彰無以昭示於後世也故畧述其生平而又載吾先考戒吾兄弟之嚴訓而並識之

附感懷七絕三首

雛鷇啾啾待哺饑老烏羸瘦小烏肥烏私反本
成虛願泣向西風淚濕衣

罔極洪恩若海深未酬萬一更傷心箋餘百幅
情難盡筆罄千枝墨更淋

回首提攜鞠拊勞傷心不忍再揮毫臨風洒盡
千行淚血染青青高子袍

嘉慶歲次己卯孟秋之月

男錫祥百拜謹識

體乾公傳

公諱子元字體乾天章公之仲子曙生公之孫也生而敦厚孝友性成及長舉止端方言笑不苟不取非義財不作非分事足不入公庭口不談人過治家有法教子有方且樂善好施襟懷慷慨遇公事善行必身先倡勸勉力玉成人咸尊敬之公雖不與外事鄉里中有角搆萋斐咸就公質訴公則一以善言解勸使平使和人之陰受其德而安全者良多夫善者必昌仁者必壽公耋年矍鑠子孝孫賢其非積善行仁

之一證乎公配韓孺人雞鳴交戒克儉克勤足不踰閾聲不出閫公舉耋於外孺人拮据於中一一皆中理度他如敦倫睦族公能篤友恭孺人亦和妯娌而皓首同歡齊眉癸笑此又鄉里所罕匹者也公及孺人生卒詳悉譜表中茲不贅嗚呼公之積厚累仁培植世德其致餘之慶正未可量也今以人事卜之天道當必不爽云故稍述其生平而爲之傳

論曰凡士君子持身立志雖功德仁義忠孝烈節品有不同而立言行事垂光身後足爲後世法者其事雖殊其義一也故世之孝子賢孫於先人功行才美嘉言善狀書其行實或銘於墓石或傳於家乘其用雖殊其示不忘亦一也非獨士大夫爲然推而至於山林里巷謹身保命之人亦莫不然其辭之作俾後世子孫存之於目思之於心而善人有所傳則知自勵惡人無所紀則知自愧而尊親向上之心油然自生督勸之道莫善乎此若處士體乾公之卓卓言行謂非里巷謹身保命之人乎書其行實以誌家乘亦可爲子孫後世法

嘉慶歲次己卯桂月

族姪錫祥頓首拜撰

道源宗兄傳

嗚呼人生天壤間有砥行抱義伏處閭巷湮而不彰與卑論儕俗同其汩沒此君子之痛心今昔之所同慨也若道源兄者非歟兄諱士洪字道源子昱公之長子處士林嵩公之孫也其爲人也慷慨有智畧濟人急不吝其財救人難不伐其德爲人排患釋紛勇於敢爲以正道直行著聞鄉里間遇閭里有鷸蚌之持雀角之搆公必竭力周旋維持調護辨之以理折之以詞卒使爭者解讐者和蓋不獨其智勇謀辨之

過人其存心仁厚當亦高人數籌矣且不特此也處昆季之間兄友弟恭有怡怡之樂於交接之際謹信變家無萋斐之嫌在治家之道亦能有條不紊此非所謂砥行抱義伏處之士乎余隔處溧湖祖去十數里道遠言畧得之傳聞未能深究兄之行誼常有不滿於心今年秋會修家乘得與宗兄松茂宗姪鳳寶等譜叙族誼得以悉兄行實兄配周氏雍雍婦道內助堪稱生一子諱天元曲守成規箕裘克紹而孫曾輩並皆端樸温厚有直諒謹飭之風無世俗澆漓浮動之習蓋兄之德有以培之也嗚呼若公者可謂生而順没而寧者矣不可以不傳故余不揣謭陋稍采其生平以表見夫後世云

嘉慶歲次己卯桂月

族弟錫祥拜撰

英粲兄傳

嗚呼兄赴玉樓之召已十有二年於茲矣自兄歿後弟亦頻年株守白髮催人燈灺酒闌誰與細談要曲追思舊事不禁潸然淚下也爰倩毛錐畧傳梗概兄自幼精敏苦志攻書優於文藝奈命蹇運塞屢試不售後遂遨遊閩越幾十年無所遇而歸始識面於王先生（庠名冠 胡埭人）書塾中當是時兄方年壯弟未弱冠也見兄爲人倜儻風流目空一世視人無可當意者獨於弟常留青眼每伺弟餅館歸必置酒相招兩人對

酌索近作數首置案頭細加評論遇出色處再三肯首間有未當意者必爲推敲歸於至是絶無假飾弟亦師事兄焉酒半酣必言及當年壯遊事曾於大海中遇颶風天地混茫波濤洶湧舟人戰慄無人色三晝夜始抵泉州遊九仙山則越王無諸大石尊在焉而雪峯山高挿雲霄行至半山力不能支遂返又過洛陽橋跨江三百餘丈誠海內之巨觀也閒談之下不覺手舞足蹈色動眉飛且曰俟弟采芹泮水予必肆業辟雍偕二三知已相與溯長江登金山以覽觀江流之勝再登燕子磯陟棲霞嶺尋六朝之遺跡然後泛舟至金陵領畧秦淮風景王漁洋詩云傳壽清歌沙嫩簫紅牙紫玉夜相邀今猶昔也於是養精蓄鋭鏖戰棘闈與大江南北文人一决雌雄耳迨嘉慶二年科試弟邀倖進庠兄遂納粟爲太學生時兄年符大衍屢欲攜弟至北闈應試則又曰吾放浪形骸久疎筆硯豈敢望雋哉將以極天下之大觀而無憾也以予格於母命無許遠遊遂不果越數年兄患病卒時年五十有六也諱英粲爲繩名公長子距生於

乾隆壬申十一月初八日卒於嘉慶丁卯十一月初九日葬於蔣家橋西繩名公新阡之穆因思先世君晉公宗譜底稿郎兄珍藏於書篋中舉以授弟者茲之修緝功成兄亦與有力焉九原有知亦拊掌稱快否

嘉慶歲次己卯孟秋之月

守制弟鏞謹撰

英粲兄傳

邦彥兄諱英粲起榮公長子也少精敏勤學不厭鄉黨共器之及長逼經史文姿挺秀踔厲風發屢赴院試不得志遂放浪形骸寄情山水以居處偏淺不足以激發其志氣乃遨遊四方姿觀名山異境凡英雄用武之地文人歌詠之所無不歷覽越數年歸其氣益充其語益壯其志意益高聽其議論證據今古出入經史章章有序蓋得於遊觀者侈矣厥後願養庭除抱膝長吟嘯傲風月遇良辰美景集二三知己或

徵雅令或詠消吟或暢飲於村落之間或博奕於家庭之內風流瀟洒不減陶趣晚年肄業太學嘗語人曰吾一生志業螢窓未獲一衿納粟奏名非欲附迹名流聊示不忘業儒之志云爾嗚呼兄赴召修文今已數載其倜儻之氣磊落之概猶可想見以視夫世之形役其心窮年兀兀無所短長者曷可同日而語也故余稍采其生平而為之傳他如孝友有型義方有教鄰里自有公評無煩余之贅也

嘉慶己卯巧月　族弟錫祥拜撰

應祥兄傳

同曾祖從兄弟十三人其中年最長行最方心最平氣最和而愛予為最深待予為最厚者惟兄一人而已兄諱錫爵字應祥先伯父永昌公之子也長予五載予七歲就傳於伯父家塾中同塾六七人髫者長者每侮予應祥兄獨翼予情踰同胞聚首者八年後予負笈從澄江馬先生庠名爐遊胡家渡三載又從蔣先生庠名錡遊北塘二載兄在家塾訓蒙每伺予歸必問近作詩文若干首題目若何欲試名次若何且以

英年力學希圖上進相勸勉絕不談一切務外事余性剛口直善罵人尤善罵強暴非禮之人視兄之溫厚和平若水火之不相入先君子嘗誡曰爾小子好盡言以招人過必為怨府奈何不傚應祥兄自有無窮受用處余刻意效之而未能也然而一遇應祥兄不覺浮躁之氣消歸於無何有之鄉矣猶憶丁巳歲五月兄受人侮鬱而成疾旋發狂不食不臥捷走如飛履險蹈危命懸呼吸人有愚必攻之嘻笑怒罵莫能禁止獨余言食乃食言臥乃臥非余之力能制狂

疾蓋因兄平日愛弟之深不忍予違耳閱二月乃愈詢其病時狀茫然不知自怨自艾而已以後益自謹愼持躬則歛然治家則秩然事父則歡然待人則藹然遇尊長則抑抑然會親友則殷殷然痛念慈母楊孺人早世歲時祭祀則僾然愾然而潸然淚下也由是庭除肅然家業充然一堂四代熙熙然雍雍然姻戚族黨之間孰不同然美之欣然羨之乎無何歲在甲戌長子嗣均早世遺孫甫四齡抱西河之痛因伯父年近八旬乃佯爲不悲者以慰之詎知伯父因喪

冢孫痛入骨髓踰年辭世兄喪葬循禮哀毀骨立予屢爲勸解兄則涕淚交流閱二載竟以幽憂成疾卒時嘉慶戊寅六月十七日也嗚呼痛哉以兄之孝友性成竟不能得中壽倘所謂天道是耶非耶然而回想當年病狂時幾於九死一生乃病愈而復生三子俱醇謹有父風天之報施善人自不爽也茲因宗譜告竣畧敘其生平併敘吾兩人自幼至老無纖悉之介然於懷以爲後之爲兄弟者勸焉

嘉慶歲次己卯中秋　守制弟鏞拜述

雲躍盛先生傳

余閒居默數豪飲之友得十人而盛氏居其二一爲西園一爲雲躍兩人皆奇士也西園飲數斗不醉而拈毫揮洒詩酒淋漓人比之賀監一流雲躍不工詩而飲尤豪嘗以一斗酒敵西園一篇詩旗鼓相當無分勝負也余少歲郎識西園旣而從西園得交雲躍一見如故聯縞紵焉丙寅春暮雲躍爲余治酒招諸豪飲者作一日歡而予三爵後不勝杯勺諸人撣戰方始雲躍起曰先生不能飲耶取大斗來予以一人

敵四座先生爲余戰余爲先生飲時牡丹正開花亦助其飲勢卒席雲躍竟不醉雲躍與西園少嘗事同里賈先生羲窗學書先生尤善飲每先生至則命西園攜榼雲躍提壺遨遊湖畔蘆花深處時有三人酒痕旣而落日銜山平波淡蕩三人從倚踽躚吟呼自適見者謂爲畫圖中人也雲躍雖耽於酒乎然其爲人慷慨能緩急爲人所倚幼喪父事母尤孝謹其與人也不使氣不凌物有叩之者恒傾橐無所吝嗚呼酒之爲物微矣然能消人吝心助人豪氣誠得如雲

雲躍盛先生傳

蓋聞事親立身之本積善致餘慶之祥能事親則身作之則所以謹持躬能積善則後必克昌所以垂令緒卓哉盛君立身行事足以爲里黨光矣公諱新鎰字邦爵自號雲躍起榮公之季子公裕公之孫也年十五先怙心悲風木而一以能支大厦爲心十八即授室公固有冀鈌之賢張孺人亦有孟光之德故能象占三索祥協太人長範泉次範勝三範祥公弱冠時即通世務酬酢晋接間無不謙卑自牧豫順居心姻婭族黨之間從無間言然人第見其行已之具有典型而不知其事母之盡乎深愛者爲至大也其居家儉而中禮飲食服御豐約適宜於古人修齊之道寧有愧歟所尤難者持家接物外復克自樹立以寓意筆墨間當時往還稱莫逆者皆俊彦故身列成均有聲譽後以義方教子延名師忠且敬俾範泉輩皆各敦詩說禮彬彬乎有君子風蓋其卓識雄才不獨上有以慰母心即下有以範後嗣也抑又聞之有志者事竟成爲善者無不報公初少有後充裕而樂

躍者日飲其中雖醉亦何害當其酒酣耳熱睥睨一世一切猥瑣齷齪之態曾不足動其一哂余與西園亟稱之乃竟不能中壽以死豈全於酒者全於天天固有不可知者耶雲躍以嘉慶丁卯卒年三十九子三長範泉次範勝幼範祥範勝從予遊俱醇謹能承其志配張氏性嚴重有家法自雲躍卒後西園亦不復飲搆一別業時獨吟詩其中

嘉慶歲次己卯孟秋之月

年家眷弟鄭際昌拜撰

諱好施之心若出天性知之無不爲爲之無不力遠近多利賴之公嗜飲亦善飲三爵而油油以退無沉湎之習郎當賔朋宴食歲時伏臘祇此共數晨夕之儔稱觥酌斗傳云酒以成禮記云酒以觀德如公者德因禮著矣不意善人克有後而祈天不永年僅僅以三十九卒易簀時公猶囑範泉曰毋玷前人其屬望於後人者蓋如此今聞其嗣範泉克承父志事母以孝友弟以誠門以內睦睦雍雍庭之中肅肅祇祇翕如也而又立名砥行不愛紛華時自撝節退讓以

適乎義之所在待人恕馭下寬敬而無失恭而有禮亦遂身列成均可不謂厚焉以故家業日隆有豐亨裕大之象復爲子擇師教之以繩祖武凡其立心嚴恪制行端方一如公當日而卓卓可觀廸前人光啟後人烈範泉不足爲克家者哉而後信公之遺澤孔長且益徵公之爲善必昌也予與其族西園先生交最深西園嘗爲予亟稱公之行誼茲因其族輯譜故樂傳其品概爲世之昭德裕後者勸

嘉慶歲次己卯相月　翰仙宋玉堂拜譔

節母強孺人生傳

強孺人其祿公結配同里聖文公之少女也少成淑性長嫻禮度年十九于歸適盛不匝數月舅郎辭世虔恭報節事姑至孝睦妯娌則秉心和順口無間言相夫子則持身勤儉容無厲色偕伉儷一載舉一子名朝儀洗三之日祖母任摩其頂撫其腹欣欣然顧媳曰汝夫兄弟五人俱未有嗣今得是子汝身有後矣汝善字之無何年登二十有九其祿公早世孺人慟絕數次欲以身殉因念衰姑無養幼孤無恃遂勉

力操持身代夫職綠窗如懸磬乃操作益勤晨則聽雞鳴而盥漱夜則待漏下而安身一切虀鹽薪粟出自機杼後數年姑卒黽勉從喪辛苦備嘗幸孤長授室產業日恢然儉樸性成長不使過常謂子曰吾家本貧賤也若不朝夕恪勤則微業恐難久守汝其勉之今年登七十有八康健如常勤慎如故嗚呼若孺人者共姜柏舟之操敬姜無逸之戒可謂兩兼矣茲因刊修家乘故備述其生平以俟夫採風者擇焉

嘉慶歲次己卯孟秋　族姪錫祥頓首謹傳

貤贈登仕郎邑增生西園盛公傳

公諱鏞姓盛氏字麟祥一字玉書西園其號也先世自常熟遷無錫鄉飲賓丞清公冢子明大中丞永塾先生族孫也七歲入塾目數行下誦曲禮郎深明愛敬事親若成人稍長博習工文尤喜讀唐初詩艱小試年三十邑試冠其軍籍弟子員自歷應歲科試文宗咸賞之六與秋闈三膺房薦以額滿遺則雖蹉跌而文譽徧郡邑從遊者日益衆肆業東林書院與蔡蓉塘侯葉唐進士鄭仲博孝廉才相埒公長余十

年省試同赴者三五閱所作藝見公書法秀潤詩文俱精湛自愧不如而公若深契余者因訂交焉自論詩論文言事言志靡不合居雖隔數里三日必一造焉公家居以館穀娛親繼無餘亦不缺一時當軸爭聘之以親老終不就公義聲夙著凡有急求者必應之蓉塘蔡先生勸公北闈公絶意進取而實不忍遠親也當自立課程一日分六時一時爲定省計一時爲酬應計四時爲講貫計寸陰自限頻年孜孜而內外事無不當年三十九丁外艱知母蔣太孺人鮮懽

於宅西隙地搆屋一所插棘編籬栽花種竹爲娛親之地又爲養志之園也太孺人含飴弁果笑弄諸孫居其間公侍左右寢食不離額其堂曰是亦爲政又名其園曰西園故人稱爲西園先生者有由來也母歿悲悼異常園政幾廢此公之盡孝人所難能者嘉慶已卯纂修宗譜刊刻著作公之手澤居多里有張霞浜年遠淤塞遇旱潦車戽維艱嘉慶庚辰公獨力糾家每日起夫六百名親自檢督一月告竣迢迢數里疏鑿淵源自後逢旱諸浜皆涸而獨張霞浜不斷

水流可滋灌溉農人獲益者皆頌公之德也族祖宗道公墓在舜柯山道光辛巳被邑城典商李灝勾挽族人冒認宋時李夔之墓而實李灝欲謀墳前餘地築爲壽穴者也公獨力爭訟任勞瘁費貲千緡而李灝費貲鉅萬邑侯韓公奉

憲仍斷爲盛氏祖墓迄今祖墓依然全賴公之力也有如此道光丁亥染症命子承恩慨然曰吾先世未獲建祠於心歉焉吾歿後以吾娛親之地改爲安祖之所吾願足矣承恩謹誌之不敢忘於道光壬寅改

立宗嗣乘主於其中焉公已殁四十餘年邑之後進未詳公之爲人余雖老而猶可誌之今公之堂姪德裕修輯家乘乞余作傳余誼不容辭回想曩日交情宛如昨也公生乾隆戊子卒道光丁亥享年五十有九配任孺人有淑德合葬舜柯山新阡子二長紹源早卒次承恩議敘縣尉頗有父風焉

贊曰靜而專恭而禮有猷有守惟公德全不爲利回不爲義疚紹承先緒啟佑後賢

同治歲次辛未季春歲貢生候選儒學訓導鄉飲大賓聿祚老人世愚弟張星燦謹撰時年八十有一

思忠公傳

公諱錫祉字朝慶號思忠余伯祖母之胞兄也讀書未就卽矢志爲創垂計盡力於耕鑿閒暇則集諸父老於桑麻影裡縱談經計頗有老成人風度素具至性事親先意承旨務得歡心於昆弟閒相對怡怡無毫髮閒尤能行止端方不假文飾卽一饘一粥恒思物力之艱蓋其務本崇實非流俗人能比萬一者至其勤苦終身恢宏父業皆公之小節不足爲公重配朱孺人繼配朱孺人俱有淑行子二庭珍庭璋性情樸實克繼家聲丕爲一方望族女一適西張毛世德守節　請旌論者咸謂公之潛德致之余不文曷敢傳公然思公之遺風益歎公之梗概有不可湮沒於後世者遂畧述其生平附於家乘以示子孫云

同治辛未孟夏　　姻再姪唐時亮拜撰

先大父思敬府君傳

先大父之没也鑾纔生數月矣及長父爲鑾曰汝生未期祖嘗撫汝指吾而言曰此孫應聰俊望汝栽培以振家聲於來年冬大父卽見背焉鑾幼時攻書父嘗延師訓誨望鑾寸進奈鑾愚鈍兼多疾忽忽者年已弱冠矣自問讀書不成將何以對先大父乎先大父最喜子弟讀書吾父輩而不能讀書嘗以爲恨勤於耕治家有法尤能孝父母友兄弟蓋其天性然也平居不苟言笑不求榮利里中有雀角力爲排解無

德色矜鄉之人咸器重焉晚年業漸裕嘗與吾父喜曰士之子恒爲士農之子恒爲農吾生平守分安命至此優游自得笑弄諸孫吾願足矣歲辛未府君疯玉績修家乘鑾亦共勸其事因思先大父之爲人不忍泯没而爲畧述者焉諱錫祺字思敬兄弟五人大父居其次也享年六十有二葬蔣家橋西瓜埑新阡配先大母張太孺人温恭淑愼有荆布風享年五十有九先公卒分葬小黄辦新阡

同治歲次辛未孟夏　孫男鑾謹撰

節母馮太孺人傳

世之最重者曰節曰烈而烈徇一時之義固難節守終身之苦則尤難節母馮太孺人邑庠生馮芝亭先生女諱紹澐潛德威公之德配也年二十歸於盛愼言語寡色笑知女訓諳女工恪盡婦道咸謂盛氏之良婦矣踰年生子卽殤女一卽適王也歲壬寅潛德公染症服藥罔效太孺人祈禱願以身代公卽世哀毁骨立誓不欲生舅姑諭之曰汝夫既死汝代子職汝夫雖死

猶生也言訖大慟太孺人感悟不數年夫弟生子撫育如已子焉事舅姑孝奉飲食必親自進無懈怠瑣屑家事必請命於姑處妯娌無閒言太孺人之至性超出於尋常者也辛勤紡績有餘貲見親族之貧乏者皆賙恤舅姑没喪葬盡禮教姪綦嚴弱冠後卽爲之娶太孺人之婚嫁皆從十指間出也余何知之余祖姑與太孺人族妯娌并鄰居每歸嘗爲余道之故其生平行誼知之最詳守節三十餘年請

旨詔旌節孝給帑總建坊表事定太孺之始癸日吾
夫有知應亦歡然於泉壤也已
同治歲次辛未季春
姻再姪唐錫基拜撰

蘭生公傳

辛未夏有中表兄容端挾其先炗行畧乞余作傳竊
思傳者傳也余何人而敢傳公然余於公之家世與
一生之行事知之頗悉故宜詮次其生平而畧言之
公姓盛氏諱庭珍字蘭生思忠公冢子也少時質甚
敏好讀書有會意及長兼課農事耕蔓無失時尤能
順親心睦兄弟持已嚴正接物溫和若里中有輕薄
子郎正言厲色責之以義導之以善而人亦感悟其
言是以頗儒被其風鄉黨重其行至今猶稱道勿衰

嗚呼如公者可謂承先啟後矣公生嘉慶丁巳三月
初九日卒同治壬戌正月十三日享年六十有六德
配殷孺人繼配金孺人俱能勤儉治家恪盡婦道子
四溯昌克昌仁昌泰昌女五長適國子生張緞颺次
適馮三適朱四適鄧五適張孫二人
同治辛未孟夏
愚表姪唐時亮拜撰

睦族篇

千花本同樹萬派無異源吾宗一人爾裔嗣日以繁
形骸各私囿別籍還分門世無張公藝薄族誰爲敦
支流漸疏遠餽遺無盤飧隔隴不讓畔比舍爭藩垣
家分嫉溫飽身富忘卑尊賢愚既異好貴賤寍同倫
一語不相讓客氣何軒軒大者成冠讐小者時鬬喧
思昔祖宗意一體看兒孫達人尙大觀父母惟乾坤
並生宇宙間厥有同胞恩況此一氣餘詎忍分寒溫
倘知尊祖意藹然情愛存導川濬其源植木培其根

盛氏宗譜　卷三　睦族篇　一　敦本堂

少長各相讓親疏了無言遂成禮義族濟濟班鸞鵷

尊祖說

萬物本乎天人本乎祖世莫不有祖也而莫知推其
族所從出者由宗法不立而譜牒不傳也宗法立則
統紀明譜牒傳則昭穆定族雖疏遠其間富貴貧賤
賢愚之不同可視之如一矣何者千枝萬葉同一根
千流萬派同一源百世相傳分門各爨遠近親疏同
一祖也子孫于億始于一人安敢忘其所自哉不忘
所自則敦倫理好禮義崇廉恥修德業畏刑憲讀書
好問親賢樂善以求顯親揚名推父母愛子之心以

盛氏宗譜　卷三　尊祖說　一　敦本堂

愛其身則能不辱其身而不辱其親矣不忘所自則
族黨相睦孤寡相恤急難相周愚不敢欺弱不敢凌
賤不敢忽推祖宗愛子孫之心以愛乎族人則情無
不洽而恩無不周矣此皆尊祖之實也欲盡尊祖之
實宜何如哉夫人之情朝夕相與則途人如至親終
歲相離則骨肉如秦越矣族人一體而分猶吾之一
身耳灼火于膚必蹙額呻吟燔既刖之足則漠然不
知矣何者離于合也故欲聯屬宗族必先定其宗譜
宗譜既定則統緒尊卑歷數百年而秩然可攷有善

必書有惡必書人知所勸戒矣立始祖以下之廟月朔薦新時祭用仲月立春祭先祖季秋祭禰冬至祭始祖忌日遷主祭於正寢如六禮大畢皆集近族拜謁冬至正旦則率疎遠族人謁拜而祭祭畢則羣聚而飲合親疎序長幼則禮義無不立矣立義學擇賢師教族人之子弟使之向善背惡飭躬勵行求無辱于其先則恥爲不善矣死必訃冠婚必告少而孤則老者字之貧無歸則富者收之而不然者族人所共誚讓如蘇子之所云者則恩意無不洽矣貧而愚者

能安其分而不自棄則清白足以承先德人亦不得而賤之矣譬之木然根强則枝葉茂根弱則枝葉孤以尊祖之心而愛其身以愛身之心而愛乎族人所以自固其根也不然則自絶其根也自絶其根而枝葉焉有不瘁者乎天之生物而愛人爲獨至人能體上天愛人之理愛人之心以自愛而愛人則天之愛之也益至矣愛之益至族其有不盛而其後焉有不昌者乎

奏疏

奏爲陳情乞
恩休致事臣係直隸常州府無錫縣人由進士歷任
御史知縣知府參政布政侍郎轉陞前職巡撫山東
臣猥以庀庸叨膺重寄夙夜欲體於
宸衷寢食不忘於民瘼屢有建議進呈
睿覽伏蒙俯納芻蕘之言慚無海獄涓埃之助但臣見年六十九歲老病日侵筋力日衰知識昏昧不能
奉宣

德意撫安軍民有負
力重付託之重中心惶懼罔敢自寧伏乞
聖慈察臣愚悃憫臣殘喘放歸田里以終餘年不勝
感戴
天恩之至緣係陳情休致事理除具奏外具本專差
舍人陳善
親齎謹具奏
聞

祭文

維宏治五年歲次壬子十二月丁酉朔越三日

己亥

皇帝遣禮隸常州府正四品散官同知事吳桓諭祭

于都察院左副都御史盛顒曰爾以疏通之學

明敏之才發身賢科擢司風紀出宰大邑載守

名邦叅大藩而存歷方伯貳司冦而推副都臺

才名久著於旬宣功業復稱於保障方隆委任

遂乞退休正宜享福於暮年胡遽嬰疾而長逝

追思往勤用錫卹

恩特命有司爲營葬祭爾靈不昧尚克歆承

後樂園假山記

余宦遊中外甫四十禩廟堂之憂恒激於衷而故園
桑梓之想亦不能釋然者豈私睠哉畏以士大夫之
進退係立身之大閑不容不審也成化丁未春得謝
仕歸弟頤承余志建方塘書院爲燕休所復購石壘
山於後樂園與同春堂對峙山高數仞廣差倍中峯
崒嵂高薄空冥顧瞻龍岡之脉勢若相控押諸峯之
環列者矗若屏幃攢若劍槊卑相附而高相摩蜿蜒
而西有嶺旋曲崖樹変加恍臨異境東若干步築平

壤搆亭植竹數挺每風起岩壑間徽音琅琅如金石
奏下有留雲洞香霧霏微縮綺纈結怪石森然周於
山麓跪者立者虎蹲獅踞者各因其勢而點綴之復
鑿池引泉跨以石梁或瞰流而亭或背山而廬名花
異卉襍植上下余得日涉而心賞之客至則擊壺而
歌列席而飲飲而樂樂而醉浩乎神契盎乎春融不
知穹蒼間復有何樂此則余之自得也自得之樂豈
眞山水而已乎徒以山水則耳目雖窮而心志已役
奚其樂方今 聖明在御道洽化隆今幸完名而歸

壽安堂記

惠山之南有巷曰聽松據九龍之腹林谷靚深崖松獨秀其左隙地有岡翼然冰壑道人與客閒登而樂之廼以樂邱卜其下客顧問曰先生壽且未艾奚此爲哉道人聞而笑曰人以長生爲可學而以反終爲諱是未知天道循環之妙也若能騎日月凌光景後天地終則何事於斯曾不知人生如電光石火能以此身爲父母遺體全而歸之使無遺憾則余之爲此夫奚過且年踰七十來日苦少與其死而閟藏於斯孰若生而晏樂於斯乎遂名其堂曰壽安壽賦於天雖有定數然延續其休則存乎人焉彼昏不知役志功名而不知返溺心富貴而不知求餒氣於忿戾忞情於逸遊疲神於聲色有一於此猶舟人犯風於不測之淵其不覆溺者幾希尚安望其克濟哉君子則異於是以義帥氣以禮制心以忠信端其志以詩書適其情以靜默寡欲凝其神表裏俱融俯仰自得其安殆若泰山而四維之也率是以俟命於天有不隆之以壽歟設以神僊黃白之術爲長生之道則惑之

得遂疇昔況寵遇三朝恩加再命吾心之樂泰然自得也全吾自得之樂而後托興於山水斯可言樂矣山石靜者肖吾仁而林木暢茂蘿蔓生遂則靜而動者存雲水動者肖吾知而歸宿有期鳴聲有時則動而靜者寓固足以審吾進退之機至於一動一靜而悠久不息蓋將沂乎有物之初驗一氣之始以徐覿千古之上又足以考吾道體之妙耳目之玩云若晉公綠野之適德裕平泉之勝淵明三徑之傲蓋亦樂其所自得者不然則名隨身泯何以著聲光於一時爲後人之標望哉然則善樂其樂者當於自得求之

冰壑道人

已甚可同日語哉是用昭揭於堂俾我後之人有所

鑒

冰壑道人

題省餘訪古卷

成化辛丑夏孟吾姪虞自錫來陝省余藩邸執酒掃應唯之役惟謹余得忘鞅掌之勞數閱月虞趨告曰陝歷代建都地山川古迹之勝甲天下欲遍遊以擴見聞敢請余然之即日拉少叅李希范之子樂聯騎而往若驪山鎮臨潼夏王舉烽火戲諸侯於斯環植古柏萬株蓊鬱如蓋草木之葩爛然香氣襲衣文廟建西安城南森列前代名碑龍翔鳳翥炳然溢目漢都咸陽唐都長安宮殿遺跡歷歷城東十里有龍池

亭榭尚存月夜宛乎當時風致慈恩寺有雁塔巍然掩映夕照唐進士題名於上温泉在驪山之麓色含蒼玉脉暖如湯唐時名爲華清池玄宗賜楊妃浴處華岳萃然起於莽蒼之中亘數十里峯巒插漢雲氣氤氳如畫灞橋去城東一舍許星蓮數十長跨灞川隱若横空之虹潼關舊名金陡環帶河山城勢雄偉宿以重兵晨門一啟車騎往來相屬爲關陜襟地凡有志四方者咸目擊其勝過之者不以事廢遊也虞今身造斯地縱觀山川形勝博覽古今成敗之迹

漪瀾堂記

皇明御天混一四海化干戈爲衣冠之俗華風漸被山岳效靈吾錫據江南之望惠山之泉稱天下第二石罅細由山麓聯絡迸注而爲井由地中瀉於龍吻渟而爲沼突然庇臨其上漪瀾堂也茶僊之品評坡老之題詠傳誦迄今代有名人承風步響士庶之雲集者無虛日三韓之使亦訪問焉吾宦遊兩都闕之東西齊魯之境吳楚百粵足跡殆遍奇蹤偉觀孰非悅於心而快於目者而王事之暇耿耿於懷寤寐此泉此堂而莫之釋㠯以父母之國少日釣遊處也成化丁未春内臺解組旋始得如願與舊友員外陳君進之封太守秦君景暘邑令榮侯躬實來游山中或折簡而會或不約而遇維舟溪上相率以嬉登高振衣望遠終日季秋之望侯復請遊觴於堂簉豆斯呈獻酬有序采英浮白間以詠歌仰而觀山峯攢雲簇如萬馬爭馳於闌檻俯而聽泉其潺潺與松濤奔放上下互爲清濁恍聆九奏於洞庭自念久勞於外茲歸骸於承平之日以時賞心形神俱爽不負吾泉吾

爰品十題隨詠以詩樂亦和之諸紳從而賡之總若干首未幾余拜刑臺之 命趨 闕下虞亦告別南還李少参喜其清致有斯文好遂裝潢成帙徵提學憲副戴公廷珍文并自序以識別余盧無言勉之士君子一遊一覽必思所以省鑒虞歸讀書之暇展卷歌詠感古興思如歌驪山之詩則思艷花翠柳已委風塵而松栢獨持歲寒之操歌廟碑則思古人字體之正當求吾心體之正而不徒事翰墨歌漢唐故址則思丙魏與姚崇相業光昭汗簡可師歌龍池則思地雖變更而人心與月萬古常明歌雁塔則思奮志以步青雲歌温泉則思尋曾點之樂而開元故事不足談歌華岳則思冠萊公之詩而賢相勳業有可法歌瀾橋則思鄭綮之詩以廣其才歌潼關則思兵衛森嚴頌 皇圖億萬年之固虞服斯訓黙會斯意於詠諷之餘則所存所行與事君事親之道裨益㠯多遊覽云乎哉虞有感茲言倘當質諸吾錫吟壇高士必有珠玉以續斯作鴻便寄我用慰老懷

冰壑道人

山之期待士大夫以完節歸余詎敢當耶會斯堂漸圮侯欲圖新之繼日乃出羡餘經其始弟順捐鏹相其成剷穢而爲夷易舊而爲新匠者斵圬者墁危簷峻楹承蔭廣霤飾以采瓊以闢三閲月而告成侯以記請余謂水徵波爲瀦急湍爲瀾昔人以之名堂者有在原泉之一滴一顆即陰陽之一翕一張此道體之妙也夫子川上之嘆子思淵泉之論文公源頭活水之句厥義匆殊此侯素講明者自今斯堂之新也觀其水之瑩然則思以澈民隱觀其流之不息則思

終始此心是大有助於來者豈佚游云乎哉侯謝曰是亦僕之志也遂書刻之

冰壑道人

後思亭記

政之繫人心也甚矣蓋有要譽一時一轉徙而人棄之若芻狗者惠也非政也君子平其政而人歸之雖去之千百世不可忘岡不思其人思其政也乃若今廣西叅政臧公舊尹東鹿之政庶乎去之千百世而不可忘者耶公名斵字時望常之錫邑人也景泰辛未進士拜監察御史立臺侃侃思盡言時政闕失天順石氏用事公首劾其奸忤　旨左遷東鹿公視舊政紊不理圖惟其新門胥圉皂之屬今州縣吏多用

以給芻薪之直至或貪緣敗吾政公曰毋忽其微正巳之端也悉去之一日决滯獄數百人人歡呼稱平定九則之法以役民民不異貧富無不均之患而貧不能耕者歲時給來耜澈勸之兩賦之外不使錙銖取於民而用之官者雖一錢尺帛之出計必當然能使民鰥寡有養婚喪不給者有助民受其惠而不知暇輒臨學校與諸生問難經義詢失得周旋若師友諸生樂從之遊而文教興行雖田里小夫亦知慕禮讓而日銷其强果任俠之氣四境大治縣庭晝寂無

譁訟聲巡行之使入其境一揖而去無所廉問逾年持毋喪回邑人髫倪遮道欲留之泣從於郊外郊外之民復相率攀號留之不得各解其韠一懸之邑門既去而思之日焚香籲天望其必復天順庚辰公服闋而代公者適卒邑人奔走上闕以舊侯請　詔可之遂起復公使往邑人相扶携迎道上驩呼如家人父子之相値舉其舊政而申令之風聲所之民從之惟恐後田氏兄弟興財十年訟於官公諷以古人兄弟之義曰爾曹以昔人之賢待我今化爾兄弟不能

如古人則所以待我者我何敢當之二人悔悟復與同居鄰境之民聞風而往愬者日相尋於道公慰遣之民曰吾黨不幸不得爲東鹿之民沐餘化然公仁愛宜不間彼此賜一言足矣乃使自致其與愬者來爲曲直之咸帖服去癸未歲大饑公境内獨賴賑恤之勤晏然無轉徙之苦而向之流離近遠者日歸之初年編戶若干社既而增九社里巷之兒歌其政者有清如水明如鏡之言頌聲載道達於　朝廷襃異之擢福建邵武府太守邑人願終留之而其老長則曰吾儕固望公之寵祿日躋也今何敢以百里之地終淹之哉既去廼相與謀築亭縣治之前名曰後思使去此千百世過此亭思公之政不忘也漢稱循吏若何武者爲有去後思若公之爲東鹿嚴明而不近於苛優優而不流於隨雖古稱神明之吏豈弟之君子無以尙之何有於武哉而人思之固宜然於是可以見民心之好德不遠三代今四海之大司民牧者家矣能庶幾乎三代之治而得民之思如公者何其鮮也公之爲邵武則邵武之民思之如東鹿閭潘之

臣以邵武既治而薦公更守延平則延平之民思之如邵武公亦何以得是於人人哉戶部主事王君表倫東鹿人道其邑老長范君禮及姻婭甄緒輩之意假予言記公政歲月於亭下之石雖然公之政在邑人之心當去之千百世不能忘何俟予言然亦黽勉爲記之以風厲乎爲民牧者兄公今方參政廣西將來之用未可量也因以使天下後世知
國家循良之有人而黜陟有道也不亦美乎

成化丙戌採花昆陵陸簡謹記

誥勅碑陰記

都察院左副都御史盛公諱顒前後所給　勅命若干通誥命若干通葢公爲御史時以三載考最給　勅封厥考文珪爲文林郎河南道監察御史妣馬氏爲孺人又贈厥配殷氏封繼配顧氏俱爲孺人及爲延平府知府爲御史所旌當給　誥封厥考爲中憲大夫延平府知府而厥妣及繼配皆已逝并厥配俱贈爲恭人及爲副都御史當封二代於是贈厥祖子實爲通議大夫左副都御史祖妣吳氏爲淑人厥考

亦逝妣以下皆如之而封再繼室何氏爲淑人凡閱三　朝歷十有一　命而後備其曾祖而下葬故壠者公嘗錄所給辭刻石墓道公之卒葬惠山新墓其子唐乃刻公及兩淑人所給者而淑人之辭亦賫附焉從子虞上　京師請予記其碑之後夫古者王言之布必載諸簡編方册猶慮其不能久乃有金石刻之文然其實亦不藉乎此者故周宜之功伐諸石鼓後世不以爲侈秦政之封禪巡幸刻諸岱宗罘嶧君子顧指而訾之石固使然哉中古以降刻石紀　命者多矣臣人之事凡出於　誥勅命令者亦時有之近　制進士有題名之記然猶有司所爲至公卿大夫士所得　誥勑諭祭之命亦私刻於邱墓間以昭德示寵耀令傳後前創後襲若斷乎不可無者其事雖私而所關則重矣顧其人必有才行功績然後克承而不愧亦豈可以恒事常典概視之哉公在天順間帥諸御史論石氏罪惡謫爲縣（具見皇明通記）當是時數人者姓名振天下君子曰不愧爲諫在成化間歷邵武延平二府及廣西陝西二藩皆有清操有惠政有

去思君子曰不愧爲牧及爲侍郎爲御史讞獄行法持大體畧細過而又幾決勇退保弱完名君子曰不媿爲大臣校功考績厪　綸綍之降以爲宗鄉黨榮豈幸也哉且　國家之典所以勸忠成孝雖有過予不失乎功疑惟重之義而兄功與祿稱名不寵負如公者其可以昭示於世何疑也然則茲石之建豈特私家重哉公行實見銘誌諸作已詳不及贅者記爲誥勅作也

賜進士出身中順大夫太常寺少卿兼翰林院侍講學士經筵講官纂修國史長沙李東陽譔

勅書碑陰記

都察院左副都御史盛公以成化癸巳自延平知府擢廣西右叅政又十年癸卯至都御史　命下旹有勅書以重其行公既致仕而殁有副本謹藏於家其弟顒與其子唐龍相與刻石立于公之墓所以表著　勅旨以見公爲委任之意而其姪虞更請寬書其碑陰蓋公既登進士第初授監察御史與同列論事補外徊翔郡縣者十五六年政迹卓異有古循吏風及擢叅政專督糧儲益盡心其事于時倉廪充足

邊務修舉實稱　敕旨乃進布政使遂　召爲刑部右侍郎俄調南京未行始以都御史巡撫山東時適歲荒饑莩滿道公賑濟有法病者得食流移盡歸六郡熙然皆有更生之望循行所至不立威嚴下情赴愬悉得自達於是廣儲偫均徭役諸事以次舉行必使民得實惠期至久遠而不苟于一時　朝廷方無東顧之憂而公引身去矣寬嘗竊論刑官之設莫大於司寇其尤艮者如書所稱蘇公之敬刑一歲中不過能平反寃獄數人而已況爲其亞而不得專者乎公固守正不阿刑無枉抑然與賑饑民數十萬口以免其死徙其功孰多雖盡瘁匪懈事不廢弛然與積粟至數百萬石以免民他日之死徙其事孰大必有能辨之者則　朝廷所以褒公東行豈知公長于撫民而有以成其政也歟不然何　敕旨之委任於公者其重如此也且今世之人以入　朝爲榮一旦遠去輙怏怏不樂事多以怠甚者厲民以洩其忿公之去也方恰然自得至則勤勞益甚計慮咨方不異疇昔爲莘縣時彼固有出於强爲以需再召者而公請老

之疏已進呈其詞懇切誓必得　命乃已其賢於人何遠哉故因記　勅書之後以著公之大節若其平生之詳則墓碑具焉

賜進士出身詹事府少詹事翰林院侍講學士同修國史玉牒經筵講官　長洲吳寬譔

節母有此遐齡歟今家孫維九蜚聲黌序而聚五以仁孝之思舉城居而改爲祖祠念宗支而纂集家乘尤惓惓於祖母也雖然當更求世之賢士大夫以表揚之余何足爲節母重哉姑記其槩而備他日之採輯云

貢士吳士達謹撰

節母記

邑有盛氏世家也其祖先名宦也經綸事業名公巨卿顯皆以如椽筆爲碑文傳記以揚扢之矣何能復贅一辭獨有節母苦志貞操朝未及旌史未及載宜其孫聚五懼其湮沒而弗傳也囑余爲之記余向曾讀書於其家知節母者甚悉節母系出於曹爲鵬海公元配年甫二十有七鵬海公輒早世事翁若姑又栢繼而殁有兩孤長爲伯薦方九齡次爲仲逵僅四歲是時煢煢孑立而柏舟矢志氷霜勵節熊丸斷機日以課子爲事日給脯資皆從十指措辦而出數載後伯荐公業硯田猶居城也仲逵則娶於曹遂從堰橋而卜居胡村有屋廿間有田百畝自視膳而外或僱耕隴上或鳴琴室中或栽花植柳於圃內節母亦願而說之然鼎革之歲已六旬矣伯薦亦念母氏之年高也遷於鄉並廬而處此時一堂之上母子兄弟其樂融融至八旬有八無疾而終噫伯薦公慷慨正直仲逵公言坊行表爲溫良君子夫非天之報節母有此賢子歟青年苦守六十載如一日夫非天之報

送陝藩盛公時望赴刑臺序

自古有國者資刑輔治而寓欽恤之心故任刑者在得人以體之則刑必慎而人不冤迨我　皇上法古圖治尤拳拳以是爲心所以於臺部卿佐難其人非得夙持風裁素擅時譽而存心仁恕者弗稱焉邇者刑部右侍郎員缺廼　詔天官愼舉方獄重臣之賢者得陝西左方伯錫山盛公時望　上允勑公補之寵命賁臨方嶽增重予輩亦與有光焉公趣裝戒行巡按鄧侍御徵予文爲贈予嘗聞公賢名而究其實

矣公由景泰辛未進士授河南道監察御史廉慎剛介綽有能聲天順丁丑以劾忤時調東鹿令愛民如子民甚德之未幾丁內艱邑民乞留以終惠甲申遷福邵武守時巡視都憲滕公知其才克治劇奏延平公以前所爲者充拓之一郡之間德澤覃被民物阜康英聲茂實騰播邇邇雖古循吏不是過也成化辛卯巡按御史左鈺以其事聞　上錫誥旌異之隨擢廣西參政僅二載擢雲南右方伯將行丁外艱服闋己亥除陝西尋進左方伯吁一蹴而至在外極品不賢而能然乎予昨欽承　上命來撫是藩目擊公之夙夜勤勞事無壅滯興利除害吏懾民懷且操履益堅其名實相符若此宜其用薦超拜今職而承　召往蒞焉正所謂夙持風裁素擅時譽存心仁恕足以當是任者歟雖然公膺是任咸謂得人子固爲之喜而予方將資公維持調護乃遽舍去又深爲之惜惜之者私情耳豈能勝夫公道哉吾想公以仁恕之心臨鞫獄之際不赫赫以威不察察而明原情酌法允協于中民必自以爲不冤蓋深得大易所謂君子明

慎用刑之意以體我　皇上欽恤之盛心庶不負今日推薦之公論也抑稽皐陶爲士師惟明克允蘇公爲司寇欽以由獄每爲之掩卷太息以爲安得斯二人者復見于今日君所任即其職也予竊有冀焉往哉幸以之期以輔　國家隆平之治

刑部左侍郎阮勤譔

跋盛心陽老伯小像

噫此心陽盛公之像也憶崇禎壬癸間余髮方垂髫見其豐頤美髯儀容麗都有鸞停鵠峙之槪心竊異之而未識翁所由來値國變余下榻吾友張方儀齋內獲交於令嗣逸儒因備述其尊人心陽翁始末予乃知翁固賢望名族之裔其器局不凡蓋有自矣翁父少陽公祖敬元公敬元公從叔祖冰壑公登景泰進士官最顯敬元公爲邑庠彥篤學嗜古名震一時慶歷間慨然以修復東林爲已任兩具呈督學使者

余伯氏佩之公東林書院志中載之極詳人但知今日之東林爲顧高諸先生復興之東林而不知先生早已經營於是其功豈不偉歟翁爲少陽公遺腹子生而煢煢失怙賴外祖少圃黃公撫養成立及壯重然諾愼取予言笑不苟一望而知爲端人逸儒益恂恂謹飭乃年不配德中道而殂噫痛矣翁之聞孫安度視余爲執友余亦自幸與盛氏爲三世交相契甚深一日安度出此卷眎予展卷細玩翁之眉宇丰姿形容如昨嗚呼屈指計之自崇禎壬癸距今已五十餘載予年亦老其間滄桑變易宗譜飄零者往往而有翁之子若孫珍其卷而世守之非不忘先澤者而能然乎哉安度作而嘆曰夢熊未兆恐弓冶失傳吾是用憂予慰之曰易云積善之家必有餘慶書云作善降之百祥修德行義若此將見歌麟趾詠螽斯起而光大其門食修復東林之報者其在後人歟其在後人歟時

康熙歲次甲戌季秋望日

通家子嚴穀頓首拜撰

盛母張太孺人六十壽序

蓋聞蓮開華井峯頭留玉女之盆桃熟層城瀣畔藥瑶姬之館雲璈嘽緩奏仙樂以登瀛綵鳳參差捧玉盤而進酒光依南極自見躔輝寶婺共慶延齡喜溢西池何須鈴徹青鸞方能益壽恭惟盛母張太夫人九齡望族三泖華宗河清則胄貴璠璵椒衍則星聯翼軫醴泉萬斛滙自濬源美玉千重產山瓊圃甫及勝衣之歲組紃若本諸性生纔嫻內之篇婉娩無煩乎姆教迨夫鳳歌穠李雅誦盈門潔治蘋蘩占女貞

于中饋躬操井臼相夫子以興宗黽勉同心常舉案鴻之案夙夜匪懈甘挽桓氏之車翺翔昧旦以加鳧雞鳴喔喔絡緯中宵而佐理燈火熒熒而且惠樂旁推昏暮叩門而必應恩能普濟親鄰一體以相關是以善氣衍爲吉祥東鹿之家聲攸振仁心燕爲戩穀南雅之世澤常新績效敬姜偕截髮之高風丕著荻傳歐母並丸熊之懿訓俱昭惟令嗣廷颺老世臺亭亭獨立早覘器識非凡煜煜含光貢卜門閭滋大珠詩徑寸自然入夜而明林挺一枝豈欲臨風而秀雖宜陽推武德本名族之英姿而文學紹家齋由母儀之善誨既快飛騰于雛鳳日麗丹山兼看蔥鬱于孫枝蘭芬玉砌固宜受茲介福含飴弄掌上之珍釐爾孔嘉扶杖遺雲中之鶴也茲者時逢穀旦萱樹庭前候值芳辰梅飄嶺畔籌添甲子郎今已享用九疇竹茂慈幃指日定榮邀三錫溥等情深猶子誼托通門敢乘綺閣開筵爭奉長生之訣亦附華堂拜母共擎介壽之觴庶幾翡翠千箱補製白華之句珊瑚八尺譜成黃竹之謳云爾

乾隆三十六年歲次辛卯春王穀旦

年家眷世姪周原溥頓首拜撰

亦政園記

玉書盛君文心入古孺慕常新因其祖宇之西拓地百弓爲堂三楹安廛榻旁左一楹具茶竈蒔花環之花以外甃甓不足編槿周之顏曰是亦爲政自號西園主人學者共稱爲西園先生或謂其湖上幽棲高蹈可商顏對峙花間談讌清才與鄴下齊驅均未足以知先生也夫西園何以築築於孺慕所不能已也君父鄉飲賓承清公行高一鄉書破萬卷嘗誡君曰家居農事阨塞經横於鋤史懸於角倘一矜偶青不

可無數椽養靜處此吾所有志未逮者也歲丁巳學使者雲房劉公擢君第一丙寅承清公殁喪畢堂上蔣太孺人深居鮮懽君求所以娛親者因躬事畚鍤日勤花課蓋朞月而堂宇成三年園居遂擅邑西勝云方春向暝則桃李爭妍錦爛霞鮮海棠醒未孺人悅焉入夏景長則蓮香波碧竹風輕彈孺人既懌爽氣連晨則叢桂如僊晩香社結堂上怡顏歲云暮矣則蓉岸霞收南枝凍圻堂上樽浮余嘗口占贈之曰書堂面面與花鄰手種羣芳慰老親大好花開無間

斷一年三百六旬春又曰名花購盡亦兒癡畢竟花神是聖師四代花前同獻壽婉容愉色一枝枝登斯堂者可以聞香而自化巳君素不習圃事所蒔色香凡百餘種無不柔條蔚起穠藹纍垂觀者咸驚得所秘授君曰然余初得之柳子之傳郭駝終得之孟氏之言浩氣夫物性誠美矣但土膏之疏密得宜氣候之暄潤就序則中和既積榮華自舒遂若火然泉達而不可遏乃天授非人力也至于扶護壅溉剪剔之役不過稍濟其過不及以適于平而盡其材非有所

加多于是物也然必以至誠無息將之少違勿助勿忘之訓則敗矣嘻是道也以之繕性以之臨民殆無不可豈區區種植云爾哉日者太孺人嘗謂君曰兒於花事殫厥心矣君輒應曰猶未若慈母之念厥子也太孺人爲之囅然夫君之爲此堂也承嚴命蒔此花也慰慈顏意特與萊子之斑衣羅氏之瓜果同其眞摯河陽板輿不足數也今太孺人既登上壽而長逝矣君哀毁之餘園政幾廢竊自念言某椽若甞吾母所坐接然行遶者也某花若穗吾母所艷擿而吞

嗅者也豈北堂珍卉遠遜南園之甘棠乎其何以晒桑梓而申恭敬也爰一切整理如曩昔且命男紹雲紹涝佐其治而君讀書養氣於其中有如林烟曉空湖月宵潔喧紅滿地雕陰在簷一客不逼好香初炷君時對羣芳研大易合兩親之嗜好而從容涵泳奚翅色笑之常承矣乎噫惟君之孺慕常新即園居之治可譜也是爲記

嘉慶歲在屠維單閼壯月上澣

芝亭弟馮昉頓首拜撰

西園養志記

西園者西園先生之別業也先生姓盛氏名鏞鄉飲賓承清公之長子少操芹香聲馳黌序方擬雲路翺翔會承清公捐館遂設帳于家不復遠遊先生事母蔣太夫人至孝而昆仲五人子孫繁衍太夫人性喜恬靜而惡煩囂先生因仰承親志于舊第之西搆新堂數間堂之後地拓一畝編竹爲籬栽花插柳因名之曰西園蓋爲養親悅親之地其時挑經請業載酒問字者無虛日人遂呼爲西園先生云春秋佳日太

夫人攜諸孫詣園或靜坐觀花或含飴剖果先生則追隨左右煮茗焚香承歡膝下洵天倫之樂事也初先生文戰不利有勸先生赴北闈應試者先生將許之蓋謂顯親即所以悅親也歸以告太夫人太夫人曰汝焉用舍近而圖遠耶汝生於農家既已青其衿亦足慰吾志何望步蟾宫遊杏苑乎況科名實難宦途最險吾家幸有薄田饔飧可給半耕半讀聚順一堂福分已不小也人能知足便是達人何用遠離我爲先生遂决意謝勸行者因書是亦爲政四字額其

西圃別業記

昔人順親之道莫大乎養志而究之體親意悅親情
郎起居杖履間能在在得親之歡心亦足徵豫順之
休而口體之奉其末節也我西圃先生顯揚立志承
順居心其舉止言動有足多者先生貌魁梧性温厚
舞象時卽力學不懈思奉二老歡制義一宗熊劉賦
裁淵源徐庾文擷其秀藝造其精故弱冠後卽以文
詞詩賦見賞宗工冠黌序焉由是戚鄰姻婭咸謂鵬
摶九萬鯤擊三千於先生乎有厚望也高堂亦心竊

喜之太先生翯誠端謹儀度恂恂以德冠賓筵重於
鄉未幾遂殂後蔡子蓉塘欲偕先生赴北闈而先生
以老母年邁不忍暫離左右辭蓋先生之才學人所
共知先生之純德人所未知也太師母蔣太夫人素
敦舉案之風兼盡斷機之教性恬靜不事紛華先生
事之曲將其意問安視膳外思得親之娛情適志處
而後安先生家本湫隘歲甲戌於宅之西構新堂堂
後餘隙地折柳樊之爲一大圃先生始氏西圃後搆
宅適符其氏數若前定云誠異事也種竹蒔花時自
新堂以寄意焉先生之孝于親友于兄弟亦從可知
也竊念受業先生門下于茲有年矣先生之爲人也
望之如秋月之高明卽之如春風之和藹其誨人也
存不倦之心其治家也守知足之訓文章首出于泮
宮品行樹型于梓里豈非君子其人哉使其筮仕天
家其作爲當有大過人者然竊觀先生之志無意於
功名矣何也守太夫人之訓也夫孝以養志爲大若
先生者眞可謂養志者矣至於圃中花木之秀美景
物之清幽其小焉者也予故畧而不記云

去年春先生年符大衍諸親友及門弟子贈詩稱
賀先生亦自述數首有區區名利皆身外小小蓬
瀛卽眼前之句其襟懷灑落不求聞達之意顯然
流露於楮墨間又云糲飯飽餐原是福濁醪貪飲
漫稱賢其謹守太夫人知足之訓可知也結句有
云幸得隨親花下舞婆娑還似小兒顛不但有老
萊子戲綵庭前光景且於孟子終身慕父母之義
脗合焉

嘉慶歲次戊寅　門人陸賓樹頓首拜述

抱甕灌溉其間又其旁因窪爲池池內植荷皆佳種嘉葩名卉無間四時而太師母淡於頤養時往來新堂偶於此間少坐爲佳繡佛長齋拈花微笑萱庭適其性天何莫非先生先意承志有以曲成之者乎乃先生深喜親之步履是圖而尤樂知交之時相往還也門弟子有以文章乞指示者有以詩賦求筆削者請業就正評花玩景過從於新堂者日以什計而先生則容與自適談笑其中然則是圖也非若巖渚蔣徑之僅堪石隱而先生之行則迥出於天隨子逍遥

盛氏宗譜 卷三 西圖別業記 二 敦本堂

公諸人之上矣迄今太師母已返駕瑶池先生亦年逾服政矣藉令當日徑赴北闕安見不擢巍科列顯位移孝作忠克全顯親揚名之志然而先生家居闢宅娛親之事畢矣視世之謀升斗缺定省者不有間乎矧以先生之學業正如瑾瑜異寶無不發之奇光也知千雲會有時耳華親炙已久茲又作童子師於其族用謹述先生孝思學力之大畧如右

嘉慶歲次己卯相月

門人葉華頓首謹識

開浚張霞浜記 西圖

錫邑夙號水鄉凡運河旁各有支浜所以通溝洫備旱潦也吾鄉曰萬安在縣治西三十里有張霞浜綿長數里形勢淺狹鄉之人咸病之然未聞有議開浚者先是乾隆乙巳歲大旱余時尙垂髫也目擊浜內遠者五六里近者二三里築堤運河口以戽水雁行並列鳴鑼以作之唱籌以節之聲聞若雷汗流如雨避暑者逃淵招凉者藉地啜糜粥以療饑擁濆汙而救渴饁婦餉童不絶於路可謂難矣而又彼此爭競

盛氏宗譜 卷三 記 一 敦本堂

多生雀角心竊憫之自此以後嘉慶丁卯旱甲戌旱己卯又旱戽水之艱與相爭之纍纍如初而環顧他鄉浜深水足雖遇凶年不殊樂歲也竊嘆此方之受困已久矣歲庚辰春正月余始倡開浚之舉衆僉樂從計田出夫每日得六百餘名各持畚鍤踴躍爭先一月之內自遠及近次第蕆功是歲之秋彌月不雨各支浜幾涸獨張霞浜水渟五尺鄉之人皆欣然曰自今以後一勞永逸雖有旱暵可無曩時之病矣是不可以無記咸以屬余余因誌其端末如此

冰壑公詩

慶賀趨朝

貞元肇文運八極開封疆
聖人御九五端拱垂衣裳皇風扇六合山海歸梯航
圖書出河洛鳳凰鳴高崗和氣融大塊重疊來禎祥
豪傑後先出甄拔登巖廊風雲際嘉會濟濟誇明良
修飾陋秦漢淳樸緬夏商嗟余草莽臣獻策來明光
詩薄荷採錄　聖澤覃汪洋誓殫股肱力汗簡流清
香壽端曾抗疏登憚披氷霜施仁先煢獨守法追夔

黄名藩忝忝佐惴惴思賛襄驅車遠趨賀綴班鵷鷺
行山呼拜宸極進此萬壽觴願言穆清燕修德崇乾
綱坐令四海春含哺歌陶唐

金陵勝覽

不著謫僊紫綺裘飄飄仙袂挹浮邱鳳皇臺上倚白
劍白雲洲邊釣月鈎
天子萬年於此祝達人大觀復何求錦囊豈得空歸
去千首新詩紀勝遊

登多景樓

東南山水我曾遊清勝無如多景樓萬壑秋聲簾外
落一江晴色檻前收勞勞也識浮生理耿耿難忘濟
世憂目斷鳳城天咫尺此身未許對沙鷗

晚泊京口

晝舫遠來三百里異鄉今夜宿江邊潮聲入耳驚歸
夢月色依人照醉眠京口驛前峯擁劍偉觀樓下水
連天平生見說金山好我欲親嘗第一泉

江濱晚步

萬古江山此畫圖秋風倚杖看扶輿魚龍出沒波濤

廻煙霧空濛島嶼廬野鶴叫雲歸去遠征鴻帶雨晚
來疎匆匆不盡遊觀興回首東南歎索居

天順元年言事忤　旨出令東鹿感懷五首

直道行吾志無慚柳士師君恩如可報萬死亦何辭
諫諍慚無補奸邪骨已寒冥冥天地眼應照寸心丹
去國常思國求仁未得仁一身天地裡搔首欲沾巾
百里司民命民情惜未知願將新雨露遍洗舊瘡痍
化鱷思韓愈憑樓憶仲宣此情無處著落雁滿斜川

秋日途中口占

馬頭風颭彩旗輕行盡山程又水程紅蓼白蘋黃葉
路觀風隨處得民情

道中聞民謡倫又述

東歸一路聽民謡逐客春來想到朝好與小民留父
毋免教徵詔下丹霄
自作閩南放逐臣逢人無不頌深仁異時金匱書循
吏記取公當第一人

聞砧

砧聲斷續月流輝夜半聽來思欲飛彷彿故鄉親在

目未寒先整寄兒衣

得家書

白雲正起天涯思孤鴈忽傳千里書忠孝兩塗全未
得臨風長歎竟何如

寄願弟

尺素寬雙鯉叮嚀不盡情奉親勤菽水教子紹簪纓
展卷歌常棣臨風感紫荆相思未相見山水萬千程

文廟名碑

千年秦漢碑遺刻書法還推晉右軍屋角虹光長貫
日洞中石潤欲生雲縱橫禮樂辭收翰老草龍蛇走
篆文瞻仰歸來發清興臨池筆畫進三分

元旦

歷頒天上一元春萬國祥雲擁日新英主無爲成大
化微臣有策答深仁雝雝彩鳳呈時瑞藹藹 皇風
淨塞塵願祝乾坤齊 聖壽陶鎔民物掌洪鈞

遥山霽色

景物般般自色形幾重山水繞孤巘春涵艸樹高低
緑雨洗峯巒遠近青胸臨八荒雙眼獨道通千古一

心靈有誰會得乾坤意語徹先機破杳冥

奉天殿早朝

玉漏聲沈曙色開金爐香起入蓬萊日臨三殿朝
龍袞珮合千官近上台道德萬年周社稷華夷一統
漢樓臺老臣幸際明良會願播 皇風遍九垓

咏晴竹

海日初升曙色開濃陰常護讀書臺夜深影落虛牕
月疑是丹山彩鳳來

詠雞

門回初解項羅紅開向花陰立午風五夜一聲霄漢
表百官齊入大明宮

秋江漁笛圖

江上秋期樹半紅一聲長笛桂花風圖書滿載非凡
侶底事烟波作釣翁

米芾拜石圖

退入南宮執與親倚雲石丈玉嶙峋當時下拜呼袍
笏應是心無可拜人

重九日侍宴

殿陛清華綺席張 聖朝歡讌燕重陽九籩光動瓊
糕餌萬壽天開玉體觴文武臣工皆俊傑太平恩賚
信汪洋南山長對雙龍闕天保歌成第一章

竹窗有懷

秋風動巖壑白日摧空林琅玕影零亂翠滴窗前金
視事殫心力孤坐窮淵深大音本非響安用膝上琴
睥睨天地窄恒苦歲月侵會招一峯子共寫萬里心

驪山古柏

俯仰乾坤幾轉移徑行荒跡倍凄其柏含黛色撐孤
壑山帶青螺似昔時戲寶臺空連碧影浴蓮池澈浸
虬枝我來登眺多興感不改氷霜萬古姿

溫泉香液

華清偃老今何在臺閣荒凉跡已陳山削芙蓉雲脉
暖花開蓮葉石潭春千年混混源頭活四序溶溶元
氣均到此欲追曾點樂濯纓淨洗百年塵

華嶽秋雲

泰嶽衝霄潑翠濃孤雲縹緲護奇峯金精元氣凝千
古碧樹蒼崖疊萬重晴影遲遲常伴鶴秋陰漠漠慣
從龍我來踏遍空山路仙洞無人薜自封

甕城曉角送施彥章南還

鐵甕城高鼓五撾遠聽畫角弄梅花調悲欲曙黃雲
渡聲斷初霜白雁沙嗚咽催程江上月凄清促起海
東霞夢回酒醒推蓬看烟鎖樓臺幾萬家

辟雍肄業送林士瞻

可知種德符天意兩代衣冠照汗青萬古綱常吾輩
事一中造化聖賢心少年聞見貲三益大良工夫醉
六經祭酒堂前煩駐眼魯齊雙柏故森森

登襄陽城

青天橫老眼萬里楚雲開峴首碑仍在檀溪水不回
空城悲鼓角斜日澹樓臺千古英雄恨銅鞮陌上埃

過豫讓橋

塗厠宮中報主恩大家孤筆至今存橋頭夜夜寒雲
起疑是忠臣不斷魂

拜命之刑臺留別陝藩同寅

酒瀉蒲萄百斛春遠辭西土謁 楓宸冰壺秋月襟
懷書玉馬龍章 寵命新執法明刑貞我分拾遺補

過更何人九重 聖德今堯舜一片丹衷敢愛身

元夕

昔年京邸逢元夕今夕重來又十年燈火萬家連碧
漢簫韶午夜落鈞天僊臺皎皎雪新霽銀漏沉沉月
正圓志在匡時恒耿耿幾迴搔首不成眠

武夷小景

絲林暮春色清江峭孤峯飛流掛絕壁老檜吹天風
超摇千仞岡稽首紫陽翁時秋吟醺醉深匣眠蛟龍
貞心愈金石宇宙齊始終

西涯

卜居休昧谷烟景漫熹微弱水通僊島長天淡落暉
觀瀾明道體鑑物悟神機尋得源頭活聖賢同一歸

東隱

不慕馮緄爾赤蛇分甘結屋傍西家朝宗水送江聲
近解凍風摇柳影斜秋雨一籬陶令菊春田十畝邵
侯瓜此身占得青山主看遍薔薇幾度花

雲門洞

化機端有涯舒卷杳無迹濟世獨含情隨時溥甘澤
從龍歸去來欲伴山中客

題竹茶爐三首 和吳內翰原博

唐相何勞遞惠泉携來隨處可烹煎三淵漫捲磁甌
裂一竅初分太極前吟苦詩瓢和月飲夢醒書榻帶
雪眠何當再讀盧僊賦千古清風道味全

其二

一片龍團一勺泉石分新火趁爐煎綠雲擘破先春
後玉杵敲殘午夜前仙液嘗來欲飛越寒濤聽處不
成眠山齊添得風流趣自信吾儒樂事全

其三

汲得鄕山入品泉偶依禪榻和雲煎湘皐捲雪來窓外棠頂驚雷落檻前洗破詩愁初得句洗清塵思竟忘眠輩韁满眼粗豪客爭識吾家此味全

登宣城謝朓樓

謝守風流遠登臨悵望中乾坤身有盡江漢道無窮掛壁琴弦斷摩天劍氣雄憑欄意何限極目送孤鴻

登武夷山

碧峯高嵯峩峭立青漢表平臨飛鳥上歷覽衆山小

奔泉出嶽西流雲冒松杪激烈起長吟遠興入幽渺天風與海濤紫陽筆皦皦回頭秋影孤凉月下烟蔦

登岳陽樓

欲豁塵中思來登湖上樓天平湘水淨雲載楚山浮思國心千里觀風跡九州斜陽何處笛吹破洞庭秋

至日

黃鐘律應管飛灰雲物呈祥造化回日月運行增一線陰陽調爽屬三台濡毫漫賦梅花句對客頻傾竹葉杯整頓胸中五色錦清時補袞待　君裁

臺寺晨鐘

蒲牢殷殷吼禪關覊客天涯幾度聞洪響吹低江上月餘音遠繞嶺頭雲雁横沙浦晨光淡馬渡霜橋野色分憶着金門清聽罷九天環珮覲　仁君

鹿城秋月

烟消雲歛夜初闌掛起城頭古玉盤素影靜含三島白清光凉浸九秋寒梧桐句好眞堪畫金餅詞工莫易看一曲洞簫身世外此時此意欲言難

陜郟懷古五首

長樂鐘聲過未央五陵草色遍咸陽千年事業空陳迹頂踊巖顛祇自傷

百代穹碑萃泮宫自成家數玉玲瓏龍翔鳳翥烟雲合盡入吾人一覽中

惆悵華清倚夕陽清泉如玉暖如湯於今雲液渾如舊傳是楊妃浴曉粧

吟看西嶽憶天台不見希夷玉洞來一色秋清仙掌露半空雲淨石蓮開

龍池已涸草無蛙楊柳堤間月自斜勝槪盡歸蕭瑟

裏幾回觸目重吝嗟

闕里謁　宣聖

歇馬搌衣拜下風　聖師冠冕百王同綱常闡化存經緯禮樂終天顯會通鳳鳥不來麟自出泰山依舊水流東車書混一今旨運牲帛無窮是報功

蒙恩致政感述

封章懇乞許歸田王事驅馳四十年金賜誤承　天子寵名微不愧史臣編圖開常棣春連海座列星風會若僊祖德　君恩今不負繩繩還託後人賢

題潘羅芳碧山文會卷

祉禮才華美子買錦囊詩就賭爭先車書混一當昭代光價軒騰屬妙年酒瀉銀瓶雲液暖泉烹石鼎茗芽鮮誰知林下陶眞樂明月清風值萬錢

和錢惟章漁臺宴壽二首

浩蕩湖頭萬頃濤跡非桐瀨也清豪獨淹水石持明鑑顛倒天矣補破袍猗頓綠情分脫粟歲星招首看蟠桃吹噓不得凭纖力目送扶搖老鳳毛

老眼江東有鶴翁一竿釣石飽秋風豈曾出處疑今古更好絲毫別異同迷塗總是藏蕉鹿得雨元無臥壑龍辨取床頭春酒熟玉顏吹上晚霞紅

後樂園小山八景　失去四首

天涯海角遍孤踪此日山臺步晚紅更有乾坤靈氣在一聲叫破晝濛濛　步鶴壇

土木形骸錦繡纏春風搬弄正當筵此峯誰識神仙骨舞出雲來一萬年　舞袖峯

溶溶活水淨無塵吊出氷輪一點眞萬物都涵妍醜相此君纔見帝王珍　月波亭

東風零落墮芳菲流出山灣小釣磯造物無情更多意迎春猶解送春歸　流紅澗

泉亭話舊送朱廷亘還虞山

宦轍奔馳久年來倘未停共看山更好相對眼終青世事類春夢故人如曉星二泉亭上酒宜醉不宜醒

和答王太宰廷貴　四首

飽識先生濟世才玉堂麟筆懼奸回位超八座皇恩重奉獻三宮內使僊老態獨歸丹壑臥此心長與大江開今春草綠山園晚只待幽尋命駕來

其二
奉使曾騎玉面驄　聖恩優賜仕階崇白頭幸始全
臣節綠野堪凭樂孝終天上尋常飛妙墨堂中六一
美高風江寒夜靜横牛斗回眼迢迢更憶公

其三
千华翠玉護重門清夢尋常遶　帝閽鷹下九天還
止息兎藏三窟莫憂蹭蹬微踪宇宙維人極老節田園
感　聖恩留得羣經心學在源源疏瀹企來昆

其四
杖履逍遥樂故鄉心涵雲影與天光陰濃樹古參樓
閣紅白花開覆草塘興至倚闌看活水客來趺坐引
流觴書長添箇黃鸝語風景依稀似謝莊

秋日掃墓同姻友舟中會餞
承恩歸老日祭掃九龍峯短髮經秋白衰顏仗酒紅
慈烏啼落日巨艦逐回風山水清無極年年此會同

其二
九隴鍾靈氣先塋第一峯蘋藻沾雨綠楓葉醉霜紅
金石三朝寵冠纓百世風與君青眼舊享胙幾年同

其三
歸帆掛明月目斷兩三峯汀渚蘆花白山城燈火紅
笑談忘世事歌咏續秋風身健年年樂車書四海同

道源堂感興
方塘一泓水澄澈太古心綠陰滿庭院白晝何沉沉
從容咏聖涯獨步蒼苔深靜中妙至理不售雙南金
囊貯有聲畫壁掛無弦琴几席每相對斤斧那能侵
超然發長嘯飛起青天禽

方塘夜坐
盧堂夜坐據胡床丹桂飄香泛羽觴玉井露華溥夜
氣銅鋪月色借秋光綸巾鶴氅陪儔侶鳳閣璚樓想
帝鄉星斗迩寥天宇靜人間同此十分凉

南塘書屋
臺端白首投簪笏結屋南塘貯書凉入雨簾秋榻
淨光生雪案夜窗虛疊花春煖翻蝌蚪芸葉香清辟
蠹魚老我貽謀無別事祇將經訓作菑畬

感寓
月印方塘竹護門靜中眞趣許誰分惺惺會得源頭

理坐看天光蕩白雲

水石爲亙娙題

鷗邊綠水鶴外青山筆床茶竈逍遥其間七篇企孟一瓢思顔鳶飛魚躍欲浄理還水石眞趣樂有餘閒

遊嵩山寺

塵囂飛不到喜得此山深海雨滋松色溪風近鶴音泉烹陽羨茗座聽頳師琴盤礴忘歸去斜陽下遠岑

堤口夕陽

平堤十里草凄凄一抹斜紅日已西孤鶩去邊秋水

澗斷霞明處暮山低僧歸古寺鐘初動樵散踈林鳥欲棲自是望中風景好令人駐馬漫留題

蓉湖泛舟

舟出橫塘載畫圖望中風物壯全吳沙頭鷗鳥時來去天際雲山半有無十里荷香粘客袖一篷秋色展晴湖蕭蕭兩鬢天風爽醉到希夷濁酒壺

鵝河春漲

天落長河燕尾分一篙新漲浩無垠菰蒲葉矩平涵綠楊柳風微細蹙鱗棹倚滄洲迷蠡窟鷗眠紅雨落花津應知巴蜀消殘雪萬里流來一樣春

遊華藏寺

雲樹參差繞翠層登高慨古意難勝王侯第宅誰爲主烟雨湖山盡屬僧石馬欲嘶陵下草洞龍常護塔前燈何時借榻清塵耳萬壑松風洗鬱蒸

余致政歸與錢惟章潘繼芳相契輒賦詩以贈

海鶴風神爽霜筠氣節清詩書千古重軒冕一銖輕德望承先世文章屬老成方塘來宴集爲我濯纓清

題潘繼芳毋辟纑仲讀

子讀遺編毋辟纑夜窻相對一燈孤凉風吹籟生庭竹秋露翻寒落井梧功起寸絲成黼黻心融萬里得膏腴斷機千載垂慈訓籍籍賢名仉氏俱仉音掌孟母之氏

題松

氷霜飽歷老岩坳屈鐵喬枝借鶴巢山月滿窻殘夢醒一天凉籟舞潛蛟

題竹

高節凌雲近玉池扶疎清影弄晴曦鳳凰養就冲霄翼來占秋風第一枝

恩養堂爲潘繼芳賦

白髮椿翁早陸沉，肥甘奉養北堂深。九原不盡終天恨，百歲常懸愛日心。杏酪香分寒食飯，萱花色映壽觴金。多君孝義關倫紀，奕世清風表士林。

已酉一陽月與錢惟章夜飲聯句

積慶堂中會，亥冬第七辰。錢 入門華燭爛，盛 侍立小童欣。浩渺襟懷發，錢 清和道義眞。雨聲寒入夜，盛 酒力煖生春。人事歡餘景，錢 皇恩錫庶民。梅花纔破臈，盛 髭鬢忽添銀。錢 謝展羞携妓，盛 巖瑜約並綸。錢 錦袍收辮豸，盛 黄閣自麒麟。錢 屢作斯文遇，盛 渾忘燕賞新。篆烟凝畫寢，錢 茶竈爨鳥薪。池草詩無敵，盛 鳳雷筆有神。調和金鼎味，錢 瀟灑玉堂巾。白傅香山會，盛 裴公社稷身。往時多契濶，錢 解職獨相親。盛 永玉歸公操，錢 脂韋匪我倫。禮謙迎倒屣，盛 交洽飲常醇。歷數開文運，錢 乾坤轉化鈞。東南森俊傑，錢 方寸起經綸。錢 白日無私照，盛 青雲有後塵。錢 甲科期子弟，盛 大義重君臣。范相憂而樂，錢 融堂道不貧。盛 規模卑管晏，錢 論議劣楊荀。盛 老醜嬰家故，錢 維持藉德

純。盛 含毫聊吐露，更僕莫條陳。明月還隨杖，錢 方塘看躍鱗。鶴年天賜老，光霽渺無垠。盛

辛亥仲秋望後二日同潘繼芳待月方塘席中聯句

誰知闤闠裡，盛 亦自有林泉。絕境移三島，潘 仇池匿一拳。樓臺凌日月，盛 花木淨風煙。進退皆酬志，潘 身心不愧天。甲科眞忝竊，盛 祿秩果超遷。聖主恩圖報，潘 蒼生命所懸。左司徵省轄，盛 內總柄臺權。捧日心逾赤，潘 歸田髮尙玄。方塘澄道體，盛 宦海謝塵緣。砥礪詩全節，潘 逍遥郎半僊。碧山同結社，盛 青眼契忘年。民俗澆非古，潘 皇符重握乾。鄰鐘聞月下，盛 油幙倣亭前。令肅商聲早，潘 天空灝氣鮮。亂蛩鳴遠近，盛 獨鶴舞蹁躚。簾外天香袖，潘 池中兔魄圓。玉繩低耿耿，盛 珠露湛涓涓。竹色圍三徑，潘 桐陰過八磚。行厨殽絡繹，盛 微服體輕便。盤簇元修菜，潘 茶烹陸子泉。長腰炊脫粟，盛 縮項斫肥鯿。曲按清簫度，潘 香留宿火燃。話長銷蠟炬，盛 量淺怯觥船。次第詩成後，潘 雞林莫浪傳。

雜咏四首春夏秋冬四景六言

春雨一溪紅紫東風兩耳笙簧捲却廟堂經濟白頭
歸去南塘

桑苧祠前杖履蓮蓉湖上亭臺身在江南千里夢魂
常繞三台

紅白荷花秋水高低楊柳寒蟬何處米菱歸去歌聲
驚起鷗眠

石鼎茶煎雪水紙窗月印梅花占斷乾坤清氣風流
不數陶家

南鄉子

昨夜雨新收曉來庭戶綠陰稠燕子不歸簾半捲回
頭單衣罷試冷香篝　獨自上危樓風捲楊花亂滾
愁借問東君何處也凝眸落紅爭逐水東流

風入松

閒門芳草不勝幽一雨一番愁篆烟風裊縈銀漏容
歸燕半上簾鈎喚醒午窗殘夢鶯聲楊柳梢頭
天涯人遠會無由空倚夕陽樓江山滿眼還依舊如
麻事付水東流空想六橋陳跡何時載酒重遊

浪淘沙詞感懷

白日弄漁舟閒共沙鷗垂綸將老太湖秋雨雪不知
經幾許無限窮愁　遊鯉錦鱗稠萬丈潮頭浪花春
暖入瀛洲一躍禹門龍化去銀漢河流

賞春滿江紅

曉來翹首東風外桃龐李俗見草茵鋪翠柳絲綠綠
燕子入簾尋舊壘鶯兒出谷遷喬木喜杏花村裡酒
旗高香醪熟　戴角巾試春服步芳徑歌新曲起暮
年行樂懶隨時逐踏月不嫌歸去晚追遊更秉良宵
燭怕架飛花落杜鵑啼春歸促

題賀養閒方塘四首附錄

景泰辛未探花 王 與 號思軒

未盡平生濟世才却從　天監賜金回猶存許國丹
心在叵奈愚家白髮催五畝園將花竹繞千山郭展
畫圖開卅從臾欲同傾倒容我他年載酒來

其二

擢第曾乘御史驄徽垣畫省日登崇芳名久羨聞中
外全節今看保始終三載臺端稱獨坐一時林下仰

高風莫將七十誇强健渭水非熊更卜公

其三

要乞閒身返鹿門曾披誠款扣　天閽縱教雲外冥鴻去容得池邊老鳳蹲振肅百僚昔憲職難忘一飯是君恩傳家舊叙依然在併與貽謀付後昆

其四

鳴珂纔入鄭公鄉桑梓枌榆重有光不用笙歌歸別院秖留雲水照方塘江山興致詩千首風月襟懷酒十觴此樂未容君獨擅王維亦有輞川莊

輓詩附錄　　徐　紘

冰壑幽潛曰吾儒失範模巍然天下望允矣舜之徒舊學尚書業呈身進士途清霜飛白簡死諫伏青蒲膽落姦諛丧身危志節舒　天皇垂俯鑑臣子得全軀士論期交薦民心願剖符去思何武德賦咏柳州愚方羅廷平劍猶存太史阜政聲何赫奕風化更敷腴歷典名藩政中登內輔樞活民如富鄭經國似殷巫歇歷三朝有功名絶代無香山原有約逸駕欲同驅叢菊開三徑扁舟任五湖得閒真宰相何苦問公孤列傳那勝載烟亦可圖高山多仰止聊復寄嗟吁

又

清節高風逺莫追晚生恨識魯山遲楊庭白簡摧元惡斷獄甘棠起後思明徹省臺身作鑒惠流齊魯口成碑清朝遺老凋謝讀竟銘章不盡悲

又　　里生　儲村拜書

中外居官四十年蹈吏不改此心堅風霜直氣凌今古冰蘗清聲貫後先臥轍舊聞歌父母封章曾見伏

奸權老成人物嗟何在臺閣丹青定有傳

又　　渤海　周　東

此老聲名已遍馳士林誰不動遐思風生澗袖登朝日雨灑晴空按郡時調鼎帝要真有待蛻形天意苦難知夜來試讀平生草峭壁橫波總是奇

又　　翰林庶吉士錢塘　倪　阜

當年風采動朝端手疏奸雄膽自寒三尺曾煩佐司寇一簾猶說治長安已聞祀典尊周孔何必功名識范韓昨日方塘曾回首不勝花鳥泪闌干

又　東嘉　陳宣

訃徹天應泣碑豐世莫倫錫山山若斧啼鳥不成春

又　丁未進士嘉定　楊錦

山立朝端聳縉紳忠良眞不愧名臣逆鱗抗疏排奸倖捧檄推仁及庶民功著三朝梁棟器官聯八座廟堂珍詔容歸老全清節惆悵文星殞漢津

又　庚戌進士淮南　仲本

厯世乘雲汗漫時午橋花木自芳菲簾閑風月無人管水泛池塘有鳥飛一札奏章書國史半生事業載

民碑應知不朽聲名在何待遺編萬首詩

又　成化甲辰進士　兵部主事里生　張愷

鄉里諸先達如公有幾人壯圖眞汗漫晚節更嶙峋德行今垂世文章早出身登朝司憲記執法聳儒紳抗疏論奸蠹批裘犯送鱗寸心惟報國百里喜親民九則征繇定三農德澤均至今班史筆何記魯恭仁先帝褒中直名邦屬藎臣有施皆善政無處不陽春穎士留黄覇河㡳借冦恂八閩人共仰兩郡俗尤淳廣右籓維重關西政化新掄材歸藻鑑簡命佇[illegible]宸變髮躬非故明明志益純好回無地伏幽枉得時伸寵辱終無較升沉只任眞旬宣到東土風氣肅秋旻旱禱天能感年饑穀不貧帝心方眷倚骸疏已先陳譽望三朝著安居五福臻湖山供逸興詩酒樂天倫正喜人多壽無端歲在辰哲人斯已矣吾道亦邅迍恩典光泉壤文星墮漢津訃音方載路士類悉沾巾未忍觀遺稿何由仰絶塵原令空在野遼鶴未歸闉落日龍岡道穹碑古澗濱九原不可作千載共傷神

送張進士元之（諱愷）北上謁選（見張企齋集內）　盛順

朝來送客大江濱酒瀉紅亭柳色新讀禮三年卧雲谷乘春一棹覲楓宸奏中學行歸人望洛下聲華動縉紳此去定應登顯擢廟堂事業在經綸

東林書院占得東字（載東林書院志）　盛鑾

吾道南來只在東山居徙倚水雲中雲開青嶂峯當筆水落銀河月是弓楊子談經還有地生公説法總歸空江門慰藉天臺語千載斯文感興同

和韻（附録）　王問

蓮蓉湖上錫城東舊是先生講學宮性善已闡推孟

子道明端為闢中庸春生絳幄横經坐寒壓橋門立
雪從遺址久蕪今復振令人千載仰高風

和韻　秦　梁

龜山講學郭門東野蔓荒烟鬱献宮祁怪空門崇異
教祇令吾輩想高風濂溪水淨蓮花茂伊洛春生雪
色融與復斯文在今日精廬先葺樾林中

和韻　馬一龍

泖兮乾坤孰異同祗將吾道問窮通地靈人傑逢時
起奎壁圖書在此中谿徑百年歸幻迹門墻今日振
家風叢林賸復儒林舊雲樹森森箭水東

東林書院成追憶先子有引　盛淳

先子敫元門下士追稱丈元子好古博學文
章行誼卓然於時為四方名公所器重會耿
宗師倡明斯道先子黽勉以從因念吾錫東
林為楊龜山先生講學處遂圖修復於隆慶
丁卯萬歷癸酉兩具呈學院蒙批允行將會
同志鳩工聚材蕲竣厥業不幸於戊寅之三
月先子即世修復雅意竟成虛願能無竣後

之君子乎歷三十年甲辰顧涇陽高景逸諸
縉紳先生廼緣未就之緒經紀其成左復道
南祠右建堂羣賢時至遠近交集而龜山講
學之風復振一如先子所志焉九原有知良
足慰已聊次東字韻以敘今昔廢興之感云

道南遺澤在茲東先子殷勤覓往蹤遠控江門盟主
定近邀朋輩衆心同文壇尙爾疑殘雪講席依然振
古風莫謂數奇功未就倡之必和在羣公

西園初稿

偕華素川林心香鄭南圃夜遊白下 步素川韻

白門涼夜靜憑眺一長懷萬里銀濤湧千年鐵鎖埋蟾光澹雲漢鵲影渡星街勝地繁華盡秋風起石厓

板橋步月

清秋何處度良宵緩步秦淮舊板橋隔院笙歌留翠鈿滿溪燈火泛蘭橈六朝帝業隨雲散兩岸潮聲帶月消爲語往來名利客不須心似酒旗搖

秣陵旅舍不寐口占 步林心香韻

星光亘玉繩客思繞金陵酒醒三更月詩成半壁燈輕寒驚雁陣逸興想蛟騰老樹秋風滿低徊曲檻凭

華素川秋夜讀杜詩 即用前韻

詩律向誰繩深宵讀杜陵蠹魚驚散帙蟋蟀伴殘燈爽氣三秋迥清輝萬里騰空懷樽酒意屢向曲欄凭

桃葉渡懷古 步林心香韻

桃葉當年此泛舟名隨子敬著千秋佳人不遇才人賞空鎖深閨到白頭

七夕詠牛女

上天垂象不難知只願人間仔細思男事宜須耕作本女工當以織爲基一犁烟動星河曉十丈絲成斗柄移怪殺古今詞賦客每逢此夕說相離

題少司馬方佩蓀桐陰課子圖

陣陣涼飈洗碧空讀書深處傍梧桐坐移講席濃陰護袖拂遺經爽氣融妙悟每超琴韻外會心還在月明中鳳毛自有凌霄志屹立堦前待好風

擬古樂府

小娃未解相思苦纔說相思淚如雨安得并州快剪

刀剪斷情根千萬縷

玉泉菴訪菊贈鑑初上人

一雁驚寒萬木彫遠公居處路非遥當年蓮社如栽菊好飲淵明不待招

曲徑清幽絕點埃禪關未啟獨徘徊閒花也愛閒人賞先度香風一陣來

西風颯颯洗秋容獨立籬邊倚瘦筇莫笑催花無羯鼓老僧霜夜一聲鐘

和鄒明浦秋日山房寄飲原韻

龍峯秀削露蒼苔曲徑層層盡翦萊霜染丹楓秋色老烟消青嶂畫圖開神來新得登山句興到同銜樂聖杯他日若逢詩酒客也應容我共追陪

溪行即事 步鄒明浦韻

幽禽啄粒下西疇閒傍溪邊緩步遊風過魚莊添落葉煙迷蟹斷溢寒流犢驚斷岸頻頻叱帆礙平橋一一收解脫機心隨處好何須海上狎輕鷗

賦得三豕渡河 得河字

衛史才疎甚觀書沿誤多巳緣三字錯亥以豕文訛

象腹中央變如身下二頗爲羣疑有獸烝涉欲銜波跡比淆魚魯形同混蚪蝌何人能辨正頓悟仰西河

賦得悠然見南山 得山字

我愛陶彭澤幽居興不慳胸中無晉代眼底識秋山思入嵐光淡情隨雲影閒寒花欣作伴高蹈幾人攀

和友人新柳詩

柔姿渾未試三眠縷縷低垂欲拂肩一種風流堪愛處梅花落後杏花前 春風擺颺一絲絲嫩綠輕黃二月時見說流鶯棲不穩低飛仍覓隔年枝

捲簾貪看翠眉顰弱質纖纖最可人京兆曾憐新様好幾回描畫恐難眞 淺水輕籠影未稠輕寒料峭晚風柔只今乍見舒青眼巳惹離人萬種愁 章臺自有路旁情可恨年年贈遠行記得昔時攀折處新稊重向舊痕生 枝頭偏耐曉寒輕幾度青青渭城最是離人腸欲斷陽關聽唱第三聲

贈贛州謝犖東

覽勝勾吳風景移豫章山色繫人思新交遠訂三千里短列常懸十二時牛渚吟詩邀謝尙雁亭聯句憶

王奇他年策馬來江右望闕臺邊訪舊知

鬱孤臺畔賦行行異地風光轉眼更三月新嘗吳市酒花香鳥語倍多情 談心促席小窻中雅愛新知臭味同料得征帆歸去後夢魂還繞大江東

追和周素莽離垢道院小飲原韻

握管狂吟憶翠螺江郎才思愧無多也知年少當三五塗抹憑誰笑阿婆 俗情看似捐旋螺惟有清樽愛我多司馬青衫愁易濕免教席上訴蘋婆

和鄭仲博孝廉白桃花原韻

清姿占斷艷陽天玉貌相逢又一年淚洒楚宮寒食雨魂飛息國武陵烟助嬌錯認紅顔老銷恨常教素性憐若是崔耶重過訪映門須改舊詩篇

錢橋鄭氏書窓前有紅牡丹一株主人云此花開放甚難丁巳歲予館其家花盛開甲子歲又至花亦盛開牡丹似與予有宿緣也時贑州謝翠東來賞先成一律即席和之

多情十載護天香艷說無雙壓衆芳笑倚風前驚麗質看從鏡裏門新妝殘春蕁吐裁雲錦清曉容酣醉露漿何似晴光明照眼絳霞結綺擁斜陽

四月初六日玉泉菴賞芍藥分韻得開字

翠葉千重護綠苔數聲鶗鴂報花開黃膋色暈勳臣帶婪尾名符醉客杯月下影離疑贈去堦前風譜欲翻來魏公當日成嘉會高座何人許暫陪

偕馮芝亭鄭南圖東菴納凉即景口占

散步小橋東雲山四望通扁舟何處泊帆捲一溪風

明月今宵滿清談暑氣消鷗飛蒲葉戰魚躍浪花搖

前題

禪房臨古岸爽氣襲黃昏野鳥都歸樹溪流欲到門烟低浮遠岫月落失孤村隔浦笙歌滿連宵斷客魂

白蓮花酬蔡蓉塘庶常

別有名花愛淡妝嬌姿恰稱傍銀塘芳魂近繞眠鷗夢素影低迷宿鷺行露冷全銷千瓣色風來惟覺一池香六郎未老容先改昨夜新添兩鬢霜

咏竹夫人

林下風標眞絕世裁成淑質厭濃妝品高猶得留清節意淡偏能解熱腸彼美幽居思嚼杏此君雅韻憶瀟湘攜來桂室緒難繫選入蘭閨幔自張瘦骨稜稜消夏日虛心脉脉過春光幾多離緒鴛衾畔無限閒情角枕旁影隔疎簾邀月姊眼穿翠帳待檀郎不言不笑迎三伏爲雨爲雲夢一場坦腹縱教偎共席蛾眉何必妬專房慵時小倚親膚潤醉後橫陳屬體芳嗔我汗流頻浹背憐卿淚跡欲盈眶卻疑六月冰肌冷詎戀千年膩粉香酒醒殘更神爽朗書拋靜晝味深長莫嫌輕薄原非耦若問温柔別有鄉胸次瓏瓏懷舊寵膏肢削弱怕新凉沾恩端合榮封衛避暑離

宮未忍忘

賦得槐夏午陰清 得槐字

日午清如許成陰愛古槐柯盧從夢見葉每向空排淡遠羲廻馭扶踈影落堦三株留美蔭五月暢幽懷爲有涼風至因思此樹佳寒應生草閣暑不到蕭齋避熱憐予獨趨炎笑客皆雲屯看靄靄鳥語聽喈喈靜極高人臥忙多舉子偕當時花滿市是處綠圍街長夏晴光斂深宵逸韻諧守宮方晝寂却怪物清乖

金陵客舍追和賈鳳池贈行原韻

知君壘戰已三回此日扁舟好友陪浪破風帆詩思壯驢盤石磴畫圖開 至棲霞余與秦棋郁登陸 千家粉黛新絃管六代繁華舊燼灰爲報秦淮風景好多情瘦島可重來 原韻瘦島愁多後日來

舟廻登燕子磯和秦棋郁原韻

積石成磯本化工峯巒突兀夙稱雄奇情縹緲青雲外瘦影潆洄碧浪中敢信微名題雁塔直憑壯志軼蛟宮從茲捐熱金焦去一葉扁舟五兩風

酬周素葊見贈之作 時周在河南

夙美聲名溢汴京太行盤沓計程行征車未返書先寄落月停雲繫我情 郭泰車中伴李膺樗材未敢望同登芸窗株守傳奇字應許超宗最上乘 丹楓色帶露光融爾爾西風到處同料得忘憂留舊館鄉心還繞大江東 萬里遥將好句來仙音彷彿下瑶臺詩人每得江山助試看青蓮倚馬才

戒酒

多少人間事不平酒杯何用角輸贏醉中偷得浮生過畢竟劉伶浪得名 寶刀摩厲欲如何不斷愁魔

斬酒魔寄語細君休泣諫已師景伯唱廻波

下第

銜杯暫借破愁圍夢醒清宵酒力微鄰架三千甄蠹蝕雲程九萬羨鵬飛雙親庭訓恩難報十畝躬耕事巳違羞煞村農問花樣客窗醉卧且遲歸

酬馮芝亭秦勉齋蔡蓉塘惜別之作

甲乙攸分素所知品高律細是吾師何須飲酒旗亭畔靜聽梨園互唱詩 芝亭 別後相逢何處能癡情細訴舊時曾遥思風雨連牀夜幾度鳴雞半壁燈 勉齋 黼虎

聲名奪錦才吟壇容我共追陪敢誇汝士詩成後元
白曾經壓倒來 蓉塘 交託忘年誼最深鍾期曾賞伯牙
琴浮雲縱隔懷人目不隔相知一片心 芝亭

贈慧玉上人 步原韻

花滿禪關竹滿林焚香獨坐細披吟求書損閣應經
鐵索句拈毫欲鏤金明月印江空有影閒雲出岫本
無心年來黙會維摩意不向經鎚習梵音

和慧玉上人咏菊

靈苗分植憶三春此日爭鬬照眼新滿徑秋光吟不

盛氏宗譜 卷四 詩 九 唐 敦本堂

盡一籬瘦影畫難眞寒霜黙處能留客淡月來時最
可人香溢禪關鳴得意老僧清夜打鐘頻
枯腸搜索和陽春舊調難誇得句新只向空中窺色
相偏於淡處見天眞風高曠野聞孤鶴月冷疎籬憶
故人繪出江南秋晚景彩毫匀墨覺頻〻

新燕贈周素莽

新來雙燕正嬌憨香徑銜泥倘未堪萬里風烟辭塞
北三春花柳認江南尋巢每恨斜陽晚入幕初驚曉
夢酣絮語若將離別訢此情應向靜中參

和王楠村惠麓冶春詞原韻

縞袂相逢拾翠遊香街聯步不回頭避人亦解憐人
意獨自傾身小倚樓 鎮日尋芳往復廻山態水榭
畫圖開羊車過處春風軟夾岸桃花送笑來 漫向
溪頭折柳枝羅衣香透蝶先知驊騮也似知人意跆
繞叢花立片時 池邊細語敵朱脣影拂春波避錦
鱗日午風和花氣暖鶯聲醉殺過橋人

賦得新雨百花朝 得新字

正值花生日園林雨意新三春剛一半二月恰中旬

盛氏宗譜 卷四 詩 十 唐 敦本堂

艷說知時好欣看被澤勻鳴鳩催昨夜撲蝶記今晨
不僅沾紅杏遥應黙綠蘋羣芳當令節郊外絶輕塵

和鄭仲博春日即景原韻

岸旁垂柳礙漁竿裊〻隨風舞曉寒流水送將春色
到遠山晴作畫圖看花迎陌上香車發燕惜梁間舊
壘殘莫道年來遊興懶也思扶杖上層巒

和王楠村周素莽春雨之作

溪畔垂楊醉曉烟桃花吐蕚杏花嫣眞從百囀鶯聲
裏繪出江南二月天 片〻雲陰障日華春來閒殺

七香車漲痕連夜添多少笑問橋南近水家

擬古別離

婦道苦無成金釵贈遠行攬衣頻細語惟恐重牽情　上馬急回頭相看淚如雨郎君自戀家賤妾復何語　君期天路榮妾守閨中拙理妾機上絲繫君心不絕　別處重重別歸時緩緩歸郎心合郎面所願常光輝

擬古樂府　步秦勉齋韻

日長庭院鎖莓苔欲捲湘簾燕子猜憶昔郎教儂比艷碧欄干外折花來　新妝獨自鏡中親未抵男兒

有屈伸只恨韶顏難久駐敢將薄倖怨征人　接得鱗鴻喜欲狂者番歸信及春光可憐別緒從頭數細草還綿遠道香

哭亥兒二得

遘疾偏當祓禊時淹延半月始醫治世間自是無靈藥莫恨爺娘用藥遲　喉鳴腹滿病相連覓遍良方不少痊乳哺三年猶未斷啼饑此後復誰憐　暫離匍匐不多時路覓黃泉何所之惻隱幽明同一念還祈野鬼共扶持　半年學語尚模糊鬼語啾啾辨得無只恐心驚羅剎面嬌啼仍把阿娘呼　浮圖難有三生說來世姻緣總在天縱使吾兒重到也待兒言笑又三年　夢想何時淡若雲一家團聚每云云丙寅六月逢初九天半銀鉤照槩墳　旐有黃蘿槐有藜魂兮能否再來嘗丈夫不肯輕垂淚翻借吟詩哭一場

和賈斧仙長夏偶成六律

退然風致不勝衣舊住梁溪徙洛溪邀月雅宜憐水近度雲偏自愛墻低抽毫作字無須鏡着屐遊山不

伏藜欲訪高人生性懶詩篇聊寄小園西

問字曾經二十年雕蟲小技沐矜憐翁今無意呈三策我亦旋思息萬緣月缺月圓心自在花開花謝夢相牽看他求利爭名客千頃波中一葉船

瘦島何曾欲市名新詩自寫趁新晴推敲句已傳邐邇政事疏原識重輕萬卷盈倉尋至味百錢掛杖笑奇贏枕聰高臥風初定午夢驚回落子聲

閒居誰與伴優游好時侯兼郎疊侯親炙龍賓香滿室掮揮虎僕月當樓吟成妙句風迴雪覷破浮名海

發漚細讀翁詩証翁品果然道學擅風流
文戰當年意與長攙將百步貫垂楊三條燭焰心花吐八月風高桂子香問世未逢衡鑑賞課兒共羨典型芳昌朝記錄君房議傳誦人間幾萬行
雞鳳秋來獻策忙萬千勁敵氣難降劍鋒精鋭蛟能斷筆陣縱橫鼎可扛白下斜陽頻策蹇江邊高浪快乘艭射鵰若得占佳兆矯首雲端一箭雙

題高秀峯十無詠後

笑說無無竟十全不堪搔首問蒼天探囊剩有生花筆寫出清貧色〻鮮　書畫文章越古今白雲舒卷總無心胸羅珠玉盈千斛羞向豪門博寸金　碑呼沒字負奇羸水說無魚澈底清花麗不香〻不麗天心原是最公平　株守西園學老農舊遊絶少往來蹤從茲白首論交誼高入青雲一秀峯

憶昔

憶汝初生命可憐阿娘無乳動經年嬰兒覓乳同謀食歷遍東西南北天　祖母憐孫短小軀庭除嬉戲笑相呼矮子來乎嚳曰唯掉頭拍手向前趨　六旬

祖母有殊恩日日含飴弄孝孫知汝好從溪畔要幾番保抱出重門　嗟余作客負年華屈指無多日到家見我似羞還似怯低頭常泥阿娘遮　阿哥九歲倚嬌憐慣向三齡弟作顛小膽易驚旋却顧慌忙跑到母身邊　同嬉阿姊二年多小几檯來作甚麽泥要孩兒排幾箇雙〻齊學拜彌陀　分來棗栗不輕嘗取第摩挲貯小筐覓得竹竿纔尺五橫擔肩上戲坳堂　聊將斷句結前因兀坐思量事事新太上忘情眞有愧一回吟罷一傷神

感懷

卦爻中斷卦名離世事無端擾夢思顛倒身家廿作客疎慵情性苦爲師清秋病染花開日寒夜愁添酒醒時百計排來消遣法漫拈枯管強吟詩

遺言

感生一無成馬齒四十二歲歲困青毡慚愧眞無地
昔年父歿時遺言一心記力田爲本根切莫遊市肆
商賈有貪心奪爭什一利山險江濤惡倍息頗難冀
所以我生平只望田疇易汝既讀詩書未識力田事

遺汝廿畝田登云爲汝果卽雇傭保耕數口堪疏食
身列儒林中再休自暴棄處世要寬和立身遵大義
出言不可狂飲酒不可醉心平氣自和口肆招人忌
好勝必傷財路險須退避汝妹已歸張汝弟云有四
性情各不同忠厚莫如季兄友弟自恭一室敦風誼
設或有異心惟汝善調治吾雖棄汝曹汝還有母侍
年巳六十餘行走防顚躓自昔患氣虛及時調藥餌
飮食亦無多朝夕供所嗜吾今復何求無忘乃父志
獨坐想遺言潸潸兩行淚

雁字 和張雲樓作

排陣縱橫趁朔風南來一路總書空象形每見人文
煥會意原知鳥篆工淡沒蘆花疑曳白斜臨楓葉欲
題紅數行若過留名塔更羨淩雲筆勢雄

雁聲

一一飛鳴總念羣滿天涼月白紛紛驚寒欲斷衡陽
浦失侶相呼塞北雲燈暗長門愁裏聽霜侵灞岸客
中聞野鵶原自無情緒亂繞疎林噪夕曛

雁影

似有疑無認未眞月明紫塞倍精神三秋寫照空中
現萬里隨形分外親荻渚烟消憐一片湘江浪靜𨔵
全身穿雲何處留痕跡悵惘揮絃目送人

雁更

衡蘆作侶宿沙汀獨自巡行敢暫停響應鼉鳴催落
月聲隨雞唱逼殘星頻驚湘浦鷗眠起遠攪衡陽鶴
夢醒怯恨涼宵銅漏永嗷嗷達旦未曾瞑

和鄭仲博秋燕四首 用王漁洋秋柳詩韻

高樓半載托芳魂桐葉飄時暫到門香徑銜殘空有
影秋雲剪破淨無痕情牽引子窺疎箔羽弱隨風別
故郵底事不來梁上語百端離緒恐難論

玉京老去鬢添霜自愛身輕拂埜塘客路有時迷水
國仙裙何處疊雲箱書沾紅淚人憐郭巷繞烏衣主
戀王記得江南初到也杏花如錦映春坊

露氣連宵冷透衣樓身異地巳知非嬌還似昔魂先
斷瘦到如今夢亦稀留爪欲辭吳院去含情猶傍漢
宮飛卿心縱逐秋風起舊主恩深未忍違

紅襟憔悴復誰憐遥睇疎林鎖晚烟秋色旋悲花冷

淡春光曾變草芊綿新愁細雨遲歸日舊恨斜陽憶
去年樓上有人頻悵望天寒袖薄倚欄邊

戊辰秋集好友十人買菊花二百餘本植於震
陽道院爲冷香社倡和其中

蓬萊僊境絕塵囂移植寒花果有遭老圃曾沾秋露
冷疎簾乍捲朔風高人皆把酒懷陶令我自餐英讀
楚騷　漫道幽香求寫照輕磨淡墨試霜毫

最愛柴桑種經霜翠欲流淡妝眞絕俗傲骨不驚秋
座上幽香滿燈前瘦影稠西風簾半捲無語獨含愁

點絳唇

不似春花爭紅門艷摧殘早重陽信到獨倚籬邊笑
壘戰西風已過三秋了疎枝老小春寒峭猶對清
霜傲

虞美人

色香兼味都超絕淡處存風格倩他妙手上生綃無
奈枝頭霜露總難描　交情似水成良友耐到三旬
久偎苗初茁好栽培待得來年重九報花開

一剪梅

一種幽情月下看花也團圞影也團圞騷人愛取落
英餐味也清寒骨也清寒　滿座雲霞五色攢渠也
盤桓儂也盤桓三秋挨過漸摧殘詩也闌珊酒也闌
珊

菊影

瘦骨香魂尚未銷西風連日苦相撓輕雲忽許流光
徑淡墨難教上素綃鶴立霜天神自遠琴横夜月韻
常超任生縱有堪憐處未許籬東伴寂寥

北牕清景逼黃昏顧影空憐傲骨存拂徑平添袁草

色縈堦乍補綠苔痕秋深淡久陶公夢夜靜香迷楚
客魂遥憶幽人花下坐頻侵衣袂手重捫

滿江紅　咏懷一闋　東王楠村

筆硯謀生奈舊業荒蕪已久最可厭鄙夫觸目俗情
掣肘扁鵲無方除傲骨豁稽有恨增多口念半生媚
世太才疎頻搔首　攜我子耕畎畝偕我婦操井臼
幸庭前戲綵承歡老母對酒忽來知巳客論文常會
忘年友更花朝月夕恣徜徉今而後

新築堂成 步慕玉上人見贈原韻

疎慵不是濟時才卜築荒郊闢草萊明月依然臨戶牖囂塵無復到湖隈春回小苑花千樹秋入疎籬酒一杯地僻更饒田野趣好風時送稻香來

疊前韻

天教多事擾庸才運甓編籬又剪萊好鳥音傳吟榻畔名花香繞畫屏隈春開酒盎呼紅友夜啟書倉檢玉杯四十八年空役役酸醎世味徧嘗來

再疊前韻

料得朋儕笑不才不才只合隱蒿萊行隨野老遊田畔坐看兒童釣水隈厭讀厭耕兼厭賈貪閒貪睡更貪杯日長何事能消遣且向荒園抱甕來

丙子春檢點小圃花卉得五十餘種戲咏

心驚兩鬢已如霜何事爭趨富貴場欲向天公乞閒福一春又爲種花忙 憑空結搆志原賒插棘爲籬四面遮春到小園成錦繡寒儒無乃太豪華 菊有淵明梅有逋一花只取一人娛癡情徧覓名山種求益還如買菜無 淡白深紅取次開是儂前歲手栽培牛盃醎豆三杯酒日對花叢賞一回

丁丑早春紅梅盛開陸馥齋葉雅軒七來觀賦律四章余久疎筆墨率成長律博粲

紅羅亭畔傳佳事四面栽花舊譜諳香韻宜人真第一竹松爲友恰成三春光旖旎霜中洩風景繁華雪裡探幹老深山忘甲子根培故土遣丁男閒尋灞岸心猶醉穩卧羅浮夢亦酣賦吐媚辭原自稱歌翻艷曲信無慙阿誰未識緣生北何處先開只在南嗜酒高人多放蕩施朱美女太嬌慗詩吟嶺上詩情麗笑

索簷前笑臉酣避俗休教文杏比耐寒寧許小桃參橫枝落〻朝霞映疎影蕭蕭夕照含莫倩徐熙須着色淡粧入世恐難堪

五十自述 步馮芝亭見贈原韻

不許凡夫到洞天敢求桃熟歲三千區〻名利背身外小小蓬瀛卽眼前寡過未能思往哲服官有慶讓時賢從今親友宜相宥加倍疎慵加倍顛

疊前韻

一畝園林別有天羣芳滿百未盈千荒畦酹潤携鋤

去曲徑風和曳杖前糲飯飽餐原是福濁醪貪飲漫
稱賢典衣買得名花看多少村農笑我顛

再叠前韻

嬉遊化日與光天世界何須問大千信我無聞今日
後被人見惡十年前浮名敢告詩書負徒食應輸博
奕賢幸得隨親花下舞婆娑還似小兒顛

和馮芝亭新秋郎景

三農並息漢陰機檻外秋光接翠微落日遥遮霓彩
淡殘雲時帶雨絲飛荷迎爽氣紅猶嫩樹引涼飈綠

向肥隔浦漁舟歌互答羡他心事晚來稀

江葉 晁陂詩社作

丹楓何處卷疎窻雁字題紅落影雙嫋嫋西風悲楚
國溶溶夜月冷吳江擬遊杏苑迷歸騎欲訪桃源誤
釣艭記得花開春二月寒林景色未能降
千片晴霞落影寒板橋淺水亦流丹才人妙句曾傳
杜宮女新詩道姓韓霜染劇憐秋色老酒酣相對匀
陽殘從茲寄與亭皋上觸目平添錦繡團
獨立荒郊帶醉顏聊吟楓葉破清閒愛他橘綠橙黃
候引我葭蒼露白間隋苑絲花排古岸錢王鐵樹瀟
寒山休言老境歸平淡繁縟辭華未許删

弔澄江黃烈婦 黃同觀繼室朱氏夫死同煞日赴水死

江雲慘淡畢蘭窻風弄孤幃小膽慢翡翠衾虚常過
半鴛鴦枕寄奈猶雙閨中只有愁爲伴地下應同恨
滿腔悽絶漫籌齋日到夜深獨坐對銀釭
剖破紅塵𢪛萬千春風兩月了前緣捐軀合傚淳娥
跡取義總符荀采年荆璧暈憐投白水藁砧重見到
黃泉也知死後能同穴差勝生離各一天

弔洛社沈烈婦 沈德星妻强氏沈死之夕赴水死

蘭閨淚洒落花天痛絶休文不永年詩嗣聊辭無子
責謀身惟有殉夫賢囊時同死言非戲此日輕生志
益堅花渡橋東雲黯淡背人撒手赴澄淵
鎢肝割鼻總堪傷全受全歸倍有光月淡波心魂欲
泣風迴水面骨生香沙鴛夜夜悲交頸墓草年年空
斷腸若使臨時遲一死栢舟雖賦亦尋常
櫝中美玉冶中金不受塵埃半點侵怨入南湖生恨
竹愁添東海有冤禽千層細浪融殘淚一片寒光鑑

苦心從此揚清還激濁旌門竚見沐　恩深

已卯九月二十九日余喪母未葬季子隸德遽
歿時譜牒尚未告竣漫成三章以志痛

人生修短命何如百歲光陰一擲梭我侍慈親逾五
十兒兮侍我六年多　燈灺寒窗獨坐時霜毫欲下
又凝思那堪罷哀親誄又賦西河哭子詩　預擬
來年進學堂命名紹渭早排行與時賢裔重修譜好
把斯兒註幼殤

題賈斧仙小照 意取稚子敲針作釣鈎

綠柳陰中適性天釣絲飄颺晚風前也知兀坐磻溪
叟志著經綸八十年

庚辰冬日尋地葬親買得蘇慶濤談家山片壤
口占一律贈地師周效良

西風兩月陟高岡是處佳城映夕陽四面青山峯作
嶂一灣碧澗水流香但求父母藏身穩敢望兒孫發
跡長餘地若能寬數尺他年從祔亦徜徉

題高秀峯武林紀遊艸後

五十知名羨達夫緇衣結伴訪西湖六橋烟雨添詩
料三月鶯花入畫圖句是神來疑淺近景非目覩恐
模糊東南奇秀憑收拾傲煞遊人愧煞吾

記得吳江幾日程扁舟一葉布帆輕潮衝北渡詩情
壯鐘徹南屏筆意清寫景神馳風五兩凝思夢醒月
三更有時向若塵襟滌長嘯巍巍鎮海城

橐筆尋春到處題任他燕語與鶯啼騎驢吟斷孤山
路放棹歌殘白傅堤意本觀風詞棣茂情深弔古韻
清淒囊投百首渾忘倦天竺峯頭日已西

樓鞋踏徧越吳間錦繡詩腸興不慳思入湖光春水

澹情移藹翠暮雲開描摹勝境皆言盡打疊行裝滿
載還好煮新鮮龍井茗與儂重話武林山

落花

昨夜園林忽散霞花飛萬片惜芳春隨風尚作翩翩
態依草還看點綴匀三月綺羅旋減色六橋楊柳亦
含顰巢他抱甕曾經歲伴我吟詩僅越旬粉蝶尋來
常帶恨黃鶯銜住暗傷神銅臺已失吹笙伎金谷長
埋侍酒人何處招魂迎笑靨有時剪綵認前身圖懸
芝室形雖似繡刺蘭閨跡未眞亂積堦陰遮碧蘚輕

浮水面雜青蘋徑鋪香瓣童停帚門護殘英客返輪欲觧金鈴空有淚重催羯鼓總無因回頭細檢蹤枝上舊蒂猶存意倍珍

秧針

陶鑄須憑造化權秧針隱〻指南阡萊抽常帶絲絲雨末銳時拖縷縷烟若問生金原自土從知成穀總由天根因蝕中鑽眼穎被蜘羅外裹綿尖簇平疇僧衲碎芒承清露許珠穿農夫剌股無傷也稚子敲鈎却宛然擬繡鴛鴦情暗度欲書蝌蚪勢虛懸倩誰妙手荷衣製贈彼同心柳線牽好是芥投萍作友儻教磁引石爲田牧童磨去工徒費饁婦拈來意自憐來耜書殘難訂正豳風圖補可流傳笑他乞巧癡兒女不乞牛郎降稔年

鬪蟋蟀

選擇曾從荻葦村甕城養銳憶王孫聲聞靜夜鬚常奮敵橫凉秋口欲吞爲有千金來買勇好將一戰去酬恩持籌借算豪情起拔幟爭雄壯志存小草前驅頽作氣高壇曲踊也驚魂局中遥聽心先餒壁上相觀眼亦昏餘孽未除應齧齒輕生獨往遽當門而今幸獲逢塲戲自昔嘗依舊壘屯伏莽還知戎有跡交鋒未見血留痕乘機猶是追蹤至失律何須棄甲奔却笑七擒鳴得意可憐一蹶黙銜寃半開堂上論功後願乞殘生返故園

辛巳歲余館於石塘灣孫宅主人新築園成將家園花卉移植數十種戲成六首

一畝園林傍水涯結茅編槿野人家寒酸骨相豪華性覓徧名山異種花　花木須知性若何栽培灌溉術原多主人今歲情癡甚特地迎來郭槖駝　異地同時暖氣回滿園弱質是新栽天公亦有相憐意不放封姨作惡來　閒情一日幾回過消遣愁魔與病魔也似朝雲生性好嶺南依舊從東坡　謀利爭名夢已殘變花情性未曾闌自憐晨起揩雙眼一隊濃粧霧裡看　漕渠南是舊家山寂寞園門鎮日關惹得尋香蜂蝶怨雙雙飛到石塘灣

朱一山託薦書館以詩代柬（以八音爲首以溪西雞齊啼爲韻）卽倣原體答之

金門才藝噪梁溪石隱龍山九鳩西繇吐春蠶疑是
蠋竹樓老鳳詫爲鷄匏原利涉時偏失土本相生運
不齊革故鼎新容有待木香棚下鷓鴣啼

和孫峻峯見贈原韻

幸得親風雅于今又一年新交頭壓雪妙語舌生蓮
課子開千卷懷人詠百篇彩箋投贈處正值杏花天
後輩交前輩忘年我願賒才憐胸有竹識美眼無花
灑落攄文藻徜徉玩物華與公遊展到何誦赤城霞

悼大兒濳德

精神蕭索面容枯聲氣虛浮局量拘自昔謂兒非壽
相九原還記我言無　愛惜錢財是性天學書不就
學耕田炙膚皸足何曾慣令我擔憂已十年　愛子
還當愛已身聚源（小孫乳名）殤後爾傷神擬尋黃口嬌兒
去拋却堂前白髮親　秉資鈍拙遜中材弱冠男兒
何似孩憶昔從余訂宗譜曾經訶責幾千回（余已卯修譜命濳德校訂時加訶斥）
耕餘亦愛坐青氈弓冶箕裘遽失傳生
若偷生死偷死（濳德生時余在澄江死之日余在金陵）一回追想一悽
然　墳塋人說有傷刑（余曾祖墳在陽壯塢風鑑云左首小村有碍父母墳在蘇慶臺蔭家山山頂石牌有碍）沓溯難憑是葬經縱使老夫能作達
那堪三載損三丁（已卯九月余幼子慧德殀辛巳八月小孫聚源殤壬午八月長子濳德卒）疎慵情性怕當家老去翻教理亂麻我亦尋思無
大過累人慰問重咨嗟

續修宗譜雜感

入士猶難保百年祖宗長望後人賢不然祭掃多疎
畧一任新阡占舊阡（無錫風俗山糧俱係墳佃完納子孫數年不祭掃即割餘地轉售他姓譜載尙樸公葬龍山馬鞍塢體字號山一百二十畝祔葬數十塚至今已無片壤屬盛殊可痛恨）
營利思酬罔極恩心傷老父已無存陋他千里求財

者不爲雙親爲子孫（無錫縣志盛文珪有疆於學父喪訃至鹽値千金未入棄之還歸日營利以養親也親亡安用利爲喜鄙貪之不念椿惡子郎都御史顒也）身居順境便
驕矜子弟澆風最可憎覆桶列殺工對飲高情傳誦
大中丞（無錫縣志盛中丞顒長厚不忘故人有鄰叟余積業雒桶公少相與識及爲副都御史還往訪亍値其祀神因留飯其家無席覆桶而布饌爲對飲王醉而別）雲泉莊與壽安堂
片瓦無存址亦荒寄語族中佳子弟建祠休議各分
房（壽安堂在惠山北雲泉莊在氷壑公墓旁康熙乙卯徙邑城湯巷。後裔不能無榮枯惟合族建祠方能久遠）
園亭卜築水之涯氷壑歸來玩物華惆悵百年
三易主只今有巷屬吾家（無錫縣志後樂園即方塘書院都御史盛顒麗山東）

逛撫歸取白水蕩以營之塘廣三十畝一望菱荷魚鳥瀰然巨浸飛梁曲榭參差布列中爲淸風茶市與其子弟辟從門莽爲樂園故有古柏一株宋時物也馹既殁歸尤府丞魯增益宏麗又爲曲堰以節水雨至飛泷竟日作琴筑聲後屬王司務業遂廢。無錫山水志白水蕩在盛巷西廣三十餘畝北與蔡園池水接舊傳有蛟穴深不可測時雨盛漲出忠安廟東瀆道下倉前新河。按白水蕩東民居稠密其中已無盛姓者而士人猶呼盛巷

十萬家貲（靜齋公）二品官（冰鎣公）當年聲勢壓鄉安（鄉望安國前明豪族）自遭家屬揚威後嫡派旁支一例寒（相傳冰鎣公殁後有友人恍惚遇之公謂之曰余生平爲官無大過惟家屬倚仗聲勢多作非禮非義之事吾亦與有責焉恐子孫無昌大者言訖不見語固慌誕豈其或有然歟何以式微若是也）

冰鎣英姿適不羣懲奸抗疏氣干雲（指劾石亭事）桃花塢上今憑眺不見前朝諭葬墳（公葬惠山北桃花塢荒字號山三十畝乾隆初年已被鄰姓侵奪塋前餘地斜訟數年府斷立碑排界僅存數畝今併尺地無有矣予意欲修復獨力難支尙望合族相助成功爲幸）

敫元才藝絕塵寰健筆凌雲孰敢攀九試冠軍終不第空留名姓在人間（敫元公諱鎣九試冠軍十三試棘闈名重三吳著有代箸三子曰義天問地問人問等書行世門人私諡通元先生至今膾炙人口）

郞府徵員宗道公舍人敢代李封翁舜柯山上留荒塚幾墮豪家幻術中（宗道公諱洽講載於舜柯山主穴道光元年有典商李灝欲謀墳前餘地爲壽壙因目認爲宋時李夔之墓勾挽其族舉監生員二十餘人捏詞覇奪余與之爭訟三年[illegible]後結案）

淸白留貽不厭貧耕田鑿井太平民息閒公（諱壽）

盛氏宗譜　卷四　詩　唐　敦本堂

後尤衰弱（老二房支）剩有開原（鄉名）十數人　族遠寧甘祖越秦今番修輯倍艱辛一回採訪千回却不念先人與後人

寄語鄉居美少年不攻書便學耕田試看出外營財者見慣奢華浪使錢（愚謂子弟生在鄉間須知稼穡艱難若作行商每致折閱俗云食在口頭錢在手頭其不浪費者幾希）

莫道攻書易致窮不攻書豈業常充試看寄食侯門者祖父原來小富翁（愚謂人既有飯吃須教子讀書俾稍知禮義不致放蕩縱使家業中落猶得訓蒙度日不失爲衣冠中人）

要兒識字議從師難弟難兄計較貲最喜先生自炊囊六時功課不多時（讀書全在黃昏早起若開門授業生徒必多日間嘈雜日暮放歸難於復益）

苦惱文章不值錢庸才未許立人前須知初學完篇後尙要加工五六年（鄉間或有聰俊子弟勉强完篇父兄信以爲文人彼亦自以爲才子其實半塗而廢。以上數條是鄉居陋習余不覺痛切言之）

嫡派混淆手自編長房强半是單傳當時竊喜邀天幸不謂今茲我亦然

先人手澤易銷磨四百年中一刹那覓得家傳冰鎣集（時望公著）殘編斷簡已無多

水石詩篇（漢臣公著）代箸言（敫元公著）廣陵年稿（春谷公著）總無存嗟余才力難周到收拾遺亡待後昆

西園詩句未能安庋事災梨譜內刊蚓竅蠅鳴難問世漫思留與後人看（全）

盛氏宗譜　卷四　詩　唐　敦本堂

後記

無錫是中國吴文化的發祥地。七千多年悠久歷史與文明，造就了『梁溪明秀之區，衣冠禮樂甲於江左』的城市人文傳統和深厚的歷史文化底藴。數千年來，文脉綿延，永世流芳。邵寶在《錫山遺響》序中曾經這樣描述：『錫之爲邑，在三吴間。山水清麗豐曠，生其地者，多沉雅秀整，以文名家，代不乏人。』文化已經成爲這座城市最本色的氣質。爲傳承吴地文明，建設文化名城，進一步彰顯無錫城市内在精神特質，經過幾年的精心策劃，旨在全面整理地方文化典籍的《無錫文庫》編纂出版工作於二〇一〇年全面啓動，二〇一一年起陸續與讀者見面了。

無錫的城市文化曾經爲中華文化寶庫作出過巨大貢獻。顧愷之、倪瓚、王紱、鄒一桂、賀天健、徐悲鴻、錢松嵒、吴冠中，如松秀群嶺，在中國繪畫史上擁有很高的地位；華秋蘋、楊蔭瀏、劉天華、華彦鈞（阿炳），乃韵動天籟，對中國音樂發展發揮了重要作用；李紳、蔣防、尤袤、蔣捷、陳維崧、顧貞觀、嚴繩孫、周濟、劉半農，皆胸懷錦綉，在中國文學史上可謂各領風騷；計六奇、顧祖禹、顧棟高、秦蕙田、嵇璜、錢基博、錢穆、錢鍾書、錢海岳，可稱堂奥廣庭，學造淵源，在中國學術史上卓然大家；顧憲成、高攀龍之東林，唐文治之『國專』，徐霞客之游記，徐壽、華蘅芳之『格致之學』，陳翰笙、錢俊瑞、孫冶方、薛暮橋之經濟學，都堪稱中華文化史上的一座座高峰，至今閃耀着炫目的光芒。

深厚的歷史文化底蘊激發了無錫城市的文化自覺。市委、市政府滿懷對鄉土誠摯之情、對文化敬畏之感，以義不容辭的責任擔當，致力於文化强市建設，以科學的理念和方式對歷史文化遺産作全方位的觀照、深層次的發掘、系統性的保護，匯四海之智，舉全市之力，共襄文化建設盛舉。二〇〇六年十二月，無錫市成功申報國家歷史文化名城，標志着新一輪文化意識的覺醒，并迅速轉化爲文化自覺的實踐。近年來，我市全面啓動惠山、清名橋、小婁巷、榮巷、蕩口等五個歷史文化街區和十個古村落保護修復工程，『護其貌，顯其顔，鑄其魂，揚其韵』；鴻山遺址成功保護的經驗被國家文物局譽爲大遺址保護『無錫模式』，并被授予首批國家考古大遺址公園，闔閭城遺址考古發現則確立了歷史上無錫曾作爲吴王闔閭都城的地位；建成開放六十餘座博物館、名人故居和紀念館；對無錫的非物質文化遺産予以重點保護；每年春天舉辦的中國（無錫）吴文化節、中國文化遺産保護論壇成爲文化亮點，享譽海内外。這些舉措遵循規律，探索文化建設體制和機制的創新，形成了寶貴的『無錫經驗』，得到海内外學者、專家的一致肯定。

在注重保護歷史文化遺存的過程中，發掘、整理無錫歷史文獻著作，展示和弘揚無錫城市的思想精神世界，自然而然成爲大家關注的重點。二〇〇六年，市委宣傳部組織無錫文史專家、學者編撰的十七册三百萬字的《無錫文化叢書》正式出版，引起强烈反響，出版後供不應求，在二〇〇八年再版加印。《無錫文化叢書》集中反映了無錫城市文化精華，展示了無錫城市文化特質，彰顯了無錫歷史文化的厚重，同時也告訴人們，文化精神的傳遞是文化繁榮發展的重要内涵，一旦擦去歲月蒙塵，優秀的歷史文化就會轉化成爲取之不盡的精神財富。

爲了進一步彰顯城市歷史文化底藴，二〇〇七年，市委、市政府將全面系統整理無錫文化典籍擺上工作議事日程，明確提出編纂《無錫文庫》。由于無錫歷史文化底藴深厚，卷帙浩繁，内容豐富，編纂工作千頭萬緒，要想整理出一部簡明扼要而又内容翔實、主旨鮮明而又文質彬彬的文獻集成，難度遠大於預想。爲此，我們先後成立了《無錫文庫》工作委員會和編輯委員會，加强對編纂出版工作的組織領導與統籌協調，在尊重歷史、尊重規律、尊重科學、尊重專家的基礎上，積極推進文庫編纂工作。編輯委員會經過反復論證，明確原則，綱舉目張，有條不紊地開展工作。充分憑借地方文史專家的優勢，充分發揮高校人文學院、研究機構的作用，充分依靠出版機構的專業經驗，并邀請國内外著名文史專家指導、把關，形成了文庫編纂的工作合力。

在編輯過程中，我們力求使《無錫文庫》成爲經得起歷史考驗的鄉邦文獻集成。

全面規劃又保持開放結構。面對豐富的歷史文化積澱，没有規劃就不可能形成清晰的編纂思路。在前期編纂工作中，編輯委員會經過二十餘次的論證會和專題研討會，形成并確定了《無錫文庫》總書目，明確了收録範圍和内容主體，立足無錫市區，兼顧江陰、宜興，主要體現無錫本土内容，突出人文科學，適當兼顧其他門類。據此，《無錫文庫》收録圖書五百五十餘種，分爲五輯：第一輯『官修舊志』，收編無錫地方志（含江陰、宜興）；第二輯『地方史料專著』，收編反映無錫地方史料的專著與筆記；第三輯『年譜家乘』，收編無錫（含江陰、宜興）地方名人年譜和望族的家譜；第四輯『無錫文存』，收編歷史上無錫作家詩文和專著的精華；第五輯『近現代名家名著存目』，編撰無錫近現代名家名著的書目提要。爲使文庫具有更大的開放度和包容量，《無錫文庫》注重整體設計，在框架分類上既注意整合，又突出重點，考慮到文庫的涵蓋面和系統性；在書目選擇上既注重經典性，又强調代表性，兼顧到圖書本身質量和作者特點；在出版方式上既總體規劃、循序推進，又采取較爲靈活的方式，成熟一批出版一批，不編序號，爲今後增補書目預留空間。

尊重歷史又反映時代特色。《無錫文庫》注重歷史性與時代性相結合，以嶄新的學術角度和現代學科理念對城市歷史文化進行整理和弘揚。編纂工作充分體現對歷史傳統的尊重，儘可能减少評述性成分，杜絶截割、改篡、增删圖書内容，對節選本衹采取作者的自選本。與此同時，以現代學術視野來看待傳統史料，增加收録有價值的歷史資料和文獻，如對民國時期的一些稿本、期刊、會刊、紀念册也予以應有的關注，收入了部分重要的民間史料。

保持原貌又便于讀者查閱。《無錫文庫》除第五輯外，全部采用原版影印方式，力争選擇最優版本作底本，保持文獻著作的歷史面目。爲了便於閱讀、查證、使用、研究，每一輯均撰寫編輯説明，每種書撰寫提要，并編撰《文庫》書目索引。通過這樣的方式，使《無錫文庫》兼具工具書檢索的作用，增强文化典籍整理的實用功能。

如期完成又精益求精。《無錫文庫》作爲一項重大文化工程，編纂工作面廣量大，必須集中力量，一鼓作氣。我們明確，從編纂工作全面啓動開始，花三年時間完成《無錫文庫》出版工作。《無錫文庫》總書目形成後，五輯的書目編纂工作同時開展、整體推進。我們要求，《無錫文庫》編纂出版工作要强化精品意識，力求思想精深、内容精彩、選編精當、學風精良、裝幀精美。文庫編纂出版的每個環節都反復論證推敲，確保經得起歷史檢驗。

《無錫文庫》的編纂出版工作，得到了鳳凰出版傳媒集團的大力支持，鳳凰出版社在版本選擇、編輯出版方面做了細緻的工作；由於《無錫文庫》收録的資料有三分之二散落在全國各圖書館中，中國國家圖書館、上海圖書館、南京圖書館等一批國内知名圖書館爲此提供了積極的幫助；應邀擔任《無錫文庫》學術顧問的專家，都是無錫籍的文化名人和國内一流的古籍研究專家，他們有的不顧年事已高，有的不顧自身工作繁忙，爲《無錫文庫》的編纂工作付出辛勤勞動；《無錫文庫》工作委員會和編輯委員會成員以及編務人員在文庫編纂出版過程中做了大量的工作。在此，謹向他們表示崇高的敬意和由衷的謝忱！

由於《無錫文庫》收録内容涉及範圍廣、時間跨度長，部分書目已經散佚，可利用資料受到限制，加之編輯委員會水平有限，《無錫文庫》的編纂工作難免會有一些疏漏和錯誤，不當之處敬請讀者指正。

王立人

二〇一一年一月